电影小星球

快乐之眼·培文书系文化艺术译丛

电影小星球

世界著名导演访谈录

[法] 米歇尔·西蒙（Michel Ciment） 著 任友谅 译

北京市版权局著作权合同登记图字：01-2006-2943 号
图书在版编目(CIP)数据

电影小星球：世界著名导演访谈录/(法)西蒙著；任友谅译.—北京：北京大学出版社,2008.7
(快乐之眼·培文书系文化艺术译丛)
ISBN 978-7-301-13904-2

Ⅰ.电… Ⅱ.①西…②任… Ⅲ.电影导演-访谈录-世界 Ⅳ.K815.78

中国版本图书馆 CIP 数据核字(2008)第 078705 号

Petite planète cinématographique, by Michel Ciment, © Editions Stock, 2003

书　　　名：	电影小星球：世界著名导演访谈录
著作责任者：	〔法〕米歇尔·西蒙　著　任友谅　译
责 任 编 辑：	苑海波
标 准 书 号：	ISBN 978-7-301-13904-2/J·0205
出 版 发 行：	北京大学出版社
地　　　址：	北京市海淀区成府路 205 号　100871
网　　　址：	http://www.pup.cn
电　　　话：	邮购部 62752015　发行部 62750672　编辑部 62750883　出版部 62754962
电 子 邮 箱：	pw@pup.pku.edu.cn
印 刷 者：	三河市欣欣印刷有限公司
经 销 者：	新华书店
	720 毫米×1020 毫米　16 开本　30.75 印张　612 千字
	2008 年 7 月第 1 版　2008 年 7 月第 1 次印刷
定　　　价：	68.00 元

未经许可，不得以任何方式复制或抄袭本书之部分或全部内容。
版权所有，侵权必究
举报电话：010-62752024　电子邮箱：fd@pup.pku.edu.cn

目录

引言 1

法国 1

罗贝尔·布莱松 2
关于《金钱》——1983年6月,巴黎 3

莫里斯·皮亚拉 15
关于《凡高》——1992年,巴黎 16

让-吕克·戈达尔 27
关于《电影史》——1998年,巴黎 28

意大利 41

费德里克·费里尼 42
关于《乐队排练》——1978年12月,罗马 43

贝尔纳多·贝尔多鲁奇 48
有关《一个可笑男人的悲剧》——1981年5月,罗马 49

葡萄牙 59

玛努埃尔·德·奥里维拉 60
关于《书信》——1999年5月,戛纳 61

若奥·恺撒·蒙泰罗 68
围绕着《上帝的喜剧》——1995年12月,里斯本 69

俄国 77

安德列·塔可夫斯基 78
关于《安德列·鲁布廖夫》——1969年6月,莫斯科 79

德国 89

沃纳·赫尔佐格 90
围绕着《卡斯伯·豪泽之谜》(又译《人人为自己,上帝反众人》)——1975 年 2 月,巴黎 91

芬兰 103

阿奇·考里斯马奇 104
关于《乘云远去》——1996 年 5 月,戛纳 105

丹麦 111

拉斯·冯·特里尔 112
关于《犯罪元素》(又译《犯罪分子》)——1984 年 5 月,戛纳 113

英国 119

皮特·格林纳维 120
围绕着《英国庭园谋杀案》——1982 年,威尼斯 121

卡雷尔·雷兹 131
关于《法国中尉的女人》——1982 年 1 月,伦敦 132

麦克·李 143
围绕着《赤裸》——1993 年 5 月,戛纳 144

爱尔兰 153

约翰·布尔曼 154
关于《将军》——1998 年 8 月,伦敦 155

加拿大 165

德尼·阿冈 166
围绕着《美利坚帝国的衰落》——1986 年 5 月,戛纳 167

大卫·柯南伯格 175
围绕着《孽扣》(又译:《孪生兄弟》)——1989 年 1 月,巴黎 176

阿托姆·伊格扬 190
关于《色情夜总会》——1994 年 5 月,戛纳 191

美国 199

约翰·卡萨维兹 200
关于《一个受控制的女人》——1975年10月,巴黎 201

马丁·斯科西斯 210
关于《穷街陋巷》和《阿丽丝不在这儿》——1974年5月戛纳,1975年3月洛杉矶 211

泰伦斯·马力克 228
关于《穷山恶水》——1975年3月,洛杉矶 229

新西兰 235

简·康平 236
中片、短片和《甜心》——1986年10月,巴黎,1989年5月,戛纳 237

中国

香港 249

王家卫 250
《重庆森林》和《东邪西毒》之前的影片——1994年9月,威尼斯 251

胡金铨 259
《侠女》——1974年10月,巴黎 260

台湾 267

侯孝贤 268
围绕着《悲情城市》——1989年9月,威尼斯 269

蔡明亮 275
围绕着《爱情万岁》和《青少年哪吒》——1994年9月,威尼斯 276

杨德昌 283
围绕着《牯岭街少年杀人事件》——1992年,柏林 284

大陆 297

张艺谋 298
围绕着《秋菊打官司》——1992年9月,威尼斯 299

贾樟柯 306
围绕着《站台》——2000年9月,威尼斯 307

日本 　　　　　　　　　　　　　　　　　　　　　　313

大岛渚 　　　　　　　　　　　　　　　　　　　　314
围绕着直到《绝对少年》之前的大岛渚影片——1969 年 9 月,贝加莫　315

北野武 　　　　　　　　　　　　　　　　　　　　319
关于《花火》——1997 年 9 月,威尼斯　320

今村昌平 　　　　　　　　　　　　　　　　　　　324
关于他的影片——1984 年 4 月,东京　325

印度 　　　　　　　　　　　　　　　　　　　　　　333

萨蒂亚吉特·雷伊 　　　　　　　　　　　　　　　334
围绕着他的影片——1978 年 6 月,巴黎　335

韩国 　　　　　　　　　　　　　　　　　　　　　　351

林权泽 　　　　　　　　　　　　　　　　　　　　352
围绕着《醉画仙》——2002 年 5 月,戛纳　353

土耳其 　　　　　　　　　　　　　　　　　　　　　359

努里·比格·赛兰 　　　　　　　　　　　　　　　360
关于《小城岁月》和《五月碧云天》——2000 年 5 月,戛纳　361

伊尔马兹·居内伊 　　　　　　　　　　　　　　　367
关于他的影片——1982 年 4 月,巴黎　368

希腊 　　　　　　　　　　　　　　　　　　　　　　377

安哲罗普洛斯 　　　　　　　　　　　　　　　　　378
关于《尤利西斯的目光》——1995 年 7 月,雅典　379

南斯拉夫 　　　　　　　　　　　　　　　　　　　　387

库斯托利卡 　　　　　　　　　　　　　　　　　　388
关于《地下社会》——1995 年 9 月,巴黎　389

巴西 　　　　　　　　　　　　　　　　　　　　　　397

格劳贝尔·罗查 　　　　　　　　　　　　　　　　398
围绕着《黑色上帝,白色魔鬼》与《危机的大地》——1967 年 10 月,巴黎　399

墨西哥   415

奥图罗·利普斯坦   416
关于《深深猩红》——1996年8月,威尼斯   417

伊朗   425

阿巴斯·基亚罗斯塔米   426
关于《特写》之前的影片——1990年8月,洛迦诺   427

澳大利亚   437

乔治·米勒   438
围绕着《疯狂的麦克斯》——1985年9月,巴黎   439

洛夫·德·希尔   449
围绕着《坏小子巴比》——1993年9月,威尼斯   450

波兰   457

史柯里莫斯基   458
围绕着《浴室春情》——1971年12月,巴黎   459

基耶斯洛夫斯基   470
关于《十诫》——1985年9月,蒙特利尔、威尼斯、巴黎   471

译后记   482

与同龄的一些电影人不同，我从来不对一去不复返的那个黄金时代感到留恋。年轻时，我迷恋过以华尔士、豪克斯、福特、米奈里·普瑞明格为代表的好莱坞影片，也曾对这些大导演的消逝感到惆怅，但新涌现出来的天才保住了自己对电影的信心。思念这些伟大前辈的同时，我发现了不少新人，他们在我记忆中莫名其妙地混淆在一起。路易·布努埃尔在他墨西哥公寓里的巴黎地铁路线图前接见我，然后带我参观楚卢布斯克摄影棚。威尼斯电影节时，弗利茨·朗格在下榻的埃克赛吉奥尔大酒店套房里，嘲讽他的传记作者洛特·埃斯内，因为此公不能对表现主义一词给他下一个满意的定义。我有幸两次会见让·雷诺阿，他滔滔不绝回答有关《人面兽心》和《马赛曲》问题时的那种激情，就像刚刚拍完这两部片子一样。1972年，85岁高龄的哈乌勒·华尔士在圣日尔曼田园艺术长廊寻宝时，让累得筋疲力尽的年轻妻子先回旅馆休息。约瑟夫·冯·斯坦恩贝格在克利雍酒店卧室里和罗贝尔·伯纳云一起接见我，竟然为此拒绝了一次正式会谈，借口是他说的每一句话会立刻报道出去。1967年蒙特利尔电影节时，我陪同约翰·福特度过了整整一天，组委会以为应该把《玩偶山谷》的一部样片送到他的房间里，他却把它从窗户扔了出去，他一边发牢骚，一边播放迪赞·马卡维耶夫的《恋情》的片头字幕，点上了一支雪茄，这是一位被他发现的导演。弗朗克·卡波拉在特洛卡德罗咖啡馆里，慢慢品味着法国电影资料馆为唤起人们开始淡忘的记忆，而为他出版自传的善意。威廉·维勒曼在利沃里街饭店与贝特朗·塔维尼耶相会，决定投乔治·麦戈文的票，反对理查德·尼克松，然而，谁都知道他历来都是保守派。霍华德·豪克斯在我面前又一次讲起了那些他经常杜撰的故事，而这些故事却逐渐编织成他的神话。他们每个人的故事都能够写成一部厚厚的书，至少，可以像和休斯通、曼基耶维茨和瓦尔德谈话录形成的那本《众口一词——通向好莱坞的护照》，或者像《艾黎亚·卡赞和约瑟夫·罗赛访谈录》那样，这两部著作实在是两次穿越了世纪。

这本书邀请诸君进行另一次旅行，这是一次更为现实的旅行，因为我们将要发现的艺术家们和他们所在的拍片国家是密切联系在一起的。我访谈的地点几乎遍及世界各地（马尼拉、莫斯科、洛杉矶、东京、布达佩斯、伦敦、里斯本、罗马、柏林、雅典、巴黎）或者在电影节期间（主要是柏林、戛纳和威尼斯电影节），这些访谈充满了一个国家文化和人文的氛围。我也一样，对一位艺术家的兴趣也刺激我要去探索带给他们灵感的那些地方。我在约见萨蒂亚吉特·雷伊和伊尔马兹·居内伊之前，先去访问了印度和土耳其。走访格劳贝尔·罗查和胡金铨之前，我先到巴西和中国香港地区进行观光。我对电影的兴趣和对旅游的兴趣实在密不可分，这也正是这本《电影小星球》的含义。

编写本书时，我惊讶地发现世界电影版图经常发生变化。20世纪60年代的东欧诸国曾是一些电影艺术创作中心地区，而今天，它们却处于艺术冻狱阶段，这种变化至少可以有一个解释：面对好莱坞影片的入侵，国家取消影片资助导致了电影产业的崩溃。与此相反，70年代初，西方观察家还仅仅把亚洲电影归结为日本、印度和一个叫萨蒂亚吉特·雷伊的人，但是，近20年来，中国（包括香港和台湾地区）、韩国、日

引　言

　　1960年代初，当我投身电影评论这一广袤领域时，适逢世界影坛的一个空前绝后时期：闻名环宇的传统导演正在退潮，而现代派导演正在不断涌现。这就使得20世纪60年代成为电影史上最丰富多彩的十年，20年代那十年里，曾出现过一代风流人物，从朗格和莫诺等德国大师到俄国学院派巨匠，从法国先锋派到斯堪的那维亚导演，以及施特劳亨和基顿。此后的三十年中，以生产无数佳作的好莱坞为代表，叙事模式风靡全球。只有意大利的新现实主义——多么少有的例外呀！——打乱了这一几乎成为约定俗成的美学观念，并在二战刚刚结束时，为一批年轻导演树立了榜样。虽然，这在当时只是一个孤立现象，但它为十五年后全球涌现的新浪潮电影提供了极好的借鉴。

　　我有幸赶上这一大变革时期，成为时代见证人。恰在1963年，本人（当时我25岁）进入《正片》编辑部，这本杂志在那十年中，变成了一本标志性刊物，热情地捍卫了当年的革新派导演：瓦伊达、博格曼、安东尼奥尼、黑泽明、布努埃尔、罗伯特·阿尔德里奇，等等。由于刊物的大门向合作者开放，所以，我有幸结识当年那些最使我着迷的导演：贝尔多鲁奇、斯高利莫夫斯基、米克洛斯·杨索、马卡伟杰夫、格劳贝尔·罗查、塔可夫斯基等人。现在各位看到的这本书，正是从那些年起直至今天，全世界电影创作的真实写照。当然，其中也反映出本人的发现和个人情怀。为了更好地反映各国迥然不同的特点，每个国家我最多只能挑出三个代表人物。为此，我不得不做出牺牲，尤其是对法国和美国这两个从未中断过电影艺术创作的大国，要割舍采访过的大牌导演，如伍迪·艾伦、罗伯特·奥特曼、蒂姆·伯顿、迈克尔·西米诺、伊赞和若埃尔·科恩、弗朗西斯·福特·科波拉、克林特·伊斯特伍德、泰利·纪廉姆、乔治·鲁卡斯、大卫·林奇、阿瑟·佩恩、史蒂芬·索德伯格和昆廷·塔伦蒂诺，这实属无奈，是一个极为痛苦的选择。过去，我也曾为上述的某些人写过书，比如斯坦雷·库布里克和杰瑞·夏兹贝格，也在一部题为《众口一词——通向好莱坞的护照》的专著中，曾对弗朗西斯科·罗西、罗曼·波兰斯基、米罗·福尔曼和维姆·文德斯做过重点介绍，但始终令我遗憾的是，由于无缘谋面克瑞斯·马克、瑞内·卫诺·法斯宾德、维克多·艾黎斯和彼德罗·阿莫多瓦，所以无法将他们的言谈收在本书中。

　　本书仅收入1960年前拍过故事片的四位导演：罗贝尔·布莱松、玛努埃尔·德·奥里维拉、费德里克·费里尼和萨蒂亚吉特·雷伊。之所以选择这四位，不仅因为他们对未来的导演来说，是不妥协的典范，是现代电影的先驱，而且也因为他们拍的大部分影片，出现在我能够见证的那个年代。

Robert Bresson
罗贝尔·布莱松

（1901—1999）

　　1956年，我刚满十八岁时，看了《一名死囚犯的逃亡》。我当时就感到，与其他几部几乎同时代的影片相比，例如，罗赛里尼的《在意大利旅行》、达地的《余娄先生的假日》、安东尼奥尼的《女人之间》，或是奥福尔斯的《罗拉·蒙黛斯》，这部电影是一部完全现代的影片。画家出身的布莱松，特别强调作家电影的理念，如同一位画家在画展开幕式上公布他的作品名录一样，总要在自己影片上映时加上几条言简意赅的说明。布莱松跨入影坛时，就像人们进入宗教那样，或者像上世纪初一位作家进入《法兰西杂志》那样，带着一种要为艺术献身而不顾一切的狂热。他在《电影书写札记》这本名著中明确提出："对于你的影片，应该在它的画面和含义之外，看做是运动着的线条和体积的综合体。"

　　布莱松这种苦行僧式的态度使我着迷。他对电影的诠释，全部遵从天主教的严格道德准则。这种理念自然要激怒一些人，而他影片中的宗教层面，更使一些人怒不可遏。我却恰恰相反，影片中的物质性，对手势和动作的执著追求（尤其是手部的动作），拍摄面部的美感，对生灵痛苦的同情，以及声响、灰暗与无声空间，在观众心中引起无休止的震撼，这一切都让我备感心仪。

　　布莱松始终令我惶恐。他最后一部影片《金钱》在参加1983年戛纳电影节一个月之后，美国电影学院杂志《美国影片》请我写一篇关于布莱松的专访，我才有幸见到他。那时候，在未息影的大牌导演中他的年事最高，但他仍然保持着十分旺盛的艺术创造力。会见时，布莱松仍然住在圣·路易岛的寓所里。他一向谈吐高雅，语言简洁明快，并且要求把访谈记录重读一遍。他私下告我：他非常欣赏最近推出的詹姆斯·邦德《为了你美丽的眼睛》里面那雪花纷飞的滑雪镜头。此公吐露的真情委实令我吃惊，因为在他或者别人影片中，专业演员的表演是最让他不快的事。

电 影 小 星 球 | 法 国

本和伊朗变成了众人瞩目的焦点。在这类集体狂热中,无疑有潮流时尚因素,但也存在无可争论的事实。所以,必须不断地绘制电影地图,标明电影大繁荣地区和正在沉沦的地域。在艺术领域,经济欠发达国家中不规范的自由主义和国家专权政体会造成同一结果:令艺术创作窒息。就像50年代后期的法国和最近的韩国那样,资助措施一旦付诸实施,作家电影就会出现繁荣时期。我认为,电影从来没有避开过震撼世界的大地震,相反,它往往是一台地震仪。我始终对1939年登载在《人面牛身怪》杂志上,安德列·布鲁东关于安德列·马松写的那篇文章里的这句话十分赞赏:"问题不再像过去那样了,比如,昔日人们想知道一幅画是否把麦田描绘得十分逼真,而今天却要看它与每天打开或合上的报纸是否协调一致,报上描绘的满篇都是弱肉强食的丛林。"

　　超现实主义也教会自己摒弃那些宣称正统艺术高于大众艺术的美学等级观念。在《正片》编辑部里,我们对和电影相关的一切艺术形式(绘画、诗歌、文学甚至爵士乐和卡通片)都兴趣十足,我们喜欢阿伦·雷奈和安东尼奥尼,也喜欢科幻片、音乐喜剧和西部片。在我热衷的人物中,读者如果看到胡金铨和他的流浪武士片(以影片《侠女》为代表的一种武侠片),乔治·米勒和他的《疯狂的麦克斯》,大卫·柯南伯格和他对荣誉的各种不同诠释,以及玛努埃尔·德·奥里维拉、皮特·格林纳维和华·安德森,那些充满绘画和文学奥妙技巧的影片,一定不会感到意外。

　　曾几何时,闻名遐尔的几位罕见的影评家足迹遍及全球,四处寻访佳片杰作,例如:乔治·萨杜尔、罗贝尔·伯纳云、路易·马格海勒。今天,借助丰富的各种信息资源和便捷的交通工具,电影节策划组织人员继承了搜寻佳作的使命,然后,他们再请影评家们在初选的大量影片中进行评选。本书将要介绍柏林、戛纳和威尼斯电影节(也有规模不大的南特和洛迦诺电影节),在捍卫和宣扬作家电影方面所起的重大作用。电影节过去长期屈从于该国的官方选择,现今在外交条例方面已经变得比较灵活,能够比较方便地选定自己的菜单——出现错误在所难免,因为尚处摸索阶段——正如比利·威尔德为了中止对他一部影片的争论时,向我们说的那样:任何人都不是完美无缺的。

　　由此可见,我们完全知道,本书对世界电影全貌的描述尽管力图全面,但仍不免武断和片面。如果说它还有一点价值,那就是:在驳斥那种宣布电影死亡的论调之外,我以独特的创造性和美学为原则,做出了表明自己情趣的抉择。

米歇尔·西蒙[*]

---

　　[*] 他的名字(Michel Ciment)如果严格按照音译,应该是米歇尔·西芒,但是此公的名字早已闻名遐尔,多年来一直被众多海内外译者叫做米歇尔·西蒙,谨提醒读者不要与法国著名演员 Michel Simon 混淆。——译注

关于《金钱》

(1983年6月,巴黎)

谈起您拍的影片,人们总不免提到"禁欲主义"这个词,这几乎成了一成不变的俗套。我个人对此不敢苟同。您的影片给我印象最深的,是它们的严谨。

精炼带来严谨。或者说,精炼变成了严谨。我工作不认真的时候,是不严谨的。精炼才能产生诗意。

精炼……和快速。假如把您写的剧本,交给其他导演去拍,能够拍成两小时十五分钟的电影,而不是一小时二十五分钟。

这是由作曲决定的。我所说的作曲,准确地说,是一部影片的结构。在剪辑影片的时候,我认真听自己的电影,就像一位钢琴家听他自己弹奏的奏鸣曲一样。我要让画面服从音响,而不让音响来烘托画面。从一个画面过渡到另一个画面,从一个镜头组过渡到另一个镜头组,全部都是音阶的过渡。我们的双眼,我们的视觉系统在大脑里占据着非常多的位置,可能要占大脑的三分之二。然而,我们眼睛的想象力与耳朵的想象力相比,既不宽广,又缺少变化,更不深刻。在一切艺术创作中,既然我们知道想象力的重要性,怎么能不考虑到这一点呢?过去,我在拍摄两部影片的间隔期间,从来不去进行任何思考。后来,我才开始记笔记——为了记下自己的观点,我还出了一本小书。我曾经扪心自问,为什么自己要这样工作。但是,这确实是自己的天性。我没有先天的推论。30年代,我拍了自己的第一部影片《公众事务》,这是一部可以叫"滑稽剧"的影片,但这个词并不贴切,因为"滑稽剧"是指当时一些美国影片而言的。当时像我这样的画家,几乎每天晚上都去看电影,因为"画面是活动的",树叶能够随风摆动。《公众事务》的最后一部分,是一艘新船下水。我从外运公司得到了"诺曼底"号一些起航的画面:新船不停地向水面滑行,然后被大海吞没,当时连打碎香槟酒瓶都没来得及。这一切都是巧合的作用,我这个人很相信巧合。在这部影片里,有一个叫巴比的小丑,他是一个最难以想象的人物。他根本不是在演戏,我让他自由发挥。正是从这一刻起,我意识到,一部电影并不是靠演员表演才能获得成功,而是整个一系列的创作。

在拍摄第一部故事片《罪恶天使》时,开拍前几天,我简直像挨了一枚重磅炸弹。摄影棚里只有扮演修女的一群女演员。我毫不讳言地告诉她们:"要是这样,我立刻就走。电影不拍了!"我不能忍受的是她们说对白的那副样子以及她们那些毫无意义的动作。每天晚上,制片人都给我发来快信,求我同意让她们继续演戏,每天晚上，我都听到一片哭泣和咬牙切齿的声音。说实在话，这些女演员都很可爱，也多少按照我的要求塑造了各自的形象，但是，使我受不了的，与其说是我的眼睛，倒不如说是我的耳朵。她们说话的语调、声音的抑扬变化比她们的动作更让我无法容忍，因为动作还是可以纠正的。

同样，我在很久之后才发现，影片的背景音乐和主题思想背道而驰。也是在很久之后，我才懂得，声音就是空间。我们像声音一样听到的话语声给了银幕第三时空。有人试图寻找电影的立体感，这完全是徒劳的，毫无意义的歧途。因为，立体感就在这里。随着突然响起的音响，银幕会凹陷下去，人们感到剧中人物触手可及，甚至可以从他们的身后走过。

这是不是因为在影片中，您在音响上十分下工夫，而很少利用景深的原因呢？

也许你说得有道理。但也因为拍片时我只使用一台摄影机。我喜欢靠近景物和人进行拍摄，就像在现实生活中我看见他们的那种距离。正因为如此，我影片中的背景往往是模糊不清的。我觉得，这并不重要，因为，我可以再说一遍，距离和远景是由声音制造出来的。

我还想回到前面提出的问题：《金钱》在片长上是反潮流的。您对今天电影的拖长怎么看呢？

因为电影睡觉了。人们会拍成三个小时的影片，因为他们不会拍，也不去研究怎么拍。今天的这群导演几乎都是戏剧舞台导演，他们要休息，放假，轻松一下。我搞不懂的是，那些往往文笔不错的导演，却不想自己动笔，而要专业编剧替他们写，我想，自己终于明白了个中道理。如果说，电影真的是一门艺术，如果真要把自己的东西都掏出来，人们就会不断地产生疑问和失望。而写剧本的那位同道会把你的疑问全部拿掉，可以让你轻松自如地去干活。

我非常希望有一间自己的工作室，和那些有东西要表达的年轻导演一起工作。您知道德嘉德这句名言："无知者无畏。"那么，最好能够尽快学会。然而，在拍片的时候，必须把你会的东西完全忘掉，在我们的意愿前面，赤裸裸地一无所有。这正是赛扎那所说的那种境界："我画，我努力地画，我什么都不想。"电影应该进步，希望它前进的步伐迈得更大些！有人认为，可以从演员身上找到新的突破，但我对此却不抱幻想。因为，一门艺术只有保持其纯洁性，才具有真正的生命力。我注意到，一些导演使用了非职业演员，让他们自由发挥。您一定发现了，《金钱》中没有一个演员是在演戏。戏拍得如此之快的原因，是因为重要的并不他们说的台词。有时候，要让非职业演员能够满足观众的耳朵也不是件易事。然而，这一次，我觉得一切都很好地"说"出来了，虽然仍有些抑扬顿挫。一部影片各个组成因素必须具有某些共性的东西，才能使每个过渡都很顺畅。画面如此，音响也如此。非职业演员可能都有某种说话方式——这是他们各自不同的特点——但和其他职业演员相比，这些方式之间的差异确实不大。假如我们做一张电影演员话语曲线图，你将看到声音强度的巨大差异。然而我这些演员们的声音强度却是比较平的。这样做的目的,是为了顺利地把整体联系在一起。画面也是如此。我曾经说过:"我要像用熨斗似的把画面熨平。"我不拿掉它们的含义,但要弱化它们,使它们不要有过多自己的生命。对于演员也是如此,电影演员总想有属于自己的生命,而且说"我就是我"。但实际上,这是一个想象中的我,愿望中的我,并不是他真正的自己。

按照您的观点,画面的力量不应该同时和音响的力量对应一致?

事实上,当声音和画面同时发力时,会消磨新鲜感,使人麻木,丧失力量。然而,事物比这复杂得多。我们拍摄影片时,从我们双眼进来的东西,通过两台所谓完美的复录机出去,但实际上,它们远远不够完美。一台是摄影机,它带给我们人和物的一种虚假的表象,另一台是录音机,它把声音的本质给我们还原出来。如果人们想使影片结构协调一致,就要从录音机取出一些过于真实的东西给予摄影机。观众在电影院里能够欣赏到非常多的东西,而不仅仅是演员的精彩表演和他们抑扬顿挫的语调。影片《金钱》结尾时,我所追求的是,暴风雨来临之前空气中的力量。这确实很难用言语表达,冥冥之中,我什么也不去思考,却如愿以偿了。人们也许会盘算,但自己并不知道。应该靠感觉来行动,而不靠其他别的东西。有人说我是知识分子,但我这个知识分子可真不是那么好当的。我要想写点东西,非使出吃奶的功夫不可,但我还是要自己去写,因为一切都必须出自我的手。同样,有人说我是冉森教派教徒(道德准则和艺术标准上的严格主义者),这也是疯话!我恰恰是严格主义者的反面,我寻求的是印象。举一个和《金钱》有关的例子吧!我走在大街上的时候,立刻会问自己:"他们给我留下什么印象?"你看,印象就是穿梭不断的大腿,它们在人行道上发出清脆的声响。我要尽力把这个印象用声音和画面还原出来。有人指责我只拍裤子的下部,这简直太聪明啦!以前,对于《平湖骑士》中的马腿,就曾有人提出过类似的置疑。我只拍马腿而不拍骑士,是要让人注意冲锋陷阵之前,马的臀部憋足了多么大的力量。我不要表现骑士,因为那时候,一切都将模糊不清,但那是另外一个技巧问题,假如人们看骑士,势必要问他去干什么。然而,在日常生活里,我们走路的时候,眼睛往往看着地面,或者稍微高一点的地方,不是非要正面去看过往行人不可,除非有一个漂亮女人,人们才想看清她的面目。我知道为什么人们喜欢拍摄全身,这还是受戏剧影响,因为观众能够看到舞台上的全部。

您不会为了和剧中人物气质相似,而再去选择"模特"了吧?

只要他们在外貌、声音和表达方式方面与剧中人不相抵触,我会立刻选中这些人。人与人之间有那么多矛盾,有那么多古怪特征,陀思妥耶夫斯基几乎归纳出了一个体系。我喜欢跟不熟悉的人一起合作,他们会给我带来很多意外惊喜。我自己挑选的那些模特从来没让我失望过,在他们身上,我总能发现一些自己想象不到,而且对我十分有用的新东西。另外,我这个人特别相信偶然性,相信好运气。照像器材商店雇员吕西安和影片主人公伊翁的挑选,就是我好运和直觉相结合的产物。

除了您的头两部影片,您从来不求助于作家去写电影对白,而以前您找过的作家又都是不同凡响的人物:吉罗杜和高克多!

我由衷地感谢这两位大师。后来,从开始写剧本到最终银幕定型,全部工作都由我一个人来完成。但开始阶段,我不得不请作家帮忙,否则就无法开展工作。吉罗杜和我合作过,我像小学生那样对他简直崇拜到了极点。我只要对他说:"差不多应该这样写,这里长一些,那里短一些……"按照我的意思,他写得快得不得了。《布劳涅森林的夫人们》那部片子的对白,在高克多之前,曾经尝试和保罗·莫兰、尼米耶和叙贝维勒合作,但都失败了。我只能自己写,因为我当时认为全部工作都必须由我自己完成,但我费尽九牛二虎之力才写完四分之三,最后,高克多在他公寓里一张台布边上,只用一个半小时就解决了我的难题。

对您来说,受文学作品启发而自由改编成的影片,例如,贝尔纳诺斯、陀思妥耶夫斯基、托尔斯泰的作品,和纯属于您自己创作的影片,如《偶然》、《巴尔塔扎尔》和《可能是魔鬼》,在这两者之间有什么区别吗?

我觉得区别不大。拿《金钱》来说,我选择了托尔斯泰《假息票》的故事开头,抓住罪恶必然蔓延的观念,然后就按着我的梦幻一直延续到故事结尾,我把主人公赎罪的意念放到了结尾部分,而在原来作品中不是在这个位置。从某一个时刻起,我放开了一切,就像松开缰绳的一匹野马一样,完全听凭自己的想象自由驰骋,它把我拖到哪儿,我就去哪儿。托尔斯泰在他的小说里不是这样叙述的。《假息票》是一篇精彩绝伦的短篇小说,但从第一次杀人起,托尔斯泰就讲到上帝,讲到福音书,我不想照他那样叙述,因为这部片子是针砭当前人们那种精神麻木的时弊,他们只想着自己和他们的家庭,对别人完全无动于衷。以前拍摄的《可能是魔鬼》也是抨击这种精神麻木的,但这部影片是针对当前世界的。您还记得吗?那时候,不少年轻人自焚而死,现在没有这种情况了。新一代的年轻人根本不去想这些事,这很奇怪吧。事实上,他们觉得这些事不值得大惊小怪,他们本来就生在一个人们习惯于毁灭的世界上,所以,这些事不会使他们感到意外。关于《可能是魔鬼》这部影片,有人告诉我,在北方某城的一所中学里,一个男孩在校园里自焚了。我给孩子家长写信,请他们让我看看孩子的私人日记。我一点也没有采用他日记的内容。我只是想了解一下这孩子的精神状态,他虽然不太会表达,但对这个世界上发生的事情完全绝望了。

阅读一部文学作品的时候,您怎么一下子就想把它搬上银幕了呢?

对于《假息票》,这是立刻就决定的。为什么会立刻决定呢?因为这部小说在我脑子里,马上就形成了一部我早就想拍的影片,这就是一个反应引起另一个反应,最终导致一场大灾难的过程。一张纸币竟然引起了一大堆人被杀。人为什么会产生杀人的念头呢?于连·索海尔为什么杀死了德·莱娜夫人呢?五分钟之前,他知道自己要杀人吗?肯定不知道。在这个时刻,究竟发生了什么事?这是一种心里压抑着反抗和仇恨的力量的爆发。托尔斯泰在小说里讲的这个问题比宗教问题更吸引我，虽然宗教方面的叙述也十分引人入胜，但今天的人们已经不这样考虑问题了。

托尔斯泰小说的结构相当复杂，而您把几个人物的故事都综合到一个人身上了。

写剧本时，我已经把结构简化了许多，拍片时又进一步进行了浓缩。目的是不要使画面显得过于冗杂。不要使画面显得晦涩。这样会使影片具有爱德华·坡在《有办法了！》一书中说的那种浓稠度。简约才能产生诗意，我这里说的不是诗歌的诗意，而是电影的诗意。诗意来自简约，而简约来自观察人和事物更为直接的视角。

在您的《电影书写札记》中，您用大写字母特别强调"严格保持秩序和无序的距离"，这与您的工作方法是完全一致的：精心准备和接受偶然相结合。

卓别林经常说："把树摇晃摇晃！"我认为，摇得不要太用力。说实在的，人们需要一点儿真正的无序。看起来也奇怪，我的一些片子看起来像是经过精心准备的，而实际上却正好相反。像《扒手》那部片子，我仅花3个月就写完了剧本，是用极短时间在人群中拍成的。《圣女贞德受难记》也拍得很快，因为拍摄条件非常方便，地点和人物都固定在同一个地方。而拍《金钱》的时候，由于拍摄地点和演员经常变化，我真怕把主线丢掉。然而，通过音响过渡，我真想说的是通过音乐，我把一个镜头组和另一个镜头组衔接得天衣无缝。以前，大家都用叠印方法，音响过渡得那么和谐……但现在没有人这样做了。有人批评我每场戏的结尾总显得拖拉，因为现在的影片里，一段对白一结束，马上就要接上音乐，或者立刻接上另一段对白，否则，人们就觉得出现了空洞！

观摩您影片的时候，人们往往会觉得，很大一部分镜头都是您即兴拍摄的。

拍摄《金钱》和前一部电影的时候，我从来不事先考虑我要做什么以及下一步怎么做。在拍摄的那一瞬间，必须有一个冲击，让我觉得人和事出现了新东西，把意料之外的东西扔到胶片上。比如，前面说过的拍马路那场戏就是这样，我感觉到了脚步，对主人公的腿产生了兴趣，我让他回到原位，通过川流不息的行人，拍下了那组镜头。我觉得，这才是马路，必须有络绎不绝的人群……不然就变成明信片了。过去，我去电影院看电影的时候，最让我吃惊的，就是影片中的一切都是事先安排好的，连每个细节都经过了精心准备。演员们也仔细研究过他们的角色，等等。一位画家在作画之前，不会知道他将要画什么画，雕刻家也不可能知道他会雕出什么作品，诗人也不可能知道自己将会做出什么诗……

电影的片名，比如《金钱》，您是怎么想出来的？

我觉得这非常容易。《金钱》立刻就蹦出来了，我连一秒钟也没想。有人也许会对我说，这根本不可能，你早就想好片名了，我只能回答：您爱怎么想就怎么想吧……无论对个人还是对国家来说，只有钱才是最重要的。一个人或者一件物品，今天已经被简化成两个问题了:他有钱吗？它值很多钱吗？在地铁里,我惊讶地看到一则广告:"法国最畅销的电饭煲",总是离不开畅销书的意思。票房最高的影片就是最佳影片。您看,我们已经到了什么地步。这就是金钱！至于《偶然,巴尔塔扎尔》这个片名,我本想找一个圣经中的名字。朝拜出生耶稣的三王之一叫巴尔塔扎尔,"塔扎尔"又正好和"偶然"这个词押韵(Auhasard, Balthazar),所以,找到这个片名,真是"得来全不费功夫"。《可能是魔鬼》的片名,是早在我写剧本的时候就定下来的。

在《可能是魔鬼》里,在宿命、必然逻辑和每人都有的自由之间,存在着同样的关系吧？

我越来越相信这一点。我越来越觉得,人们赋予电影演员的使命,是要他们去解读所担当的角色,这从心理学上是无法解释的。千万不要让非职业演员去解读他们自己,因为他们不了解自己的角色。假如他会这样做,那一定是个了不起的天才,就应该派他去做别的事情了。对我来说,我遇到的非职业演员,每个人身上都有我完全不知道的奥秘。渴望认识一个人,寻觅隐藏在他面孔、前额和目光后面的内心世界,是一件十分有趣的事。人生最大幸事,莫过于满足自己的好奇。我渴望着每个人都渴望去认识、去探索人生无穷无尽的奥秘,不要试图去改变生活,仅仅想象一下就足矣了。

您的电影十分注重细节的真实性,但是这些细节却是按照某种顺序拼接起来的。

这些细节是真实的,说得更准确一些,细节之间的关系和它们的组合所表达的内容是真实的,而不像戏剧演员的动作和语调那样。在一部影片里,声音和画面是同步的,手牵手地一起前进,一起后退,一起停住脚步,然后又一起出发。银幕上使我感兴趣的是对位。

您总是反对戏剧,您是一位画家,生来就喜欢绘画。然而,您却认为电影和美术之间不存在竞争关系。

我非常喜欢戏剧,但是,我既不认为电影会演变成戏剧电影(把戏剧拍成电影),或者电影会变成其他艺术的综合体。我喜欢对年轻人引用斯丹达尔(又译司汤达)这句话:"是其他艺术教会我写作艺术的。"各种艺术应该是各有专长。

您影片的画面是造型的,从来不是一幅"绘画",您不担心电影会受绘画传染吗？

从来没有担心过。假如我想到了绘画,这是为了远离它。我这里所说的远离,是指那种彩色明信片。然而,这样并不妨碍我用画家的眼睛来进行画面构图。在《金钱》里,您注意到那些连续特写镜头,都产生了震撼效果吧。当钢琴师的父亲让酒杯滚落地上的时候,他的女儿正在厨房里。她把铲子和抹布都准备好了。我没有让她走进房间,而立刻过渡到我喜欢的特写镜头——潮湿的地板,伴随着抹布的声音。音乐、节奏和震撼效果都如期而至。我不像戏剧或电影中那样，拍摄一个人走进房间的过程，而拍摄门的把手在转动。您也会注意到，主人公没有立刻露面，人们先看见他的大腿，然后发现他的后背，后来再看到他身体的四分之三，最后，突然看见他一个人在走路，露出了庐山真面目。

在您影片里，有很多镜头变化，这有些出人意料，但镜头移动得十分谨慎。从来没有移动拍摄场景，也没有环形拍摄全景镜头。

因为这不真实，太假！您从来没见过灯泡或桌子自己跑来跑去的。这是由摄影机突然运动取得的效果。我所追求的，不是对事物的描写，而是对它们的观察。运动来自一系列的观察和它们之间的衔接。这很难用语言表达。我越来越想把我感觉到的东西表现出来，在拍《金钱》的时候，这几乎已经成为一种方法。这是对一件事物的观察理念，而不是事物本身。所谓真实，这是我们制造出来的。每个人有每个人的真实。也许存在一种客观真实，但它不是我们的真实。初拍电影的时候，在《布劳涅森林的夫人们》里，我当时的追求和现在大不相同，当时，我只想影片要真实连贯、顺理成章，仅此而已。但是，今天我要展现的，是小个子夫人拣土豆的篮子，而不是她的脸。这完全多余，因为不久之后，在她走上来和离去那场更加重要的戏里，也是男孩子唯一帮助她的那场戏，人们可以清楚地看到她。

您曾经和五名不同的摄影师合作过：阿高斯梯尼，布海尔，勒豪莫，柯劳盖和德·桑迪斯，是不是每次都有很大改变？

不，没有多少不同。我们总能最终达成相互理解。我从来不受他们做法的影响，他们很容易就能完成要求他们做的事，我也知道他们能够做到。我喜欢德·桑迪斯，因为我们会用相同的造型去看人和物。假如我能像自己期望的拍摄《创世纪》，一定跟他合作。我喜欢他拍的东西：把人体的圆形和凸起充分反映出来。

开拍之前，您和他进行讨论吗？

我告诉他大致上我希望得到什么，以及我对影片总的理念。细节都是意外来到的，它们不会改变我们事先达成的共识。灵感往往会在瞬间出现。例如，吕西安在自动取款机前面那场戏，我在分镜头剧本里提示：吕西安借助路灯灯光。拍摄时我立刻发现，商店五颜六色霓虹灯的强光要好得多。

在《金钱》里，您很厌恶有产阶层的人：像框售货员、中学生诺贝尔的父母，而对送重油工人伊翁和受盘剥的老妇人深表同情。

当然啦，我就是这么想的。可是，这并不是一部反资产阶级电影。影片反映的不是整个有产阶级，而只是个别情况。我自己就是一个有产者。但我就是这样观察人的，仅此而已。这也是托尔斯泰小说使我激动的原因。其他社会阶层的父母，出于对子女的疼爱，也会干出同样的事来。也许事情本身并不是什么了不起的罪恶，但它引起的后果实在触目惊心。

别出心裁的是,电影赋予了托尔斯泰小说的现代特征:中学生、像片框……

我保留了小说的本义,因为它是正义的。我使故事法国化、巴黎化、现代化了。我也保留了摄影师这个人物,因为他有一间暗室可以藏身。

为最后的混录,您采集了很多声音。

我尽可能多地到各处去搜集不同声音。一听见觉得有用的,就把它录下来:水的声音、翅膀扇动的声音。拍外景时,避开声音是个难题。如果不太累,我总喜欢晚上或夜间拍摄。《金钱》里的水声就是这样得到的。

《金钱》里杀人那场戏,狗的哀鸣十分感人,效果极佳。

很多动物都有一种我们至今还不清楚的超常敏感,今后我要更经常地利用它。它们反映出来的情绪是我们喜怒哀乐的分解和延续。

《金钱》一片中的那些门,最后一扇总是敞开着,囚犯就是从那扇门出去的。

如果我喜欢门,为什么电影里不多放几扇门呢?门的一开一关,非常吸引眼球,尤其是那扇朝向奥秘还没水落石出的门,异常引人入胜。这里有一个需要处理的音乐节奏问题。您看,习惯多么害人呀!也许太过于象征化了,无论如何,我还是很喜欢那些看热闹的人,他们的眼睛到处瞟,可是什么也没看见,刚才似乎还都有呢!

您说您是一位"愉快的悲观主义者",但您最近几部片子和《扒手》或《一名死囚犯的逃亡》相比,显得更加昏暗,那两部片子还有一个欢乐大结局呢!

《金钱》里伊翁自赎那场戏,我很遗憾没能充分展开,在那个时刻,影片节奏不允许我再拖长了。也许我看世界比以前更黑暗了。虽然并非出自本意,但也不无原因。

您很少找电影作曲家合作,但却热衷大音乐家,像莫扎特、吕利、蒙特威尔第、舒伯特和巴赫。

这个问题今后已经不复存在了。因为,几年前我就把影片中的背景音乐和陪伴音乐全部取消了。我很晚才觉察到音乐的不良影响。只要音乐一起,即使是欢乐的,特别是欢乐的,画面立刻就会丧失冲击力。然而,只要出现一点儿声音,画面就会下凹,就会向深度延伸,产生第三空间。

为什么您为《金钱》选择了巴赫的半音幻想曲?

因为我不愿意那位钢琴家弹抒情音乐。暴风雨来临之际,这太不协调!但还是太抒情,尽管巴赫的音乐并不抒情,可能我还是没处理好。

然而《偶然,巴尔塔扎尔》的伴乐舒伯特第二十奏鸣曲,却是抒情音乐。

是啊!有什么办法呢?除了马的嘶鸣和皮靴的声音,我当时实在不知道如何填充无声空间,我选择这首曲子就像一种驴子灵魂的语言,每次像主题曲一样反复出现。我对自己的处理很不满意,从此之后我就不再放这种影子音乐了。

您对自己拍的哪些片子最满意？

我不知道，因为我几乎从来不看自己的片子。每部电影都给我带来过欢乐。有些片子拍得很快，也很容易，像《扒手》那样。我喜欢这些片子的快节奏，以及衔接紧密的画面。《偶然，巴尔塔扎尔》有精彩镜头，也有不足之处。要想把过于困难的东西拍成功，必须出现出人意料、异乎寻常的巧合。对《一个梦幻者的四个夜晚》，我非常喜欢它的主题："爱情只是一场梦，来吧，咱们继续做吧！"这部片子一点儿也不悲观！但是，没有一部电影是完美无缺的。

《金钱》里有一组镜头特别美，就是突然来到乡下那场戏。

我最害怕改变拍摄景地。担心会产生不连贯，怕断线。即便如此，还是有理由这样安排的：监狱往往位于紧邻乡下的城市边缘。伊翁溜达到这里，不知道该做什么事，就进了遇到的第一家旅店。所有的故事就从这儿开始了。杀人的那所房子和洗衣场我都熟悉，就在埃贝农离我家不远的地方。

伊翁，有点像终结天使。

社会抛弃了他。杀戮是他绝望的表现。我对他和小个子妇人的关系，以及后面发生的事情很感兴趣：这是接纳与反抗的碰撞。我想让它触及我们的道德中枢，而不是讲一个故事。

您拍的影片都是围绕在宿命和自由，偶然和必然之间的碰撞吧？

生活就是如此。发生在我们身边的事，四分之三都被偶然所左右。人们的意愿进入到宿命里。很久前，在我几乎完成的一部影片《圣·伊涅斯的一生》里，已经反映了这个宿命思想。影片主人公的到来纯属偶然，他自己也没做什么了不起的大事，但他会聚拢人，结果就成功地创立了耶稣会。

在您的职业生涯里，也有您的意愿和拍片各种偶然性相逢的机会吗？

有些时刻，我的意志会产生动摇，结果就让步了。而今天，我的意愿飞走了。我觉得我想做那么多的事，但都做不好。我必须抓紧时间工作，我还想写另外一本书。

"金钱是看得见的上帝"，这是一位大人物说的。但这是一个假上帝，因为对您来说，看不见的上帝才是重要的。

这是一个可恶的假上帝！然而，今天他却无处不在。确实，最重要的往往是看不见的。我们在这里正在做什么？生和死到底是什么？我们要去什么地方？是谁创造了动物和植物生命的这些奇迹？您知道，现在有人非常想把看得见的和看不见的二者联合在一起，我想在《创世纪》里探索一下这个问题。

开拍之前，您是否能看见将要拍的电影？

是的。在影片逐渐定形的整个过程中，在拍摄和剪接阶段，我都能连续不断地看到未来的影片。我从来不试图对事物进行提纯,像有人说的那样,达到苦行修身的目的。并非如此。问题是,事物处于混乱状态时,难以看清楚。在一棵树上,我们无法分辨一片个别的树叶。要探索一件事,必须在思想上排除妨碍我们看清楚它的东西。假如故事过于冗杂,一个画面就无法衔接另一个画面。必须具有简化的意念。您知道,我曾经说过,照片是骗人的。把一个人放在两种不同的灯光下面,就会照出两个不同的人来。《金钱》里主人公有三张脸,有些镜头,他很漂亮,有些镜头又像一个十八岁的孩子。这位演员叫克里斯蒂安·巴岱,是我偶然找到的。我妻子在她以前住过的房子里,结识了这位邻居。他曾经求我妻子帮过忙,所以,找演员的时候,她想到了他。他确实是一个天才,身体强壮,性格暴躁,但表面上却深藏不露。可能他不是巴黎人。

您很晚才使用彩色胶片。

因为以前彩色胶片价钱太贵。后来我一旦有了购买力,就非常高兴地使用了它。彩色,就是光,只有彩色才是光。每天我都用眼睛绘画,我注视着体积、轮廓和色彩。从黑白到彩色的过渡,没有给我造成任何问题,丝毫没有改变我构图和观察的方式。不管别人怎么说,我画画的时候,大致的图形已经勾勒出来了,无论如何,主要的线条都是黑白的。有时候,我需要一个鲜明颜色来和连续的冷色形成对称。

您还继续作画吗?

不,完全搁笔了。已经很久不画了。我认为不能再画下去了。绘画不会有太大前景。我说的不是毕加索,而是塞尚。他已经达到了人们无法达到的境界。别的人可以画,因为他们没到我这个年龄,而我很早就感觉到不应该继续下去了。我刚停止做画的那些日子,非常痛苦。起初,选择电影不过是出于万不得已,仅仅为了占住思想。但我现在认为,自己的选择是完全正确的,因为电影比绘画具有更加广阔的前景。不幸的是,电影有太多的投资回报问题,另外,我的手不干活也会让我感到不那么自在。可是,对于那些有话要说的人,电影才是明天的绘画或写作,它有两种墨水,一种为眼睛看,另一种为耳朵听。

您喜欢彭日的诗吗?看您影片对事物一成不变的看法,自然会想到他。

自从他搬到南方居住之后,我再没见过他。关于电影和我的影片,他给我寄来了极其精彩的信。我喜欢他对物件和静物的那种深厚情感。高克多在他一部话剧里通过一个人物对我们说:"物件像猫一样跟随着我们。"我的电影也会使人想到勒·克雷佐。他给我写来一封关于《金钱》的精妙绝伦的信。我也接到过音乐家和画家的来信,他们都持有和我完全一致的看法。

写剧本、剪接和拍摄这几个阶段,您比较喜欢哪一个?

写剧本最难,带着我刚才跟您说过的各种问题,坐在房子里编剧本,实在太困难了。现在我的工作方法变了,我走在大街上,或者夏天在海里游泳的时候,对剧本进行构思,然后做些笔记。拍摄的难题是时间太紧,我如果暂停10分钟或一刻钟拍摄,去思考一下,整个摄制班子都会感到意外。我在意大利拍过几年电影,说来也奇怪,在这个国家自己拍不出好片子。我记得有那么几位导演,他们可以说:"今天我没灵感,我走啦!"没有人觉得奇怪。这实在太棒了!可是,如果我在原地闲转一会儿,或者到一边去思考,每个人都会奇怪。因为电影是靠准备工作生存的,一切都要事先筹划好。必须知道从哪个角度拍,在摄影棚的哪个角落里拍,大部分时间我们还是在摄影棚里工作。这一切之中夹杂着真实和非真实。在剪接阶段,当画面与声音融合在一起的时候,创作灵感会油然而生。生命便显现出来了。一部影片从开始到结束,要经历一连串的出生和复活。在纸上死去的剧本拍摄时复活,死去的画面又在剪接时复活。我们的努力就这样得到了回报。

您在书里谈到过"眼睛的射精能力"问题。

我说的就是创造能力。眼睛把它看到的东西先破坏掉,然后再按照它自己的意思组装起来。画家的眼睛是按照他个人的情趣和审美观念来反映世上万物的。

您创作的人物是受欲望驱使的吧?

有生活的欲望,也有人的意志。那种把喜爱的东西放在眼前的欲望。我的人物都是勇往直前,不达目的绝不罢休的。我没有任何办法,不然他们就会死掉。假如要画一朵花,我不画它的花蕾状态,而画它最美、最具魅力的绽放形态。

《一名死囚犯的逃亡》中性格倔犟的主人公,很像鲁宾逊·克鲁佐(《鲁宾逊漂流记》)的新版。他在牢房里遇到一些实际问题:怎么锯断护栏,等等。他不甘心陷入绝望,听任命运摆布,而是竭尽全力在身边寻找生存下去的办法。

您在《创世纪》中将会看到更多的这类描写,几个月之后,我就要开始这部影片的准备工作了。看上去,亚当也像一个到无名岛探险的遇难者。《创世纪》中最精彩的,是上帝叫亚当给器物和动物起名的那场戏。我觉得非常好看。亚当来到这座无名岛的时候,已经万事俱备了。现在,我又要重新拾起15年前放弃的这个计划了。估计一下,至少需要一年准备时间。包括那个时代的鸟类、昆虫、体形巨大的动物和树木问题,困难是不计其数的。剧本已经基本完成,但还要做较大改动。现在,我像马赛人那样:事还没做,先就觉得累了。

依照您的理解,《创世纪》是在哪里结束的?

结束在大洪水或者发明语言的巴别塔之时。这是一部为电视台拍的很长很长的影片。人物讲古希伯来语,这是一种和阿拉米语混合得非常美丽的语言。亚当既不能讲英语,也不能讲法语,而讲一种几乎没人能懂的语言。

这部电影的音乐比其他影片更多吧？

您说的非常正确。想象一下，创世纪时和大洪水时期的诺亚方舟里各种动物的叫声，这是一场多么美妙的音乐会呀！多么激动人心，而时而出现的寂静又多么引人入胜啊！我太想拍摄这部影片了！就像要投身到一片无边无际的海洋一样，看看会出现什么情景吧！

您打算在哪里进行拍摄？

我还没想好。既不会在巴勒斯坦，也不在中东国家。我不想让影片的背景类型化，再者说，我从来就不太重视背景。看见一头骆驼站在沙丘上就足够了，我觉得把它放在布依·德·多穆山顶上就很有意思。我真想在我的故乡欧凡涅拍这部片子，因为那里的景物实在是千变万化。

Maurice Pialat
莫里斯·皮亚拉

(1925—2003)

　　1968年威尼斯电影节上,在《赤裸童年》首映时,我看了莫里斯·皮亚拉拍摄的第一部故事片。与10年前弗朗索瓦·特吕弗那部《胡作非为》相比,其轰动程度虽大不如前,但一个自然贴切的野孩子新形象崭露出一位性格更加顽强的导演。尽管该片是与其他两位导演——克罗德·贝里和弗朗索瓦·特吕弗——合作拍成,但皮亚拉一直感觉与法国电影界格格不入。他比新浪潮导演年长,但10年之后才得以导演第一部影片,对此他始终心中忿忿不平。

　　在瓦戈哈姆街帝国私人放映厅放映他的《我们一起变老》之后,我结识了这位导演。当时,我和罗杰·塔尧尔站在大厅出口,向他表达了我们对影片的赞赏,谁知这却引起他对自己影片的一顿谴责。他对任何人都不满意,对同行毫不留情,对自己更加严厉,他要追求一种无法达到的完美。我和他保持了30年有规律的接触,经常通电话,打算为他写一本访谈录,这将是我第一本写法国导演的书。他感觉自己与新浪潮同行,却与他们的影评经历相距甚远。皮亚拉热衷的是一种大众电影,像雷诺阿或者索岱(这是他唯一器重的当代导演)拍摄的那类影片,因此他经常与观众见面。他的影片艰涩、严厉、从不妥协,在描写人物和他们遭受的痛苦方面,无论好与坏,都对大量法国年轻导演产生过重大影响。我对他的访谈中,关于《露露和警察》最为深入,但我这里选择了和米歇尔·西诺一起对他进行关于《凡高》的采访,因为这部影片是画家出身的导演的一大杰作。

关于《凡高》

（1992年，巴黎）

　　苦涩……这不是无奈，也不是愤怒，而是遗憾。愤怒……还能是什么？如果手拿一根棍子，在空气中乱打，总得找到一个障碍物，我连这都无法找到！恺撒奖这件事不就是这样吗？最好的办法，就是躲在一旁，我就要这样做，有点儿遗憾吧？但这是上策！不理它就是了。片子拍也好，不拍也好，就这样吧。这有点儿可笑，有点儿孩子气，可是有人喜欢我这样，流派嘛……

　　拍这部片子期间发生的事情，在我所有的片子里都出现过。我不愿意当替罪羊。可是我还是当了替罪羊，而且不止一次。总是当替罪羊。我一共拍了10部片子。这10部片子——也真够惨的，从我的经历，大家看看今天的电影，就是管中窥豹，可见一斑，如果我不当替罪羊，也得另找一个人……电影停拍，说是因为我花的钱太多。如果说花钱太多，那是因为预算太低。有些超支本来可以避免，电影成本原本就可以定到一个不该超过的水平。成本原来定在四千万左右，现在超过了六千万，至少有一千五百万甚至两千万都冒着烟跑了，它们都没有花到电影里。是花在置景上的钱太多了！可是这些东西根本就没用上。这才造成了电影停拍。事实上，三个星期的拍摄只花了三百万。这就说不通了，现在花在影片中的三百万占了四十五分钟片长。我不是说自己一点儿责任也没有，但这件事看起来实在太蹊跷。我当时不相信会停拍，可是跟这些一点儿决策力都没有的人一起，电影真的就停拍了。本该立即做出决定，停止把大量经费花在置景上，而且，这些景从来就没存在过。影片不得不停拍了两次。第二次拍的时候，我事先就知道无法坚持到底，一个月之后，又第三次开拍。这样一来，就使像杜特龙那些人能够说，电影拍了八个月——他还说了许多别的话，看起来像是在掩饰——但事实上，断断续续加在一起也不过四个月，照我看，四个月已经不少了。我总算做完了一件事啦！接下来，我要休息一下了。光谈停拍这件事，就足够您采访的内容了。我拍的10部片子，停拍过5部，其中包括《露露》，这部片子停了一年，您能想象得到吗？和一些人一起，虽然我不说，但我从一开始就知道拍不到头，结果，果然就是这样。就拿《露露》说吧，我一点儿责任也没有。伊莎贝尔·于佩尔和西米诺走了一年，他们滑旱冰去啦！然后，制片人破产了。这就迫使我们放映了几个月"镜头不全"的电影。简单说，10部电影中有5部是分两次拍完的。替罪羊就替罪羊吧，对我这个素有捣蛋鬼名声的人就算是正常的吧。老实说，他们这种说法能有一点儿可信度吗？是，我知道，人们把这叫受虐狂……这根本站不住脚。从一开始我就遇到这类问题。我就像面对一座高墙，似乎有一种排斥。有一天,我必须把这一切写出来,平心静气地,毫无怨言地,就像警察写笔录报告那样。

您说的这些没有使用过的布景,是哪些布景呢?

所有的布景。布景组待在那里整整一个月,什么事也没干,20个人都付了薪酬。我不知道您是否注意到,在这部电影里,人们看不见外景。我挺喜欢影评的,因为他们什么事都爱管,那就请他们也管管这件事吧。您做了一件事,就像在学校里那样,往往是一些无知无识的人,会拉着您的手,告诉您要做这做那……比如说,这件东西是租来的,可是您没看见那件东西。您希望看不到凡高做画的镜头,但我从来就没这么想过。那就只能听之任之吧!至少我做到了这一点,事情搞得越糟,我心里感觉就越舒服。我只有这样做,人们才会说,必须把事情搞砸了导演才能心安理得。而且,我成心捣蛋就是为了能觉得心里舒服……!

为什么要搭这些景呢?

为了搭这些景,我遇到了很大的问题……人的能力问题。一些负责干活的人完全没有能力。他们找来一些根本不懂电影的人……我岳母跟我说:"莫里斯,你是导演,怎么会……"一般人都会说:"您是老板,您怎么不阻止呢?"应该把置景班子的人换掉。但是几个星期过去了,我没这样做,我当时心里想:这些人不行,但是换一些人可能情况更糟。这些助理导演也一样。人们也许认为这是软弱,但归根到底,并非如此。我不怕对人说,当我从这些丑陋无比的布景前面经过的时候,把头扭过去,根本不去看它们。有时候,我从一堆铺路石旁边走过,发现一个人也没有。我问:"他们去哪儿了?干什么去了?"有人告诉我:"他们在火车站。"我到火车站布景前面一看,这里还跟采景时候完全一样!这就是说,他们可能在黎世留火车站堆着铁路器材的一个车间里,大概他们在那里干活呢!可是,到那里一看,他们什么也不干……

我本应该是老板,但我并不是。(影片的老板不做决定,那他就不是影片老板,但他却签发支票……)我本应采取一些措施,但这就会造成混乱,就会停拍一个星期,或者时间更长。我本该把这一切都清理干净,然后在好的基础上重新开始,实际上,那样做会省下不少钱。最后,人们审查这部片子。影片并不是应该拍成的样子,它缺少好多东西。是的,这部片子还过得去,但您看不见它所缺的东西。

拍摄过程中,布景短缺是否迫使您改变美学选择,从"摄影棚"过渡到"自然景"呢?

没有。我的布景可能会被人批评是现实主义或者真实主义。简而言之,因为生命不在布景里,即使在《世界的每天早晨》里有更多的布景。在那部片子里,我连一只苍蝇都看不到!在声带上可以听到一些东西,但在画面上什么也看不到。我对弗瑞尔斯那部《危险关系》也做过同样批评,然而,那部片子并不差。问题是,人们在影片里找不到一点儿那个时代的生活的影子。尽人皆知,城堡就应该车水马龙,旁边的农庄应该有动物叫声。如果我敢说自己是一名导演,第一件该做的事就是要想到这些,即使以后认为不必要,剪掉它就是了。如果做不到这一点,那么,在《世界的每天早晨》和一部电视连续剧就没有区别了。而且,有时候,电视连续剧里还有生命呢!唉,我跑题了,回到正题上来吧。

您说的情况与我的问题没有什么关系,我们认为,影片中缺少布景是出自一种选择。观众看不见凡高画画,就是一个例子。有关绘画的大部分影片都误认为必须展现某个人正在画画。只有两部关于绘画的电影没有绘画镜头:塔可夫斯基的《安德列·鲁布廖夫》和您这部片子。

这类镜头还是太多了一些,这很糟糕。我甚至把他拿着笔什么也不画的镜头都剪掉了。理由就是我觉得太假。不幸的是,像玛格丽特摆姿势弹钢琴那组镜头里,还能看见他在室外作画。这是要不得的!借用一位真画家的手也不是什么好办法。我去看了麦萨吉耶,我已经40年没见他了,而他却把我轰走了。要想把画画的行为表现得可信,需要有触觉和视觉。至于弹钢琴那场戏,我听之任之了。面对着那位小姑娘的表演,我目瞪口呆。心想:"如果我叫停机,她一定会认为是她自己出了问题。"不管怎样,谁也没看出有什么问题。我原本可以拍几个衔接镜头,可是,要把另外补拍的镜头衔接到这类戏里太危险了,恐怕接不上!

同样,也不应该忘记这一点:大多数观众只看一遍电影。这类细节可能会使您感觉不舒服,但不会让他们感到不舒服。

的确是这样!您这里谈到了电影艺术一个固有的问题,很值得思考。任何人都可以反复去看同一部电影。可是能够仔细品味一件东西的人越来越少了。但有些人确实有这种意识、这种愿望、这种爱好,他们反反复复地看一些片子。我们拍电影,首先应该为了这些人,即使也可以为其他人。我们做些让步吧,实际上,让点儿步不会给我们造成任何损失。

从"复原"这个词的贬义上说,您并没有愿望去再现什么东西。这样,您就避免了那些拍画家或者拍绘画的影片最容易犯的毛病。至少可以说,这是我特别欣赏您影片的一个原因。凡高作画时面对的风景,虽然看起来不像是复原凡高的某幅绘画作品,但总还是有那么一点点东西,让我们的下意识能够想象到凡高在意念中如何把它移上了画布。

幸亏如此。遗憾的是我做得还不够好。说到这里,我记得您对米奈里或者休斯通写了一篇非常严厉的评论文章,说他在《红磨房》里,让人物从几组活道具前面经过,造成了格丽万腊像馆似的那种博物馆印象。附带说明一下,我会说那些"宽景"影片,不管你拍什么东西,都不是今天喜闻乐见的电影的拍法,现在影片里只有特写镜头。这就是说,电影正在死去,当然,目前还没完全到那种程度。前卫电影和几位战后电影大导演，拍过一些"宽景"能够活动的影片。比如，我昨天看的欧当·拉哈那部《红色旅店》，毛病太多了！不仅布景穿帮，人脑袋是硬纸板做的，而且演员的表演过于戏剧化。无论如何，跟今天的电影相比，那些片子太差劲了，就像是从超8厘米电影教材上学来的一样。以前我常说："我要拍一部这样的电影，至少我会省不少劲，而且可能会成功。看了这部片子，我什么话都没有了。我不会说我用了同样的方法。"

拿《凡高》的群众演员说吧，他们在影片里还不完全到位。当然，与置景相比，情况好多了。一个名叫玛丽·雅娜·帕斯卡尔的女孩非常好，帮了我很大忙。我没有足够时间去"请"群众演员来和她配戏。有些片子我这样做过。您不知道，这个工作量太大了。我拍了20年电影，从来对自己做的事没有满意过。比如，当凡高和家里人来到海边的那场戏拍得很快，开拍之前看看怎么拍就行了，这只是几分钟的事。结果让人想到，那里早就放着一台摄影机了！就是这样，我不说这是在1890年，但却记录下了一些十分鲜活的东西……我把它跟别人东西一比，从是否成功的角度看，它让你最终取得了胜利。

另外，我不认为《世界的每天早晨》是一部非常坏的片子。这是一部站得住的影片。我不想去看《情人》，因为可能更差。我常常拿电影跟体育相比，尽管两者之间没有什么关系。但无论如何，总是跑得最快的和跳得最高的得金牌。假如卡尔·刘易斯参加短跑比赛，绝对不会像法国运动员那样跑第八，尽人皆知，他不跑第一准是第二，因为他确实了得。但在电影界就难说了，你也相当不错，一切都好，跑得也相当快，可是，突然一下子，冒出来一个家伙，谁也不知道他是何方神圣，是干什么的，但他也来参加比赛，就像是自行车比赛那样，终点前10米他才骑上车，但他一来就超过了你。你大惊失色，丈二和尚完全摸不着头脑。

如果拿您和一位画家做比较，可能更像德加或者塞尚，而不是凡高，作品更接近《浴缸》或者《圣·维克多山》，而不是《向日葵》或者《星空夜色》。

您说的对，尤其是，这些都是年代久远的画了。我20岁开始画画的时候，非常喜欢凡高，后来，逐步失去了对他的兴趣。很久以前，我想拍一部关于他的电影，倒不是出自对这位画家的欣赏，而因为他妹妹弄出来的故事太像一个电影剧本了。同样，即便要拍贝那诺斯的作品，以我的看法，宁可拍《冒名顶替》，也不拍《在撒旦的阳光下》。

我刚才说到了修拉，现在还是谈《凡高》吧……首先，初拍电影的人喜欢拍凡高的题材，因为这比较容易。您想一想，在那个年代，买这样的画是难以想象的。他的那种画没人感兴趣。现在，我再回答您刚才提出关于选择风景的问题：我拍了凡高面对如画的风景作画的镜头。在奥维尔，我已经拍过一部电影。很多画家都到这里来了。因为传说有两个古怪家伙肩并肩地葬在这儿，所以我觉得这个地方会闹鬼。但我从来也没想要把凡高的什么画和大家见到的东西联系起来。

那么，您选择凡高，而不是修拉或其他人，是出自戏剧性的原因啦？

首先，我找到能演修拉的演员可不是一件容易事。

找到制片人肯定也相当困难吧？

嗯，您知道吗？托斯康有兴趣，这个人虽然有不少缺点，但无论什么东西我都可以塞给他！比如《在撒旦的阳光下》就是证明。得有点儿神经不正常才行！您会说我脑子里只有票房人数，那么，《修拉》可能有三万人买票。不管怎么说，关于画家的电影从来就没有一部大红大紫过。可是《凡高》这部片子，从头三个星期的情况看也许还能不错。

在法国，这部影片已经有140万人看了。这相当了不起啦！今天，人们去电影院看电影，不像30年代了，那时候别无选择，而今天，人们去电影院和去看戏一样，或者跟买一本书差不多。

这是我失望的主要原因，我对观众寄托的希望太大了，而且我把期望值也定得太高了。说实在话，人们都喜欢方便。可是，不管如何，电影需要成功，需要票房。让-雅克·阿诺和我不同，假如明天我想拍一部和《情人》投资一样多的片子，他有钱，我没有。反过来说，只要预算不超过几千万法郎，我想拍什么片子就可以拍什么片子。几千万虽然不算太多，但已经不坏了。我认识一个小伙子，拍第一部影片就得到一千五百万。我记不得自己拍《赤裸童年》时给我的准确钱数了，但按恒定法郎计算，肯定少多了。我拍的唯一一部能够不分年龄段受所有观众欢迎的影片，就是《我们不一起变老》，《露露和警察》也可以算这类片子。我需要一部像常年真正成功的三四部片子那样的片子，也能够像波力叶那样，靠它生活几年。也许《凡高》能这样。

您怎么想到要把凡高的一生凝聚到他最后的70天呢？托斯康·勃朗蒂耶来的时候没带着什么想法吗？这完全是您自己的主意吗？

1964年，我拍过一个6分钟短片，可以让您看看。这是我给电视台拍的《法国史话》中的一段。它们是为法语电视台播放的"小东西"，但没有在法国播放过。大约拍了十多集，那时候，本人靠这类东西活着。我拍过一个叫《奥维尔》的小片子，里面不仅讲到凡高，也谈到了窦比尼，其中有奥维尔风光和一些有用的资料，是部黑白片。我曾经想，可以拍一部电影，就叫《凡高七十天》，后来也想过这个题材，但这都属于那些我叫做"蓄芳待来年题材"。此外，我还有《在撒旦阳光下》和《凡高》续集的题材。实际上，与达尼埃尔·欧德伊会面之后，才把一切推动起来。我本该知道，一个题材这样拖下去就完了，就没戏了。

一般说，您讲的是事实。但具体到这部片子，情况并不是这样。

是欧德伊把这件事重新推动起来的。有一天，他给我打电话，说："我喜欢和最优秀的导演合作，所以我给您打电话。"我受到恭维，觉得他和蔼可亲，决定跟他一起找题材。那时候,他遇到贝尔纳-亨利·莱维,想拍他的波德莱尔。就像《世界的每天早晨》那样,有点儿像微缩的阿玛窦斯,欧德伊想演他热衷的伽密叶·克娄岱尔,波德莱尔作品里有点儿这样的味道。所以,我开始读"这玩意儿",可是,没看完就把它放下了,因为,要再现那个戴着大礼帽的时代,自己心里总是找不到感觉……要我重新准备一部穿礼服的片子,实在提不起精神来!即使自己在《凡高》里已经弄过,也没有出什么错,过一会我再谈这个问题。除了那两场舞会,实在拍得太仓促,出了不少瑕疵。

现在,我正在不动声色地做心理分析。您坐在沙发上,我慢慢哑摸滋味。您瞧,我就是这样做一部片子的:我遇见一个和蔼可亲的人,他决定让我拍一部电影,但并不把钱放在桌子上,但是,我相信他会把钱拿来,因为靠他的名气,能够得到一笔相当高的预算。所以,我就对他说:"我有一个题材。"这正是歌哈加尼写的《格拉尼叶·德福埃尔之子》和《无助而死》这两部片子的经历。歌哈加尼为伊夫·蒙当写了《格拉尼叶·德福埃尔之子》:一个儿子回家看望垂死母亲的故事。我对歌哈加尼说:"我跟你的构思大不相同,如果我要拍一部关于我即将去世的母亲的片子……"这样,片子就开拍了,完成了《无助而死》。跟欧德伊合作,情况不这么简单,因为他决定叫我拍一部自己不感兴趣的片子。至少可以说,没什么新鲜的东西。可是后来,我又觉得这也挺不错的。当我们决定拍这部片子的时候,我先感觉是一种"退步"。我想拍《凡高的一生》:《凡高跌宕的命运和万千风情的生活》。在阿赫勒市,我们经常拍外景戏,但我把很多镜头都删了,因为高更的出现带来很多令人不快的东西。可是,至少要保留圣·雷米部分,在那里我真花了不少时间。由于变动太大,前后不顺畅,必须找到一个替代的地方。美工师在嘎赫浜特哈发现了一家养老院,妙极了!要重新装修一下,住在那里的人不是疯子,他们会让我们拍戏,可以把他们放在片子里当背景人物。达尼埃尔·托斯康提醒我,需要压缩剧本。这样一来,我看这部片子跟西莫农的侦探片差不多了:凡高下火车,直奔加力医生家……

欧德伊原先以为,我们见面的当年就能开拍,可是时值夏季,草木都枯萎了,8月什么东西都没有了,只能放弃。要等上一年……我已经把剧本写好了。可是,欧德伊要演《斯卡班的诡计》,已经和人家签了合同。我们之间发生了一些争执。我对他说:"你别去演这玩意儿,这是莫里哀写的最糟糕的戏,我知道,我导演过这部戏,太差劲了,现在已经没有人会笑了。"对他来说。这有点可惜。如果他演过凡高,他就会把于荷兰放在第二位。

为什么影片开头是凡高正在作画的镜头,另外,人们看见的是您的手。

这是无能的证明。因为影片里绘画太少,所以需要这样开头。跟欧德伊一起准备片子的时候,我找了一个人来给他上石膏课。过去,学美术的,包括设计师,都要画石膏像,以便能够真实地反映所看东西的比例关系。可是,我发现,今天人们学习画画已经不画石膏像了,也没有人教这门课了,这真是太令人感到意外了。今天,50

岁的人都没上过这门课。像我这样岁数的,得到过最后的名副其实的学业证书。欧德伊虽然乖巧,但他确实有天赋!我想拍他的东西,就是他作画时的眼神……在我看来,这是最重要的。显然,我没能做好……对不起!我的思绪有点混乱,又没回答您的问题。

为什么第一个镜头您让观众看到一只正在作画的手?是不是您知道以后就不再表现绘画的动作了?

不是,有人这么说,但我不同意。

在这第一个镜头里有这种蓝色,像是下意识的,跟蓝色眼影似的。

是的,可是……既然我已经开了头,我还是把这个角色的故事讲完。本来我可以先放下《凡高》,重新把一拖再拖的《里昂》推出来,因为在我拍的最后 3 部片子里,《里昂》最让我拿不定主意,这部片子的开头,陀思妥耶夫斯基的味道十足,其中有些部分原来和《地下》异常相似。讲的是二次战后到 1950 年这段时期,因而我不得不第一次使用倒叙方式。在《林间之家》里有很多梦幻景象,比如儿子出现在母亲面前的画面,但这都是转瞬即逝,所以不能称作真正意义上的倒叙。即使有些个人因素,也不是名副其实的自传体。无论如何,我认为很有意思,因为这是一个被无言的力量压垮的地方。

在《凡高》里,在服装和对白方面,最令人难忘的是,虽然电影说的是过去年代的故事,但您保留了在日常生活中一切可以触摸到的东西,这样就能在不犯重大时代错误情况下,使影片过渡到了 1990 年。

对白方面没费什么事,我也没有特别操心。但和今天的语言相比还不完全一样……拍过去年代的影片,人们往往忽略严重与时代不符的问题,那就是人们不讲古法语。我想,假如从头至尾人物都用那个年代的词语说话就完蛋了。至于服装,它比对白更加明确,有大量当时的照片文献可供参考。我想尽量避免领子和大礼帽,我讨厌这些东西。在伦敦定做了一些很好的服装,奇怪的是在电影里看不到。而那些租来的傻里傻气的大礼帽,片中有两三个地方都挺扎眼。我的感觉是:离群众演员越远,离主角越近,时代感越不明显。

大体上就是这样。杜特龙最后总是穿着一件栗色外套,我很喜欢它,现在还保存着。起初他穿的是一件黑灰色外衣,效果不太好。

您的每场戏里几乎都充满了幽默。

原来剧本里并不多,多数是后来拍戏时加进去的。我吹嘘几句自己吧,我觉得,自己有一个不怕找麻烦的优点,当然不是说拍戏非得有麻烦不可……拍摄时,只要什么事一出点儿麻烦,就能和我的理论挂上钩:一部影片真正的真实,就存在于拍摄的时刻,因为最重要的东西都在摄影机胶片框里,我知道怎么处理它。所以,我总是尽力把电影向这些可能有笑料的时刻靠近，因为我处理拍摄现场实在游刃有余。很久以来，我就想拍一部喜剧片，可是我肯定写不好剧本，因为我既没有文采，也没有写出精彩对白的素养。像贝克、伍迪·艾伦，或者欧迪亚尔那些人，他们都会写，写起来十分容易。这样，我只能拍别人写好的东西。如果愿意的话，我把自己直觉的东西加进去。拍《凡高》这部片子就是这么做的。但是，人们会认为《凡高》的题材严肃悲壮。我想加进去一点儿幽默和想象，我希望影片不要过于沉重，所以拍戏时，我常说："这不是《凡高》啦，成了《巴黎生活》了！"我把影片朝这个方向拉，就是要使电影看起来舒服一些。归根到底，那些没去看这部片子的人，才是最喜欢《凡高》的。我也公开说过，在现实生活里，根本没有电影那么戏剧化。每个人都见过某个人去世时的情景，弥留之际，生命总是要顽强地坚持到最后一分一秒，人人都是如此。不可能有那么一个家伙，仅仅因为他是画画的，去世那一刻就会表现出灵感或者与众不同的尴尬神态。

尽管如此，我认为凡高应该比我的描绘更加疯狂，演员的表演不够充分。只要想一想他70天中画的作品就够了！在读茨威格关于尼采的一本坏书时——想到茨威格，这只能是本坏书——我得知——这件事听起来真实，一定是真的——凡高画画速度极快，在这一点上，人们可以批评他。但是，由手的自发动作来完成绘画是后来的一种流派，跟凡高不是一回事。与他同时代的其他画家，例如，修拉在拿起画笔之前，要准备和思考他要画的画，塞尚画一幅人物肖像，有时需要反复画60次，几乎每次都重新画。但他们这样做的结果，即使是这位画家的最上品，也常常比不上凡高的一些肖像画，凡高能够一天之中连续画三幅画。

凡高说的话，很多都反映了您的思想。比如，凡高评论艺术评论家欧里叶的那种方式，后者写了一篇赞扬凡高的文章，但他又说自己也着力推崇那些尚不知名的小艺术家，或者，以行家里手身份严厉批评自己同行，说塞尚不会画大海，大家觉得似乎是您在说话。

是啊，就像《正片》那样。您一定写了赞扬塔威尼叶或者杜瓦雍的文章！的确，我通过凡高说了一些我想说的话，但我并不是凡高。对影评家们，我已经进行过检讨，因为我想拍更多的片子。我认为，最好的文章是那些批判文章。我更喜欢那些骂我的文章，而丝毫不在意夸我的文章。某个相当笨又没什么文化的人——我正在给一般的影评家下定义——想靠一部影片赚点儿稿费，这个人一定不是好人。他会寻找一些东西，而他经常找得很准。然而，那些赞扬……

影片对女性人物非常宽容，而对伽塞或者提奥就差多了！

即便如此，还是有评论说这是一部厌恶女人的影片。当然，您说的对。可能这部片子对女性更加宽容。难道非得等到我这个年纪，才反映男人和女人之间的关系并不那么紧张吗？在这部片子之前，我确实经常把生活中遇见的坏女人放到影片里。

凡高与玛格丽特和卡特之间的关系都是杜撰出来的。

世人对这两个女人一无所知,关于他们之间的关系也没有任何记载。我揣摩他们之间应该有恋情,但又不太强烈。没有大的动作,也没有"波力叶式"的场面。今天,有人拍电影总怕没有那些"小宝贝儿,过来看看你妈的屁股,把腿分开大一点儿"之类的玩意儿。他们生怕赶不上时代潮流,落后,拍的片子平淡无味。我有一种办法,可以比波力叶搞得更加刺激,但我会自我审查,尤其是自己岁数大了……布鲁克昨天去世了,我记得,他拍《寻找顾德巴尔先生》时 62 岁。我对自己说:这般年纪的人不该拍这样的片子。那时候,我的年龄比他小得多,我想,对我来说,这是雷池边界。对一个 60 开外的老家伙来说,实在有点难为情。既然现在我已经超过了这个年龄,我的想法也变了。我认为,从人们不宜再处理某种题材影片的时刻起,必须打住。如果某件事情不适宜做了,其他事情就都能做了。

在《凡高》里,使人难忘的,比如自杀的场面,采用了省略手法,同时您又使用了实时手法,甚至延时手法。

我不敢肯定,省略手法是不是再次证明了自己江郎才尽。顺便说一下,戏剧结构的意义,应该赋予那些成功驾驭时空的人。除了托尔斯泰——我建议您读读他的作品,实在趣味无穷——没有人敢评论莎士比亚。然而,我演过裘力斯·恺撒——人们要真正懂一出戏,只有去演它才行,因为需要反复朗读,必须达到能够背诵的程度——但我不喜欢它。我演了一个小角色——里加留斯,有一场尼姆狂欢节上和让·史福利耶的对手戏。有人批评我把高潮时间变没了。我承认不懂什么高潮时间和低潮时间。自杀这场戏,您知道米奈里是怎么处理的:凡高正在画一只乌鸦,一辆马车经过,砰的一下,他就挨着一棵树死掉了。无论如何,人们都期待这个结局。大家知道,凡高没有在麦田里自杀,更不是在画那幅尽人皆知的乌鸦时死掉的,从他的书信中得知,这幅画是在他仙逝 15 天前完成的。在他的绘画中,有一幅没有画完,于是人们推测这可能就是他的临终之作。对于自杀,人们有多种说法:一位农民的证言说,他看见凡高在大路上说话,然后到一个农家院子里自杀了。最荒诞不经的传说是,一群当代"金外套青年"来到凡高常去的水边,其中一人开枪误杀了凡高。

我觉得,采用省略手法势在必行,因为不需要说明。但我错了,因为很多人对凡高的生平和作品一无所知。今天——近几十年的最大退化,就是人心不古,这成了我们的时代特点——只有一件东西重要,这就是金钱:一幅画值四个亿,那么,他就是全世界最伟大的画家。人们对其他事漠不关心。现在,我想应该给您讲个笑话:我们去一家餐馆吃饭,餐馆实在不坏,遗憾的是,现在它没有了。餐馆的一个伙计看过《凡高》,他有一个地方没看懂,就是凡高之死。他不知道是不是自己走神了,没太注意。但他认为是那个妓女出于忌妒,派了几个哥们儿把他杀了。听了之后,大家都觉得他理解的完全正确。不了解凡高的观众,每天习惯于看电视连续剧,不是谁把谁杀了,就是给你个谜语猜,最后告诉你谜底。说来有趣,我当时曾想过,不如把这部片子叫《是谁杀了凡高》。我又想到了西莫农的电视连续剧《伽赛医生的女儿》。我想，对这种可悲的现状，谁也无法改变。

影片结尾，您安排的一个细节非常巧妙：凡高死后，房东太太的腿蹩在楼梯里。

这个细节本应放在凡高死前，我想把片子按照这个意思重新剪接一下，但是这样一来，提奥这个人物就变得太可恶了。他要在死前把房租付清，可是，他这个人物已经够烦人的了……我想自己如果什么也不说，观众完全能够自己去理解：生活仍将继续。就像受苦的人和跳舞的人之间对立一样，本是一家人。但这类东西放在片子结尾就不同了，它会拖长，尤其加上"他是我的朋友"这句话，就更拖沓了。原本应该放在凡高独自在上面被人看护着的那个时候。

整部影片的音乐十分柔和，但结尾时候奈格的乐曲却异常激越。

起初，影片结尾的音乐像精神错乱一样。这也许是最好的尾声，但不那么令人满意。在提奥从来没去过的一间房子的窗前，人们看见了他。顿时，人们不知道他究竟是在什么地方，以至于他重新打起领带，有人还以为他已经回到巴黎的家里。通过音响——我把房东太太扭伤脚的声音录接上——但还是不够清楚。后来，我把结尾时他和画家一起的画面加上，仍然说服力不强。原来安排玛格丽特30年后步入老年，有一组很长的镜头。现在，玛格丽特没有变老，人们就看不懂了，还以为是第二天呢！这样当然行不通。为了表示时光流逝，甚至还安排了一辆小卡车驶过的镜头。对于人们提出的问题，如果上下文不清楚，例如：我坚持不要"他是我的朋友"这句话。在"月光飞驶"里，这样安排鲜明清晰，十分成功，但这比"月光流失"更好，因为这是全景镜头。我要删掉这组镜头，当提奥关上门，影片就结束了。

"生涯百步轮回……"这句话可以形容您的工作。凡高之死参照《无助而亡》，提奥和妻子口角的戏参照《我们不一起变老》。

我不太喜欢这样做。起初，我拍了一个十分可怕的镜头，无论如何我要删掉，它先是在《在撒旦阳光下》里面，后又出现在《林间之家》母亲听说儿子夭亡那场戏。在后一部片子里，完全失败了。自我闪回的做法太高利什（法国著名单口秀演员）啦！

现在距离《凡高》参赛戛纳电影节已经一年了，回顾一下，您有何感想？

我有一套电影节参赛电影评论文章的合订本。评论很差劲，不公正的程度令人难以置信。老实说，在《凡高》剪辑完成之后，我当时认为，它是法国战后最佳影片。当人们要推出一部片子的时候，应该有这样的信心，而且，这部片子在某些方面也确实能够坚定我的信心……今天，我知道自己想错了。如果天下只有我自己，也许有这种可能，但不是只有我……存在着很多因素，任何人也不能拍出战后法国最佳影片来。无论如何，这类环法排名次的东西没什么意思。在任何情况下，这样一部电影在戛纳参赛时，他们居然能够写出那种东西来，实在太可悲了。总编大人——按说,应该比他属下的那些记者、编辑高明一点儿,但情况往往并非如此,因为他要当好牧羊犬,就得比他们都更坏——在他们写了这样的文章之后,应该让这些人离开这个栏目。听说有一位女记者下岗了,但我认为不是为了这些文章!

有人写道,这部片子在戛纳公映时,不受观众欢迎。这完全不属实。这种做法本来不会提高票房收入,但影评界应该说真话。另外,在戛纳出了这么一件事。我做了一个临时用的混录片。在大厅放映时,声音效果确实极差,我不会让您去听。然而在巴黎混录时,我离开了几天。这又是一件我经常做的蠢事,自己实在应该留下来。他们自己把音响也鼓捣出来了,应该说,大致还不错。但是,我要求在戛纳放映水边那场戏的音乐要突然振奋起来,但我感觉声音不在那里,音乐也听不见了。这和大厅也有关系。因此,从那次以后,我没有再看过这部片子。当影片结束观众起立致意的时候,有些小孩都会的非常简单的玩意儿处理一下就行了。人们去看演员,拥抱他们,和他们握手。这样就可以把鼓掌声拖长,虽然有人在那里计算时间,但这种计算从来不精确。我很喜欢干这类事,我能不动声色地去哗众取宠,而且往往还干得还不错。我今天的讲话,有点儿前言不搭后语,请您原谅。

Jean-Luc Godard
让-吕克·戈达尔
（1930— ）

　　1958年，一天偶遇弗朗索瓦·特吕弗，我对他说，我很遗憾让-吕克·戈达尔在《电影书写札记》上发表关于尼古拉·雷伊执导《苦涩的胜利》的评论里，几乎就没谈到影片。他说我错了，他认为，在他们所有的人里，让-吕克是最有天赋的。特吕弗说得对，因为，戈达尔和埃里克·罗梅尔一起，正在成就新浪潮电影人始终不渝的大业，他们两个人坚持某种脱离社会规范的经济原则，冲破各种风浪，维护了一种新的美学观。1963年，我进入《正片》杂志社时，反戈达尔斗争的高层领导——以罗贝尔·伯那雍和路易·塞甘为首——，即使我不慎颂扬了自己在威尼斯观摩的《一个已婚女人》，但我仍然和编辑部同仁一致反对《阿尔法维勒》作者的挑衅声明。60年代，我更欣赏戈达尔的某些艺术闪光，而不是他言词的逻辑性。我觉得他独具剪辑、色彩和音响的敏锐性，是一位天才的导演，而不完全是高度清晰的思想家，即使《周末》和《中国姑娘》颇具预言色彩。

　　穿过70年代的沙漠，回归的戈达尔走上了接近试验电影的道路。正像当年特吕弗暗示我的那样，影评人戈达尔已是一位导演，而今天这位导演又兼做了影评人。正因如此，我和一位《正片》的年轻同仁斯特凡·顾岱渴望见到他，访谈他的宏篇巨著《电影史》。我们故意把采访时间安排在论战高潮，因为，许久以来，对戈达尔众口一词的赞扬之声，可能是对这位现已无人否认的反潮流斗士所帮的最大倒忙。

关于《电影史》

（1998年，巴黎）

我们希望这次访谈，能够集中在您的《电影史入门》，以及您作为导演和影评人对于画面的看法方面。您过去喜欢豪克斯和罗赛里尼的透明电影（暴露电影），一贯拍摄带有批判层面的影片。您把电影史分为八个时期……能否看做是您探索的总结呢？

不完全如此。我拍电影时，手里总拿着一本书。我没有孩子，男人比女人更渴望把某些东西传给后人。我希望播放这8个电视节目，即使我知道几乎没有人去看。至少，如果我放弃了版权，不在书上署名，能把电影的一些痕迹保留下来，也就遂了自己心愿。我曾想拍一部电影史话剧……剧名就叫《电影宝典》。但这要花太多时间，一个人也孤掌难鸣。这部戏一定要在大教堂的庭院中演出，一些小演员轮班转动一架翻动一本大书书页的装置，书上放映着画面，演员背诵着台词。

您曾打算不在电影和书上署名，但这些书和影片却都是极其个人化的作品。

我不这样认为。这是由一个出版商和一个作曲家集成的一些照片和文章，这个人就是我。这是一本回顾电影的书。别的人可能会在前后顺序安排上与我不同。今天，可能已经有了几百部电影史……但都不是为收藏者做的这类关于嘉宝影像回忆集。今天，电影书籍出版了很多，然而，当时我开始收集资料的时候，这类书还是凤毛麟角。我找了很久爱森斯坦的《影片形式与影片内容》，那时候还没有译成法文。今天，我有了这些书，但并不阅读。我发现，那些真正意义上的电影史，除了最早的巴尔岱什和布拉吉亚合著的那本之外，自己都没看过，也没兴趣去读。所以，我把布拉吉亚的一首小诗放进了电视节目的前几集，人们不知道，这首诗是他在狱中写成的遗嘱。从前，我读过他写的一本关于安德列·舍尼耶的书和《我们的先锋派》，像《正片》杂志一样，他对政治一无所知，弗瑞迪·布阿施准确地注意到这个问题。

1960年代末，您就开始这项计划了吗？

是的。当时是围绕亨利·朗格洛瓦的一项计划开始的。后来，我又想把它拍成马尔罗编的一部电影，名叫做《神明变形记》，最后才逐渐形成现在这样，采用1980年普遍使用的这个书名《电影史入门》。这本书的意图是文字和图片数量相等，按照等量原则处理，不管哪个部分多一点儿或少一点儿。我很尊重萨杜尔和米特里的电影史，但这是另外一回事。我做的这本书是靠资料本身和例子来进行评论。比利时电影资料馆女馆长对我说,书中没有谈到美国喜剧片,我没有给予答复。事实上有一种说法:写历史只有一种方式。似乎只能如此。然而,电影具有这样一种功能,借助它的图像资料,利用它和真实之间的密切关系,这种关系和绘画复制品迥然不同,因为它能够维系人们对真实的直接情感。现在,我们正处在一个电影时代,甚至可以推而广之到一个艺术时代的终结时期,这个时代已经延续了十来个世纪了,所以,我认为当前是从事这项计划的最佳时机。

您曾经公开说,关于历史,您很赞同黑格尔的观念。您具体想说明什么问题呢?

我不了解黑格尔。我引用某些人的名言,但只读过他三句话。黑格尔谈到过历史的终结,但他认为历史仍然存在,就像佩吉写《克里奥》*那样。我完全同意他的观点。

在您的《电影史入门》里,使人难忘的,是令人惊讶的复杂性,不仅表现在画面之间的剪接,而且在画面与音响和后期制作,甚至在用叠印和在画面的一部分插入另一画面的景框之间,都异常复杂。您和巴赞或者罗梅尔不同,您一贯认为剪辑是电影的核心吗?

这肯定和我内心的某些想法一致,但是,这也来自我的矛盾心理。我发现,今天的某些影评家也同样存在这个问题:总有一种采取与对方相反战术的愿望,就像《世界报》和《解放日报》那样,但我并不总是这样。起初,我和罗梅尔、李维特或者特吕弗完全不同,我非常喜欢随大流。后来,我用了很长时间才找到自己的位置。但是,我们的看法基本一致,都认为形式和内容是统一的。我不太理解巴赞和罗梅尔的镜头组理论,我自己觉得,在分镜头、镜头和反打镜头里面,除了习惯上的"喀嚓喀嚓",还应该有别的内容……在一篇我写得相当夸张的文章《剪辑,我美丽的忧愁》里,我提到了喜闻乐见的巴尔扎克小说《朱安党》,借以说明只有蒙太奇才能表达某些东西,而一个镜头组不能传达目光。话说到这里,今天,人们已经不会像默片时代那样眉目传情了。

您对蒙太奇的偏好,也表露在对《广岛之恋》的推出,以及对威尔斯与爱森斯坦的欣赏上吧?

对于《广岛之恋》,我们当时十分忌妒:我们发现自己落后了。事先一点也没估计到,很多人都对它交口称赞,所以我们立即像共产党人那样开了会,试图牵制对手。因为我过去曾对类似《斯逊莱娜之歌》的影片大加赞美……对威尔斯的欣赏,那是另外一回事。他的风格,在很大程度上,来源于拍片时遇到的种种困难。他的《恶之渴》(《尝试罪恶》)之所以以一组组接镜头开头,是因为他的拍摄档期太短,如果能把这组镜头处理好,可以节省五六天时间。但《阿卡丁先生》(《绝密报告》)的拍摄,

---

* 希腊神话:主管历史和史诗的女神。——译注

费了他三四年时间，所以只能求助于蒙太奇，春天在柏林拍一组镜头，秋天再到西班牙去拍对打镜头。他能把一些非常短的镜头剪接得极其流畅，有一种难以置信的切割现实方式。他的蒙太奇和爱森斯坦大不相同。然而，我不理解为什么巴赞把福特和怀勒对立起来。当时，我对这两个人都不喜欢。后来，才逐步认识了福特。今天，我认为怀勒的一部最佳影片《黄金时代》是描写战争的最伟大杰作。

蒙太奇是否和您对事物的认识与思考方式一致呢？您说自己从来不把一本书读完，从一个想法跳到另一个想法……

我认为，蒙太奇是电影和思想最理想的修辞手段，它本应该是电影和思想的继承人，但社会不愿意它享受这份遗产。这种思想的古老方式，没有孤立的画面，必须要仔细琢磨前一个和后一个画面，电影里这是显而易见的。任何人都没见过的库里肖夫试验，可能是普多夫金发明的。三的数字见诸于关于文明的全部研究中，在杜梅吉勒、杜拜和米世来的三等级中，当然是在辩证法里面……在《那么，对我来说》里，我引证了哲学家雷翁·布伦施威茨1900年前后关于基督教神明的论断："一个在另一个之中，另一个在一个之中，并且他们是三个人。"电影是这个观念的无神论宝库，是它的本体。做电影工作或做影评的人是能够理解世界的这个历史侧面的。

但您认为，有声片的到来割断了进一步研究蒙太奇的线索。

是的，我认为是这样。因为人们恢复了文本的权威，它不是经文，而是一种政治文本，一种试图从社会学角度统治画面的文本，就像在电视或者媒体所做的那样。如果不是如此，我不知道电影会变成什么样子，人们无法知道，但它已经开始变做别的东西了。1929年，已经有了无线电收音机，有了电唱机，但电影却是无声的，这实在难以置信。在很长时间里，也没有人对这种现象表示不满。商业大发展本来可以出现在1920年，这是大历史学家研究的结论，像布罗代尔、杜拜这些人和电视七台都参加了《电影史》的筹备工作。他们从一些具体的实际案例研究某个理论或某种想象的未来走势。我过去常对杜拜说："电影是中世纪的末期"，结束于19世纪末，他总是笑而不答，但承认我说的不无道理……问题是，巴赞和我们那个时代的本体论，今天已经不复存在了。人们认为自己第一，实际上是最后一个。已经不是我们看到的镜头，而是词语，是一些"画片儿"，广告，那类一个正在哭泣的妇女、一个伸着手乞讨的乞丐、一场杀戮的战争，等等，那些活生生的能够唤起绘画灵感的画面，几乎已经绝迹了。我之所以采取断裂、跳越、短路的手法，是因为我们是量子力学的孩子。我们既是粒子，同时又是微波。我们跳越，但不知跳到何方。这一切发现是和电影的发明处在同一时期，19世纪末，所以我在影片中说，20世纪并没有通过自身真正存在过。这种提法也许有点挑衅意味，但20世纪既没有发明战争，也没有发现量子力学，也没有发明电影。使它得以存在的一切，需要全部归功于前一个世纪。我觉得，历史上任何一个百年都没有如此地依附前一个世纪。

像罗梅尔那些人,都与您的想法大相径庭。比如,在他论述音乐的杂文里,从莫扎特到贝多芬,从来没谈到过有什么断层。

但他不是研究历史的,那是一篇具有高度文化思想和探索艺术的文章,他对历史不感兴趣。然而,我很相信历史。那些不相信历史的人不喜欢历史,他们连自己身边的历史都没有兴趣:对他们身体的历史、疾病史、爱情史都全无兴趣,其实,我也一样。我经过了很多年之后,才对自己的,而不是旁人的历史发生兴趣。今天,最让人讨厌的人物之一,莫过于弗洛伊德了,与其说讨厌他,不如说更希望赶快把他忘掉,或者说他已经过时了。他在英国避难,临死的时候,英国人在他的护照上写着"敌国侨民",其实本该写"外国友人",但他来自维也纳,奥地利和德国是缔约国……然而,英国人接纳并保护了他……

在《电影史》里,您决定挑选的影片片段都非常短。为什么?

片子那么多,没有办法都放进去。用35毫米摄影机也无法完成这项计划,而摄像机能擦掉重来。手提着机器,跟着感觉走。有时候,人们自言自语:"嘿,行啦!",接着,放进去一个画面,但不知道下面该放哪个画面才能保持住同一个调子。实际上,画面数量没有预想的多,因为很多爱森斯坦、罗赛里尼、希区柯克的内容都是重复的……咱们是内行,尤其是老了之后,仅仅喜欢一两个镜头,觉得也就够了。摄像机能够像音乐似的使叠印效果异常流畅。新浪潮的功绩之一,是消除了那些无聊的小叠印——一个人走出房间,叠印,走下楼梯,叠印,然后看见他上了街。我个人特别喜欢叠印,尤其是斯梯芬斯在《阳光下的广场》中创造的那些很长的叠印。假如人们把它作为一种主要方法,就可以既不会忘记从哪里出发的,也不知道会到达什么地方,而从一个地方走到另一个地方,在走到一半或四分之三路程的时候,能够知道会出现什么东西。正是出于这个原因,我提到了音乐。摄像机可以用两只手或四只手一起弹钢琴,而搞文学创作只能使用一只手。

您说过,这种利用电影来叙述的历史,是"最大的历史,因为它是放映出来的",但我们在电视屏幕上看到的,却是尺寸有限的。您怎么解释这个矛盾?

电影不复存在了。电视不是放映的,而是播放的。即便如此,人们仍然可以讲述,而且,这是一个老爷爷的故事,他对小孙子说:"从前,有过一种能够放映的东西……"现在,你们看到的是播放出来的,但过去却是放映出来的,今天你们已经不能知道那是怎么一回事了。这就是我称之为"放映历史的回忆"。等到安娜·玛丽的孙子长到35岁,有一天偶然听到老奶奶一个朋友说起这段故事的时候,他们就搞不懂电影是怎么回事了,就会问:"是吗?这玩意儿就是被奶奶叫做'电影'的东西吗?"他们将会知道,过去曾经有过一些人,待在黑漆漆的电影院大厅里。

关于放映概念问题,在历史和电影史之间,有一部片子起了联系作用,这就是希贝尔博格拍的《希特勒,一部德国电影》。

对,这是一部很有意思的电影。它不像我这部片子那么系统和全面,但确实也是用电影贯穿的一段历史。在叙事方法上,希贝尔博格的这部影片和维斯孔蒂执导的《诸神的黄昏》相比,更加侧重历史,而《诸神的黄昏》这部精彩影片更加经典,更加接近他描绘的历史画卷,更像《罗兰之歌》,显而易见,希贝尔博格的电影深受历史哲学家影响。

从克里斯·马克的研究探索,直到《亚历山大坟墓》一片中,人们发现在对蒙太奇的重要性、对历史的思考和在画面与解说词之间的关系方面,您和他有很多共同点。

除此之外,还有更多相通的东西,但他的作法似乎和我正好相反。克里斯是个文气十足的人,他在索伊出版社领导一套丛书的出版工作。他从文字出发到达画面,我从画面出发到达学校里教给我们称之为文本的东西。在某些方面,我们殊途同归,但根源依然存在,克里斯更偏重文学,而不是绘画。

但他也是摄影家。

是的,但摄影家往往非常接近文本。关于摄影,有一个威力无穷的传说。20年代,包括杜尚在内的一群超现实主义者,拍了一张烟灰缸照片,称之为《裸体少女肖像》。第一次展出,引起了巨大反响,第二次展出时,轰动程度大减,到第三次时,人们已经见怪不怪了。今天,每个人都干这样的事,变成了一种新的学派。这里面蕴涵着一整套尚待研究的认识论历史。也许,为了进行这项研究,电影应该变成别的样子。法兰西国家科学研究院的第一研究所应该是电影研究所。在我写的第一篇关于胡诗十分天真的文章里,我本能地写到:关于我,一个黑人"人类博物馆研究员,这是对电影人多么美好的定义呀!"当时,我正在寻找一条道路,甚至是一种声音,因为我谈到了一些关于罗梅尔和其他人的研究方向问题。谢海尔在《电影杂志》上发表的《电影,空间艺术》那篇文章,对李维特和我的影响最大,我们在他的文章中,发现了朗格洛瓦到电影资料馆上任之前的电影理论。罗梅尔对巴赞电影理论也产生了决定性影响,奇怪的是,我直到现在才发现这个问题。

即便是与对手采取相反战术……您说《电影手册》的年轻闯将按照"作品,而不是作者"的标准,建立了等级制度。然而,巴赞却谴责该杂志这种"人先于影片"的"政策",并指出这种做法会陷入"对个人美学崇拜"的歧途。

最初,我们相信他们的这种做法有一定道理,但后来我逐渐发现,这并不符合事实,而且与实际情况正好相反。无论看到什么人自称作者的时候,我心里说,最好还是参照一下他的作品,而不是他的作者头衔。至少,我本能地极少在影片上署名。我认为,代表新浪潮的是作品,而不是作者。

特吕弗把吉罗多的名言当成了自己的口号:"没有作品,只有作者。"

弗朗索瓦·特吕弗确实走得比较远。与我或别的人相比,他更需要占领一席之地,鉴于他不幸的个人经历,需要使他的社会关系更具个性特点。他和亲生父母关系异常恶劣,渴望得到父辈关爱:雷诺阿、希区柯克……他是第一个与贝各特、柔飞等作者开始谈判的人……而且,他也是第一个指名道姓地攻击一些导演的人。我们这些人攻击的是作品。这个时候,在电影界,编剧被看做是作者,而导演被看做是制作人,不是作者。像希区柯克这样大导演的名字,都总是放在离片名很远的下方,或者根本不提。当时,在《正片》和《电影手册》之间曾出现过一场争论,但两家杂志都是同一运动的参加者,可能《电影手册》更加强调:做成电影的是导演。

您忘了《电影杂志》是支持"作者电影"观点的,从1930年起,维道尔、斯坦博格、卢比特、朗格就被承认为导演,1945年,一份同样受欢迎的报纸《星期六晚邮报》,就已经把"麦克·凯瑞风格"视为"卢比特风格"和"卡泊若风格"的折中产品了。

是这样,但大多数被承认为作者的人,是因为他们本身还是制片人。您看到的那些作者,都受到电影制片厂排挤,斯特罗海姆就是最典型的例证。卓别林和朗格是文化界名人,具有名人效应,他们得到社会承认,不是因为他们是作者,而是因为他们已经是名人。我们把这个概念延伸到最不知名的小导演:我和特吕弗都非常喜欢雅克·丹尼尔-诺尔曼拍摄的《红色天使》(悌尔达·塔玛尔主演),变成了一部作者电影。为了论战的乐趣,我同意别人说它不好,这样我才能进一步展开争论,但是在作者政策后面,还有别的东西,这就是"政策"这个词,对我们来说,这才是最为重要的。

看您这部《电影史》,人们觉得您的审美观和热情,主要体现在您当影评人的那些年代。您对您之后几代人和当代的导演,给予的位置十分有限,除了基亚罗斯塔米一部影片的片名,以及零零落落几个科波拉、安哲罗普洛斯和伽海尔的镜头组。您怎么解释1960年之后,在您的影片之外,才有这么几部影片呢?

那又有什么办法呢?历史,就是在一个特定时间所讲述的历史。我没敢说它包罗万象。有人说我根本不了解绘画,毕加索之后一无所知。可是,这是我所知道的历史,并不妨碍别人讲述他知道的历史。

您怎么解释这部《电影史》具有欧洲中心论的特点呢?

因为电影是一门欧洲人和美洲人发展起来的西方艺术。仅此而已。况且,美洲也仅限美国,欧洲也只有三四个电影国家:法国、苏联、战前的德国和意大利。

为什么您把英国排除在外呢?

我没说英国没有过伟大的导演。我最喜欢的,是那些来自纪录片流派的导演:迪克金森、格瑞叶尔森……希区柯克、卓别林等人移民到了美国。我说英国不是电影大国,也并不那么严重,就像说我们不是音乐大国,西班牙虽然有大画家,但与意大利、荷兰和一段时期的法国相比,也不是绘画大国一样。我说英国和日本不是电影大国,是因为这两个国家没有电影历史,没有电影历史的思想觉悟。我知道,日本曾有几位大导演,但不认为这就足以使它成为像法国这样的电影大国。

今天,应该如何按照国家来思考电影的历史呢?如何按照领土归属来制定出一个抉择标准,以便选择一两部应该纳入史册的影片呢?

这是一个历史事实。我们目前虽然有了国家的想法,但并不会影响历史的事实。在刚提到的四个国家里,因为出现了那么多电影人,才最终成为电影大国。而其他国家,可以有上百个好导演,但并不能成为电影大国。

默片在《电影史》里无时无处不在,但它们已经淡出我们的视野和记忆,您对此难道不感到惊讶吗?从这个视角看,转播没有中断过吗?

默片在我们做影评的年代已经不复存在了,但对我们,而不是对其他人,依然存在。

您在《电影史》里划分了两次认识论的断裂,一次是有声片的出现,另一次是集中营的存在。

我心中暗想,集中营早已被电影预见到了,被《大幻灭》、《游戏规则》、《大独裁者》等影片预告过。同样,瓦格纳的音乐在第一次世界大战前,或者一战结束时,以他的方式预告了未来的灾难。但在集中营消失后,电影也辞职不干了,只有一些新闻片还在讲述历史。电影失去了它纪实的眼睛。光复时,欧洲有一种被羞辱的情感,一部抵抗运动电影挽救了意大利的国家荣誉。

但是,美国人带来的解放,却让前法西斯宣传片导演罗赛里尼执导了《罗马,不设防的城市》。

在这里,罗贝尔托的个人历史并不重要。即使过去他拍过《白色帆船》也不受任何影响。他只是做了一点赎罪行为。第一次,他取得了成功,但从《德国元年》起就命交华盖了……问题在于,人们没有对过去发生的事进行思考。虽然出版了一些书,但没有在伦敦或阿尔及尔拍过一部抵抗运动的电影。胶片、摄影机、演员、导演都有,就是没拍,即使影片质量差一些也不伤大雅。有人说,在威尔高尔的雪地里不能拍出像样的故事片,那好,可是不一定非在那里拍片不可呀!战争期间,除了波兰人,谁都没有拍电影。穆尼克的《过客》是一部赎罪片,他们完全应该拍摄这部片子,因为他们应该为反犹太行动和领土上建立的集中营而赎罪。

您曾经有计划拍一部反映集中营的电影吧?

是的,按理说,应该拍一部这样的电影。我当时年纪太小,没有切身体会,唯一的想法,是像米哈伊·罗姆拍的《日常的法西斯主义》那样,即便他只在德国集中营待过,没到过苏联集中营,也是一部非常有意思的片子。我想拍一部关于集中营如何运转的电影,包括行政事务、日常管理、秘书、财务,等等,对于流放者,只交待一两次就够了。我打算从形式到本质,先从形式入手。因为感觉自己能力不够,后来没有进一步研究,所以没能拍成此片。

现在,您对没有拍成这部片子感到遗憾吗?您认为必须拍这部影片吗?

是的,但不是我去拍,而是由那些应该拍这部片子的人去完成它。

在《电影史》最后一部分……,您从"德国人"这个词过渡到"犹太人",又从"犹太人"到"伊斯兰教徒",这个名词过去指的是那些集中营里筋疲力尽的犹太人。

这个问题,只有我发现了它。这是电影人的发现。我读了之后,在《这里和那里》上进行了报道。然而,25年之后,人们总是不提这件事。黎巴嫩和所谓被占领土乱作一团。包括流放者在内,没有人说过犹太人和伊斯兰教徒正在争斗,而在集中营里,德国人把一些犹太人叫"伊斯兰",这不是咄咄怪事吗?在《这里和那里》,有人试图证实一些东西,把集中营分成好集中营和坏集中营,也许,那个时候人们更加辩证吧。

您说自己关注集中营问题,"是因为自己的经历,自己的社会阶层和负罪感",个中含义,愿闻其详。

在德国占领期间,我的家庭与德国人合作,另外,我读过很多右翼作家关于战争的书籍。我下意识地产生了负罪感,家里人从未对我谈起过这段历史。我个人对抵抗运动和集中营兴趣十足,希望尽快见到这些人。人们往往很晚才知道自身的历史。看了《夜与雾》之后,我对这些事的兴趣更加浓厚。我是从结尾倒着看这个系列片的。我经常倒着看东西,尤其是看侦探小说,总是从结尾看起。真正对这个问题加深认识的时候,是在拍摄巴勒斯坦人……因为在为巴勒斯坦战斗的时候,我们才想到以色列问题……在那里,这一切才变得更加现实,这一切才有意义,这是一些从前见过的人……

今天,您怎么评价您的毛主义时期?

过去认为自己是毛主义者,是《北京周报》的订阅者,等等。我总是有点儿处于社会边缘,而且,我认为,自己喜欢社会边缘。当时,那是一个小组……实际上,不是我们不想知道事实真相,而是由于我们所在的地方,要花很多时间才能得到一点儿信息。正如同人们在一条危险的江河上,首先应该想到要离开这条河,而且相信能够离开它。我们不应该相信西蒙·雷伊斯,但您知道,从二三十年代起,就出版了主要的反苏和反法西斯文章,例如:勃利斯·苏瓦里那、安德列·吉德、帕那伊特·伊斯特拉梯……然而,我们不相信他们。后来,我对历史产生了兴趣。如果可能的话,我愿意当众认罪。但是在法国,人们对这段历史认识很模糊,而且,那时候我们都很年轻。今天,我才感觉应该补回自己在电影方面的差距:20岁时,开始想电影,30岁开始拍电影。在电影界,我们当时还是小孩子,今天,我年已七旬,搞了40年电影,叠印的效果开始呈现出来了。过去,在我与旁人的个人关系方面,我认为在电影界还好,而在一般人称为的生活里实在太差。依我看,新浪潮这群人在这方面都相差无几。

在您的《电影史》里,宗教的地位十分突出,题材包括"启示录"、"失去的天堂"、"原罪"。

宗教是历史的一部分,而且,基督教和画面的哲学联系十分密切,我似乎听说阿兹特克人和中国人不是这样。在用电影替代基督教的时候,我引用了惠特金·斯坦因一句极为精辟的话:"你有一个故事吧,不管发生什么事,都要相信它。"另外,电影发明了完美大结局,圣经发明了幸福的开始,不是这样吗?

您最经常引述的作者是贝尔纳诺斯、马尔罗、萨特……

他们是我青少年时代崇拜的作家,所以终生难忘。您知道吗?我从来没读过《堂·吉诃德》和蒙田的作品,但是,总应该记住几位作家吧。记得光复以后,我喜欢上的第一本书,是布朗肖的《无名英雄托马斯》,因为这本书和自己青年时代热衷的德国浪漫主义一脉相承。也许下意识地受了父亲影响,他从来不跟我说:应该读这本书,不要读那本书。

失落感是德国浪漫主义和基督教之间的交汇点之一吧?

安娜·玛丽告诉我,在《天长地久莫扎特》中,导演说了这样一句话:"电影是能够展现世界的一个奇观,遗憾的是,一旦人们去拍电影,就要放弃至关紧要的东西。"这几乎变成了本体论。在画面里总有教堂神甫布道的赎罪、功德、自赎观念。然后,人们又把这些观念做成与宗教毫不相干的东西……可是,确实有一二百人在黑暗中,眼睛同时朝着同一个方向看着……

德鲁兹也研究过把电影作为思考手段的想法,在同一个思路上,这种想法很像您的《电影史》计划……但这种想法似乎无法实现吧?

确实如此。人们不愿意电影这样,也不愿意绘画这样,而音乐受人喜爱,得到允许,得到承认,但是人们又不让它去思考。至于德鲁兹,问题在于此公文笔太差,如果把他和本格森比较一下,颇像雷威纳斯,这是没有办法的事。

您在最后一章里,把惠尔曼的《人民公敌》的片名拆开,成为《公敌,人民》,为什么?

这是儒勒·雷纳尔的一句名言,他在谈到影评家时说:"他从自己阵营开小差投奔敌人。谁是敌人?人民!"您知道,人民大众经常有体验美好故事的勇气,但他们没有勇气去讲述给别人听。所以,当他们去看演出时,总是处于屈从退让状态。这样,在一部影片"不受大众欢迎"的时候,人们可以挽救,会有一种抵抗的情绪。然而,在去看一部斯特豪波或者卡萨维特的好电影和一部布鲁斯·威利斯或者德·帕尔玛的坏电影,即使是我们,也会原意去买个蛋卷冰激凌,然后一边吃,一边去看威利斯的片子,因为我们都是人民大众。事情过后,我们也许会感到内疚……

您对自己享有不同寻常的知名度,以及把您从一个肆意破坏传统的人变成一尊圣像,几乎众口一词的评论有何感受?

感觉非常不好。我力图让人们把我忘了,但同时,这又是我能拍成一部片子的唯一机会,去银行或向"Canal+"电视台借点钱,对他们说:"你们看,人们没有把我忘记。"这是一对彻头彻尾的矛盾。事实上,我是最知名的被遗忘的人,我应该还代表有可能说这样话的人:"人们还可以拍一些不因循守旧的片子,或者拍一些能够拍的片子。困难的不是找到钱,而是拍应该拍的片子,有情调,符合自己心愿的片子。"

您对评论界日渐衰退的权利有何看法?

评论属于文化版面部分,我注意到《解放报》和《世界报》的评论版面要比电影版面严肃得多,至少,它们评论的是书!而电影版面并不评论电影本身。读一读关于贝尼尼的文章,或者关于《蛇眼》的所谓欧弗勒斯镜头组的文章。影评家谈论属于巴黎生活一部分的电影,这是两码事!而且还有那么多的宗派,唉,就这样吧!我本来希望达亘对我的书写篇评论文章,或者以另外观点看待一本艺术书籍的人来写也好,马哥吉奥尼在《解放报》上发表一篇评论也行,但千万不要杰拉尔·勒法奥的评论,《世界报》也一样,别让弗豪东去写,最好请搞哲学的罗芮·波勒-德华执笔代劳。然而,他们可能没兴趣……

我们还是回到您的《电影史》上来,您极其自然地把二战期间的德国占领和您认为接踵而至的美国占领进行了对比。您怎么从语义学和地理学方面解释"占领"、"抵抗"、"并吞"这几个名词的衍变呢?

这是我的个人观点。从历史角度看,电影和人们的所见所闻,已经证明了这一点。美国文学没有侵略法国文学,报刊也没有被彻底入侵。但是,当你坐在电视机前几个小时,眼前看到的东西几乎全部来自美国……然而,我们还总还有一份《费加罗》报,但它也不是没有可能被法文版的《纽约时报》取代。本世纪,移民美国的德国人比任何其他民族的移民都多,德国历来就是最亲美的国家。在电影和其他工业方面,美国是德国唯一的竞争者,他们想让美国人对他们唯命是从。美国人一直等待着欧洲人自相残杀以便介入。最后,他们终于在鹬蚌相争的两个捣蛋鬼中选择了一方,等两方都打累了才过来,既不在1914年,也不在1940年,美国人的目的就是侵略!侵略别人,因为他们没有历史,他们需要侵略有历史的国家。现在,他们无处不在。他们要找一个具有悠久历史、能够成为他们祖先的国家。我再引用善良的吉罗杜在《90年的德意志》中的一句话:"美国人从来没有打过仗,他们只打过内战。"如果他们要和一个国家打仗,这个国家一定要具备和他们相同的缺点。习惯上,人们总是要和一个具有自己没有的优点的国家打仗,以便把人家的优点据为己有。美国却不是这样。和萨达姆·侯赛因打仗,就是一个鲜明的例子。他们与一个住在巴格达的美国人(萨达姆)打仗,因为他具有和美国人完全相同的缺点。美国人不能忍受别人也有他们自己的缺点。他们总和自己相同的人打内战。打英国人,打自己人,然后又打德国人,都是如此。

可是,要把您那么喜欢的美国电影衔接在欧洲电影的废墟上,您用了"Endlösung"这个词,这不成了大杂烩了吗?

是这样,由于某种东西造成了这个衔接,这种东西就像布朗肖说的"画面就是幸福",而且,画面是"看着我们的虚无目光","幸福"和"虚无目光"这两样东西都有那么一点儿。我自己不能相信是大杂烩。或者这是把事物搅合在一起的混合体。希区柯克说:"你要让别人完全理解你,就必须用力敲打。"用锤子敲打力量不够。要用画面,用对比去猛力敲打,这还不算是用力猛打。"Endlösung"这个词不是我说的,确实是很有力。这是德国犹太人的发音……去年,没有合法证件*那件事,让我感触良多的是那些导演们说的话:只要看看法律条文就行了。今天这些人说的话和维希时代的话如出一辙。还有人说:不应该搞大杂烩!他们说的对:这是同样的话,仅此而已。

当您在把集中营里流放者的画面和一部色情电影的画面进行分割时,人们也会提出问题。这种形式和这样的对比会在人们思想里产生什么联想呢?

现在,德国电影就变成这样了。

对比用在民族延续效应上,是因为色情片是德国的吗?

一般人还不知道,只有我知道它是德国色情片。

观众反映强烈的地方,是共同裸体。

确实有淫秽的东西,必须在不受谴责的前提下,才能更好地谈论春宫。我同意,确实有不妥之处。

您所说的不妥,是指连接两个画面之间的淫秽画面吗?

是的。但要看是否有准许这个太强衔接的东西,要看面对什么才有必要进行衔接,考虑好前面的内容和接下来的画面,在恰到好处时放进去。这里讲的不是对比方式:苏联人杀了八千五百万人,德国人才杀了一千五百万人……有些时候,我想把两个死亡画面衔接在一起,而且说,那个干……事的人现在在哪儿?画面关联可以更加平和地处理这些问题,并且可能展现事物内部隐藏的暴力。

---

* 指非法移民。——译注

那么,色情电影里面的暴力可以被这样的"对峙"揭示出来吗?

历来人们选择的集中营镜头,是门克影片中的一组镜头。他确实合成了一条狗和一个流放者厮打,并且这个人被狗吃了的一幕惨剧。后来,人们可以放上同样狗的画面,如果门克没有这样做,我也不可能去发明它。

最后,我们还是回到对作品接受的问题上,在您看来,人们会怎样接受这部《电影史》?哪些观众会最感兴趣呢?

我认为,看这些节目最好的方式是不看任何片头介绍和人名,直接进入画面。越不了解它越好。

您真是这样认为的吗?当您转到《人人舞台和浮士德》节目的时候,假如不知道米奈里影片里的导演正在把现代化的浮士德搬上舞台,人们就会抓不住外在关联。作品从外部知识和对影片的了解得到丰富。您的做法恐怕会把没有看过影片的人排除吧?

我想不会是这样。按照这种逻辑,可能对于书籍会更加成功,读书的时候,人们不想去核对每个选段。当然,我不是一个胡乱拼凑的人……

我们更具体地以您对希区柯克方式所写的序言为例,混录时,您让希区柯克的谈话声压住了您评述观众观摩影片所获记忆的画外音,您的声音被覆盖之后,观众听不懂您十分精辟的评论,这不是个问题吗?

那就去看书吧。

这就是说,作品并不仅仅存在于自身,要到扩散到书籍中的内容,在不同地方和不同艺术之间,在书和影片之间,才能真正理解您的作品。

目前,就是这样。但这样已经够了,有的时候,您不需要去听评述的声音。前面听到一些,后面又听到一些,就可以了。我想什么时候让观众听以及听到什么东西,这方面的技术我可谓得心应手。

那是毫无疑问的。可是,在系统参照书面文字和提到的作品,以便填充影片空白方面,以及按照您的意愿避开一些书、含义和说明文字方面,似乎略嫌不足。

那确实是一个缺点。

当然,您可以在观众不可能完全掌握他接收到的内容方面做文章,但是,除了希区柯克的论断,为什么要把描述您计划的这些抒情话语隐匿起来呢?

我原以为这些话语是可以清楚听到的,这是一个缺陷。我有点儿惭愧,有时候,我用抒情和音乐来掩盖自己的惭愧,但不见得与主题完全和谐,这是应该接受批评的。高明的影评家会这样做。高水平的影评家不会说:"戈达尔是笨蛋,或者,戈达尔是这个",而是说:"本应该听见这个,不要听见那个。"

电 影 小 星 球 | 意大利

Federico Fellini
费德里克·费里尼
(1920—1993)

如果说,50年代费里尼的《浪荡儿》吸引了我,但我对他某些同代人,比如,安东尼奥尼或者维斯孔蒂,更加喜爱。尽管《露滴牡丹开》或者《卡比里亚之夜》十分新颖,但我并不赞同人们对他的狂热。看了《白酋长》和《八部半》之后,我才心悦诚服地承认,他确实是当代电影界一位顶级大师。奇怪的是,在接下来的岁月里,他受到越来越多的诋毁。在威尼斯、罗马和戛纳电影节上,他的《爱情神话》到处遭到冷遇即是明证。我与众人不同,我更加喜欢他在《卡萨诺瓦》和《女人城》那些巨幅壁画中挥洒出的自由想象力,以及在《小丑》和《访谈录》中表现出的那种亲密情感。现在,费里尼变成了我无法靠近的神明。然而,相见之后,我发现他是一位极其热情的人,也许,这是因为我对一部日后会受影评界攻击的作品大加褒奖所致。

每次去罗马登门造访,必须习惯地忍受电话另一端捏着鼻子装做西班牙女佣发出的声音:"先生不在",或者,"先生到乡下去了"。在第一次吃了闭门羹之后,我通过他的管家玛尔古塔,很快就在他爱去的思泽丽娜餐馆,或者他拍新片的摄影棚,安排了约会。这样,在对《大海航行》和《卡萨诺瓦》的采访中,我发现费里尼十分慷慨,甚至把几幅拍摄草图都大方地送给我。在访谈《乐队排练》的时候,他喜欢把约会定在他那安静的西那希塔办公室里。相见时,他轮流用法文、英文和意大利文与众人交谈,他正在准备《女人城》的拍摄。

关于《乐队排练》

(1978年12月,罗马)

您谈谈《乐队排练》的创意是怎么来的,好吗?

这部影片的创意由来已久。每次参加自己影片音乐录制的时候,我总有一种惊奇和难以置信的感觉,看到每次奇迹再现,心中异常激动。各色各样的人,带着各不相同的乐器,也带着各不相同的个人问题,带着坏情绪,带着疾病,带着要听足球比赛结果的袖珍收音机,陆续来到录音大厅。我惊奇地注意到,在这种既杂乱又相近的氛围里,这些不听话的学生,通过反复试验,竟然能把这一堆杂乱无章的群体融为一体,甚至有些超然物外,而这都要归功于音乐的神奇。这一拨乱反正行动在我心中产生了震动,我觉得这种情况,在某种意义上,象征性地代表着一个社会生活的画面,在这里,集体情感和每个人的情感一起表达出来,每件乐器在保持自身特征和专长的同时,融为代表每件乐器共同表达的一个和谐的论说。这一切看似平常,但我想说的是,很久以来自己就想拍一部小纪录片,让心存疑窦的观众相信,在保持个人的个性同时,能够联合在一起做成一件事。是的,这是我意识形态、哲学观念和个人情感方面的计划。我这里说的纪录片,不是那种新闻体的、纪实应景的纪录片,而是在乐队排练中,我采集到的千百个典型小故事,反映我刚才谈到那些感触的一部抒情纪录片。因此,我向意大利电视台建议了这个特别节目,它是今天生活在意大利本土的一个意大利人全部焦虑与失望的反映。乐队排练几乎下意识地充满悲惨隐喻,像世界末日一样萦绕在我的脑海中。

《小丑》上演之后,您曾写道,对这部片子作为电视电影播放,心中感到不快。在这次小银幕不愉快的经验之后,您对《乐队排练》将在电视上播映有何想法?

我认为,电视与电影根本不能同日而语。电视缩小、损伤了电影。此外,我不相信存在什么电视风格,我也不相信,一位名副其实的电影导演,能够在电视上找到自己的表达方式。对我来说,电视就是一件家用电器,不能再现真正电影人的画面。其中原因很多:首先,只有在电影院中,观众才能够进入电影作者的想象世界;其次,面对巨幅银幕,按照个人的不同习惯和爱好选择影片;然后,经常三五成群地走到电影院,进入黑暗中,才会产生个人渺小的感觉。即使电影已经失去大部分神圣性,但它仍然借助一系列限制,强迫观众处于被制约的地位。然而,面对电视,情况正好相反,您处于权威地位,您是主人,画面不能侵犯您,您也不一定要看它,想看就看,不想看就不看,悉听尊便。

虽然我不相信存在电视风格,但是我相信《乐队排练》比《小丑》更适合电视播放,不会有彻底走样的危险,在小银幕上会充满活力。采访、艺术家讲话的特写镜头、很特别的音乐厅,以及一个乐队的全景镜头,都是电视观众习惯的画面。我可以像那些废话连篇、傻得要命的节目那样,使用时而有些过分亲热的口气讲话。因为,在电视上人人都可以胡说八道。

在意大利报纸上,我惊奇地读到,费里尼随着他的《乐队排练》,终于对当代社会发生了兴趣,发表了一篇时政评论。实际上,您从《勾魂摄魄》到《罗马风情画》,始终关注时政。您对这类反应有何高见?

这是某种知识分子的局限性,或者说,是某种精神范畴的偏好。在这部影片里,人们可能会看到一个寓言。然而,每个人都说:费里尼的宇宙和风格改变了,他对今天的世界感兴趣了。但是,我觉得,人们至多可以说,我仅仅讲了一个乐队的故事,这部电影和政治形势毫无关系。

您为什么选择这个地下小教堂呢?

我想营造出一种神秘的考古式的氛围。我需要一个非常真实,同时又极具象征性的布景。我想到,一个带有神圣祷告席遗存的破旧教堂十分合适,因为大量音乐会都在教堂和破败的修道院里举行。

您对音乐着迷吗?

我和音乐的关系是一种防卫关系。我需要用音乐保护自己。拍片的时候,我必须听音乐,我和尼诺·罗塔合作得非常密切,十分默契,一个音符一个音符地读乐谱。但我不去听音乐会,也不去看歌剧。音乐给我制造一种警觉,我怕被别人左右,怕被他人控制,所以,我把自己关在音乐里。在工作的时候,我能够直面音乐,因为工作使自己感觉坚不可摧,感觉自己更加坚强,使我处在自己的真实之中,处于自身最真实的状态之中。工作可以给我力量,给我健康,保护自己免受音乐、发烧、感冒、捐税折磨。不然的话,我对音乐的敏感几乎达到病态程度。我走进一家餐馆或一套公寓时,如果那里正在放唱片,我不得不请人家停止播放。自己实在不明白,怎么能够一边听着音乐,一边吃饭、喝酒、谈话、开车、阅读呢?我认为,音乐会建立一种神秘的交流通道,能够把你全部俘虏。因此,为了保持独立自主,我把它拒之门外。确实,我有点儿夸张,但老实说,在一般情况下,我尽量不听音乐。为这部影片,尼诺·罗塔专门为我做了四段音乐:镜中双胞胎、忧伤的微笑、短暂等待和快速驰骋。

为什么您选中了一位德国乐队指挥呢?

首先,因为我选中的演员是北方人,这倒不是故意这样做的。我有两万多张男女演员照片和他们地址的档案材料,也有一些在大街上碰到的人。每次准备拍片,我都查阅这份资料。这个荷兰人住在柏林,大约两年前,给我寄来了照片。准备《卡萨诺瓦》的时候,我通过国际刑警组织之类的机构找过他,当时他生活在斯德哥尔摩,过着嬉皮士生活,虽然在荷兰电视上演过小角色,但他并不是职业演员。我想让他出演伍堂博格公爵的角色。但我见到他之后,感觉他的脸太现代,所以选了一位英国演员。但准备《乐队排练》的时候,我又想起了这位荷兰人,请他来到罗马。我之所以选中他,是因为他一点儿也不懂音乐,像一潭死水那样安静。假如我让一个叫奥里维叶的演这个角色,他会更加激动。但荷兰人有一张十分威严的脸、天生迟钝的侧面、一些艺术家那令人诅咒的无辜,这都有一种威摄力,这种由狂热引发的神经质式的脸部变形,都和他要完成的使命完全相符。

最大的困难是教他怎样指挥乐手。我请来一位真正的乐队指挥帮忙,应该说,直到最后时刻,荷兰人才十分神秘地进入了他的角色。他带着某种狂热、某种激情和一种心灵感应能力进行表演。此人只会讲德语或荷兰语,我必须通过翻译和他交流,每次都不得不通过另一个人和这个化为音乐狂的演员交谈,常常造成心理高度紧张。实际上,一个演员是心灵画面的物化。我写的剧本原来是没有躯壳的梦境。当选择表现你梦境的演员时,他就变成了一个极其神秘的造物,因为他会突然把你自己非现实的层面变为现实。再加上他不会说你的语言,更加强化了他的外国人特征。这种局面使我时而喜出望外,时而忧心忡忡。我真希望使出九牛二虎之力,能把自己的情感以及疯狂,还有责骂,通过翻译这个中介表达出来。因为,这个距离总让我感觉自己是在和一位真正的指挥打交道,这个人物对我来说完全陌生,因为自己一点儿不懂音乐。这种陌生感迫使我停留在观众的地位上,对于创作者,观众的观点是最准确的,因为他既是局内人,同时又是局外人。

拍摄前,您把剧本全部写好了吗?

写剧本之前,我采访了大量演奏家,人数多达百人,还见到了意大利最伟大的独奏家。我请他们吃午饭,向他们咨询,但自己实在没有自信,因为我远远不是一名好记者,不会提问题,所以人家的回答也使我感到毫无兴趣!虽然有这致命的缺陷,但我还是从每个人身上,捕捉到一些他们对音乐和乐器的狂热。他们有意大利人可爱的一面,对自己从事职业的热爱,但这一面颇有丧失的危险。而且,第一部分表现出他们对自己乐器的眷恋。在谈到乐器时,这些人讲话既夸张逗乐又无知,甚至疯狂。在做了这些采访之后,我开始写剧本。起初,我想使用一个真正的乐队,按照一个类型在不同乐队中挑选乐手的面孔。但由于这种做法的价钱太贵,我不得不放弃这个打算。拍片四个星期,加上两周准备时间,聘请意大利最知名的演奏家,这笔支出比登上月球的费用还高。因为这个原因,再加上我一向喜欢表情丰富的面孔,所以我去了那不勒斯,开始找寻熟悉一种乐器的人,当然也是按照事先确定的一种类型。这样,我找到60个人,其中15人是尚不出名的职业乐手。至于其他人,每天都要教给他们应该怎样拿着乐器。

您对乐队指挥的态度显得含糊不清，在某一点上，可以相信需要他会组织和指挥，然而，您又要表现他渴望压制其他人。

确实如此。我既要表现建立秩序的必要性，又要指出这个秩序包含的潜在危险。然而，生活本身就是含糊不清的。我感到不能让影片结尾是个令人欣慰的欢乐结局。我们在集体建设某个东西的时候，每个人不能不考虑需要一名内部向导的必要性。如果把自己的生活责任交给别人，总会有重新掉入无差别集体的危险。那样的话，这个集体将要重新上映"专制父亲"的异想天开，这个风险太大。我的看法是，每个人应该尽力去当自己的父亲。这也许是廉价哲学，但却是我想说的话。我不要欢乐结局，因为这样就把观众的全部责任都拿走了。相反地，如果我用一个"问号"结束影片，观众就要给我的故事找到一个好的结尾。我的全部影片都是以删节号结尾，从来不在银幕上写"剧终"这两个字。

这部影片在意大利引起了很多争论。

这是司空见惯的——您知道我的传奇吧——一部片子拍完，我就尽量把它忘了。但这次比较困难，因为《乐队排练》还没公演，就已经迎来了一场不是论战，而是大规模的龙门阵，人们都希望尽快看到片子。一些人认为，这是一部宣扬历史妥协的影片，有人觉得它是一部神秘电影，也有人说它是国会议院之外的电影，还有人认为，这是一部反动的保守派影片，片尾希特勒的讲话不是威胁，而是希望。众说纷纭，难以置信。在可能范围内，我尽量避免对影片做含有政治色彩的解读。因为，我觉得这样做很危险，会导致影片被封杀，使它死去。政治会使生命缩短，使生命力枯竭。除了那些从事政治生涯的政客、记者，大多数人都对政治抱怀疑态度，认为这是与己无关的事。把我的片子贴上政治标签，也会让它去冒失去观众的危险。所以，我竭尽全力劝阻那些试图把它列入政治范畴的人，对他们说，这只不过是一场乐队排练而已。

但是，您不能阻止别人从政治方面来解读这部电影。

您说的对。可是，如果仅仅谈政治观点，可以在电影和观众之间放一块银幕，用以阻止个人情绪的影响。未来的观众已经能够知道，乐队，是意大利的，指挥，代表权威，开始发现一些关键人物，那位年轻的单簧管吹奏者，他们会告诉你，这是方法尼。由于出演工会活动家的人有一口浓重的萨德口音，那好，这就是贝林格。我在挑选他的时候，思想十分单纯，因为您知道，不存在标准的意大利语，所以我让剧中人尽量说意大利各个地区的方言，在找演工会干部的演员时，各种方言几乎无一遗漏了。我问他是什么地方人，他说是萨河岱涅人，我把他的声音录下来，现在每个人都说他代表贝林格。这个可以在影片里辨认出各种政治潮流、各个社会阶层的游戏，将会扼杀影片的清白无辜。我的看法是，它是一个与政治无关的伦理寓言。

但在另一方面，我们每天都会看到世界各地发生的巨大混乱，它必将导致保守派执政，并遭到比过去更加严重的镇压。

这是事实。共和国总统贝蒂尼在吉利纳尔看了这部电影，说了一句不带任何偏见而且很聪明的话："这部电影既不进步也不反动，它是真实的！"一位总统能够这样评价一部反映一场如此巨大灾难的影片，勇气弥足珍贵！

但是，这部片子在吉利纳尔预演的时候，您的政治诠释是有点儿铤而走险吧？

这并非完全出自本意，我应该跟您解释清楚。去年夏天一个夜晚，我在罗马一个广场漫步，突然被贝蒂尼叫住，当时他还不是共和国总统。他刚刚在巴黎电视上看了我的影片《露滴牡丹开》，想对我表示祝贺。他说非常想看我的下一部影片，我说我会通知他。几个月之后，总统新闻办公室主任打电话提醒我，不要忘记自己的承诺！

在《爱情神话》之后，您拍了《小丑》，在《卡萨诺瓦》之后，又拍了《乐队排练》，对您来说，在一幅巨大的壁画长卷之后，这部片子是不是一种放松？一次喘息？

我喜欢接连不断地拍电影。我最讨厌的是不得不闲待着，整天无所事事。合拍电影的大机器转动得又慢又繁复。我渴望整天工作，即使给《正片》拍些照片都可以！您知道，我喜欢经常地拍一些小片子，但是，如果我向制片人建议一个预算很小的电影，就会在他脸上看到缺乏兴趣和受到屈辱的表情。对他来说，费里尼至少应该拍一千万美元的电影。电影内容不重要，重要的是要依靠我搞一个项目，费里尼项目，然后融到一大笔资金。我准备拍片的事，需要解决各色各样提出来的问题，在我旁边建立起按照制片人和食人鱼——发行人胃口，巨大的迷宫式的筹资机构，这些人希望做一件他们一生中最大的生意。《乐队排练》这部电影，拍摄了16天，剪辑了两周，也就是8个实际工作日。配音花的时间最多，用了4个星期。因为我希望，剧中人物的对白，让人产生一种日常生活中不经任何准备和雕琢的自然感觉，而不要像真实电影那种组织得井井有条的感觉。我尝试把不同语言、各地方言和相近的表达方式混在一起，创造一种发音混乱的效果。您知道，在意大利媒体上，方言是受歧视的，电影、广播和电视有一个方言公约。人们听到表演节目里的方言，往往是低俗的一面。所以，我要重新找回每个地区不正常表达方式的真正含义，于是找了许多能够重新赋予方言真正含义和它原本情感的演员。这确实是一件十分费力的工作，因为，即使是这些会讲方言的演员，也已经忘了一些表达方式的原意。他们讲的那波里话也是北方人能听懂的本地话。我相信这部影片真的能够感动很多人，因为在给西那希塔制片厂工人放映几场之后，我已经深有所感。正因为如此，我想再重复一次，为了阻止破坏本片真实意图的政治诠释，我已经做出了力所能及的努力。如果带着意识形态的有色眼镜去看这部影片，一定会失望。然而，我希望的，是要每个人都找到一个答案，一个不能再继续拖延下去的答案。当然，应该是个性化的答案，不是一般化的抽象答案，那毫无意义。我已经无能为力，因为《乐队排练》早已作为费里尼第一部政治电影在各地上演了。

Bernardo Bertolucci
贝尔纳多·贝尔多鲁奇
（1941— ）

在意大利电影还处于黄金时代的时候，贝尔纳多·贝尔多鲁奇就崭露头角了。他和马尔柯·拜娄齐欧一起，成为新一代最具才华的导演。作为皮埃尔·保罗·帕索里尼的助手，他和自己的保护人一起，完成了自己处女作影片《死神》的剧本。这位十分年轻的导演（年仅 21 岁），在《死神》中证实了自己非凡的艺术才能。这部作品在多种影响交汇时期，成为当代灯塔。他的父亲是一位诗人，贝尔纳多·贝尔多鲁奇也是诗人和"法兰西式"电影爱好者。他首先不是在自己国家，而是在戛纳电影节评论周得到了承认。贝尔多鲁奇是介于新旧两代之间的文化人，其经历绝无常规可言。因此，伴随他 40 年电影生涯的评论界与之关系极不融洽。我记得，1968 年在威尼斯电影节上，我曾对他的参赛影片《伙伴》表示莫大失望，戈达尔的影响与他自己的敏感完全不相吻合。他改编的鲍赫芮斯《蜘蛛战略》、摩拉维亚的《同流者》等几部影片，已经十分完美，但使他誉满全球的电影是《巴黎最后探戈》。人们也许会更加偏爱他的《月神》或者《一个可笑男人的悲剧》这类更加私密的作品。在《月神》中，贝尔多鲁奇与歌剧及情节剧对话，《一个可笑男人的悲剧》是一场与意大利喜剧有着千丝万缕联系的黑色闹剧。在后一部影片遭到惨败之后，贝尔多鲁奇开始了他的国际导演生涯，拍出《末代皇帝》、《情陷撒哈拉》和《小活佛》等影片。《末代皇帝》获得了巨大成功。我们至少可以戏谑地模仿费多，劝他"照顾好埃米丽吧"。他的故乡埃米丽给他最佳影片带来多少灵感！他终于带着《偷香》和《爱的困惑》回归故里。这说明一个心力交瘁的男人，许久以来，一直在苦苦寻觅着一条指导自己的路线，他重视选择良机，却又往往在机会面前犹豫不决。

有关《一个可笑男人的悲剧》

(1981年5月,罗马)

伯力缪(于勾·多哥纳兹饰)问巴巴拉(阿努卡·艾美饰)为什么同意嫁给他,她回答说:"因为你会让我笑,因为你爱劳动。"

这是来自两个不同社会阶级的人,这两个阶级一直在相互观察着。巴巴拉和阿努卡的仪态都显示出,她出身于法国上层资产阶级家庭。20岁在帕尔玛学过修复艺术作品,所以和绘画有不解之缘,她那幅仿皮萨罗的画就是佐证。她遇到发财致富的伯力缪,此人是农民出身。在游手好闲家庭中长大的巴巴拉,被伯力缪的务实精神吸引。两个阶级的冲突贯穿整部影片。伯力缪仰慕巴巴拉,又对她所处的阶级怒不可遏(就像塞尔兹尼克说的:"有两个阶级,第一阶级和没有阶级。")她欣赏他朝气蓬勃,浑身充满活力。所以,对阿努卡·艾美的选择与挑选多哥纳兹相比是辩证的。我觉得,这部影片和《瑙维桑托》(1900)有点儿相似,因为,实际上这是社会阶级之间的相互吸引。一个从未参加过工作的女人,被丈夫积极向上的精神,也被他从平庸中散发出来的某种诗意与高贵所折服。

这部影片和《月神》在舞厅中收尾一样,在戏剧演出中结束了。这部电影里,父亲重新找到了儿子,那部片子里,儿子重新找到了父亲。两种情况虽然不同,却都有演出和音乐。

《巴黎最后探戈》和《一个墨守成规的人》的结尾也如是。我感觉,自己在影片结尾时,必须有一段音乐。我可能感觉,在舞会或者演出中,处理起剧中人来更加随心所欲。在这种氛围里,什么事都会发生。比如,儿子吉奥瓦尼的复活,就是在这种情况下出现的。

在《巴黎最后探戈》、《爱的困惑》和《月神》这类更加国际化的影片之后,您怎么想起要拍这样一部电影呢?

我渴望找回意大利语言。这真有点儿赌博的意思,因为意大利电影最难的,也是往往最不成功的的地方,就是对白。包括我在内的编剧,总把对白写得太文学化。我想看看能不能把对白的语言从虚浮的华丽辞藻中剥离出来,使它简洁明快,甚至创造出一种电影语言。我对取得的结果相当满意,这首先要归功于多哥纳兹,他是来自剧情中波河流域的人。这个正义感很强的人,长期在布莱希特称之为真正叙事剧的音乐厅舞台上演戏。多哥纳兹的这个经历对我帮助极大:他的台词能把剧本上那些文气十足的东西全部抛弃。我用五十多天写完了剧本,除了最主要的之外,把很多对白都删掉了。

哪些方面多哥纳兹的工作与他过去演喜剧时不同呢?那些喜剧也往往是从民间生活中提炼出来的。

他在这部影片中的投入,有时让我害怕。他首先认同了他的角色,然后理解了故事的含义,明白了伯力缪的乌托邦。我不愿意他像过去演意大利喜剧那样进行表演。实际上,我和他之间的关系,很像拍《巴黎最后探戈》时,我跟马兰·白兰度之间的关系。我感兴趣的,是他的个性,以及他个人经验能够给我带来的东西。拍摄时,多哥纳兹经常把台词改了。最初,我是以第一人称写的剧本,有一个画外音一直在说,现在您根本找不到画外音的影子了。这是一部由多哥纳兹眼睛观看的影片,这是一个爱用望远镜看猥亵场面的人!他永远位于故事中心,全体人物都围着他转,是一块岩石做成的莫高尔王国精神导师!多哥纳兹是迦本式的演技派大师,他能在拍摄间隙到厨房去做一顿"喷射式意大利煨饭",这是他给这种吃法起的名字,他把一瓶香槟酒放在一大盘煨好的米饭中间,再把糖放进酒瓶,香槟酒溢出来,流到米饭里。对他来说,在拍摄、烹调和继续拍摄之间,不存在任何连续性问题。在某些情况下,为了进行名副其实的合作,我们并不需要真正在一起干活,他也不需要对我讲什么东西。

用第一人称来写这部影片,很有意思。然而,从年龄上,您正处于两代人之间:伯力缪可以是您的父亲,吉奥瓦尼可以是您的儿子。换句话说,这部影片的创意是怎么来的?

一年前,我在洛杉矶,心情很怀。因为想在巴西拍一部音乐喜剧,而且已经安排吉阿尼·阿米苟担任导演,伽埃塔诺·维罗佐和士苟·布阿柯负责音乐,与福克斯已经签约,但由于该公司领导层人事变动,这部片子告吹。因为自己非常想拍成这部电影,也认为万事俱备,不可能再出意外,所以感到极度失望。再次遭遇思想狭窄的制片人,实在无可奈何。在洛杉矶,人们又给我建议了几部片子,但我对任何主题都没有"感觉"。然而,自己却觉得应该回意大利拍一部电影。回到家乡,我妻子克拉尔·白珀洛在报纸上发现了一则发生在布依斯的社会新闻:当地基督教民主党政治领袖的儿子被绑架,并且被杀死了,父亲为救儿子还在四处找钱。我改变了事发地点和人物特征,并透过这个人物,使人看到意大利的父亲、母亲和儿女,在把人当做商品的暴力面前,表现出一种极为荒唐的思维逻辑。在伯力缪身上,有一种令我想到《瑙维桑托》那样的乌托邦力量。《一个可笑男人的悲剧》虽然不是一部直接的政治电影,但在某种程度上,可以说是《瑙维桑托》的第三幕。通过像儿子遭绑架这样的悲惨事件,他却能从中汲取教训,积极面对人生,努力挽救家庭奶制品作坊,从而帮助工人渡过难关。在另一方面,也有两个年轻人劳尔和阿代勒弗的乌托邦。

除此之外,再谈谈剧本问题。我一开始就采用了第一人称,因为第三人称让我感到厌烦。当时,自己也不太知道会写成什么样子,但是,我发自内心地迫切希望,能在家乡帕尔玛,在埃米丽,拍一部真正的意大利影片。也许正是出自这种希望和需要,才决定使用第一人称。我像着魔似的写剧本,夜里十一点到清晨五点,不到四十天就完成了。1980年戛纳电影节上,我曾经简短地和多哥纳兹见过面,十分简短地讲了故事情节,问他是否感兴趣。由于他特别赞同,所以我立刻就投入了工作。在我脑子里,他始终就是主角。我并不太了解他,仅仅在制片人吉奥瓦尼·贝尔多鲁奇家中见过他几面。这位制片人拍过《主教卧室》等几部片子,和多哥纳兹是好朋友。在我和多哥纳兹一起出席时髦的交际晚会上,发现他十分善于伪装和装腔作势,但又略带笨拙。去寻找真实的"自我",藏在甲壳下面的乌龟……多哥纳兹的"自我",实在是一件乐事。拍摄之初,他显得异常彬彬有礼,我措手不及,实感意外。说老实话,我很少看意大利电影,看过他演的几部片子,如《那就来我家喝咖啡吧!》,确实相当精彩。虽然知道他是一位重量级演员,但没料到竟会如此出色。从文体和结构上,我打算拍成一部"不干净的"的片子,我不想要漂亮的书法。5月底,我开始写剧本,宣布9月29日开拍,当时大家都不相信。然而,一切都和我说的一模一样。包括修整,一共拍了15周。剪辑工作做得非常之快。这是一部按生活速度,而不是按电影速度拍成的电影。

与《卡萨诺瓦》和《蜘蛛战略》相比,这部片子是您最"外省"的电影。

我觉得它和《蜘蛛战略》差不多。部分原因来自人们看不到的"画外"空间和当地的乡土气息。伯力缪的别墅就在朗西拉诺,这里出产的火腿天下第一。火腿,美味与伯力缪的关系密不可分。在这部电影里,还有一种东西使他更加靠近《一个墨守成规的人》:这不是一部自传体的电影,我挑选了一位比我年纪大的人物和一些年轻人,所以,没有"对号入座"的问题。

摄影师迦赫洛·帕尔玛的工作令您满意吗?

这是11年来我第一次换摄影师。我和维多里奥·斯托拉柔经历了一生中最长的爱情故事(任何一个女人都没有和我一起生活这么久!)。当科波拉去年来罗马的时候,我们三个人一起吃晚饭,商量拍片的时间安排。但当时我既不知道拍什么片,也不知道什么时间拍。当我决定拍这部片子的时候,为时已晚,斯托拉柔已经和科波拉签约拍摄《心血来潮》了。有一位摄影师,向我的制片人坚决表示,愿意和我一起合作,这就是迦赫诺·帕尔玛,他在拍完《爆炸》和《红色沙漠》之后,当了导演。跟一个经验丰富又从零开始的人合作,我想一定非常有趣。见到他之后,我觉得他像维多里奥一样,也是一位艺术家,我要求他做的恰好和我要求维多里奥做的相反。我要画面像一幅极为惹眼的照片,光线不要像剧场那样,要更加刺眼,接近超现实主义。我同时寻求内景-外景之间的关系。和斯托拉柔一起,则难以建立起这种关系,因为她在窗子里总是放置聚光灯:她要自然光线(门、窗、台灯等)。这样,我利用了别墅朝向山谷的这扇大窗户,景色十分宜人。还有夜间拍摄的问题,听到要拍夜景,她就会头痛,尤其是在没有路灯的乡下,她需要一个真实的出发点。像绑架那场戏,我可以要求把黑夜照亮,按照电影常规,人们不应该知道光线来自何方。这不是现实主义,而是超现实主义,因为人们能够什么都看得见。

这部片子与十分抒情的《月神》相比,反差特别明显。《月神》那部片子的长镜头运动很像叙事剧和歌剧,而这部电影的镜头全部是破碎和剪辑切割的。

是的。《一个可笑男人的悲剧》更接近黑色电影。我试图找到剪辑能够生成的辩证力量。有些地方还是成功的,但有些地方,因为太舍不得拍好的镜头,没有勇气把它们剪掉。例如让-玛丽·斯特豪波对镜头不做任何切割,而把它组合到另一组镜头里,这位信奉布莱希特和马克思的人拒绝辩证法。在《一个可笑男人的悲剧》这部片子里,与拍摄相比,我把剪辑看做是辩证时刻。把一个镜头运动打碎,可能会比原封不动保留它更加有力量。我非常喜欢罗西的《三个兄弟》和安哲罗普洛斯的作品,有时候真想跳到他们的镜头上强暴它们,因为和我拍的东西相比,他们似乎过分尊重拍摄的镜头了,尤其是安哲罗普洛斯。

从《月神》到《一个可笑男人的悲剧》,我们从和谐过渡到了不协和。

这个不协和不是事先安排好的。剧本原来是简单的线性结构,但拍摄时,我们进入了一种疯狂状态,焦虑和幸福混在一起的氛围,以至于我连剧本都几乎没时间看。我决定采取一种拍摄方法,可以在剪辑时彻底改变剧本结构。例如:宪兵到伯力缪家搜查那场戏,原来剧本中是到最后才出现的,现在却放在影片开头了,剧情顺序变动非常大。所以必然要产生这种不协和感觉。这是自由结构的一种选择,以便让影片能像"游历中的作品"那样漫游。

即使在漂流中,您塑造的中心人物也有一种很结实的形态。

多哥纳兹,这个奶酪厂老板,他能把牛奶变成固体。他是一个怪人,坐在他领地中心的宝座上。我想是阿波利奈尔说的:"我们的形象是高贵和悲惨的,就像暴君的面具一样"。像巴巴拉有受过教育的高贵那样,他有农民出身的高贵。伯力缪是在现实与正在遭受破坏的文化之间的一座桥梁。他的妻子从一开始就对资产阶级商品经济充满信心。她认为,只要付钱,我们的儿子就会回来。

您经常在这个地区拍电影,可是,您却为这部片子选择了别的景色。

我平常都是在波河平原上拍片,那里的参照物是教堂钟楼的屋顶或是一棵白杨树。这是第一次来到丘陵之中,距离波河平原很近,仅仅二十公里,我甚至把外景地推进到山里,片中的那座森林,是我小时候每年夏天休假的地方。16岁时,我在那儿完成了自己的第一部电影,名字叫《缆车》,是用16毫米胶片拍的,片长15分钟。当年,8岁的弟弟耍了一个小把戏,要在那儿寻找他儿时看见的一架缆车,缆绳在绿树丛中时隐时现,但当我们寻找到栗树林时,它消失在树林后面了。这是弟弟在夏天下午做的一个梦。25 年过去,我故地重游。迷信作怪,害怕这是自己拍的最后一部电影,因为这是我完成第一部电影的地方。对我来说,帕尔玛和它所在的省份是一个小宇宙。走到高处,就像是一次探险、一次冒险。

多哥纳兹是克雷莫纳人。他的家乡和帕尔玛有很大区别吗?

区别不大。景色和人的长相和其他地方差不多。文化方面有所差异。帕尔玛的优势在于被法国人占领过,人们发"r"这个音,跟您一样,用小舌发音。法国建筑师、糕点师和高级木器师留下了足迹,而克雷莫纳没有这些东西。在帕尔玛,人们吃得比克雷莫纳考究。然而,工业时代初期出现的奶制品业在克雷莫纳省。多哥纳兹确实是这个王国的君主,全体克雷莫纳人都来向他参拜。费来里在多哥纳兹家里才真正懂得了什么叫美食,怎样才叫享受。多哥纳兹无拘无束,当他拥抱罗拉的时候,罗拉说:"你可真有胆量!"他回答说:"在你之前,我从来没害怕过。"

他还对她说过一句十分关键的话:"重要的,不是道德,而是真诚。"

伯力缪风流倜傥,是个浪漫主义者。战争期间,他打过游击,是意大利共产党员,是言必称"事业"的人。很多埃米丽的小企业主都投共产党的票,在专业方面都有丰富的想象力和创新能力。他们是干劲十足的发明家,如果说意大利的经济还能维持,主要应该归功于他们。伯力缪属于不能接受消费社会制定的游戏规则那类企业家,虽然身处我国经济制度的逻辑内部,在一场被删去的戏里却说,与电视机、汽车、电冰箱制造商不同,他们用的都是没有生命的材料进行生产,而他正好相反,是用有生命的牛奶这种原材料进行生产的,直到人们吃的时候,始终处于发酵过程中的奶酪都是鲜活的:这是他作为企业家的骄傲。他也有一种和他社会出身密切相关的负疚感。然而,当他谈起集体农庄的时候,总不免要冷嘲热讽一番。假如按照我们社会给他指出的道路去走,他就会成为瑙维桑托后来变成的那种人。他进入了年轻时视为仇敌的角色。在这个意义上,这部电影确实讲到了当今意大利的奥秘,以及层出不穷的丑恶行为。在剧中人物互相交换的眼神里,人们可以看到对于真诚的执著追求和难以避免的背叛性格。

可是,您避免直接触及政治和恐怖主义问题。

对这些问题,我一点儿也没提。我更感兴趣的是,揭示两代人面对面时表现出的眩晕。

影片结束时,阿代勒弗对伯力缪说:"是我把您带到这里的,还是您一直跟着我呢?"他对这个问题似乎做了小结。

当他们一起去跳舞的时候,人们觉得他们是去参加弥撒吧?实际上,伯力缪对这一代人一点儿也不理解,而这一代人对他们自己也不理解。正如他说的那样:"我们身边的儿女都是魔鬼,他们会冷笑,但不会笑。对他们的父母,不是过分瞧不起,就是过分讨好。我们真搞不懂他们的沉默：是要喊救命，还是要向我们开枪？"这最后一句话，是根据帕索里尼临终前在《书简》上发表那篇文章的意思写成的。那时候，正在上演《浑蛋》那部片子，第一次看的时候我并不喜欢，因为皮埃尔·保罗刚去世不几天，但现在我觉得它是一部十分出色的电影，真实地反映了作者和青年人之间的关系。实际上，这部作品揭示的真理和萨特毫无关系，也和放荡不羁拉扯不上边。其实，它是对丧失无辜而欺骗了他的年轻人所进行的一种报复。

这部影片的片名让人想到果戈里的嘲讽，和陀思妥耶夫斯基的模棱两可，片名及其难以琢磨的人物给人一种俄国小说的感觉。

对我来说，波河河谷确实有俄罗斯风情，那里，冬季的皑皑白雪和一望无际的白杨，很像契诃夫短篇小说中描写的银色桦树。陀思妥耶夫斯基还写过一个中篇小说，名叫《一个可笑男人的梦》。应该从广义上去理解片名。我觉得意大利今天的人们因可悲而变得可笑。当人们看到自己如此可笑，而又变得如此可悲。这两种情感之间，有着十分紧密的联系。我照镜子的时候，觉得自己相当可笑。总而言之，这部电影既非嘲讽也非悲剧，而是穿梭于两者之间的某种感觉。

不仅剧中人物笼罩在一片疑云迷雾之中，故事情节也是如此。他死了吗？还活着吗？人们不停地向自己提问。

我认为，观众和伯力缪应该想到，他的儿子已经死了。只有巴巴拉相信他还活着。阿代勒弗听说他死在神工架里，但这种混乱正好反映出意大利政治的问题。在莫罗和马岱依案件中，人们对他们的死一无所知。在我拍《革命》的时候，我曾谈到"模棱两可"，那是讲美学和文化，但这里是一个青年人，在他和现实之间的关系中，所感到的无奈。今天，模棱两可，指的是每天的食物。包括事实在内，没有任何东西是能够确信无疑的。影片结束时，伯力缪看着吉奥瓦尼、巴巴拉、阿代勒弗和劳尔在跳舞，人们明显看到他害怕了，去找香槟酒的目的，是为了摆脱他眼前看到的一切。他对世间万物什么都搞不清楚了，看到自己亲手建设起来的东西坍塌了，一向认为自己无所不能的他，感到软弱无力。

人们甚至可以想象，是他儿子自己"策划"了对自己的绑架。

这是一种可能。在意大利也发生过这样的事，一个企业家的儿子让人绑架了自己，并且在绑架中丧命：因为要使家里人相信，所以他用了过量麻醉剂，结果造成死亡。这是意大利恐怖分子戏剧作品中最复杂的心理剧。我根据报纸上看到的一则社会新闻，但并没有一字一句去琢磨，因为我从来不愿意进入恐怖主义可怜而又可鄙的细节。

莫里考那的音乐是按通俗音乐处理的。

是的，它吸收了民间华尔兹和一些流行歌曲。莫里考那在拍摄前，从意大利北方一些民间小调和手风琴、小六角手风琴的乐曲中汲取营养,写好了电影音乐。特别是,巴巴拉这个人物第一次与劳拉夜晚相会那场戏,我想参照萨蒂和拉威尔,把音乐搞得更文雅,更"法国味"。由于乐曲已经写好,拍片时脑海里充满音乐,像往常一样,感到十分自如。拍摄时,早晨和晚上,我都听很多音乐,威尔第、普罗科菲耶夫和贝尔那·海曼的音乐听得最多,音乐给我带来灵感。这一次,直接引领我前进的,是影片的两个主题:"可笑的人"主题和巴巴拉主题。

他在片尾唱的是哪部歌剧的曲调?

是《茶花女》中阿尔弗莱德父亲唱的,是引用维斯孔蒂《魔鬼情人》中的丈夫,在抒情比赛时唱的那段曲子。

影片给人一种几乎梦幻般的昏沉沉的感觉。

这部片子原来还有另外一个结尾:伯力缪在郊区小酒店那场戏之后,一觉醒来,和影片开始时他在办公室里做恶梦的那组镜头前后呼应。故事是一个梦,就像将要发生一件事的前兆一样。这部影片就像您在生日宴会上喝了很多酒之后,胃里沉颠颠的那种感觉一样。可能。影片保留了最初用第一人称叙述时那种梦幻和恶梦的调子。

伯力缪这个人物越向"下沉",回到地面上,巴巴拉这个人物越向上升,一直升到天上。

我觉得,像绑架案这类心理剧,会把与案情有关的人推向极端的真实。巴巴拉变成天上人,但她也是白雪的"未婚妻"。当她穿着裘皮大衣在阳台上等待儿子归来的时候,手里拿着和影片开头时伯力缪一样的望远镜,在白雪和阳光的背景里,显得分外妖娆。我非常喜欢伴随着影片拍摄进程的气候变化,从遍地玉米的夏末,经过树林中的秋天,最后到了皑皑白雪的寒冬。

您拍的片子无一不谈到家庭,即使在《巴黎最后探戈》里,您也把父女关系摆在重要地位上。

我不知道自己是情不自禁地要触及这个问题,还是一个随机选择。很明显,我还没有把全部个人问题解决好。15年来,我一直在做心理分析,从我拍的电影里就能看到治疗的轨迹。

在您前几部片子(《巴黎最后探戈》、《月神》)里,在某个方面,就像《诺维萨德》中的政治问题那样明晰,心理分析是比较清晰的,但在这部影片里,人们看不见理论的迹象。弗洛伊德的象征符号从来没有明确显现出来,它们成为了影片整体神秘莫测的组成部分。

这部片子大致是这样的:有一段时间,人们不再做梦,因而也就不再分析梦境。这段时间,人们在谈论其他事情。所以我刚才说,这部片子不像我其他电影那样带有自传特点。我好像摆脱了意识形态、心理分析和政治的束缚,好像感到需要从这些条条框框的外面来观察世间万物,来分析人生百态,好像我正在寻觅不可知的事物。如果开始时没有那么多成见,一切将会变得更加神秘。

劳拉和维多里奥这两位青年演员是从哪儿来的?

维多里奥在一个小圈子里,是一位相当出名的演员,在罗马演"剧场外"话剧,属于贝尼尼那一代为大学生和知识分子演戏的人。他和三四十年前,专门在正戏开场前演折子戏的那些演员大不相同,多哥纳兹和梢赫蒂就是从折子戏演员成长起来的,在"剧场外"演戏,同样有自由和可能成为有才能的新人。劳拉开始演艺生涯仅仅两三年。剧本中的人物十分模糊,因为他们都是由伯力缪的幻觉制造出来的。在拍摄中他们才逐渐变得清晰。因为我不太了解青年人,是他们帮助我使这些人物渐渐变得丰满起来。我真希望他们能够代表今天青年人的神秘。我不认为所有的青年人都是神秘的,例如我那一代的青年人就没有什么神秘可言。也许因为他们来自战后,所以我觉得那一代青年非常阳光。而这一代年轻人却显得比较阴暗——劳拉和维多里奥都是黑头发,而且目光深沉。他们忧心忡忡,因为他们不知道向何处去。我只能日复一日、一组镜头一组镜头地帮助他们。当他们来到摄影机前面时,我对他们说,我知道他们现在如何,但我可能永远也不会全面地了解他们。我和他们之间的关系,仅仅停留在我和故事情节之间的关系上:永远不知道,也不去判断,即使向观众也无法提供准确的信息。

在您影片的角色中,有很多非职业演员吗?

是的,跟我拍的大部分电影一样,很多都是非职业演员:跳迪斯科舞的那个女仆,就是一位当地妇女,那些放高利贷的也是当地居民。他们中间的一个在《瑙维桑托》里,已经演过戏了。影片结尾,那些跳舞的人,同样不是职业演员。电影这样拍很有意思,拍点儿纪录片,再把它变成故事片。从电影爱好者那里得到的某些东西,在职业演员身上是不可想象的。

在您的镜头组里,经常会有几个不同层次,在城市里或者在公路上,有好几个水平镜头,人物在其中移动。

我想把人物的内心世界从视觉上反映出来。丰富的视野应该能够反映出人物的内心矛盾。对于生活中出现的矛盾,我一向都兴趣十足。做导演工作,也是同样,我感兴趣的,是对矛盾的喜爱,也就是喜欢冒险。这正是我想对我热爱的一些同龄导演说的话,但是他们没有勇气冒险,并且以原意忠实于自己为借口,替自己辩护。正好相反,我认为必须背叛自我,才能更上一层楼。

您看到自己身上有哪些矛盾呢?

假如您看看我最初的几部片子,《革命前夜》《伙伴》,再和我今天拍的电影进行一下比对，我觉得这个问题的答案是显而易见的。过去，我赞成一种讲电影的电影，那就是戈达尔心目中的电影，它也是一种非常浪漫的电影，当时，我对这种电影乐在其中，非常喜欢。现在，我对电影仍然十分喜欢，但在某种方式上，态度上较过去增加了很多宽容。60年代，我们在观众面前感到恐惧，制造出不少莫测高深的理论以便避免直接面对观众，但这样做的结果，是我们自动放弃了对得到观众喜爱的需求。从这个方面看问题，我认为自己变化很大。

电 影 小 星 球 | 葡萄牙

Manoel de Oliveira
玛努埃尔·德·奥里维拉
(1908—)

从默片时代开始电影生涯,至今仍未息影的唯一导演,就是玛努埃尔·德·奥里维拉。1931年,他就拍出了《多罗河上的辛劳》。这位大师之多产实属罕见,年至八九十岁高龄,仍然一部接着一部推出新片,更是亘古少见。也许由于长年赋闲导致万念俱灰(四十年中,只拍出两部故事片),可以解释他从1970年开始的艺术创作大爆发。路易·布努埃尔和他既相像又大不相同,但也和他一样,也是在长时间沉寂之后,晚年却创造出异常丰富的作品。

奥里维拉文化修养极佳,不仅有很高的文学造诣(克劳代尔和拉法耶特夫人,尤其是他的同龄人若赛·雷吉奥、卡米罗·卡斯特罗·布兰科、阿古斯蒂娜·贝萨·路易),而且还是电影形式的创新者,他是真正的巴洛克艺术家,喜欢镜子游戏、自我嘲讽、主题缩影、夸张模仿,但又不失动人心魄的抒情描述。三十年来跟踪这位极富灵感的艺术大师的足迹,对于影评人也是一段令人心醉的经历,就如同在他故乡波尔图参加他90华诞那样激动人心。奥里维拉谈锋极好,影片中兴味盎然的对白可与罗梅尔比美,他的镜头画面和剧本艺术不断推陈出新,他的爱情挫折四部曲即是佐证(《过去和现在》、《贝尼尔德和童贞的母亲》、《流逝的爱》和《弗郎赛斯卡》)。他的作品是一幅描绘葡萄牙文化和心理现实的巨幅壁画,后期又转向一些更加亲密的作品,如《世界之初的旅行》和《我回家了》,在这后一部影片里,马尔赛罗·马斯特罗亚尼和米歇尔·彼高利分别展示出导演的第二个自我。与奥里维拉相会总是一个欢乐时刻,他深刻的思想、顽皮的性格、足够的聪颖使他永远不会自视过高。我和诺埃尔·海尔泊一起分享了对《书信》访谈的美好时光,影片《书信》是一部对克莱弗小说《公主》十分自由的改编作品。

关于《书信》

（1999年5月，戛纳）

第一个问题，您对一本讲述16世纪故事的17世纪小说，进行如此自由的改编（如同《阿布拉罕山谷》那样），原因何在？

为了《阿布拉罕山谷》，我请阿古斯蒂娜·贝萨·路易写一本有关包法利夫人的书，故事要发生在今天的葡萄牙外省……她立刻就对这个建议产生了兴趣，几天之后，她打电话给我，让我给她讲一个小故事……我回答说："我不是在向你约稿，我喜欢你的自发性特点……最理想的，是你想怎么写就怎么写，然后，我把你的书改编成一部电影！"这样，我就改编了一部改编作品。奇怪的是，福楼拜说过："包法利夫人就是我"；今天，这本书又被一个女人以另外一种对妇女状况的观点重写。无论如何，我把书改编成了电影（书的文字十分优美，但文学化得要命，所以，必须进行大量处理）。它使我们再次回到一个男人身上。可是，当福楼拜说这句话的时候，他谈的不是包法利夫人本身，而是他自己的工作，以及那个时代的妇女地位……关于克莱弗的《公主》，问题提出的方式则完全不同，因为这是一个亲密的情感剧，故事发生在古代社会，但必须把它移植到今天。不管怎样，时间差距太大了，因为恋爱自由的问题早已不复存在，但正是因为如此，维持现状和今天同样的冲突，使我兴趣十足……还是那颗跳动的心！

但是，我们已经不再受17世纪那些道德规范束缚了，您怎么让他们接受这些道德规范呢？

我意识到了这个问题。我尝试着把两种伦理立场平衡起来。我们都看到了所谓自由的东西，但是还有其他情况：我知道一些人们不了解的情况，因为人们看不到，它们隐藏着……众所周知的是像演节目那样暴露出来的现象，比如沙滩上的裸体女人，或者电影上屡见不鲜的性行为，还有一种完全没有情感的方式（甚至是"地下的"，一个人在葡萄牙告诉我的……）这是人们看到的，或是报刊和媒体揭露出来的，但是另一些情况始终被掩盖着，人们一无所知，好像根本不存在一样！人们不禁要问：人的身份和尊严何在？无论是个人还是一个民族，当国王打了败仗，他会提醒人们，我们没有丢掉荣誉，荣誉比一场战役要重要得多！在影片中，我对这些观点从来既不表示赞同，也不表示反对，我一向尊重观众的标准，这样做只是把问题保留下来：17世纪看似平常的东西，在今天有些人就可能认为难以接受。对我来说，我觉得这一切都很自然。这里存在着一个高级状态，一个通向圣洁的步骤：一位卡莫恩斯的"路基亚德"的评论家，认为书中有不同的英雄，有水手、船长瓦思寇·德·伽马、传说中的神灵，等等。人的身体和心理是由垂直线条和横向线条交叉构成的，这些线条随着环境变化而升降……

在您把故事搬到今天这个世界，进行时代错位的时候（昔日的内穆尔公爵今天变成了摇滚歌手），您强调了一个书中并不公开出现的宗教层面，您宣讲了严格的冉森教派道德准则，从而把故事拉向了17世纪……

我感兴趣的，不是国王港事件的宗教氛围，而是冉森教派主宰人们命运意识的现实：当克莱弗夫人看昂日力克·阿赫努肖像的时候，她感觉自己命中注定要服从他的命运。主宰灵魂的是一些感情冲动，这些冲动往往会使人们做出违背自己心愿的事，或者很难做到的事。奥森·威尔斯会说："这是我的性格"，这是蝎子和青蛙的故事！至于那个修女，她自己宣称赞成结婚，结婚将是最简单的解决办法……如果说我创造出了一个小说里没有的修女，这是因为我的克莱弗公主要去修道院避难，修道院里有一个她孩童时代的女友，这样，她就能找到一个心腹朋友，对她说出自己的心里话。

您是立刻就想到一名摇滚歌手的，还是受到了佩德罗·阿彼伦伯扎的启发？

我的愿望是，使影片建立在强烈反差的基础上：17世纪，妻子不欺骗丈夫，或者不像今天那样离开自己的丈夫。这也是一种文化之间的反差。今天，与一位摇滚歌手在一起，人们会找到一种等同性，但这完全是另外一个领域的等同性：它会创造出一种17世纪不存在的相异性。同样，书信结尾影射的非洲当前局势和政治局势……这都是十分重要的问题，但当一个严重事件（疾病、妻子即将死去）出现的时候，人们会忘记社会层面，而回到亲情上来。

您过去就认识佩德罗·阿彼伦伯扎吗？他和剧中人很接近吗？

不，我以前不认识他。过去我只对他的生涯有些了解……我从逆向推理知道，他曾经是我孙子的音乐老师！看到他拍了那么多片子，我想起了他。因为他在国际上已经出名，对这个角色很合适，我就建议他出演这个角色。他戴着那副墨镜更使这个人物显得与众不同，具有一种既不俗气又很独特的性格。所以我要求他戴着墨镜，只是把黑的程度降低一些。

然而，片尾那场音乐会的戏，您加强了黑的程度。

是的，就像一个小丑在妻子去世的日子还在演戏。

您的改编有几个不同版本吧？特别是片头和片尾音乐会那两场戏。

为了突出主要内容，我删掉了很多东西，用素描画进行替代，既省时间，同时也是一种休息。影片开头，我用奠基仪式代替了制衣公司的那场戏（原来的影片是从这里开始的），这是为了把人物都集中到一个院子里，让他们开始互相认识，确定人物之间的关系。

为什么您要把特别长的场面(像莎荷特赫夫人去世那场戏,原原本本按照书中描述搬上银幕)和一些中断节奏和省略的场面交替拍摄呢?比如,最后两个主人公互相解释那场戏,您为什么不拍呢?

我喜欢不让他们再见面,从而把神秘保持下去。如果他们见了面,就会有出现女方拒绝爱情的风险,她有可能表现出软弱,或者发生"萍水相逢"的危险……有距离才有激情:把距离缩短,激情就会丧失。期待成为现实,梦境会被打碎。

关于素描画,库布里克说过,在默片里,素描能把整场的戏省掉……

是的,我完全理解库布里克的这个观点:完全没有必要浪费时间拍一些画面,只是为了说明某个人不在,他到别处去了,假如这并不是剧情的一个关键部分……这里不同,我们还是在剧情里面。在大多数美国电影里,人们要想讲故事,你就会看见一个人物从汽车上下来,他走在人行道上,进了大厅,登上电梯,穿过很多很多办公室,一直走到他自己的那间办公室,坐到椅子上开始做他的事……这一切只是为了交代他要开始说点儿什么事了,然后,只有他说的话才是最重要的!这样的画面只有作为档案资料才会有用:二百年之后,作为人们日常生活的见证,也许挺不错……但是从精炼剧情的角度看,采用素描画的方法要高明得多!

影片结尾,克莱弗夫人将要为其他人而献身,在全部故事里,她始终处于远离红尘、与世隔绝的地位……她重新步入世界。打开了眼界。

是的,她跨越了一个人生阶段……那是她的一种逃避方式,必须有一个特别强大的东西,真正吸引住她的注意力,才能让她停止孤独一人去想这个男人……我认识一些年纪很轻时就这样出走的修女,她们告诉我,愿意到吃不饱肚子和生病的人那里去传教……这种情况使我十分感动,是我自己写了这封信——但是,信中的话是我亲耳听她们说的。连莎荷特赫夫人关于强盗和罪犯的回答,都使我感到高兴。这两个坏人在五年之后没有任何改变,这是我听到的一句令我感动的话……不管事物变了或是没有变,罪恶依然在继续着,只是从有爱的地方换到了罪恶的地方:我们不是在 21 世纪初,而是在 20 世纪真正的末期。

您看过《布劳涅森林的夫人们》吗?布莱松把一部 18 世纪的小说移植到德国占领期间的巴黎……

这是我看过的第一部布莱松影片:现在我还记得那个汽车开进公园的画面……可是,即使是布莱松,从《一名越狱的死囚犯》到《金钱》,也出现了很大的转变。《布劳涅森林的夫人们》是一部结构奇特的片子,所有的因素都在影片里占据着不同的位置,互相之间既不沟通也无联系,这是一些毫无联系的分散事件,但到片尾,一切都深化了。

您是怎么发现《克莱弗公主》的？您为什么决定把它搬上银幕？

我在准备拍摄《流逝的爱》时，雅克·帕尔西跟我谈起了这部著作：它的主题也属于受挫折的爱情系列。这个故事深深打动了我，就像人们遭受战争失败的感觉一样：战争失败让人深思，战争胜利让人轻浮。

那么，《缎鞋》也是一个无法实现的爱情故事……

那个故事太精彩了！普露海兹也把她的爱情放到了遥远的地方。我最感兴趣的人物是他的丈夫唐·佩拉吉，他的行为与他的尊严和义务完全吻合。为了国家的利益，他把妻子送到非洲，在那里的卡密叶对她充满了激情：他以对她信任和高尚的名义，把她送进了危险。这是男人尊严的最高体现，我实在不敢相信这件事是真实的……

在服装方面，您怎么在古代和现代之间找到的平衡，这个平衡使人感到一种不确定的时间。

我对这个问题始终十分注意：这次，我要每个女演员都到自己喜欢的服装店去挑选衣服，对阿妮·罗兰来说，几乎不需要去寻找，因为她穿衣服的方式一向很合我意……弗朗索瓦兹·法比安也没费什么事，很快就找到了合适的样式和首饰，我们很快就达成了一致的意见。施依拉·马斯特罗亚尼比较麻烦，因为衣服、帽子的反复更换花去了不少时间……在服装师的帮助下，我们最终使所有的问题都得到了圆满解决，我请服装师把整体上缺少的细枝末节都一一进行了补足。

您是否十分精确地对演员进行了指导，才取得了这种中性的并且没有心理活动的表演。

我对演员说的话很少。关于他们的站位和动作，我的指示非常精确。这样才不会出现一个演员挡住另一个演员，从另一个演员身后走过去，或者相反，如果需要的话，就去挡住另一个演员……我读了对施依拉·马斯特罗亚尼的采访报道，她说我的指示精确到身体重心应该放在哪条腿上……确实如此。因为这十分重要，它决定着画面中各个人物形象的布局。至于对白台词发声和语调，我极少做这方面的指示，因为我更喜欢演员自己进行发挥，而不是我告诉他们应该如何做，即使我的意见是对的，我也尽量避免谈这方面的问题：这像是去给邻居戴帽子！

对您来说，围绕着一部文学作品，最重要的是哪些因素才能把它搬上银幕呢？

最重要的是我不能离开人类行为太远。行为可以十分诡异，但必须有一个度，而且，它们不能是假装的或是不正常的……比如说，在《焦虑》中，我把"不朽"的人物搬上银幕，心里明明知道这太不寻常了，即使是老父亲杀死老儿子，也还说得过去，但他们是著名学者，他们不愿意留下一个没落衰退的形象。那么，必须杀人才能保持充足的力量……后来，在德露兹从窗户跳下去之前，留下一封遗书，说明自己不愿意日复一日地沉沦,人们才回到现实中来,回到真实中来……这就不再是臆想了。所以,我拍了那部片子。我所寻找的故事,都是异乎寻常的人性故事:必须异乎寻常,但还是要符合人性!

改编一部像《缎鞋》那样的巴洛克戏剧和一部像《克莱弗公主》那样的经典小说,您做的工作有很大区别吗?

对我来说,《缎鞋》是一段十分特别的经历。做分镜头的时候,我买了两本克罗代尔的书,那只为了使用其中两页。在其中一页上,我贴上了一张纸,上面写着我对作品的有关摘记……我就是这样来设计这部电影的。为什么不这样做呢?克罗代尔的家里人要求看看分镜头剧本,我说:"您看吧!这就是您父亲写的剧本。"幸运的是,他们非常喜欢这部电影,我也很高兴这样完成了自己的工作。这里,一方面,是已经写好的东西,另一方面,是将要拍下来我脑子里的想象。所以,我要和负责美工的工匠们一起画很多草图,指示拍摄取景的角度,以便事先计算好准确的距离……那是一部很长、成本很高的电影,所以必须十分精确,在这个基础上,可以变更视点以及演员的表演……至于《克莱弗公主》,我原先想拍一部忠实于原著的作品,但这太困难,成本太高了:需要有宫殿、庭院、服装、马车、马匹……必须营造出那个时代的氛围,反映出当时人的思维方式。要把那个时代严格的伦理标准移植到今天人们的行为之中,的确很有意思:让潮流完全颠倒过来,将会产生一个非常美妙的反差。

对于克莱弗公主的牺牲,您不想赋予任何政治或宗教的含义吗?

不,既没有政治含义,也没有宗教含义。正如克莱弗公主自己说的:她没有得到神的感召……这是一种为了其他人的牺牲而做出的牺牲,是一种无法解释的东西。我认为,能够对人性做出的最好解释,都要通过无法解释的东西!忘记人性的这个侧面是错误的。不管是国王还是独裁者,推动人掌握政权的动机,往往是想把自己变成上帝的梦想。

人们似乎感觉到,克莱弗夫人试图在寻找词语的真正含义,她周围的每一个人,尤其是在谈到政治问题的时候,都使用一种空洞的语言……

在这场谈话的整个过程中,她始终无动于衷,因为她的心里只想着一个男人!其他人的谈话,既不涉及严肃的政治问题,也不涉及她的个人情感问题,但可以使她通过自己的问题观察社会的反映……她期待的是要了解社会氛围,以及世界政治的反响,这将对她的个人命运产生影响。瞬间的反响是公布阿布伦霍扎的死讯,这将会引起丑闻,将迫使她必须承认自己的魅力。这与小说中的坠马事件完全对等,在《安娜·卡列尼娜》中也是如此。在这个情节上,电视提供了一个更加"现代"的替代!

透过这种无法实现的爱情,您是否看到在《瓦勒·阿布拉海姆》中的爱玛和克莱弗夫人之间存在着某种联系?

不,正好相反:从社会上表示不赞同的观点出发,包法利夫人陷入了不忠的罪恶,克莱弗夫人在比较自由和宽容的环境里,借助她的道德观和对自己丈夫爱情的力量,不允许自己做这样的事。这是另外一种爱的方式,它可以保持一种至死不渝,甚至死后依然如故的尊重……她远离那种随着自己心跳加快就要以身相许的俗套,更愿意把心中想象出来的激情保持如初。

人们感觉她所爱的男人只是一个影子,他并不存在这个世界上……

他属于另一个世界!激情往往都是这样,并不是由物质的现实或是唯我主义衍生出来的……我记得看过一部阿根廷电影,是一个滑稽短剧片,讲一个人每天上班,总在同一时间经过同一个地方。一个女人出现在五层楼的窗户旁边,看着他走过去。下班回来的时候,她依然在那里,他等着她走出来,对这个美丽的女人,他心中产生了一种难以克制的激情……有一天,他决定走上五楼:在那里,迎接他的是一位制作女帽的商人,并且发现,站在窗边的女人是一位模特,您看,激情是一些异样的感觉,是人们无法控制的。

影片中经常有一些改变原书结构移动位置的情况……

我把母亲去世时、吉兹先生自杀之前,克莱弗夫人在花园中的忏悔和大段内心独白主要部分,都保留了下来。她重新回到自己曾承认犯了罪的花园,是为了追思因爱她而死的丈夫,也是因为一件事促使她来到这里,在她做过忏悔的长椅上,她遇到了心仪的人……在这里,我以一种含糊但又微妙的方式,让观众看到她正在逐步发现,自己心爱的人已经听到了她吐露的心声,而且他回避了,因为她自己也在回避!野兽象征着她心中挥之不去的性欲召唤,因为她既不是天使,也不是超人,而是被一个男人吸引的女人。

您是否想到要保留书中那封信丢失的重要章节?

它让我想到了我的那封"书信"。我曾经问过自己,片名会不会造成误解,人们可能会想到是小说中的那封信……可是,我非常喜欢《书信》这个片名:它会让人想到一个世纪到另一个世纪的差异和一个连字符。事实上,书信是一个从未被揭穿的秘密:不是信中说的话,而是看不见的情感。我们对人类中的有些事情并不理解:这就是我所说的"书信"。我曾经写过一部短片的剧本,片名也叫《书信》,这是应他人之邀而写的东西,后来我放弃了它,因为故事展开得不够充分,难以拍成一部像样的影片,而且我也不愿意看到这样的片子上面写着我的名字。我更喜欢拍另一部《书信》,即使这是一部改编作品。我那部片子的故事是:一个女人写了一封信,我们对这封信的内容一无所知,她带着魔鬼的微笑把它交给了信使……收到这封信的女人一下子就疯了,从窗子跳了出去。有人救了她,找到那封信,把它放进了另一个信封,寄给了另外一个人……人们看到各种人完全不同的反应,最后,这封信来到了外省,我们看见一个年轻女人高兴得跳起舞来,当她摔倒在地上的时候,掉出了那封信。她的两位老姨娘之一,捡起了信,另一位老姨紧跟着她,前一位拿着信到处跑……当她看到无法向姐姐隐瞒信中秘密的时候,就把这封信扔进了壁炉中熊熊燃烧的火里,从始至终,谁也不知道这封信到底写了些什么!

围绕着《上帝的喜剧》

(1995年12月,里斯本)

在《黄房子的回忆》里,您演的让·德·帝友,又出现在您最近的影片中。对您来说,这位和圣·安东尼同样著名、都是出生在葡萄牙的圣人,意味着什么呢?

这是一个很普通的名字。首先,我不信仰宗教,干脆说,我就是一个无神论者。所以,我觉得玩一玩模棱两可的游戏挺有意思。让·德·帝友是一位仁爱修道会的修士,他和我一样,过去都是渔民。他去了格林纳达,在那儿建立了一个修士会,这个修士会至今仍然存在。后来,他在家里全身心地奉献给病人和妓女。

什么原因使您把这个人物放在另一个故事里呢?

也把他放进了另一种社会组织系统。这一次,他活得非常舒服。在下一部电影里,他将要结婚,甚至变成了一个非常富有的男爵,社会阶层发生了巨大变化。他将要被封为"上帝的让"。"给世界增加一些新色彩",这是卡莫恩斯写的《路基亚德》中的一句诗。我想让"上帝的让"的奇遇延续下去,其中的部分原因是为了能够再次品尝出演这个角色的乐趣,虽然我是个非常蹩脚的演员,可以说,根本就不会演戏。这是另外一种游戏,它完全是现实的,十分残酷的现实。做一个演员,我需要用声音把自己包围在一个真实的空间里。我的反应,就会像巴甫洛夫的狗一样,如果没有这个环境,我就会瘫痪,无所适从。所以,我恰恰是一位真正演员的反面,真正的演员能够把一个人物想象出来。

让·德·帝友在某种程度上,是您的替身,或者至少可以说,是一个非常接近您的人物。

很明显,他是我的异根同类体,是我的投影。这可能是一个危险的游戏,因为这会导致人格的两重性,引起癫狂,甚至死亡。对于像巴达伊这些人,这是一个代价极高的游戏。

人们会想到斯特罗海姆和他在银幕上和生活中扮演的人物,在《黄房子的回忆》和《上帝的喜剧》里,您借鉴了斯特罗海姆,在他装哭的那场戏,以及被引诱的那位姑娘的父亲想把他杀死的那场戏,都引自《女人的疯狂》。

您的对比很有道理。无论如何,应该说,生活中我在做着不同的事情,不然就成了连场电影了! 我当然看过《女人的疯狂》,很欣赏他引诱女仆的那场戏,从头到尾都是讽刺和伪善。像电影爱好者一样,我在很低程度上借鉴了同样的方式。

João Cesar Monteiro
若奥·恺撒·蒙泰罗
（1939—2003）

　　葡萄牙最伟大的导演若奥·恺撒·蒙泰罗，比玛努埃尔·德·奥里维拉年轻三十岁（但他能够对他的前辈放肆无礼），此公以特立独行的性格、公开反教会的态度、与社会唱反调的时髦有别于众人。1989年，他的《黄房子的回忆》在威尼斯电影节夺得银狮奖，这是一部既令人瞠目结舌又感人肺腑的影片。蒙泰罗从1965年起，已经拍出大量作品，但在国外始终默默无闻。在这部影片里，他创造出一个名叫让·德·帝友的人物，可以说，他是若奥·恺撒·蒙泰罗的第二个自我，或者说，是他的知心朋友，在他接下去拍摄的《上帝的喜剧》和《上帝的婚礼》中，我们会重新见到这个人物。这是一个口若悬河，到处嘲讽挖苦，寻事挑衅的家伙，专门收集妙龄美女和她们最隐密的身体特征，这位毫无传统性主人公特点的人物体态修长、面容憔悴，活托托就是蒙泰罗自己，或是茂瑙拍摄《吸血僵尸》中的扮演者马科斯·施里克的化身（在《上帝的婚礼》中又出现了马科斯的名字）。蒙泰罗直到最后一部影片《去和来》那翻天覆地的结尾，始终和他喜欢亵渎的神圣与死亡保持着极其亲密的关系。在这部影片里，蒙泰罗知道自己不久将要告别人世，用黑白两色编织了魂归离恨天的梦想。

　　见到蒙泰罗可不是一件容易事，我记得在里斯本的长时间奔走和在葡萄牙电影资料馆约会之后，又在咖啡馆中多次驻足，才得以见面访谈他的电影。然而，他是一位特别彬彬有礼、细致入微的人，就像19世纪末那些颓废作家和审美主义者一样，和这些人有着同样的崇尚精英主义和愚弄人的爱好。

您说自己不是真正的演员，但我觉得您的表演动作相当好，利用空间的方法很像基顿。

我需要以某种方式进行活动，后来，这就变得很好玩了。生活中，可以超越一些限制，但必须遵守道德规范。

地点的选择和您要使用的空间有着非常紧密的关联。

当然是这样，灯光的品质也同样重要。我不喜欢光线太强，人造光很伤人，非常刺眼，会暴露出很多东西，使照不到的地方变得特别黑。在这一点上，我很迷信：有些人（也可以是物），他们自己带着光泽，不应该被过强的光线盖住。有些少女或是女人（这里不是年龄问题，我对这一点非常敏感），她们自己就光芒四射，我特别喜欢别人身上的光。

是不是出于灯光的原因，您决定让很大一部分故事在一家冰激凌商店里展开。

这个想法由来已久了。我一直对北极、冰和与冰有关的东西抱有浓厚兴趣，可能因为这种极度寒冷本身带有非常强的热能。

商店的名字叫"冰的天堂"，在您看来，地狱是火热的，而天堂却是冰冷的。

我看过一些地狱题材的绘画，但是地狱究竟是怎么回事，本人知之甚少，也无从想象。我觉得这个"冰的天堂"也太过于造作。制造个天堂来卖冰激凌，仅此而已。我对冰激凌商人做了一番调查，以前对这些人很不了解。加在一起，里斯本也没有几家冰激凌制造商，我发现了他们的世界。他们的雇员都是出身贫寒的女孩，也有来打零工的大学生。那些来自贫民窟的女孩，往往精神上受了挫折，或者有些家庭问题。她们没有很强的思考能力，在冰激凌店工作，多少可以融入一些这个消费社会，也有人在这里工作，仅仅是为了能买一些衣服和香水。

您想到要拍一部新电影的时候，是从一个画面，还是一个人物，或是一个情景出发的？

起初，我并不十分清楚。后来，在编写剧本时遇到了问题。剧本会经过了多次修改，拍摄的时候也会创造剧本上没写的东西。影片的画面是我在威尼斯看见的，位置在公园附近威尼斯双年展展馆旁边。那时候，我刚在莫斯特拉宾馆介绍了《黄房子的回忆》，突然之间，我看到了一座名叫天堂的黄色房子。这个天堂简直太现实了，因为它是一家饭馆。这部影片的第一制片人是保罗·布翰科，他派我到威尼斯来采景，因为故事就发生在这里，后来我们想把故事发生的地点改变一下，我们想到了巴黎，但因为多种原因不得不放弃这个想法，其中包括译成法文的剧本、不符合原创等原因。最终，我选择了里斯本。

《黄房子的回忆》和《上帝的喜剧》有着同样的机制：一个艺术家，在这部电影里；他是作家，在那部片子里。他是冰激凌发明人，不管做什么工作，他都引诱女人，而且自己坠入爱河。故事发生在相同的地方，不是寄宿家庭就是商店，总是和玛奴拉·弗芮塔丝出演的一位表情严肃的女人演对手戏。

对于《黄房子的回忆》主人公的爱情信念，我有所怀疑。跟吹黑管的女乐师，他只是玩爱情游戏，您别忘了她不仅是乐手，而且是穿制服的警察，所以才有那副威严的面孔。

"冰的天堂"中的姑娘也穿着制服。

是的，但是，她们看起来像是初中学生。另外，在他被辞退的时候，情况发生了很大变化。商店美国化了，姑娘们穿得像是一群节日里穿军服游行的美国少女。玛奴拉·弗芮塔丝在《黄房子的回忆》演的角色很不一样。当主人公处于完全敌对状态或是乞讨的时候，坐在一条公共长椅上，画外音提到一家名叫朱迪特的妓院老板娘，曾经和他发生过性关系。很明显，他们之间发生过某种关系。这不是很正常吗？生活中，人们应该互相帮助。在《上帝的喜剧》里，也可以把她和拉皮条的挂上构。我和玛奴拉·弗芮塔丝合作了很久，她在我的许多电影里都出演过不同角色，然而，您说的确实不错，这后两部片子有很多共同点。我们在一起创作角色的时候非常开心。

您是怎么找到克劳迪亚·泰克赛拉和拉凯尔·阿桑嫂的？她们是职业演员吗？

对于茹阿妮哈这个人物，我们已经绝望了，因为实在找不到扮演这个角色的女演员。我们登的广告一点儿作用也没有，一个来应聘的人都没有。一天，我和助理导演在一座公园里，看见克劳迪亚和一群女朋友走过来，我就对助导说："她这样的女孩能行！"她从来没演过戏，拉凯尔也是一样，她是我们试过镜的一些女演员的朋友。我建议她们演一段小品试试。糟糕的是拉凯尔演砸了，她很失望，决定放弃，拒绝重新再试一试。我告诉她，我们有充分的时间。最后，她同意了。拍片的时候，她拒绝拍那场关于子宫气味的戏，那是引用米寿写的《一个亚洲野蛮人》中的话。我只能请一位替身代替她。

《上帝的喜剧》结构上和《黄房子的回忆》在一定程度上很相似，都是第一部分埋伏着混乱，第二部分混乱局面出现。影片开头，让·德·帝友看似一名十分完美的雇员，甚至带有一种职业形成的强烈洁癖。

您真以为主人公变纯洁了吗？当然，讲究卫生是所有的冰激凌生产商人的规范。在一些冰激凌厂里，职员都要带口罩和手套。我个人非常讲卫生，但他做得太过分，这没有好处。当然，让·德·帝友是个循规蹈矩的人，所以，他对性爱情有独钟。为了达成爱恋关系，必须有足够的时间，所以画面延续了很长时间，不然的话，人们就什么也感觉不到。您看看美国电影，它们的爱情戏太无聊了，三分钟就结束了。年轻时，这样挺好，可是长大成人之后，应该变得细腻一些！这就是年龄的优势，学会把时间拖长，才更有情趣。

在您的影片里,从手工制造冰激凌到工业化生产之间的关系,对作者电影是一个十分成功的比喻。

是的,这是对工业消毒食品的拒绝。也许有点儿遗憾,但这些产品和我没有任何关系。不幸的是,我现在开始变得太出名了,所以,要保持自己的廉正和纯真越来越难了。

在那场安东尼·杜瓦耐勒讲话以及合拍电影失败的那场戏里,您怎么对待这种观点呢?对于您这样的艺术家来说,这不是唯一的经济解决方案吗?

很明显,我完全懂得这个道理。可是,对我来说,从艺术的角度衡量,这部电影至少是一部百分之百的葡萄牙电影。只有一场戏里说法语:让·杜赛演的那场戏。法国的参与,是艺术家的合作:音响工程师、混录师和美工。摄影师马力奥·巴禾佐是葡萄牙人,但他住在巴黎。德国和意大利只参加影片投资。我的下一部片子也有法国演员参加:桑德里娜·包奈尔和莫里斯·伽海勒。

为什么要专门提到安东尼·杜瓦耐勒呢?

那个角色本来是由让·皮埃尔·雷欧出演的,但他误了飞机,或者说,他故意误了飞机……最后一分钟时,总得找个人。要是雷欧演,那就是另外一回事了。意图是要把暗盒里装上三百米胶片,而且拍这场戏要即兴创作。可是,雷欧出于多种原因,身体欠佳,而且心中感到恐惧。替他出演的让·杜赛简直太出色了,只用一天时间那场戏就拍完了。那天,我喝得酩酊大醉,那一阵子,我喝酒特别多,一边拍戏还一边喝,那天我差不多喝了一瓶威士忌,真不知道拍这组镜头时怎么还能站在那里。

在剧本和成片之间,您即兴创作的部分占多大比例?

我们没有分镜头剧本。一切都是在摄影棚里完成的,其中包括对白。我喜欢把这种拍摄方法叫做计算好的即兴创作,因为我们有一个基础,在这个基础上进行分镜头拍摄。比如,每场戏的次序都会在剧本里写好,即使临时会做一些变动。我认为,剧本就是一个建议,真诚的建议或是虚伪的建议都可以,但它不是影片,影片是后来才创作出来的东西。正是因为这个原因,我们必须采取开放的心态,倾听多方信息和建议,有充裕的时间才能拍出好影片。有时候,会出现十分神奇的意外,就像栖息在壁炉上的那两只鸽子,那是绝对没预见到的,但效果奇佳!巴尔扎克经常说:"意外从来不去拜访蠢材。"做一切事情都要集中精神,这是对从事我这种职业的起码要求。我不觉得把小我或者大我强加到影片里有什么意思。

您对于洗澡水非常敏感:在《黄房子的回忆》里,或是您在拍《上帝的喜剧》之前,为电视台拍摄的《最后一次潜水》中,以及在这部电影里冰激凌和洗澡的戏。

人有五个知觉,我喜欢使用它们:尤其是触觉。水是一种相当女性化的因素。我承认:我更喜欢女人。即使在目前,我已经不如过去那么关注了……我从小就是这样,今天还是乐此不疲,这属于那些禀性难移。

您怎么想到她把屁股坐在装满鸡蛋的"丰饶之角"的那场戏呢?

这是偶然想到的一个画面。在一家商店里,我看见一个不大的"丰饶之角"。我心想,这玩意儿对我有用。您知道,这东西到处都有。宾馆里用它放花或水果。放花,不一定很合适,但我也见过。可是,放鸡蛋就有意思啦!我不经意地想到了斯坦博格,可是,这里更轻盈,不会出现《蓝色天使》里那种可悲的反响。

那些女演员,在您把她们放到这种怪异的情景面前,做出了什么反应呢?

她们并没有感到十分意外。克劳迪亚知道她要坐在这只贝壳上,她有点儿害怕,但她只是怕把鸡蛋坐碎了!她只担心这一点。她看着这些东西,就像一个人觉得好玩,在玩一种游戏那样。我想,在这场戏里,有着双重领导:克劳迪亚导演了我,我也导演了克劳迪亚。这是一种交流。在这种情况下,人们可以问到底谁是作者,是演员还是导演?但是,重要的是结果。人们永远也说不清这个问题。我非常想继续这样拍摄电影。不要忘了我是演员,克劳迪亚过去不是演员,但她也完全能够成为一名导演。我们互相看着,互相监视着对方,假如这样能够成功,那简直太了不起了,但这种机会很少见,需要的是一种感情同化。

《思想宝典》和阴毛的珍藏,在您看来,是否与您的看法吻合:所有的唐璜都是女人的收藏家。米勒·诶·忒尔……

那时候,我脑子里没有什么特别的想法,所以,我们随便放进去几首小诗。但它们并不反映片中人物的思想。至于米勒·诶·忒尔,请不要忘记这是勒珀海露在讲故事,讲的可能是神话传奇,仆人在夸耀主人的勇武。但我认为,唐璜并不喜欢张扬,他是一个十分谨慎的人。可惜,他的结局很不好。

他就像您的主人公那样,回到家里,发现记事簿被烧,公寓被毁。

当然啦,他被解聘了。在还没开拍的下一步影片中,您会看到这种局面还在延续着,那部片子将会把这个故事的全部意义讲清楚。您谈到这部影片的色情,而不是爱情。我不知道他是否真的在恋爱。我觉得,至少在《黄房子的回忆》里,他和黑管乐师是在玩爱情游戏。

即使勒珀海露在《唐·吉奥瓦尼》中曾经说过,但在您的影片里,他是女性收藏家,这是毋庸置疑的:这些阴毛像是他征服那些女人的珍贵纪念品。

他还和詹姆斯·乔伊斯通信,互相交流心得体会,乔伊斯给他寄来一封信,里面装着维多利亚女王的阴毛。当然,这一切都是出于我的杜撰。我本人并不是一位收藏家。

您声明自己是无神论者,可是,您却像超现实主义者那样崇尚礼仪。

超现实主义者对爱情极为重视,培莱主张爱情至上,布鲁东宣扬爱情的疯狂。我的影片主人公像他们一样,是一个喜欢怂恿挑逗的人。我觉得自己在思想上属于他们的同类。我认为,超现实主义在现代艺术史上是解放人类思想最伟大的运动。超现实主义者几乎每一个人都沉浸在爱恋之中。上学的时候,我经常和葡萄牙的超现实主义小组交往。我以愤世嫉俗诗人的身份,每天到咖啡馆里待到吃晚饭的时间。小组领导人是一位大作家,名叫马里奥·塞萨里尼,他现在还活着,以前在巴黎生活,经常和布鲁东书信往还。

在《黄房子的回忆》里,您选用了舒伯特和维瓦尔蒂的音乐,这一次,您主要选用了海顿,以及瓦格纳、蒙特威尔第和约翰·施特劳斯的乐曲。为什么只选择古典音乐,而不请一位作曲家专门为影片写一首独创音乐呢?

首先,我对音乐知之甚少,而且,我在过去的六年时间里,几乎什么音乐都没听过。为了这部电影,我才严肃认真地听了海顿的四重奏、交响乐和弥撒曲。问题是,我不是用音乐来烘托影片气氛,而是使其成为空间的一部分。例如,那场全部根据《伊索尔德之死》选段安排的演员表演就是这样。在拍摄过程中,我们播放着唱片。后来我们才发现,使用马赫伽莱·泊茹埃斯音乐的版权税过于昂贵,因而试图用其他乐曲取而代之,但是没有成功:演员的动作节奏和音乐节奏无法合拍。我们只能花重金买来版权,把演员和音乐的节奏统一起来。

您所选择宗教音乐,像蒙特威尔第的《童贞圣女的晚祷》,海顿的《桑塔·卡西利亚》,甚至《特里斯坦和伊索尔德》,都是为了突出对情色礼拜仪式的特征。

《特里斯坦》的尾声意味着什么?不是一个过渡吗?它很接近巴达伊那句名言:"情色像是直到死亡之中的生命首肯。"人死之后,性欲冲动仍在继续。这可以视为高潮的终极目标,因为它是宇宙性的。事实上,存在着性爱的典礼仪式。在日常生活中,这是一些难以做到的事情,因为这要求做很多细腻的工作。在我每天的生活中,我想其他人也是如此,总是匆匆忙忙万事缠身,我要做的事情千头万绪,没有那份闲情逸致把时间留给本来应该十分珍视的情感生活。这里我说的情感生活,实际上,也就是性生活。拉封丹早已经说过:"爱而不交,微不足道,交而不爱,空山鸟影。"

您最近的三部影片,故事都发生在里斯本,您和这个城市的关系如何?

我是个离群索居的人,出生在大西洋边上的一座小城市里,是个外乡人。我和当时的行吟诗人交往很多,常去咖啡馆闲坐。结婚很晚,婚后我与太太在一起生活,今年我们分手了,准确地说,我太太把我赶出了门。长时间以来,我没有社交生活,也很少离开我住的那个街区,那里离机场很近。我一向不和电影界来往。过去,我有一些诗人朋友,但他们几乎都死了,所以,我成了孤家寡人。我只和年轻人或者地位不高的人来往。最近几部电影的故事,除了冰激凌店,都发生在阿勒法玛区。

文学、歌曲和大部分电影反映出来的葡萄牙形象，与葡萄牙人民那种欢乐、坚强的形象有很大出入。以意大利为例吧，艺术和市井街道之间的联系十分紧密。

我完全赞同您的观点。我没有其他解释，只能说艺术家缺乏亲和愿望。我不应该这样说，但我觉得他们过于看重自己，而且害怕与民众打成一片。他们每个人都想成为知识分子。可惜我在这方面没做任何努力。看看玛努埃尔·德·奥里维拉吧：毫无疑问，他是一位非常伟大的导演，但是，老百姓都讨厌他。然而，我想自己是受大众喜爱的。

1974年，您出版了一本名为《死去之人向你致敬》的书。

这本书已经很久远了，内容是电影评论、对电影文化和电影政策的许多思考，以及我前两部电影剧本：《等着死者鞋子的人赤脚而死》（这部片子没有拍完）和《一部慈悲电影的片段》。1974年石竹革命之前的十年里，我一直在一家报纸——《里斯本日报》——当影评，后来被解雇了，同时也为《时代与时尚》写稿，这是一本人格主义和天主教思想的杂志，有点像法国的《思想》杂志。我还为《画面》这本电影俱乐部杂志供稿，在这本杂志上，我发表了自己的第一批文章，其中包括对《突然，去年夏天来了》的评论，这是我电影生涯的开端。还有一篇对《美国，美国》的影评，以及一首献给钱拉·菲利普的诗歌。我也和《影迷》杂志合作过，通过这本介绍电影演出节目的杂志，可以了解70年代里斯本文化生活的状况。

过去，您经常去法国电影资料馆。

我第一次去巴黎是在1960年，在于勒穆街看完了全部朗格洛瓦电影专场。当时，我登上去法国的火车是为了能在异乡侨居。那时候，出国太难了。到法国时，我天真地认为，过了比利牛斯山，就进了自由天地。我看的第一部电影是《战舰波将金号》，实在有点失望。我在楼梯上睡了两个月，后来，在十六区达萨街，在两位老年妇女家里，找到一间保姆房，她们为音乐出版社工作。但是，这两个女人不愿意接纳我，因为她们只喜欢德国人，认为德国人擦的楼梯无可挑剔，对葡萄牙人十分不信任。后来，我就回家了。

您过去非常喜欢看电影。

是的，但还没达到痴迷地步。默片特别吸引我。我对默片给予手势动作的时间长度非常感兴趣。

除了斯特海姆和基顿，您还喜欢哪些默片导演？

茂瑙，他对光的使用像诗一样。我记得，50年代，我是一家里斯本电影俱乐部成员，我会员卡上的照片，是马科斯·施海克在《吸血僵尸》里的剧照，因为我长得很像他，所以没有问题。我一直想看默片，但里斯本和我们的电影资料馆太可怜了，根本无法和巴黎相比，巴黎是世界上能够看到的电影最多的城市。有意思的是，葡萄牙从来就是法国文化艺术的分支机构,像《电影手册》和《正片》杂志的论战,在葡萄牙会复制出来同样的争论。

您的主人公让·德·帝友,不管怎么说,还是很接近那些英国行为怪僻或者花花公子之类的人物。

我也在伦敦生活过,甚至还在那里读过书。也许是这个原因吧。我很喜欢传统式样的英国服装,它们就像英国40年代的那些戏剧一样,永远也不过时。我喜欢他们掩盖出格行为的那种正人君子的外表,这对做事大有帮助,因为,为了达到目的,必须遵守一些社会游戏规则。我喜欢为游戏而游戏,而对利益观念毫无兴趣。我确信一件事,那就是:我永远不会想方设法去占便宜。"旧的不去,新的不来。"这不是我说的,而是阿波利奈尔的名言。这里面有我追求高雅和风格的信念:使自己的生活成为一件艺术作品。我不靠电影来吸引别人注意,搞电影只是为了挣些钱而已。除此之外,我看不出还有什么其他理由,因为荣耀丝毫不使我产生兴趣。不幸的是,我拍的电影是为后代人看的,可是,我更希望拍那些电影是为了现在。说实在的,拍电影是一种危险和损害健康的职业,它不能给我带来一点儿幸福。如果幸福真的存在,可能应该到生活里去寻找。

电 影 小 星 球 ｜ 俄 国

Anderi Tarkovski
安德列·塔可夫斯基

(1932—1986)

1969年莫斯科电影节期间,安德列·塔可夫斯基是难得一见的人。两个月前,他第二部影片《安德列·鲁布廖夫》在戛纳参展,是由法国制片人背着苏联政府当局组织的。虽然影片引起了巨大轰动,而塔可夫斯基却明智地保持低调。围绕他名字的各种宣传只能使这位导演啼笑皆非、莫衷一是。在露达和让·史尼兹勒(同时担任翻译)陪伴下进行的这次访谈,是当时塔可夫斯基同意会见外国影评家的唯一一次。因为他的电影没有见诸苏联媒体,我们甚至可以肯定,艺术家的这些声明具有绝对的首次披露价值。只要在莫斯科有几个相知,就能衡量出《安德列·鲁布廖夫》这部影片对开明人士的重大意义,以及在他那一代导演和老一代电影人中塔可夫斯基所享有的盛誉。他那种知识分子的敦厚、严谨以及灵感的广度,耗尽七年生命所做的耐心工作,得到了全国人民尊敬。他的作品有如试图创新的导演们的一面旗帜,如果说这部作品是献给全世界的,作者首先揭示了俄国知识阶层的困顿和渴望。塔可夫斯基在欧洲流亡期间,在意大利拍完《乡愁》之后,去瑞典拍摄《牺牲》之前,我有幸再次见到他。这位艺术家的全部作品可惜只有七部,这是最后两部收山之作。我感觉得到,他被迫离开祖国大地的悲苦心绪,始终萦绕在心头,艺术大师的每根神经都和俄国故土息息相通。俄国影坛描绘安德列·鲁布廖夫这位伟大画家的影片,与法国导演皮亚拉执导的《凡高》,或是韩国林权泽拍摄的《醉画仙》毫无二致。

关于《安德列·鲁布廖夫》

(1969年6月,莫斯科)

您是怎样成为一位导演的?

1932年,我出生在伏尔加河畔的祖父家中,当时我父母正在这里休假。后来,……没有太大意思的事就不说了,我在音乐学校毕业之后,画了三年画,这是上中学时候的事。

后来,战争爆发了,我们去了我出生的地方。战争结束后,我读完中学,1952年考入东方语言学院学习阿拉伯文。两年后,我退了学,因为我知道这个专业不适合自己……您会阿拉伯语吗?这是一门数学语言——一切都要服从加入词根变换语义的规律:性、数、格的变化和新的语法状态。我对这些东西不感兴趣。后来,我去西伯利亚搞地质勘探,工作了两年。1954年,我进了电影学院米哈伊·伊里奇·罗姆工作室。1960年,我从电影学院毕业,毕业作品是《压路机和小提琴》。对我来说,这部影片很重要,因为拍摄时,我结识了我的摄影师瓦吉姆·尤瑟夫和作曲家维亚切斯拉夫·奥夫琴尼科夫,我和他们一直在一起工作。

他们也是和您一起在电影学院毕业的吗?

不是,尤瑟夫毕业比我早,奥夫琴尼科夫毕业于莫斯科音乐学院。1962年,我拍完《伊万的童年》之后,考虑和安德列·孔查罗夫斯基合作《安德列·鲁布廖夫》剧本。1966年初夏,我们写好剧本,也采好了景。现在,我刚刚改编好一位波兰作家斯坦尼斯拉夫·来木的科幻小说,名叫《阳光》,交到了艺术委员会讨论审批,我希望这部电影能够尽快开拍。

请您详细谈谈这部科幻电影,是预言未来社会的影片吗?

不是,这部片子不谈任何社会问题,讲的是道德和知识之间的关系。

我们知道,《鲁布廖夫》引起了一场激烈论战,说您影片中出现了许多历史失真的情况。有人甚至说,鲁布廖夫和希腊人德奥法尼不可能一起合作,因为他们相隔了一个世纪,然而,一些专著却似乎支持您的观点。人们肯定对鲁布廖夫的生平不够了解。您收集整理过鲁布廖夫的历史资料吗?

对于历史资料的准确与否,我不想过多谈论。我们搜集了成千上万的资料,力求接近历史真实。另外,我们请了很多专家顾问,他们看到了我们所做的全部工作,毫无保留地支持我们的观点。我可以告诉您我对这个问题的想法:这不是史实不准确的问题，而是这部电影在一定程度上，按照我们的愿望，把重点转移了。我们的目的，不是把那个时代所发生的全部事件准确地一一展示出来，而是，通过鲁布廖夫经历的恐怖岁月，反映他走过的道路和他超越那个时代的方式。为此，我们浓缩和突出了一些历史事件，为展现鲁布廖夫需要克服的艰难险阻，尤其是精神上必须战胜的种种困难，这样做无疑是完全必要的。如果不这样，人们不可能在最后有胜利的感觉，那才是这部影片存在的意义。

另外，恩格斯发表过一个精彩的观点：一部艺术作品的水平越高，它所表达的思想意图隐藏得越深。这就是我们选择的道路。我们竭尽全力，力图把我们的思想意图，淹没在历史氛围、人物性格和不同性格的冲突之中。所以，真实的历史，虽然不是放在次要地位，但可能已经融化到时代的氛围之中了。这也许是历史材料不符合常规的运用，因而导致某些人认为的史实失真。我想，误会的根源就在于此。

在《鲁布廖夫》里，长镜头和大运动摄影的使用，几乎已经成为规律，这和人们对您影片经常提到爱森斯坦的方法不是完全相反吗？

在这个问题上，我能说些什么呢？我非常尊敬爱森斯坦大师，但我不敢苟同他的美学观念，爽直地说，他的美学观点是不恰当的。在他的前几部电影和《战舰波将金号》中，我欣赏他的镜头对细节的注重和"现实主义悲怆"。在他最后几部片子，如在摄影棚中拍摄的《亚历山大·涅夫斯基》、《伊凡大帝》（又译：《恐怖的伊凡》），他只是把事先画好的草图拍在胶片上，这种做法对我完全不适合，因为我的剪辑概念与他大不相同。

我认为，电影是最现实的艺术，在这个意义上，它的原则建立在与真实的一致性上，建立在把真实固定在分别拍摄的每一个镜头上，这就是我们在爱森斯坦最初几部片子里看到的。至于有人要在我和爱森斯坦之间做一个比较，这是影评家的事。让我从这个角度来评论自己的影片，实在太困难了。关于画面和剪辑现实主义的两个原则，我觉得，自己和爱森斯坦在这方面，的确无法统一各自的观点。电影的特点是要把时间固定下来，而且电影和这个被抓住的时间的运作，就像使用"美学度量衡"的一个单位一样，可以无限地反复使用下去。其他任何一种艺术都不具备这个方法。画面越现实，越靠近生活，时间就变得越真实，这就是说，时间不是制造或重新创造出来的……它距离真实如此之近，两者就融合在一起了。

关于剪辑，我的原则是这样的：影片像一条长河，剪辑必须是绝对自发的，就像自然本身那样，迫使我必须通过剪辑才能从一个画面过渡到另一个画面的，并不是要近距离看事物的渴望，也不是通过引入一些很短的镜头组，要强迫观众赶快行动。我认为，人们一直是待在时间的床上，这就是说，要想近距离观看，不是非看特写镜头才行。至少，这是我的意见。另外，加快节奏不意味着必须制作更短的镜头组。因为事件运动本身可以加快，创造出一种新的节奏，同样，远景镜头也能产生描写细节的感觉——这取决于构成这个远景镜头的方式。所以，在这两种具体情况下，我们一点儿也不接近爱森斯坦。此外,我不同意爱森斯坦说的:电影的本质在于把两个镜头组对接在一起,应该产生第三个观念。恰好相反,我觉得第 N 个画面是第一个,第二个,第三个……第五个,第十个……画面的总和,加上"N－1"画面,也就是说,它是第 N 个画面之前全部画面的总和。一个画面的意义就是和它前面的全部画面的联系形成的。这就是我的剪辑原则。

对我来说,单纯状态下的孤立画面没有任何意义。只是因为它是整体的一部分,才能达到发展的最佳程度。而且——它已经包含了后面将要发生的事情。它往往是不完整的——人们这样把它拍下来,是因为人们知道后面将要发生的事。我听电影学院老师斯沃尔佐夫说,在爱森斯坦最后的一封信里,他放弃了他的剪辑原则和把戏剧性场景固定在胶片上的拍摄方式,他的这些新想法,和我的观念十分相近。遗憾的是,他没有时间把这些观念付诸实践,过早地告别了这个世界。

在爱森斯坦的影片中,在《伊凡大帝》,抑或是《安德列·涅夫斯基》里,人物总是处于影片中心地位。而在您的《鲁布廖夫》里,我觉得这位画家观察的世界和他生活的社会,至少要占到和鲁布廖夫相等的一半篇幅,这似乎与爱森斯坦主张的"英雄"的概念相去甚远。

英雄眼中的世界观念,正是我们拍摄这部电影的初衷。为了不再讨论爱森斯坦和我之间的关系问题,我想再补充一点:我看了您在报刊上发表的文章,您说人们承认我的工作没有背离传统,与其他问题相比,这一点更加使我高兴。我甚至可以进一步说:我坚信没有传统作为基础,什么真正严肃的东西都不可能诞生。这里有两个原因:一是我们不能脱离俄国人的躯体,不能割断祖国和你千丝万缕的联系,不能离开你热爱的东西,更不能背离你过去所拍的电影和你一直崇尚的艺术,总之一句话,你不能离开自己的土地。我们无法从这一切之中把自己解脱出来。这是我认为自己是个传统的人,是一个传统导演的主要理由。第二是,试图创新的所谓"新电影",力图从原则上割断传统,实质上只是实验而已。看起来,它像艺术未来发展的一个新起点。我不认为自己有权利进行实验,因为我对自己所做的一切,持有极其严肃的态度,我渴望立刻取得结果,如果要进行实验,有可能永远一事无成。

爱森斯坦从容不迫地进行他的实验,因为,在他那个时代,电影刚刚起步,对于他,这是唯一的道路。而今天,既然电影艺术传统已经确立,人们不应该再那么做了。无论如何,我本人不喜欢实验。因为那要耗费大量时间和精力,而我却要稳扎稳打确保成功。一个艺术家不应该再画头脑不清的草图,不能再搞让人摸不着边际的实验,他应该创造出有分量的作品来。

最后,我想说,假如有人一定要不惜一切代价把我和某个人对比一下,那么,这个人应该是亚历山大·杜甫仁科,他是突出重视社会氛围因素的第一位导演,他由衷地热爱祖国大地,在这一点上,我和他感同身受。他拍电影就像经营自己的果园和花园一样,他亲手种植,亲手浇灌……他对土地和人类的深情,使他影片中的人物像是从土地中生长出来一样,他们活灵活现,尽善尽美……我真心希望能够像他那样,如果我做不到像他那样完美,将会感到终生遗憾。

看《鲁布廖夫》这部电影的时候,我们觉得,影片的真正主题是当一名艺术家的艰辛,不仅是与周围社会关系的不融洽,而且,寻找自我也绝非易事。我个人认为,这是一部讲述艺术家责任及其命运的影片。

您对影片主题的看法,可能是完全正确的。但是,我们拍摄这部影片时,它是我确定主要目标的结局。对我们来说,最主要的,是要证明(为什么我们选择了鲁布廖夫这个人物?)困难是一位天才艺术家本质问题。我们感兴趣的,是提出这个问题:为什么他是天才?在您看完这部电影之后所提出的问题,影片的结局给了您答案。这绝对不是一个偶然,影片中,除了鲁布廖夫,还有希腊人德奥法尼。我们无法不称他为天才,因为他确实是一位非常伟大的画家。然而,我在想到鲁布廖夫时,我说他是天才,而想到希腊人德奥法尼的时候,我就不知道应该怎么说了……我不能毫不犹豫地说:他也是天才。因为,关于天才,我有自己的标准,它大致是这样的:一位像希腊人德奥法尼这样的艺术家(为了更好地阐明我们的观念,在我们的影片中,这个人物是不可或缺的),他的作品是这个世界的一面镜子,反映了他周围的世界,他对这个世界的第一反应,是想到这个世界太不像话了,人心不古,恶毒残暴,这些坏人即使死后,在最后的审判之后,也必须得到惩罚。哪怕是因为他们轻浮、堕落,也是有罪的:对那个时代氛围,这是一种完全合情合理的反应。我感到恐惧的时候,也出现这样的反应。我立刻指责的,不是使我窒息的力量,而是四周每一个人的缺点。这和卡夫卡何其相似!

在我们的影片中,鲁布廖夫和希腊人德奥法尼迥然不同。为什么这么说呢?鲁布廖夫和德奥法尼一样,同样感到时代的艰辛。内战加剧时,中央集权前夜的内部斗争,鞑靼部落入侵的骚扰,以及身边出现的各种艰难险阻,他和德奥法尼同时遭受了这些苦难,并且有过之无不及。希腊人德奥法尼能够采取比鲁布廖夫更为轻松和理智的态度,因为他是一位光芒四射的画家,不是僧侣,一般说,可以更加犬儒主义,既然是来自拜占庭的旅游者,生活经验和阅历更加丰富,行为举止完全是外国人,对待生活采取超然的态度,鲁布廖夫却无法像他这样。鲁布廖夫痛苦地看到和感受到那个时代的人间万象,但尽管如此,他仍然尽力克制自己,不像德奥法尼做出那样的反应。但他看的更远,对周围的世界和生活不堪忍受的重压不但一言不发,而且在四周的人群身上寻找希望、爱情和信仰的种子。他通过自己与现实的冲突,以一种不是直接,而是暗喻的方式来表达,这一切才是真正天才的做法。他寻觅自身的道德理想,并用它来表达人民的期望,改善生存状况的热烈渴望,对团结、博爱和爱情的企盼,这正是人民所缺少,而鲁布廖夫感到身边人热切需要的东西。鲁布廖夫意识到,人民期待着俄国统一、安定、进步,只有为他们展示这种前景,人们才能对前途充满希望和信心。鲁布廖夫的天才就在于此。他的人物、他的画面只处于第二层次。这个人物十分复杂,他忍辱负重,但他的高贵之处也在于此。他不仅倾诉艺术家面对周围世界的主观感受,而求表达出全体人民的希望和道德理想。对于我们,这才是最为重要的。

也正因为如此,我们让希腊人德奥法尼站在鲁布廖夫的对立面,也正因为如此,我们让鲁布廖夫做出挽救自己命运的种种尝试,也正因为如此,故事结尾对于我们来说是创造,全体人民倾向的完美创造,铸钟的男孩就是创造的象征,而对于鲁布廖夫,这是唯一的出路。这是最重要的东西,其余的一切只是我试图给您说明的结果:毫无疑问,鲁布廖夫是一个会表达自己、表达理想的人,他的天才在于他把自己的理想和人民的理想统一起来,而希腊人德奥法尼只是我们东方所说的"歌唱自己看见的东西"。

我感觉到,你还想说:在艺术上没有大师,艺术无法学习,这一点在影片结尾给人的印象特别突出。

在某种意义上,您的看法是正确的。但这并不重要,因为,对我们来说,重要的是要说明:经历是不能逆转的,每个人都有自己的经历。而且,我不相信有人会丝毫不考虑自己的经历。每个人都是通过努力、艰辛,甚至痛苦,才能摸索出一些经验。只有经过困难的磨炼,经验才能带给你胜利果实。您对影片所说没有人能够教授艺术的理解,只是一种象征的解释。对于我们,说明经历无法逆转是最为重要的。鲁布廖夫的全部个人经历的故事,这个理想人物,穿过各种危机,把他的一种道德信念,对人民的热爱,对未来的信心,在他胜利的时刻,全部集聚起来,他的胜利是他痛苦经历带来的结果。他站在人民一边,战胜了千难万阻,在这一过程中,他更加坚定了自己最初的信念。起初,这个信念是纯属精神范畴的,是他在三位一体修道院接受的教诲,是院长塞尔顾依·拉道涅依斯基和圣·塞尔日传授他的宗教理想,他带着这个理想,离开修道院,但不知如何将这一理想变为现实。来到人世间之后,发现所见所闻都和自己的理想大相径庭。影片将近结尾时,他的信念不但没被现实动摇,反而更加努力地去实现这个理想:热爱人类和众人团结一致,唯一的原因就是他和人民一起经历了苦难。从这一时刻起——这时已接近本片结尾——鲁布廖夫的理想也已经变得无比坚定,天塌地陷都不可动摇。他的信念在最后一场戏男孩的话里找到了象征:任何人都没有教会他什么东西,所以他不得不自己亲手去做一切事情。在这场戏里,男孩就像是鲁布廖夫在信念意义上的化身,事实上,他说出了结论,就是鲁布廖夫一生的成就。

影片结尾,从黑白过渡到彩色,您的意图是什么?

一部黑白片的片尾变为彩色,可以在两个不同观念之间建立某种联系和对比。我认为,黑白电影是最现实主义的,彩色电影目前还没有达到现实主义的水准,它总是像照片,无论怎样,都带有异国情调。从心理学上,一个人如果不是对彩色情有独钟,如果不是一位画家,如果没有认真研究过色彩之间的关系,在生活中不可能被色彩所打动。然而对我们来说，最重要的是要讲述生活。实际上，我们的意图是：我认为，在电影里，生活是黑白色的，尤其是我们必须在艺术、绘画和生活之间确立一种关系，这种关系，在一个彩色结尾和一部黑白片之间，是鲁布廖夫的艺术和他的生活之间的关系的反映。简而言之，一方面是日常的、现实的、理性的，另一方面，是这种生活的艺术反映，这是合乎逻辑的下一个阶段。我们夸大了某些细节，这是因为我们实在没有办法解释有着自身构图规律的绘画，无论是动态的还是静态的，我们都不能让观众在几个短短的镜头组里，看到那些他们在安德列·鲁布廖夫的绘画前，停留几个小时才能看到的内容。这里，没有任何可比的东西。只有通过细节介绍，才能制造出他绘画的总体印象。

另外，我们有意通过一系列细节，让观众对"三位一体"有一个整体的认识，因为它是鲁布廖夫最杰出的作品。我们希望通过一种色彩的戏剧化处理，使观众从各个片段开始，直到看完整个作品，从而产生一种流动的印象。再者，这个长达250米胶片的彩色结尾，可以使观众看完全部影片之后，暂时休息一下，而不在看完最后几幅黑白画面，立刻起身离开电影厅，立即从鲁布廖夫的生活中走出来，而是在一边听着音乐，一边看着彩色回顾镜头时，对影片的主要观念进行一下思考，从而对影片中最重要的一些时刻留下更深的印象。一句话，阻止"看官"立即把书合上。我感觉，如果影片在"铸钟"那个章节之后立刻收尾，这部电影会遭到失败，所以，必须不惜代价把观众留在电影厅里，最后那组彩色镜头纯粹属于发挥戏剧化功能范畴。我感觉必须使鲁布廖夫的故事延续一会儿，使人想起他是一位画家，是他画了这幅了不起的画，通过一些色彩揭示他忍辱负重的一生……我必须把这些想法传达给观众。

我还想补充一点：影片结束在雨中一群马的画面上。这是因为我们想回到生活的象征上来，我认为：马是生活的象征，这可能是自己主观的内心观念，看到一匹马，我就会感到自己面对着生活，因为马特别美，特别亲善，对俄国人的生活有着特殊含义。在我们的影片中，有无数匹马走过，比如，打球那场戏，有一匹马，它在那个飞翔的人死去时，显得十分悲伤。另一匹在弗拉吉米尔洗劫时死去的马，象征着暴力的无比残酷。影片中几乎到处都有马的身影，它们是生活的佐证和象征。通过最后几个镜头中马的画面，我们想强调鲁布廖夫全部艺术的源泉，就是生活本身。

在您的影片中，始终看不见天空，只有大地，甚至连一丝风都没有，您确实有意如此吗？

这一切都是下意识的。我一向最感兴趣的，就是大地。对地上生长的万物，一草一木，我都心驰神往……世间万物都是向着天空生长，因而，对我们来说，天空只是地上万物生长的空间，天空没有自己的象征意义。我认为，天空是空的，只有它在地上、河面、水潭表面反射的影像才使我感兴趣。本片第一场戏中那个人飞翔的时候，人们只看到他在地上的倒影。我们认为，这是一个原则性的视觉方法。飞人和大地的关系是最为重要的，他和天空没有什么关系。我觉得，拍摄电影就是要让事件成长起来,就像在纪录片里,人们可以眼看着植物从地里钻出来,根茎不断长大,开花结果,我可以连续几个小时盯着这个画面,拍电影也是这样……总而言之,我热爱大地,我从来看不见泥泞,只会看到吸饱水分的湿地,和从湿土中生长起来的植物。我爱大地,我爱我的土地。

我觉得,您的影片中,有不少场景的画面和构图受到了绘画的启发,比如那个从远处看到的耶稣受难十字架,很像勃鲁盖尔的那幅作品。您是真的受了启发还是某种巧合?

您说的非常对。我很喜欢勃鲁盖尔的作品,他这幅画给我带来了灵感。我和摄影师之所以这样取景,是因为勃鲁盖尔非常接近俄国人,对俄国人来说,他的绘画具有很多意义。他作品中画面层次里的平行动作,大量人物都在忙着做自己的事,这一切非常俄国化。假如勃鲁盖尔的画法在俄国人的灵魂里得不到反响,我们绝对不会让它出现在我们的电影里。这一切都是自然而然地来到了我们的心里……应该说,这个画面是本片的一个败笔,因为它会在有知识的观众群中做出这样的对比和联想,这就失去意义了。

您怎么会想到要以飞人那个长镜头作为本片的开头呢?这个镜头会让人叹为观止。

我们认为,这是勇敢的象征,创造就要求一个人把自己的一切全部奉献出来。无论是在飞上天空成为现实的可能之前人们进行的飞行实验,还是在未掌握技术之前进行的铸钟行动,或是绘画圣像,这一切行为都要求创造性工作必须付出的代价。为此而死去的人,融化在他的作品之中,贡献出了他的全部身体和灵魂。这就是影片序曲的含义。人飞了起来,但也为此牺牲了生命。

在写本片剧本的时候,您和孔查罗夫斯基是怎么合作的?

起初,我们进行了讨论,就影片的总体构想达成了一致意见。然后,我们研究如何构建这部影片。我们一致认为,影片必须包括一系列"新闻"。我们打算绘出一幅巨大的生活剖面图,一起确定了影片应该包含的新闻数量,原则是:每件新闻都应该具有同等的重要价值,这些新闻之间的反差,它们不同主题和造型手段之间的冲突,将会构成影片的总体效果。这一切定下来之后,我们开始了写作。对于故事内容、对白和情节,我们研究得十分详细。我们两个人轮流写第一稿,谁先写谁后写并不重要,一个人写完之后,交给另一个人进行修改、完善、补充,最后,经过我们很好地磨合之后,我们一起定稿,一个人说,另一个人打字,两位作者在意见完全一致的情况下,顺利地完成了剧本的创作。

为什么原始剧本的序曲(不是以飞人镜头引出影片的第二部分)那场库里科沃战场的战斗,没有出现在影片中呢?

我把这场戏删掉了,因为需要的投资太昂贵,电影制片厂不能提供必要的资金。

您的影片中有许多暴力场面，不少人对我说他们几乎无法忍受，另外，目前在游乐场举办的俄罗斯古代艺术展览会上，我在圣·乔治的圣像里，找到了您的一个画面。您为什么要安排这么多暴力场面呢？

这里有两个原因。第一，如果您研究一下这个时代的历史，无论是哪位历史学家的论著，您都会看到在中央集权之前，俄罗斯历史的每一页都流淌着鲜血！绝对是这样！这部影片再现这些场面的程度如此之低，我们会时常感到背叛了历史的真实！后来，我们知道了只要在银幕上看到这些鲜血，即使数量不大，也就足够了，不必进行更多渲染。这是第一个原因：希望符合历史的真实性。第二点和我们的主题密切相关：鲁布廖夫看到了这些恐怖的现实。既然我们要以现实主义的原则讲述他的所见所闻，就不能把他遭受的痛苦仅仅局限在精神层面上，只展现他在精神上经受考验时的反应，如果这样做，本片将会在风格上有悖于我们的初衷。第三，我作为导演，一向重视画面在观众心里产生的冲击效果：不需要再支吾其辞，不需要再对战争的恐怖进行连篇累牍的说明，只要一个很短的自然主义的镜头组，就能使观众惊惶失措，然后他对后来看到的东西都会坚信不移。

我认为，电影是现实主义的艺术，不应该害怕它在观众身上产生的直接影响力。然而，贬义上的"文学"戏剧性原则，对电影影响太大了，它企图迫使电影避免现实主义的表现方法。然而，仁慈的上帝却愿意电影就这样干！这就是我的三点理由……

您是怎么挑选演员的？因为他们是著名演员，还是有其他标准？

我们认为，主人公应该是在过去电影上从没露过面的人。鲁布廖夫这个角色，每个人都会有自己的想法，但我绝对不能选择一位因他过去出演的人物，而让人产生联想的演员。因此，我们选择了斯维尔德洛夫斯克剧院一位小演员，他以前只演三流角色。这个人在《基诺·伊斯库斯特沃》杂志上，读了我们的剧本之后，自费到莫斯科电影制片厂找到我们，声称任何人都不可能比他更好地饰演鲁布廖夫。经过反复试镜，我们相信，他确实非常适合这个角色。

至于其他演员，我们选人的原则，是不能太戏剧化。我把演员分成两类：一类是演那些剧本已经塑造好的人物，另一类是演没办法在剧本中写清楚思想状态的人物，像鲁布廖夫，我妻子扮演头脑简单的那个女人，和前半部影片中里格灵卡扮演的黑人达妮拉，以及保罗·贝迟纳立夫出演的可汗，这位演员曾在孔查罗夫斯基的影片中演过一号主人。我最喜欢这些人物，他们不是剧本里已经写好的，而是由演员自身的思想情操和他们出身的社会阶层熏陶出来的。

您能告诉我们您的影片删掉了哪些镜头组吗？

首先我要说，任何人都没有删减我的影片，镜头的删减都是我自己做的。这部电影的第一版，片长是3小时20分钟，第二版是3小时15分钟，最后一版，我把它删减到 3 小时 6 分钟。我非常诚恳地声明和强调这一点：我认为，最后一版是最好的、最成功的"正版"。我仅仅压缩了影片的长度，观众是不会发现的，这些删减完全不会影响电影的主题，不会影响我们要突出的重点，也不会影响影片中重要的对白。一句话，我们只是删掉了最初没有计算好的那些多余时间。我们压缩了一些暴力场面的长度，这些场面是为了造成心理冲击，而不是要让人留下难受的印象，那样就会有损于我们的宗旨。我的全体同事，在长时间的讨论中，都建议我进行这些删节，我花了很长时间才认识到他们是对的，最后，我听从了他们的意见。起初，我认为有人对我的创造个性施加压力，但到后来，我才逐渐意识到，影片剩下的部分足以完成我给予影片的使命。对于影片现在的长度和状态，我丝毫没有半点遗憾。

曾有人指责您，在影片中您把蒙古人描绘得又漂亮又快活，而俄国人却既穷困潦倒又委靡不振。您的真正意图是什么？

对我来说，最重要的是，要把鞑靼人的统治真实准确地反映出来。事实是这样的：鞑靼人在俄国的统治长达三个多世纪，他们对自己的强大信心十足，在俄国土地上，到处都以主人自居。对俄国人来说，这是最可怕的事。有人跟我讲过二战时期的情况，最可怕的事，是看到德国人在俄国大路上悠闲地散步。他们毫无恐惧、泰然自若的举止使人内心充满恐惧。

1380 年左右，在库里科沃战场的战役之后，鞑靼人的统治在他们全部奴役机构中出现了危机。300 多年中，鞑靼人按照非常准确的规律到俄罗斯进行抢劫。他们发明了一个方法：就是让俄国人在两次入侵之间积累充足的财富，然后才来烧杀抢掠。影片中鞑靼人的美丽是要表现他们的从容自信，对于自己超级强国的信心，相形之下，显现出俄国的悲惨状况。俄国的使命是，筑起一座虽然脆弱，但对保护西方文明不可或缺的堤坝，来抵御野蛮人不断入侵的浪潮。再者说，我不认为把敌人描绘得外貌丑陋，就能贬低他们，重要的是，要表现出与他们抗争的人具有高尚的精神。

您喜欢怎么拍电影？您喜欢谁的电影？

拍《鲁布廖夫》的时候，我尽量做事干脆利落，保持威严自若，我认为这是导演艺术最主要的特点。

我非常喜欢布莱松的电影，但我更喜欢德沃仁科的作品。如果他能活得更久一些，他一定会拍出更多更好的杰作。很多导演我都喜欢，但他们的先后次序，因时而易：德沃仁科、布努埃尔、黑泽明、安东尼奥尼、伯格曼，就这么多。当然还有维果，他是法国当代电影之父。看到人们抄袭他作品的程度，实在令人生气。事实上，直到今天，他的财富还没有全部被人偷光。

在年轻一代的俄国导演中呢？

我很喜欢库吉叶夫，他会有远大前途。他正准备拍一部关于普希金的电影。我也很喜欢阿洛甫和纳乌莫夫的作品。您问的是年轻一代吗？您知道，在我看来，搞电影，重要的不是一个人潜力，而是结果。所以，我很难回答您的问题。我们的青年导演都太年轻，还没来得及拍出他们的最佳影片。要玩猜谜语，谈未来的事……我不是影评家，实在无可奉告。

在鲁布廖夫和您刚刚写完的那个剧本之间有某种联系吗？

说来奇怪，我拍的全部电影和我准备要拍的片子，都和这样一些人物有关系，这些人都要去战胜困难，都要乐观地去拼搏，我十分坚持这种乐观态度，经常谈起这个问题。换言之，这是一些有某种理想的人物，为了自己的理想，全力以赴地去寻找问题的答案，直到他们彻底了解了真相。他们之所以能够懂得真理，是因为他们取得了有益的经验。

电 影 小 星 球　|　德 国

Werner Herzog
沃纳·赫尔佐格
（1942— ）

在沃纳·赫尔佐格八九十年代淡出了电影地平线之后，实难想象他曾长达十余年在当代影坛占据如此重要地位。与其同时代的三位德国导演中，和莱纳·沃纳·法斯宾德和维姆·文德斯相比，他是最能代表德国浪漫传统，也是最具绘画灵感的。从他的第一部影片《生命的标记》起，影片的画面就给人留下了不可磨灭的印象。1968年，在为戛纳电影节评委周挑选影片时，我发现了这部影片（然而，它的制片人更喜欢参加柏林电影节）。此后七年间，赫尔佐格不断推出精彩作品，直到《灰熊人》在戛纳电影节参赛，才使我有机会见到这位导演。今天的赫尔佐格态度异常温和，这也许和长期旅居加利福尼亚不无干系，过去的他可并不是如此容易接近，他的态度生硬和古怪个性尽人皆知。这位酷爱寓言和暗喻的创造者，在侏儒、精神痴呆者、野孩子、聋哑人、盲人和疯狂的征服者的世界中，揭示了他对极端状况和雄伟布景的钟爱：咆哮的河流，炎热的沙漠，白雪覆盖的山峰……赫尔佐格对残疾人的眷恋与他的人生哲学密切相关：一般说，每个人都是梦想和精神或营养缺乏的受害者。因此，他渴望把自己推到他的防御工事里，以便检验其抵抗能力。他灵感的视觉特点，来源于对现实几乎是纪录片式的观察。赫尔佐格热爱旅行，足迹遍及全世界，像那些伟大的浪漫主义者那样，试图探索动植物的各个层面，为了战胜自己的悲观主义，他要不停顿地超越自己，这种极度的紧张无疑最后战胜了他。总还是剩下一部作品需要重新发现，其中《陆上行舟》就是一个顶点。

围绕着《卡斯伯·豪泽之谜》
（又译《人人为自己，上帝反众人》）

（1975年2月，巴黎）

《卡斯伯·豪泽之谜》这部影片，在某种程度上，与您过去拍的几部片子遥相呼应。比如：《美梦成真》中，萨巴拉做的那个梦，《阿吉尔》中的土著洪布列西多，《侏儒也是从小长大的》中的侏儒，《北方人》眼中的希腊，《生命的标记》中的斯坦霍普老爷，《寂静与黑暗之地》中的盲人。

我还能按照不同顺序补充几个例子。本片中的钢琴师和《生命的标记》中的那位先生，是同一位钢琴师，我在《纳粹制造》中拍的滑雪者斯泰那是给母鸡施催眠术的几个醉汉之一。可是，我觉得，不必在这些参照上耽搁太多时间。我拍的所有电影都属于一个家族，假如某个人物又在另一部片子里出现了，这并不说明什么问题，可能只说明影片之间有些联系，所以我喜欢把它们先后都演出来。在这部影片里放一个侏儒是很自然的，决不是武断的决定。《卡斯伯·豪泽之谜》不是一个总结，而是在某种程度上，经过这么多年的电影生涯之后，我觉得事物变得越来越清晰了。这部电影像是我直到今天所做工作的一个简介，像是出发到新道路之前的"集合"。因此，比如登山和盲人开着大篷车、梦境的场景，都是新的画面、新的布景、观察事物的一种新方式。可以说，在《生命的标记》里，那些风车的场景，已经有了这些元素，或者说，《美梦成真》完全是一部"通过窗子来看的"的电影，我认为，在《卡斯伯·豪泽之谜》里，它与所讲的故事有着更加紧密的关系。

在沙漠中，什么东西最吸引您？

这像是通灵术中灵媒附体时所看到的景色，它不仅仅是一个景色，是一种景色的梦境，它变成了过去从未见过的东西。电影可以让人用一种新的方法看待现实。沙漠那组镜头能够让我把自己看到的东西记下来，并展现给其他人。这就不再仅仅是一种信息，而是一种对现实的看法，它逐渐可以变成人们看待事物的方式。

在您的影片中，梦与现实是混在一起的。卡斯伯做的一群男女登山的那个梦，和《阿吉尔》中最初几个表现一队征服者走在丛林中的画面没有多少区别。

是的，这是同样的云雾。是的，一切都是真实的。同样的情况，在《生命的标记》里，在一个山谷里有一万架风车也是真实的。为了这个梦，我去了爱尔兰，因为我知道每年都有一个六万朝圣者的行列，这个梦一般的场面完全是真实的。这里面没有特技,但您却没有见过。

同样,在您的影片中,在杜撰(《生命的标记》、《阿吉尔》)与纪实(《纳粹制造》、《寂静与黑暗之地》)之间,也没有明显分别。《阿吉尔》像是一部杜撰的纪录片,而《美梦成真》以纪实开始,逐渐变成了一个故事,变成了一首诗歌。

这是因为您不了解《美梦成真》这部电影,最初它有一个像科幻小说一样的故事,讲述一个新的星球,但我们都知道,它说的就是我们的地球。仙女彗星的居民来到地球上,发现了这个星球。开拍的第一天,我就把剧本扔掉了,脑子里只记住了一些影像,一种对我们这个世界的新理解。我不同意您对《阿吉尔》纪实层面的说法,使我感兴趣的是这种席卷人和景物的热潮。另外,船挂在树上之类的细节,清楚地说明不存在纪实的意图。

确实如此。可是,您刻意要重新找到进行这类远征的条件,要求每个人具有良好体能,使影片明显具有纪实特点。我想到了茂瑙,他把德国表现主义从摄影棚里拉出来,在实景中拍摄了《吸血僵尸》,因而给了它另外一种张力,一种真实性,并且拍了一部关于吸血鬼的纪录片。

现在,我明白您说的意思了。《吸血僵尸》是德国拍摄的最伟大电影作品之一。茂瑙是我们这些人无法望其项背的大师。您在《阿吉尔》中提到的这个明显特点,来自景物、人、河流的真实存在所赋予生活的真实性。这一切使影片接近了纪录片,但事实上,它和纪录片之间还有很大距离。您知道,我讨厌直接电影。电影里,真实有几个不同层面,所谓的真实电影,只反映最初级和最令人讨厌的层面。如果我有这个能力,我将会是真实电影的掘墓人。在我拍摄的纪录片里,我创造出一些不是"真实",而是强化了的另外一种真实,这和所谓"真实电影"中所说的真实迥然不同。所以,在《寂静和黑暗之地》里,又聋又瞎的菲妮·斯特劳维格,谈到她年轻时看着滑雪人跳越时的面孔那种惊讶的感觉,当他们在空中飞翔的时候,张着嘴,像是在一声呼喊中,腾空时就进入了灵媒附体的状态。而且,她还补充说:"我希望您亲眼看看他们。"这时我立刻切掉,衔接上一幅滑雪者跳越时的画面。可是,这纯粹是我的杜撰。我请她说了这句台词,然而,实际上她在一生中,从来没有看见过滑雪人的跳越动作。无论如何,这仍然是一部纪录片。这不是一句谎言,而是强化了的一种真实。《阿吉尔》结尾时,不再是丛林和树木,而是丛林、弓箭、发烧的梦境。在《阿吉尔》里,确实存在着一种真实性。危险不是在摄影棚中制造出来的。人们看到的处于危险中的人,只是在他们拍摄电影时才会有危险。

您拍《卡斯伯·豪泽之谜》这部片子的灵感是怎么来的?

在全世界的文化里,卡斯伯的情况是唯一的。一个人在阴暗的地窖中长大,对外部世界一无所知。他被一条皮带绑在地面上,但他对这一点丝毫也不介意,因为他以为这是他身体的一部分。他从来没有看见过人,从来没有说过话,从来没看见过树和房屋。他对世界没有任何概念。后来,他被投入了社会。直到今天,也没有任何人知道他到底是谁,是谁把他关了起来,是谁把他杀死了。这个案例不仅刺激了他的第一个传记作者安塞勒姆·瑞特·冯·弗埃河巴赫,还有那些150年中为他写了上千本书和上万篇文章的人。皮特·汉德克为他写过一个名叫《卡斯伯》的剧本,雅克伯·华赛曼为他写过一部小说,名为《海瀑斯的悲剧》,韦赫莱讷为他写过诗:"我来了,一个安静的孤儿"……然而,除了弗埃河巴赫的书之外,读过卡斯伯本人写的一篇自传之后,我感到这十几页的经历对自己深有启发。他还写了一首诗,虽然他竭力把握语言,但仍然相当悲惨,这也给我不少灵感。这是世界上最有诱惑力的一个案子,那些感觉不到被诱惑的人,实在没有文化。文化,不是去听歌剧,而是要使精神受到巨大鼓舞。卡斯伯的问题在我们每个人身上都存在,这就是适应社会的困难和焦虑。

这也是一个十分现代的问题,因为他展示了人们称之为"人性"的问题不存在。人没有本性:他有一个历史。

我不用抽象的方法思考问题。我从运动、人物和场景的角度来看待事物。我的全部电影都是研究人的。《寂静和黑暗之地》中的聋哑盲人怎样让人懂得他们的要求,他们怎么被社会遗弃。在《侏儒也是从小长大的》里面,我强迫观众——这也是该片引起争论的原因——承认每个人心里都有一个侏儒。在这一点上,这是一部绝望的电影。当人们孤立地去看待一个侏儒的时候,他很美,很匀称,而且在他们之间有某些不同的东西。他们像是我们的高度浓缩,是我们的精华。影片结尾时,侏儒的笑,在一定程度上是真正发自内心的笑,是各色各样的笑浓缩在一起的笑,所以十分可怕,十分恐怖,非常复杂。《卡斯伯·豪泽之谜》也揭示了同样的现象。

影片开始时,与您其他的影片人物相比,更难同卡斯伯建立起关系来,他和观众之间没有任何参照点。当他学习与人交流时,才一步一步地建立起某种联系。

人们第一次见到他的时候,他的进化程度还不如一个动物。后来才逐渐赢得了我们的同情。到了最后,我们大家对他的死都感到惋惜。这就是我喜欢这部影片之处。对于人们第一次看到的生灵,这是一种逐步成长日渐增强的感情。我不愿意有人把我的电影和特吕弗的影片进行比较,而更喜欢和德莱耶的情感电影进行对比。可以说,这是"卡斯伯·豪泽的情感"。我看过《野孩子》,我曾对自己说过:"这家伙拍了一部本来是我喜欢拍的电影!"我认为这是一部好影片,但这部片子本来可以拍得更加出色。另外,维克多和卡斯伯没有任何可比之处。维克多这个孩子,在环境影响下,变得简直跟狼一样。剩下更有意思的问题是,除了狼的特点之外,他还有什么人性的东西吗?而卡斯伯却没有受到任何影响:既没有见过阳光,也没有看见过动物,更没受过社会影响。他完全被社会抛弃了。另外,特吕弗对教育学和18世纪的教育思想感兴趣,这和我这部影片毫无共同之处。那些对比的文章不但不能帮助对我影片的理解,而且曲解了我的意思。

在您搜集到的有关卡斯伯·豪泽的信息里,您选择了哪些?摒弃了哪些?

我改变了很多,创造了很多,也简化了很多。所以,卡斯伯在受教育过程中,先后进入了四五个家庭。在我的影片里,他只有一位老师,那些细节都是我杜撰的:他从来没有到马戏团被人展示过,从来没见过一位试图研究他表演能力的逻辑教师,也没听人说过撒哈拉大沙漠……

大家知道,他不喜欢绿色,不喜欢大自然。您在影片中没谈过这方面的问题。

是的,但是我反映了他不喜欢教堂唱诗班。他认为那是痛苦难忍的喊叫,这是有文字记载的。您知道,我没有读过多少关于他的东西。比如,您刚才说他不喜欢大自然,这是我过去不知道的事。

这位出演卡斯伯的演员是怎么准备他的角色的?

我们都叫他 S.布鲁诺,因为他希望隐姓埋名。一天晚上,我在电视上,看了卢茨·埃绍尔兹拍的一部关于他的纪录片,发现了这个人物。他在监狱、教养所和流放地度过了 20 多年。他的母亲是个妓女,把他放进了一所智障儿童收容所。他从里面逃出来,被抓住,又逃出来,反复了多次。他撬开汽车门在车里睡觉。警察抓住他,把他关进了监狱。我从来没见过一个被社会如此摧残的人。他像卡斯伯那样被社会遗弃,从来没有参与过社会生活。他的一生都充满了爱。在日常生活里,和影片中却完全不同。他不会说德语,只会讲柏林方言,但在电影里,对他来说,说德语和外语一样。他完全被这部电影的拍摄工作迷住了,他是一个十分敏感的人,知道这是一部关于他和他的生活的电影。他的绝望、脆弱、孤僻、孤独和恐惧在影片中暴露无遗。夜里,他拒绝脱掉衣服睡在宾馆的床上,而愿意睡在沙发上。学习走路时,他先跪在地上,把一根棍子绑在腿后面,这样坚持着,直到他感觉不到棍子的存在。最后,电影拍完之后,他的脚失去了知觉,他不会走路,但他愿意把希望学习走路的愿望充分表达出来。他在柏林一家钢铁厂里当工人,我不愿意他离开工作,所以在他放假的时候才拍电影。开拍之前 6 个月,我们见了面,一起讨论了角色。周末,他在院子里拉手风琴,唱歌,画画,这样,人们会扔给他一些钱。他很有才干,很招人喜欢。

您把《阿吉尔》这部影片献给了洪布列西多,您过去接触过他那样的人吗?

他是一个弱智的人,他在库尔佐集市上吹笛子,拒绝和我们一起拍电影,因为他认为,假如他离开了这座城市,别人就会死掉。后来,他还是跟我们走了,他连自己的名字叫什么都不知道,大家都叫他洪布列西多,就是小矮人的意思。他是剧组里唯一的圣人,他一层套一层地穿三件毛衣。拍电影时,他要换上一件毯形披风,必须让他把毛衣都脱下来,但他死也不愿意,就怕别人把他的毛衣偷走,他自己把它们藏在了丛林里。到了晚上,全剧组的人都帮助他到丛林中去找,因为他从来不记得把东西放在什么地方。电影拍完之后,我在库尔佐广场上又找到了他,这一次,他穿着三件用自己工资新买的外套。我问他为什么要一件套一件地穿这么多外衣,他回答说是为了挡住外国人的口臭。我最喜欢他,他忍受着自己种族的一切侮辱、压迫和失望。人们见到他,会看到白种人带给印度人的一切灾难。正是出于这个原因,我要他出演《卡斯伯·豪泽之谜》。我感觉他像自己的家里人一样,他代表着我对印度人的热爱,我和印度人始终保持着亲密无间的关系。

您在拍历史片的时候,对于复原的问题是否十分在意?

不,我觉得自己不是历史的"会计"。例如:在《阿吉尔》里,有公萨洛·皮扎侯这个人物,但实际上,他在远征前两年就死了。另外,卡赫瓦热勒的卡斯伯兄弟,也从来没有伴随过阿吉尔出征。影片的解说词全部都是我自己编的,根本不是什么历史文献,还真有人相信它的真实性!然而,我对表面上的细节却十分认真,我喜欢处理这些事,这倒不完全是为了再现那个时代,而是为了演员穿上那样的服装,能够更加神气活现。我们专门为克劳斯·金斯基打制了一柄剑和一把匕首。在最初的剧本里,阿吉尔为了不让女儿弗劳尔看到自己耻辱的结局,要亲手将她杀死。但我没有这样拍摄。我的想法是,像阿吉尔这样的男人,不应该使普通的匕首,他应该有一把像针那样细的匕首,这样,他在杀人的时候,人们不会看到流血。被杀者会因内出血而死。这是一件极其危险和阴险的武器。然而,人们并没有在片中看到这件武器。在这一点上,我向金斯基学到了很多东西,他在服装方面的感觉极为出色。在《卡斯伯·豪泽之谜》中,我请人花了六个月时间,在一座花园里种满了花草树木,以备拍片之用。我本应该想到,1815 年到 1848 年,按照德国和奥地利的市民文化,在这个季节,人们会常常会在花园里看到黄鹂和蜜蜂,以及漫山遍野的红花绿草。我对音响的要求很严格,在这部影片和我大多数其他影片中,我都采用直接录音的方法,所以我不得不把町科尔斯布尔一半地区的交通阻断,以免产生杂音。

拍摄时,我在音响方面花的时间比画面多。当阿吉尔自称是"上帝的怒火",威胁人们时,说了大段独白:"如果他们拿的东西比定量多,就要把他们关进监狱。"这段独白伴随着一阵鸟鸣,我们用了几个星期的时间在树林中,用八盒磁带来录制各种鸟的鸣叫声,最后我们成功地制作了一只鸟的歌唱。和音乐一样,一切都是编制的,没有任何东西是自然天成的。所以,片中的丛林就显得那么深邃,那么陌生又那么危机四伏。就像是在和大自然在进行对话一样。我确实难以向您解释为什么我要对这些东西有那么大的兴趣,就像我对音乐、对花鸟鱼虫、对景色、对梦中的画面,以及对于停顿的时刻等的痴迷一样,实在难以用言语表达。像阿吉尔的环形形象的那个镜头,是在他的竹筏翻转时拍摄的。比如,单峰驼非常吸引我,它跪在那里一动不动,我是在它的卧姿和站姿之间拍摄的。要想拍好这个镜头,往往需要等待很长时间,有时长得会让人绝望。鸡会使我惊恐,但让我吃惊的是它们会被催眠,我在片中拍下了这个镜头。但是,我很喜欢猴子,在我的影片中有很多猴子。

《阿吉尔》和《卡斯伯·豪泽之谜》这两部片子,像您的第一部电影《生命的符号》那样,使用了传统的叙述模式(一次出征、一个孩子的教育、希腊的军事冒险),并且从内部破坏了这一叙述模式,因而使观众感到迷惘,转移了观众的兴趣点,会使他们感到非常难过。

对于叙述模式,我根本不去考虑。比如,在《阿吉尔》中,我无意利用编年史的时间贯穿影片,以便制造出影片的节奏来。但在影音剪辑机上,我感到需要一个准确的节拍,所以我就想出了画外解说的方法。这样会使人感到时间越来越拉长,一直到最后似乎要停下来。这样也可以标出一些日期,使日月流逝有一个节奏。我的影片节奏差别很大,但是,我喜欢危险、爆炸之前令人揪心的那种时间停止:这是极其紧张的时刻,就像地震之前一丝风都没有的那种紧张。

在《卡斯伯·豪泽之谜》里,一组有代表性的镜头……卡斯伯站在纽伦堡广场中央,您把一个农民的画面,和一只烟斗、一对有产者夫妇、树旁的一头奶牛、钟楼等画面进行切换,我的问题是:剪辑时您是否对于画面的先后次序胸有成竹?

不是的,我在这方面没有一定之规。在影音剪辑机上,我看着样片的素材,意识到素材中应该有一个生命。这个时候,我根本不再去管剧本是怎么写的。拍摄的材料在剪辑台上有它自己的生命,不应该把它放进一个可能并不适合它的模子里。

您是怎么为《卡斯伯·豪泽之谜》选择音乐的?

影片的开头和结尾,我用了莫扎特《魔笛》中的塔米诺咏叹调。这是一个很奇怪的录音。我正在开车的时候,听到了这段乐曲,马上就停了车,因为录音效果太差了。录音时间是1911年,塔米诺由海因里西·克瑠特演唱,他是卡卢佐市一位当代的男高音,我认为他是本世纪最伟大的男高音演唱家。对我来说,他的声音无比重要。他唱的那段表达他急需得到同情的歌词①,对卡斯伯的故事也起着十分重要的作用。咏叹调的开头展开了影片,咏叹调的结尾伴随着影片最后一个镜头。我也选用了帕赫贝尔、罗兰·迪拉索和阿尔比诺尼的几段乐曲。我十分注意要使音乐和影片配合得天衣无缝。库泊汉的《黑暗的教训》是如此悲凉和绝望,伴随着《珐塔·茂赫嘎那》中的阿尔及利亚废弃军营上那个长长的镜头运动,显得无比协调。《阿吉尔》的音乐是原创的:因为我想要一首这个世界之外的合唱,就像我孩提时代夜间散步时,认为星星在唱歌一样。我还认为,灵魂像一块雪白的手帕,当人们犯罪之后,它就变黑

---

① 这幅肖像美得让人心醉,
　无人见过如此迷人之美,
　我深深地被她迷恋,
　她那天仙般的容貌,
　使我的心无法平静,
　我不知如何称谓这种情怀,
　它像一团火焰,在我胸中燃烧,
　难道这就是爱情吗?
　是的,是的,只能是它,
　啊!这就是爱情!

了。然后，黑手帕飞了起来，碰到星星，它又变成白色，从而获得了新生。

对我来说，音乐几乎和电影一样，能够震撼我的每一根神经。有的时候，一幅画面的质量只能通过音乐才能让人真正感受到。可以举《珐塔·茂赫嘎那》中那组沙丘的镜头为例，在影音剪辑机上，我看了这组镜头多次，我突然意识到，这是女性的景色，所以我用莫扎特《加冕弥撒》中的女声合唱伴随这组景物镜头，观众们可以清晰地感受到女性的特质。

在您拍摄的全部影片中，《珐塔·茂赫嘎那》是最彻底提出形式问题的影片。

也许您说得不错。但是，我却没有意识到这一点，因为我拍这部片子时，如同在梦中一样。我永远说不清楚这到底是怎么一回事。每天夜里，我躺在沙漠里睡觉的时候，从来不知道第二天要拍什么，就如同是一场幻觉一样。电影拍完了，我知道我把它拍完了，但是我神志恍惚。拍摄的时候，我没有对自己提出任何问题，我随波逐流，根本没去想影片的结构，我睁大着眼睛，仔细听着四周的声响。在剪辑台上，我仍然是这样……

然而，影片的组织却非常好，它以无人的静止画面开始，然后是全景镜头和推拉镜头，画面中景物越来越多。

现在我看这部片子的时候，跟您的感受完全一样。它有顺序，有结构，但这并不是出自一个完整的计划。这可能是那个时刻我当时的绝望状态的有序和无序。在我的影片中，经常会有这种情况。拍第一部片子的时候就是如此，因为我花了4年时间才找到拍摄资金，这就制造了某种距离。我感觉这是我童年生活的结束，全部童年生活全部都在那里了。在19岁和35岁之间，我似乎什么也没有：我没有20岁，一下子就跳到了35岁。我没有经历其他人20岁到35岁之间做过的事情。我的朋友们进入了商界，读了书，学习了专业，成家立业了，负起了各种各样的责任。而我却跳过了这些年头。我拍了19岁时写的剧本《生命的信号》。在《珐塔·茂赫嘎那》里，我直接拍下了我的最初印象，我一年都没有等待，我把想到的东西都拍了下来。所以，假如我不认为我拍的电影是私人的，我就没有了私人生活。

《珐塔·茂赫嘎那》的三部分：创造、天堂和黄金时代，是不是事先策划好的？

不是，这是看着拍摄的画面我才想到的。从创造的第一天起，就出现了潜在的灾难和错误。第一部分的文字引自一篇16世纪危地马拉的印第安人创作的经文：玛雅文化的"一会"，我对它稍加改动了一下。另外两部分的文字是本人拙作，是我面对着影音剪辑机上的画面，从自己的疑问和不解中产生的。这是一部绝望的电影，就像看到一场灾难一样。看着画面，我们看到了废品和垃圾。这些可笑的文明片段在阳光下被烤焦。我看这部电影的时候，心中暗想，这个世界本来可以多么美好，但实际上却远非如此。这是我们的错误。在一定程度上，这是乌托邦式的空想，一个科幻故事从根源上就不是偶然产生的。

您怎么想起来要拍这对乐手的?

当时我正在金丝雀群岛上拍摄《侏儒也是从小长大的》,《珐塔·茂赫嘎那》的大部分已经拍完了。在一家妓院里,那位弹钢琴的老板娘和她当老鸨的丈夫吸引了我。她老公一边表演打击乐,一边唱歌。我给他戴上一副眼镜,在他眼睛上贴上了一块黑纸,让他什么也看不见,因为他不停地在打那些在舞池上对顾客服务不周的妓女。后来,我拍摄了这对夫妇,我觉得可以把他们放到《珐塔·茂赫嘎那》中去。您知道,"珐塔·茂赫嘎那"在德语里意味着"海市蜃楼"。我们拍了很多海市蜃楼的镜头,比如一些从一辆大轿车上下来的人,好像铅笔一样失去了控制,随波逐流,而轿车似乎在水上滑行。然而,大轿车的四周一点儿轮胎印记也没有。也许轿车以六十公里的车速,产生了一个热气层反射出了我们拍摄的画面。

您有好几部影片都是环形结构的。比如说,在《生命的信号》里,在《珐塔·茂赫嘎那》最后一组镜头与影片开头第一组镜头相互呼应,它们都是航拍镜头。

最后,我们在肯尼亚和坦桑尼克交界的 500 米上空,拍摄了一个湖光景色。湖的颜色呈玫瑰红色,是由千万条朝霞的火焰编织成的。起初,我们在慕尼黑机场拍摄了飞机,但我们觉得那完全是一片沙漠的景象,我对这些画面产生了浓厚兴趣。拍摄那天,天气无比炎热,从清晨 5 点拍到了下午 2 点,由于蒸发的气体凝聚到一起,我们拍摄着陆的飞机一架比一架模糊,一架比一架不真实,就好像是梦中的飞鸟一样。我知道,这些重复不断的飞机着陆画面,开演不到 5 分钟,一些观众就会离场而去,但这样非常好,因为留下不走的人将会明白影片的意图,将会一直把电影看完。对他们来说,这是一个信号。

我想,"珐塔·茂赫嘎那"的心灵是那么脆弱,那么接近我内心感受到的那些不敢与人言的东西。我真害怕人们会笑话我,害怕自己会成为笑柄,受到凌辱。当时,我只愿意把这部片子留给我最好的朋友,秘密地把它保留了一年半,直到戛纳电影节导演双周展才从我的手中抢走。当我看到观众的反应之后,我才明白这部电影是应该给大家看的。有一部我拍的电影,已经秘密地保存了 11 年,我会把它留给后人。那是我拍的第二部短片,片名是《沙土中的游戏》,那是关于一个没有解决的"问题电影"。就像那部关于侏儒的电影一样,一定会引起严重争论,是一部绝望的、残酷的、无政府主义的作品,也许我本来就不应该拍它。

《生命的信号》这个片名,可以作为您全部影片的题铭。

首先,它意味着生命的真实性。信号是召唤、呼叫的意思。主人公斯特罗赛克作为一个个人并不重要。影片结尾时,他用焰火包围了整个一座城市,他既和朋友又和敌人进行战斗,对于他生活的那个共同体,他变得十分重要。但在这个时刻,我不再把他看做是一个个人,我从离他三四百远米的地方看他,他像一只蚂蚁。使我感兴趣的是他发出的信号。他重复着在他身旁看到的残酷、荒谬和时间静止的信号。这是一些爆炸性的答案。他不再能够说话，只能发出一些信号。在我的其他影片中，同样可以看到，在最绝望的时刻，仍然有信号交流。所以，在《侏儒也是从小长大的》里，侏儒们表现出的不是残酷，造成的不是真正的破坏，而是一些挑衅和无政府主义姿态。当然，他们破坏的东西也不少，有可能把整栋房子烧了，把经理杀死。

这部影片结尾时，一个侏儒在汽车里转圈。在《阿吉尔》结尾时，摄影机围绕着船拍摄。在您的影片中，环形是占统治地位的修辞法，《生命的信号》和《珐塔·茂赫嘎那》都是如此。

我认为，环形既是仪式，也表示无法避免之必然。在《阿吉尔》中的皇帝加冕的仪式，就像歌剧一样，动作都是重复的，周而复始的。在《侏儒也是从小长大的》里，也有这类仪式。在克里特拍摄的那部《临终嘱托》是我最喜欢的一部短片，里面也有人们看着摄影机的这种仪式。这是一位老音乐家的故事，在影片中，他显得疯疯癫癫的。他住在一个荒无人烟的小岛上，岛上有一个小村庄和一家麻风病院。他认为自己是国王，但他的家人都认为他疯了，并且让他离开了小岛。从此以后，他不再说话，只在酒吧里拉小提琴唱歌。这是一部奇怪的电影。结尾时，他盯着摄影机看，用手赶开摄影的人，并且嘴中不断地说："我不说话，我什么也不说，我保持沉默。"

您很喜欢这些人物看着镜头的静止画面。

在《生命的信号》里，有一个结婚镜头。所有的人都到齐了，摄影机也准备好了。我叫扮演赛特罗茨克的皮特·布罗格勒跟着我跑了七八公里，一直到我们筋疲力尽。然后，他回来站到了结婚的镜头框里，这样一来，那幅画面就显得十分奇怪，因为他上气不接下气，张着大嘴，瞪着眼睛，在那里喘着粗气。在《珐塔·茂赫嘎那》里，我叫服务生站在摄影机前面，准备拍一个他手里抱着沙漠棕狐的特写镜头。我告诉他不要动，不要眨眼，假如他能满足我的要求，一定会给他一份可观的小费。他就这样站了 10 分钟，直到精疲力竭，在他实在支撑不住的那一时刻，我拍了一个两分钟长的镜头。

在您的影片中，有一种对受害者不带任何温情主义的怜悯：比如对《阿吉尔》中的印第安人，《珐塔·茂赫嘎那》中住在贫民窟里的阿拉伯人，《寂静和黑暗之地》中的耳聋的盲人，《卡斯伯·豪泽之谜》中的智障人。然而，在《侏儒也是从小长大的》里面，我却感觉不到这种同情。您把他们表现得相当残酷，加深了观众认为这是一些与他们不同的人看法。您鼓励了他们的歧视心理。

我觉得，我对他们有着同样的同情和爱怜。您如果折磨一只狗，把它关进笼子，最终它一定会咬您。反抗的残酷，不是真正的残酷：这是一些残酷的姿势。而当它们真干残酷事的时候，比如它咬死一头猪，那么，它们就是真正的残酷了。侏儒不做那么多残酷的事，也没有那么多暴力、亵渎神明和无政府行为，他们做的事无非是大喊大叫地乞求援助。我找了相貌端正身材匀称的侏儒，他们做的一切都是不无道理的。当他们把汽油倒在花盆里，人们会觉得他们做的对，对待花盆，他们是第一个做了应该做的事的人。您知道，《侏儒也是从小长大的》引起了强烈反应：有的人对这部片子非常喜欢，有的人恨之入骨。

您仅有两部片子不是把受害者作为影片主人公的，而且在这两种情况下（《生命的信号》和《阿吉尔》），都是一个正常人变成疯子的故事。

这两部片子确实比较接近，但是，我很难把问题说清楚。同样，《卡斯伯·豪泽之谜》也很接近《寂静和黑暗之地》。

《生命的信号》是根据阿希姆·冯·阿尼姆的一篇短篇小说《拉多诺城堡的残废疯子》改编的。

那部影片是从考古遗址开始的。我以前曾经到这个岛上来过，我的祖父是考古学家，在这个岛上工作。他临死之前，变成了疯子。因为我很佩服他，所以到那里去看他做的事情。令我意外的，是那里发生的情况和我要讲述的故事越来越相似。学习历史的时候，我对七年战争和军事战略问题非常感兴趣。在1870年的一张报纸上，我发现了这场战争中关于马赛发生的一个事件的报道。后来，我听说阿尼姆根据这个事件写成了一篇短篇小说，我读了之后，觉得十分精彩。

您是怎么想起要拍摄《寂静和黑暗之地》这部影片的？

在一个聚会上，我偶然遇到了菲妮·斯特劳文格，当时我正在慕尼黑拍摄一部关于酞胺哌啶酮造成婴儿没胳臂没腿的电影《前途受阻》。她自己又聋又瞎，但仍然亲自照料盲人和聋哑人。我找到了她的地址，学会了和她进行交流的字母表，决定和她一起拍一部电影。那部电影是低成本制作的。9岁时，她遭遇车祸，13岁就失明了，18岁又耳朵失聪，在床上躺了30年。只有她的母亲能够和她进行交流，但母亲去世后，她处于完全无助的状态。她必须竭尽全力出离这种状态，但为了减轻痛苦，她开始吸食鸦片。在影片中，她拒绝谈论自己的过去。所以，这也是一部激情影片。我带着摄影机跟随了她5个月，才把拍摄方案决定下来。我放进去一些活动：在她生日那天，我租了一架小飞机，让她第一次尝试上天的感觉。我知道菲妮想到动物园玩一玩，因为聋哑人和盲人从来都没去过那里。我说服动物园园长放出来一只黑猩猩，拍摄了这个镜头组。

您能不能跟我谈一谈您是怎么步入影坛的？

我母亲是南斯拉夫人，名叫斯悌佩迪克。我的家庭十分复杂，父亲过着流浪汉一样的生活，他结过两次婚，我有很多兄弟姐妹，但其中有不少是同父异母的兄弟。法律上，我的名字是斯悌佩迪克，但我自己起了个名字，叫赫尔佐格。我不是在常规家庭里长大成人的，也从来没进过一所电影学校，完全是自学成才的。读书的时候，我夜里在慕尼黑一家钢铁厂里打工，从晚上8点到早晨6点，在流水作业线上工作了两年。我挣够了钱之后,拍了自己第一部 35 毫米的短片。18 岁时,我到苏丹旅行,身无分文,突然病倒,在一个仓库里发着高烧躺了 5 天,到了死亡边缘。老鼠吃掉我的衣裳之后,开始咬我,甚至咬伤了我的脸,您现在还看得见疤痕。

后来,我获得了一份去匹兹堡学习历史的奖学金,但 3 天之后,我就把奖学金放弃了。因为没有任何收入,被美国驱逐出境。我到墨西哥呆了 6 个月,为了生存,我参加过驯服野马的竞技表演,在美国和墨西哥之间干过走私武器和电视机。

关于您拍的短片和中片,我们知之甚少。

我拍的第一部电影《残障者的未来》,实在不值一提。我也不太喜欢它。我是在德国拍的这部片子,利用了很多现成素材,尤其是赛车的镜头。《史无前例的德克卢兹碉堡防御工事》是在靠近匈牙利边境线拍摄的,可以说,它是《生命的信号》前奏曲。讲四个人藏在碉堡里,等待一个敌人的到来,但敌人却迟迟不肯露面。这四个人最后实在等不下去了,就从碉堡里出来,占领了一块麦田。《防止马迷的举措》是一部特别奇怪的有趣电影。片中人物都是像马里奥·阿道尔夫那样的高端客户,我在慕尼黑赛马场拍摄了这部片子。一位上年纪的巴伐利亚人不停地在各处乱跳,试图把剧中人物推出取景框,他想保护赛马不受马迷们的骚扰,可是人们一匹马也没看见!

《东非流动医疗队》是为我在非洲工作的朋友们拍摄的。这部纪录片揭示了在这个地区实施医疗救援的困难。医生们在一辆卡车上装备了价值数万美元的手术室和 X 光机,把车子开到玛莎玛拉沙漠的心脏地带,他们发现这种做法完全徒劳,因为玛莎人拒绝登上通向卡车内部的五级台阶。我拍下了那位非洲医疗助理怎么训练当地人登这五级台阶。

《心醉神迷的木刻家斯泰那》是为德国电视台拍摄的,它是一系列极限电影的一部分。斯泰那是瑞士人、跳越飞翔滑雪世界冠军、职业是木刻艺术家。他能够飞翔 170 米,但每次跳越都有一个临界点。他太强了,所以降落场地总是显得太短,假如他从 110 米高空摔到平地上,结果是必死无疑。人们总觉得他不会到达临界区边缘。比如在南斯拉夫,那些专家计算的数字全部过于保守,他竟然超过世界纪录 9 米,跑道也显得过短了。结果着陆时,他猛烈地撞击了地面(飞翔降落时,跳越人的动量会高于体重六倍!),半小时之内,他完全失去了记忆,尽管站起来都十分困难,他还不得不重新开始跳越。这是一部关于死亡焦虑、身心出神入化和孤独的影片。

电 影 小 星 球 | 芬 兰

Aki Kaurismäki
阿奇·考里斯马奇

  若想和阿奇·考里斯马奇商定一个访谈时间，实在比登天还难。要不就赶一个大清早，乘他前夜的酒还未醒，要不就约在晚上，乘这位著名的海量神奇导演在没完全进入酩酊大醉之前。经验证明，他对酒还是颇有自控能力的，微醺状态能让他心情极佳，幽默异常。至少，他在戛纳电影节开赛第二天，在宾馆露台上热情接待我和诺埃尔·海珀的时候，情况确实如此。他参赛的影片是《乘云远去》。该片是反映社会上穷愁潦倒的不幸人群的不同遭遇的。然而，人们却在影片中丝毫看不到悲惨的影子。画面中，表演巧妙的间离化，全部激情尽在不言之中。他运用风格化现实主义的不同色彩，使日常生活充满诗情画意。

  像法国"新浪潮"导演那样，他对美国的大众文化和早期电影，表现出某种善意的嘲讽和温柔的爱怜。有些影片颇像朱哈拍摄的黑白默片，人们在《波西米亚人的生活》中，仿佛又看到了20世纪导演穆瑞的情怀。考里斯马奇展现给观众的，正像他祖国的气候一样，表面上是一个寒冷的世界，四处空旷，人物几乎静止不动，情感似乎已经结冰。他采用抓拍身体和面部这种异乎寻常的方法，鲜活地还原了情感的真实，其尖锐深邃的洞察力和画面震撼力，委实令人叫绝。

关于《乘云远去》

(1996年5月,戛纳)

请问,芬兰语片名的直译是什么意思?

《乘云远去》这个片名,最关键的是这个"乘"字。它象征着"逃离"。我们成功地找到了片名对应的法文译法,但英语是一种太过贫乏的语言,只能采用"Drifting Clouds"来凑合,实在差强人意。这个片名从影片开始时就想好了,写剧本的时候,我就决定影片要以这句话结尾。这完全是我本人的意思,我的人物与我要和彩云一起,飞到很远很远的地方,但我们不知道什么时候离去,也不知道要去什么地方。

在一段非常昏暗的描述之后,您感觉到承受失业和孤独的需要,而以近乎弗兰克·卡普拉的方式,用一种乐观的情调结束了影片。

对我来说,我们生活的世界是毫无希望的,2021年它将遭到毁灭。我不想在最后一组镜头里表现个人的观念。我也没必要散布悲观情绪,因为到处都弥漫着这种情绪。我想,如果谈失业问题,我就能来个卡普拉式的结尾,因为,这会造成一种二次自杀。就芬兰现状而言,这部电影简直就是一个神话故事。因为我们的失业率高达26%(官方公布的是20%),和西班牙相差无几。在欧洲,这是最糟糕的,它和美国30年代大萧条的情况已经不相上下了。经济崩溃了,银行破产了,主宰这个国家的人,完全不懂管理,纯粹是一群废物。我们一度非常富裕,经济发展螺旋上升,然后,一下子就垮台了。

您的影片与意大利新现实主义,与《偷自行车的人》这类影片,有什么关联?

我确实打算拍一部彩色的新现实主义影片,而且要加上一些幽默元素,因为德·西卡的风格缺乏幽默。叙事方面,我想采用小津安二郎的方法。后来,我意识到自己也受了道格拉斯·赛克和爱德华·霍珀的影响,简·惠曼和罗克·赫德森的理想主义彩色影片也在我身上打下了烙印,因此,在《乘云远去》里,有30%的小津安二郎、30%的德·西卡、15%的赛克、20%的霍珀,还有10%的卡普拉。加在一起已经是105%!这里面还有我吗?我似乎不是一名导演,而成了鸡尾酒的调酒师啦!

在您的影片里,夏威夷冬季鸡尾酒是蓝色的,它和衬衫的颜色、台布的颜色以及餐厅的颜色完全一样。

这就是"猫王"埃尔维斯·普雷斯利的夏威夷蓝!我并没有预先就考虑色彩问题,因为这样做会耽误很多时间。随着拍摄工作的进展,根据自己的灵感,我决定把布景重新刷成蓝色,我请女演员把她平常穿的衬衫拿来,我选择了与布景协调的颜色。当时,我没打算把这部片子拍成跟《我雇了一个杀手》一样的蓝色,那部电影的蓝色是特意选择的。今天,您说这也是本片的颜色,大概我自己就是比莉·霍利迪(美国爵士乐女歌手)酷爱的蓝色吧!

在这部电影里,跟您的前几部影片一样,通俗歌曲占据着十分重要的位置。

我认为,在任何一部电影里,画面是最重要的,然后是对白,其次才是声效和音乐。但是,选择音乐的时候我十分用心,因为音乐能够把一个镜头组彻底改变。混录的时候,我带去满满一口袋唱片,我要做大量试验。我对音乐始终兴趣十足,我拍过七八个摇滚乐宣传短片,一部关于列宁格勒牛仔的纪录片,和他们一起还拍了两部故事片。然而,我没有继续下去,因为对于这样的节奏,我觉得自己太老了。拍《列宁格勒牛仔巧遇穆瓦兹》的时候*我犯了一个错误:我以为人人都读过圣经!然而,情况并非如此,结果影片让人难以理解。

卡蒂·伍迪南出演过多部您的影片,您是为她创作的人物吗?

起初,影片的主人公应该由我喜爱的一位男演员马佩·佩龙巴出演。可是,开拍前两个月他去世了。我只好把卡蒂·伍迪南变成故事中心人物,本来她在本片出演一位家庭妇女,因此,我要重新改写剧本。马佩和卡蒂都是我最为敬重的演员,和他们一起已经工作15年了,我们总是在一起发掘片中人物。所以,没有人能够穿上马佩的服装,出演为他量身定做的角色。因此,我必须对主要人物进行调整。我特别珍视卡蒂·伍迪南,您知道,任何人的面部都不是对称的,而她那张脸极不对称!她是一位十分聪颖的演员,能够不动声色地创造出极为丰富复杂的内心世界,而不像那些因内心空虚才面无表情的演员。目前,卡蒂正在演出《西区故事》,在舞台上,她已经活跃十多年了。

拍摄之前,您给演员们说戏吗?

我从来不跟演员说戏。我的秘诀是,拍摄一个镜头之前,在他们耳边说几句话,让他们的头脑产生混乱。这样,他们就把怎么表演全忘了!我认为,这种做法比布莱松的办法会让演员感觉更加舒服一些,会给他们留下一些自由。一般说,一个镜头我不会拍两次以上,第一次拍摄相当于彩排,我往往会留下,第二次拍摄是为了安全起见,多次拍摄太费钱了。所以,这样工作下来,26天就把全部影片拍完了。

像前面提到的小津安二郎那样,您大部分时间都保持镜头不动,但有的时候,也有镜头运动,例如:劳立手捧鲜花归来的时候,还有伊罗娜的前老板为装修餐厅送钱给她的时候。您怎么进行这种镜头选择呢?

---

* 穆瓦兹是圣经人物,以色列13世纪的大预言家。——译注

最初，我打算有更多的镜头运动。可是，我这个人很懒惰，也有许多别的事情要去处理，所以，镜头就不动地方了！我拍第一部片子《罪与罚》的时候，镜头无时无刻不在运动，当时我26岁，年纪轻，精力充沛。随着年龄的增长，我越来越看不出那样做的理由，找不到必须那样做的根据了。应该说，这是一部相当古老的摄影机，我是在英格玛·伯格曼息影时，从他手里买的。他用这台机器，拍过《法妮和亚历山大》，以及其他很多影片。我用它拍了30多部片子，其中有我导演的，也有由我担任制片的。这是一台老摄影机，和我一样，老了，累了，不想动了！如果没有特殊理由需要移动它——它也太重了，我觉得拍固定画面就够了。再者说，小津安二郎也是如此，他年轻时拍的片子，镜头也是不停地运动，但他最后几部影片，尤其是在《东京旅行》里，镜头一动不动了。总而言之，这毫无用处！此外，拍固定镜头时，我可以坐在椅子上，而在日本，导演要趴在地上！有时候，希区柯克把镜头靠近一个人物的眼睛进行拍摄，以便叫观众想到这个人物正在思考，在我看来，这完全多余！

您对小津安二郎比希区柯克更加喜欢吗？

搞电影之前，我看过特吕弗对希区柯克的访谈录，他问希区柯克有什么题材不敢拍，他回答说：那就是《罪与罚》，因为这本书过于复杂。我当时年纪不大，心里想，我偏要试一试，做老前辈不敢做的事！因此，我拍了《罪与罚》，但我也明白了希区柯克的道理，这本书确实太复杂了！

您感兴趣的，是失业给人造成心理和情感方面的后果，而不是问题的经济层面。

我觉得，目前，再搞坏资本家和好无产者对立，为时已晚了。今天，敌人是无形的，科技领导一切，如果选择一家像雀巢那样的公司，到慕尼黑，或者别的地方的公司总部，你走到大楼的顶层，打开最大办公室的门，看不见任何一个人。现在，老板也只是机器的轴承，一些半自动化的机器人，他们也不知道要走向哪里和为什么要去那里。我心中常想，欧洲导演很少触及失业题材，这是可耻的。我必须谈一谈这个问题，不然的话，早晨我不敢在镜子里看到自己。

女老板打厨师，您根本就不表现这场戏，却把它在画外处理了。

假如这场戏要拍出来，那可能就太长了，而且要反复拍好多次！说正经的，我要跟您说，我年纪太大了，即便是开玩笑的题材，也不能再在影片中出现武器了。我对电影中的暴力非常反对，因为有95%的导演都热衷于色情和暴力，那就应该有极少数的人不拿它当回事了。

为什么您把《波西米亚人的生活》拍成黑白片？

这是出于现实主义的考量。我想在当代巴黎拍一部"历史"片，如果把它拍成彩色的，那就跟一部法国电影差不多了，那就违背我的初衷了。为了找到真正的巴黎，我只能去伊富丽和玛拉可夫。我孩提时代的巴黎已经不复存在，甚至1982年我蜜月旅行时的巴黎也已经面目全非,变化太大了!

我们非常喜欢《达霞拿,系好你的围巾》。

它跟我的其他电影一样,是关于社会文化变迁的纪录片。拍摄时,我只有一个大致的思路,根本没有剧本,完全是即兴创作。我没能做到原本所希望的拍一部长片,片长只有59分钟,但请您别告诉别人!技术卡片上写的是66分钟,这是为了行政部门的要求。

您的影片和谈话都非常简练,您在日常生活中也是如此吗?

这是我唯一的风格,如果把它再丢掉,那么,我就一无所有啦!我的精力也所剩无几了,我得尽量保存自己的精气神,我感觉世界上声音太多,画面太多,运动太多,说的话也太多了!

看您的电影,有时会想到默片。

多年以来,我一直想拍一部没有对白、只有画面和音乐的影片。70年代,我是个电影迷,提前三个月就知道自己将要去看什么片子,因为我参加了赫尔辛基所有的电影俱乐部。每天至少要看6部电影,然后,把一切都记在日记本上。我有一部跑车,经常开车到外省去看自己认为很特别的片子。这样做的结果,产生了一个负效应,现在,我每年才去一次电影院。在一座小城的俱乐部里,我观摩了罗贝尔·弗拉赫迪的《拿努克》和《黄金时代》,我感悟到,电影不仅是娱乐,而且是一门艺术。当时,我从部队跑了出来,为了生活,我当了3个月的邮递员,后来也在建筑工地上干过活。在邮局工作时,非常惬意,因为我可以上午工作,下午去看电影。有一天,一个朋友借给我一本书,是穆瑞写的《波西米亚人的生活》。从那时候开始,我把这本书读了50遍。我记得跟朋友们说过,我要把它拍成电影。他们都笑了,说我不过是个邮递员,既没有一分钱,也不是导演。我告诉他们,尽管他们说的不错,但我一定要做这件事。15年之后,经过许多片子的锻炼,我终于成功了。

90年代初,您拍过两部短片:《我要走天涯》和《牛仔靴》。

这是我跟列宁格勒牛仔一起拍的摇滚乐,片长五六分钟。我把他们称为短片,有人对这些片子很重视,送去电影节展映了。尽管当时拍故事片的构思尚不充分,可是那些想法总在头脑里转悠,我必须想办法摆脱它们。反过来说,我从来没拍过广告片。

您总是使用同一位摄影师迪莫·萨勒米南,您和他是怎么合作的?

我们之间的默契,已经达到不用说话的程度,吹吹口哨就互相明白了。有的时候要加一盏灯。至于镜头,我通常使用32号,特写和近景,使用40的,房间过于狭窄的时候,使用24的,但这种情况极少。在芬兰,我们没有制片厂,所以,我每拍一部电影,都要在故事发生的地点临时搭景。这很容易做,因为到处都有倒闭的厂房,空间完全不成问题。《乘云远去》就是这样拍成的,布景都是实实在在的,我们把它们重新布局,有的是重新改建的。

在戛纳,您的影片刚刚得了基督教普世奖,这可真有讽刺意味,您觉得吗?

对这类事,我早就习惯了。我记得从一个电影节回来,喝得酩酊大醉,倒在床上,电话铃响了,说我得了天主教奖。15分钟之后,电话铃又响了,告诉我又得了基督教奖!我一点儿都不奇怪,他们知道我内心深处是信奉宗教的。我相信救赎,相信圣·彼埃尔*。上帝早就死了,耶稣是个瘾君子。现在,住在天上的,就剩下圣·彼埃尔了。他拿着天堂大门的钥匙,这太重要了。

---

* 圣·彼埃尔:耶稣十二门徒之一,掌管进入天堂大门的钥匙。在耶稣死后,他到罗马担任第一任教皇。——译注

电影小星球 | 丹 麦

Lars von Trier
拉斯·冯·特里尔
(1956—)

  1984年,拉斯·冯·特里尔拍摄第一部电影《犯罪元素》时,还不满三十岁,这部雄心勃勃又令人眼花缭乱的影片,立即被选送到戛纳电影节参赛。当于贝尔·纽格莱和我对他进行访谈时,令人感到意外的是,这位年轻导演并不像他的影片那样咄咄逼人,而且准确地回答了我们的提问,然而,一旦接触政治层面,他又滔滔不绝地发表了他的政治与哲学观点。他剃光了头,俨然一副朋克装束。这位来自北欧的天才导演是道格玛95小组的重要成员,该组织以反好莱坞电影著称,扬言要与当今影坛的某些传统抗衡,因为目前大量电影已经濒临死亡,它们过度重视外在表象,刻意造假去迎合观众趣味,掩盖了人的真实情感。此外,当今电影过于讲求特效,忽略了电影自身的特质,该组织主张现场收音,使用手提摄影,反对后期配音,摈弃滤镜以及一切可能美化画面的手法。拉斯·冯·特里尔的主题十分明确:水的存在,死亡氛围,罪恶感。他是全世界电影节的宠儿,他的影片全部在大电影节参赛(只有《瘟疫》被选送到一个平行的电影节),2000年,最受争议的《黑暗中漫舞者》荣获戛纳金棕榈奖,片中大量使用抓观众眼球的特效令人不快。在冯·特里尔电影生涯的每个阶段,他都要"震惊有产者",而且从未失手过:《欧洲快车》揭示欧洲在经历纳粹主义后,人们重建了一个令人怀疑的欧洲。《白痴》宣告了他的道格玛拍摄理论(不使用固定摄影机,不要人工照明和返回镜头)。《破浪而出》采用令人捧腹的抒情手法,反映出女人是心甘情愿的最终受难者。《狗城》借助布莱希特美学和某种所谓的间离效果,表现出另一种嘲讽手段。在冯·特里尔的虚无主义里,掺杂着犬儒主义(他对此毫不掩饰),拍摄中也有哗众取宠,然而,他有真正魔术师制造幻术的才华,虽然他今后的发展轨迹难以预测,但是,这位超天才导演将会名留青史,我对这一点深信不疑。

关于《犯罪元素》（又译《犯罪分子》）

（1984年5月，戛纳）

步入影坛之初，您拍过不少短片吧？

最初，我拍过两部16毫米短片。在建筑工地干活时，我攒够了拍片经费。第一部叫《兰花园丁》的，片长30分钟，是一部怪异电影。第二部《香格里拉》，深受玛格丽特·杜拉斯影响，是法语对白的。我把这两部片子送到电影学院放映，他们收我当了学生。这是1978年的事，这样，我就读了3年书。在学校里，我又和两位同学一起拍了3部短片，一个人当剪辑师，另一个当摄影师。后来，再次与他们合作，拍出了《犯罪元素》。这3部短片之一叫《夜深沉》，曾经在巴黎青年艺术家双年电影节上演过，但我不知道是不是有人真正看过这部8分钟的片子。第二部叫《更多的细节》，是一部仿作的强盗片，非常糟糕乏味。第三部短片，叫做《解放图像》（又名《形象救济》），在慕尼黑电影学校校际竞赛中得了奖，这部片长一小时的影片，从德国人视角，折射出哥本哈根被占领最后几个小时的众生像。

您那部糟糕的模仿警匪片，是一次很好的练习吧？

完全正确。我们从所犯的许多错误中，汲取了有益的教训。这3部短片都是有演员参与的故事片。在最后那部影片里，我进行了色彩的试验，影片开始是单色调，色彩慢慢地进入影片。我和摄影师汤姆·埃凌以及剪辑师托马斯·吉斯拉松初步掌握了这项技术。我们之间的合作非常密切，因为我们希望在去拍摄现场之前，就把影片设计甚至"剪辑"好。我们制订了一份十分详尽的拍摄计划，连剪辑也包括在内，一切都写得清清楚楚。《犯罪元素》的拍摄工作也是这样。影片有60个镜头组，我们画了60张图。这是一种特别经济的拍摄方法，但是也可能发生意外。我们一组镜头一组镜头地拍，根本没做任何保险。您看到的影片，就是我们当时拍摄的片子，一点儿也不多，一点儿也不少。如果要进行这种冒险，万一出了问题，最后剪辑时就惨了。

这部电影并不是根据一个曾经存在的故事改编的，那么，您是怎么策划出来的呢？

有许多文学元素启发了我。我向剧作家尼尔斯·沃赛勒描绘了3幅画面，然后对他说：咱们根据这个编一个故事吧……一场戏在开头，一场戏在中间，另一场戏在结尾。第一幅画面，是后面有湖的港口，有一个十字架和第一个小女孩的尸体。第二幅画面,是第二个小女孩的尸体和一群动物的死尸。第三个场面,是一群脚上系着绳子潜水的年轻人。我们根据这些元素展开了故事。这3幅画面本身既相当吸引人,又在整个故事中无足轻重。我们就是这样开始工作的。

你们是不是在展开戏幕顺序的同时开始写剧本的?

我们先写了剧本,采了景,然后再改剧本,以便适应找到的外景。例如,我们找到了他们乘船的这个下水道。剧本里正好有他们在卧室里的一场戏。我觉得这是一个好方法:先杜撰,然后出去采景。我喜欢自然的外景,对制片厂不太感兴趣,不然的话,就要风格化极强地利用它,因为很难把制片厂的真实与优美的布景统一起来。

您说您喜欢外景拍摄,我感到很奇怪,因为您的影片风格是表现主义,这类影片都是在制片厂制作的。个中原因是否仍是经费问题?

一方面是这个原因,但是,我不认为您在制片厂里能够拍出同样的效果来。在风格化和人物之间,存在着一个碰撞。自然外景上的那种因年代久远而生成的色泽,制片厂里是无法模仿的,对我来说,这是问题的关键。

找到外景之后,您是否对它加以改造?

对于原貌,我很少改变。整部影片都是在哥本哈根拍的。另外,我们也没有钱去别的地方。如果想找理想的拍摄景地,这是易如反掌的事。

您的预算有多少?

1983年时的80万美元,也就是1984年的500万法郎左右。实在太少了。

为什么您把故事的开头选在埃及?是因为惊险电影经常在东方开头的吗?

这是个"俗套"。如果您想展示一个国家,那就要在影片中安排一个向导,他从欧洲之外一个十分遥远的国家回来,他和观众一起来看欧洲,这样才能取得十分直观的视觉效果。

您谈到了"俗套",可是,您整部影片都是对俗套在做工作。

我认为,这是一种工作方法。我不知道是否有权利这样做。但是,这是我的做法,就是利用已经拍成的大量电影资料,按照我的意图进行安排。

因为这些影片不再可能是无辜的……

我想,这从来都是不可能的。

问题是要善于利用参考资料,而不是简单地创造复制品。今天美国电影的问题,就在于它制作许多电影的仿制品。

我完全赞成您的观点,本人对再版影片毫无兴趣。

> 您对哪些文艺形式最感兴趣:连环画、造型艺术、电影……？

我的摄影师对连环画非常着迷。我的兴趣主要是古代绘画:希罗尼姆斯·布西。像他这样的人能够使人进入梦境。他努力表现天地创造前的混沌、灾难和梦魇之美。丹麦有人对此提出批评,也是出于这个原因。有些人说,这是一部"老鼠电影"。为什么？我认为恰恰相反。如果事物像在真实中存在那样,也同时存在于人们的精神中,那就应该把它们反映出来。

> 您喜欢奥逊·威尔斯的电影吗？

我这部电影的某些地方也是向奥逊·威尔斯致敬,因为每场戏都会有发展,我对这些展开部分下了很大工夫,目的就是要传达信息和推进故事。

全部黑白影片也是这样:德国老电影,弗里茨·朗。但我最崇拜的大师是卡尔·西奥多·德莱耶。我是他"培养"起来的。

> 一个丹麦人喜欢德莱耶,岂非咄咄怪事？

我知道,我曾经和很多人、很多记者谈过这个问题。他们问我是否热爱丹麦传统,我认为丹麦没有什么传统。德莱耶和丹麦的传统毫不相干,丹麦人都对他恨之入骨,我和《盖特尔德》摄制组每个成员都谈过话,他们对德莱耶嗤之以鼻,从来没把他当过一回事,还用相当难听的文字游戏嘲讽他。我简直气得要死,因为我认为《盖特尔德》是一部杰作。

> 您的拍摄方法与德莱耶大不相同,他思考缜密,字斟句酌,非常善于突出戏剧效果。

我明白您的意思,但奇怪的是,我觉得自己的想法与他对电影的论述十分接近。他关于色彩的理论十分奇特,尽管他拍的都是黑白片。

> 为什么您的影片呈乌黑色？

我们追求的目的,就是您今天看到的在彩色胶片上拍出的"黑色"影片。我认为,很少有人成功地用彩色胶片制作出了"黑色"电影。以前,我们做过一些色彩试验,找到了这种在高速公路上使用的硅酸盐光线。我们也可以制作一部单色影片,加上一些白色光线和类似蓝色的其他光源。我期望在这条路上继续走下去,但这样做实在过于昂贵。必须制作一些单晶硅灯泡,才能取得昏暗中的幽灵色彩。我们的电影器材里,没有能够匹配这种灯泡的设备。对于一些特殊的广角镜头,我们没有足够的彩色光源,而且需要大量的这种灯光设备。所以,我们有时候拍黑白片,然后再过渡成彩色片,我对这种方法不太满意,我更喜欢那些使用彩色灯光拍出来风格突出的镜头组。对于影片应该呈现的面貌,我们有着一个理想的目标,我们为达到这个目标做出了极大努力。

> 在记者招待会上,您就当代同行和戈达尔等上一代导演展开了论战……

几年前,我看了很多戈达尔的影片,我非常喜欢。但今天,在电影院已经难以见到他的片子了。然而,德莱耶等人的影片,您可以看了再看,反复地看,百看不厌。而其他影片却随着时间的推移,已经过时了。

> 那么,当今世界影坛上的导演呢?

我非常欣赏塔可夫斯基,而且开始发现,在他的作品中有我喜欢的,也有不喜欢的。我认为也应该这样对待我们的先人。我喜欢拍一些震撼力大的影片,有时候,我觉得他的片子过于阴柔。然而,《镜子》却是一部真正革命性的杰作。

我也喜欢维姆·文德斯的作品。我刚刚看了西贝尔博格的《帕西法尔》,虽然我不打算拍这样的电影,但我也很喜欢这部影片。我对美国的科波拉极为欣赏。

> 采用英语对白是这部黑色电影的另一特点吧?

我认为,做人应该忠诚,应该对前辈人忠诚。今天的很多影片实在不够忠诚,他们根本不承认有前辈,不愿意把自己和某种电影文化联系起来。我们应该记住前人取得的成就,汲取前人有益的经验。丹麦人过于实用主义,甚至想把欧洲的特点全部丢掉。诚然,丹麦的观众人数确实有限,靠这点儿票房收入难以收回这部影片的投资成本。我们必须走出去,走出这个过于狭小的市场,并且要有一个国际视角,否则是没有出路的。

> 您怎么选演员:出演菲舍的米歇尔·埃勒菲克、出演奥斯伯尔尼的埃斯蒙德·科奈特,以及饰演克拉默的杰罗尔德·威尔斯,都是怎么找来的?

我们看了很多照片,我喜欢人物与用旧了的布景有近似之处。在我选中的演员背后,人们会感到有着丰富的电影文化,有一个完整的故事。埃斯蒙德·科奈特拍过的电影太多了,从希区柯克到雷诺阿(《大河》),我们知道,他失明了。他能出演这部影片,实在难能可贵,他的那张脸确实无与伦比。

米歇尔·埃勒菲克,我在电视上看见过他。他演过很多舞台剧,经常是喜剧。他是一位成功的演员,身价很高,在片酬问题上,我们深感为难。但是,我们拍片的档期对他非常合适,因而他以极低的价钱接受了我们的请求。

这样的演员给片中人物带来了巨大分量,与一张没有任何背景的新面孔相比,完全不可同日而语。

> 您和演员是怎么合作的?

我们没有进行过排练。整部影片都是后期配音。拍摄的时候,我们播放音乐,瓦格纳的乐曲始终陪伴着我们。起初,他们很不习惯,渐渐地,大家都十分高兴。"背景"音乐对整个摄制组都很适合。某种音乐、某种彩色氛围,推进某种类型的工作。

拍摄影片时,现场录音可以让我给演员下指令。有的时候,我根本不做镜头演练。"喂,这是你们的对白,你们从这儿到那儿,好啦,开始吧!"您和特别专业的演员一起工作,就能够这样做。他们喜欢拍摄时不被执导的这种"挑战"。

您在空间上有很多即兴创作吗?

一点儿也没有,每个动作都事先在故事提板上画好了。我喜欢计划周密地工作。方便的是,现场录音和后期合成分两步走。假如事先把一切都准备充分,在拍摄现场,就能够达到我们所追求的色彩与其他元素的最佳控制。后期合成时,您可以调控声音,能够得到与拍摄画面和后期合成的声音大不相同的表演效果。您可以借助另一个来平衡这一个。如果拍摄时,一个演员演"过"了,您可以把他的表演效果放到后期合成中去,反过来也行。

可是,对于埃斯蒙德·科奈特,这就成问题了吧?

那可成了大问题,我们始终没能达到预想的目的。后期合成时,有人给他数着数:1,2,3,4,5,开始! 拍摄时,也遇到了一些问题。我们在地上放了标志物,或者有人搀扶着他,这就是他很少有全身镜头的原因。

您是否认为,由于电视占统治地位,人们每时每刻都在看现实主义画面,造成了电影的创造性多于现实性?

是的。所以,不应该太注重故事本身。我看到越来越多的电影,一味地在那里讲故事。我想,这样下去,到最后就只剩下叙事了。

变成了情节重于叙事。

是的,是情节。

您影片的叙事是怎样的? 我指的不是情节。

我上电影学院的时候,有一位教戏剧艺术的老师,它有一套关于幽默片电影形式十分有趣的理论。他把盎格鲁—萨克逊"戏剧性"影片和和史诗电影区分开。我们这部片子的形式正介于两者之间,它的特点是:影片的主要人物永远有时间停下脚步来观察周围事物——像卓别林那样——而且被周围的一切吸引住。观众通过他的眼睛会感同身受。我不知道这是不是您所说的叙事,但我认为,这是一部"幽默"片。

在您拍摄的短片里,是否也热衷于这种十分视觉化的写作方式,它是现代影片的一个显著特征。

我愿意把这部片子看做是一家超级市场,您在货架上选取您所需要的东西,但除此之外还有大量别的物品。您也可以去选其他商品。拍电影也可以有各种各样的方式,但是那种看起来像电视片之类的东西,我毫无兴趣。

您写剧本的时候,是否全部人物都存在于您的脑海中,还是后来您又加上去几个人?

这可能是这部影片最薄弱的部分。当我到处找演员的时候,剧本中人物心理已经被淡忘了,这确实是一个不足。我认为,菲舍与奥斯伯尔尼的第二次相逢,应该是这部影片里最精彩的一场戏,因为,画面和演员的表演融合得恰到好处,制造出了一种张力。四个主要人物都写进了剧本的第一版。

那几个跳绳的年轻人也是这样吗?

是的,因为这是成就剧本的三幅画面之一。我很喜欢拍摄这组镜头。虽然片中只有两分钟,我们却拍了整整10天,全部影片的拍摄时间也只用了10个星期。在这组镜头里,有很多移动摄影、推拉镜头、镜头运动,在瓢泼大雨中,有很多动作都是难以完成的。

您下次的拍摄计划是什么?

我将要和本片的同一个编剧、同一个摄制组,拍摄一部关于第二次世界大战的影片,可以说是一部自由改编的"神曲"。我们处于一个具有大量素材可供发掘的时代。这个主题过于严肃,以至很少有人敢去接触。我觉得,我们这一代人有了开拓这一主题的自由,能够制作出一部关于二战名副其实的影片,因此,我非常想尝试一下。我认为,至今还没有一部真正反映集中营的故事片,所以,这部影片的部分情节将在集中营中展开。在《索菲的选择》里,对于集中营的展现纯属胡闹,因为他们根本就没想动人心弦地再现一座集中营。

再现这个题材可能吗?阿伦·雷奈在《夜与雾》中,就尽力避开了这个问题。

《夜与雾》是一部非常好的电影。也许这是不可能的,但我们应该试一试,大概不能有"这不应该讲出来"的限制吧!

您可能会制造出一种蛊惑。难道您没想到这类如此强烈的画面,会背叛您制作这种影片的初衷吗?

背叛,那就是把这些事情留在黑暗里,让人们渐渐遗忘,这是对不幸和痛苦的侮辱。几千年来,艺术从来就是展现痛苦的。今天,在我们这个西方世界里,也许因为文明程度太高,不愿意再展现痛苦了,我们希望用遗忘的方式来逃离这些事实。几年以前,我产生了这样的想法:如果不利用这些重要素材,那就是对自己的侮辱。我去了达豪集中营,实在太惊心动魄了!我的父母是犹太人,他们逃到瑞典去了。两个人都是公务员。我没有经历过这些事,但我在内心深处能够感觉到。人们不应该有这些限制。即使我拍一部关于感觉这些痛苦的影片,也是能够深入挖掘的。这部影片就存在我的脑海里。你想利用这些脑海里存在的东西去工作,但人们却告诉你:最好不要看见这些东西,快点儿把它们忘掉吧!这些事不能在电影里反映出来,说这样的话太危险了!

电 影 小 星 球 | 英 国

Perter Greenaway
皮特·格林纳维
（1942— ）

1982年，在威尼斯电影节上，看到《英国庭园谋杀案》委实大出我之所料。是年，皮特·格林纳维的作品已经相当丰富，但在英国之外，始终不被外人所知。15年间，作为画家和剪辑师，他制作了大量影片，这位艺术家的前期生涯以《福尔家族》（1980）画上了完满的句号，在这部长达3小时的精彩影片中，出现了92个姓氏为福尔的人物。我是在此之后才看到这部万花筒式的奇妙影片，如同乔治·佩来克的影片那样，人们在片中会看到神秘化的色彩、数字、游戏、假文件以及为他后来影片提供营养的系列节目。

《英国庭园谋杀案》讲述一个17世纪末在英国发生的故事：一位画家接到一个女人12幅素描的订单，她的丈夫富可敌国，正在外出旅行。格林纳维运用文学和造型艺术，以高雅细腻的惊险片样式，庆祝了电影的婚礼。此后20年中，他不停顿地进行实验，在《魔法师的宝典》、《枕边禁书》中，越来越多地使用数字画面，尤其是他那长达6小时的多媒体宏篇巨著的三部曲：《牟博的故事》，其中第一部《塔斯路博得手提箱》参加了2003年戛纳电影节。

皮特·格林纳维在影评界和同行里，有不少不共戴天的劲敌。但在他眼中，这些人根本就不存在。在他看来，除了戈达尔、雷奈、安东尼奥尼和另外几位罕见的大师，今天的电影都不过是继承19世纪过时电影形式的一些变种。他骄傲地经营着自己的孤独，公然承认："我经常想，假设能够为别人，而不是为自己拍一部电影，实在是太狂傲了"。格林纳维是英国怪诞类导演一族：从贝克福德、爱德华·里尔、勒维斯·卡洛尔、约翰·马丁，一直到乔伊斯，都属于英国电影界奇人。

我不会忘记在威尼斯"丽都四喷泉宾馆"与格林纳维的第一次会面：他像一本书一样，向我介绍他影片的使用方法。后来，我们就他的下列影片进行过多次交谈：《动物园》、《设计师的腹部》、《淹没的数字》、《厨师、小偷、他的妻子和情人》和《胎儿美肯》，他的诠释既精彩又不容置疑。

围绕着《英国庭园谋杀案》

(1982年,威尼斯)

您过去当过画家吗?

我学过画壁画,曾为大面积的藻井和墙壁进行过装饰,主题人物是铁波罗和维罗乃兹。我喜欢巴洛克风格的大型构图。《英国庭园谋杀案》里也谈到了巴洛克风格的绘画。同时,我对电影也非常感兴趣,在这两种平行的激情之间,我找不到一条中间道路。这时候,英国皇家艺术学院创办了一所电影学校,我很想进这所学校,但是,十来个位置竟然有几百名候选人,我没有考上。我只好把全部精力放到了绘画上,我的大型构图变得越来越小,最后小到邮票那么大!线条又引起了我的强烈兴趣:书籍插图、宗教画像,微型绘画。1963年前后,我举办了很多画展,但那时候,我萌生了表现自己性格另一个侧面的愿望,这就是对叙述故事的兴趣。所以,我四处找工作,也是为了挣些钱,并且开始拍自己的电影。

您的造型艺术作品是具象的吗?

我的灵感来自绘图学、几何学、曲线图和方程式,在那个时候,我深受一些人,如书画艺术家吉塔日·珀罗兹和大众画师皮特·布拉克的影响。所以我的画不完全是具象的,但我也不能称之为抽象画。很多画都伴有文字。我最初拍的几部片子里,有的只是以静态的方法把我的画册一页一页地记录下来,一边是图画,另一边是文字。

您为什么类型的书做过插图?

都是我自己的书。这是一些迷宫式的,穴居式的,有点儿像梅尔文·皮克的《地狱中的泰特斯》或者《高赫曼哈斯特》。那时候,我也和大家一样,发现了高尔日,以及后来的卡尔维诺。我总共写了18本书,但只出版了其中的3本。这也是我去当电影导演的原因之一,因为我不会出版自己写的书。我为书做的画面,后来都陆续出现在我的影片里。《福尔家族》就收进了几百幅因未能出版而夭折的插图。我进入电影界的另外一个原因,是我不能为自己的绘画作品组织足够多的展览会,而电影变成了展示本人作品的途径。可是,在英国搞电影太困难了,如果事情进展得不如人意,我还会去做画册。

您也当过剪辑师吧?

我必须挣钱吃饭,所以我决定进一家剪辑室工作。这并非出自本人意愿,而是一系列偶然机会造成的结果。我进了中央新闻局,这是政府宣传机构。我剪辑了数不清的纪录片。我的这个经历与约翰·格里松和汉弗瑞·詹宁在战争期间为皇家电影联合会效力差不多。或者说,更像和平时期英国电影伟大时代黯然失色的一个版本。我在那里工作了8年,对我来说,这是一个极好的锻炼机会,因为纪录片种类繁多,没有一个专门的剪辑方法,可以说,我在那里进修了自己的专业。

因此,在您搞绘画和剪辑的过程中,既取得了造型艺术的经验,又经过了节奏的训练。

对我来说,做电影最重要的,是最初的构思和最后剪辑台上的漫长工作。这也是我最喜欢做的事。中间部分,也就是拍摄,并不那么使我感兴趣。

《英国庭园谋杀案》是您和演员第一次一起合作的影片吧?

这是我和那么多演员一起合作的第一部电影。以前我拍过纪录片和一些短片,但仅有几个演员。这一次,在开拍之前,我真的有些担心,不知道怎么和那么多人一起工作。到挑选演员的时候,我们就心里踏实了。他们是戏剧演员,舞台经验十分丰富,能够在特别长的镜头里说大段对白。对这部电影来说,这是不可或缺的。我们把摄制组和演员带到离伦敦50多公里的拍摄场地,让他们在这个封闭的地方互相认识。起初,对于我们的意图,出现了一些误会,但三四天之后,一切就都进入了正轨,拍摄进行得十分顺利。

您的一些短片,片名叫《火车》、《树》、《窗户》、《水》……您能简单介绍一下吗?

我对"土地艺术"一直很感兴趣,60年代末和70年代初,这种概念非常受欢迎。我有很多实践:我经常到农村去画花草树木。我的一些影片就运用结构主义概念来表现风景。其中一部片子叫《再版垂直面》,用121个画面组成了一个系列,这些画面反映了重新整治过的风景点的不同面貌。这部片子在视觉效果和结构方法方面,肯定和《英国庭园谋杀案》有很多联系。在一天的不同时刻反复拍摄同一个景物,以便观察光线怎么改变景物的形状、线条和阴影,在这些不同时刻,景物的含义也随之发生变化。我觉得,这些探索的背景与其说是结构主义的,不如说是对称的。它们应该和菲勒·格拉斯、斯泰弗·瑞弛、约翰·凯吉、罗伯特·阿诗雷的音乐理论有密切关系,我特别崇拜上述几位音乐家。直到今天,总算如愿以偿了,我为香奈尔四号香水给这些音乐家画了肖像。

1978年,在拍摄《福尔家族》之前,您曾经和英国电影学院合作,拍了《穿越H的漫步》。

以地图为参照,我画了一些素描。我对地图学始终饶有兴趣。我认为,地图就是为了把混乱条理化所进行的造型艺术。它们把过去、现在和将来这三个时间全部调动了起来。您可以看到过去您在哪里,现在您在什么地方,将来您又会到哪里去。

这是一件令我着迷的东西,我给一个叫 H 的国家,绘制了大约 300 张想象出来的地图。H 可以表示"天"(天堂),也可以表示"地心"(地狱)……也可以是海姆史密斯!总的创意是设计出这些地图,用以展现一位鸟类学家进行转世的领土,我对鸟类学也兴趣十足。杜撰出来的这块领土和代表它的地图,都是出自我们的集体创造,像伯尔吉书中的故事那样,这部影片讲述了在安第斯山一个荒无人烟的地区,有人发现了一张围在大树上的巨幅世界地图。片中有大量关于各种鸟类的信息,那都是我小时候学到的知识,我的父亲是一位鸟类学家。

1980 年,您拍摄了《福尔家族》。

这部电影,是依据世界史应该是每个地球人的历史之观念,编纂一套浩瀚的电影百科全书的尝试。当然,这是一个无法完成的使命。我们选择了 92 个姓氏以福尔开头的人物(安蒂奥尔·福尔瓦斯特、奥查尔德·福尔阿,等等,所以片名叫《福尔家族》),这些人的一生有两个共同特点,一个是惧怕偷窃,另一个是热爱鸟类。影片有点像希区柯克在《鸟》那部电影里最后一个镜头留下悬念的续集。研究鸟类是一项非常英国化的工作。每个人物都有一种想象出来的语言:喀皮思塘语、拉尔啼泪鹅思 B 语,等等。对我来说,这是一个搞文字游戏的机会,同时,也能够实现我长久以来想要把一些想法拍成电影的愿望,很像是自己前一阶段一系列作品的总结。您或许还记得,70 年代初,美国出版了一本名叫《全球名录》的黑色封面的大书,收集了全世界的要人资讯,当时每个嬉皮士人手一册。真可谓包罗万象,应有尽有,20 世纪全部文化尽收眼底。可以说,《福尔家族》的出发点也如出一辙。

您接下去拍的两部电影《赞德拉·罗德》和《天灾》,也属于同一个系列吗?

《赞德拉·罗德》仅仅是我对一位时装设计师的评述,是本人拍的第一部传记片。《天灾》是一部更加有趣的片子,我想把一些不可能分类的东西进行分类。这是一些遭受雷击的人,我到全国各地去找遭受雷击的幸存者,找到了三十几个人,我想,墨西哥和印度的人数一定会更多。这些人跟我讲了关于他们的烧伤和皮肉中留下疤痕的可怕经过。一个 14 岁小姑娘正在草原上骑马,突然在闪电中,看见她的小马在草地上化作一摊肉泥。我想把这种"天灾"和各式各样的神话传说联系到一起进行研究。建立起一个情景分类统计表,以便进行比较。那是一个访谈系列。有人谴责我违背他人心愿地利用目击者,说我玩戴安娜·阿波斯的游戏。我的初衷并非如此。重要的是,这些被拍摄的人,都有一个能够揭示原因的背景。我找到了同时被雷击的那 10 名法国足球运动员,第十一名被雷劈死了,那人名叫皮特·格林纳维。

拍摄这两部片子,您面对的都是非职业演员,他们为您拍摄《英国庭园谋杀案》做了准备,在这部影片里,您第一次使用职业演员。

过去我也曾用一些非职业演员拍过"真实电影"类型的纪录片,但是从来没有执导过专业演员。《英国庭园谋杀案》的全部准备工作,是在 1976 年夏天开始的。每个人都记得当时的英国：我们有整整4个月风和日丽的好天气。我在格罗斯特郡的不同光线下，为一座维多利亚式的普通房子正面画了一系列素描。每天6点起床，画上两个小时，10点钟再回来画的时候，影子已经稍稍移动了一些。刚读完了阿兰·罗伯·格里叶的《忌妒》，他对墙上阴影的描写十分细腻，对我很有启发。当然，羊群经过，想去吃饭和孩子们来看我，都会中断我作画，我觉得这些时刻和我的拍摄计划同样有意思，电影剧本就是从这两种想法里产生的。

全部内容都来自想象。难道说，您从来没有受到过一件历史记实文章，或者一部杜撰作品的启发吗？

问题是要使剧本能够有根有据，能够自圆其说。如果说，在20世纪，还有人请一位画家去画一套他家房子的素描，这就有点儿让人难以相信了！今天大家都会找一位像大卫·赫明那样的摄影师去拍照。因此，我必须找一个发明照像术之前的时代的人。我首先就想到了一位杰出的人物——另外，我正在为BBC二台做一个关于他的节目——威廉·贝克福尔德，第一部精彩的哥特式小说《英雄》之作者。我住在一个名叫瓦尔都的小村子里，离我家村子不远就是封希修道院的废墟。威廉·贝克福尔德就住在那里，从前我经常到那里去散步，我为孩子们写过关于贝克福尔德的故事。其中有一个故事，讲奈尔松老爷和他情妇汉密尔顿夫人，他们到贝克福尔德家住了5天，贝克福尔德为他们在家里举行了一个盛大的招待宴会。我的最初想法是，贝克福尔德请人画了这12幅素描，献给了安娜·汉密尔顿。在奈尔松出发打特拉法尔夏战役之前，这位美丽的夫人把这些画送给了奈尔松将军。可是，因为修道院不复存在，我没有了直接的核心影像，计划只能告吹。我把时间又往前推，来到了乔治三世时期，他就是那位修建凯尤花园，也就是伦敦植物园的古怪君主。我们创造出一个名叫威廉·斯托里奇的画家，君主为妻子请这位画家画了素描，她的住所就是"皇后府邸"，一幢座落在凯尤花园里的荷兰式洋房。问题是这幢房子全年都向公众开放，我们无法使用。最后我们只能选择一个更古老的年代：1694年，这是勒·波寅战役之后的第四年，天主教的斯图亚特王室丢掉了王位，被基督教的荷兰人取而代之，这些荷兰商人揭开了英国现代史的序幕。对我的故事来说，这是一个非常合适的年代：因为这时候，妇女享受着比以后年代更大的自由，相当于复辟时期的戏剧时代和对话艺术时代。

一位前卫派导演拍摄这类题材的叙事片实属罕见，您最初的意图是什么？

我觉得，《福尔家族》从其百科全书的特点来说，似乎已经是我过去全部研究工作的终点。我当然可以这样继续下去，但是，对这类影片兴趣十足的观众数量毕竟有限。如果我想要掌握更多的资源，创造更大的效益，就必须扩大自己的观众群。这可能是自己的内心打算，然而，碰巧却起了巨大作用。我对这部影片的拍摄计划颇感兴趣，所以和英国电影学院的皮特·圣斯巴瑞进行了接触，他让我先写一个剧本，结果，他对这个剧本十分满意，甚至在我对这件事完全弄清楚之前，电影就开拍了。今天,我非常高兴有了更大的观众群。

您那些具有几何代数因素的实验电影,为拍摄《英国庭园谋杀案》做了良好的准备工作。

我觉得,对于这两类性质不同的电影,本人的意图和真诚并没有很大差别。在《英国庭园谋杀案》里,人们会重新找到我对对称、淡入和淡出到黑色、开头和结尾的特写镜头、摄影机远距离拍摄中心画面的浓厚兴趣。以及通过完成每幅素描来实现严格结构的节奏。

这位画家的尝试有点像您艺术生涯的暗喻。作为实验电影导演,最初,他不希望生活进入他的创作,人们慢慢地占据了他的视野,这有点像您影片人物逐步融化在形式上的表演之中。

我没有想到这一点,但您的理解完全合乎情理。在一定程度上,我是没有这种情色经验的画家。影片中的素描显然是出自我手。一位艺术史专家会看到画中的败笔。最初,我曾请一位建筑师来为影片画这些画,但他画的实在令我失望,因为他的画缺少我认为必须有的活力。因此,我只能自己动手,可惜花去了很多时间。

在人物的语言方面,您受了复辟时期的戏剧启发吗?

也许您会觉得我说的话有点狂。除了当年上学时记住的东西,查了几个年代之外,我没有做任何深入的研究。我一向认为,那样做会限制和束缚人的想象力,会给人套上一件紧身衣。我先把剧本和对白写好,然后才去核对一下是否符合我的意图。我根本就没想过要去模仿舍瑞丹或者法库哈尔的风格!尽管如此,还是有人说影片对白是他们的风格,要知道,我不是一个泥古不化的人!

您是不是脑子里始终有一个多题材的网络:艺术、性、社会和惊险小说?或者,您是从一个特别的关注出发的?

起初,只有一位画家站在引人入胜的英国景色中间作画,然后我想,他和这里的业主能够有一种什么样的关系,才能证实他的合同呢?我开始把清晨6点钟在灌木丛后面一场对话的片段写了下来。很快就写了很多页纸,我必须把它们联系在一起,这样,一场一场的戏就出来了。要从A场戏过渡到C场戏,就得编出一个B场戏,逐渐地整个剧本就组合起来了,这就像在剪辑台上,把各个片段拼在一起一样。最初,写出来的大部分对话都不知道是哪个人物说的,然后必须创造出适合说这些话的人物来。因此,那位突然闯进来的荷兰人,泰尔曼先生,我很晚才把他想象出来。这一点从片中可以看出来,因为他太脸谱化了,本想把他塑造得稍许复杂一些。

您对惊险情节感兴趣吗?

我仅仅对这些情节的思想层面感兴趣,就像伯尔吉小说里描述的那样。事实上,只是在写到泰尔曼先生和画家讨论真实的问题时,我才意识到,惊险片样式非常适合我这部影片。有的时候,我会感觉有些失望,因为从那以后,人们多少会猜出来影片将要如何往下展开。

样式是根据规范和公约运行的,假如主题不受太多的参照限制,在某种程度上,它们会与您在形式方面的考虑更加吻合。

它很像是一部三幕戏:前6张素描,后6张素描和最后的结尾。这非常符合伊丽莎白剧式传统:毫无传统性特点的主人公在结尾时必须死去,他应该被看做是一个受害者。

没有一个人物是真正可爱的。

您知道,内维尔先生没有任何罪行,他造了不少孽,所以,他遭受惩罚的原因本属伦理道德范畴,而不是罪行。有些人希望他不要被杀死,而去签另外一份合同,但我觉得,他的死是完全应该的。可以比较一下肯尼迪的暗杀,以及此后奥斯瓦尔德又被别人杀死,等等。

您这部影片脱离了英国电影的现实主义传统,影评家和历史学家们普遍认为,这个传统的导演普遍高于希区柯克、米加埃尔·鲍威尔、布尔曼等人。因为,这些导演认为想象力才是最为重要的。

人们对电视持有同样的态度。一部像《凯思》(肯·罗什执导)那样的影片竟然被奉为楷模。我对这种倾向很不以为然。如果想把英国电影束缚成这个样子,实在太可悲了。

同时,在您的影片里,想象和文化思辨都有着具体和真实的基础。

好的科幻片也是如此。在历史片和科幻片之间,存在着某种联系。要使影片可信,必须遵守严格的规矩。我始终坚持依靠一个标准的历史框架,但在这个框架内部,我可以自由驰骋。

这是一部文学性很强的电影,在这个时代,银幕上已经听不到考究的语言了,它也是一部非常情色的电影,但暴露镜头却很少出现。

这完全出自本意,因为被遮掩起来的性要比器官的细节,更会使人神魂颠倒。这部电影就是这样设计和拍摄的,剪辑时没有删掉任何所谓"大胆"镜头。只有泰尔曼夫人手淫那场戏,是在拍摄时加进去的,这是为了告诉人们:她的丈夫阳痿,为后面的戏进行铺垫。

您和演员进行排演吗?

我们在老维多利亚剧院只搞了4天排练。但是,演员们的热情很高,他们在休息时间自己演练。每个镜头拍摄之前,我们都花一个小时进行排演。由于各场戏都很长,对白难度大,声带上有不少杂音,所以必须进行后期录音,而且不得不进行多次拍摄。拍摄时间虽然只有7个星期,但我在剪辑室里待了6个月。我想要一些像印刷画那样的定格镜头。第一次剪辑,影片共有大约200个镜头,我对其中一些镜头进行了切割,所以最后变成了300个镜头。演员们抱怨特写镜头太少了!

您的演员都有舞台经验吧?

是的。例如,饰演海贝尔夫人的佳奈·苏丝曼,是演莎士比亚戏剧的大明星。在费里尼新推出的影片《船儿,远航吧!》中,她出演一个重要角色。

您这部电影和《柏瑞·林顿》在构思上很不相同,但是,库布里克那部影片的摄影似乎对您很有影响。

我很欣赏《柏瑞·林顿》这本书。虽然我不赞成这部影片对主要演员的选择,但库布里克对故事的理解和处理:冷、中性、无动于衷,以及造型艺术的华美特征,我非常喜欢。我和我的摄影师讨论过本片的摄影问题,比如,我们不愿意蜡烛的火焰像《柏瑞·林顿》那样,因为我们注意到在这座雅各布教派的住所里,没有过堂风。另外,还应该补充一点:自从库布里克影片问世到现在,照相胶片灵敏度比过去快多了,镜头也更加先进,可以在很弱的自然光下工作。

在这部影片里,您的摄影机运动很少。

可以说,这是对某些影片中那种泛滥成灾像跳舞一样的移动摄影的反击,也来自我对风景画恬静美感的欣赏。此外,如果摄影机处于静态,观众能够更清晰地听到对白。每个字都应该让观众听得清清楚楚,现在是恢复电影中语言应有地位的时候了!

您是如何设计服装的?

关于服装,我有非常明确的想法。我想让服饰显得十分夸张:假发比拉吉利埃尔画的路易十四肖像中的假发还要大。海尔贝先生死前,每个人都身穿白色服装,这完全符合人们心目中的英国形象:比如,玩板球的人跑动在大自然的绿色背景之中。谋杀案发生之后,每个人都身穿黑色衣服。最初,我想在中间几场戏里,每人都应该穿红色,但造价过于昂贵了。

您过去和这位摄影师合作过吗?

没有。库尔迪斯·克拉克是得克萨斯人,在伦敦生活,以拍广告片为职业。这是他拍摄的第一部故事片。我们以前见过面,一起讨论过超16毫米胶片的可能性,愿意以后一起进行实验。我对此很感兴趣,因为这样可以节约影片成本。他有一架巴林那吉内塔尔摄影机,这种机器全国只有两架,而且至今还没使用过,这架摄影机可以在微弱光线下得到极好的景深。我们两个人都对新技术怀有浓厚兴趣,在一起长时间地谈心,并且一起去参观卡拉瓦乔、德·拉·杜尔和拉斐尔德最后一期的画展,这些画都和夜幕派风格有着千丝万缕的关系。我们也一起研究了布叁和克罗德·洛林作品的比例,他们观察的是 1×1.66。我们特别关注巴洛克绘画的问题,以及使用虚拟的光学方法,也就是都海尔和卡那莱托使用过的奥斯库拉护眼罩。我们发明了自己的护眼罩,大家从头至尾都可以发现,我们使用的视窗、水平线、垂直线,从来不用对角线。画家透过护眼罩看到的景物和摄影机的观察孔的效果非常接近。

园丁这个人物诡计多端。在这个正式和严格的游戏里,他扮演着一个异想天开的角色。

前面还有一段故事。我不知道您是否看过一位英国著名女旅行家赛丽亚·斐哀娜的日记。她像佛伊和埃弗琳那样,骑着马四处游历,写了一些她参观过的花园的评论。花园主人常有一些使来客惊奇的雕塑,您一走近这些雕像,就会被喷上一身水。我们出的另一个主意,是让这些有很多钱但没文化的英国阔佬,他们有点像今天的美国人,到意大利去旅游,从那里带回来一些罗马雕塑放在他们的花园里。海尔贝先生因为没有多少个人财产,就让他的一个园丁装扮做一尊塑像,站在远处,以便来宾能够看到他。这个仆人就按主人吩咐,上演了这出戏。

影片也评论了阶级差别。艺术家对自己所处的社会下层地位进行了报复。

当他谈到苏格兰君主制度的时候,声明自己也是天主教徒。他的父亲管理着一个苹果园,这说明他低下的社会背景。这是一个渴望爬进显赫阶层的人物,他的衣着比上司还考究,因为他要模仿他们。就像那个德国人说自己是英国人那样,艺术家说自己是贵族。当然,他会经常搞错,影片开头,别人都穿白色,他却穿黑色,但后来,贵族都穿黑色丧服,他又出错,穿了一身白色衣服。尽管他讲的英文相当高雅,也受到赞扬,因为他经常出没于这个高贵圈子,他的行为举止不当,也属无辜,因为他不知道究竟发生了什么事。假如他更聪明一点,就会意识到自己受了别人操纵。

影片故事发生在1694年,然而您的影片却反映了18世纪的精神思想。

事实上,18世纪是从纪尧姆和玛丽登上王位开始的。这是辉格寡头政治时代的开始,经过沃波尔时期,这个集团的执政一直维持到1740年。我们也可以说,18世纪不是在1800年,而是在1789年结束的。我的想法是要使影片反映更早时期的残暴和黑暗,相当于雅各布戏剧中《玛尔菲公爵夫人》的那个时代。我不担心时代错位问题,因为艺术史学家可能会谴责我,对库斯特布尔时代之后才出现的社会状态兴趣十足,18世纪末和19世纪初的英国湖畔诗人讴歌了那个黄金时代。在花园里完成的那幅寓意画名叫《向视觉致敬》,是一位德国画家1740年的作品:这里仍然存在着时间错位问题。

情感和理智混淆在一起,是 18 世纪的典型问题。人想把一切都控制好,但他是内心躁动的受害者。

我前面拍的几部影片,谈的正是这个问题:使混乱有序化。对这一问题的关注,18 世纪的英国肯定最为突出。10 年来,我和我的影片作曲米加埃尔·尼曼一起,热切希望能把一项拍摄计划付诸实施。故事发生在 1610 年,信奉天主教的斯图亚特王朝初年,雅克一世继承了伊丽莎白王位。这是一部关于面具的电影,名叫《詹森和詹恩》,讲戏剧家本·詹森和建筑师伊尼科·詹恩友情关系的故事。这两个人合作了 30 年,也争吵了 30 年,有点像我和尼曼,但这个比喻绝对没有妄自尊大的意思。他们争吵的焦点总是围绕一个问题:在表演和诗意之间,哪个最为重要?以至于本·詹森打算把这些用于剧场演出的面具公布于众。我们打算制作一部非常完美的影片,就像 18 世纪的《第 42 条街》那样,显而易见,成本将会非常高。我想,自己下几部电影会有更多的激情。

我还有另外一个计划,是三个女人谋杀亲夫的故事,时间可能发生在 20 世纪,艺术造型受了伯那尔和伍拉尔启发。片名叫《淹没的数字》。我喜欢大家觉得我有拍电影的乐趣,这是一种实实在在的乐趣、功能性的乐趣,希望大家看《英国庭园谋杀案》的时候,能体会到这一点。

影片中还有很多幽默。

是的,我特别喜欢司泰恩在《特里思特朗·珊蒂》里面的妙语连珠。在电影方面,戈达尔最初几部影片、特吕弗的《朱尔和吉姆》,以及《去年在马里昂巴德》,对我影响很大。人们从这些影片里,会感到拍电影的乐趣。我的实验电影里,也有幽默。那些支持这类电影的小组对此颇感不适,对我提出了谴责。我总是有点不合群,因为我觉得嘲讽是个重要因素。您知道,我年轻时并不真正喜欢电影,也会跟大家一样去看商业电影,仅此而已。一天,我本来要去看板球比赛,但不巧天降大雨,一个朋友拉我去看了伯格曼的《第七封印》。当时我 16 岁,被这部片子深深感动,回去反复看了六七遍。从此之后,我逐渐认识了电影的可能性。后来,我到英国电影学院找到一件报酬不高的工作,在那里看了大量影片。我到巴黎旅行时,又知道了新浪潮电影和安东尼奥尼。后来,我慢慢地不再去电影院当观众,从 1970 年起,就很少看电影了,而文学和绘画更加使自己着迷。

您刚才谈到了米加埃尔·尼曼,您和他在电影音乐方面是怎么合作的?

我们一起合作了 10 部电影,对于音乐和画面之间的关系,我们下了很大功夫,虽然在这方面没有总结出什么理论,但我对这个问题始终十分重视。我们合作的最理想影片,无疑是《重置垂直面》,在这部影片里,我们两个人的视觉和音乐观念完全一致。对于《英国庭园谋杀案》,我们希望影片音乐既能使人回想起那个时代,又能使影片结构紧凑顺畅。最初准备以布尔赛勒的音乐为基础,写出对应于 12 幅绘画的

12 段乐曲。米加埃尔·尼曼是一位音乐理论家,十年前曾写过一本关于美国现代音乐的书,如菲勒·格拉斯、斯泰乌·瑞弛这些人,把浪漫音乐和一些人们关心的题材结合在一起,布尔赛勒的音乐很有代表性。尼曼对那个时代很熟悉,我们希望他的乐曲不是一个模仿作品,而能反映出那个时代的精神。

您一直在画画吗?

是的。我正在筹备一个画展,名为《图勒萨鲁派的手提箱》。我创造了这个人物,他有点像巴克明斯特·富勒或者马歇尔·麦克勒翰。这个人无所不知,无所不晓。1939 年,他装满一只手提箱,然后就失踪了。人们 5 分钟之后就在伦敦找到了这只手提箱,然后在纽约和洛杉矶也用很少时间就找到了它。见了这只手提箱,人人都拍手称奇,因为它的尺寸和我们放到飞向太空的宇宙飞船里的箱子完全一样,可能在外星人面前,它是我们文明的代表。很像是奇奥普斯金字塔(胡夫金字塔)中心的密室。这只手提箱里装有 4001 件物品。人们仔细把它打开,里面的尘土层就像考古发掘的洞穴一样,这些物品属于历史的不同年代。人们对这些器物一一进行研究,试图找到各自的含义,并用画面来解释它们的私人用途。专家之间看法不一,互相争执。它也许可以拍成一部电影,但无论如何,这是一个画展,我要创作出手提箱中的器物,把 4001 件物品列成清单,放在河畔制片厂。

Karel Reisz
卡雷尔·雷兹

(1926—2002)

我是首先通过卡雷尔·雷兹的文章认识他的。直到50年代中期,他一直担任《视听艺术》杂志的常务编辑,此前他曾与以林赛·安德森为首的一批大学生影迷合作,在牛津出版的《镜头组》杂志,发表评介奥菲尔斯、贝克尔、福特和威廉·怀勒的文章。这是一个左翼群体,推崇好莱坞推出的社会电影和黑色影片。在新浪潮诞生前不久,他们成为导演(托尼·理查德森是他们的第三个同伙),并且发表了一个他们从事的自由电影宣言。雷兹还有一本剪辑方面的杰作,名为《电影剪辑技巧》(1952),是包括阿兰·雷奈在内的电影人手边必读书。

今天,人们还难以估量雷兹第一部故事片《星期六晚上和星期天早晨》(1960)的影响,这是一部名副其实的英国式现实主义作品,以非常遒劲的风格推出了阿贝尔·芬尼,使人回忆起年轻时的白兰度。我对卡雷尔·雷兹兼收并蓄的广泛兴趣非常赞赏,在各种样式的影片中,他都表现出了过人的才能(从政治讽刺片《摩根》、传记片《伊莎朵拉》和《甜蜜的美梦》、战争片《地狱战神》到赌棍的素描《赌徒鲍伯》),对人性道德心灵的严格要求伴随着同情与宽容。我到他在伦敦东区莎尔柯花园家中采访时,见到了他的妻子贝姬·布莱尔,她是一位出色的演员。雷兹谦和幽默,言语高雅准确,对自己的影片分析十分严谨。他的影片反映出他对事物观察的犀利和深刻,对情感表达的分寸感准确适度,但这并不妨碍影片情节的感人力度。雷兹原籍捷克,幼年流浪到英国(父母惨死奥斯威辛集中营)。人们感觉他比普通英国人更加英国化,先在一所基督教学校后在剑桥学到的一口完美的标准英语,甚至在他拿起电话机说"Hello"时的那种难以模仿的英国腔调,都让人过耳不忘。他的半数影片都是在美国拍摄的,说明他对美国文化也有深刻了解。然而,在哈罗德·品特[①]协助下拍出的《法国中尉的女人》,无疑是一部可与大师(约瑟夫·罗西、伊立亚·卡赞和杰瑞·沙兹堡)佳作并驾齐驱的电影,反映出接纳其他国度的文化底蕴。

---

① 这位英国著名剧作家荣获了2005年诺贝尔文学奖。

关于《法国中尉的女人》

(1982年1月,伦敦)

原小说作者约翰·福尔斯在为品特剧本写的序言中,告诉我们:从70年代初,他就想到了您。然而那个时候,您刚刚拍完了《伊莎朵拉》,而拍摄一部"当代题材"新电影的想法又不太吸引您,对吧?

您说的情况一点不差。他甚至引经据典地提出了建议。因为他是"伊莎朵拉"迷。他非常客气地对我说,他愿意把这个剧本送给我,但是我觉得,他的真正意图是为了瓦内莎·立德格拉夫,当时,她的确是出演这个角色的最佳人选。后来,这本书到了迈克·尼科尔斯和弗莱德·金尼曼手里,他们让丹尼斯·波特进行了改编。

这一次,轮到了《飞越疯人院》的制片人索尔扎恩向我提出建议,他取得了这本书一年时间的改编权。拍摄《地狱战神》的时候,我一直和他保持着联系,因为他从事的活动之一是再版发行经典爵士乐,掌握着《清水祭台》的歌曲版权,我想把这支歌放进自己的影片。我们见面的时候,他问我是不是对《法国中尉的女人》感兴趣,虽然这本书出版时我对它评价不低,但也说不上对它兴趣很大。重读这本书以后,我被该书的故事情节和结构处理吸引了,所以我表示了同意。我建议让大卫·梅西叶进行改编。我们在一起连续工作了一段时间,那时候,已经明显出现了两个不同的故事,一个是维多利亚时代的,一个是当代的。最后,出于某种原因,与梅西叶的合作没有成功,索尔扎恩放弃了改编权。福尔斯的出版商汤姆·玛世来尔建议我自己来写剧本。这个时候,梅西叶在为阿伦·雷奈写完了《天命》之后,正在为他编写另一个新剧本,所以,我就去找了品特,但是我以前从来没有与他真正合作过。虽然有两三次我们几乎要进行合作,尤其是想把马尔罗的《人类的命运》改编过来。由于我们很熟悉,所以立刻就决定了这次合作。

当然,问题是要为小说不断出现的章回提示找到一个电影语言的对等物。

我对这个问题的看法有些不同。我认为,不是要找到一个电影对等物,简单地去叙述这个故事。因为小说明显地是一本讲述19世纪题材的20世纪小说,我对拍一部那个时代的电影没有多少兴趣。福尔斯的作品更多的是对维多利亚时代故事的思考,以及这个故事代表那个时代道德观念的形式。除此之外,这是一个具有非凡讲故事才能的人所叙述的精彩故事,充满生气,极富想象,热情生动,叙事技巧令人叫绝。您开始分析故事——而不是使之戏剧化——的时候,会发现一个问题:萨拉转变的动力到底在哪里?人们会意识到,她改变的原因在我们今天人们的渴望里,我们今天渴望的妇女自由,不是在历史里,也不是在维多利亚时代。当然,这不是说那个时代的某些妇女没有这种渴望,也不是说福尔斯在小说里写的不十分可信,而是说在萨拉所处的环境中,她的转变与环境不相吻合。恰恰相反,假如我们能够赋予这位维多利亚时代的女英雄一种适合于20世纪的自由,她的转变正好符合福尔斯的愿望。因此,在一定意义上,我们可以把它看成是一本科学预言小说。如果您把小说中那些现代评述去掉,故事就毫无意义了。举个例子说吧,在小说里讲到查理和她做爱并且答应娶她的事件,与几年后萨拉判若两人地回来,在这两个事件之间,存在着一个巨大鸿沟。她怎么变成了另外一种女人,书中只字未提,可以说,如果搬上银幕,这也是银幕外发生的事。假如我们线性地讲述故事,这个"空洞"是无法逾越的。人们无法接受这个被摒弃、忧心忡忡、甘愿脱离尘世的女人,不知出于什么变故,她最后竟然成功了,万事如意了。这就是我们要杜撰一个现代故事的原因:只有这样,这个故事才能自圆其说。我们找到了这个处于影片核心地位的皮昂德罗演绎技法。实际上,这种方法可以极其方便地从一个情感高潮时刻跳越到另一个时刻,不需要进行平行编织,并且,从一个现代章节回来时,我们仍然可以重新处于戏剧高潮的顶端。影片结尾时,那组特别长的镜头几乎用了整整一盘胶片,全体主人公在全体客人面前一一碰面,我们把戏剧趣味转向了现代故事,当我们回到维多利亚时代的时候,我们就这样填补了前面说的空洞,这个萨拉转变的科幻时空鸿沟被填平了。

随着影片的展开,现代故事的分量越来越重。

品特和我认为,安娜和萨拉之间、查理和迈克之间的关系及其影响,只要我们不使其过于简单化,可以自然而然地"反射"出来。我们必须保留一层薄薄的神秘面纱,把机会留给偶然事件。在两个故事之间没有明显的平行脉络。有的时候,两个故事公然靠近,有的时候显得模棱两可,有的时候充满了幽默。在两个故事"交接点"上发生的事无法用文字或文学术语进行诠释。我们举一个感情高潮的时刻为例,萨拉约查理夜里来相会,查理到来之后,两个人几乎做了爱,但是(在他们受到打扰之后),他看着萨拉走了,她在黑暗中逐渐远去的时候对他说:"我是一个非常出色的女人。"我们在这个时刻,切换到同一个女演员在我们这个时代正在和她的情人道别的镜头,在观众身上,从一个人物过渡到另一个人物似乎有某种情感的剩余物。这不是那种想象与真实,女演员和那个女人之间的关系,而是突然一下,人们看到在一种不同灯光下的两个人物。也许音乐方面的类似性更能说明问题:当一个快速动作衔接到一个慢速动作时,这种反差本身给听众留下的印象是相当深刻的。这些不同变化——我希望说得抽象一些,因为观众完全可以有他们自己的理解——对我来说是一种可以充分利用电影奥秘、画面之间撞击的方法。当然,这些联想往往纯粹是感官的、直觉的和不理性的。说了这么多,我希望观众对现代故事会发生兴趣,他们看待这个故事不仅仅是一种对比效应,他们应该能够喜欢这些人物,尽管有些人物表现得实在不那么讨人喜欢！比如在维多利亚的故事里，重大主题之一就是自由，男人有钱就有自由，女人没有自由，不仅是因为她们没钱，还因为她们是女人！在现代故事中，相同的演员演绎着100年之后的其他故事，这两个人可以和今天的人享有同样的自由。这种自由对于他们生活的影响，与维多利亚时代相比实在令人惊诧，是这样吧？可是，我觉得自己不应该说这么多。

在很多方面，过去的人物以及他们的处事态度都与现代人大同小异。在男人面前，萨拉和安娜都保持着同样的距离，男人总是比女人显得更加热恋着对方。

我们很担心维多利亚那些场景有一个开头、一个中局和一个结尾，而且这些场戏的寓意也包含在这个结构里，就像上个世纪的那些小说一样，通过叙述本身，人们知道谁是好人、谁是坏人。相反，我们希望那些现代章节几乎没有什么情节，只是这些人生活的一些片段——床上、谈论一篇杂文、喝咖啡，等等——除了结尾，没有什么戏剧性的时刻。在这方面，品特确实是最理想的编剧。今天，很难对剧中人物表明作者的立场，我们希望从叙事的方式上就能让观众感觉到这一点。但是，我们没有意识到，在影片结尾处叙事结构最终关系到两个故事，每个故事都可能是另外一个故事的评介。

违反常情的是，一般说，这种"反结构"会打破真实效果，而在您的影片里，它反而加强了我们参与故事的兴趣。

在小说里，已经出现了您说的问题。福尔斯像狄更斯那样把您引导到一个章节的结尾，给您留下一个悬念。狄更斯要您等着他下一章的故事延续，而福尔斯却投入了对弗洛伊德、马克思和小说本性等问题的评论。读者会感到受了愚弄，而我觉得这种感觉反而会加强故事本身的张力。它同时带有距离感和一种难以拒绝的邀请，请您和作者一起去参加游戏。我们希望在银幕上也达到了同样效果。从一开始，我就想找到一个现代的对位，但不知道它的内容是什么。我们很快就排出了作者直接对观众说话的做法。本来也可以使用戏中戏的方法——奇怪的是，看了这部片子的美国影评人都赞同这样处理。我们想要由相同的演员演绎两个相隔百年爱情故事。我与品特合作的好处，是在有一个场景的渴望和拍摄之间，没有多少间隔。他很快就找到了这第一个场景，这就是两个演员一觉醒来，发现她的时间已经来不及了。从这里开始，故事自然而然地展开了。查理和萨拉期望着越过隔离他们的维多利亚禁忌的万丈深渊，但我们却看到他们双双睡在一张床上，皮肉紧紧地贴在一起。这确实是这种构思的绝妙之处：不是在我们有意展示的内容里，而是让一些从一个世纪到另一个世纪的观念、情感和印象渗透进来。我希望我们保留了原著中这些命运交错的游戏特点。

在您过去拍摄的影片里，尤其是《伊莎朵拉》和《地狱战神》，您已经对平行蒙太奇情有独钟，在《法国中尉的女人》里，这个技巧似乎变成了原则。

我觉得，自己热衷这种剪辑技巧的习惯是自然而然形成的。它和我称之为电影的音乐特性,动机交叉和回归主题有着密切关系。我对这个特性十分感兴趣,小说在这方面很难做到,它完全属于电影范畴。看到两个属于不同世界的画面融合到一起的时刻,我心中充满欢乐,我不说它是独一无二的创造,但吸引我的原因,是它那种毫不掩饰的人为方法。我愿意和观众一起分享这种创作的快感。一些影评人认为影片控制得过于严谨,但是这种严谨是有意而为之的,是公开的。我们希望观众在分享我们共同秘密的同时,相信这个故事而听任其继续展开。我想,要向广大观众说明这一点的时候,它是一个有风险的赌注。事实上,反对的意见从开始就来自投资人,因为广大观众似乎是心甘情愿跟随我们进行这场冒险的。所以,我们要求人物是特别的,无论如何,我们既不要维多利亚的绅士,也不要现代人。奇怪的是,我们没有意识到,这两个故事之间的唯一联系就是,在两种不同情景中女人总是比男人更聪明、更能干、情感更加复杂。尤其是,我看到安娜是一位性格十分坚强的人,但在内心中,她并不知道应该如何面对这种强权和权威。这样处理人物完全不是有意的。品特的伟大才能在于提出一些设想,完全不做任何分析,把作品公开在观众面前,让观众根据自己的感受去品味作品。对于剧作家自己,他的剧本只是一些跳板、模棱两可的样板、提示和留给您去演绎的对话。归根到底,他的剧本彻头彻尾是维多利亚小说的反命题,作者在其中准确地告诉您他希望您将会感受到的东西。

关于维多利亚时代伦敦妓院的谈话,是这部影片唯一接近小说评论性质的成分,在其他地方找不到这样的评论。

我们到达了维多利亚故事中的一个阶段,查理和萨拉相识之后,他们急切地想再次见面,但受到了阻止,想接触一下比登天还难。这时候,我们需要一个现代场景,其中没有任何戏剧化内容,人们亲密无间、平等地生活着,互相接触是一件再自然不过的事。我们创造了这个镜头组:一个星期天早晨,他们舒舒服服地躺在床上。这时候,我们需要决定他们在一起要谈什么话题。我们想,既然安娜是个美国女演员,可能正在认真研究她的角色,那么,谈话就可以围绕着这个题材。他们谈话的目的不是讨论什么社会学问题,而是让观众看到他们无拘无束,可以无话不谈的亲密关系。下一个场景,查理站在大自然中,在这个伊甸园式的花园里,用望远镜看着这个不可接近的野蛮女友,几分钟之前她还穿着睡衣和他一起躺在床上!也许我们犯了一个错误,也许那场谈话的内容应该是无足轻重的家常话,因为它有可能转移我们想在这场戏里表达的主旨。然而,关于妓院的谈话却谨慎地宣告了最后一个场景的内容:查理在那些童妓云集的街道上漫步。

引用达尔文的观点是对原著的一种回应,原作中达尔文占有重要地位。

我们谈到达尔文的目的是要告诉观众:查理不是一个食古不化的维多利亚人,他并不对那个时代的价值观是奉若神明,他相信上帝的存在,认为达尔文提出的哲学问题是一些极为重要的问题,但上帝是一个自由的仲裁人。换句话说,他是一个热爱自由,目光朝向未来的知识分子。萨拉对这一点感触良深,感到自己让一个追求进步、面向20世纪的男人迷恋上了自己。我认为,影片中的达尔文主义表明:查理在头脑里热爱自由,而萨拉的自由在她心里。这才是我们引用达尔文理论的目的,而不是达尔文的具体评述。

影片开头时,萨拉并不符合您热爱的英雄形象,她像一个被动的受害者,而不是一个积极的反抗者。影片结尾时,当她掌握了自己的命运,就越来越像您全部影片的中心人物了。而安娜呢?从某种意义上说,她是萨拉的继承人。

您说的很对,但有一点我不能苟同。我认为萨拉绝对不是一个不求进取的人,而只是装出来一副逆来顺受的样子。她在维多利亚族群面前像是一道凄惨的阴影,就像表情阴冷、一身缟素的年轻人一样。她是一个很会演戏的人,诚然,她是那个社会的受害者,但她也不掩饰内心的愤懑和敌视。从某种意义上说,她比查理更会掌握自己的命运,透过格洛刚医生以及她秘密会见的人群,通过她的穿戴以及和仆人之间的关系,萨拉创造出一个悲剧人物。所有这一切,再加上人们的想象,我们可以看到她并不是一个逆来顺受的人。当然,我们可能没有把一些人物心理的复杂性充分表现出来,但我们在把一部小说搬上银幕的时候,必须实施一些外科手术,手术的理想结果是我们有时间来处理保留下来的内容,而不是不惜一切代价去尽量多地保留原著的成分。我觉得,故事结构的主要部分在于两个主人公之间的对立和他们各自发展的过程。男人的路线是符合常规的:也就是情感教育的路线。他在接受娶一位肤浅的年轻女子的同时,邂逅了一个性格和勇气不同凡响的女人。萨拉逐渐向他表示了自己的内心情感之后,查理决定为她做出一切牺牲,这是一条符合常理的演绎路线,然而,萨拉的路线却大不相同:更主要的是我们对她看法的转变,萨拉自己并没有多少改变,但我们越来越接近她的真实本性,一个是我们把洋葱一层一层的剥到葱心,另一个是一块滚动的石头粘上越来越多的青苔。

在那场森林中萨拉向他倾诉衷肠的戏中,查理的转变让我们清晰可见:她在讲述另一个故事的时候,查理被征服了。

这场戏是原著中就有的,一个女人编织一段故事去欺骗一个男人,的确是一个精彩的创造。维多利亚故事可以增添某种浪漫主义色彩,长期被压抑的高贵情感瞬间得以充分释放,这势必引起查理和萨拉心潮澎湃。而现代故事则不然,里面交织着怀疑、嘲讽和厌倦,但是我实在不愿意在两个故事之间进行过多地对比,以至引导出对这个时代或者那个时代的价值过于简单化的结论。应该说,在平等、自由和男女之间亲密关系方面所取的进步,也使得过去存在于两性之间的戏剧性因素和神秘感有所丧失。

您为维多利亚故事选择了一个美满结局,但为现代故事安排了一个不幸结尾。

小说中有三个结尾和很多推测。我找不出维多利亚故事会有一个不幸结局的理由。这是越来越接近的两个人物的故事。另外,我对不幸结局有点烦了,前3部电影都是那样结尾的,我发自内心地想改变一下!至于现代故事,它没办法不这样收尾。对我来说,这部影片的结尾不是故事发展的顶峰,而是一个补遗、一个尾声。原小说的风格更像是实验型的:各个人物都在台上演戏,突然,在演到一半的时候不继续演下去了,他们像两个演员那样面对着观众坐在一边,似乎在问观众:"女士们、先生们:大家都喜欢这样结尾吗?"任何故事的结尾,都是一种游戏。事实是,萨拉这个人物不是在她生活的时代中被创造出来的,而结尾的时候,这个人物抓住观众,打碎了可能性的限制。所以,约翰·福尔斯只能在3种结尾之间徘徊。对我来说,我喜欢《巴巴拉少校》那种方式的结尾:"我们一起走向未来?还是分道扬镳?好吧,我们一起试一试!"影片演到这个时候,我们要公开对观众说:"来吧!和我们一起来演电影吧!"

拍摄景地和人物在戏中表达的情感有些"客观关联性"。大海和海堤与她的情感世界紧密相关,而森林却和她的官能之乐不无干系。

您知道,我曾经认真地尝试过建立起您所说的那种关联,但始终没有成功。然而,找寻拍摄景地的时候灵感突然降临,我想自己的愿望实现了,在片尾我发现自己的选择还有另外的理由,这个地方使那个场景产生了附加的空间。确实是这样,我的良苦用心是:布景既要从历史和社会角度衡量正确无误,而且还要起一个对位平衡的作用。归根结底,这个故事也可以在一间客厅里全部拍成,不要那些深层奥秘,只要把对话拍下来就算大功告成。请您不要让我去揭示这些奥秘,把这些"客观关联性"的意义说得一清二楚。实在抱歉,对于这类事情我很谨慎,因为这样势必会降低一部影片的震撼力。但是,我可以告诉您,我对片尾那座白房子的选择非常得意。原书中,分别多年之后查理重新找到萨拉的时候,她在丹特·加布里埃尔·罗赛提的家中工作。约翰·福尔斯联想到拉斐尔前派一位画家的故事,使萨拉具有了某种时尚、前卫和性自由的特点。对于读者,这马上就意味着萨拉身上发生了巨大变化。拉斐尔前派风格是一种理想化的中世纪情趣,对于现代观众来说,我担心那些模棱两可的场景可能会显得比萨拉逃离的维多利亚的传统氛围更加过时。所以,我们要寻觅维多利亚时代一种相对前卫的东西,这就是您在影片中看到的这座白房子,这座房子是具有前瞻性的设计师查理·梧阿赛建造的。他预言了后来包豪思的某些研究,在80年代(实际上比我们反映的时代晚了几年)他建造了这些简单明快、采光极佳的漂亮白房子。从视觉上,看过阴暗的、摆满维多利亚家具的房间之后,这座房子使人们呼吸到自由和希望的空气,因为我们无法反映中间那些年代发生的事情,我觉得,这座房子的建筑本身就可以使观众在情感上有所感悟。

剧本里有一组从直升飞机上拍摄的场景,电影里没有看到。

另外还有一场咖啡馆里的戏,也被我删掉了。这些镜头组都拍好了。直升飞机上拍的那场戏本来有一个明确的目的,就是为了展示莱姆城附近的森林,从地质学角度看，这是一个十分奇怪的地方，郁郁葱葱的树木和原始森林一模一样，海岸边嶙峋的怪石陡峭无比，这幅壮丽的景色从地面上无法拍摄。我们杜撰了迈克陪同摄制组登上直升机采景的场景，这就使我们可以拍摄一个美轮美奂的全景镜头。但是，虽然拍好了这个镜头，但它和故事没有任何联系，只好留在了剪辑室的地上。这片森林实在是人间天堂，可以说是气候的一种反常，一年四季温暖如春，到处都是一片葱绿色，这里的植物使人感觉与其说是在英国，却更像是在美国的路易斯安那州。

那不是托马斯·哈迪的领地吗？

不是，在那块领地的西面。约翰·福尔斯就住在莱姆这座小城南面，我们拍电影的海边上。考波森林，那条石头的海堤和一条主要街道都是他生活的自然背景。

梅丽尔·斯特里普既是一位巨星——她有30年代大明星的光环，又是一位能够脚踏实地的演员。可能没有任何人能够像她那样把萨拉和安娜演得如此惟妙惟肖。

虽然这像是一句应景的说法，但是，请您相信我，我说的是实话，对我来说，只是在梅丽尔·斯特里普有时间出演这个角色的时候，这项拍摄计划才变成了现实。这不是一部任何一位一般的好演员就能拍成的那类电影。必须是一位具有……我不知道用什么词才好，这些词（神明赋予特殊能力的，神奇的……）都是用烂了的毫无新意的词汇，必须是一个能够接受浪漫思想又不觉得可笑的人。嘉宝具有这种素质。要承认浮华夸大的情感是美好高尚的，而不是普通生活的故意夸张。我曾经为《谁能让雨停住？》中的角色见过梅丽尔·斯特里普，但合作没能成功。我在中央公园看她演过《被驯服的悍妇》，她和·拜普整团人都以轻歌剧风格，热情奔放地表演了这个精彩节目。她表现出了十足的勇气，根本不怕显得可笑。她举手投足都流露出一种难以比拟的高雅。简而言之，如果她不能出演，可能我们就不拍这部片子了。这位我们非要不可的演员同时给我们带来了最好的运气，让我们的影片赚到了钱！因为当她接受并且在合同上签字以后，无论是《克莱默夫妇》还是《乔·泰南的诱惑》，她在这两部片子里都出演最好的角色，但都还没有发行。一年半之后，当我们这部电影开拍的时候，她成为各家制片厂争夺的对象！

森林中下大雨的那场戏，萨拉披头散发，是用环绕镜头拍摄的，显得十分戏剧化。

那场戏我们拍了两天。有两个全景镜头和五六个不同角度的近景镜头。在森林里拍戏，困难之处在于要使不同场景的光线协调一致。内部和外部的平衡在不断变化，所以往往要等很长时间。剧本里5页长的大段独白是个挑战！把这场戏拍好不是一件容易事：查理在那里一言不发，但事实上，这是一场对话，因为萨拉在给他演一场戏，围着他转，划了一个圆圈，直到把他俘获。拍好这个场景我不担心，只要加上一些技巧和一些镜头运动就行了。我要自圆其说的是，她唱的咏叹调要能够和其他部分融为一体。任何东西都无法取代一个伟大演员给您带来的东西，他不仅给您要求他做的,而且,他会把您引导到另一个层面上来。总而言之,像这样一场戏的质量,完全是梅丽尔·斯特里普精彩表演的结果。

拍摄前您进行排练吗?

是的,我们排练了十来天。不是练习走位和熟悉台词,而是一起读剧本,大家对剧本进行讨论。主要的工作都在这里。比如说,我认为最关键的问题是要揭示查理的情感路程,必须等到最后他敞开心扉哭诉的那场戏他才变得成熟起来,绝对不能过早,也不能在那些爱情戏里过于动情。我们决定了前面的戏是萨拉的,不是查理的,这样才能让他把自己的情感最后一下子释放出来。假如不事先把这个原则确定下来,就可能出现一些孤立地看是表演相当精彩的镜头,但它们与整个故事背道而驰。说老实话,这些排练主要是为我自己,而不是为演员而进行的。这段时间是我真正理解剧情的时刻,对演员来说,这个阶段对他们最有用的是可以把想问的问题彻底弄个一清二楚:"为什么我要这么做?""谁是我叔叔?""过去,我在什么地方?"等等。开拍之后,要回答这些问题就太不舒服了,对演员来说,到那个时候再问这些事往往就会影响他们的演技了。我觉得,和演员的关系常常是一种友谊关系,您和他们熟悉之后,大家都轻松自然就容易合作了,刚开始的时候我往往怕他们,他们也怕我。

杰瑞米·埃荣斯以前演过电影吗?

没有,他曾在一个电视剧里担任过主角。那是哈罗德·品特根据爱尔兰作家埃丹·海金斯一本小说改编的《穷愁潦倒的朗格瑞石》,他演一位喜欢寻衅闹事令人讨厌的德国艺术家第一次世界大战期间到爱尔兰的一个小村庄里避难的故事。不带任何感情色彩地说,我觉得他非常出色。我们试过镜头,公司同意我们聘用一位不出名的演员,因为梅丽尔·斯特里普已经变成了巨星。近几年来,英国没有从资产阶级上层来的男明星,所有的著名演员都出身于工人家庭,他们都流露出这种无产者强有力的气息,但本片的角色需要能够演绎维多利亚绅士情操的演员,很难想象汤姆·古特内、阿尔贝·芬尼或者皮特·欧图勒能够把这种气质表现出来。我们需要一个来自另外一种传统的人——就像劳伦斯·奥里维叶、罗贝尔·道纳特、米咖埃尔·瑞德格睿弗那样的演员。杰瑞米·埃荣斯同意影片主题是敏感高于性冲动的观念。今天,很多年轻演员每时每刻都愿意向您证实他们具有这种观念。在某些情况下这样非常好,但并不总是这样。在我们的故事里必须如是。

准备拍摄这部片子的时候,您和摄影师弗瑞迪·佛朗西斯怎么考虑两个时代之间造型的不同呢?

弗瑞迪·佛朗西斯能来拍摄这部影片让我大喜过望。您知道,他拍摄了《星期六晚上和星期天早晨》和《黑暗的力量》,后来,他当了导演。两年前,他又回来担任了《大象人》的摄影师。他从来没有当过一部彩色电影的摄影师,这次纯属偶然。但是，您知道电影行业的愚蠢习惯，人们会赞扬他拍黑白片的出色才能，但认为他缺少拍摄彩色片的经验。这部电影的口号是："要康斯太布尔，不要莫奈！"换句话说，我们要正面照明，我们拍摄的是器物，而不是光线。我们要把细部拍得清晰可见，像印象派之前的油画那样，用统一的光线照明布景。对于现代场景，我们要白墙反射过来的平衡光线。我希望观众真正感到两个时代明显不同，但反差又不太大。今天的大多数摄影师都要求避免绿色，因为难免会有迪斯尼式的色调。所以，外景用了很多逆光，目的就是不要让绿色过于饱满。我们制定了一个原则，如果要使服装和外景中的绿色和棕色协调一致，就必须采用正面照明。我认为，在照明方面我们取得了令人满意的结果。谈论摄影问题是极为困难的，因为每时每刻都要取决于摄影师的判断、他的适应能力、对细微区别的感知和他的品味。今天，摄影变得越来越复杂，因为太多的美丽画面已经被电影广告弄得俗不可耐了，我们不再可能利用这些画面。我们必须回到更直接、更简单的摄影上来，不然的话，观众在"解读"您的色彩时，会立刻联想到香皂或洗发香波。电影摄影方面出了怪事，人们重新意识到，重要的还是要会选择，要有品味。所有的这些技术玩意儿不再让人感兴趣了，说实在的，我自己从来就没对这些玩意儿感过兴趣。几年前，人们只讲照明效果、手提摄影机和颤动画面。今天，大家变得更放松、更自由了，更加容易接受多样性了，那些固定的模式和规范少多了。假如像《法国中尉的女人》这样的电影在15年前出台，人们会觉得它的视觉风格是老一套。现在人们会完全同意您渴望的拍摄风格，只要符合故事内容就行了。绘画方面也是如此，很多画家现在毫无顾虑地又回到了具象，人们又重新谈起职业、小区别、细微差别、对氛围的敏感，而不再仅仅是不可或缺的震惊和冲击了。

您是否一直想要和卡尔·达维斯一样多的音乐作品呢？

我们只使用了一些弦乐作品。在剪辑室里，我总是放着一段音乐来陪伴我的工作。这对我帮助非常大，尤其是在处理慢节奏镜头组的时候。对《法国中尉的女人》，我放的是施隆贝格的《变容之夜》，我觉得这段音乐非常合适：这种19世纪末的后浪漫主义音乐在20世纪初变得异常激越，除了它的悲剧层面对这部片子过于沉重，施隆贝格的不协调和弦对本片再合适不过了！我请卡尔·达维斯做的，是一些能够烘托萨拉创造神话的浪漫主义音乐，但同时又让人对她产生一些深层次的疑问。有人把影片录成磁带在一旁播放着，我们在另一旁边看边谈论着这部影片，卡尔在钢琴上凭着他的感觉进行谱曲，就像为默片伴奏的乐师一样——过去，卡尔·达维斯为《拿破仑》《人群》和关于好莱坞电影史系列的伴奏实在太精彩了。采取这种方法，我能够和音乐家直接进行交流，过去我从来没有这样做过。平常，总是像跳在半空中一样：把我们要的东西随便向作曲家描述一番，然后必须等着他的录音，才能知道他到底作了什么音乐。

30年前,您写了一部关于剪辑的书。今天,您已经拍了很多电影,在观点方面有什么改变吗?

那本书的唯一优点是平实无华。书中研究了很多镜头组以及剪辑师和导演做出的选择。人们在书中找不到什么剪辑理论,而是一系列研究细节的例子。从这个角度衡量,我觉得它还是有一定价值的。

您能够用相同的方法去分析您自己的剪辑工作吗?

肯定不行!我可以告诉您,从《赌徒鲍勃》以来,我在剪辑质量方面有了一个明显的飞越。这主要应归功于与罗杰·斯波迪斯伍德和约翰·布卢姆的合作!剪辑艺术,是要保持它的无辜性质。你对自己拍好的素材非常熟悉,因此,必须找到一种办法,使你在每次看自己拍的电影时,永远保持一种开放的心态,而不拘泥以往的经验。在剪辑和混录的时候,人们会有一种陶醉的感觉,因为,与编写剧本、准备影片和拍摄等更为艰苦的阶段相比,那些阶段的每时每刻都会遇到大量具体问题,影片到剪辑阶段时已经向前跃进了几次,您在剪辑室里又重新找回了自由,一切都清晰地浮现在您的面前。

剪辑中,您采用很多音响,即使为了从一个时代过渡到另一个时代也是如此。

假如您面对着一个大胆的分镜头剧本或者是一种异乎寻常的情况,就会使观众感到不舒服。要使他们接受不习惯的东西,就要提早让他们有一个精神准备。比如,引导他们进入第一个现代故事场景的电话铃声,也就是迈克和安娜第一次出场的那场戏,就起了这个作用。如若不然,观众就可能感到摸不着头脑。电影是一种诱人的媒体,我们可以做出很多奇思妙想的东西,但必须十分严谨,在剪辑厅里一定要摈弃那些没有"有机联系"的"新发现"。然而,如果您能把握好故事脉络,就可以进行一些疯狂的尝试,把叙事的主要部分丢在一旁,在时空中自由翱翔。

剪辑的时候,您会把拍好的长镜头进行压缩吗?

不会那样做。我拍了一些很长的全景镜头和一些特写镜头,但不一定全都用上。但是在我最近拍的几部片子里,摄影机更加灵活的目的,是要保持镜头组在视觉上更为生动,使一个镜头的画面从开始到结尾能够发展。我们最大的担心是人物所讲的语言过于造作。约翰·福尔斯说他在写小说之前,为了熟悉维多利亚时代的散文节奏,曾经花了几个星期时间去阅读当年的《文艺周刊》。这是一种十分考究的散文,充满了"纸墨香气",在影片中您可以注意到这个特点。我们读剧本的时候,大家非常担心。假如您接受这种风格,就能够使影片在视觉效果和文学气息两个方面都十分丰富,就能够使两者达到统一,影片也一定能够成功。波兰斯基拍《苔丝》的时候找到了另外一种解决方案,就是把语言变成现代语言。但是,对于我们这部片子,大家都不赞成这种做法。

您曾经告诉我们，今天您更加喜欢镜头运动。因为您在当影评人的时候，就公开承认偏爱威廉·怀勒和奥菲尔斯的影片，他们就特别重视这种风格。

确实是这样。回想一下，我当时可能非常喜欢这种风格。可是，后来我又爱上了"自由电影"的那些现实主义影片，而且可以说，在美学方面，我们是一群清教徒。必须是意图简单明确、直截了当，立即产生快速效果，然后就过渡到其他内容。今天，对我来说，这一切都已经属于过去了。

Mike Leigh
麦克·李
（1943— ）

1972年，麦克·李就推出了他的处女作《荒凉时分》，但是，此人的成名却姗姗来迟。20年后，在戛纳电影节上，他的影片《赤裸》获奖，才使他在世界影坛上声名鹊起。个中原因是他的大部分作品（《女仆的聚会》，《五月的坚果》），直至20世纪80年代末，或是地下发行，或是为电视台制作，英国本土以外从来见不到他作品的踪影。等到《厚望》和《生活是甜蜜的》两部影片的公映，我才得以重新拾起这位天才导演的脉络，其作品的连续性委实异常罕见。如果按导演对社会关注的层面来分类，麦克·李应该列在与他同辈的两位才华横溢的导演左右。可是，史蒂芬·弗莱尔斯的通融豁达兼收并蓄，肯·罗奇严谨的现实主义和形而上学，又与麦克·李大相径庭。麦克·李的作品突出了生活的绝望和黑色幽默，以及人物内心的孤独，他那种夸张讽刺的意念又与狄更斯十分接近。他与演员的合作方式十分独特，他所拍摄的每部电影，演员们都是他的合作伙伴，是一种名副其实的"共同创作"。观众一定能够感觉到，演员们不是在表演，而是真实的再现。

麦克·李体察入微的观察力和从不循规蹈矩的个性令关注真实生活与表演质量的观众心驰神往。他的影片不仅愉悦观众，同时还启迪人们对自己的生存条件进行反思。作为导演，麦克·李最初执导舞台剧，这一经历使他创立了闻名遐迩的即兴表演方式：演员们自己塑造角色，探索角色在其所处环境中的种种心态，演员们为其角色设计影片中的逻辑发展，直接在银幕上再现出来。观众通过人物的动作、声音甚至沉默而感同身受。每部影片拍摄之前，他和演员一起进行长达数月的研究工作，对人物背景、社会史、语言、礼仪等有关信息均做深入调研，在此基础上才有即兴表演的可能。

围绕着《赤裸》

（1993年5月，戛纳）

您前几部影片都是讲述一组人群的故事。在《赤裸》中，您却选择了一个中心人物。

您说的不错，我此前描写的往往是一些家族的故事，或者说，是在家族氛围中的一些个人。大体上，人物生活在一个稳定的家庭环境里，这样就不可避免地要触及一大群人。在《赤裸》中，我们也要穿越一个相对稳定的氛围，但这只是一个短暂的意外事件。另外，我关注的是内容与形式、概念与我的工作方法之间的关系。总而言之，我考虑的，主要是如何从演员身上获取我要得到的最多东西。说得更直白些，显而易见，与一群人一起工作，要比和一位中心人物工作容易得多。拍《赤裸》之初，我想离开家庭，走到大街上去。我也想谈一谈那些无家可归、那些没有家的人。当然，这就要集中到一个人，而不是一群人身上。尤其是，很长时间以来，我一直思索着如何把自己的注意力集中到一个主要人物身上。此外，我以前拍的大多数电影，重心总是放在女性人物的力量上，我很想更多地挖掘男性人物的内心活动。这就是《赤裸》这部影片诞生的前因后果，在这部片子里，我更喜欢走的是直线，而不是环线。

起初，在您推出《生活是甜蜜的》之后，似乎还没有拍摄《赤裸》的计划。

一切都取决于人们对拍摄计划的重视程度，这些计划总是或多或少地属于"假定的黄昏"。1972年初，我确实得到了另一部电影的拍摄建议，那部片子叫《等待起飞》。我希望拍一部大制作，但是，我的问题一直是，我从来不愿意告诉别人自己的计划，也不愿意去找大名星，结果是总也找不到足够的资金。我和制片人查宁·威廉姆斯想到了一个更加"宽泛"的题材，准备向一家制片公司提出建议。我的心里一直有两个挥之不去的想法，很想把它们搬上银幕。第一部片子叫《抱怨吧，英国佬！》，"Pom"（英国佬），是澳大利亚人给英国人起的外号，他们认为，这些英国移民来了不久，发觉这个国家和他们当初的乌托邦想法大相径庭，整天烦躁不安牢骚满腹，最后终于决定重返昔日的家园。这一现象不停地反复出现，非常有趣。第二个想法，就是《等待起飞》，每次登上飞机，我都会对空中小姐和机上服务人员的工作浮想联翩。我们打算这把两个拍摄计划同时向制片公司提出来。在我们走上戛纳电影节大厦台阶，准备介绍《赤裸》的时候，一家名叫"美福尔"的公司，虽然已经关上了办公室百叶窗准备下班了，但他们立即向我宣布，要在英国电视四台和英国电影制片公司出资的基础上,再投资 200 万英镑给《等待起飞》。此外,发行人还要按照惯例,预付一笔少量的费用。但是,他们提出了两个要求:第一,影片一定要在今年戛纳电影节前拍摄完毕,第二,部分情节要在美国展开。在他们的压力下,我最终做了让步,而且立即投入了准备工作。可是,他们始终没有签定任何合同,所以,我们只好退出了这项计划。不久,英国电视四台建议使用他们提供的资金,拍摄我们自己选择的主题,这就是《赤裸》诞生的经过。我无法设想《等待起飞》的命运将会如何,但我觉得它不会比《赤裸》更精彩,幸运的天平还是向我们倾斜了。

请您准确地告诉我,拍摄《赤裸》的计划是什么时候产生的?

老实说,这是一个没有答案的问题。像《赤裸》这样的主题,时时刻刻都萦绕在我的心头,它不可能一下子突然跳到脑海里。影片中,有很多想法都是我长期以来一直想在电影中说明的。同时,我也可以说,《赤裸》和我其他影片一样,完全是从零开始的。最初,有角色的问题。大卫·休里斯曾经出演过 1987 年我拍摄的短片《小个子和卡莉》,后来,在《生活是甜蜜的》中,也演过一个小角色。我本想给他多添一些戏分,但未能如愿。我答应他,有朝一日,一定让他出演一个重要角色。我想到的就是《赤裸》,我曾经和很多出色演员工作过,但是大卫太有才了!他能做到的实在令人难以想象。他能够读了对白之后,立即受到熏陶,对于这类角色,这是至关重要的,他在情感和认知上,能够深入到事物的内部。

剧情的发展分为几个阶段?影片的架构是一次流浪,但它的结构却是对称的:他遇到了 3 个男人和 3 个女人,家中还有另外 3 个女人,在乔尼和杰雷米之间,存在着一个比对。

我的大多数影片,虽然表面上不明显,但结构却十分合理。能够做到这样,完全是开拍前演员们和我长年累月共同努力的结果。在人物关系和人物发展方面,结构似乎是不用言明的。我认为,应该从两个层面上来谈结构问题:首先是构思层面,这里蕴涵着故事推进的动力。我在拓展一部影片时,每周要和演员们工作 6 天时间,星期天我休息,就是说,我一个人到办公室工作。因为我主要是从图像上进行思考的,所以我把人物之间的关系都画在纸上。对于《生活是甜蜜的》,我把温迪和安蒂,娜达莉和尼古拉,以及后来的欧德里都放进画面空间。对我来说,这才是结构和以后叙事的萌芽。重要的是,一定要保持开放状态,千万不要过早做出决定。然后,越往后越好,甚至在选定拍摄景地之后,再进入第二阶段,也就是结构的第二个层面:这时候,我开始写剧本,并把它分成场次。第一场:乔尼与妻子在曼彻斯特;第二场:乔尼偷汽车;第三场:乔尼驶向伦敦,等等……第十场:乔尼巧遇布里昂,以及办公室大楼外景。每场戏都提供最少量的信息。读剧本的时候,不可能知道这场戏的长度是一刻钟还是 3 分钟。我有一个大致的想法,但我不确切知道最终结局。要等到拍片的时候,与演员反复进行彩排的时候,一场接一场的对白才能够逐步确定,并且渐渐完善起来。我必须不停地检验自己事先做出的假定。我影片的结局从来都是一个可以争论的话题。影片的结局从来不能事先确定,必须等到结局来临的时候,我才做出决定。这和写小说一样,只有到结尾的时候,才知道如何结尾,这是一个逐步提纯的酿制过程。举个例子说吧,我对《赤裸》最后那个画面非常满意:人们看到乔尼一瘸一拐地渐渐远去。这次拍片实在幸运,我们有了一幢房子,这是以前从未有过的情况,我们把摄影机倒退到街上去,房子还能够在镜框里。我每天早晨来这个景地拍片的时候,都会想到上面说的那个难忘的画面。诚然,美工师会给摄影师提供很多可能性,但经常是多种元素都做出了各自的贡献,景地也会影响到剧情的发展。演员们生活在一个布景里,他们也会对周围环境做出反应,所有的一切都变成了一个有机的整体。

难道您从来没有怀疑过乔尼最后会出走吗?

这个问题是值得讨论的。对我来说,我从来没有怀疑过这一点,但是,我必须时刻检验自己的想法与人物和出演这个角色的演员心理和感情变化之间的关系。显而易见,他不应该再回伦敦,不然的话,这部影片就会变成苦恋了。

在《赤裸》中,像您其他作品那样,我们能够看到两个社会阶层的对峙,乔尼和杰雷米之间的对抗就反映出这个问题。但这与您的三部曲(《欢乐时光》,《七月的四天》,《厚望》)不同,您没有直接触及政治问题。

这是不言自明的。影片里,没有多少阶级对抗可谈。跟着杰雷米这个人物,我们接触了政权和金钱,遇到了撒切尔时代的典型代表。在另一个层面上,由于这个人的出现,可以降低乔尼性格上某些特点的丑陋程度。为此,我把这两个人物安排在一起。观众能够从乔尼的行动中,看到他不同的感情变化。影片开始时,观众可能非常看不起乔尼,但到结尾时,观众会喜欢和尊敬他。从道理上,我很难把这个问题讲清楚,但我觉得,如果把杰雷米塑造成一个如此可恶的人物,我就能够让观众接受乔尼。有人谴责我让杰雷米变成一个滑稽丑陋漫画般的人物,我不接受这种指责。在我们的社会里,确实存在这类人,他们散发着伦敦斯隆广场发霉的味道。从叙事结构看,最难解决的问题之一,是如何让杰雷米从故事中消失掉。我尝试过多种方案。唯一的办法,是路易丝拿着刀威胁他,他只得留下钱走了。其他方案都会让人感觉这是一部情节夸张的通俗剧。处理这样的坏蛋,真没什么好办法。他走了,又会到别的地方去骗人,但无论如何,他都不会被遇到的人干掉。

为什么您选择曼彻斯特作为故事的发生地呢?

当然也可以发生在别的城市。但是,选择曼彻斯特有多种原因,首先,我是曼彻斯特人,我要选择一个外省的工业城市,另外,演路易丝的莱斯莉·夏珀和大卫都是这个地区的人,莱斯莉是利物浦人,大卫是海边的布莱克本人。再者说,曼彻斯特的年轻人非常喜欢摇滚乐。

《赤裸》这部电影,令人惊讶的是乔尼在语言方面的创造性。从《发条橙》中的阿莱克斯以来,我们可能再没听过一个如此创造语言的人物了。

就语言技巧而言,我其他影片的人物也是如此。如果说乔尼有所不同,那可能是他的性格更加复杂一点儿。借助乔尼,我在这方面的探索,只是向前推进了一步而已。举个例子吧,在我写的戏剧《茅塞顿开》(又译《闻到了老鼠味》)中,梯穆希·斯帕尔饰演一位巡回演出的导演欧布里,他的语言就十分与众不同。我们发展了一种狄更斯式的语言,应该说,狄更斯对我一直很大影响。您知道,我们在日常生活中经常会遇到这样说话的人。我记得有一天,我正要去排练《赤裸》,走在伦敦北部我那站地铁口,在人行道上有一个失业者,他指手画脚,高喊世界末日马上就来了。大卫和我都见到过这个情景,在大都会城市,人们看见这些人已经司空见惯。我们在挖掘大卫饰演的人物时,我一度想,影片是否可以这样结尾,但总觉得这样不够公正。尽管这些人没有成为作家或者艺术家的机会,但他们在运用语言词汇方面,却具有异乎寻常的创造能力。大卫勇敢地投身到探索语言的活动中去,我的任务是寻找恰当的表现风格,以及衡量这些语言词汇的真正含义及其可能达到的目标。从根本上讲,这样做的目的,依然是研究人们日常的言谈举止及其表达方式。然后,以此为起点,通过想象,才能创造出一个思想丰富、性格复杂的人物。毋庸置疑,我们背后总有一些特定的影响。在《赤裸》中,影响我的有乔伊斯、贝各特和一位爱尔兰作家弗兰·欧伯令,他的那本小说《两只鸟在游泳》太有意思了,想象力实在太丰富了!影响我的还有写《百年孤独》的加西亚·马尔克斯和赛琳娜。我记得,很久以前,不少人都问我:既然我对语言有那么大兴趣,为什么我创作的那么多人物都患神经症。我想,从那时起,我更加渴望我的人物独具语言天赋,乔尼使我朝着这个方向更进一步。

影片最中心的那场戏,和守夜人富有哲理的那场辩论,是怎么展开的?

这个问题还是必须从人物谈起。我喜欢在那些老房子里进行排练。一天,在伦敦市中心的一幢老办公楼里,我刚要和大卫讨论乔尼这个人物,皮特·维特来了。我意识到还需要另一个能够与乔尼交流的人物。在《欢乐时光》里,皮特出演过一个嬉皮士,故事发生在伦敦东区一间失业办公室里,他从五层楼的窗子摔下去,坐在地上,开始对空间、开放、白蚁窝和一大堆毫不相干的问题发表了一篇宏论。这就像是《赤裸》的前奏曲,我和皮特一起,思考了欧伯令笔下的这个人物,此人婚姻失败后,整天陷入对空间与时间的胡思乱想。我让他和大卫演对手戏,用我们的即兴创作方法,确定了他们之间的对白。后来,按照我聪颖无比的美工师阿里松·希逊的建议,我们在一幢四壁空旷的现代化办公楼里拍下了这场戏,帧帧画面都准确地反映出经济衰退的情景。排练时,我加进了一个站在窗边的女性人物,我请她只在晚上来。她所要做的,只是在她房间里待上两小时,这个女人完全不知道,正在排练的两个男人这时候通过窗户在看着她。

您是否向您的演员们提供他们出演的人物一个臆想的自传？

当然是这样。我和演员们一起做这件事，有时候会上溯到人物的曾祖父母。可是，这也要根据人物的具体情况而定，除了爱尔兰人和富有家族，很少人了解他们的祖宗三代。无论如何，我们会讨论人物的家庭成员，给他们起个名字，安排一个职业，并做一切能够想到的事。我会以某种方式，让他们经历一下影片故事发生前的一些情景。

影片中，有些人物比其他人更加神秘，索菲就是一例。

索菲也是有许多线索可寻的。小时候，父亲遗弃了她，所以，她热切渴望男人的呵护。她经历过两次堕胎，第一次时，年仅 15 岁。她曾在巴黎度过一段时光。需要说明的是，和演员们一起进行排练的时候，我从来不告诉他们其他人物的信息。

比方说，大卫始终不明白，为什么酒吧女（吉娜·麦吉）突然要把他从家里赶出去。

当然不是这样，我们知道，她是一个孤独的女人，拒绝与人接触，可能她是这部影片唯一的"漂亮"女人。我觉得，她是一个不可接近的人。您大概注意到，很多人物都不是伦敦人，这位酒吧女有着典型的英国东北部纽卡斯尔一带人的口音。我设想，她可能曾经在泽西或格恩西岛附近南部沿海地区的旅馆工作过，可能受过导游虐待，在流浪中，曾经吸毒酗酒。但是，我不能比大卫给您提供更多信息，究竟为什么被她赶出门去！我在和演员们一起工作的时候，尤其是像这个酒吧女之类的演员，是在影片中某一时刻出现的人物，我不仅要努力为他们想出一些细节，同时也敦促他们自己去挖掘饰演的人物，找到人物的性格特征。我可以和一个演员谈上几千个小时，但他可能仍然找不到自己的表演方式。因为，表演是一项具体的体力、心理和情感活动。这一切准备工作都是为了帮助他们发觉自己的真相。

盎格鲁—萨克逊的电影和文学一样，都喜欢事物的极端和诗意的想象，这一特点可能是你们很早就从两个源头汲取了营养：莎士比亚和《圣经》。

确实如此，但是，您不要对此过于认真。拍电影的时候，我们经常说，咱们下一步片子应该是《哈姆雷特》，由大卫出演，片名就叫《乔尼·哈姆雷特》！我刚才谈自己受一些作家影响的时候，没有提到莎士比亚的名字，因为对一个英国人来说，正像您所说的，这是不言而喻的，我们长期以来都和他生活在一起。我这辈子，最幸福的一段时光，是 60 年代在阿文河上的斯特拉夫度过的，我在那里当过助导。我从来没上过大学，是从当演员和助理导演的实践中起步的。我参与制作的莎士比亚作品，有好有坏，也有不好不坏的，但这些工作都给我提供了有益的经验。我不知道它们是否对我的创作有什么影响，但肯定在下意识里对我写的剧本和对白大有帮助。

世界末日的想法与千年岁末不无干系，这种思想也可能来自您对英国现状的悲观情绪吧？

说老实话，这是一个对整个世界的看法。当然，在某个层面上，人们也可以从这部电影来分析后撒切尔时代。只要把这部电影和仅仅5年前拍摄的《厚望》做个对比，就可以看出区别了。在《厚望》里，事物是明朗的，人们分得清好人和坏人、穷人和富人。这一切都能折射出撒切尔时代，那个时代是一个黑白分明的社会，人们知道能够依靠什么来生活。然而，今天一切都变了，而发生变化的不仅仅是政权。在《厚望》中，人们还在谈论社会主义，人们还去拜谒卡尔·马克思墓。我记得，在苏联解体前不久，我带着这部电影去克拉科夫，在严寒的冬季，在深夜1点钟，波兰观众依然继续对一部电影大喝倒彩，因为这部片中的人物热爱革命，而故事却相当淫秽！5年来，变化太大了！我们拍出的这部《赤裸》也是具有双重性的，分界线已经很不清晰了。影片诠释了这种取代黑白的"灰暗"之原委。我想，这种情况在法国也是如此。

您影片的色调来自现实，但它却与现实主义毫无联系。您在黑色上用黑色做文章，就像这些贴在黑墙上的黑色海报一样。风格非常突出。

首先，是杰出的摄影师迪克·鲍坡帮了大忙，他已经为我拍摄了《生活是甜蜜的》。其次，是我的美工师阿里松·希逊，也做出了巨大贡献，《生活是甜蜜的》是她的第一部电影作品，在歌剧和戏剧舞台上，这位天才的美工师早已名声显赫。她对色彩和人物的性格化极为敏感，而且十分善于团队合作。对我来说，这部影片非同一般，因为早在开拍之前，我就和同事们一起讨论摄影和布景问题。我知道这部片子的外貌和视觉结构都与众不同，所以一切都必须事先设计好。为了使黑色更加浓重，我们去掉了漂白液，这是塔可夫斯基在《飞向太空》里，米歇尔·拉德弗德在《1984》里，以及泰伦斯·达维斯曾经使用过的方法。我们想取得一种黑夜的色调，这需要极其严格地控制好色彩，才能不露出人为的痕迹。我认为，60年代最让人哭笑不得的电影，就是安东尼奥尼那部令人作呕的《红色沙漠》，几乎到处都流淌着红色，实在太愚蠢了。我记得有一个镜头，我们采用纪录片的摄影方法，拍了不下20次，这就是乔尼和索菲在街上漫步那个镜头。然而，拍得最好的那个样片，因为有一个穿红色斗篷的女人走过，阿里松坚持必须放弃，因为我们做了尽可能多的努力，就是为了影片中不能出现红色！

迪克·鲍坡既负责灯光又负责摄影吗？

只有为电视台拍摄《死亡之吻》那部影片的时候，我用过两个不同的人，那是唯一的一次。我不喜欢那样做，因为灯光和摄影是一个整体，不然的话，一定是患了精神分裂症。迪克·鲍坡或者拍摄《厚望》的罗杰·朴拉特，都是真正优秀的摄影师，他们喜欢同时做这两件事。假如他们只管灯光，就不能跟演员一起进入电影了。显而易见,我们这样做,必然会使拍摄工作加大难度,因为有些镜头组的光线问题十分复杂。所以,我们总是不慌不忙地工作,而且事先要选好一个能够提供许多便利条件的拍摄场地。我们用做拍片的这幢房子,就比我们通常使用的景地有更多的拍摄角度。此外,它还有一种"哥特式"的回声,回声绕梁三日久久不去。因而,洗澡那场戏,我向希区柯克挤了挤眼睛。我由衷地喜爱这些维多利亚式建筑。

您和安东尼奥尼都谈论缺乏交流的问题,然而您却那样反对他。

如果他能够让我不时地笑一笑,我就会不那么讨厌他了。谈到无法交流问题,怎么能够一点儿幽默感都没有呢?说实在的,60年代的安东尼奥尼电影和那部《去年在阿里斯巴德》实在让人无法容忍!阿兰·勒奈的影片是一种奇特的试验,我既欣赏,又厌烦。

安德鲁·迪克松创作的音乐也非常精彩。

《欢乐时光》和《厚望》那两部片子,我已经跟他合作过。对我贡献最大的,有三位作曲家:哈歇尔·波特曼为《生活是甜蜜的》和《七月的四天》配了乐,卡尔·达维斯始终是我前期影片的作曲家,再有就是这位安德鲁·迪克松。我和作曲家的合作非常紧密,寸步不离地在一起工作。我讨厌各种形式的合成乐,从来没有采用过合成器或者电子乐器。所有的声响都应该是有机的。我认为,音乐必须能够自成一体,而且能够用心灵听到它,才能很好地为影片服务。这一观念来自法国电影的影响。我赞同像柔贝尔这样的作曲家,他们与好莱坞音乐大相径庭,我认为好莱坞音乐过多地诠释画面,失去了自身的价值。本人一直保存着德勒祐为《朱尔和吉姆》作曲的45转唱片,每当我聆听这段乐曲的时候,都会为逝去的青春年华感到遗憾!影片一拍完,音乐就写成了。我要求《赤裸》的音乐是一个连续不断的运动,延绵不断,在整个影片中始终贯穿着"即兴重复段"。这很难做到,既要不断变化,又要连贯一体。我们请来了竖琴演奏家斯凯拉·康伽,她是演奏古典音乐和爵士乐的,所以必须试验,因为安德鲁·迪克松从来没有为竖琴作过曲。这个人非常有趣,他生活在人迹罕至的道尔赛,很少为电影作曲,因为谁也找不到他。近来,他的谋生手段竟然是到监狱中教犯人演奏音乐。他生活在托马斯·哈迪的氛围里,与周围景色互相渗透。为了能够与他的合作,就要进行一次远征,或者在崎岖不平的道路上驾车,或者乘坐每站都要停车的火车。然后还要安排间歇,以便他去溜那只心爱的狗、喂他的鸡和送两个孩子上学!但是,完全值得这样做,因为他的音乐十分纯洁,异常清纯。一般说来,在与作曲家一起工作的后期,我总是有过多的音乐,每次都要去掉一些。现在,我把录像机架在钢琴上方,能够一边看着电影,一边直接作曲了。

您与剪辑师的合作也非常密切。

是的,对我来说,剪辑是至关重要的。在这方面,我花的时间非常多,而且,我们极为细心。对于最后的三部影片:《厚望》、《生活是甜蜜的》和《赤裸》,我有幸能够和最完美无缺的剪辑师容·格力高里合作,他能够把我们白天拍的胶片拿去,当天就剪辑好,其完美程度之高,往往直到最后也无需改动。他和我息息相通,工作异常迅捷,我们从来没有争论过。为了剪辑一个镜头组,我们可以工作一整天直到深夜,第二天早上,我回来的时候,他已经在那里了,而且建议另一种剪接办法,不管我同意或者不同意。我们之间的合作非常理想,因为我不愿意自己剪辑,这不安全,我离材料太近,我更喜欢面对别人提出的方案,做出正确反应。在制作一部影片的各个阶段,我都从合作的程序中,汲取每个人最大限度的创作成果。这样做,能够不断地激励我前进。一般说,我和肯·罗诗等人不同,我拍下的胶片不比我剪辑的样片多很多,而且,我把拍的戏都保留起来。在这个意义上,可以说,我的剪辑很"传统",我平均每个镜头拍8到10次,我追求的,主要是演员表演中的细微区别和变化。剪辑也是同样:要在这些心理和情感状态之间,找到微妙和内在的平衡。

您和制片人西蒙·查宁·威廉姆斯是如何合作的?

1980年,拍摄《不断成长》时,西蒙曾经当过我的第一个助理导演。拍《厚望》时,我发现制片公司毫无作为,就叫西蒙来当合作制片人。后来,我们两个人决定成立自己的公司,本来我一直抵制这个打算,因为我不愿意在我的家庭之外再加一个家。但我发觉这个主意相当不错,因为西蒙非常能干,知道找到制片经费的途径。他是一个理想的制片人,埋头做他的具体工作,从不干预其他事情,也不想当导演。他的唯一目的,就是让我能够做我想做的事。以前,我也和制片人有过很好的合作,但他们常常要求我同意当联合导演。对于这种要求,我绝对不会接受。西蒙认为自己很笨,但事实并非如此。

这部影片有很多外景,它的预算要比您前几部电影高吧?

是的,这部片子花了160万英镑,《生活是甜蜜的》花了140万英镑。拍摄后期,我认为这部片子完不成了。我们去找了电视四台和英国电影制片公司的投资人,告诉他们还需要增加6周时间,2周用作排练,4周拍完结尾部分。他们看过样片之后表示非常满意,又给我们开了绿灯。在他们的大力支持下,影片顺利完成,比预计增加了20万英镑。我们之所以滞后,原因有两个:一是我们采用的摄影方法要求更多时间进行照明,二是排练期间写剧本的时间比平常长了许多。从我们在艺术方面的严格要求看问题,160万英镑不算多,人们为了拍好这部电影,付出了大量劳动,得到的报酬却很有限。长期以来,我总想完成一个大制作,做了点儿手脚,终于达到目的了。

与您的前期电影相比,您的剧本是否更加浓缩、更加简练了?

看起来,这有点儿学院派。我倾向于把自己的电影分成两组:1980年以前的和1980年以后的。后者在叙事结构方面更加严谨了。从一部电影的准备工作开始,一直到剪辑室,每时每刻我都在注意这个问题。在纪录片方面我没受过任何培训,一开始就进入了戏剧艺术。我对电影有一种结构视角。

在当代影坛上,什么人对您有激励?

陈凯歌、张艺谋、基耶斯洛夫斯基。美国方面没有什么可说的,只有罗贝尔·阿尔特曼,我至今依然是他的影迷。我非常喜欢《黑帮龙虎斗》(又译《米勒倒戈》),但对《巴顿·芬克》却不敢恭维,我觉得它不过是肤浅的风格习作而已。

在今年的戛纳电影节上,英国有4部电影参赛,英国的影响可谓大矣!

这是我国电影年产量最高的第五年,可是,谈到英国电影复苏还为时尚早。昨天,他们派来一位政府部长,英国电影制片公司的西蒙·佩里请他吃了午饭。这位部长能来戛纳确实不简单,因为,他一定知道这个英国电影代表团并不是由保守党组成的,而几乎全部都是工党代表。我不相信他能做出什么重大决策,不会像法国那样给导演直接资助。他们没有信心!我认为英国的形势依然很糟,虽然拍出了一些不错的影片,但是产量如此之低,早晚有一天人们连配音厅和摄影机都会找不到。这种情况实在令人担忧。另一方面,尽管观众人数增加了,但仅仅对美国电影有利。《生活是甜蜜的》在全美各地都场场爆满,《厚望》在奥斯汀、达拉斯和休斯顿也取得了不菲的票房收入。然而,就在同期的大量英国电影厅却拒绝上演这两部影片,竟然借口说观众不感兴趣。我实在不理解,为什么观众不喜欢看我妻子阿里松·斯迪德曼在《生活是甜蜜的》中的表演,她在伦敦西区舞台上演出时,连续7个月座无虚席,非常受欢迎。我们是好莱坞电影宣传的受害者,英国发行人全被洗脑了,他们认为只有美国电影才能愉悦观众。我们必须进行这场战役!

电影小星球 | 爱尔兰

John Boorman
约翰·布尔曼
（1933— ）

  30年来，约翰·布尔曼已经成为了爱尔兰国民，住在都柏林北面的威克洛郡，生活在树林环绕的山谷中，与马匹和溪水为伍。这位酷爱在茂密丛林（《翡翠森林》）、南海环状珊瑚礁（《太平洋决斗》），阿巴拉什湍急险流（《激流四勇士》），东南亚河水之滨（《远东之旅》）和中美洲热带雨林（《巴拿马裁缝》）中拍片的电影艺术冒险家，他的创造源泉就在他人生旅途停泊的港湾里。

  1968年，我看了他的第二部影片《不可折返点》，这也是他的第一部美国作品，它给我这个电影爱好者留下了无法忘怀的印象。布尔曼后来的作品，从《最后的李奥》、《邪教徒》到《激流四勇士》，每部影片都充满巨大张力和对大自然的热爱，故事情节的结构完全可以与瓦尔什或维多媲美，他对于情感道德和精神情操的探索，启发我写出了一本专著，该书出版于80年代中叶。其后的作品，更多地倾向于自传题材：童年回忆的《希望与光荣》，自画肖像的《我一梦醒来》，一种浪漫情怀深深地扎根在时代的政治与社会现实之中。

  约翰·布尔曼深受同行赞誉，戛纳电影节评委会主席马丁·斯科西斯，授予他《将军》一片的最佳导演奖（科波拉也当众赞颂了这部影片），他那部浩瀚长卷的纪录片（与米卡埃尔·维尔松合作），使他成为与库布里克和伊斯特伍德并驾齐驱的当代三大巨匠之一，列入了流传后世的佳作名片。他令人眼花缭乱、样式繁多、内容各异的作品，大致可分为数量几乎相等的两部分：美国片和英国片。《将军》是他拍摄的第一部爱尔兰故事片，但主人公却是他过去影片主人公的兄弟，一个强烈的个人主义者，一个不适应社会的人，一个寻觅无法超越的幻想家。布尔曼影片总的特点是：影片摄制的强大动力和对人物形象与景物的准确刻画，始终伴随着中心人物的前进步伐。

关于《将军》

(1998年8月,伦敦)

25年来,您一直生活在爱尔兰,虽然您在这里拍过《萨杜斯》和《黑暗时代》之类的电影,但还没有拍过一部以爱尔兰为背景的影片。

最近一段时间,我一直琢磨拍一部关于现代爱尔兰的影片,可是始终没找到一个吸引我的题材。当然啦,这个国家压倒一切的问题,是北爱尔兰的内战,而且,大多数爱尔兰电影都对这个问题避而不谈。我知道马丁·加希尔这个人物由来已久了,而且,我认为他到我家里来偷过东西!全部盗窃细节都带有他的典型标志。他们把我因为《激流四勇士》而获得的金唱片奖偷走了。我把这个故事也放进了电影。加希尔活着的时候,几乎从来没有因为任何犯罪而被判刑,他犯的重罪都因证据不足不能成立。因此,不能在书或电影里提到这些罪行,否则就要因诽谤受到法律追究。等到他去世之后,新闻记者保罗·威廉才有机会为他出版了一本资料翔实的传记。我对这本书非常感兴趣,所以想买下它的改编权。但让我大出所料的是,一个名叫 P. J. 贝蒂特的年轻美国制片人,竟然捷足先登了。我找到了他,由于他那种近乎偏执狂的态度,谈判数月毫无结果,最后我只得放弃这项计划。他回到北爱尔兰找到 BBC,这一次轮到他放弃了,可能遇到了同样的问题,随后,他又找了一家名叫"小鸟"的小公司,但这家公司最后决定以一种更加简单的方式拍摄自己的版本。万般无奈之下,他又来找我,心里知道另一部电影早晚要拍出来,就把版权转卖给我了。另一方面,他开始了对"小鸟"公司的法律追究,这件事也殃及到我们!在我们开拍前两周的时候,"小鸟"公司又来试图阻止我们,因为他们买下了贝蒂特用来写传记几篇文章的版权。由于我在剧本里没有利用这些文章,所以法院驳回了他们的诉求。然而,他们仍然打算和凯文·斯派西合作,以《王牌罪犯》为片名,拍摄他们的版本。这个称谓在《将军》的对白里,大家也可以听到。

您对爱尔兰的认识,在多大程度上帮助了您理解这个人物?

这个人物之所以吸引我,是因为从爱尔兰一直到今天的全部历史中,他是我们可以经常遇到的某个社会阶层的典型代表。在凯尔特首领或者迈克尔·柯林斯中,我们都能够找到这类人物。这是一个反叛者,反对一切形式的权威,聪明、狡猾、诡计多端、勇猛异常。从某种角度看,为了证实叛逆身份,他们需要被杀死。他们似乎有一种死亡的愿望。这一切都来自爱尔兰被殖民化的缘故。在被英国征服之前,国家分裂成无数的小王国,各个小王国之间始终进行着连绵不断的战争,所以,暴力就变成了这里习以为常的事。这种状况的另一个侧面,就是人们利用玩笑、逗哏、顽皮做事,使对方成为笑柄并乐此不疲,这也是嘲讽权威的另一种方式。

  使我感兴趣的,还有近十年来爱尔兰发生的彻底变革。除了英国的殖民化,影响更为深远的,无疑是天主教会的殖民化。神甫们统治了爱尔兰,使之臣服,使爱尔兰人的精神服从于他们的铁拳。这种压迫经常引起人们的暴力反抗,也造成了这里的人经常酗酒的习惯。然而,了不起的是,像米卡埃尔·高兰和加希尔这些人物,却滴酒不沾,似乎他们的反叛是在行动上,而不是在酒精里。加希尔与众不同的是,他不仅反警察,反司法,而且反教会,他把教会同样视为压迫者。宗教这样的神圣价值也不在他眼中,敢于对神甫不恭赋予他一种力量和自由,这是其他罪犯不敢想象的。另外吸引我的,是观察这个人物怎么对爱尔兰社会进行一种横向解剖。在加希尔眼里,爱尔兰是一个腐朽没落的国家,这里没有任何道德,只有虚伪。他认为,高压的氛围是为了掩盖贪污腐化、房地产投机和司法弊端。伴随着经济的繁荣,今天这一切显得更加突出:富人越来越富,穷人越来越穷。这样快速的变化蕴育着愈来愈多的危险。

  如果说,在今天影坛上,这部影片完全与众不同,但可以和好莱坞称之为名人传记片的类型相比较,像《人民公敌》之类的影片,在人物刻画上,班顿基臣和詹姆士·贾克奈在演技方面有不少共同点。

  我的确想到过这类人物,但我最感兴趣的,前面已经说过,是加希尔的典型特质使他具有某种传奇性。正因为这样,我才决定把它拍成黑白片,以达到脱离我们每天所见所闻的目的。我想展现出一个平行的世界,而不是这个真实世界。我认为,使用司空见惯的色彩,可能会破坏这类题材的拍摄计划,其结果会使观众看不到你想展示给他们的东西。同样,当我们走在街上的时候,我们最终会不再看到眼前的东西。在拍其他片子的时候,例如《最后雷欧》、《激流四勇士》和《不可折返点》,曾经寻觅过一种风格化的形式,以便不用自然主义的方法处理色彩。我始终认为,黑白片更加接近梦的领地,我们的梦境往往都是黑白色的。这样我就距离下意识越来越近了。我经常在色彩方面遇到问题,特别是在剪辑的时候,我想让一个镜头跳接到另一个镜头上,色彩也想要跳过去。所以,我在拍摄每个场景的时候,色彩格调的区域控制得很窄,就是为了剪辑时不至于迷失方向。这与视觉的接受能力密切相关。一些颜色,比如红色,在视网膜上停留的时间比较长,所以您在过渡到下一个镜头组的时候,红色会延长它的影响力。黑白色能够让您集中注意力,因此,它能够让一张脸说出来更多的东西,很多黑白摄影大师的作品都是佐证。

  但是,导演身上的商业压力会比对摄影师大得多吧?

  您说的一点不错!我就有一些影片,本来是想拍成黑白的,但没能拍成。当然,不是指全部片子,比如《激流四勇士》,如果不拍成彩色的,就难以想象了。我把《将军》拍成黑白片,因为制片是独立的,没有人能够阻止我这样做。

这会使您增加一些技术难度吧?

实际上,我们是用彩色胶片拍摄的,但这不意味着我们可以同时有一个彩色版,因为最后洗印成黑白片的电影,照明是完全不同的。假如您对电影摄影和照明的历史有所关注,就会知道,在彩色胶片问世的时候,摄影师们仍然继续采用黑白片时代的照明技术。今天情况完全不同了,60年代初,像基奥弗雷·安斯沃思这样的摄影师,已经开始使用柔和的间接光线,利用塑料板的反射光,借助色彩来划定场景界线。相反,您在拍黑白片的时候,需要使用更强的光线才能更清晰地确定轮廓和场景。采取这种照明方法,需要花费更多的准备时间。因此,我们在拍摄《将军》的时候,使用了彩色胶片,采用了更多聚光灯的黑白摄影照明技术。

在《希望与荣光》之后,这是您拍摄的第二部电影,第一部电影是您根据一些史实拍成的自传体影片。我想知道,在反映亲身经历的一段历史时,您还有多少自由想象的空间?

这里有一个需要找到平衡的有趣问题,因为必然有一部分内容是虚构的。显而易见,将军和他妻子以及他小姨子之间的关系,还有他和团伙成员之间的关系,都是我想象出来的。我依据一些真实发生的事件和史实,然后再发挥自己的想象力进行创作。必须从对这个人物有一个强烈的和清晰的认识出发,这个认识是一点一滴地逐步积累出来的,其余的工作就很容易了。另外,这些人大部分都还活着。我给他妻子写了信,给她寄去了剧本,请她先来看一看影片,但她始终没有回信。我十分期待她的答复,因为她的亲朋好友,出于对将军的怀念,不愿意与"正常"世界有任何联系。我请了一些律师,因为这两位女人和加希尔不同,她们都还活在人间,我必须特别谨慎,绝对不能使人怀疑她们和将军的罪行有任何牵连,因为她们完全可能因诽谤对我们进行法律追究。事实上,我们知道加希尔和这两个姐妹一起生活,她们两个人都给他生过孩子,而且他们始终非常和谐地在一起过日子。这就使我们能够更加大胆地刻画他们之间的关系,假如我们纯属臆造地制造了一个三人家庭,那就要花费更多精力来说明和展开这种特殊关系了!由于这是一个真实情况,我就能够自由地深入展开,而无须做什么专门的解释。同样,他把手下人召集在一起,让他们穿上同样服装,到各地去欺骗地方政府的那场戏,是他的私人医生亲口对我说的。片中叙述的每个事件,都可以通过确凿证据加以证实,都柏林的每一个人都可以向您讲述一段关于加希尔的故事。

我和将军家人的联系人只有两个:一个是他的长子马丁·加希尔,另一个是马丁的妹妹。他的儿子是艺术系大学生,拍摄期间,他给我写了一封很聪明的信,信中说:他带着这个姓氏,生活已经困难无比,要求我不要使他的真名实姓出现在影片中。出人意料的是,他让妹妹来到拍摄现场,这位姑娘对班顿基臣的外貌与她哥哥如此相似,感到十分诧异。她对我们谈起她哥哥,足足两个小时。这次谈话之后,班顿基臣告诉我,他对我编的故事竟然如此真实感觉十分吃惊。关于《希望与荣光》,

也有一段相似的经历，我母亲和姐姐在看了剧本之后，告诉我：她们原以为是杜撰出来的故事，却与实际发生的事完全一模一样。

班顿基臣怎样准备出演一个家喻户晓的人物呢？

首先，我们一起采访了很多认识加希尔的人。我们还有一个为电视台拍摄的对加希尔专访节目，我几乎一字不差地把它放到了《将军》里面。我甚至请原来拍纪录片的摄影师也出现在我的影片里。我们还一起研究了加希尔露过面的几个报道片段，以便班顿基臣更好地抓住他举手投足的特点。这样，班顿基臣就进入了角色，由于他充分了解了故事背景，所以比较容易地把握了这个人物。8年前，在他成为专业演员之前，曾在一些穷困地区当过教师，经常与这类人物打交道。我见到他之后，请他来试镜，最初并不很理想，可是慢慢地他几乎变成了剧中人，与加希尔相像得简直难以置信。我肯定自己绝对没有看错人。每次我们即兴创作或者改动剧本细节的时候，他总是那个加希尔。这部影片成功的大部分功劳，要属于他的出色表演。这对全体演员也产生了巨大影响。一名演员到这里演了一两天小角色，看到班顿基臣所达到的水平，对他要超越自己的决心，会产生极大鼓舞。

按您这种说法，在这部影片的演员中，只有乔恩·沃伊特不是爱尔兰人，但他和全体演员合作得和谐一致。

爱尔兰有不少好演员，其中很多人都参加了这部影片的演出。我想找一个出演追捕加希尔的警长。这个演员的戏虽然不多，但要使警长的形象非常鲜明。使他显得坚强有力、讲求实效。我想到了爱尔兰的两三个演员，包括演过《激流四勇士》的西亚兰·汉德斯，但他们都没有时间。这样，我就找了乔恩·沃伊特。此人度过了几年宗教狂的时期，很久没有在银幕上露面了。现在，他改宗犹太教，拒绝一切有悖伦理的角色，这就几乎排除了好莱坞推出的全部电影。突然间，他变了，思想变得十分开放，愿意接受一切角色。我与他取得联系之后，告诉他如果愿意出演一个爱尔兰警长，请下星期到都柏林来。他出人意料地立刻就同意了。然而，请他出演《激流四勇士》的时候，我花了好几个星期的时间，才把他说服。刚来的时候，在摄影棚里，面对着周围电影圈里的当地人，他感到有些害怕。幸亏我认识杰里·奥克洛尔，他是参加过追捕加希尔的警长之一，我请他担任本片的技术顾问。我把他介绍给乔恩·沃伊特。乔恩从这位警长身上汲取了很多灵感，用以塑造他的人物。他甚至还学会了警长讲话极其特殊的口音，因为他是考克和柯内之间的人。乔恩十分努力，达到了爱尔兰没人能够批评他口音的地步。另外，他在排练时，不断提出问题，对影片帮助非常大。实际上，必须有一位像他那样有名气的演员，才能够和班顿基臣那种突出的个性抗衡。

在爱尔兰当警察，大概是一件相当复杂的任务。

事实上，很多警察都同情共和国运动。爱尔兰曾是爱尔兰共和军的避风港，虽然加希尔日夜都受到 90 个人监视,政府最后还发给了这些人武器,把他们变成一种近似民兵一样的武装力量,但加希尔仍然逍遥法外。在影片中,我对任何事情都没有确认,加希尔被暗杀这件事,不排除有勾结警察的可能性,但我只留给大家去判断。负责监视加希尔的警察逐渐被解职,当他不再受到任何保护的时候,杀手就得以下手了。拍摄这最后一个场景(也是第一个镜头)的时候,使我信心倍增的是一位议员的证词:恰恰在谋杀之前,他在街上看到了杀手在一个提包里放着武器,他立刻到警察局陈述了嫌疑犯的外貌特征:方脸、浅色头发、身材矮小,等等。他出国了两个星期,回来之后,看到贴在墙上的告示,却描述的是:三角脸、深色头发、络腮胡子!他向政府当局提出了质疑,得到的回答是:通辑令上的照片一向都是这样的。

为什么您决定要以最后这次谋杀作为影片的开头呢?

您知道吗?如果影片的主人公从开始就将死去,势必给整部片子蒙上一层阴影,即便他做出十分野蛮的行动,观众也会对他产生某种同情。我希望这可以制造出一个悲剧的空间,因此自己不停地对我的合作者,尤其是对班顿基臣说:"假如没有这个悲剧层面,这部影片就不存在了。"最困难的是要在这些可爱之处和某些令人发指的行为之间,为这个人物形象找到一个平衡点,他的个性包括以上这两个极端。班顿基臣苦思冥想,担心给他罩上一个浪漫的光环。我完全同意他的想法,但我不愿意把他刻画成一个令人厌恶的家伙。我觉得,这是影片使人感到不快的原因。您觉得自己被主人公吸引了,但突然他却做出了一件让您反感的暴力行为。有些观众对此感到不解。一些曾经遭受过他的暴行蹂躏的人仍然健在,不能接受把他的可爱之处也反映出来,这是完全可以理解的。

加希尔与二三十年代爱尔兰或意大利土匪之间的区别在于,那些人十分保守,对政权或者宗教十分敬畏,而加希尔却是一个反对一切现行秩序的人。

事实上,他是一个真正的无政府主义者,这也是我对他感兴趣的缘故。他代表着今天很多爱尔兰人的思想状态,即使他们没有勇气和办法过着像他那样的生活。

在这方面,他和您以前拍的电影很多主人公都十分相似,这些人都是要冲破种种限制,最后却遭到失败或灭亡。

一个人试图置身于社会之外的思想,无论是因为他被社会抛弃,抑或是他不能接受社会的制约,这些人对我总有很强的吸引力。

将军的冒险经历不是亚瑟王的翻版吗?一个被骑士拥戴的君主之无产者版?

我虽然以前没有这样想过,但我觉得您的提法十分恰当。他确实颇有王者风范,他是自己领地的老爷。他像国王一样和两个妻子一起生活。必须使她们感到置身于社会之外,才能接受这种特殊局面。事实上,他也和第一个妻子的最小的妹妹同床共枕,真实情况比杜撰的作品更加令人难以置信!在影片里,我没有揭示这一点。我觉得最难写的两个场景,正是他和妻子第二个妹妹之间的关系。首先是那场妻子意识到他对自己妹妹有意,在某种程度上默许的戏。然后是接下来那个场景。我心想,这样的姑娘,如果她和一个男人上床,第二天早晨就会打电话给自己的知心女友,把全部经过都一五一十地告诉她。我当初就是这样写的,有点落于俗套,然而这个知心女友却是自己的姐姐,而且是刚刚和这个男人做过爱的正式妻子。在某种程度上,这样一来,反而使这种特殊局面变得正常了。

将军出现在公众面前时,用手遮住脸的做法,有什么说法吗?

这属于他矛盾心理的范畴。他是一个有暴露狂的人。走出法庭的时候,有人请他露出脸来,他脱掉自己的衣服,但仍然把手放在脸前面!他对名声有一种强迫症似的行为。每当感觉受到压力的时候,他都要召集一次访谈会议。他可能认为公众舆论对他个人的关注,是对自己安全的保证。明显不合常情的是,他用手挡住脸反而让人更容易认出他来。这和某种法术有关,他发明了在自己和外部世界之间的一种仪式,意思是说,在这只手后面,人们永远不会知道存在着什么东西。

他是不是跟《李奥的后半生》一样,也是一名信鸽爱好者?

他确实特别喜欢鸽子,因为鸽子是他和外部世界进行联系的唯一媒介。他加入了一个信鸽俱乐部,对这个俱乐部,非常慷慨,也经常去英国和法国参加聚会。这明显是一个意义深远的暗喻,他生活在豪莱菲尔德的贫民窟里,却对鸽子乐此不疲,难道不说明他对自由的向往吗?同时,鸽子总是会回来的。豪莱菲尔德几乎是一个孤岛,这里聚集着对正统社会感到不适应的人。加希尔只信任来自这个地方的人,坚决不愿意离开这块土地。面对推土机的威胁,他们进行了殊死的抗争。妻子们说服他在富人区买了一幢房子时,他知道这样就意味着加入了正统社会,而他在豪莱菲尔德生活时,周围都是自己人,肯定不会被人抓到。

您的摄影机运动非常流畅,另外,这部影片使用了很多特写镜头,这在您过去的影片中并不多见。

摄影机运动试图制造出一种动力,在人物中,您也可以发现这种动力。我想使画面达到一个压缩的形式,使得每个时刻都充满含义。萨姆埃尔·弗雷尔过去常说:一个场景不应该只表现一个意思,而应该同时具有多种含义。您注意一下入室盗窃的那些场景,拍摄十分简单,都是一些长镜头。今天人们拍这些镜头组,往往都用切割蒙太奇,我却很少使用这种时髦的技术。我要这些镜头组与整部影片风格一致,具有同样的力量。在这部片子里,确实比其他影片用的特写镜头多,因为《将军》首先是一幅"人物肖像",故事是从脸上展开的。这部电影比我拍的其他影片更加内心化。

这是您和您的摄影师希姆斯·迪西合作的第一部故事片吧?

是的,他担任过《我一梦醒来》和《两个裸泳者》的摄影师。《两个裸泳者》是他拍的第一部故事片,此前他一直拍纪录片。他是一位非常好的合作者。拍外景的时候,我们使用短焦,拍内景的时候,由于他们居住的房间非常狭窄,我们采用长焦来再现这种幽闭恐怖氛围。这部片子的技术人员都是当地人,预算少得可怜。我的道具师德瑞克·华莱士设计了布景,希姆斯·迪西既负责取景,又要管理全部技术人员,演员都是爱尔兰人。拍摄时,我们很少有即兴创作,但在10天的排练中,我对剧本进行了大量修改,直到开拍前一分钟才定下稿来。我听演员说台词的时候,经常会产生灵感,这是我创作最活跃的时刻,所以经常修改剧本。剪辑也非常快,这是我第一次使用视频编辑器,但是,这种方法可能会背叛你:在传统的剪辑台上,因为速度比较慢,你可以有更多的思考时间。视频编辑器对那些多角度拍摄、使用大量胶片的人,无疑会有极大帮助,因为他们可以试验不计其数的可能性。由于我根本不是这样拍片的,我拍片时电影大致都在我的脑子里,而且我也不进行多次拍摄,所以,这种编辑器对我帮助不大。

音乐是怎么选择的?

我不想要爱尔兰音乐,但我要一种爱尔兰风情。我非常喜欢爵士乐,又对爱尔兰伟大的萨克斯管演奏家里奇·巴特里十分欣赏。他为电影第一次谱的曲子可以给我带来这两种元素:爵士乐和爱尔兰风情。影片开头,我采用了宛·茂瑞森的歌曲,尤其是影片结尾时,她那首《此生一次》,唱出了我影片人物的心声。甚至可以说,它是马丁·加希尔的音乐版本。

这部电影,在您拍过所有的影片中,肯定是创作和拍摄时间最短的。

1977年3月中旬,我开始写剧本,3个星期就完成了第一稿。5月初,我带着预算来到戛纳,花时间最长的是找钱,8月初,虽然钱还没凑齐,电影已经开拍了。10月,开始剪辑,1998年3月,搞出了零拷贝,从计划启动开始,恰好用了一年时间。其中不包括我过去所做的研究时间。从那部《如果你有能耐,就抓住我们!》以来,我没有这么紧张地工作过!

这部电影也可以叫《如果你有能耐,就抓住我们!》

也许,这次拍摄的速度是由前两部计划中途夭折自己受到刺激造成的。我花了一年时间来改编 C.S. 刘易斯的小说《狮子、女巫和衣柜》。这是一部使用很多特技的片子,我们画了2000多张动画,与比勒·汉森工作室合作制作神话动物。我也和多次荣获奥斯卡奖的出色服装设计师詹姆斯·埃石森一起合作,进行视觉造型设计。不幸的是,因为预估投资需要8000万美元,派拉蒙公司放弃了拍摄计划。假如我10年前拍成这部电影,造价会便宜很多,可是我们必须在今天的工业氛围中工作,电脑制作画面的进步如此之快,造成了令人不敢问津的成本。这是一部我多年来梦寐以求的电影,因为我太想拍一部儿童片了。我特别喜欢神话故事,不停地给我的下两代人编童话故事。这部小说太让我着迷了！第二次世界大战期间，一群孩子离开伦敦，藏在一幢老房子里。他们发现了一个衣柜，钻了进去，结果，来到了一个陌生的地方，这里生活着一些神奇的造物、一个恶毒的女巫和一只善良的狮子。基督教和多神教交融在一起，在很多方面都酷似托尔金写的《霍比特人》。70 年代，我就想把它改编成《指环王》。奇怪的是，C. S. 刘易斯和托尔金都在牛津大学当教授，互相之间都知道对方在干什么，他们有一种强烈的竞争意识。托尔金热衷凯尔特神话，刘易斯却从希腊神话获取灵感。

后来，派拉蒙又来找我拍摄《简单计划》，这确实是一个简单的拍摄计划，很短时间就能完成，我很高兴。不料，开拍前 5 个星期，派拉蒙的董事长雪莉·兰斯决定要找一个投资伙伴，按照美国标准，这部片子造价并不高，只需区区 1500 万美元。后来，她找到了投资伙伴，在拍了两个星期之后，她和执行制片斯科特·鲁丁吵了一架，决定电影停拍。我很喜欢鲁丁，他为派拉蒙立下了汗马功劳，人们都认为他是一个不好打交道的人。聘请我的时候，已经有了一个剧本，但我和原小说作者斯科特·史密斯一起，对这个剧本进行了全面修改。故事发生在美国北方一座冰雪覆盖的小城里。主人公是兄弟两人，一个娶了一位出身门第比他们高的女人，另一个是智障的人。两个人的生活相当窘迫，但他们在附近一架坠落的飞机残骸里发现了一大笔赃款。然而，找到的金钱最终把他们都毁了。比利·鲍勃·托尔通出演了智障的兄弟。

在《将军》之后，您拍了一部关于李·马文的纪录片。自从 30 年前拍的关于格里菲斯的《大经理》以来，这是您拍摄的第一部纪录片。

李仙逝之后，我鼓励他的遗孀潘写一些关于他的回忆录，因为她精神受打击太大，终日不思饮食，我觉得这可能会是一种治疗手段。她花了几年时间才把这件工作做完，我请人帮她整理成书，答应把这本回忆录拍成纪录片，陪伴她的书一起问世。这是一部十分个性化的影片，我做介绍，进行评述，进行访谈，特别是对心理医生哈芮·韦勒麦尔的采访，他是一位战争创伤后遗症受害者心理学专家，对李·马文非常熟悉。李在太平洋战争中遭受的苦难，对他产生了巨大影响。没有人能够像李那样会表现暴力，从某种意义上说，他把自己的战争经历编成了一种情景剧。他想抓住这种暴力的真实。这部影片是一幅十分亲切的肖像，尽管本人对李的了解比很多人深入，但我不认为自己抓住了他个性的 10%。

谈谈您的未来计划，好吗？

玛丽·沃勒斯托奈克拉弗和她的女儿玛丽·雪莱的故事。前一个玛丽，无疑是历史上最早的女权主义者：她嫁给了葛德文，这位哲学家受到法国大革命影响，想要取消一切制度，其中包括婚姻制度。雪莱 19 岁时遇到玛丽，决定依照岳父的原则和玛丽同居，然而，葛德文却不完全首肯，因为自己的女儿才 16 岁！第二项拍摄计划：我希望能够很快付诸实施，这是别人推荐我的一本书，名叫《离别的忧伤》，是根据真人真事写成的。故事发生在 60 年代的纽约，苏联间谍部门派遣了一只"鼹鼠"，其任务是暗杀带着机密投靠西方的同胞。这名俄国间谍打入了一家美国公司,娶妻生子,始终保持着自己的秘密活动,直到最后被妻子发现。与此同时,他因误杀一个人,造成了个人心理危机,引起与上司们的一场冲突,这些人想把他单独遣送回国,并且威胁他的孩子。这种双重身份,以及故事发生的那个时代(1961—1968),是美国历史上的一个重要时刻,都使我产生了浓厚兴趣。

电影小星球 | 加拿大

Denys Arcand
德尼·阿冈
（1941— ）

  德尼·阿冈是魁北克六七十年代电影大繁荣时期，至今仍然活跃在影坛的唯一导演。当年的吉尔·格鲁尔斯、克罗德·朱特拉、让-皮埃尔·勒斐布尔，以及纪录片导演皮埃尔·佩鲁和米歇尔·布劳尔已经全部淡出了影坛。阿冈参加过直接电影浪潮，拍过反映纺织工人和他们在魁北克工厂受剥削的政治影片《我们在棉花里》(1969)和反映近代史上这个省份曲折变化的《魁北克：杜波来西斯及其后续时代》(1972)。他的三部曲：《可憎的金钱》(1971)、《雷雅娜·帕多瓦尼》(1973)和《吉娜》(1975)，是反映当今魁北克生活的忠实画卷和失败与异化的见证。第一部电影的结构是犯罪片，第二部是一个大都会政治生活中误入歧途的合唱影片，第三部影片反映边缘社会层面，一座外省小城的泛黑势力中，脱衣舞舞女吉娜被一群机动滑雪运动员强奸的故事。阿冈采取一种间离形式，就像这个时期东欧的让克索和马卡维耶夫，意大利的罗西，以及巴西的辉·盖哈和格劳贝尔·罗查等第三世界导演的那些政治性影片，拒绝进行身份的确认。阿冈的《美利坚帝国的衰落》(1986)扩大了他的观众群体，2003年的《野蛮的入侵》又重新起用了该剧中的人物，3年之后，推出了《蒙特利尔的耶稣》。

  《美利坚帝国的衰落》通过8位知识分子，向我们展示了魁北克的大学面貌，他们讲述世界的变迁、文化和性。谈话的精彩程度，展开论述的热情，阿冈对一代人的疲劳，嘲讽中充满善意的目光，这一切几乎掩盖了导演对影片的精确把握和自在心态，然而，看不见并不意味不存在。事实上，恰恰相反，《野蛮的入侵》以更加高涨的激情表现出同样的高质量。

围绕着《美利坚帝国的衰落》

(1986年5月,戛纳)

1975年,您拍完《吉娜》之后,又拍了《杜波来西斯》。

这不是一部电影,而是一个用录像机拍摄的电视系列片。讲述这位从30年代到60年代长期占据魁北克政治舞台的总理。我曾经拍过一部纪录片,名为《魁北克:杜波来西斯及其后续时代》。在这部系列片之前,我推出了《吉娜》,这部片子没有受到评论界预期的好评,在欧洲,那些喜欢《雷雅娜·帕多瓦尼》的人都不欣赏《吉娜》,在魁北克它反而取得了一定的商业成功。我不知道是不是自己的支持率有所下降,但这和加拿大官方机构改变政策确实碰到了一起。这些机构开始相信合拍影片,尤其是与美国合作制片的成功率。他们曾经拼命地试图吸引美国资金和美国摄制组与加拿大进行合作。这样联合拍摄了一大批影片,可是这些片子还没开机就被人们遗忘了。无论是法语对白片,还是英语对白片,这种做法扼杀了加拿大电影。这很像60年代英国的状况。美国人每到一个地方,就把当地的工业摧毁,这就是他们的焦土政策。拿工资说吧,他们掌握着巨大空间,付给像加拿大这样小国的工资,实在是太有吸引力了,所以,技术人员不再愿意为本国的电影拍片。全部资助机制都垮台了,因为这种机制只为和美国人搞猫腻的人提供资助。我们受了将近5年的这种钳制。我几乎因此而失了业。正在这个时期,有人建议我给电视台写一个关于杜波来西斯的7小时长的剧本。我做这件事并没有多少热情,然而它却取得了巨大成功。

您也参加了几集的拍摄工作吗?

我一集也没拍。全部是由加拿大电台自己的导演拍摄的,工会不允许聘请外界的导演。但是,剧作家可以当按工作定额付工资的人,所以,我就负责挑选了系列剧的全部演员,因为导演马克·布朗德弗尔操英语,来自多伦多,在蒙特利尔一个人也不认识。这样,我就和布朗德弗尔交了朋友,他后来变成了电视台制片人,请我拍了另外一套电视系列片《美利坚帝国的衰落》……这是用美国和加拿大演员拍摄的英语系列节目。

但在《杜波来西斯》和《美利坚帝国的衰落》之间相隔了6年,这期间发生了什么问题吗?

一方面,说出来很不好意思,也可以说是江郎才尽了,我脑子里一片空白,不知道应该拍些什么东西。另一方面,我前面说过了,制片的条件继续恶化。为了找点事干，我拍了一部纪录片，名为《安逸舒适和漠不关心》。这部片子拍了很长时间，目的是为了庆祝独立党掌握政权，计划要在1980至1981年完成，但我从1976年起断断续续地一直拍到全民公决才结束，几乎花了4年时间。全民公决总算把问题解决了。这是一部两小时长的影片，也可以说它是《魁北克：杜波来西斯及其后续时代》的另一个版本，区别只在于它是彩色片。

为什么要叫这么一个片名呢？

这并不是对《忧伤与怜悯》那部影片的回顾，而是因为这个"双名"能够准确地定义一种政治局面。您知道，魁北克的大多数人都对独立投了反对票，这样就把我们这一代人的政治梦想打破了，我们这一代人是指60年代初20岁左右的人。依我看来，在这次整个全民公决运动中，有两个关键问题：一个是安逸舒适，人们一点儿也不愿意做出牺牲，社会的成功能够降低半个百分点吗？加元和美元之间将会是一种什么关系呢？全部问题都在这里。另外一个问题是：绝对的漠不关心。一些人只关心足球和橄榄球，而对全民公决不闻不问，很多人甚至连投票都不去。这是公决的两个极端。

这部纪录片为您拍摄《美利坚帝国的衰落》准备了一个很好的开头。

当然啦，我的影片都是有连续性的。然而，在《安逸舒适和漠不关心》之后，出现了一个停顿，因为我立即去拍摄了英语对白的《美利坚帝国的衰落》。这部片子似乎有一定的象征意味。这个系列节目几乎全部是工业制作，卖到世界各地，甚至被认为是和《达拉斯》或《王朝》一样的美国电视系列节目，也许没有那么高的知名度。

这一次您参加了拍摄吗？

总共6个小时的节目，我拍了三集，每集一小时。故事讲的是：一个身无分文的人，眼花缭乱地逐步上升，变成了一个极为富有的人。时间延续了半个世纪，里面有第二次世界大战，战后时期，60年代，他孩子和家庭，他过去的情妇……一部名副其实的连续剧！这次和《杜波来西斯》正好相反，我什么也没写，只是当导演，但是我参加了"剧情编辑"工作，就是说，在一年中，每月参加一次集体修改剧本的工作。我提出了自己的看法，提出了修改意见，接受了一些咨询。拍摄这3个小时的影片，完全脱离了自己习惯的环境，用英语来领导美国演员，几乎进入了另一个世界。这在一定程度上，解决了我的魁北克民族主义的问题。我这次拍片，收获非常大，因为自己已经6年没当导演了，也就是说，从《吉娜》以来，我就没拍过一部故事片，我已经开始生锈了。最初那几天，什么地方放摄影机，选什么镜头，都大费周折，慢慢地才重新学会了自己的专业。接下来，我又拍了另一部电视剧《奥利德·普鲁夫的犯罪》。

这部电视连续剧是吉尔·卡勒开始拍的吧？

是的，那部片子获得了成功，他们想拍一个续集。吉尔·卡勒正忙着拍《玛利亚·莎普德莱纳》，他拍了这部连续剧的前4集，我负责拍摄最后两集。后来把这6集剪辑到一起,做成了一部两小时的电影。这完全是一个市场行为,充分利用了电视连续剧的广告效应。

与吉尔·卡勒相比,您对待人物的目光更加冷酷,很接近您过去拍摄的影片。这也是夏布罗尔喜爱的题材。

假如我有更大的自由度,我一定会走得更远。但问题是我要和原小说作者一起工作,我和这位老兄意见不合,不是同龄人,他有自己的一套想法。对我来说,这是一次锻炼的机会,导演不拍片不行。

我们再谈谈《安逸舒适和漠不关心》这部片子,在拍摄《美利坚帝国的衰落》之前,这部片子使您在今天人们的意识形态方面发现了什么东西?

我进行了大量的采访,使我吃惊的是人们对物质和金钱问题的重视程度。法语地区的加拿大人,是一个被征服、被统治的民族,是在一个小省份里生活着的少数民族,他们受到了巨大威胁,非常可能在百年之内就被人同化。一个通过民主方式选举出来的政府,问他们是否愿意继续做工作,以便加速进入独立的进程。人们或多或少地研究了这个问题,结果大多数人做出了否定的回答。这时候,我意识到他们这种人生态度在政治生活中竟然是决定一切的。此外,鉴于当时我找不到一个合适的题材,所以,我对自己的电影进行了深入思考。我心里想,自己拍了《可憎的金钱》、《雷雅娜·帕多瓦尼》、《吉娜》,这些人全部都是这个社会的边缘人物,对我自己的生活来说,他们同样属于边缘人物。我真正熟悉的人,并不是这帮杀人犯。我越来越意识到,加拿大是一个十分祥和的国家,我个人的生活也很温馨祥和。

也许这就是您当时对这类人物感兴趣的原因吧?

也许是这样。假如有一些才能,人们是可以把他们拍成电影的。但这一切都是想象出来的。

然而,对《雷雅娜·帕多瓦尼》或《可憎的金钱》,您的看法并没有改变。

我虽然还是同一个人,但观念变化了。现在我已经44岁了,拍摄您提到的那些影片时,我只有30岁。自己经历了很多事情,也读了很多书。但是,人们不会改变自己的参照系统。研究历史对我启发很大,精神范畴的东西非常吸引我。即使讲述一个爱情故事,我也不会背离自己的参照系统。

一些像罗西、塔维亚尼和您这样的政治片导演,向着研究私人关系方面转化,确实是一件很有意思的事。

我可以提出几个与自己有关的假设。您只要研究一下历史,就会发现,历史前进的速度和一座冰山的速度一样。历史是极其漫长的。随着年龄的增长,人们才会意识到生命是如此短暂。这里可能有一种年龄现象。可能罗西和我的情况相近,我们会意识到自己将不久于人世,但是,历史仍将继续前进,它是永恒的,我们在死前需要审视一下自己。年轻的时候,觉得生命是永恒的,历史变化很快。1968 年之后,事物将很快发生变化,所以,应该把这些展现出来。大家知道,在一部电影里,展现是徒劳的,不能改变现实中的什么东西,除非是我们处在 1919 年的革命时期。我这样说的意思,不是说这样做毫无意义。应该这样做! 人类的公正使得《控制一座城市的手》成为一部重要影片。必须讲话! 但在某个人的个人行为中,有可能他会探索死亡,即使那不勒斯的建筑物继续在倒塌。

一个知名人物说过:妇女掌权与帝国衰落密切相关。

这是一种挑衅的说法。我在一本女权运动人士的书中,也见过这种说法。历史上妇女掌握司法权最多的时期,是罗马帝国晚期。我自言自语地说:"好吧,好吧,让这段时期悄悄地过去吧!"18 世纪末,法国妇女也曾占据过十分重要的地位。丈夫死后,她们可以管理全部领地。我让我影片中最大男子主义的人物说起过这件事。但他们有 8 个人,没有一个是我的代言人! 我没有做任何结论,然而这个问题值得提出来。还有一种历史上从没见过的现象,这就是控制生育。评论这种做法的后果目前还为时尚早。在历史学家看来,这是我们时代的根本问题。魁北克的出生率是世界上最低的国家之一——1.4%。这就是说,人口日益减少。

这部影片中,使人印象深刻的是,在一个笃信宗教的国家里,这里却见不到宗教的影子。

对这个问题,本人实在无可奉告,对我来说,这也是一个不解之谜。这个民族显得太肤浅了! 它选择了一些时尚,然后又抛弃它们! 在魁北克延续了几个世纪的宗教,在 1960 年到 1970 年期间,没有经历任何一场宗教斗争,就这么消失了! 过去,教会有着巨大的政治影响,管理着医院和全部教育系统。但这一切都不复存在了。对于私立学校,这里也没有发生过法国那样的斗争。加拿大人不善言辞,他们不会引经据典,只会不动声色地听别人说话。他们还带着来自诺曼底农民身上的某些东西。像波拉克主持的《回答的权利》那种电视节目,在加拿大是不可想象的。在我们这里,人们听着第一个人发言,假如他愿意拿着麦克风继续讲下去,他可以一直拿在手里,除非主持人打断他,请另外一个人发言。我们回过来谈宗教问题,在和我经常来往的人群中,没有任何人与宗教有关系,除非是一些青年人,突然之间对印度教或者神道产生了某种狂热。加拿大和北欧国家完全不同,天主教对那些国家施加着巨大影响,在我们这里,那可就显得画蛇添足了。

使男人感兴趣的是,当他们不在的时候女人之间所说的话。在您的影片中有很多妇女们在一起的场景,您是怎么写出这些场景的?

我对这些场景实在不放心,因为听弗朗索瓦·特吕弗说过,他从来不写一场两个妇女单独在一起的戏,因为他没有目击者的经验。我心中暗想,这不是不去试一试的理由。我做的第一件事,是走访自己过去的全部情人。我们在一起谈了好几个小时,谈得十分开心。和这些人在一起,做什么事都极其容易,因为一个和你关系十分密切的人,你和她曾经有过一段恋爱经历,可以和你保持一种走得最远的关系。当你处在爱情中途的时候,情感达到了高潮,游戏和恋情继续下去的愿望,会造成几十种障碍。我和一些自己曾经爱过的女人保持着神话般的友谊,我和她们一起讨论了这个问题。我做的第二件事:我写剧本大致可以分为4个阶段,每个阶段都请一位女小说家或者一位女社会学家参与剧本的编写工作,把剧本读给她们听,请她们提出意见。

演员们对您的创作有什么帮助吗?写剧本的时候,就开始接触他们了吗?

我在写角色的时候,脑子里就想着一些演员。我跟他们笼统地谈了这些角色。那些制片人完全不同意我选择的演员。他们想要更多的明星,强迫我进行面试,并拍成录像交给他们。每个角色要进行3次试演!我对他们说,他们将会看到我的选择是最佳人选。有两个例外是出乎我所料的:一个是演路易丝的人物,她听说丈夫一直在欺骗她和那个有受虐倾向的女孩子。我只得去找了另外两个女演员,不得不对自己事先选好那两位姑娘说:"银幕上出现了一些意外情况,这两个姑娘表现出我在剧本里没有写进去的东西。"为戏剧和电影写剧本,确实是一件令人高兴的事:由于演员能够丰富你做的工作,你可以重新雕琢原来的剧本。所以,从现在起,我总要进行一些面试。

您的演员主要来自戏剧舞台还是电影?

他们都演过戏剧,加拿大是这么一个地方:人口不多,艺术活动很少,所以演员不可能专业化。您知道,加拿大每年只生产五六部影片。

开拍之前您进行排练吗?

不排练。开拍前所做的事我觉得有用的,是朗读剧本。8位演员和我一起,花两天时间读剧本,同时,对剧本进行说明解释工作,但不进行排练,没有动作,不带感情,只是为了对剧本的意思互相理解一番。有时候,演员会提出一些建议,拍摄过程中演员也会提出自己的意见和看法,但那时准备工作就需要停下来。我不知道不使用摄影机怎么能够进行长时间排练。我会直接被拍摄场地的环境感染,所以我总觉得排练是多余的,因为决定摄影机运动永远是自然的外景或者其他东西,摄影机决定拍摄长度,而演员的表演是由摄影机控制的。我知道有些大导演进行排练,但我不知道这样做有没有好处。

同一个场景,您要进行多次拍摄吗?

不,一般说,拍两三次,除非出了问题会拍4次。一些复杂的摄影机运动,因为技术原因我也许会多拍几次。我和一位年轻的摄影师纪·杜夫合作,他过去拍过不少影片,今天变成了一位非常了不起的摄影大师了。我遇到他实出偶然,因为我原来想用的是另一位摄影师,但他在拍前一部片子的时候爱上了一位女演员,两个人私奔了,跑到南图科尔岛上,决定不再拍电影,也不接电话了!

谈到您的同行和您自己时,影片中表现得相当残酷,同时,您又十分喜欢您的人物。因为您感到不公平地高人一等。那么,在不忠诚的讽刺和轻佻的娇纵之间,您是怎么找到平衡的呢?

对您这个问题,十分遗憾,我不能给您一个聪明的回答,因为这完全是下意识的。我是这么一个人,按照这种方法推理,拍出来的电影也是这种类型的。我不知道采用什么语气,不知道用什么目光,这一切都是您告诉我的。我可以告诉您我的生活和我朋友们的情况。我不认为这是什么残酷,也没有什么讨好可言。一生中,我爱过4个女人,当然还有其他人,她们就是电影里那个样子。难道说,我指出她们某些缺点,就是您说的那种残酷吗?但我告诉您,我非常爱她们。也可能这种爱被我特有的冷静观察力冲淡了一些。但在创作过程中我不能分析,不然的话,也许我根本就写不出来这个剧本。

片中人物是您以前认识的人物原型呢?还是您根据个人采访或者观察的一些轶事创造出来的呢?

情况不尽相同。以同性恋者克罗德这个人物为例吧,我有很多同性恋朋友。有一天,其中一位给我打电话说:"我太想拍一部电影了!我想了一个好题材,要把它写成剧本!"我去了他家。他的想法太离奇,我不感兴趣。我对他说,假如自己不是职业剧作家,第一部电影的主题,就会和所有的人都一样,只能是自己。他回答我说,他不能那样做,因为那就是他的生活。他是一个寻求艳遇的同性恋者,像帕索里尼那样,敢于冒着生命危险,到山里去寻花问柳。他的几个朋友都被人用匕首刺死了。影片中,他用大段独白叙述了艳遇经过,他说自己愿意这样幸福地死去。可是,他连厨房都不下。我有另外一个同性恋朋友,到我家就说:"我来给你做一个'古里比亚克'!"这个菜复杂极了,需要两天才能做好。我跟别人一样,也是把几个人的特点集中在一起,创造出一个人物来。再例如,片中正在写关于幸福论文的那位多米尼克,她很像我那些单身女友,她们学业有成,事业也很成功,就是备感孤独。多米尼克也许比其他人更加全面,因为我给她提示了这类女人的共同特点。一般说,我不会给单独一个人画肖像,总是把对很多人的印象综合在一起,创作出来一个人物来。

第一次剪接的片长是多少时间?您的主要工作是压缩起始长度,还是闪回和平行场景?

第一次剪辑多出来半个小时,两小时的长度显得过长,因为这是一部以对话为主的影片,一个半小时已经到了观众能够忍受的极限,主题属于那种观众站在一座房子敞开窗子的旁边,眺望街上行人走来走去的类型。故事本身也不太长,只是对人生的一瞥,所以,影片必须短小精悍,不能像《战争与和平》似的。节奏要快,不能拖拉,这就是 1 小时 33 分钟的结果。

您有新的拍摄计划吗?

我的制片人想让我拍一部新片子,计划还不十分成熟,片名就叫《蒙特利尔的耶稣》吧!在山上那个寻找艳遇的地方附近,有一个小礼拜堂,每天晚上那里都给旅游者演一小时《耶稣受难》,剧本出自一位法国天主教作家之手。我正在设计一位穷困潦倒的演员生活,他下午替人做广告,晚上演耶稣……

在您的影片里,您似乎总需要和您了解的某件事情发生关系,必须从一件真实的事件出发。

我这个人一点儿想象力都没有,自己非常羡慕那些想象力丰富的人,想象力是送给一个人最美好的礼物。如果不从真实出发,我就会一事无成,所以,我开始拍了很多纪录片来锻炼自己。但同时,纪录片又不能满足我。我觉得这种模棱两可的电影形式十分微妙,局限性很大。实质上,它比故事片更不忠实。由于自己拍的纪录片非常多,所以知道这种电影形式和故事片具有同样多的选择,但同时,它又不能真正去谈论某些事情,因为涉及的是一些实实在在的人,他们每个人都有自己的私生活。有些内容是不能去碰的,除非是在像战争那样的危机时刻,因此,拍这种电影会让人心理感觉受到伤害。出于这个原因,我离纪录片愈来愈远。

有趣的是,一些从拍纪录片起家的导演,如安东尼奥尼、瑞兹、布尔曼,比其他导演更加重视真实。好像他们对真实电影中的谎言进行反思之后,愿意通过格式化和结构的方式,达到更深层次的真实。

您说的完全正确。我不搞任何即兴创作。我一向坚持自己的电影风格,反对"真实电影"的美学标准。我把一切都写在剧本里。人们可以一字一句地、一个镜头一个镜头地把影片拍下来,但这并不意味着我不需要进行任何改动。有些导演是即兴创作的,尼克·卡萨维茨就是这样,但我从来不这样做。

有意思的是,您在样式内部工作。换句话说,如果这个主题使用另一种语言,可能会使乔治·丘克和汤姆·曼凯维奇非常感兴趣。您喜欢确定的样式——警匪片、社会研究片,并且重新加工。

我确实一贯喜欢这样做。假如您还记得的话,《吉娜》像是一部 B 级片,《雷雅娜·帕多瓦尼》的形式是古典的。关于样式,有上千种理论。然而,我所喜欢的,是表面上看起来十分传统的那种叙述方法。这种方法最容易与观众沟通。我作为观众,也喜欢影片以这种方式进行叙事。我之所以那么喜欢布努埃尔的影片,原因就在于此。从形式上看,他的电影非常传统,但其内容却极其前卫,叙事形式完全是学院派的——小全景、静止镜头、大特写,但其实质完全是颠覆性的。本人对形式的兴趣,远不如对内容那么大。也许我这个人比较原始,但我始终认为,如果仅仅在形式上下工夫,到头来只是在镜子里看自己,在原地打转。

您的这部电影,也让人想到18世纪的文学。18世纪也是一个文明的衰落时代,小克雷彼庸、狄德罗和马利沃的作品,全部的对话艺术都证实了这个论断。

确实是这样。任何对比都是令人扫兴的。我们加拿大人没有足够的轻盈,但我们尝试过要找到《费加罗婚礼》结尾时那种伦理式的口吻,那是如此的高雅和轻快,在其他人都带着面具的时候,伯爵夫人却在演绎她的生活。然而,戏剧特点并不突出,这才是理想的境界。要达到这个水平实在太难了,因为我们太农民化、太笨重了。

David Cronenberg
大卫·柯南伯格
（1943— ）

　　大卫·柯南伯格与彼得·格林纳维相仿佛，无疑是最善于诠释他作品的导演，并且能够准确地把他影片的结构进行"肢解"的人。暗喻都是确有所指、不言而喻的。柯南伯格的电影与医学和外科手术密切相关。无论是由疾病引起的，还是出自恐惧或是简单的异想天开，他的电影总是涉及基因突变、赘瘤或是传染病。他选择的领域是恐怖电影，和大卫·林奇一样，是当代恐怖电影大师。如果说，林奇更接近火焰超现实主义的自由梦幻，柯南伯格则更加理性，更接近医学科学。他影片的共同主题是人体的脆弱和退化。柯南伯格与格林纳维几乎是同辈人，和他一样，也是从实验电影起家的。然后，他就公开地投入了商业电影创作，以小成本拍摄恐怖影片。他的初期作品曾引起人们厌恶和争论，但不久他就证实了自己的高深智慧和主题体系的现代性，因为科学在电影中不是常见的题材。

　　《录像带谋杀案》(1983)和《变蝇人》(1986)，是科特·纽曼拍摄的一部老电影的再版，柯南伯格赋予该片一个寓言的哲学层面，使它超越了一个质量层次，表现出对演员和人物的人性更大的关注。《孽扣》中杰瑞米·艾恩斯的令人难忘的表演，柯南伯格对两个人物的气质拿捏得恰到好处，进一步确认了他美学上的成熟，以及在对遗传基因操作和对性行为恐惧感的思考。柯南伯格在布景和道具方面的思考也独具匠心。围绕着《孽扣》，我对他进行了第一次采访，后来，他又改编了《裸体宴会》、《超速性追缉》，拍摄了《蝴蝶君》、《感官游戏》（又译：《X接触：来自异世界》）和《童魇》，柯南伯格探索领域的独特性与在艺术上的冒险，始终是他与众不同的创作特点。

围绕着《孽扣》(又译:《孪生兄弟》)

(1989年1月,巴黎)

《孽扣》是根据一本名为《双胞胎》的小说,以十分自由的方式改编的。您为什么选择了这本小说,改编是在什么方向上进行的?

我应该从拍摄计划的源头讲起。70年代初,我在报上读到,人们发现完全相同的一对双胞胎在纽约同时死去。这两个人是当时非常著名的妇科医生,专门治疗妇女不育症。我觉得,这个故事既十分完整,又十分奇特,所以立刻想到会有人把它拍成电影。后来,我逐步意识到,假如我想看到这部电影,就必须自己去拍。这是在我和制片人马克·伯伊曼合作《变蝇人》之前很久的事。当时,我在洛杉矶遇到一位女制片人,她看了刚上映的《夺命凶灵》(《扫描者大对决》)之后,想和我结识。我的经纪人要我到加利福尼亚去,好让人知道我是谁。这位女士叫卡浩勒·鲍姆,在罗利马影片公司工作,她是我接触好莱坞的第一个人。她问我有什么拍摄计划,我谈到双胞胎的故事时,是她先提到了《双胞胎》那本书。这次谈话的结果是,她变成了这部《孽扣》的执行制片。说实在话,我看了这本小说之后,大失所望。虽然作者声明,他们的小说与玛丘斯孪生兄弟没有任何关系,但人们普遍认为,至少它也是这则社会新闻的小说版。我觉得小说不应该反映那些不适宜的东西。小说所探索的可能性我拒绝采纳。比如说,小说中说双胞胎之一是同性恋,还说他们之间有性关系。我从心理上觉得这不真实,一听就是胡说八道,我绝对不相信这是事实。我可以设想两个人都是同性恋,也可以设想双胞胎是异性恋,但不是这种情况。把乱伦加进去,太过分了,这是为了造成轰动效应。我觉得应该自己创作出双胞胎故事。制片人出自法律原因,也想对原书进行一下选择更加安全,他是坚持这样做的。由于这些原因,您看到的电影和原著没有太多的关系。

在写剧本之前,您读了一些关于双胞胎的医学或是心理学著作吗?

没读多少这方面的书。我读过与我主题有关的两本书,一本是莱斯利·费德勒论述美国文化中存在"怪胎",他特别提到了连体婴儿的情况。另一本书是《两性人》。我在调查研究方面很懒惰,但我杜撰出来的东西都证明是真实的,所以我觉得不需要收集大量材料。由于这个拍摄计划的成熟期很长——第一版剧本是在1981年写好的——很多人都听说了这部片子,所以,很多双胞胎都主动来找我谈心,我自然而然地就收集了大量信息。

我对作为影片主题的双胞胎问题并不感兴趣,但三个问题碰到一起,激发了我的灵感:一个是双胞胎,一个是妇科医生,另一个是两人同时死去的命运。毋庸置疑,双胞胎与众不同、吸引人、令人好奇。上学的时候我见过双胞胎,但在电影里,他们经常被人曲解,不是魔鬼就是圣人。一旦决定我要去讲这对双胞胎的故事,我就曾经扪心自问,双胞胎身上到底有什么东西吸引自己。由于我对身体和精神之间的关系特别感兴趣,在他们身上就出现了一个特殊的例子,两个身体完全相似,而两个大脑却十分不同。我可以设想一个世界,在那里既不存在完全相同的双胞胎,也没有一模一样的三胞胎。

对于全部成双成对的关系,丈夫和妻子,父母和孩子,他们的关系既紧密又具幽闭恐怖症特征。我觉得双胞胎是一个十分贴切的暗喻,他们既让人兴奋,又令人窒息。所以,《孪生兄弟》讲的不仅仅是双胞胎问题。

兄弟二人的变化非常有趣。起初,伯弗里与艾里欧不同,他是内向的和软弱的,但影片结尾时,他们的关系却调了过来。

我认为,艾里欧的力量只是表面上的一个错觉,他更有野心,更容易适应社会,但实际上,他们两个人却难以置信地同步。尽管表面上不一样,艾里欧在内心里和哥哥同样脆弱。

热讷维娃·布乔尔德这个人物也在改变自己。起初,她求人帮忙,然后对人敬而远之,最后,在退出之前她变成了保护人。

我希望她是一个演员,因为她的职业就是不断改变自己的身份,变成其他人。这是尽人皆知的。我们在生活的不同阶段,身份往往也是不同的,但同时又感到有一个核心,保持着某种连续性。克莱尔·尼沃身上发生的变化,应该详细讨论一下。但我认为,在心理上这些变化对她是有益的。影片结尾时,她知道自己使尽全身解数也无法救他。

筹措这部影片的资金时,您遇到困难了吗?

可以说,困难层出不穷。毫不夸张地说,马克·伯伊曼和我一起,敲了40多家公司的门。现在,好莱坞每隔半年领导班子就换一次人,所以我们需要再次去找那些拒绝过我们的制片厂。人们经常会问我们,这对双胞胎必须是妇科医生吗?他们不能是律师吗?双胞胎中的一个不能在片尾时活着吗?等等。这是一些司空见惯的问题,而且直接了当地告诉我们。我们接触的电影公司,在《变蝇人》拍摄之前与这部片子取得商业成功之后,态度没有任何变化。好莱坞有很多人说,假如你拍了一部能赚很多钱的电影,然后你想拍什么就拍什么,这根本不是事实。假如我要拍《变蝇人》续集,那会没有任何问题!因此,我们决定自己来制片,您在片头演职员表上,会看见我的名字跟我拍的前两部片子完全一样:《立体声》和《犯罪档案》。

同样,找主要演员也遇到了大量问题。我可能见了25名美国最好的演员,他们都以各种理由拒绝了。然而,其中有两位是最大牌的明星。您知道,美国的大多数演员都是演员工作室理论的信徒,这种理论是一种非常受大众欢迎的演技。我觉得,对他们来说,演双胞胎可能十分可怕。按照这种表演理论,你在认同你的角色之后,要进入你的角色,要和站在你面前的人发生关系。但在双胞胎的情况下,你面前没有人,你要面对你自己演戏,你必须接受一种精神分裂症的形式侵入你的身体。对于一个使用上述表演方法的演员,这是难以接受的。一些演员告诉我,他们太想演这个角色了。我遭到拒绝的另一个主要理由,是我的人物是妇科医生。美国演员大多数都是大男子主义者。他们同意去演毒品贩子,或者黑手党雇佣的杀手,但不愿意演妇科医生。另外,仔细想一想,电影上和戏剧舞台上,也确实没有多少妇科医生!

结果,您找来了一位英国演员杰瑞米·艾恩斯,因为英国的表演传统和好莱坞的方法正好相反,这个传统更接近狄德罗表演体系的模棱两可。阿来克·吉尼斯或者皮特·赛勒斯,甚至于劳伦斯·奥利弗,都特别喜欢演绎非常不同的角色,包括在同一部影片里。然而,杰瑞米·艾恩斯的表演更加复杂:出演两个几乎相同的角色。

毋庸置疑的是,杰瑞米不需要操心两个角色的相同之处,因为这是显而易见的。问题在于,要知道两个角色究竟不同到什么程度,并且,要拿捏得合情合理。我不愿意双胞胎兄弟非常不同,杰瑞米必须在自己身上找到两个人之间的细微差异。我所做的全部工作,是引导他和纠正他的不足之处。他终于找到了一些办法。比如开始时,他问我能不能给他两个化妆间,一个给伯弗里,另一个给艾里欧。我告诉他做不到。这是刚开始的时候,因为他很紧张。后来,他把发型和化妆变得有些不同,演艾里欧的时候,把脚踮起来,这样可以显得高一些。演伯弗里的时候,站在脚底板上,显得有些邋遢和老实巴交。每天他要这样变化一二十次,因为我们从来不连续拍摄同一个人物。每隔10分钟就要变化一次,实在够难为他的。他之所以能够演得这么好,一方面是因为他是一个天才,另一方面,是因为这些形体上的细微末节,能够引发他不同的情感。最初他有些紧张,因为他不熟悉我,可能只看过我拍的一部电影。他对我说,剧本中有很多地方可能会用相当庸俗的方式去演绎。我必须告诉您,我在写剧本的时候,既不标明演员的动作,也不说明摄影机的角度。比如,他检查热讷维娃·布乔尔德身体的那个场景,我没有说明摄影机的位置,这个问题让他十分担心。但是,您已经看到了,尽管这里讲的是妇科,但人们从来看不到一个女人的身体。我们和杰瑞米一起,讨论了这些镜头将要怎么拍摄。另外一个担心,是他不敢肯定能够把他的角色演到底。他想知道,当他面对一个替身进行表演的时候,要在耳机里听这个替身讲话,并且与他对话,这将是怎么一种情景,对一位演员来说,在技术上是一件不同寻常的事。因此,他来到多伦多,我们用摄像机拍摄了一些镜头,进行一番实验之后,他才放心大胆地去演他的角色。

李·维尔森搞的特效,对您的导演工作造成了哪些问题?

这些特效,尽管范围之广达到了极致,但和拍摄中的技术问题属于同一性质。

每天早晨把胶片装在摄影机里之前,都会出现一个问题。比如,一个场景的舞蹈动作,您叫演员到窗户旁边去说他的台词,然后转过身来。假如您面对着两个演员,这比较容易交流,假如你面对的是杰瑞米·艾恩斯的替身,他所想的与你不发生关系。他只是一个身体,人们对他是否想在房间里走动完全无所谓。这就使得杰瑞米即使在排练的时候,也要变来变去。他也问过我,是否可以为兄弟俩采用不同的照明。我告诉他,这也做不到,因为当他们在空间里走动的时候,没有办法用不同灯光来跟随他们,否则的话,就太明显,太人工化了。当然有些镜头组比较容易这样拍,但我决定在任何情况下都不能让技术来控制电影。

我觉得,看了那么多的双胞胎电影之后,唯一令人信服的方法,就是避免全景镜头,导演让这些镜头拖得很长,以便观众能够充分欣赏这些造价昂贵的特殊效果。而我们愿意做的,却是看面部的特写镜头。原因是我不愿意自己的影片被技术破坏,有很多双胞胎在一起的戏,但人们看不到他们在同一个画面里,我希望这样叙事能够做得十分自然。

负责特效的技术人员希望我们有一个分镜头脚本,以便知道在哪个镜头里有双胞胎在一起的戏。我排除了这个想法,因为我从来不用分镜头脚本进行拍摄。我认为,这是异想天开,因为一旦和演员进入了摄影棚,一切就都变了,分镜头脚本不但不能帮忙,反而变成了一个累赘。所以,我决定搬来一台数位摄影机,我们用它来处理摄影机运动(对于静止画面,我们使用分割屏显仪),把它放在一个角落里。我拍戏的时候,就好像我面对着两个演员,当我要双胞胎同时出现的时候,我就使用数码运动摄影机。我知道,假如两个月前确定了这个长镜头,我就不能改变了,因为整个技术组都会集中到这个镜头上来,全部场景都要由它来控制。其结果,不但不能帮忙,反而降低了感官错觉。这是我缩小技术作用的方法,当然,它还是始终存在的。比如说,您要从带假发的替身肩膀上方拍一个镜头,必须时刻注意不要让他的脸部转动,这样观众才能继续以为他是杰瑞米·艾恩斯。数码运动摄影机也有问题,因为每个画面必须拍两次。比如双胞胎坐在床上那场戏,摄影机推向他们,这个动作必须做两次,第一次双胞胎之一坐在一个地方,第二次另一个双胞胎坐在另一个地方。实际上,绝不仅仅拍两次,因为我们同一个镜头要拍多次。当他们走在过道里的时候,取景师跟着杰瑞米·艾恩斯和他的替身,电脑记忆下来这个动作。这样,摄影机就能够准确地一个画面一个画面地重新复制出来,但这一次就是杰瑞米·艾恩斯和对调的替身了。

您刚才谈到了一个镜头组的舞蹈动作,那是什么意思呢?

虽然很多导演都不这样做,但我觉得这是自然而然的事。我认为,如果有好演员,我们就希望他们能够参与到影片的创作中去,而不是要把每个细节都给他们讲得一清二楚。我不愿意他们即兴创作对白,因为,这是我花了很长时间,才琢磨出来最适合表达自己意图的东西,除非我写的对白太拗口,他们有比我更好的台词。不然的话,我不改动对白。一个词或一句话也许可能改动一下,但整个镜头组不能有深层的改变。然而,早晨来到一个新景地的时候,除了场记,我让其他人都走开,我和演员们一起讨论他们移动的路线、身体的姿势和他们的手部动作,等等。事实上,我开始导演的时候,自己觉得最困难的是把空间切割成立方体、正方形或者矩形。摄影机不能像我们的眼睛那样移动。我们走进一个房间,房间里的东西一下子都看到了,因为我们做了一个视觉蒙太奇,摄影机却做不到这样。

和演员们一起研究空间问题,确定动作和画面构图,对我来说是一种直觉,通过直觉来把剧情、演员的位置移动和对白都衔接到一起,我对摄影棚里这个准备性的舞蹈动作十分重视。实际上,我像排话剧似的从演员开始,然后逐步进入电影。所以,每个因素都能改变另一个因素。我相信演员们的本能可以给我提供很多可能性,因为他们的责任不是整部影片,而是他们饰演的人物。拍摄结束的时候,他们对所演人物的了解往往比我多,能够告诉我很多令我吃惊的事。

影片开头的时候,孩提时代的双胞胎在水里谈论着人生和性,由于影片有了水的海蓝色,所以显得更加动人。蓝色和绿色主宰了一切。

是的,它是一个鱼缸的色彩,是我向出类拔萃的摄影师皮特·苏什茨基提出的要求。在皮特之前,我和艺术总监卡洛尔·斯皮伊尔合作,当时我们并不知道皮特·苏什茨基将是我们的摄影师,因为布景在开拍前一年就搭好了,那时候,这部片子是为迪诺·劳伦迪斯的 DEG 公司拍摄的。后来,这家公司破了产,我们只能等待和不让别人把布景破坏了。

最初,我们的想法比较简单。因为,这些事总是要和美工师打交道:人物喜欢看书吗？他们是否有一套立体声……由于双胞胎的身份不是非常清晰,我们设想,他们找了一家室内装修公司,让他们用最好的材料,为他们装修一套漂亮的公寓。但是,这套房不符合他们的趣味,色调冷,没有个性,好像他们借住在别人家里似的。海蓝色就来自于这种冷色调。热讷维娃比较务实,更加热情,所以,她住房的色调和墙纸比较复杂,色彩变化也较多。

那么,手术那组镜头里红色服装的想法呢？

剧本里,我仅仅写了他们要进行一次手术。我过去曾经拍过手术室的戏。美工师给我看了很多手术室的照片,我很失望。因为这种地方的形象在整个北美洲都标准化了。电视上,人们看到打开心脏的手术、激光治疗眼睛的手术,都是同样的颜色,不再是白色,而是绿色。蓝色上面有几处为了好看而加上去的活泼一些的颜色。我想,如果自己按照纪录片现实主义风格处理这个场景,就什么也不用改变了,这将是一组纯粹的叙事镜头。所以,我决定创作自己的手术室和服装。这属于某种表现主义范畴。事实上,伯弗里在这个场景里完成的,不仅仅是他的工作,而是一种神甫的仪式,似乎他在完成一项宗教的神圣使命。正是出于这个原因,我想到可以让人想到红衣主教的服饰颜色。

这部影片在加拿大、美国和英国上映之后,您注意到男女观众之间有什么不同反应吗?

研究男女观众之间的不同反应了,没有发现很大区别,也是一件快事。很多男人不喜欢看前几个妇科的镜头组,他们中的大多数都不知道,妇女们去看妇科医生,到底是去干什么。女观众却觉得这是很平常的事。然而到后来,事情变得奇怪了,妇女们在妇科医生的职权面前感到有些担心,而男人们却恢复了自信。所以到了影片结尾,男女观众在总体上的反应是一致的。

在您的很多影片里,男人都有自恋癖,他们害怕外部世界,尤其害怕女人。您似乎对这种不安的心情非常感兴趣。

当然啦!从戏剧冲突角度看问题,不安情绪非常有意思。可是,人们往往把导演与他的影片及其人物混淆在一起。这往往是不正确的。对我来说,最根本的是戏剧冲突。假如每个人都很幸福,身体很健康,我就没有电影题材了。但是,这两个双胞胎不仅仅是男人,他们也是畸形的怪物,是我鱼缸里游动的热带鱼。我从没说过他们是人类的代表,但您说的没错,我的全部男性主人公,往往都与外部世界有困难。但请您注意,我的女性人物,也会给男人造成问题。人们会明显感觉到,克莱尔·妮沃(热讷维娃·布乔尔德)和一些男人出现了问题,她也给他们招来了不少麻烦。正因为如此,在这部影片里,妇科是一个重要元素。人们到这里来,谈论有关性的政策,讨论外科手术和医院问题。这两个男人过着与世隔绝的生活,无论男人或女人,他们都不需要。对于性的问题,他们很理性,也很冷漠。我们再一次遇到了笛卡儿探索的身体与精神对立的命题。我很喜欢这位哲学家分析的思想过程,每个步骤看起来都是合乎逻辑的,合理的,但结果却显得十分疯狂,您会扪心自问:怎么会是这样一个结果?!艾里欧和伯弗里非常理性,他们觉得女人与他们不同,是一种奇怪的造物。因此,他们对女人产生了兴趣,通过对女人的分析和解剖,观察她们是怎么"运转"的,以便最终能够更好地对她们加以控制。当然,事实上,情况并不完全是这样。尤其是伯弗里,他认为女人像是一道数学题,他甚至喜欢面前没有女人,所以,他讨厌怀孕、生孩子和丈夫……对他来说,这太复杂,他更喜欢理论。

按照这个观点,艾里欧发表了关于身体内部美学,关于脾脏、肾脏和肝脏之美的论述。

我在宣传《变蝇人》的时候,曾经说过类似的话:在一只苍蝇面前,我们的第一反应是厌恶。然而,如果从一开始就把它想象成一个了不起的造物,苍蝇慢慢地就变美了。我说的这段话,跟艾里欧一模一样。5万年以来,我们始终没有发展出一种我们身体内部的美学。我们知道这种美学的存在,能够感知它,但我们没有标准去衡量它、评价它。据说,海豚虽然面部无动于衷毫无表情,但使用声纳(一种声音雷达),通过发出的低低的叫声,反响到海豚身体内部,能够了解对方的感情状态。依照对方脏腑的状态，紧张还是松弛，就可以进行判断，就能够知道对方是幸福还是忧伤。它们对对方身体内部的认识更加深刻。艾里欧幽默地说了这番话，但句句都是真理。

贵国学者一向都是权威，您对他们持何种态度？是否赞同19世纪那些怪诞派作者的观点？随着科学地位的提高，他们似乎发展了恐怖和非理性叙事的样式。

对这种学者的僵化观念，本人绝不苟同。在《变蝇人》里，我介绍了一位科学家，他更加人性化，更加离群索居。我的影片主人公往往是悲剧人物，但他们是典型的伟大创造者。我也可以拍一些这个类型的艺术家。我认为，最好的学者与艺术家非常相似，他们具有极强的创造力，靠着直觉和本能积极地进行探索。今天的科学，不再是19世纪那种机械的科学，而是有机的科学。爱因斯坦就是最好的例子，他动摇在小提琴和科学之间。我依据这种观点推论，恐怖电影是理性思维与非理性思维之间冲突的产物。假如我们有非理性的充分自由，恐怖电影就不存在了。我在影片中试图揭示的东西，是想说明身体和精神能够并存于一体。从理性观念出发，我们注意到它们不能单独存在，然而，我们却经常感觉到它们是分离的。

《孪生兄弟》是以悲剧形式呈现在观众面前的，从影片开头，我们就能知道主人公将是命运多舛。

这样处理是经过深思熟虑的，我很高兴观众能够感觉到我们的意图。在前几个镜头组里，我不让童年时的孪生兄弟父母出现，就是为了避免弗洛伊德式的阐述：假如他们的母亲让他们穿不同的衣服，故事将不会是现在这个样子。我想告诉人们，他们的命运从一出生就已经注定了，外部因素——包括父母——无法改变注定的命运。

霍华德·绍尔的音乐，突出了瓦格纳《爱之死》的层面。

是的。音乐是后瓦格纳时代，接近马勒的那种浪漫音乐。除了《死亡地带》，我的影片音乐几乎都是绍尔创作的。他没能为《死亡地带》谱曲，是因为当时实在抽不出时间来。我这个人喜欢跟合作过的人一起共事，这样做，大家会越来越熟悉对方。剧本的第一稿完成之后，我立刻寄给了霍华德·绍尔，他就开始考虑配乐。不久，他给我寄来了合成的主题曲，我把它放到了片头那组镜头里。然后，我们开始讨论乐器问题，是不是电子的、乐队规模、弦乐器和管乐器的配置，等等。这是一些很实际的事，开始时，还不需要研究乐曲的参照问题。全部有关音乐的对话十分奇怪，因为这不是用语言来表达的，声音比画面更具主观色彩。我在混录的时候比在拍摄的时候与别人的争论更加激烈，因为同一个声音对每个人都会引起不同的联想。影片一旦间接完毕，我和作曲家及剪辑师坐在一起，进行极其细致的工作，我们要把某一段音乐放在某个人物说完的最后一句话，直到一个镜头的末尾。虽然我们很少讨论原创音乐，但我们经常研究马勒、斯特拉文斯基和贝尔纳·赫曼。我的影片似乎与这几位作曲家的音乐结下了不解之缘。

您刚才谈到,在艺术和科学之间区别很小。您本人在读书时,也曾经在生物学和文学之间动摇过。

阿瑟·科斯特勒证实了艺术创作和科学发明是相似的。在多伦多大学,我学习过一年科学,因为我想当一名生物化学家。但是我没能够把书读完,因为课程虽然有趣,但我觉得教育结构太令人窒息,结果使我感觉毫无兴趣,我决定改学文学,我认为自己能够成为一名学者,当然,也许自己有点狂妄。无论如何,我觉得在科学和艺术之间有着十分密切的关系。在研究和实验以及阅读一篇精彩文章之间,没有天壤之别。另外,从孩提时代起,我就对大自然和动物饶有兴趣。除了小时候自己不像这对双胞胎那样奇特,也没有像他们跑得那么远之外,我和他们在一定程度上十分相像。比如,我也非常喜欢收集昆虫,他们穿的衣服和我小时候在多伦多穿的衣服一模一样。然而,在与自传的元素做比较时,不应该走得太远……

您出身于一个艺术世家吧?

我母亲是画家,父亲是作家。他们从事的这些活动对我来说十分自然。长大了一些,我才知道,和我住在同一条街上的很多孩子,家里既没有书籍,也没有乐器。在我很小的时候,我母亲就教我弹钢琴。11岁,我就会弹吉他,一直弹到20岁,我甚至想当一名音乐会的吉他手,但我知道了,这不适合我,它不完全是创作,往往只是演奏。我像60年代的很多年轻人那样,特别对东方音乐着迷,因为它太特别了。最初,我们有一个固定的形式,后来就像爵士乐那样即兴演奏了。但是,那时候我已经投身写作了,我想成为一个作家,今天,在一定含义上,我也是一名作家了。

您在业余时间里,看书多还是看电影多?

到电影院去看电影,这是周末的事。至少,这是电视大发展之前的情况。对我们这样的小孩子来说,到附近3家电影院去看电影,这是司空见惯、习以为常、每周必去的事,没有任何值得大惊小怪的。在我居住的区里,新移民不断涌来,最新的一批是意大利人。我记得有一家叫"摄影棚"的电影院,在我小时候常去的那家电影院对面,那里只演意大利原文影片。我看了一部西部片之后,从电影院走出来,看到街对面从"摄影棚"走出来的男人女人都泪流满面,有的人甚至泣不成声。我当时大惊失色,大人看了一部电影怎么能够激动到这个地步? 我穿过马路去看个究竟。那里正在上映《大路》。这是我第一次发现电影能够使人如此动情。

文学方面,您喜欢读哪一类作品?

我过去非常喜欢格洛府出版社出版的地下作家作品,以及它在《常青藤杂志》上发表的小说。这种爱好使我发现了巴勒斯和弗拉吉米尔·纳博科夫,他们无疑是我最喜欢的文学幻想作家。我对中世纪的文学也情有独钟,我特别热爱乔叟和薄伽丘的翻译作品。中世纪文学对我的想象力产生了巨大影响。那个时代的男人被死亡困扰着,他们能够泰然自若地去面对死亡,这一点非常吸引我。

除了《快速公司》,您的全部影片都属于幻想电影,然而幻想片往往要面对死亡问题。

是这样。死亡是这类影片的中心。从某种意义上说,这种样式能够保护我。比如在《变蝇人》里,两个年轻人双双坠入爱河,后来,男孩子染上了一种可怕的疾病,在他的伴侣面前慢慢死去,最后请他的女伴将他杀死。假如您不以幻想片的样式在好莱坞讲给一家公司听,而且您要 1000 万美元的拍摄预算,他们就会认为您是个疯子。然而,您如果拍一部恐怖片,在好莱坞,您可以提出一些其他地方无法想象的过分要求。假如《孪生兄弟》有更多的幻想或者科幻元素,我想在筹措资金时就不会遇到这么多困难。

您在什么时候决定今生今世要为电影事业奋斗终生?

我能够准确地确定这个时间。在多伦多大学读书的时候,我看了一位大学生拍的电影,片名是《春天给我们带来温暖》。这件事对我冲击很大,因为要在多伦多拍电影就跟要在多伦多制造汽车一样,这种想法简直太奇怪了!因为,所有的电影都是在好莱坞制作的,所有的汽车也都是在美国制造的!既然您的父亲或者您的祖父在工业部门工作,那么,您就应该想到您将来也要在工业部门工作才对。突然之间,我发现我的一些朋友在《春天给我们带来温暖》里当了演员!这是一部非常有趣的小电影,对我来说,这是一个重大发现,我意识到,拍电影是有可能的!当然,今天的情况完全不同了,人人都可以拍电影,我那个 10 岁的小侄子,居然在学校里已经拍了 10 部小电影!

电影剧本一直都是您自己写吗?

过去,我写过一些短篇小说。当时想,有朝一日,我将成为小说家。在大学里,我得过不少奖,即使在学习理科的那一年,我也在写小说。在刚开始读生物化学专业时,面对着文学系 4 年级那些优秀的同学,我却因为一篇短篇小说荣获了一等奖!小说讲的是一个躺在床上处于弥留之际的男子,向坐在床边的妹妹,回忆和幻想一些往事的故事。其他小说都以恐怖和幻想为题材的。

您是怎么开始学习拍摄电影的?

我完全是自学成才的。当时在英语国家加拿大,几乎没有电影学校,只有加利福尼亚大学和伦敦电影技术学院。我查看电影百科全书,阅读有关"镜头"、"摄影机"和"胶片"的文章,以及《美国电影家》杂志,其中包括小广告,目的是了解技术操作机制,比如,我觉得十分神秘的声音和画面同期录音问题。后来,我经常出入出租设备的电影器材商店,在那里可以碰到拍广告片的摄影师,他们常去那里喝一杯杜松子酒。我听他们聊天,问他们怎么改装 Arriflex 镜头。熟悉技术之后,我在这家商店租了一台奥利康摄影机,当时拍纪录片都用这种摄影机,又租了一台摄录专用稳定器和一个麦克风。我把自己写的剧本和几个愿意当演员的朋友合作,拍出了我的第一部影片《转移》,后来又录了音,做了剪辑,犯下了无数的错误。我就是这样学习拍电影的。

您喜欢制作一部电影的哪个阶段?

哪个阶段我都觉得舒服自在!当然啦,拍电影阶段最好玩。写剧本阶段最困难,一个人待在一间屋子里涂来改去能够让人发疯。像我这样,停下来一段时间之后再去写,会感觉更加困难。比如说,一年来,什么都没写过,那就难以提笔了。但是,写东西可以让人的心理得到满足。独自面对自己,这是最基础的创作行为。在一定程度上,我能看到以后拍摄的影片。我可以详细地描绘一个人物,同时也知道,演员将来创造的这个人物可能会完全不同。但是我仍然需要把我的剧本写成故事,以便感觉人物的真实性。那些专业剧作家只写明"35 岁男人,面目清秀",仅此而已。我是为自己而写的,为自己的需要而写,我从来没有给别人写过剧本。这是一种非常文学化的练习,距离拍摄的要求还很远。经过一段时间,人会感到孤独,需要与人接触。当我开始对写剧本感到厌烦的时候,电影拍摄的准备阶段开始了!这段时期令人激动,开拍的等待让人心潮澎湃。所以,每个阶段都有一个不同节奏。拍摄阶段跟打仗似的,很少有时间睡觉,等累得筋疲力尽的时候,剪辑阶段开始了。这个阶段和写剧本阶段差不多,不同的是,周围还有其他人,但气氛要平静很多。最后是混录阶段,这时候,我比较兴奋,也更加紧张,这是一个经常被人忽视的阶段,但这个阶段十分关键,特别是与制片人的交流问题变得异常困难。

《死亡地带》是唯一一部不是您自己写剧本而拍摄的影片,在场面调度方面,有什么区别吗?

没有什么区别,因为拍摄的时候,我把剧本看做是别人写的。对于场面调度,剧本帮不了我任何忙。还应该说一下,我本人参加了《死亡地带》的剧本编写工作。我参加这项拍摄计划的时候,已经有了 5 个写成的剧本,其中包括斯蒂芬·金的这个剧本。我把这些剧本都否定了。我和杰弗瑞·鲍姆开始合作,告诉他我希望拍成一部什么类型的影片,也告诉他我想保留和准备删除的小说内容,以及我想要给影片定下一种什么调子。我们对剧本采取的工作方法和好莱坞一样。他写了 5 页,我看了之后,大家一起讨论。所以,在准备《死亡地带》的工作中,我介入很早,拍摄时我自己也写了我需要的两场戏。

您是怎么从地下电影转到商业电影的?

我拍摄的前两部电影还是典型的地下电影:《立体声》和《犯罪计划》。拍这两部片子的时候,从摄影到剪辑,都是我一个人完成的,是在自然外景拍摄的,所以也用不着搭景,有我和演员就够了。我也是首次使用 35 毫米胶片拍摄。《立体声》是由加拿大文艺理事会和其他赞助单位提供的资金。《犯罪计划》的资金来自加拿大电影发展公司,也就是今天的加拿大电视电影公司。我受纽约地下电影影响很深。60 年代时,约翰·梅卡斯和他那一帮人对我们说:"电影属于你们,如果想拍电影,就来拍吧!你们不需要到好莱坞去当 20 年的助理导演。"这正是我渴望听到的话,对我的鼓舞非常大。我们和伊万·瑞特曼以及其他朋友,一起在多伦多成立了一个合作组织。1972 年,我到法国南部露河流域的图海特生活了一年,用我新买的伯辽摄影机拍了一些短片。我记得当时自己从这个与世隔绝的中世纪小村庄走出来参加戛纳电影节的情景。我真像是一个山里人,面对着车水马龙的繁华街道,连过马路都不会。我完全被戛纳吓坏了。为了推出一部詹姆斯·邦德的影片,卡尔顿酒店正面竖起了五层楼高的宣传招牌。喧哗热闹让我感到不适,我又回到了图海特。在那里,我开始思索,心中暗想:假如我要搞电影,就必须学会适应这一切:金钱、广告和辩论。我不想再继续搞地下电影了,我感觉自己已经全部尝试过了。因此,我又回到戛纳,在那里住了几天,目的是想了解清楚这一切是怎么运行的。假如你幽默地去接触电影节,这是非常好玩的,我的心情完全放松下来了。电影节给我带来了很多欢乐,从那以后,我经常参加电影节,目的是推销我的影片,而不是参加竞赛!

商业电影方面,《毛骨悚然》是您的开山之作吧?

是的,这是我的第一部职业电影,我领取薪酬,围绕着我的摄制班子也是领取薪酬的。我写了一个剧本,交给了"西内彼克斯",这是当时加拿大唯一一家电影公司,它以生产网络软件为主业,以很小的力量参与电影制片。他们聘请伊万·瑞特曼做制片人,这部影片花了 3 年时间才拍成,因为"西内彼克斯"不愿意我来当导演。他们看过我拍的地下电影,但不相信我能够把一部商业片拍好。应该承认,各种制约和压力是非常大的,这部片子的拍摄档期只有两个星期。最后,他们还是把导演工作交给了我,因为,不然的话,他们得不到剧本。

《毛骨悚然》是您讲述身体、蜕变、细菌、传染病系列电影的第一部影片。

我实在难以解释为什么这是我的永恒主题。我从来没有提醒过自己,刻意要坚持这个主题。假如人们研究昆虫——这是我年轻时的爱好之一——它们一生的重要特征之一就是蜕变。各种昆虫都要经过一次或多次蜕变,其中某些变化的怪异程度令人难以置信。有些动物也有这种变异。我觉得,人同样有类似情况,只不过没有这样明显而已。我想做的,是要把人的蜕变展示出来。在这里,我可以做一个理性的解释,但我在写剧本的时候,这一切都是自发地跳到我的打字机上的。

比如说,我刚刚在巴黎生了 24 小时病,这次病得很奇怪。我觉得,我们的身体十分不稳定,身体的平衡取决于奇迹,每个细胞都很脆弱和复杂,一个细胞受到伤害,整个机体都有反响。这种不稳定性其实是一种幻觉,我们必须相信这种幻觉才能保持精神健康,但同时,我们还应该努力去理解什么是生命,什么不是生命。只要大病一天，一切就都改变了：再也不知道身在何处，现在几点钟了，完全陷入了一团混沌。生病之后，人们才会对自己的身体、身体和大脑之间的关系，以及身体对我们精神状态的影响有一个比较清醒的认识。您的心理对身体所产生的作用同样也是极其神秘和有趣的。

您说过，《夺命怪胎3》是您最个性化的影片，它拍摄在您生活的一个转折点：您的父亲仙逝，您的第一任妻子与您离异。

对我来说，拍摄《夺命怪胎》是一个真正的精神发泄。我想，这是自己唯一有自传元素的影片。我生活的一些场景再现在剧本和我经历过的对白里。比如，当那个男人要不惜一切代价留下自己孩子那场戏。当然，从广义上说，人们只能从自身的精神、身体和感情经历汲取营养，一切艺术都是自传性的。但是，在《夺命怪胎》中，情况并非如此，我真的把自己生活经历的时刻再现了出来。拍摄这部影片的动力全部来自于我刚刚经受的离婚之苦。我不认为《夺命怪胎》和我父亲的去世有什么联系。在父母辞世之前我拍过很多关于死亡的影片。今天，我母亲也情归离恨天了，我现在谁的儿子也不是了，在死亡和我之间不再有任何保护，下一个死者将要轮到自己了，对于孩子们，我担当起了我父母的角色，必须理解这个变化，角色颠倒过来了！

我父亲死于癌症，弥留之际头脑依然十分清醒，这件事更加证实了我的看法。由于身体不能继续支持，精神也会遭受破坏的现象，我感到愤慨。对我来说，这是一个不解之谜。

影片人物的名字十分重要：《孪生兄弟》叫曼特勒，热讷维娃·布乔尔德叫克莱尔·妮沃，在《录像带谋杀案》里的比昂卡·奥博里维庸和巴理·孔维克斯，在《扫描仪》中的大理尔·瑞沃科和阿诺·科洛斯提克，在《狂犬病》(《再死一次》)中的穆瑞·西奋和唐·科洛仪德。这些名字确实是一些很奇怪的发现！

我对名字的使用与纳博科夫不尽相同，因为他所注重的是词义游戏。我说不好自己起名字的根据，但写剧本的时候，我觉得自己在知道人物的名字之前，对他们还不够了解，这完全是一种直觉。对我来说，人物名字不是什么文字游戏，但我也不喜欢名字过于直白或者显得可笑。如果您把一个名字搞得十分过分，很有可能毁掉这个人物。有时候，名字写出来很漂亮，但读起来却会产生歧义。拿我们的制片公司来说吧，它的名字是：曼特勒·克里尼克。有些人打电话来问："您这里是精神病医院吗？"这是我事先没想到的。

为什么您把孪生兄弟叫做"曼特勒"，那位女子叫"克莱尔·妮沃"呢？

这完全没有象征的含义。伯弗里和艾里欧的姓是曼特勒，我认为这个名字很好，它会让人想到一些东西，但又不那么具体。至于热讷维娃·布乔尔德的名字，我觉得也很贴切。最初，人们认为孪生兄弟自制能力很强，生活得井井有条，而克莱尔却动荡不定。但慢慢地人们发现,克莱尔最为能干,目光敏锐(claire:意为清晰,清澈),水平(niveau:妮沃的谐音)非凡。她成功的关键,是她清醒地认识到孪生兄弟面临危险,她具有一种生存的直觉。我认为她不像伯弗里在爱河里陷得那么深,感到伯弗里死之将至,她逐步抽身。最后,面对悲剧,她失声痛哭,但她知道自己无能为力。

您的那些研究所、医院也冠有一些稀奇古怪的名字:"新性病研究所"、"大西洋儿科集团"、"玄质自由体细胞研究所",其中充满了无尽的幽默。

您说的完全正确。您知道,全世界贸易和企业界使用的"公司"这个词,英语里的形容词"成为身体的一部分",就是"合为一体"的意思。是罗马人首先发明了把人组织成集团,团结起来组成一个个不同的"身体",它们虽然不在一起,但和其他"身体"服从相同的"行规"。在某种意义上,公司是一个奇怪的、活生生的有机体。现在,当我看到一些公司的名字时,会觉得非常有趣,就像是我给它们起的名字一样。

您拍了一部电影,名字叫《快速公司》,这部片子与您拍的科学领域影片很不一样。

这是一部很有意思的B级小电影。我不认为它和我的其他影片有什么联系。这部片子表现了我对跑车的兴趣。尽管目前我仍然在筹备一部关于跑车的影片,但至今还没能把自己对汽车的爱好与电影工作很好地结合起来。

然而,一部汽车的内部结构很像是人体的内脏,机械师就像是外科医生。

您的比喻太好了!打开一部汽车的发动机,就如同看到它的设计者的大脑一样。每一个设计师都要解决相同的问题,但他们的方案却是各不相同的。德国人的思路居然和意大利人相差那么远!可是您在"快速公司"里,看不到这一切。我挺喜欢那部小电影,但它只是一部有几辆跑车的西部片。我一定要拍出一部真正的赛车电影。我曾经准备和派拉蒙合作,拍摄一部关于汽车大奖赛的片子,但没能成功,因为我不想拍那种小说化的纪录片,那类片子已经司空见惯了。赛车是我的一大爱好,我搜集了不少精巧的模型,我有一辆"美洲豹"和一辆"酷贝"。

对于美国人或者英国人,到英语区的加拿大来,是不是符合弗洛伊德关于"令人不安的陌生"理论?会使人感到一切都那么熟悉,但一切又都那么不一样?

一个美国人曾经跟我说过这样的话。他觉得看我的电影就像经历一场梦:我们城市的街道和他们国家的街道大同小异,但又不会混淆在一起。讲话的口音也没有多少差别。多伦多位于好莱坞和欧洲之间,我觉得自己的影片受到了这两个地方的影响。我需要从这两个不同地方汲取营养。人们给我寄来各种各样的剧本,从《壮志凌云》到《比佛利山超级警探》和《闪舞》,哈莱姆、警察、贩毒,我觉得这类题材都是杜撰的,从内心里我并不理解。

您看过皮特·格林纳维拍的《动物园》吗？你们的关注点非常不同，但在他这部影片和您的《孽扣》之间，有某种奇怪的关联。

那是一部非常有意思的影片，在一定程度上，这两部电影的故事差不多，讲的都是两个有学识的双胞胎，最后双双死掉了。但是，他所关注的问题和我大不相同，比如，他更喜欢对称。我不仅很喜欢他这部电影，而且在开拍《孽扣》之前，我请整个摄制组都一起看了这部片子。如果把这两部电影一起放映，将会是一个很有意思的创意。

Atom Egoyan
阿托姆·伊格扬
(1960—)

  阿托姆·伊格扬（Atom Egoyan）从影之初，是一个真正的神童，而且十分勤奋。完成几部短片之后，24岁时他推出了第一部故事片《亲人》，在为电视台拍摄纪录片，特别是音乐片的同时，又拍出了《阖家观赏》。正像片名所显示的，在他早期影片中，家庭是中心主题。他的妻子阿西内·康绛是他最欣赏的演员。伊格扬出生在开罗，原籍是阿美尼亚，3岁随父母来到加拿大。他的原国籍也是他十分眷顾的主题：《万年历》(1993)和《阿拉若山》(2002)都是围绕着母国的情愫，第二部影片既是对种族大屠杀的思考，又是对电影及想象与真实之间关系的思考。伊格扬对于电影程序本身、画面的迅速增多、电影新技术（他已经在影片中使用）和探密心理进行了深入的探索。他熟谙与以电影叙事和认同为主相反的沉渊技术，在戛纳电影节放映《色情酒店》之后，向我和菲利普·鲁叶敞开了心扉，令人赞叹的是他在英语加拿大地区进行了20年不间断的探索，而这是比世界上任何地区都更加难以摆脱好莱坞诱惑的地带。在这方面，他的正直与他的前辈大卫·科洛博格毫无二致，他们都对美国电影的诱惑进行抵制。即使他的艺术道路，在改编鲁赛尔·阪克斯的影片《美好的明天》和威廉·特洛沃《菲丽霞的旅行》时，似乎在向浪漫主义靠拢，但他始终在影片制作方面极其严格，这在当前影坛上是难能可贵的，他总是以一种十分考究的风格，用迷宫似的情节把激情和失落的情怀表现得淋漓尽致。

关于《色情夜总会》

（1994年5月，戛纳）

您创作《色情夜总会》的源泉是什么？

有两个完全不同的源泉。一个是我在报纸上看到的一张照片：一名妇女在通过海关时被扣留，她的肚子上绑着异国鸟蛋，身体显得异常臃肿。这副照片使我感到很不舒服。在这些鸟蛋和它们呈现的的外部形态之间有矛盾，蛋壳保护其内部，而繁衍后代又和做假混在一起。另一个源泉，是发生在多伦多的一个事件：一个年轻人失踪了，一群人进行追踪。这群人中有我一个朋友，他告诉我，这个年轻人结识了一位少女。这里也存在着两种矛盾元素：一个爱情故事的诞生和道德上最丑陋的事，绑架孩子纠缠在一起。这两幅同时包含着希望和罪恶的画面，在我的脑海里久久不能离去，而且内容发展得丰富多彩。影片中，我们看到一些原本是用来进行保护的机构，也能用作侵略。比如，倬艾（片中主人公）的父亲一直说，这个前厅是为了保护房子的私密性，却让某些人在那里进行探密。我们永远不会知道自己的位置到底在什么地方，也不知道事物会怎样被他人利用。

故事中有一位税务督察，在《售后服务》中，曾有过一名税务局职员。

我和一些做普通工作的人有着某种特殊关系，这些人由于日常工作的关系，可以进入您的私人生活。我也认识一位税务督察员，他以不寻常的方式督察税务官的收入。他不断向我提问题，他的询问越深入，对电影方面的问题越感兴趣。他似乎被电影的魅力迷住了。我也想进入他的私人生活，礼尚往来嘛！我开始想象他夜里会做什么事。

人物是怎样逐步产生和逐步丰满起来的？

从作为基础材料的一份情感报告出发，用回顾的方式，提出一个合理的解释是非常容易的。我写剧本全凭直觉，人物之间的关系以及他们在影片中的角色，都有有机联系。他们相互的关系十分紧密，一个特别的事件在他们每个人的生活中都会产生不同程度的回响。我们可以谈戏剧的必然性，为什么某个人物在一个准确的时间必须出现在那里，就像是做外科手术那样准确。这在我写剧本的时候，势必破坏我的感受。在某些时候，我的脑海里会反复出现同一个主题，很难解释为什么会这样。我研究过音乐，受巴罗克音乐的影响最大，特别是它的对位技术和它展开某些韵律的方式。不同的旋律曲线代表着不同的含义，像巴赫和普赛尔的音乐那样，不同的旋律维系着各部分和谐的音响。对我来说,这是一种十分自然的工作方法,写剧本阶段是这样,剪辑阶段也是如此。我先写出第一稿,然后我尽力写好几个暗喻中心,并把它们联系起来。以这部影片为例,核心是保护和帮助,我想到一座圣殿、一个完美的世界、一个具有异国风情的场所,怎样才能把它原封不动地保护好,大自然的概念作为草原的理想,但同时也是一种真正的威胁。所以,我想到了俱乐部,把它作为自然的但具有某种风格的环境。我想到了杜阿尼叶·卢梭的绘画,利用他的画风来装饰墙壁,我也想到了使用蛋壳。每个元素自然地通向另一个元素,形成一幅经纬线密实的壁毯。异国风情的布景构建好之后,您可以诱人地利用宠物。就像这个房间里的鱼缸,由于没有受到细心维护,热带鱼不是病了就是奄奄一息。在这种被污染的水里所发生的事情相当可悲,与托马斯生活的这个十分清洁的地方形成巨大反差。影片在变化的符号里展开:一个蛋将要破开,一个孩子长大了,但这个孩子不愿意做看护小孩的工作。万物都在变化,没有任何东西固定不变,但是,礼仪要想存在下去,就必须保持严格不变。这就是这部片子的主题:我们制造了一些信条来管理我们的神经,但同时也制造了一些随之而来的问题,这就是我们的思维王国。关于这部影片,必须分别提出两个问题,不然的话,我们可能会停留在表面上。为什么克瑞斯蒂娜穿这套制服?弗朗西斯怎样在俱乐部里遇见了克瑞斯蒂娜?最后,我们发现克瑞斯蒂娜有一个悲惨的过去,当她在田野里发现了自己小女儿的尸体,给女儿穿上了一件制服,突然在这幅画面里,她暴发出雷霆万钧之怒,她自己也穿上了一套制服,相信用这种仪式能够驱赶眼前的景象。弗朗西斯答应过要保护好她的女儿,当他走进俱乐部,看见克瑞斯蒂娜穿着这件制服的时候,他必须立即作出决定:或者马上走出俱乐部,或者开始这个仪式,通过这个仪式,他要把死去孩子的记忆与自己联系在一起。我不认为他与死去的女孩有乱伦关系,但问题是,他把这种关系延长到女孩死后的某种性氛围之中。突然,他不仅必须面对她女儿的肖像符号,而且还要面对这种氛围使他产生的负罪感。这时候,他自己女儿的回忆在他的心目中变成了外来的情感。这就是这部电影里"外来的"这个词的含义。有些时刻,我们与家庭的经历,与家庭的关系,可能会变成"外来的"。对弗朗西斯来说,这种考验可能会使他变成色情狂。我不认为在这个仪式中,他有什么色情的东西,然而,他决定要继续投身到这样的生活中去。并且,这将是一场无尽无休的磨难,潘多拉的盒子一旦打开,他必须重新考量他与自己女儿过去的全部关系。

夜总会是一个真实存在的地方,还是完全出自您的想象?

在多伦多一直有这种非常受欢迎的"桌上跳脱衣舞"酒吧,但是,影片中大家看到的建筑物,纯粹是我想象出来的。您仔细观察一下倬艾的母亲,您一定会想到她来自中东,想到那个地区才有的这种酒吧。在布景里,有些滑稽的东西,如果您看一看墙上挂的绘画,您会觉得这是另一个时代。

您和美工师林达·代勒·罗沙里奥与理查德·帕里斯是怎么合作的？

全部布景都是搭建的。我们先在模型上进行研究，花了相当长的时间讨论这个地方的建筑。我希望这是一个美丽十足的地方，人们渴望能够呆在这儿。当您走进一家真正的夜总会时，您想到这是拍电影的布景，一般都会觉得这很难看。我的想法是，这个布景是真正意义上的异国情调，必须能够吸引参观者。我们做了一个故事板，仅仅是为了拍俱乐部里的那些戏，因为我们的工作计划安排的十分紧张，灯光的问题非常大，拍摄每个镜头都需要很多时间。假如我们不知道朝哪儿走，那可就要造成太大的浪费了。

您是怎么处理克瑞斯蒂娜跳舞的不同场面的？

这是一个很难处理的舞蹈，因为我非常喜欢那支歌曲，但这支歌不是专门用来跳舞的。"桌上跳脱衣舞"有一个极不寻常的习惯，这里公共生活与私人生活在进行着竞争。舞女每跳一支舞挣5美元，也就是每4分钟挣5美元，要和看她跳舞的人保持十分亲密的接触，但又和卖淫嫖娼不同，这里没有性交意，而且还有公众的层面。所以，这里有一定程度的受虐色情狂。也应该看到其中人们放荡狂欢和闺阁内室的幻想。每个人都必须了解自己性行为的参数，而且不能跨越栏杆。这是一块亲密复杂、相当肥沃的领地。

在弗朗西斯身上有受虐色情狂因素，而埃力克有一种操纵他人的思想。

埃力克也有受虐色情狂因素。他始终浪漫地追求着克瑞斯蒂娜，但他不断地看到她和别的男人在一起，能够让他减轻痛苦的唯一方法，就是破坏她的形象，他想方设法糟蹋这个小姑娘的纯洁。俾艾把他拉到一边，告诉他使一个客人十分难堪。他回答说，他的职责是使每个人都产生一种特殊的情感。就像他对克瑞斯蒂娜那份情感一样，他也生活在自己的幻想之中。

您妻子阿西内·克安健饰演了俾艾，当您创作这个人物的时候，您妻子还没有怀孕。她的身体状况对影片故事的发展有没有影响？

当时我面临一个选择：或者换一个演员，或者利用这种情况。女人怀孕这件事，象征着某种女性的伟大和慈爱，但是，俾艾是这个俱乐部的老板，这里面就产生了不协调的因素。她处于十分惶恐的状态，经历了一场危机。她的心完全被她母亲占据，穿的衣服也和母亲一模一样。一些人问我，为什么在我这部影片中没有安排录像节目。这是一个十分荒诞的问题，在我其他作品里，之所以都有录像节目，那是因为那些节目都起着演出的作用，而《色情夜总会》里，每个人都已经在表演了。克瑞斯蒂娜穿着中学生的校服，俾艾穿着她母亲的衣服，每个人都像演戏似的，寻找着自身的角色。另外，影片的参照也是戏剧性的：音乐厅、歌剧、夜总会。写剧本第一稿的时候，我已经意识到，所有这些人物都处在一种程式之中，但当时我还不知道这个仪式是怎么开始的。对我来说，必须展现出这个程式的开始，多亏了托马斯，我才做到了。这件事说来也蹊跷，他在汽车上收到了一张歌剧票。在全部影片中，交换系统一直通过钱在继续着。人物被他们的情绪折腾得如此厉害,控制他们的唯一办法,就是进行交换。

在这些程式中,音乐起着主要作用。

我对声带相当骄傲。姑娘一按按钮,钢琴就自己演奏起来。突然,她演奏的主题音乐充满了夜总会,然后,主题又重新变成她所演奏的乐章。声音成为把演出和放映融为一体的工具。人们所看到的和展示出来的东西完全融合在一起。这有点像《售后服务》中,放映的时候,人们只能听到声音而看不到画面。这时候,观众在发挥他们的想象力。我很喜欢这些时刻,观众十分清楚地知道,有些人正在观看演出,而演出的节目却看不见。电影越能激发观众的下意识,我越感到满意。有时候,人们不喜欢我的影片,因为我的电影里没有浪漫的构思,没有逃离现实的机会。在我的影片里,画面会打动您,但您必须要自己能够意识到我的意图。观众应该知道,只有在穿越这块领地之后,才能重新找到一种认同的形式。

为什么音乐要去孟买录制?

我的音乐师,米加埃尔·达纳是个精益求精的人,他一定要在乐器里有印度的笛子:世内依。他不仅在多伦多,而且到整个北美洲去找会演奏印度笛子的人,但大失所望。我们将要进行混录的时候,他建议我到当地去进行录音。我没有钱给他付旅行费用,他就决定自费去。他去了印度4天,在一个村庄里找到一位乐手,把他带到孟买录了音。其他音乐都是在拍摄前写好的,姑娘弹的钢琴曲和跳舞的舞曲,都是达纳的独创音乐。

在剧本发展到什么阶段,出现了人物走在田野上的画面?

当影片空气变得让人感觉相当幽闭恐惧的时候,我觉得需要开放一下,希望能够到大自然中去呼吸一下。当然,这是一种骗人的感觉,因为在这个故事里,我们无法呼吸。我以为是喘口气的时刻,变成了影片最可怕的时刻。故事中有不少这样的时刻,但我们期待的东西却往往是个意外。比如,弗朗西斯跟一个少妇在汽车里那场戏,直到他对她说:"替我向你爸爸问好!"之前,人们都会认为那个少妇是妓女。我非常喜欢一个场景戏剧含义被颠倒过来的那些时刻。

剪辑的时候影片有很大变动吗?

变化最大的是托马斯这个人物,他出现在影片的大量场景中。有关他的全部仪式,比如,他在歌剧院遇到一些人,散场之后他们的谈话都有很多拓展。有一场鸟蛋的戏被我删掉了,因为我觉得不完全必要。一个爱托马斯的男人,偷走了鸟蛋,不想还给他,因为他知道托马斯后来对他不再感兴趣了。

影片的视觉效果您是怎么做出来的?

这是我和两位美工师、摄影师保罗·萨洛西一起合作的成果。比如说,在动物商店的后景,我们安排某种清晰的绿色,效果就非常好。在俱乐部里的烟气和光源方面,我们也下了很大功夫。拍外景的时候,我运气太好了,蓝天白云和田野中柔和一致的光线,真是老天帮忙!我的预算很紧张,所以必须事先计划好哪几天出去拍外景。在好莱坞拍片子,假如天气条件不合适,您可以等着。但我不行,我等不起。拍这部片子和拍《售后服务》都是这种情况,时间刚刚够用,多一天也没有。老天爷站在我这一边,对于仅有800万法郎预算的我,太感谢苍天有眼了!这部影片拍得相当快,仅用了25天。

您和演员进行演练吗?

一般情况下都要进行演练,但《色情夜总会》是一次挑战,因为我很快就意识到,出演克里斯蒂娜的年轻演员米雅·吉世奈尔的快速反应状态极佳。然而,另外一些演员却需要进行排练。我必须把这两种互相矛盾的要求结合起来:既要把一些演员排练好,又要保持住另一些演员的自发性。因此,我第一次放弃了全体摄制组的排练。因为我意识到,有些场景没有达到预期的效果。重要的是,每个演员都要懂得他们所说对白后面的潜台词。正是出于这个原因,我经常启用那些已经合作过的演员,他们非常容易理解我的意图。我的技术小组就是这样,多年在一起合作,我们形成了一种电报式的风格。我喜欢抓住演员的激情,对一名演员来说,这并不总是一件容易做到的事。比如,影片临近结束时,弗朗西斯向弗朗索瓦解释他所遇到的情况,一般演员这时候都会很自然地情绪十分激动,但我不让布鲁斯·格林伍德这样,这往往会伤演员的自尊,但我耐心地向他解释,说服他,使他对你产生信任。

您挑选演员的标准是什么?是否您主要考虑他们与您刻画的人物在性格方面有相似之处吗?

这要看情况而定,很难一概而论。我应该承认,对于弗朗西斯这个角色,我从心里渴望着找到一位风流倜傥、魅力十足的演员。看看他的经历,以及人们最初对他毫无同情之感的现实,这个人的仪表应该不俗。克里斯蒂娜的角色,我曾感到十分意外。我邀请了米亚·吉世奈尔,但她第一天来到摄影棚的时候,我觉得十分不舒服,因为我从来没想到她穿着中学生的校服,竟然这么年轻!她已经21岁了,但让人觉得那么小,实在难以想象。我也注意到,她的目光具有表现愤怒的极大能力,非常适合这个角色。总而言之,我的全部演员都应该魅力十足,因为这部影片需要把浪漫主义和犬儒主义融合在一起。

您如何将自己与其他导演进行比较?比如皮特·格林纳威,他也是把程式和视觉效果放在突出位置。

看到人物被迫做着一系列程式化行为,而他们却不知道为什么必须这样做的影片时,我的心情异常激动。所以,像《淹没在数字中》这样的影片特别吸引我。在他们所做的事情中,既有某种无法回避的东西,同时,在有可能进行变革的现实面前,又表现出一种无助的悲哀。这部影片反映了人类需要的脆弱性，以及人们对依附必然要发生变化事物的渴望。在观摩大卫·克罗博格执导的《孽扣》时，我同样受到极大震动。这两个孪生兄弟，在生活中建立起了一整套错综复杂的行为脉络，但他们却眼睁睁地看着这些脉络遭到破坏。《万年历》中，人们会发现同样的思路，片中主人公说："所有用来保护我们的东西注定要消逝殆尽。"在我看来，这是一切程式的悲剧实质。我们每天都全身投入这样一种势必要改变的关系。当然，罗丽塔综合症是这种状况最具说服力的，因为，罗丽塔从定义上就是不能保持一成不变的。所以，库布里克这部影片的最后一个场景，汉贝尔绝望地试图保持已经不复存在的形象，就显得异常扣人心弦。

您与情感维系着一种十分特殊的关系，很显然，情感吸引着您，但您又不相信情感。

我觉得，自上一部电影《万年历》开始，我自己在银幕上表达情感的概念发生了变化。过去，我深受布莱松的电影观念影响，10年前，当我开始拍摄故事片的时候，我看了布莱松的电影回顾展，受到了巨大震撼。我又研读了他的《电影手册》，这本《电影手册》变成了我的圣经，特别是他对演员的看法，我奉为楷模：在表演中不允许出现任何戏剧化的痕迹。去阿美尼亚拍摄《万年历》之前，我在巴黎停留了一段时间，正遇上卡萨维茨的许多影片重新放映，我有幸再次看了他的影片，尤其是《一个受控制的的女人》给我留下了永世难忘的印象。我意识到，自己已经准备好以更加直接的方式使用情感，过去我对情感问题过于不信任了。鉴于《万年历》的剧本更具自发性，我能够把自己转变的观念付诸实践，同时给予演员更多的空间。您知道，这种不信任由来已久。我妻子来自黎巴嫩，我来自埃及，我们都是阿美尼亚人。我们来自一种情感经常是公开表达的文化。在家庭里，人人都是这样，但同时，我们又从来不把这种情感的表达和宣泄真正当成一回事。比如说我们不可能在电影院看了一个情感剧，就会相信戏里讲的故事是真实的。相反地，我却完全接受卡萨维茨。我认为，他的影片和情感剧之间的区别，主要在于没有俗套，没有约定俗成的符号。他的影片中，发生情感的情景总不在人们的期待之中，观众对看到的东西有一个进行思考的空间。像我在影片中所做的那样，我要情感程式成为情感的自由表达，而葬礼上哭泣的程式像人们在中东看到的那样，使人心寒。影响我们社会的变化之一，是我们永远和死人的画面生活在一起，而且，我们缺少为他们哭泣的空间。这是《色情夜总会》的主题之一。

您非常清楚，现代电影与传统电影的最大区别，就在于传统电影受文学戏剧影响，把重点放在讲述一个完整的故事，而现代电影却把视觉效果放在最突出的地位上。您的电影无疑属于现代电影，但您同时又在寻找新的叙事模式。

我知道自己属于一个传统。作为英语地区的加拿大人，长期以来，我一直认为，在作家电影和好莱坞电影之间，能够建立一座桥梁。但随着岁月流逝，尤其是在拍摄《色情夜总会》之后，我越来越意识到，这完全是乌托邦的想法。我属于美国传统电影之外的另一个流派。这个认识使我得到了解放。通过与美国制片商和发行人多次交谈，我认识到自己不属于他们那个世界，可能我永远也不会接近那个世界。对我来说，特别是今年在戛纳，能够清醒地意识到，我的电影与占主导地位的画面工业背道而驰，实在是一种解脱。今天95%影片的市场都在电视的小屏幕上，拍摄的画面完全是为了换取金钱，观众被视为完全认同。显而易见，这不是我要追求的东西。

电影小星球 | 美国

John Cassavetes
约翰·卡萨维兹
(1929—1989)

　　《阴影》是约翰·卡萨维兹的处女作,1961年初,在威尼斯电影节展映数月后,首映在巴黎亭院电影院。像我这样的美国电影爱好者,对传统好莱坞导演(普瑞明格、希区柯克、豪克斯、福特、瓦尔什、米奈里)推出的新片,总是先睹为快,但看到这部形式并不完美,然而生动、刺激、赤裸裸的影片,实感大出所料。美国的独立电影发行很差,卡萨维兹毫无名气。如果他承认受到自己的希腊同胞卡赞的启迪,那也仅仅是他那种执导演员尽人皆知的方法,而非其他什么东西。一部像《在月台上》那样的影片,如果说拉开了与好莱坞之间的距离,也仍然在影片结构和对白方面保留着传统形式。只是他把自己的独特风格赋予了演员——卡萨维兹自己也是演员——而且在自己身边组织了一支忠实的队伍——本·加扎拉、皮特·富克、西莫·卡斯特和他的妻子吉娜·罗兰兹。人人都知道他是一头熊,反知识分子的行为,使他和评论界誓不两立——他偷过著名的《纽约客》杂志撰稿人包丽娜·卡埃尔的斗篷,还有一次,他把自己的皮鞋从车窗扔了出去。我有幸和米卡埃尔·维尔森一起就《一个受控制的女人》对他进行了长时间采访。另一次是谈他的《首演之夜》在柏林电影节参展情况。卡萨维兹不是一个愿意和影迷交流的人,虽然他的能力很强,从本次的生动评述即可见一斑,但这位艺术家从来不喜欢讲自己的工作。1968年,在威尼斯电影节上,我第一次看到《面孔》,这部电影可能是他的最佳作品,他本人并未出席首映式。1980年,他仍然不来威尼斯领取金狮奖,当时我也是评委成员,他的《格洛丽亚》和路易·马勒的《大西洋城》并列第一。约翰·卡萨维兹生性孤僻,只有和亲朋好友在一起时才会喜笑颜开,他们的喧闹、畅饮和亲密关系是他电影灵感取之不尽的源泉。电影似乎是他生活的延伸:在与他和他的伙伴们一起度过几个小时之后,人们对此才会深有感触。

关于《一个受控制的女人》

(1975年10月,巴黎)

您曾经说过,《面孔》原来的版本比我们看到的影片要长很多。《一个受控制的女人》是否也压缩了?

我的电影一般都很长。随着年龄的增长,人变得比过去复杂多了,看到的真实层面也增多了。拍第一部电影的时候,一切都很单纯,热情十足,充满了建设性和破坏性的冲动,对所有的人都不屑一顾。拍第二部片子的时候,你会意识到拍电影确实是一件相当困难的任务。在拍第三部电影的时候,假如你想使自己要说的话在情感措辞上具有一定含义,就必须找到一种工作方法。我做电影不想取悦于任何人,而是要观众更好地理解影片中人性的东西,它们不仅和我有关,与他们也同样密切相关。当然,所有的电影都是个人的。解体的婚姻、互相背叛的爱情、两个人、两张面孔交流的困难,尽管他们两人依然生活在一起,这些都是我碰到的问题,它们和我有关,与其他人同样密切相关。有时候,人们觉得这太难以接受,或者认为我的观点有失偏颇,或者干脆对与他人交流的困难不闻不问。而我却对这些问题饶有兴趣。我和演员们一起试图去探索这一切,并把它们与每个人的日常生活密切联系在一起。

从资金角度说,《一个受控制的女人》恐怕也是一个宝贵经验。在传统的渠道以外,您怎么拍成一百万美元投资的影片呢?

每部片子都会找到不同的投资办法。《面孔》和《阴影》是依靠我们每个人的资金参与。《一个受控制的女人》则是全摄制组都领取极少工资,以后再按照合同规定等影片赚了钱再把钱分给大家。我们就是这样做的。我和朋友们合作,和我喜欢的人一起工作,相处得十分融洽,因为我们有着共同的目标。我们所追求的是要表达我们的内心情感和激情。很多电影同行都会考虑他们的生涯,想着他们的下一个拍摄计划,不想停下来两三年不去拍电影。我却没有这种担心。当然,一部影片完成之后,我也会去想这个问题。皮特·富克、吉娜和我,我们都把自己的钱投入了《一个受控制的女人》。

您拍摄了许多大段的很长的镜头组。在您的拍摄部分和剪辑保留下来部分之间,比例一定相当大。您是把一些镜头组整个删掉,还是在每个镜头组内部进行删减工作呢?

有些镜头组是整个删掉的。例如在《一个受控制的女人》里,就有很多皮特和吉娜单独在一起的戏全部被删掉了。最初,我非常喜欢他们两个人之间的那些故事,其中有一场非常好看的戏:清晨,他们在一起讲述前一天夜里做的梦,另一场是他们的雨中行。然而,我把影片接起来,从头到尾一看,下意识地觉察到,可能我给了观众渴望的东西,它也可能符合某种浪漫的期望,既是我的期望,也是我的演员的期望,期望着他们的结合以浪漫的方式继续下去。但是,这并不是一部浪漫电影!因为,我认为,婚姻不完全是一段浪漫史。在婚姻中,人们处于浪漫阶段的时间是非常短暂的!简而言之,如果这两个人物的关系亲密到这个程度,人们就不可能再去相信他们还会面临重大问题的考验。所以,我把这些戏全部删掉了,第一次剪辑的片长是 3 小时 50 分钟。

从剧本角度说,《一个受控制的女人》是您最简单的电影。整个影片中几乎没有出现任何新的事件,影片开头就把整个故事交代清楚了,后面的一切都是在情感层次上的拓展。

每个人都结过婚或者恋爱过。在这类题材里,我们是带着观众的大量体验出发的。物理学家今天也是根据积累的推理去进行研究。在一部电影里,没有必要重复人人皆知的经验;一个男人早晨 9 点去上班工作,晚上 7 点才回到家里,他的妻子独自一人,去商场购物,照顾小孩,看电视,看书,和朋友们玩牌。唯一要处理的事情,就是这个男人和这个女人之间的关系,他们不像大多数夫妻那样,生活在一起,相互给予对方很大宽容,在他们的婚姻和互相背叛中,痛苦地忍耐着。在一个男人控制下生活的女人遭受痛苦,是不公正的,但又是普遍存在的。爱情有一种控制力:假如你爱某个人,你愿意他为你而骄傲,愿意他关心你,爱你,你向他要求太多,这是不可能的。突然,一切都崩溃了,因为每个人都忘记了对方,因为坚信在留下他的地方能够重新找到他,但他不再关心你的问题,直到他幡然省悟到这原来是一个问题。

人们觉得,您拍一部电影,是在制造一个事件,而不是再现一个事件。在您的拍摄中,即兴创作占的比例大吗?

我这么有才华,您怎么看不出来呢?这不是明摆着吗?(大笑)假如有即兴创作,也是如是!我们处理的是情感和思想,我不希望我的演员感觉存在着写好的东西。那样,他们就不会去想台词,就会从容不迫,对白似乎是他们自己的东西。当然有时候演员会跑过来对我说:"我演的人物从来不会这样做。"我就告诉他不要那么做。演员没有任何限制。所以,经常有些对白被放弃。我从来没见过一个演员忘了台词,或者被迫去说某句对白。我给他们充分的自由。在《阴影》和《丈夫们》里,有很多即兴创作,但是,《面孔》、《明妮和莫斯科威兹》和《一个受控制的女人》,一切都事先写好了。然而,我觉得,结果都是一样的。

在排练时,您经常改变剧情吗?

如果不行的话,就经常改变。如果您有一位好演员,到某一个时刻,他演不下去了,那肯定是剧情站不住脚:不是台词出了问题,就是这场戏的意图不明确。无论从什么角度看,我都不认为自己是完美无缺的。每天早晨一觉醒来,我扪心自问,对自己的生活都不自信,怎么还去谈别人的婚姻呢?在排练的时候,我们一起商量,有的时候,我们重新写要拍的镜头组。大多数影片里,演员之间甚至见不到面。有的时候,拍完一部电影我才发现,原来某个演员也出演过这部片子。开拍前,我们常常连续几个星期晚上都聚在一起,共同讨论剧本。我们都是知心朋友,长期在一起工作。演员们带着建议来,我让他们写出来,因为有时候我不理解他们的意思。例如,吉娜读写好的剧情介绍,对我说:"我讨厌这个女人。她要做什么?她穿什么衣服?"我回答她:在这个阶段,她爱穿什么就穿什么。但是,对吉娜来说,这很重要,她是对的,而我的回答过于草率。开拍之前,我访问了50多个工人家庭。访问之前我就知道会看到什么东西:盖着塑料布的家具、漂亮的厨房、漂亮的汽车,表面上干干净净但脑子里没什么东西,邋邋遢遢,不收藏艺术品,对音乐毫无兴趣。周末休息时,全家跑到麦当劳吃一顿汉堡包。我是艺术家,不能这样生活。我必须把这一切转化成我能够接受的方式,同时,仍然让我谈论的人继续过他们的日子。美工师找到一套大房子,可是工人家庭往往不会住这么大的公寓。所以,我们决定这所房子是父母给尼克的。我们可以改变真实,而不需要每时每刻都把改变的原因说得一清二楚,既然房子是作为礼品得来的,这就行了。然后我们根据剧中人物布置房间:运动员的奖杯奖章、孩子的照片。每个人都出主意。比如,房子要不要涂漆?那么,就把房子正面涂了漆,可是房子背面,因为是朋友们帮忙刷的漆,只给他们喝了几瓶啤酒,马马虎虎就算了。尼克的家庭生活太忙,顾不得那么仔细。我们给演员们提供了这些信息,但他们越来越对要穿什么服装感兴趣,对他们受到的金钱影响感兴趣,对孩子们生活感兴趣,为什么孩子们在楼下一层睡觉?等等。这一切都要经过大家讨论,不是我一个人决定的。

为什么您选择了一个意大利人聚集地区?

因为在美国,建筑行业的工人都是黑人或是西海岸的墨西哥人,意大利人、葡萄牙人和爱尔兰人在东海岸。但是,我想这个人可以是其他种族的。

这个问题在影片中很重要吗?

是的。对于种族冲突,这非常重要。她是瑞典人。我对瑞典的了解也许不如那些瑞典后裔的美国人,虽然他们住在这里已经两三代了。他们还会说几句瑞典话,每周吃一次吐司拼盘,回忆一下陈年旧事。我们异想天开,以补充欧洲文明的名义,代表美国"各种族融合的国家"。美籍意大利人到了意大利,感到很幸福,但他们在美国生活得更幸福,因为在美国他们有一个小意大利:威尼斯人、那不勒斯人、西西里人在这里和睦相处,而在意大利他们却互相争斗。

您在小时候，知道自己属于希腊族群吗？

那时候不太清楚。我觉得自己无论属于哪一个族群都会很骄傲。我父母过去说希腊话，现在还说希腊话，我会说希腊话，但说得不好。我出生在纽约，但父母回了希腊，我8岁才回到美国，那时候，在学校里，别人都说我不会讲英语，光会讲希腊话。对我来说，语言只是书写符号，不存在语言障碍，因为人的喜怒哀乐到处都一样。

您在影片里经常反映小资产者的生活，在《一个受控制的女人》里，您甚至反映了工人阶级的生活状况，在美国电影里这很少见。您为什么对这个阶层感兴趣呢？

我对任何一个阶层都没有什么特殊兴趣。这个问题也许和世界政治有关系，但和我的个人生活无关。一个人是体力劳动者还是一个国际金融大亨，对我来说没有区别。首先，他们都是我遇到的人。我这个人非常固执，然而，美国有一种非常普遍的观念就是公众对不是富人的人物不感兴趣。似乎工人阶级自己也不想在银幕上看见自己。这可能是真的，但我不管这些。我电影的主题是女人应该自己照顾小孩，如果她很有钱，这不成问题，工人阶级的女人和家庭的关系最为密切，她们和孩子之间会产生更加动人的关系，所以我就选择了这个阶层。当人们生活在一个封闭的阶层里，和家庭的关系越紧密，发生的问题越多。假如您是富人，您会有其他方面的问题。

这是您第一部片中出现有精神混乱人物的影片，刻画这类人物对您有特殊困难吗？

您看，我自己就是个半疯儿。我觉得每个人都处于疯狂的边缘，但都不愿意承认，还说别人弄错了，认为自己掌握着真理。我坚信每一个爱自己丈夫的妻子，在结婚一段时间之后，都不知道应该把自己的情感放到什么地方，这就会让她发疯。有些女人找到了发泄的办法，比如，决定自己今后要变得更加独立。片中这个特殊的女人笃信，只要自己做个好妻子，就一定会获得对方相应的回报。但她不知道究竟会怎么样。她并没有真疯，但精神受到了人们想象不到的打击。她不知如何是好，尤其在情感和社会关系方面，她是无能的。她所做的一切都是要表达自己的独立个性，但她不知道应该如何与人相处。在这一点上，她和我们大家完全一样。

您不认为她的问题来自担当的角色过多吗？既要当好妻子，又要当好母亲，等等，所以，最后精神崩溃了。

我不认为她会改变自己。她的头脑一直很清醒。像所有女人一样，她直来直去，比男人更加直截了当。丈夫回家时看到孩子光着屁股，发了脾气，结果弄得自己很可笑。他的行为倒显得不正常了。根据过去的经验，他得出结论：一定是出了什么事。实际上，什么事也没发生。她试图让其中一个邻居心情好一些，就带她的孩子们到公园里，给他们表演"天鹅湖"。在客人显出不好意思的时候，她那疯疯癫癫的举止仍然是为了邻居能够高兴起来。其实，她的行为丝毫没有不妥之处。

实际上，他们的关系，就是我们司空见惯的一个男人和一个女人之间的关系。

有一天,我对自己说,我从来没有经历过这么美好的生活,但一分钟之后,我想自杀,或者别人想把我杀死!我觉得生活很困难,马上就要发生的事情,或者过一会儿,自己将要感觉到的东西,都充满了神秘。生活的一半都是由无法预见的心情组成的。

在他们再次相聚的第一场戏里,他们用一种难以名状的手语进行交流,好像是一场危机,这是一场非同寻常的好戏,同时,人们感觉他们经常这样"说话"。这其中有很多是演员的即兴发挥吧?

是的。在一部影片里,一切都应该找到瞬间的灵感。当然,这场戏是事先写好的,台词就在那里,但是两位非常优秀的演员想把他们的爱情关系,表达得比简单的对白更加深刻,更为动人。作为演员,他们能够选择:爱和等待,或者一刻也不等待,找到更好的叙事品质或者不去找,提出要求或者不提任何要求。演员们就是这样对自己饰演的人物充满信心,并且尽善尽美地表现他们。这个男人既对妻子的诡异行为感到尴尬,同时心里也很高兴。他不愿意妻子这样展示在别人的目光之下,但他又在早晨7点钟请他们来自己家里,这时候他的妻子将要这样行动……,所以,他们之间的关系确实是一系列矛盾。

作为导演,在摄影棚里,把情绪方面出现如此巨大变化的时刻和其他场戏连在一起,可不是一件容易的事。在您和演员之间的关系已经形成默契的情况下,在正式拍摄之前您还需要做指示吗?

我认为,每个人都可以当演员。我们从小时候起就都会装假。我从来不会对一个演员说演得不真实,说他演得不符合我的说明。当然,如果他懒惰,或者对他的角色不认真,那我就会拿起一把刀或者我的手枪、我的拳头,把他杀掉。我想,我天生就有一种当导演的能力,能创造出一个氛围,使人们在一种特定的形势中间相互交流,我不去维持摄影棚的秩序,那里经常处于喧闹和无政府状态,演员们也有时候会站在一起反对我。但是,我喜欢连续拍摄。例如最后一场戏,它有可能像工作计划上安排的第一场戏那样难拍!所以,我不再愿意和大电影公司合作,他们出自预算考虑,把剧本切割成很多段落,根本不管时间顺序。

您使用多少台摄影机?

一般只用一台,拍外景时用两台。

如果需要的话,你想用16毫米胶片吗?

我不能再用16毫米胶片了,因为视力减退了。对我来说,除了35毫米胶片比较容易剪辑之外,两者之间没有任何区别,摄影机运动是相同的,拍摄时没有什么不同。

可是,用35毫米胶片,您能找到16毫米胶片的颗粒特点。

我想您说的是对的。可是,我一向不喜欢金属颜色,"硬"照片,即便它一度相当时髦,但它留给想象的空间没有了,没有任何秘密了。拍"阴影"的时候,我们使用长焦,因为我们没有移动摄影车来跟拍演员。好莱坞影片的声音像水晶那样清纯,但我们在街头拍摄,声音效果非常不好,观众能够听到各种杂音,很受刺激。可是我不知道怎么才能得到"清纯"的声音。我每时每刻都记得,在剪辑室里我们尝试着把美妙的声音去掉!后来这又变成了流行趋势!

同一个镜头,您会拍很多次吗?

那倒不一定,需要根据具体情况而定。有的时候非常少。有些戏,演员对你不信任,因为他们多次上过一些导演的当,他们让演员改变演技来适应故事情节。困难的是让人们心悦诚服地相信你,如果不行的话,就让他们照他们自己理解的那样去演,然后让他们自己去发现问题。

您怎么使摄影机运动适应演员移位呢?他们事先要准备到什么程度呢?在这方面,这部片子似乎比您前几部片子控制得更加严谨。

我认为,这是一个非常简单的故事。我不打算做太多的切割,因为我不认为您会相信用技术方法刺激出的情绪变化。我们把整个房间都打了光,对演员来说,摄影机可以使用全部布景到处跟拍。不管您怎么看,看到的东西都会令人信服。您看到的质量是最为重要的。如果质量好,场景就是好的,即使画框并不完美。每个导演拍同一个场景都会采用不同的方式。我想做的,是提前场景运动,使演员在空间里有最大的自由。我只能要求演员服从事先架好的摄影机移动路线。他们必须通过反复排练才能做到这一点,这确实很累,很烦,摄制组变成了观众。假如摄制组烦了,演员就会觉得自己不好。所以,我尽量抓紧时间,使用长焦和一个有景深的布景。我讨厌那种认为一部片子是由景框或摄影机制作出来的说法。我从来没见过一个好场景是不考虑到摄影机角度的。我看到一些场景从七八个角度进行拍摄,如果场面调度好,场景就会好,如果场面调度出了问题,场景肯定好不了。我认为,重要的是要使观众和您自己相信,银幕上发生的事是真实的。在一些情况下,我更喜欢一些取景不太好,技术也并不完美,但看起来更加真实的电影。我不让场面调动适应摄影机,而让摄影机适应场面调动。问题是,什么才是衡量场景质量的最好方法?一些场景是过度曝光的,我觉得这没关系,因为场景是好的,而且还会让人感到氛围的枯燥无味、疲倦和忧伤。

您在为吉娜·罗兰兹创造角色的时候,塑造了一个与过去完全不同的人物。您的每部电影都给我们展现出她的一个新面孔。

我认为,她是一个伟大的演员。因为她是我的妻子,所以我不便讲得太多,但我认为她有能力演好她喜欢的角色。她是一个很单纯的女人,一点儿也不神经质,十分严肃,对事物的感受非常深刻,和她一起工作极其愉快。

拍一部电影的时候,您是受某种状况推动,还是想要刻画一个人物?

促使我拍电影的动力,是题材。我打算和吉娜合作,拍一部关于女演员的影片。我想让观众知道,当一名女演员是怎么一回事。在写剧本之前,我们要一起讨论这部电影,我要认真考虑我们讨论的全部内容;有人问到谁将出演心理医生,这和吉娜无关,所以我放弃了这个题目,然而,演另一个人物的女演员要和吉娜配戏,我必须和她商量之后才能进行抉择,不然的话,将会影响她的灵感。

在上一部电影里,您再次让职业演员和非职业演员一起合作了吧?您为什么喜欢这样做呢?

吉娜和皮特是非常了不起的职业演员,我想,让他们和非职业演员合作可以保持他们的活力。专业演员往往会忘记生活,认为自己无所不知。非职业演员在一个小角色里,把注意力吸引到他身上,当他演得不错时,会刺激职业演员。在《面孔》中演妻子的莱茵·伽琳,从来没有演过戏。在这部电影里,职业演员和非职业演员的比例是50%对50%。但事实上,今天怎么说某个人是非职业演员?除非说这个人不拿演员的酬金。

您只在《丈夫们》里演过一个重要角色,您遇到了什么困难吗?

拍这部片子的时候,我一点也没觉得尴尬。但看这部电影的时候,我才意识到,这太困难了。在我不和皮特·富克与本·伽扎拉在同一个场景里的时候,还不成问题。

您想过要组建一个演员班子吗?

年轻一些的时候考虑过这个问题。这是一个梦想。现在,我不再想这件事了。我要一部一部地尽力把片子拍好。

在某种意义上,您的影片似乎是与您的演员生涯相左的。您的演员生涯在积极方面和消极方面都给您带来了哪些影响呢?

除了最近这几年,从来没有人认为我是导演。我自己也不认为自己是导演。但是,现在我执导了不少片子,如果还说自己不是导演,那就没有人相信了。如果要否认这是我养家糊口的营生,是我的职业,就显得可笑了。起初,我仅仅觉得当导演这件事挺有趣,还能与别人一起分享快乐。影片成功与否对我并不重要,重要的是我们大家都喜欢一起拍电影。后来,我们迫切地想知道,所表达的情感是不是足够清晰,观众是否会做出预期的反应,或者是过于难理解了。我大多数的加利福尼亚同行不赞成这个观点。他们的追求,是要把影片拍得尽量完美,但我却没有这个雄心。我追求的,是我自己要能够喜欢这部影片,影片能够对我的和别人的某些情感提出质疑,演员们能够有他们喜欢的好角色,他们饰演的人物即使显得可笑,也能够带着一种尊严来表达自己的情感。

> 您在好莱坞工作的时候,什么事使您最不开心?

我认为,有两种类型的表演,在好莱坞、在电视台,或者在巴黎工作的那种专业方式,这就是接一个剧本,把自己的工作尽量做好,在给你规定的范围里,把你饰演的人物演得真实可信。另外一种,是艺术创造的表演方式,这种方式不担心自己的职业生涯,也不考虑商业利润,全身心地通过情感表达和运用智慧,使人物生活清晰可见。这样就和电影本身不再有直接关系,因为演员自己已经进入了角色。很多演员过着一种时髦的生活,他们不知道自己为什么能够挣到几百万美元,听从经纪人们的建议,继续为一幢天价的房屋分期付款,为此而去接受一些角色。这些演员已经不再是艺术家,他们变成了生意人。

一些好莱坞导演是我的朋友,比如,鲍勃·阿德里奇,我对他们的职业十分尊重,但我不能再认为什么人都可以当演员了。我对他们没有信任,即使是对自己很尊敬的导演,也是如此。我担心我们之间会表现出带着恩赐感的态度。为别人进行表演的日子结束了。我可能只会为卡赞继续当演员,我想他也一定会愿意。他是一位杰出的艺术家,我们都互相把对方看做是演员。可是,演员都把我看做是导演,制造出了一种假象。

所有有价值的演员都是脾气古怪、反复无常的,他们不会生活,为剧本台词会争论不休。实际上,他们这样非常好。为了演好戏,你不会要一个规规矩矩、彬彬有礼的人。您愿意他发脾气,他们会清晨 5 点给我打电话骂我一顿,这没什么关系,很正常。如果一个人对我发脾气,我不会对自己说,这个人总给我找麻烦,我不要他演了。相反,生活不就是要解决发生在你周围的问题吗? 有时候,我的导演工作完全错误,演员还盲目地服从我的调度,这太令人遗憾了。然而,我没有权力让他变成一个坏演员。错误是我造成的,但又不能让一个演员产生失败的感觉,这实在不是一件容易处理的事。在一个有 50 个人的班子里,我总处于自己总是有理的地位,把错误推给演员,摆出一副无法接受的样子,这非常容易。但这样做,就把演员毁了,把他变成一个敌人,毁灭了他的梦想,也就毁灭了我们的梦想。维护自己的同时,也就消灭了自己。我一向不喜欢导演,因为我总认为他们一贯持这种态度。我认识的所有演员,都无一例外地遇到过这种问题。你也许会遇到一些真心喜欢演员的导演,他们会尽力去理解演员。你经常会在一部以职业方式拍摄的电影里,被叫到一边,有人给你脸上扑上粉,给你梳好头,穿好衣服,而当你站在摄影台上,却不知道在那儿要干什么,你想问问导演,但助理导演会走过来,对你说:"坐在那里等一下,还没有轮到你。"你会感到受了侮辱,信心立刻烟消云散,开始发抖,演的角色也一定很糟糕,那你就完蛋了。假如你是演员,千万不能同意被放到这种境地……假如你来见我,我永远不会对你说:你将要度过一个永生难忘的美好时刻。我也不会让你去读一个 20 页纸的剧情介绍。你拿这个剧情介绍干什么呢? 想把它都记下来,会搞得你整夜睡不着觉。我不会那样做,我会请你明天再来,演一场戏试一试,而在这之前,我会和你谈话,尽量使你成为一个朋友,目的不是让你觉得舒服,而是为了像和一位知名演员那样进行交流。我也肯定不会问你怎么自斟自饮地喝酒,或是怎么喝橘汁,因为,然后还怎么能"装样子"呢?在这个意义上,我也不会告诉你应该怎么做,教给你怎么做手势动作。这就太荒谬了。不,到此为止了。重要的是,要能够相互理解,这是一个对人性问题的理解。谁都可以坐下来,很自然地喝杯酒,如果你不强迫他去做一些事,他并不会真正感觉到这一点。

Martin Scorsese
马丁·斯科西斯

（1942— ）

  在马丁·斯科西斯下榻的戛纳宾馆门前，人并不多，但我们还是争先恐后想先进去。他这次来是为了在"导演双周"上，介绍他的第一部电影《穷街陋巷》。大多数人都对这位导演不熟悉，尽管当时的负责人发现新导演的平行部门已经不少，但仍然无法与正式参赛作品的吸引力竞争。年轻的美国电影，在消息灵通的评论界，还没有足够的影响，意识形态使然。所以，米卡埃尔·亨利和我有充裕时间和马丁·斯科西斯进行了交谈，后来，我们又在巴黎和洛杉矶继续访谈了他随后拍出的新片《阿丽丝不在这儿》和《美籍意大利人》。

  假如说，今天的斯科西斯比过去难以直接见到了——这是委婉的说法，但他在这三十年中一点儿也没有变化：同样滔滔不绝、侃侃而谈，同样的尖锐目光，同样的让人喘不上气来的博大精深的电影知识，同样的对艺术的狂热。我们看过他的短片《剃须记》和《贝莎大篷车》，是由罗杰·科尔曼发行的。但是，我们发现他的作品数量简直多得让人瞠目结舌（他才刚刚30岁），他参与的各项活动之多早已超出正常人的负荷。随着接下去的访谈，他慷慨地向两个陌生人敞开了心扉，从影片的《创世纪》起，他坦诚地即兴陈述了他的生平。斯科西斯从来没有偏离自己早已确定的方向：移民混合体和东海岸意大利共同体的重要性，宗教及其礼拜仪式的作用，周围环境中无处不在的暴力，以及利用电影进行救赎。他的激情不仅释放在像《穿越美国电影的旅游》这样的纪录片里，同时也表现在影片修复和发行方面。当然，首先是他技艺超群的风格：丰富的色彩变化和摄影机的躁动。从《穷街陋巷》到《纽约黑帮》，尽管时光流逝，但他却始终激情如初的奥秘，只有斯科西斯自己知道。

关于《穷街陋巷》和《阿丽丝不在这儿》

(1974年5月戛纳,1975年3月洛杉矶)

我们对您的前两部短片几乎一无所知。

《你这么好的女孩在这里干什么?》是我在纽约大学夏季工作室里拍摄的。当时我20岁。我们惊讶地发现:麦尔·布鲁克和希德·恺撒为电视台写的节目,竟然引起了美国人这么浓厚的兴趣。布鲁克刚刚和恩斯特·平托弗写了《小提琴家》和《批评家》。他和卡尔·瑞讷录制了《两千岁的老人》,讲述一位两千岁的"老犹太人"。穿越整个人类历史的故事,他还和莎士比亚聊天……等等。那个时候,我们对这类东西闻所未闻,我想把这种无厘头的笑话放到我第一部影片里。没有真正意义上的拍摄,都是不动的画面、动画、特效、大量特技,没有视觉意义的9分钟,从头到尾伴随着一个叙述者的画外音。其中,我抄袭了特吕弗《朱尔和吉姆》的前两分钟内容!故事没头没尾,这完全是精神病的妄想狂:一个人买了一幅画,画着另一个人①坐在船上,最后,买画的这个人进入画里,随波逐流……

两个月之后,我拍摄了《那不仅是你,默里》。这是一部给朋友拍的片子,现在我意识到,它也可以说是《穷街陋巷》的序言和初稿。默里和乔这两个人物是一对知心朋友,但他们之间不断地互相偷东西,既偷饮料又偷各自的女朋友。过去,和我那帮朋友在一起时,也像他们那样生活。这种关系里,既有仇恨,也有爱情。这是影片开头,然后就变成了从1922年到1965年间的一个强盗的传记,我叔叔的生活给了我一些启发。默里坐在他的办公室里,面对着摄影机。他的身后有一面美国国旗。他这样自我介绍:"你们看见这条领带了吗?20美元!看见这辆汽车了吧?10000美元,等等,你们想说些什么?"他们就是这样生活的,这就是美国。我非常不愿意一上来就把他表现成一名强盗:这可以是一位什么公司的总裁,也可能是什么大学校长。我是在"小意大利"长大的,亲眼目睹了贪污腐败,每天都看见这些事。后来,人们就不可能再把政府当局当一回事了。一切都是骗人的。我认为,默里也有一种见证的价值,因为我们这部电影是在地窖、酒吧、小意大利的贫民窟里拍摄的。为《穷街陋巷》采景的时候,我们注意到这些外景几乎全部被拆毁了,所以,默里的插图使一个消失的世界保存了下来。叙事十分自由,满篇都是东拉西扯。甚至还有一段布斯比·伯克利式的舞蹈,这种舞蹈过了很久才变得时髦起来。

---

① 那不是别人,而正是马丁·斯科西斯自己。

您在《剃须记》里,是不是要嘲笑《商人传奇》和一般的广告呢?

《剃须记》和《穷街陋巷》这两部电影有很多共同点,但《剃须记》更加超现实。虽然《穷街陋巷》不是所谓"现实主义"的,但人们完全脱离了真实,进入了一种其他的东西。当哈维·克泰尔说他的梦时,当他情不自禁地围着黑女人翩翩起舞时,或者,在欢迎老前辈举行的晚会上,当他步履蹒跚,把脸贴在摄影机上,好像他双脚离开地面,在空中飞翔。这很现实,但同时人们又处在某种神秘东西的边缘。酒吧后厅的那些美洲豹,不是我杜撰的,但也不要过于认真追究。

应该把它们看成是对男性人物的暗喻吧?

完全正确。但这并不是经过深思熟虑的东西。对于我们身边的疯狂,对于我在街上偶然碰到的这些无厘头的事件,我非常敏感。我把这些不合常理的东西都放到我的电影里。《剃须记》就是这类事件之一,一个结局最荒谬的赌注。这也是我在那个时候的内心感觉。当时自己身无分文,我的故事片①找不到发行人。在和妻子分手之后,我露宿在家徒四壁、十分凄凉的公寓里……刮胡子实在不是一件容易事!写剧本的时候,我非常严肃认真,但拍摄的时候,我们大家忍不住笑个不停。看样片的时候,每个人都笑弯了腰。直到后来,我才据理说明了拍这部片子的意图。我几乎完全相信这是一部反对越南战争的影片,那个认真刮胡子最后割破了自己喉咙管的家伙,是当时普通美国人的象征。为了它的政治影响,我利用了《我不能上路》原版的背景音乐,这是巴瑞·伯瑞甘 1939 年拍摄的影片。我甚至想在越南的标志性镜头来结束本片,但这意义不大。实际上,《剃须记》只是某种异想天开,一种纯属个人对死亡的看法。

您年轻时,宗教占据了相当重要的地位。今天还是这样吗?

和您在《穷街陋巷》中看到的情况不相上下。有一种负罪感。也有不少迷信观念。我周围总有一套礼仪。我讨厌一些数字。有些纸张我无论如何不会扔掉,但我不再去教堂,不再去找神甫谈话……

但是,您进过神学院是吧?

我在第 86 街上过神学院预备班的课,当时我想当神甫。这是 1956 年前后的事。那时,爆发了滚石乐革命……那种音乐对我影响太大了。在我们家住的那个区里,每个孩子都模仿布兰多,穿着皮夹克,每天泡在酒吧和"巧克力酒吧"里面。就像《黑板丛林》里的暴力坏子那样,我们每天都这样活着。另外,还有姑娘……在这种条件下,我无法专心学习!所以,我被开除了。他们认为我是流氓,强盗坏子。我又进了一所天主教中学,希望有一天能回到神学院,可是后来我没考上耶稣会大学,我的分

---

① 此指《谁在敲我的门》,1967 年,曾以《我先打电话》为片名参加了芝加哥电影节,1970 年以现在的片名,参加了洛杉矶电影节。

数太差了。所以,我不得已进了纽约大学,在那儿我很快就转向了电影史课。

从一定意义上,您脱离了您的周围环境,这也有点儿与众不同吧?

您要是在"小意大利"长大的,不去当强盗或是神父,还能干什么呢?但是,我既不能当神父也当不了强盗。从身体条件上,我当不了一个像样的强盗。我总是挨打。您还记得《曼哈顿之梦》吧,克拉克·盖保变成了一个坏小子,而他的哥们威廉·鲍威尔却当选为省长,把他判了死刑。您看,我的朋友们一直都在那儿,他们还是那种穿着打扮,一点儿都没变。我很同情他们,但是我为了生存,必须走另外一条路。我靠着说话快,说些荒唐话逗别人乐来勉强生活。偶尔有一场打架,我总是迟到几分钟错过机会。但也不遗憾……在这些公众场合打架斗殴中,被毁容或致残,简直是家常便饭。

假如搞电影对于您是一种远离这个群体的做法,这个小集团怎么看待您的"背叛"行为呢?

起初,他们被迷住了,为了帮助我拍《那不仅是你,默里》,他们到处帮我去找服装道具。可是两年之后,我开始准备第一部故事片①的时候,这次可惹出麻烦了,因为我用了他们的真名实姓,他们觉得受到影片侮辱了。影片里只有一个人演得活灵活现,那就是 J. R.,而 J. R. 就是我!他们都明显感觉到了。这也太过分自爱了!太自命不凡、厚颜无耻、顾盼自雄啦!我仅仅表现了他们性格的万分之一,有人就觉得我把他们丑化了。实际上,我想让一个受天主教教育的男孩面对一个女孩,他一会儿把她奉为圣母玛利亚,一会儿又把她看成妓女。这是一个像西西里那样的老问题了!当我把片子放给我老师看的时候,他支持我说,这已经是很久以前的陈年旧事了,应该拍一些当代的东西,毒品、自由恋爱之类的东西。但是在少数民族集聚区里长大的这些波兰人、犹太人、爱尔兰人、意大利人都理解我的意思。我在各个民族里,到处都能看到他们的悲惨生活。对我来说,罗贝尔·雷德福,这是另外一个星球,是我从很远地方看到的一个陌生的美国。

今天,您怎么看待您和祖籍之间的关系?

我总是介于两者之间!我们是第三代。1910 年前后,我的祖父母移民到美国。他们只会说意大利语,一辈子都没有取得美国国籍。我父母出生和结婚都在曼哈顿,也几乎一直住在曼哈顿。他们生活的背景是大萧条时期,在很多方面,他们代表了乔治·华莱士的选举。他们始终住在别人的房子里,因此争吵不断,从家庭纠纷到复杂的分歧层出不穷。我出生在长岛,但到 1950 年,父母又回到了他们出生的小意大利伊丽莎白街。去年,他们第一次到西西里去旅行。他们说话的时候,经常从西西里语跳到英语,从英语跳到西西里语。我只能读意大利语,说不好被"卡壳"了。

---

① 此指《谁在敲我的门》。

今天，第三代人离开小意大利搬到皇后大道，特别是史泰登岛。马迪克·马丁和我想给《穷街陋巷》拍个续集，我们还要去那里找到那些已经上了年纪的人物。

《谁在敲我的门》这部电影，是怎么变化成定稿版本的？

这部电影让我整整花了 3 年时间。其中第一部分叫"带上那些跳舞女郎"，那是我在大学里拍的 35 分钟短片。主题是 J. R. 和那位姑娘相会，没有经过真正的处理。主要拍下了 J. R. 和他那帮人在小意大利打架、酗酒和狂欢的场景。不幸的是，大家都讨厌这些东西。后来，1967 年，我过去的老师海格·马努建和约瑟夫·维尔（是他出版了英文版的《电影手册》）成立了一家独立制片公司，他们鼓励我再写一些和那位姑娘的戏，展开 J. R. 的内心冲突……吉娜·贝图恩代替了过去的女演员，我找回了哈维·凯戴尔，请米加埃尔·怀德雷赫担任摄影师，我们又拍了 4 个星期他们两个人的戏。在理查德·科尔用 35 毫米拍的场景和怀德雷赫两年之后用 16 毫米拍的场景之间的差别太大了。我们从来看不到一个吉娜和那帮人在一起的镜头！这部电影参加了纽约电影节，但找不到发行人。拍完了《剃须记》之后，因为情绪低落，就听从了住在阿姆斯特丹的理查德·科尔的建议，到欧洲跟他一起去拍广告片。我在那儿待了 6 个月，很快就发现自己讨厌广告。在布鲁塞尔电影资料馆，我认识了雅克·勒杜：他说我把时间浪费在弗拉芒商业广告上，实在是疯了！幸好，这时候马努建从美国打来电话，告诉我一个叫约瑟夫·布芮那的色情片发行人，打算进入"受人尊敬"的渠道，很喜欢我那部电影，条件是我必须增加一个脱衣的镜头。但是我不能立刻回纽约，因为在这儿遇到了一个想不到的麻烦。人们让哈维·凯特尔来到阿姆斯特丹，用了两天时间就把和安娜·高莱特那场戏拍完了，安娜是《每个男孩都叫帕特里克》的演员，摄影师是马科斯·菲舍，因为理查德·科尔这时候病倒了。这个镜头组和整部电影没有任何联系。没有任何过渡，在一场关于女人的对话，谈到好女人坏女人，贞洁少女和放荡女人的时候，突然砰的一下就接上了这组手淫的镜头，有意让它过度曝光，又给这组镜头加上了杜尔丝的音乐。观众每次看到这里，都以为是放映机出毛病了，真是疯了！峤恩娜·麦喀斯无论如何要我删去这个镜头，这样才能像一部正常的影片去放映！

《谁在敲我的门》看来像是您自传的第一部分。

每个事件都是我亲身经历的事，比《穷街陋巷》里的故事更加真实，没有什么真正的情节：J. R. 爱上了一位姑娘，但仍然整天和他那帮朋友厮混在一起，这帮人对这个姑娘心存忌妒。感觉到自己不对，J. R. 拒绝和这个女孩在他母亲的床上做爱（这是在我母亲卧室里拍这场戏的，到处都是塑像……），她不明白为什么，他就带她去见里约·布哈沃和斯伽哈姆士，在那里他指着安吉·迪金森，对她说：他要像你这样的女人……和这帮朋友一起拍的场景没做什么结构处理，观众看到他们穿着一身黑衣服，手里摆弄着武器，后来又看到他们流亡到山上，动作笨拙，害怕毒蛇，互相辱骂。在山顶上，J. R. 让他们欣赏落日的余晖，然后砰的一下切到了这个姑娘的镜头，她说自己不再是处女了，J. R. 不相信，认为她被人强奸了，就又回到正在饮酒做乐的那帮哥们儿那里。第二天，他又爱上了贝尔希·斯莱芝，发现蕾·巴莱塔正在一边听西纳特拉的唱片，一边读《温柔的夜》，吻了她，然后又道歉，原谅了她，又重新说她是"妓女"，他把一切都打碎了。他去找那帮朋友，但实际上，他们就此分道扬镳了。他周围的一切都坍塌了。这就是我自己当时遇到的情况。我想自己不能成功地把这部影片叙述得十分清晰，原因就在于此。我没有退路，这是一个"拼布工艺品"，但总而言之还有一些值得一看的镜头组，比如：这帮朋友在电视上看莎丽·陈那组镜头和巴莱塔唱《角头风云》的那组慢镜头，还是很有味道的。

拍摄《蜜月杀手》时，摄影棚里发生了什么事？

当时我负责全部制片的前期工作，但刚拍了一周就被解职了，被雷奥纳尔·卡斯特接替了。我从来没看过他接下去拍的这部片子，不知道是不是还保留了一些我拍的镜头，特别是在海滩自杀的那组镜头。我想可能什么都没有留下来，因为他们几乎都是重新拍的。他们不喜欢我搞的那些太复杂的升降推拉镜头和动人心魄的长镜头组。我花钱太多，简直把他们气疯了。尤其是，我不会把我的全部想法跟他们解释清楚。也许，因为我拍这样的片子经验还不成熟。不管怎么说，从一开始，卡斯特就应该担任导演，因为是他写的剧本。即便如此，我还是受了伤害。因此，我又回到了纽约大学电影系，但是，我又被那儿开除了，因为旷课太多。这时候，为了生存，我就像吉姆·麦克布瑞德那样，为米加埃尔·华德雷德的纪录片做剪辑工作。我剪辑《谁在敲我的门》时，吉姆在隔壁房间里剪辑《大卫·霍兹曼的日记》。我们互相给对方出主意，他想劝我少删掉一些，我却建议他多删去一些！1969年，我又搞了一个相当疯狂的拍摄计划：一个士兵的故事，这部片子要以巴顿将军的开幕词为结尾，他的这次讲话是未经新闻审查的原封不动的全部内容。我坚持让奥利弗·伍德担任《蜜月杀手》的摄影师。除了一大段35毫米1940年代色彩的闪回镜头之外，影片都要用16毫米胶片拍摄。我必须等《阿丽丝不在这儿》拍完之后，再来拍这部片子。因为缺钱，这部电影在开拍的前两天被取消了。

我们很想知道对以《1970年街景》为代表的战斗电影，您持什么态度？

在柬埔寨入侵邻国的时候，我正在纽约大学教课。当时的学生运动如火如荼，我想利用电影系非常先进的设备，组织大学生小分队去拍摄游行场面，并且录下音来。好多学生都被华尔街防暴队打了，摄影机也被砸了。我"导演"的唯一一场戏，是那场在华盛顿一个房间里进行的激烈大辩论。在筋疲力尽的一周拍摄之后，最后一天我们失败了。大多数人都受到了毒打或者被瓦斯熏倒了，我们像与世隔绝一样，我自己也病得相当严重……哈维·凯特尔也在场，他负责拍照片，和大家一样，已经被气疯了，再也不能继续忍受这种无助的等待了！另外，时间已经临近学年结束，大家都散伙了。没有人去剪那些几公里长的胶片。校长臭骂了我一顿，因为我们毁了价值16000美元的设备，他又责令我一定要把这一堆设备修好。曾经为伍德斯托克音乐节工作过的邓·棱泽,他拍摄的资料最好:我得以原封不动地利用他的镜头。连续工作了10天10夜,才把胶片剪接起来,总算大体上有了一个结构,我赌天发誓:假如不让我从头到尾地进行执导,一辈子再也不会去搞政治电影! 当我把片子放给参加游行示威的学生看时,他们都很不满意,觉得抗议斗争的精神没有充分体现出来。他们认为上当受骗了,不承认这是他们的亲身经历。但我觉得画面很忠实,反映出了悲惨的现实、群众的怒火、精神受到的创伤、普遍的无责任心和无能为力情绪。这里说的不是《气象员先生》,那些真正的种族主义者,而是普通学生,有父母亲的孩子和那些周末左翼分子。他们不接受这部影片,我心中十分郁闷。电影结尾相当悲观,在一句话中间,突然淡出到一团黑色。我们每次放映这部片子的时候,观众以及那些没参加过游行示威的学生,都在电影厅里自发地展开讨论,重新提起华盛顿大辩论的话题和论据。这可能就是《街景》的唯一价值吧!

直到那个时候,您一直都是进行完全独立制片的,您是怎么进入美国国际影片公司的呢? 从结果来看,考尔曼似乎给了您充分的自由去即兴发挥创作《冷血霹雳火》*的吧?

我到好莱坞是为了剪辑《药球车队》。刚到不久,就遇到了考尔曼。他看了"J. R."①,而且非常喜欢这部片子。他也知道我曾经为伍德斯托克音乐节拍过电影。他的想法是拍一部《血腥妈妈》的续集。可是我没有看过这部片子。但我仍然接受了他的建议,至今也丝毫不感到遗憾,因为影片拍得十分愉快。朱丽·考尔曼发现了波莎·汤泊森的自传,但电影剧本和原著没有什么关系。美国国际电影公司买了版权,但我们只利用了书中几个人物。我本想为第42街的人拍一部场面很大的电影,但预算只有60万美元,这根本不可能。我们必须压缩剧本,砍掉那些史诗般的场面,重新写一些别的场景,去掉到路易斯安那、得克萨斯的那些戏。我们只在阿肯色州的一个小角落里拍摄了24天,人们觉得铁路的轨道似乎画了一个圆圈!剧中人物好像做梦似的,总在原地打转。这种循环实在太奇怪了⋯⋯

影片的奇怪之处,是不是还有在暴力之下神话破灭呢?

您注意到了对"豆子魔法师"的暗喻了吗?在影片每次转弯时都有暗喻!在开幕式那场戏里,巴巴拉·赫悦梳着桃丽丝**式发型,在妓院那场戏,有这么一句台词:"别去注意藏在窗帘后面的男人!"在摄影棚里,这句话变成了演员们和我的一种游戏:大卫·卡瑞丁是吓人的怪物,波尼·卡塞是白铁皮樵夫,巴瑞·普蕊姆斯是胆小的狮子! 巴瑞演的瑞克·布劳恩这个人物,是我重新创造出来的,电影里他活脱儿就是我自己,他穿的衣服都像我,好像他是从《穷街陋巷》里走出来的。他不停地说:"咱

---

* 又译《大篷车波莎》。——译注
① 此指《谁在敲我的门》。
** 《绿野仙踪》中的主人公。——译注

们在阿肯色干什么呢？赶紧走吧！"这正是我在摄影棚里反复说的话！我通过他来评论影片故事。他想的跟我完全一样，当你面对一个人，他手里拿着的手枪比你的那支口径大，三十六计跑为上，就剩这一招啦！当别人决定要开枪的时候，你最好别把你的枪掏出来！要是把这个原则忘了，你的动作就要命啦！

在《大萧条》中，每个人都以各自不同方式代表少数民族这4个"另类"人物，和《穷街陋巷》里的4个年轻的意大利裔美国人之间有很多共同点。您是不是要对今天的美国年轻人传达某种信息呢？

这是一些赶上好年景的孩子们，他们到了最后才去杀人。冯·莫尔顿后来加入黑豹党，波莎跟他分手了。原来的剧本，是以波莎在新奥尔良一个葬礼上，在黑人中间跳舞结尾。她不接受那些汤姆大叔。您知道吗？美国黑人非常喜欢这部影片。我自己很喜欢片中的一些细节，比如，我把瑞克·布劳恩变成了犹太人。我也很喜欢妓院里即兴拍摄的那次访谈：吃玻璃的老人、待在大厅尽头的那个妓女，实际上是个人妖、门口的插科打诨（和访谈那场戏一样，我都是抄袭了《过他的生活》），总之，整个这一段都充满了奇异的气氛。在这部电影里，一切都很奇怪。所以，巴巴拉·何赛与大卫·卡拉丁玩得特别开心。他们两个人爱得如此疯狂，那些爱情场景根本就不需要去"演"！《穷街陋巷》就不一样了，阿美·罗宾逊和哈维·凯特尔完全合不来，我充分利用了他们之间的敌意。

大比尔·沙勒的精神受难是不是来自您自身的困扰？《穷街陋巷》里的查理不是也在寻找受难吗？

受难的情节剧本里已经写好了。尽管大比尔是被另一种方式杀死的，当时一些搞工会运动的人确实有遭此不幸的。这并非出自我的杜撰。我当时想到了《阳光下的决斗》中杰尼弗在乱石中步履维艰的样子……最奇怪的是，我拍这组镜头那天是我的生日，而次年拍《穷街陋巷》，这种巧合又出现了：在我生日那天，我杀死了乔妮·波伊和我的朋友们①。

像《穷街陋巷》里公共场所斗殴那样，铁道旁边最后那场大屠杀与其说是表演，更像是一场舞蹈。

《冷血霹雳火》的每个镜头，我都事先画好了。《穷街陋巷》画了一半，《阿丽丝不在这儿》只画了三分之一。您注意到了每个人都有各自不同的"死相儿"。每一次的镜头运动都不一样。考尔曼给了我充分自由。如果您不破坏工作，他从来不来干预。他总是对我说："你自己来吧！"幸亏如此，等电影拍完了，他才把片子交给阿赫考弗。在放映之前，他才对他说："萨姆，这部片子不完全是《血腥妈妈》……"可是，阿赫考弗看完之后大动肝火，对和主题无关的题外话和难以理解的玩笑，也就是那

---

① 马丁·斯科西斯在《穷街陋巷》里出演了杀手舒蒂的角色，他坐在理查德·罗马努斯驾驶的车后座上。

些新浪潮的内容极为不满。后来,美国国际电影公司的全部导演都来问我,我怎么敢这样肆无忌惮地对待公司摄制计划呢?考尔曼强加给我的唯一演员,就是巴瑞·普蕊姆斯。我们之间相处得如此融洽,我决定让他在《穷街陋巷》里出演查理的角色,而让哈维·凯特尔去演乔尼·波伊。

在卡拉丁父子第一次见面的时候,谁想到让他们谈论圣经故事的?

这是我的主意。约翰和大卫之间的关系非常奇特。约翰非常高兴把儿子收回来,他一直管他叫"妖怪"。我想他打算抢他的舞台。对白是临时编出来,在摄影机前写下的。我想说的是,在政治方面和其他方面一样,应该抨击那些不冷不热的人,我讨厌这些人。冯·莫尔顿会让他的激进主义走到底!

在《穷街陋巷》里,按照时间先后顺序来展开故事,给您省去了处理情节的麻烦。说实话,人们看不出来我们通常说的"故事"是什么时候开始的。

在您没意识到的情况下,故事就展开了。当然,我也许可以使叙事更紧凑一些,但随着故事的展开,我又加进去一些场景。例如,里维尔达两个男孩那场戏,是为了把托尼和米加埃尔之间的关系建立起来。这种情况很多,我就不一一列举了。这些镜头组和整体的脉络至少是同样重要的。

看的出来,您在介绍特莱萨这个人物的时候,遇到了一些问题。

由于开头加进去了不少场景,我在不断变化着人物的入场方式!自己突然发现,让特莱萨到第六卷胶片时再出场是个绝好的主意!这样就能更有力地指出:这是一个男性统治的社会!特莱萨没有权利在前面露面,她应该最后一个出场,我们想一次就把这个人物刻画出来,这是一种生活的风格。至于结构问题,那就不去管它了。

为什么要把特莱萨塑造成一个癫痫病患者呢?

我对癫痫病非常感兴趣。查理一直被罪恶感困扰着,他深深地恨着自己。实际上,他能够自责的,不过是一些"坏思想":他能够拥有的唯一女人,应该是"被认为有罪的"、已经凋零的。特莱萨不是处女,所以他要和她在一起。他认为自己就配这样。在内心深处,他认为癫痫是上帝的诅咒。他把和特莱萨睡觉看成是对自己的惩罚。

很多人物都有疯狂征兆:特莱萨、乔尼·波伊和越南前辈。

乔尼·波伊并不是疯子。他对周围环境无法忍受,心灵受到了严重创伤,荣誉标准、习俗礼仪和构成全部生活的一切外在符号,他都拒绝接受,他看到了事务本质,但而又无力阻止其进程,成为一个滑稽可笑的小丑。他破坏一切游戏规则,但并不能从而解救自己。他不能毁灭自己,必须靠别人担此重任。在他用没上子弹的手枪挑衅米卡埃尔的时候,他嘲弄了这个社会的基本原则。另外,他父母离婚了,这在当地是闻所未闻的事。真正的乔尼·波伊,本来叫萨里·嘎咖,因为从房顶上往下扔瓶子,碰巧砸死了一个酒鬼,心情一度十分低落。他在看《谁在敲我的门》时,心里觉得非常不舒服,从放映厅跑出去了。《穷街陋巷》里,站在窗子旁边的女邻居,是他的母亲,但她始终不知道乔尼·波伊就是她的儿子。

越南前辈扑到一个女孩身上企图强奸她的那场晚会,突然引入了另一个层次的疯狂,这一次是政治性的吧?

1966年前后我写的第一个剧本里,这场戏被设计成一个化装舞会。查理化装成耶稣基督来参加晚会,向每个人表示祝福。象征意义太强了,另外,我们没钱买服装,更无法把全班人马运到新的外景地去。所以,还必须留在酒吧里。对白都是临时编的,不是什么政治评论。重要的是,全部被压制的暴力都突然爆发出来了。

面对着查理和乔尼·波伊,托尼和米加埃尔代表正常人。他们将能够融入社会。

托尼是本片4个人物中戏份最不够的一个。我本应该说得更加清楚:这个酒吧是父亲给他的,他父亲是控制着东海岸全部夜总会的老大。托尼这个人离群索居,客观务实,他将会第一个参加有组织的犯罪。在一定意义上,他是查理最好的朋友,最能理解他。米加埃尔来自另一块居住区。在小意大利,每个区都有一个团伙。各个团伙都不一样。我们属于比较可爱的那种,平时不摆弄武器,或者很少动这些家伙。米加埃尔属于最蛮横的海斯特街帮,和我们隔着六个小区:这是一群真正的暴徒、亡命徒、犯罪狂。但是,米加埃尔成不了气候,他智力不够,勇气不足,想当老大但当不成。他装模作样,总要摆出老大的谱来,可是不能赢得别人的尊敬。您还记得码头上汽车里的那个家伙吧?那是个真正的强盗!这部电影里还不止他一个,我还认识一些真正的硬汉……

我们感觉到,您在开拍之前,为片中的每个人物都写了一个名副其实的传记。

我甚至把他们每个人读的书名都写出来了!剪辑时,我把查理和他"教父"讨论海明威的短篇小说《弗朗西斯麦康伯短暂的快乐生活》那个镜头组也删掉了。我觉得这会显得过于卖弄,表现的意图也过分明确了!这次讨论提出了胆怯的问题。查理从外貌上看像个胆小鬼。我生活在那个地方,一直存在着这个问题:怕挨揍……害怕十几个彪形大汉突然扑过来……害怕上了"大男子主义"态度的当。当了一分钟英雄,因为想逞能,却挨了一顿暴打!甚至有可能被人杀死。每次我走进一间酒吧,都会感到这种暴力。每次我走到人群中间,甚至在这里,在电影节上,依然有这种恐惧。可能人们最后才会明白什么重要,什么不重要。

在这些人物的宗教教育和他们的神经官能症之间,有一种因果关系。

对于美籍意大利人来说,并非如此。犹太人确实是这样。爱尔兰人吗?也不是像您说的那样。他们会享受餐桌上的乐趣,在葬礼上他们都会谈笑风生,他们乐观向上地对待生活。这是另外一种天主教。我们这些人,一坐在餐桌旁边,就像进了战场。守灵的时候,我们大哭大叫。老太婆们试图把尸体从棺材里拉出来,如果你不这样做,人家会认为你对死者没有深厚感情。我在《穷街陋巷》的续集里,会反映这种歇斯底里,这种老一代人的传统。

查理在黑手党和宗教之间进退维谷。在您看来,在美籍意大利共同体里,这两种力量是相辅相成的吗?

黑手党的力量高于一切。首先是大家庭,也就是您自己的家加上黑手党,然后才是宗教。物质方面的帮助在先,然后才是精神方面的帮助。在受尊敬的等级上,"教父"高于神父。在莫柏瑞街上,我们教区的神父经常告诉我:在他的教区里,信徒们看到"教父"做出榜样之后,他们才会向他致意。

托尼对查理说:"宗教也像别的组织那样,是一个诈骗集团"。

我就亲耳听到过这种淫乱故事。我100%地相信神甫告诉我的事。您知道:那对未婚夫妇婚前忍不住在一辆汽车里做爱,正在这时候被一辆大卡车撞死了……发生这次丑闻的前一天夜里,我有一个幻觉:耶稣在窗子外面看着我。我在黑暗中拼命地跑……第二天,我把这一切告诉了我的朋友,但他说有人也跟他说了同样的故事。这是一个司空见惯的节目!总而言之,他们要做工作。这是一个组织。

为什么您代替哈维·凯特尔说了影片中的第一句话?

这是我参与拍摄的一种方式。当查理站在大蜡烛前面,是我在背诵祈祷词。我对领圣体的仪式始终非常好奇。我自己读祷词,因为是我自己写的祷词,而且我觉得写的很好,就好像我拉着查理的手向观众介绍:"这就是我们将要做的事。"至于我对教会的看法,我认为不应该像经营商业那样去管理宗教。查理自言自语地说,教会应该到街上去,当他走到街上,他就变成了教会。不管怎样,他是想把教会变成一种生意。

因为他是一个"政客"?

完全正确。你搞政治越多,就越腐败,对其他人就越危险。在内心深处,我一直想当一个圣者,但是,怎样才能成为一个圣者呢?先去做一名传教士吗?8岁时,我想到海岛上去照料麻风病人。但这很难做到:要离开家,到很远的地方去照料麻风病人……我心里想,肯定还有其他办法。我是在一名神甫身边长大的。我佩服他,想模仿他,但他不相信我的志向。另外,他是一个赶时髦的人:只爱去看那些欧洲电影和莎士比亚作品改编的片子。他看不起我们的电影。另外,他还只听古典音乐,不听摇滚乐。他不停地鼓励我们去搞体育运动,并且说:"千万不要接近女孩子!"因为他知道我不喜欢体育运动,所以他才反复这样说。对我来说,他就是宗教。他对我们的影响太大了。他说我们是愚蠢的人,因为我们在街上接受任何人的挑衅。他总是说:"你们是疯子!你们总认为,持械抢银行,就是要冲进去朝着各个方向开枪。"我在《冷血霹雳火》里就采用了这种方法。他说的对,我们确实是冲进去就四处乱开枪的。多亏了他,我开始学会思考。他已经接近了理想,但当我需要精神帮助的时候,他却不在身边。他没有真正理解我,他没有严肃认真地对待我。其他神父也是一样,都是神工架的公务员。我认为,当神甫应该接近老百姓,应该走到街上去。光穿一身道袍是远远不够的。这个观念在查理心中是根深蒂固的,他把自己看做是一个圣者。当然还有其他问题:这个人的时髦思想和一身傲气,他自己丝毫没有意识到。我很想拍一部电影,片中的神甫,在努力挽救其他人之后,发现他自己才是最需要得到救助的人。查理最后可能懂得了,他不是在救助其他人,他在破坏他们的生活,而只是在救赎自己而已。

就像约翰·嘉菲尔德饰演的那些人物一样。

哈维·凯特尔酷爱嘉菲尔德。"向白眼球开枪",这是他即兴编的那段对白里的一句话。他当过海军,虽然思想上反对军队,但他很敬业。《痛苦的报酬》是我最喜欢的一部电影。我想大家在《穷街陋巷》里能觉察到这一点。我希望有朝一日能和波兰斯基合作一部电影。

我想,如果您和萨姆埃尔·弗来尔一起合作,一定非常默契。

我太喜欢弗来尔了!我对电影最早的记忆,是父亲带我去看的《枪杀杰西·詹姆士》。我永生难忘18岁时看的《四十杆枪》、《园中园》和《南街回升》这几部第一轮公演的影片。我只见过弗来尔一面,但我们长时间地讨论了激烈情感问题,请不要把它和身体暴力混淆在一起。弗来尔的影片教会了我这一点,另外,这种激烈情感不仅要通过演员,而主要是利用摄影机才能把它激发出来。

就着这个话题问您一下,为什么乔尼·波伊沿着酒吧进入画面的时候,您要用慢镜头代替镜头推移呢?

我喜欢这种拍摄方法!通常人们用这种方法拍摄打斗场面,但我愿意孤立地去分析一些非常简单的动作:一个女人点一支香烟,一个男人端起一杯酒,另一个男人冷眼旁观着,等等。至于乔尼·波伊的入场,我想让他和第一次爆炸性的露面有明显差异。需要一个特效。影片不时地"离开地面"带着您"飞翔"……

音乐也起了辅助作用!您是在什么时候挑选乐曲的?

拍摄之前,我已经选好了大多数乐曲。比如,最后那段音乐,是意大利的全部节日庆祝活动的尾声。第一个镜头组的音乐,罗奈特唱的《做我的小宝贝》非常重要,它让人想到夏季放到户外的自动点唱机,孩子们在马路中间跳舞的情景……然而《橡皮饼干》不是剧本里事先写好的。这是一支开车时听它会惹出车祸的歌曲!我希望观众这时候将要失去理智!我记得摇滚乐从始至终都是打架斗殴的背景音乐。

威廉·崴勒曼的《公敌》我看了不下 10 遍,他用音乐作为与主题协调的对位法,对我很有影响。

《穷街陋巷》中的电影节选仅仅是向这些影片的导演致敬?抑或也是一种对位方法?

这些影片是我们生活的一部分。谈起它们来,会说上几个小时。比如,我最喜欢的导演福特,我们反复地看他的影片,里面的全部对白都能背出来。我们把自己和他的片中人物进行对比,和约翰·韦恩、杰弗瑞·亨特、肯·库迪斯等人都进行过比较。在《谁在敲我的门》里,哈维·凯特尔等渡船的时候,看到他的女友在读《巴黎竞赛》杂志上的一篇关于"搜寻者"的文章,他像疯子一样对它连续评论了 9 分钟!这里,我想选择一段《珊岛乐园》,可是约翰·韦恩不愿意被列入"限制类影片"①。

您通过乔尼·波伊引出《反攻珊丹岛》,报复了一下吧?

问题是,福特的其他片子,如:《月出》和《雷克军曹》不是我们那时候能够在第 42 街看的电影。按照我们常去的 15 美分放映厅标准,我必须非常注意地选择这些影片,就像考尔曼那些片子一样。在 1966 年的第一个剧本上,原来还有更多的为"幸福的少数人"看的影片节选、片断拼合和"不宜公开的笑料"。在《谁在敲我的门》里面也有同样多的内容。

罗贝尔·德·尼罗和哈维·凯特尔都和李·斯特拉斯贝格工作过,但在《穷街陋巷》里,他们的演技并没有受演员工作室影响的痕迹。您和演员的关系如何?

我不了解您说的那种表演方法,也从来没上过戏剧艺术课。我必须喜欢自己挑选的演员,和他们一起出去玩,把关系搞得十分融洽。我需要取得他们的信任。而且,我非常重视排练。《穷街陋巷》我们排练了 10 天,一起把 4 个男性角色和特莱萨之间的关系理顺了,同时让他们领会到可以自己去进行创作和发挥。当他们放松之后,就能够轻松自如地在对白中间加进去笑料了。哈维·凯特尔和罗贝尔·德·尼罗在后面大厅里的那场戏,就是在排练时候依据即兴创作的对白录音写出来的。哈维和鲍勃在摄影机前面重新演这场戏的时候,哈维把后面的台词忘了,临时现抓来的对白也顺理成章,鲍勃马上就接下去了。台球案子旁边那场打斗是事先画好的,但我只写了开头的对白,当时懒得继续写下去了。拍到这里的时候,还只剩下一个小时。这时候,乔治·麦默里想出了一个插科打诨的点子,那场戏就接着拍下去了。说到这儿,我还要说的是,打斗绝不都是假的……拍《谁在敲我的门》的时候,我还不会搞即兴创作,从影片上大家会感觉得到这一点。拍《冷血霹雳火》的时候,我才学会了即兴发挥。

---

① 按照.M.P.A.A.法典,"R"级影片表示:没有成人陪同,禁止小孩入场。

可是,在《穷街陋巷》里,在多大程度上即兴创作才能和那么复杂的灯光照明相匹配呢?

我从来不会丢掉主线。即兴创作不能和剧本产生矛盾,这是原则问题。酒吧的灯光那么复杂,所以不能耽误时间,绝不能允许装内行、抖机灵。除了我们那些轻型的聚光灯,还必须随时调整酒吧的灯泡。负责灯光的技师耳朵失聪,已经72岁了,但他的工作速度快得使人无法相信。为了刺激我们,他说:1959年,他拍的《变蝇人》只用了3天时间。我们的《穷街陋巷》拍了27天!

片头字幕上的"家庭电影",是按时间顺序编排在影片中的吗?

不是。这原是一个微型电影,完全可以独立存在。它简单介绍了这部片子的内容:在我们的共同体里面,在社会活动、家庭生活、夫妻生活,以及表面上看来是个统一大家庭的习惯礼仪活动中,暴力无处不在。其中一些镜头是我兄弟1965年拍的,大家可以在银幕上看到,我当了那个小孩子的教父。其他镜头使我用超8毫米,既没有变焦,也没有照明的业余爱好者电影,连我录的音都没加任何诠释。

最后一个镜头组,您遇到了什么技术问题?

这个镜头组整整拍了一夜。因为时间太少,我只接受三个妥协方案。我本来希望:
1)特莱萨从挡风玻璃穿过去。
2)汽车是敞蓬的(乔尼·波伊本应该站在车上大喊大叫,流血不止)。
3)汽车冲进一个橱窗里。考尔曼的替身演员花了一整夜时间来准备这个镜头。每次拍摄都失败了。我急疯了,在汽车应该撞翻消防龙头的时候,已经清晨5点了,太阳马上就要出来了,但我仍然没有一个完整镜头。必须在20分钟内解决问题。我像疯子一样顿足捶胸,结果还是没得到我想要的东西。

您自己承担了一个杀手角色。为什么?

第一个原因,我想在影片中扮演一个角色,最好是个能摆弄枪的人。第二个原因,最初的预算是35万美元,一共50万美元。为了节省开支,大部分内景场面都在洛杉矶拍摄,其他场景在纽约拍。然而最后一组镜头还要回到洛杉矶来拍。可是,让全体演员回来的钱不够了。您可以发现,有些演员从来没有在外景镜头露过面,另外一些人也没在内景中出现过。我是唯一能够到两个城市去的无足轻重的配角!第三个原因,您知道:我要过生日。

您为什么要拍《阿丽丝不在这儿》这部片子和前两部讲强盗和黑手党的影片大不相同啊!

有不少原因,其中一个很具体:拍完《穷街陋巷》之后,给我送来的剧本都是关于暴徒强盗的,但没有一个剧本的质量可以和《穷街陋巷》相媲美。尽管我有一些同一类型拍摄计划,但我想换一换花样。爱伦·柏丝婷和科波拉共进晚餐的时候,请他推荐一位年轻导演来拍一个她读过的剧本。科波拉提到了我的名字,爱伦看过我的

《穷街陋巷》,就给我送来了《阿丽丝不在这儿》的剧本。

华纳电影公司的约翰·卡雷告诉我,可以低成本地拍这部片子。剧本有不少缺点,但人物之间的关系吸引了我。而且,责任心的观念使我很高兴。这个女人结婚十三四年之后,单身带着一个小孩,面临多种选择,但不知何去何从。对于自己和孩子,她有哪些责任呢?在情感方面,我认为是"一种需要不断改进的工作",爱伦出演的人物和她的孩子,也是如此。这个孩子十分优秀,并且充满活力。我很想探索男人和女人之间的关系问题,看看第三者怎么能够破坏这种关系,然后再重新坠入爱河,重复同样的错误。她和克里斯·克里托弗森之间就出现了这样的问题。他们找不到现成的答案,但至少他们已经意识到,两个人重新掉入了过去和各自的原配所经历过的陷阱。影片中,唯一不变的关系,只存在于阿丽丝和她的儿子之间,所以我们还是以他们母女两个作为结尾,就像卓别林的一部影片那样。和《穷街陋巷》一样,情感总是浮在表面上。

您对剧本做了很多修改吗?

太多了!也有很多是像《穷街陋巷》那样即兴创作的。在3个月的前期准备工作中,盖柴尔也参与了修改剧本的工作。爱伦·柏丝婷和我一起工作:她用录像机读大段独白,和其他演员一起进行即兴创作。拉瑞·考恩和森蒂·文特劳波是执行制片人,负责找演员,既参与拍摄工作,又参加修改剧本的会议。我们把修改过的剧本交给盖柴尔,因为他去修养了,他对我们的建议提出意见,然后重新修改场景,听大家的建议,再进行修改,他把剧本润色之后再交给我们。我们又进行创作,然后又修改,这种工作直到开拍也没有完全结束。比如:爱伦·柏丝婷和戴安娜·莱德在厕所里的那场戏,是根据盖柴尔的建议即兴创作的。他在剧本上写了4页,我拍了10分钟,用了简单的对打镜头,我把它压缩到3分钟。同样,在爱伦·柏丝婷和克里斯·克里托弗森第一次做爱之后在厨房里的那场戏,也是即兴的:同样是把写好的剧本、即兴创作和剪辑台上压缩工作,三者混合在一起的结果。

我们大家之间的关系是自由的、疯狂的、直来直去的,也是十分有趣的。《阿丽丝不在这儿》的第一次剪辑,长达3小时16分钟。真是一部奥德赛长篇史诗!而且非常精彩!目前这一版使我不满意的地方,是我把影片开头删减过多,使得丈夫的角色几乎没戏了!这是一位很出色的演员,但现在看到他饰演的人物简直是个活牲口,唯一表现他人性的镜头,是他在床上吻抱他的妻子,因为他已经不会说话了。这样的话,还不如在他死了之后影片才开始呢!在最初的版本里,有些场景说明他是讲道理的,比如他拒绝周末开车去蒙市,因为他开了一周的大卡车,想休息一下。他是很有人情味的,银幕上有长达一小时的夫妻生活;各场不同的戏反映出他不同的行为举止。

影片的开头很精彩。

剧本里是这样写的:"闪回,1948—蒙市—加利福尼亚"。人们在电影上看到过各种闪回镜头,黑白的、慢镜头的、银幕四周模糊的,等等。我最初想用一个简单的副标题,后来我想到一些电影中也有类似做法(例如《康尼岛》里,贝蒂·格拉布尔看电视的镜头),把这个场景像那个时代的一部影片一样拍出来,可以作为向威廉·卡梅隆·曼泽斯的致敬。我也想到带护栏的"烟草路","窦斯魔法师"和"伊甸园东"里面,母亲从房子里走出来,招呼他回来的镜头。至于片头字幕,它和洛斯·亨特的那些片头字幕大同小异。另外,因为当时我有钱——170万美元,为什么不花呢?我花85000美元搭了一个布景,用一天时间就在哥伦比亚公司的"电影城的长期外观景地"上,拍完了这组镜头。后来这块地方变成了一个网球场。这是我们为这部片子搭的最后一个布景,是《公民凯恩》美工师的作品。

拍摄《阿丽丝不在这儿》的时候,您为什么又采用了拍《穷街陋巷》那种手提摄影机的灵活方案呢?

我想让《阿丽丝不在这儿》的开头像杜格拉斯·瑟克那种情节生动、哀婉动人的情节剧。就像《深锁春光一院愁》那样,然后,砰的一下! 过渡到这个女人脑子里想到的东西,她已经没有任何安全感了! 实际上,直到她丈夫去世之前,我们没用手提式摄影机。那些环绕移动摄影镜头是为了表现她被拘禁的心理状态。

出事之后,我们采用手提摄影是为了表现危机四伏,比如,她和哈维·凯特尔在一起的那些场景。哈维·凯特尔是个有意思的人物,他看起来像个疯子,实际上他没疯。他还是相当聪明的,只是心理变态了。他对自己做的事马上就感到悔恨,知道自己失去了这个女人,但又无计可施,毫无办法。影片中,所有的情感都很强烈,因为这些人物都不知道自己做出了什么选择,他们都处于一种过渡状态。最后,他们在咖啡馆里热烈拥抱,就像在弗兰克·卡泊拉的一部老影片里那样,但是人们立刻就回到了现实之中。

但是,咖啡馆里这个结尾和您影片的观念是相悖的。大家又看到了一个依附男人的女人,而且这种依附并不受到导演的批评,观众会觉得还是老一套。

我们觉得,这应该是这个人物合乎逻辑的结局。阿丽丝属于那种必须有一个男人才能生活的女人。我也是如此,从来没有一个人生活过,必须和一个女人在一起。所以,我完全理解阿丽丝的想法。这场戏最重要的时刻,是克里斯托弗森坐下,看着她,并且对她说:"我想,我理解你。"阿丽丝点了点头。这时候,他们两个人都一致同意:在互相尊重的前提下,尝试一次新的经历。我认为,最后如果让阿丽丝一个人带着孩子走了,这是不合情理的。掌声来自画外,好像观众在拍手。我很喜欢一直到他们拥抱的场景,但不喜欢接下去的谈话:这是我的失误。

无论如何,影片是在一个不确定的音符上收尾的。可能两个人难以在一起相处,但我相信,和一个人在一起生活,总能学到不少东西。我想,观众不会认为她找到了一位白马王子,但是,我坚持要像在一部老电影里那样,让她过上一段幸福的日子。这从前后关系来看,完全是不现实的,纯属不切合实际的一种愿望,但有时在生活里，人们会觉得自己的愿望真的实现了。女权主义者看了这部片子，鼓掌叫好，因为阿丽丝很像她们争取的大多数参加女权会议的对象。

阿丽丝为找工作在酒吧试唱那场戏里，围着她旋转的摄影机运动异常抒情，但和整部影片的风格非常不同。

它既抒情又带有强烈的讽刺意味。首先是抒情，在这个意义上，阿丽丝越唱越有自信，摄影机围绕她旋转，但不去表现听她唱歌的人。当她唱到"何时何地"的时候，讽刺意味就凸现出来了，因为阿丽丝太像《我爱的男人》中的伊达·卢比诺了，在感情深处，就像美语说的一个"火炬歌手"*，尽管她很真诚，但我们观众却不禁要掩口而笑。当她唱到"我从你那里得到了支持"，并且遇到了哈维·凯特尔，她同样充满了自信，摄影机围绕着她拍摄，一刻也不离开她。但无论爱伦还是我都不愿意迁就这个人物。爱伦坚持要阿丽丝告诉他儿子，做一名女仆并不卑贱。而且，我家里的女人都当过女仆。

爱伦·柏丝婷和孩子配合默契吗？

孩子给她讲故事的那场戏很能说明他们之间的关系。这个孩子从来没演过电影。在学校里是用李·斯特拉贝格表演方法培养出来的爱伦需要精神集中。在她让自己集中精神的时候，孩子目不转睛地盯着她，并且问她："你怎么这样就能哭出眼泪来呢？"爱伦不停地让孩子别打扰自己，他简直成了她的恶梦！但是，这个孩子演得非常出色。

是爱伦向我推荐的乐莉亚·高尔多妮（她出演过卡萨维兹的《阴影》）和戴安娜·莱德。她认识她们多年了。所以，我在戏里处理她们之间的人物关系时，显得游刃有余。我知道，在爱伦和戴安娜之间有过长时间的竞争，爱伦总是能够得到最好的角色。这部电影拍完之后，我才知道这两个人已经很久不说话了。所以，那场厕所里的戏，原来是两个人经历过的实实在在的真事。

拍完《阿丽丝不在这儿》之后，您又拍了一部关于您父母的电影。

那部片子叫《美籍意大利人》，是为华盛顿的国家人文基金会拍摄的为庆祝美国建国200周年摄制的一系列影片之一，每部片子都反映一个移民群，犹太人、意大利人、爱尔兰人、希腊人、阿美尼亚人，等等。那是索勒·拉宾要求我给政府拍的这部电影。与通常用画外音解说的纪录片不同，我想回到纽约下东区自己家里，拍摄吃晚饭的场景，并让父母讲述祖父母的故事。他们可以在摄影机前面，借助一些全家人的照片，讲述那些已给我已经说过多次的故事。

这是一部十分自然的纪录片，以谈移民问题的对话为开端，然后变成了一部反映两个人生活的影片，叙述他们共同生活了40年的经历，以及他们之间和我之间的

---

* 这是一个与英语中"伤感歌手"近音字的文字游戏。——译注

关系。这是一部相当奇特、非常可笑的片子。片长 48 分钟。影片不属于我,我没有经营权。总共拍了 6 小时,是和《阿丽丝不在这儿》同时剪辑的。曾在《穷街陋巷》第二摄制组工作过的阿来克·伊尔什菲尔德,是钱拉尔德·伊尔什菲尔德的儿子,他是《新科学怪人》的总摄影师,把这部电影变成了 16 毫米影片,参加了纽约电影节。唐·杜高弗想买这部片子,但政府把它留下,准备压缩成 30 分钟的电视片,这就毫无意义了。

谈谈您未来的拍摄计划吧。

根据保罗·施拉德的一个剧本,6 月份我要去拍《出租车司机》,档期是 34 天,《阿丽丝不在这儿》拍了 40 天。片中人物很像阿图尔·布梅尔,那个企图暗杀乔治·华莱士的人。他从美国中西部来到纽约,因为夜里睡不着觉,所以当了夜间出租车司机。

纽约是超现实的,像地狱一样。将会有很多画外音解说,这部片子像是弗来尔的《扒手》和《穷街陋巷》的混合物。我不知道这种混合是否能够成功,但我打算这样处理它。这个人爱上了一个姑娘,她为参加前几轮选举的一名候选人工作,但她把这个司机甩了。城市暴力以及和这个女孩的经历,使他产生了杀死这名政客的动机。但他并没有这样做,同时,他想去挽救一个 13 岁的妓女,但这个妓女并不想得救,因为她与匪徒有千丝万缕的关系。因而,他杀死了几个匪徒,变成了报纸上的英雄。我希望贝尔纳·海曼能为这部影片作曲。然后我想拍一部音乐喜剧,就像 1940 年代的《纽约,纽约》那样,罗贝尔·德·尼罗(他将先出演《出租车司机》)和莉萨·米奈里都将担当这部音乐剧的主要角色。然后,还有一部关于拳击的片子。如果一切顺利的话,几年之内我都闲不住。

Terrence Malick
泰伦斯·马力克
（1945— ）

　　古往今来，一位导演的处女作，很少有像《穷山恶水》这样成熟、这般奇特、这等完美的。这些特点始终保持在二十五年之后的泰伦斯·马力克两部其他作品之中：《收获苍天》和《红线》。这位导演发表的谈话不多，创作的影片也可谓惜胶片如金。直至今日，他与媒体谈话的次数，用一只手的5个手指去数，已经富富有余了。《穷山恶水》在法国发行公演前不久，我在洛杉矶电影节上有幸见到他，同他在一起的还有斯坦雷·库布里克，这位大师虽然鲜有空闲，但他无限崇拜伊莱亚·卡赞，他刚刚读过我给他写的访谈录，希望和我谈谈他的偶像。1979年，泰伦斯·马力克借戛纳电影节推介其影片《收获苍天》之机，约我深夜一点在电影节技术排练之前，在空旷电影节大厅中见面交流几点看法。第二天，新闻发布会上，他一言不发，让合作者替他回答问题，不给记者任何访谈机会。1998年，在其影片《红色警戒》荣获金熊奖的柏林电影节上，他依然故我。泰伦斯·马力克在他这一代的美国导演中，无疑是最具知识分子特点，也是对外界最敏锐、最敏感的电影人，在影片中，他对动物花草和对水火的关注，即可见一斑。作为哲学家斯坦利·卡维尔的关门弟子，他写过有关海德格尔的论文，在银幕上，他表达了一种近似新英吉利先验主义论者埃莫森或叟柔的哲学思想。《红色警戒》精彩地反映出，面对着太平洋战争的暴力，人们无动于衷的情感和极乐世界热情的本性。影片美妙的造型艺术、画外音和演员的含蓄表演，与情景的艰辛困顿拉开了距离。在马力克的电影中，把光线作为形而上学的一种符号，使其成为影片的浪漫特征之一。人们可以想见，在拍摄每部影片的漫长间隙之间，泰伦斯把永不满足的旅游和冥想，视为探索其艺术和思想精华的天赐良机。

关于《穷山恶水》

(1975年3月,洛杉矶)

我出生在得克萨斯州威克市,先后在奥斯汀和俄克拉荷马市长大,获得罗兹奖学金后,到英国牛津麦格达兰大学学习,但我没有完成学业。一年之后,我放弃了研究工作,开始为纽约时报撰稿。我到玻利维亚写一篇关于切·格瓦拉的斗争和雷吉·德波雷诉讼的报道文章。在那里待了4个月,什么东西也没发表,在8个月里,只向《纽约时报》发布了关于马丁·路德金和罗贝尔·肯尼迪讣告的消息。

我回到美国,在麻萨诸塞州理工学院教了一年哲学。1968年秋天,由于自己不是一名优秀教师,我决定放弃教学工作,但又不知道去做什么事。过去,我一直喜欢去电影院看电影,但不是整天泡在电影资料馆里。我听说刚刚成立美国电影学院,招收学制为两年的学员,我去报了名。要是今天,我大概不会被录取,但那时候,学校没有名气,什么人都要。我从来没搞过电影,1971年夏天,也就是进入美国电影学院学习之后,我开始准备拍摄《穷山恶水》。

在校期间,我和朋友们一起,拍过一个10—15分钟的短片《兰顿山》。讲两个牛仔骑马离开西部,进入现代世界,企图抢劫银行的故事。我和华兰·瓦特斯与哈里·迪恩·斯坦东担任演员,在《教父》续集中,您可以看到他们的身影。当时,由于不太清楚自己应该干些什么事,心里只想着怎么演戏,干扰了对影片的注意力。所以,我对这部片子很不满意。在校期间,我写了不少电影故事,在改编电影的圈子里,我甚至还取得了一点儿小名气。每天上午,我上课学习,下午去制片厂。就这样,我花了相当长的时间,写出了《肮脏的哈里》(又译《辣手神探夺命枪》)剧本的第一稿,原计划这部影片由伊尔文·凯世奈尔执导,马龙·白兰度主演。我和凯世奈尔合作了两个月,对这部片子的成功充满着信心。但是,后来唐·赛戈尔拍摄的这部片子,与我们写成的剧本出入极大。我也为《零用钱》工作了6个星期,为《开车吧,他说》工作了几天,然而,费力不小的《庸人英里》始终没有拍成,此外,还有一大堆这样的拍摄计划。

您怎么想到要拍摄《穷山恶水》这样一部影片?

我本想拍一部反映青年人生活的电影。起初,我们对天真无邪、朝气蓬勃的少年时代十分怀念,经常回忆那些难以忘怀的趣事,但随着岁月流逝,我们对那些往事已经渐渐失去兴趣。这种情况在美国更加突出,尤其是那些少女,比男孩子更加不喜欢提起童年旧事。至于拍摄这部影片的真正动机,我无可奉告,因为我被明确告知,对此必须缄口。

您这部电影属于"在逃犯罪恋人"传统影片,《以夜维生》(又译《昼伏夜出》)、《霹雳行动队》、《赌命狂花》(又译《疯枪》)和《雌雄大盗》(又译《邦尼和克莱德》)都属于这个系列。

您说的没错,但很奇怪,拍摄这部影片之前,除了《雌雄大盗》,我一部都没看过。使我感兴趣的是,谋杀是牵连一位少女的方式。今天,让一个姑娘受到牵连,已经十分不容易了,我们已经不再生活在简·奥斯汀*时代了,在那个年代,不正常的男女关系足以毁掉一个女人。今天,至少需要一场谋杀才能达到这个结果,才能使她无所适从。我过去常想,这也许是这部电影的一个讽刺,一系列的谋杀都不能使这类女性受到牵连,她们总是能够处乱不惊,泰然自若,岂非咄咄怪事!

我觉得,这部影片的故事本身已经足够有力。我知道,假如去找一家大电影公司来拍,他们一定会非常感兴趣,但我可能就会失去控制权。因此,我决定自己独立制作这部影片。像百老汇筹备一个演出节目的经费那样,我也采取"有限合作"方式,找了很多人,每个人都出一小笔资金,把钱凑在一起,进行集资。最后,我花了很多时间才凑足一半资金,另一半是由爱德华·颇莱斯曼出的。第二年,也就是1972年的夏天,在科罗拉多州东南部的尘暴盆地和南达科他州,我们用筹集到的30万美元开始了拍摄。开始时一切顺利,但渐渐地资金越来越少,问题就出现了:一场大火又把我们的器材全部烧光,特效技师被严重烧伤。摄制组只剩下了四五个人,因为资金短缺,剪辑工作进展十分缓慢。为了继续筹集资金,我只好把剪辑工作停下来,继续为别人写剧本。这样,又耽搁了将近一年时间。

影片与剧本出入不大,只有森林里那场戏是临时加上的。另外,开拍前我做了大量采景和演员的排练工作,当时以为只要把具体东西交给股东,筹集到钱应该不成问题。事实上,股东们从来没有要求看什么东西。我们把拍摄的场景都全部保留了下来,只把吉特潜入一家电台向全国发表信息那组镜头删掉了。

最初,您考虑到了豪丽的画外评论和画面之间的平衡问题吗?

当然考虑了,可是,在剧本里,我想尽量淡化画外评论,因为大发行公司一般都害怕画外评论,他们觉得这不电影化。需要补充说明一下:我感到不能即兴发挥,需要忠实于剧本的原因,主要来自拍摄条件的困难。我必须把一切都管起来。在没有得到允许的私人领地上进行拍摄,警察和税务当局到处找我们,有点像被追踪的在逃犯。既没有即兴创作的时间,对自己也没有信心。另外,我在拍摄短片时,非常相信这种即兴创作的神话,但没有完全意识到,依靠自己的直觉,既能取得意想不到的奇迹,也会搞得一团糟。拍下一部片子时,我希望拍摄条件能自由一些,不再受到自己最初的思想束缚。

---

* 《傲慢与偏见》的作者。——译注

您是怎么解决画外评论与画面关系,以及从评论到对白这个问题的?

在影音剪辑机上,这是比较容易做到的。您可以随心所欲地进行调整。在一段画外评论欺骗观众的时候,当画外评论传达给您一些应该用别的方式进行传达的信息时,您马上就会觉察到。我觉得,像《穷山恶水》这样,画外评论词与故事本身,在没有直接关联的情况下效果会更好。因为今天的观众与过去不同,他们不再关心您如何去解决画面之间的过渡问题。他们不再问,这些人是怎么来到这里的,人们对曝光时间的问题早已习以为常。

我希望豪丽做画外评论时,像一个14岁的小女孩,她渴望尽可能地给观众留下好印象,她要用那种中学生讲话的腔调,是因为她觉得对公众讲话时,就应该采用这样的腔调。她在说自己做过的坏事时小心翼翼,但并不是为了博得人们同情。

画外评论极其重要,它能够从观众的误解中制造某种幽默。豪丽对正在看电影的观众一无所知,天真地认为观众会不折不扣地相信她的讲解。当他们穿越《穷山恶水》时,她以为,我们想知道的不是吉特和她之间发生了什么事,而是他们在旅途中吃了什么东西,怎么弄到的汽油。她根本不知道自己在与什么人说话。

事实上,豪丽也在饰演一个角色,评论过去的事物时她略显矜持,就像吉特扮演詹姆斯·迪恩一样。

吉特也是如此,他认为自己是个无厘头的造反派,实际上他是保守派。这明显是矛盾的。他本来会投艾森豪威尔的票。在那个富人家里,当他对着口述录音机讲话时,俨然是一位老父亲的口吻,说的话就像是出自公民教育课程。他认为自己杀死的人无足轻重。他唯一不想杀的人,却是这位富人。虽然很可能他是个潜在的危险,他放过这位富人,因为在他心目中,他是个大人物。他喜欢这位富人,却不喜欢和他一起工作的朋友。这是他保守主义,崇尚美国价值的另一个侧面。事实上,他是社会秩序的卫道士,他讨厌人们把废纸乱扔在人行道上,但他自己开车的时候,却不管不顾,跟疯子一样。他通过《国家地理杂志》来了解大自然,但对于生命却无动于衷。

豪丽很接近《汤姆·索亚历险记》或者《珍宝岛》中的人物,那些人物也有一种独特风格,但他们朴实无华,不腐化堕落。吉特以为自己是一个分量无法估计的历史人物,为了标明他的被捕地点,他堆起了一大堆石头,把"遗物"埋在沙漠里,想着未来的人一定会知道他扮演角色的价值。影片散发出的忧伤情绪,部分来自那个作为历史见证的女孩,她生活在另一个世界上。所以,他的故事戛然而止,未留下任何痕迹。

为什么吉特不把前来拜访他朋友的那对夫妇杀死呢?

他在地下室开枪,但不清楚自己想干什么事。他按照他认为必须遵守的一些规则行动:例如,要杀死一切证人,但他并不清楚为什么必须这样做。我觉得,他和那个女孩跟童话故事中的孩子们一样,在《哈克贝利芬历险记》、《珍宝岛》,以及在《鲁滨逊漂流记》中,人们也会找到这类人物:他们都生活在大自然中,像做游戏一样,制造陷阱、地牢和秘密通道,发明一些暗号,吉特还教豪丽练习射击。

他们不知道应该怎样面对内心世界,不与外部世界进行交往,不和其他人的感受进行沟通。但这并不是说他们没有感情,对一切都冷若冰霜。

森林里的那几组镜头让人想到越南战争。吉特和豪丽谈起过俄国入侵和核战争。

在50年代的冷战时期,这种情况司空见惯。人们对苏联入侵充满了恐惧。我们经常进行预防核战争的演习训练。在学校里学生藏在课桌下面,到处修建防空掩体。

在您的影片里,有一种潜在的暴力。您在纯粹暴力场面中并不过多浪费胶片,而在今天的美国电影里则充斥着这类暴力镜头。

我是在得克萨斯州的暴力氛围中长大的。令人奇怪的是,人们还没来得及弄清楚是怎么一回事,暴力事件已经结束了。您看看卢比刺杀里·哈维·奥斯瓦尔德的经过,眨眼之间暗杀就完成了。吉特和豪丽不相信死亡会终结一切。在这个问题上,他们还是孩子,认为死亡只是走到了镜子后面,吉特对自己的死饶有兴趣,很想知道报纸将会怎样报道他的死。

在银幕上再现一个离我们不远的时代可能相当困难,因为这个时代刚刚过去十多年,但与今天已经大不相同,这要比拍一部三四十年代的电影更有难度。

首先,我无意原原本本地再现一个时代的风貌。在这方面,资金不足也帮助我可以不去顾及这类琐事。另外,假如您能够成功地拍好一部反映过去年代的电影,您就必然对那个时代产生怀念之情。所以,我尽量减少50年代的参照。在必须提供参照的时候,我选择一些那个时代不特别典型的音乐,例如爵士传奇歌王纳特·金·科尔的乐曲。我不想过于现实、过于准确,这样才能制造出神话的氛围。

您是怎么选择整部影片音乐的?

伊尔文·凯世奈尔让我知道了卡尔·奥尔夫那段乐曲。过去在电影里,我从来没听过这段音乐。萨蒂的乐曲,与奥尔夫使人振奋的大调交响曲不同,烘托出一种令人伤感的氛围。萨蒂的音乐,与姑娘漫步在草坪上,欣赏富人房子的那组镜头,与片尾飞机把他们带回南达科他州那组镜头十分谐调。奥尔夫的音乐伴随着富人房子的大火、森林场景和直升飞机徐徐升起的画面,更加耐人寻味。

在线性叙事中,您引入一些停顿:房屋起火、自然景色、投影放大器中的画面,以及那些时事新闻镜头。

这些片段是专门为这部影片拍摄的!但是,在这些停顿中没有任何事先考虑。我想通过那场大火,展现豪丽与过去切断了千丝万缕的联系,即使她自己也许还没有意识到这一点,即使她想按照吉特的建议继续读书,吉特的建议再次反映出他的保守主义思想。

至于那些动物画面,我没有成功地通过它们来表达出我的意图:吉特的情感飞向那些无人看管、独自生活在大草原上的动物。洗印厂弄丢了我最珍视的一部分镜头,那是临近影片结尾一群鸥鹭正在起飞的画面,这个场景与吉特希冀离去,移居它方,开始一种新生活的愿望遥相呼应。他感觉自己与这些动物比人更加亲近,甚至比和豪丽之间的关系也更加亲密,对他来说,豪丽越来越像一支共鸣箱,她比吉特小10岁,任何一个她那个年纪的女人都不会接受他,也不会同意他的异想天开。

然而,我很喜欢那组投影放大器的镜头:豪丽想,她的生活本来可以是另外一番景象,现在情况不是那样,她也并不因此而感到遗憾和悲伤。豪丽平静地接受目前的生活。当吉特在河边垂钓时,对大自然的美景无动于衷,豪丽却有感而发:"有时候,我真想沉沉睡去,被带到一个神奇的地方。"然后,他又认真地补充道:"只可惜这一天永远不会到来。"这又一次表明,豪丽不十分清楚她在对谁说话。这更使我们对她产生同情。

我觉得这部电影的调性并不太冷,它具有一种特殊的温情。想到人们可能认为我的影片无情无义,我诚惶诚恐,因为我非常赞赏伊莱亚·卡赞、史蒂文斯和西恩·潘的作品,我喜欢真情流露的场面。然而,要想公开表达自己的深情,必须对自己有信心,但是我的人物没有这种信心。人们普遍认为,生活中遭受挫折之后,一般人的行为都会像受伤的动物那样,把自己的伤口展示给旁人,就像昨天刚刚受了伤一样。电影中,这种场面屡见不鲜。但在现实生活中,人们总是把痛苦掩盖起来,这往往是他们继续生存的唯一方式。吉特的情况就是如是。远远不会把这些伤痛放大,甚至加深,让人感到自己不再具有进攻性,美国人认为那是神话传说。恰恰相反,伤痛使他们变得恶俗,思想狭隘,性格变得粗暴。因而,吉特变得自我陶醉,不去寻找问题的根源,而是像一个既不满意自身状况又自命不凡的人。

您的摄影风格相当传统,您是怎么与您的摄影师合作的?

我先后有过3位摄影师,可是,我和前两位的合作不够协调,所以,我主要是与斯特文·拉奈尔合作的。他曾经在法国高等电影学院进修过,当过吉斯兰·克罗盖的助手。我在美国电影学院读书时,他曾经当过我的老师。这部影片中,最精彩的镜头都是他拍的:房屋起火、大部分追逐场面和大部分夜景。他是一位杰出的摄影师,可惜很少有人与他合作。他的风格非常明亮。过去曾经拍摄过《狮王之爱》。

我不喜欢用滤光镜。很多人认为法斯特曼彩色胶片过于饱和,所以他们采取减少饱和度措施:滤光镜、灯光、折光罩,采用吉格蒙或者科瓦奇斯的"闪光"风格。事实上,《穷山恶水》的风景色彩度不高,灰蒙蒙的。所以,我采取过度曝光的办法,然后在洗印时要非常柔和,在阳光下拍外景的时候,人物也不用反光灯照明。

我希望自己与人物之间保持一定距离,所以我拒绝使用手提摄影机。在讲一个神话故事时，不能和故事互相干扰，故事应该按照自己的轨迹展开。我希望，画外评论和摄影风格制造出某种距离，而又不把您抛在一边儿。它们应该使您走远一些，然后又请您回来参与故事，接着又让您离开一点儿，处于一种循环往复的状态。

如果我让观众过多地参与故事，我担心他们会迁就片中人物。如果您有完全理解片中人物的感觉，您同人物一起去经历考验，到影片结束时，您就会看不起这些人物，把他们抛弃。我希望的是，电影演完了，片中人物的生命并没有完结。他们具有我们在日常生活中遇到那些人的自主性，人们永远不会从他们的心里了解这些人，这样才会更加真实。

您是怎么选中西希·斯帕赛克和马丁·申恩的？

西希·斯帕赛克曾经出演过米加埃尔·里奇的《大野双雄》，十分接近影片中的角色。她和我一样，都是得克萨斯州人。我把得克萨斯州，而不是像我在剧本中写的南达科他州，作为片中人物的出生地。西希和我是老乡，我们有着共同的经历。

马丁·申恩是偶然遇到的，虽然他也有演戏经历。他不愿意出演独立制片的电影，因为这类电影的拍摄很不稳定。最后，他同意与我合作。随着我们的资金越来越少，技术组的人也越来越少。他和我一起编写了他所演人物的台词。马丁比他扮演人物的年龄大一些，他已经 30 多岁了，但我仍然选中了他。因为，演员一般都来自纽约或者加利福尼亚，往往出身于资产阶级家庭：他们靠父母的钱来等待下一个角色。即使他们身无分文，也会有某种优越感，因为他们知道自己有家庭当后盾。马丁出身于工人家庭，有 9 个兄弟和一个妹妹。他的真名实姓是哈蒙·埃斯特维兹（借用了哈蒙·诺瓦罗的名字）。他的父亲在俄亥俄州岱通市一家银行当看门人。孩子们白天在工厂干活，星期天到高尔夫球场当球童。影片中的其他演员都没有马丁带给角色的本色特征。我对他的履历不够了解，但他的表演十分真实。

电影小星球 | 新西兰

Jane Campion
简·康平
（1954— ）

我对简·康平的了解可以分成两个阶段，这两个阶段与接连两次对她的访谈密切相关。第一次是在1986年戛纳电影节期间，比埃尔·里西安（未来电影的发现者和老影片的再发现者）到地球另一端进行旅行之后，带回来简·康平短片的放映。《皮尔湾》、《激情时刻》、《一个女孩自己的故事》揭示了这位作者令人惊讶的犀利目光、简约的意识和女人特有的敏感，那时候，只有阿尼埃丝·瓦尔达让我感受到了这一点。第二阶段始于3年之后，她的影片《甜心》在戛纳电影节参赛，维姆·文德斯为首的评选委员会对这部电影完全没有了解，把金棕榈奖授予了斯梯文·索代尔博格的《性、谎言和录像带》。显然，《甜心》在内容和形式上过于大胆、奇特和直接，所以未能征服大多数评委。观众对这部影片的反应也是毁誉参半。我再次见到简·康平时，她对评选结果已是荣辱不惊。谈话中，简依然保留着影片的尖刻、活泼与妩媚。她经常发出一阵狂笑，因为这位女导演知道如何热情地看待这个世界，但对它又保持着相当的距离，甚至时而持有某种冷酷态度。她属于盎格鲁—萨克逊血统，从埃米丽（白兰特和狄更生）到弗兰纳利·奥康诺或者弗吉尼亚·伍尔芙，具有大胆、果敢和超凡想象的风格。《天使与我共同进餐》确认了她罕见的才能，而《钢琴课》则是戛纳电影节授予的第一位女导演的金棕榈奖。影迷们想维护他们崇拜的偶像，不愿别人分享这份崇高荣誉，所以一些人开始贬低简·康平。然而，不同风格的影片《女人肖像》和《圣烟烈火情》证实了康平在刻画寻找自己的年轻妇女方面的艺术才能。在这两部影片中，简·康平的桀骜不逊丝毫未减，这位始终如一的年轻姑娘实在难以融入主流社会。

中片、短片和《甜心》

(1986年10月,巴黎,1989年5月,戛纳)

您出生在新西兰,是在什么环境中成长的呢?

我父母是搞戏剧的,他们在新西兰定居已经很多代了。我母亲是演员,父亲是导演。他们在英国学习之后,回到新西兰成立了剧团,排演了莎士比亚,在全国巡回演出。我出生的时候,他们在首都惠灵顿居住。我是在那里长大的。后来,他们去搞农业,因为对演戏需要面对的问题厌倦了,也挣不到多少钱。不时地,他们又回到舞台上。在家里,我们的谈话总是围绕着他们排的古典戏和演员的演技。我自己对戏剧非常着迷,上高中的时候,我也曾尝试过表演。为了吸引父母的注意力,我和兄弟姐妹经常竞争,但我们的关系非常融洽。16岁时,我进了大学。我整个青年时代都是在城市和乡村里度过的,因为在新西兰,城市和田野是连在一起的。

为什么您没有从事戏剧活动呢?

我对戏剧慢慢地产生了看法,我所遇到的演员都很做作,极不自然。所以决定做一些正经严肃的事,就这样,我进了澳大利亚大学。16岁的时候,人们常常会做出这样的决定。我先尝试着学习心理学和教育学,可是,我觉得兴趣不大。然后又决定学习人类学。尽管我们有一位了不起的老师,一位名叫帕伍尔的荷兰人,但毕业文凭没有任何实际用途。这位老师和列维-斯特劳斯一起进行过研究,给我们讲了结构人类学和一些语言学问题。人类学中使我感兴趣的,是可以"正式地"研究自己感兴趣的东西:我们的思想是怎么运转的,与逻辑思维、人类行为没有任何关联的神秘的思想内容。我认为自己获得了一种人类学观察人间万物的方法。我既喜欢人类学理论,又喜欢它的诗意。

您拍摄的短片与澳大利亚的大多数电影不同,澳大利亚电影重视反映本土特色和神话,您对人物却依照行为主义原则进行研究。

我并不认为土著人的伟大神话真正属于澳大利亚文化范畴,人们只是相当肤浅地谈论这些神话。我对这类神话的兴趣,就像对一切涉及人类事物的兴趣一样,并不属于我真正的兴趣范围。恰恰相反,我觉得,人总是认为自己是理性的,但实际上远非如此,人往往是被其他东西左右着。探索这个问题,才是我的兴趣所在。所以,我在读书结束取得文凭之后深刻意识到:如果我继续在这条路上走下去,有朝一日,我只能和人类学学者以熟悉的方式进行交流,只能被自己的同行理解。然而,我想与所有的人进行沟通,取得共同的语言象征,能够通过讲故事的方式,与人们进行交流。我做出了到欧洲去的决定,在那里我找到了自己的根,找到了在学校里读到的历史。我惊奇地发现原来这一切都是如此地真实。在伦敦,我在为一部影片当助理导演的同时,开始了自己梦寐以求的绘画学习。由于自己不太喜欢这座城市,所以只在那里待了一年,又回到澳大利亚。因为,伦敦造型艺术学校的注册费和那里的生活费用实在高得难以承受,我在学习艺术和绘画的时候,发现每个人的神情都显得若有所失,教师们也是如是!然而我在悉尼艺术学院的经历却十分惬意。教师都是青年人,他们都完全清楚自己的奋斗目标,而不是像英国人那样,脑子里充斥着数不尽的传统价值观念。我真正感兴趣的,是人生和艺术之间的关系,是人在一个新的经历面前所做出的反应。

您从事的绘画是哪一种?

我想画自己认为有意义的东西,所以,我在画布上讲一些小故事。属于具象范畴。因为我也喜欢写作,所以我的绘画具有某些神话色彩。那段时期,我还出演了一些爱情和失恋的戏剧,既把它们拍成录像,自己也在其中扮演角色。但我认为这些作品十分差劲,我不是当演员的材料。所以,我决定用超8(毫米胶片)自己拍电影,自己写剧本,让职业演员饰演角色。我的野心很大,但我根本不懂电影,只是看了一本教材,我劲头十足,想把自己的故事讲出来。当然结果不令人满意,因为超8(毫米胶片)要求精确,我完全没有经验。一共拍了两个短片。一个叫《材料》,片长20分钟,另一个叫《伊甸园》。后一部没有做完,因为没录音。《材料》可以说是《一个女孩自己的故事》的前奏曲吧!很多人都挺喜欢这部片子,我确实下了不少功夫。但是,片子视觉上太不像样子了,因为我根本不知道什么是画框和景深!

您对谁的电影最感兴趣?

我不是真正的电影迷。过去看电影纯粹是碰运气。我记得自己完全被布努埃尔的影片迷住了,我想把他的片子都看一遍。我也喜欢安东尼奥尼和贝尔多鲁奇的影片。总体说来,我对欧洲电影或黑泽明的影片比对好莱坞影片兴趣大得多。

在读完美术学校之后,您决定做什么?

我当时不知道下一步该做些什么,也不知道怎么才能跟电影界或是澳大利亚电影公司取得联系。头一天他们好像对你很有信心,第二天又不相信你了……所以,我决定进澳大利亚电影电视学院,并且从第一天开始,就拍摄尽可能多的短片,我在这所学院里待了3年时间……第一年,我拍了《皮尔湾》,第二年拍了《激情时刻》,第三年,拍了《一个女孩自己的故事》。

您第一部短片《皮尔湾》的背后意图是什么?

我认识一家人,他们非常与众不同,我想把他们拍成电影。这些人似乎没有自控能力,我建议他们演几场戏,由于他们特别诚实,承认这些戏能够揭示他们的本性。影片很短,只有9分钟左右。

《激情时刻》比第一部片子充实多了。

这是我和一个叫热拉尔·里合作的成果。最初的故事是他想出来的,我们一起写了剧本,一起导演的。电影的框架——一系列的短剧——出来之后,我们设想了尽可能多的故事,这些故事都是以调侃的口气进行叙述的。最后,我们写了10个短剧。热拉尔和我打算让一些银幕上不多见的温文尔雅的普通人出演,他们会比那些著名演员更有魅力。他们都有滑稽的一个方面,使我们十分着迷。这部片子拍了5天,每天两个短剧。我同时负责摄影,这时候,自己真正意识到每天两小时在学校学到的电影知识非常有用,学会了灯光照明和摄影机的各种可能性。

所有这些短片都具有观察意识、揭示行动的时刻和主显节[*]的选择特征。

我对这一切始终保持着浓厚的兴趣,记得在学校里,同学们想用汽车碰撞表现大题材或者大场面,我对此却毫无兴趣。

您很喜欢您的同胞卡特琳娜·曼斯菲尔德,她对观察细节也情有独钟吧?

是的,我很喜欢她的作品,我小时候在新西兰,经常在她的纪念堂附近玩耍,这个纪念堂就在我家旁边的一座公园里。

《一个女孩自己的故事》在多大程度上从您的青少年生活中汲取了灵感?

我想向我们生活过的这个时期致敬,那个时期,我们倍感孤独和无助。青年时代非常特别,我们对自己的变化十分好奇,我们能够感受成年人的感情冲动,但我们没有任何经验。如果有了经验,就十分容易面对这种感情冲动。年轻的时候,一件不值一提的小事都可能是无法逾越的障碍。我经历过很多事情,但从来没看见过文学艺术作品反映它们。比如说,小时候班上的同学们都互相拥抱,但自从我们长大以后,大家就都不再这样做了,每个人都做得好像这种事从来没发生过一样。我也想介绍一下披头士乐队,他们的音乐打动了我们这一代人,我是1954年出生的。乱伦的那个章节不是我的个人经历,但我记得一个同学把邻居小女孩弄怀孕了,造成了一个丑闻。

演员们是否帮助了您的创作,还是您把一切都在剧本里写好了?

演员们总是会给我带来新的灵感,但是,拍这部电影的时候,年轻的女演员们觉得我太怪了,都发誓说她们从来没经历过类似的事。事实上,她们主要还是说剧本里写好的对白。找演员很困难,我选中的第一位演员对乱伦情节感到不自在,我只

---

[*] 天主教节日:三王来朝(1月2日至8日之间的星期日),这是一种凭分吃蛋糕时发现蚕豆或小磁人而定国王或王后的家庭游戏。——译注

能再去找一个年纪大一些的学生,可是她长得比实际年龄年轻。拍摄档期规定为 10 天,但我"偷"了一些加班时间。摄制组成员都是大学生,我们都没有经验,然而这部片子在澳大利亚却受到极大欢迎,还得了几个奖。上映的时候,反应非常好,观众笑得连对白都听不清楚了。我深受感动,因为老师们从来不支持我的工作,这些人极端保守,认为这类电影太怪,电影公司不会给我提供工作机会。

您离开学校之后,拍摄了《工作之余》。

是这样。根据我拍过的短片,妇女电影联合会建议我做《工作之余》的编剧和摄影。我不太喜欢这部片子,因为我觉得它的拍摄目的不纯。我在拍摄计划和艺术良心之间产生了不安。妇女联合会要拍的片子都是女权主义的,这部电影讲的是工作时间对妇女进行的性骚扰和性侵犯。我觉得不舒服,因为我不喜欢电影宣讲什么该做,什么不该做。我认为,世界比这些东西要复杂得多,我喜欢观察人,研究人们的举止,而不是去谴责他们。我本想把这部片子放到壁橱里,但它却环游了世界!我喜欢拍一些自己喜欢看的片子,而不是《工作之余》这类电影,可是,拍摄这部片子对我却非常重要。

然后,您为 ABC 电视台拍摄了《眩晕之舞》的一个章节。

这是为电视台拍的一部轻松娱乐片。我当时正在写关于新西兰作家简·弗瑞姆的一套电视系列片计划,很想知道为电视台工作究竟是怎么一回事。尽管对这部电影没有太大兴趣,但这是一次有意义的经验,因为我结识了简·沙坡曼,她后来制作了《密友》。我必须抓紧时间准备,加上歌舞节目,要用一周时间拍出 50 分钟的电影来。故事还是老一套,一群年轻人 1986 年创建一个舞蹈团的经历,我需要从视觉上进行创作,拍摄过程非常有趣,使我对拍摄商业电影增加了信心。

不久,您就拍摄了《密友》。

动作必须迅速,因为 ABC 在制作计划里有一个空档,一个摄制组正闲着没事。准备时间非常短,海伦·伽德内尔写的剧本,是女制片人简·沙坡曼交给我的,我们定下了目标,建立起信任关系。虽然讲述过去的故事不是我的最爱,但我很喜欢海伦的剧本。您知道,我最喜欢的,是鲜活的观察和真实的情景。我觉得自己可以从中学到一些新东西。海伦·伽德内尔从她女儿和朋友的经历中得到了启发,我到墨尔本会见了她们。演她女儿的中学生一头金发,我们觉得她的样子不够严肃,所以把她的头发染成了栗色,剪成男孩子发型。我认为,总的来说,跟孩子们一起工作并不太难,即使有几天他们的情绪显得特别混乱。

在您的影片中,道具总是很多,这些道具对演员有很大帮助吗?

我喜欢观察她们在日常生活里做的事情,拍摄的时候,我经常提醒她们平日做的事,这样,他们的表演才能自然,是从亲身经历中提炼出来的。

您对摄影机也要操心吗？

我喜欢看取景框，因为我对自己要拍的东西要求十分精确。拍《密友》的时候，摄影师周围的摄制组对我产生了反感，因为他们对导演管摄影的事很不习惯。摄影师不太清楚我想要的东西，所以我就变得十分固执，以此强加我的看法。然而，与一起读过书的朋友萨丽·伻日尔一起工作时，我们关系处得非常融洽，她担任了《皮尔湾》和《一个女孩自己的故事》的摄影师。拍摄《密友》，我不得不使用电视台的摄制组，他们很专业，但拍摄方法大不相同。

您进行多次拍摄吗？

不。拿《密友》说吧，我们一起定下了视觉风格，摄制组知道，原则上没有特写镜头。所以，只要演员的表演符合事先定下的调子，就转而拍下一个镜头。可以说，我并不苛刻。总的来说，拍摄经费很节省。

您打算在亲情故事的道路上继续走下去吗？

我希望我的影片能够永远具有对现实社会进行观察的特征，因为我认为这是一种力量，但不能肯定自己未来的影片永远都讲述亲情故事。我渴望在更大范围上触及更加重大的不同题材。目前我正准备一部近似格林童话氛围的影片，那是1850年前后发生在乌云密布的新西兰一个爱情故事。

在《一个女孩自己的故事》和《密友》里，您刻画的都是青年人生活，选择自己熟悉的题材进行剖析，是否给您某种安全感？

在《一个女孩自己的故事》里，我确实想谈一谈我所熟悉的世界。我也十分喜欢年轻人，我觉得他们无拘无束，慷慨大方。但是，我并没有这方面的情结！当然，只要有人写关于姑娘们的故事，人们就想到我，希望我把它搬上银幕。可是，使我感兴趣的不仅仅是年轻人，我对每一代人都感兴趣。事实上，我喜欢讲各种各样的故事。现在，我正在重读《珍宝岛》，对这部小说非常感兴趣。我喜欢它的力量，大胆和观察力。总而言之，我想保持自己对人生的某种嘲讽形式。

《甜心》

在您的短片和《甜心》之间，您息影了3年，在这段时间里，您做了些什么事？

我的影片在戛纳电影节展映之后，我对自己可能做的事情进行了思考。我准备拍好的第一部影片就是《甜心》，因为我觉得它的视角最现代、最具挑衅性。另外，在资金上也完全不成问题。但我也想到，在一部比较"严肃"的影片之后，难以拍好《甜心》这样的影片！我觉得自己内心中有一种强烈的挑衅意识，进攻这类题材使我心潮澎湃。我开始和剧本合作人热拉尔·里一起拓展这个故事，他是我的好朋友，我们一起写过《激情时刻》的剧本，此人聪明过人，对这类题材非常熟悉，这是我们两个人共同热衷的领域,观点完全一致。我花了3年时间拍摄《甜心》,因为我在这段时间里还准备了其他计划,其中包括《钢琴课》,这是我后来拍摄的白兰特姐妹作品中非常浪漫的一部电影,以及将要开拍的下一部电影《珍奈·芙兰姆》。雅奈·芙拉姆是写了多部自传的新西兰作家,阐述了青年人成长和艺术创作等方面的问题。我非常喜爱他的自传三部曲:《冰岛之恋》记述他朝气蓬勃的童年生活,是三部曲中最诱人的部分,其余两部是《天使和我共同进餐》和《镜幻天使》,其中很多事件都发生在欧洲。这就是我最近到您所在的欧洲采景的原因。我将把它拍成每集一小时的3集电视片,也有可能制做一个电影版。

拍摄《甜心》在资金方面遇到困难了吗?

找钱写这三个剧本没遇到困难,《甜心》制作本身也问题不大,因为影片成本不高,还不到一百万美元。剧本就是依照这个要求写成的。我受自己认识的人和熟悉的事件启发,写出了剧本,可以说,我的全部电影都是这样创作出来的,这样做能够使我充满自信,即使远离了自己的亲身经历,仍然可以回到原来的基础上,能够有足够的回旋余地。《甜心》主要人物的原型是一个男人,可是出于家庭原因,我们改变了他的性别。起初,这令我很失望,但我尊重合作编剧人的感情。《甜心》中,我最喜欢的,是它涵盖的全部潜能以及他的崩溃。我们每一个人都会遇到这种情况,有一天,我们正在探索未来的前景,但这一天却逃避了,一切都太晚了。这是一个令人同情但又不可救药的人物。

在某种意义上,凯伊是中心人物,其他人都逐渐汇合到他的故事上来,首先是路易,然后是甜心,最后是他的父母。

我们把这部影片叫做《甜心》,因为这个片名很好听,而不是因为她是故事的主人公。凯伊在不断进步,她感觉自己越来越勇敢。我认为,爱必须有一个基础,不然的话,人们爱的只是一个想象,那是无法实现的。我们中的大多数人都在一定程度上创造了一系列想象,我们在头脑里都为我们的伴侣制作了一个概念,事实上他们和这个概念往往相距甚远,难以真正接受。

您是否一开始就准备以画外音形式讲述凯伊头脑中的想法吗?

不是的,最初,我想以花草树木镜头作为影片开头。这是一些非常漂亮的画面,但是,我担心这样会把观众弄糊涂,会让他们感到手足无措,有太多的元素需要集中起来。同时,拍摄的时候,我感觉自己能够做一切事情,只要有助于展开故事,只要这样做有一定意义,我就有充分的自由。我喜欢新鲜和令人感到意外的东西。利用凯伊的画外音,我们想从影片开头就告诉观众,我们不仅关心人物所做的事情,而且关心他们所想和感觉。

故事发生在澳大利亚的哪个省份?

大部分故事发生在悉尼北部一个叫惠卢比的小镇上。他们去拜访母亲那几场戏是在南瓦勒省西北部的瓦仑拍摄的,那是一个奇妙的城市,是种植棉花和放牧羊群的中心地带。我非常喜欢在那里拍戏。我们把土壤踩得像澳大利亚某些贫瘠沙漠化地区那样,因为我们没有办法去那些地区拍摄。

在卡夫卡的《变形记》中,通过"不正常的"儿子视角,人们看到了一切。在您的影片里,人们通过家庭的目光来观察甜心的相异性。

然而,我认为,不时地去感受一下甜心心里想的或感受的东西,是非常有益处的。比如全家向西部出发的那个时刻,通过甜心的反应,人们会理解到她完全是个小孩子。她的父亲是个叛徒,是个制造虚假希望的混账东西。他知道,若是带甜心去,就不可能把妻子接回来。我记得,演高尔东的演员和他所演人物的反应毫无二致:在这个时刻,他从内心里感到左右为难。

您是否研究过精神病病例或者研读过有关书籍?

没有认真研究过。但是,我们周围有很多活生生的例子,大家经常谈论熟悉的人患精神病的情况。我们把热娜维瓦·勒蒙送进一个精神病康复中心,让她去观察病人的情况,希望她感受一下受到威胁时的心理。她难以忍受目睹的情景,一个病人不断地用刮胡子刀威胁她。不能说我们做过多么深入的研究,但我们借鉴了很多人的亲身经历。我对这个题材思考了将近一年的时间,我不愿意演员们进行一般的叙述,而是要更多地处理精神或情感的体验。在导入一些暗流的同时,我想谈一谈爱的困难。所以,我想到了迷信。也想使用暗喻的方法,因为人们经常想到但不相信暗喻,在银幕上,观众很少看到这种情况。我觉得给影片增加了一些层面。

我曾经问过自己,到底想要讲述什么类型的故事。热拉尔和我凑了一点钱,我们到海滩边的一栋房子里讨论了半个月,两个人把各个角色演了一遍。我们觉得这样做很有必要,目的是要给每场戏定下调子,确定演员们说对白的方式。然而,剧情的发展是有机的,在故事还没发展到某一个阶段之前,我不知道甜心会做出什么事来,她竟然把那些磁马都吃掉了。因为谁也不知道下面会出现什么事。情节是那么真实,我们很难重新组织故事:就好像要换掉链条中的一环那样困难。

您和演员们一起排练过对白吗?

一切都写好了,但我们还是进行了多次排练。这样做的好处,是能够进一步了解他们,使他们对我产生信任感,知道大家怎么互相帮助,相互提携。同时,可以利用这个机会,来探索各个角色的各种可能性。每个演员都各不相同,我努力发掘每个人的特质。热娜维瓦喜欢我告诉她应该做的一切,我必须搞一些小骗局,把她放到情景之中,让她自己发现她需要做的东西。相反,卡如恩·考勒斯东每时每刻都知道她需要什么和应该如何做。我对她的方法是,问她这个时候凯伊在想什么,要做什么事。一般说,她每次都能够回答得很到位。奇怪的是,热娜维瓦在生活中是一个非常聪明能干的姑娘。

这个主题可能会拍出一部贫困交加的电影来,相反,您用风格化的手法拍摄丑陋和庸俗的东西。

艺术总监故意制作了一些丑陋不堪的布景。我们一起研究了室内布置,考虑到人们搬家具进入新居时,往往把前任房客扔下的东西保留起来继续使用,所以造成风格不统一。通过灯光或者取景框,原来难看的东西也可能看起来挺雅致,这是一种关爱的态度。我觉得,这比反差不大的"漂亮"布景更扣人心弦。

您的取景很奇怪,您是事先确定的还是受到拍摄启发临时决定的?

由于预算成本很低,所以我们可以大胆地去冒一些风险。我们是为了自己的兴趣拍摄的,很多东西都事先想好了。我的摄影师萨丽·伴日尔跟我的想法完全一样,我们一起聊天,一起喝茶,一起设计画面,看着四周的景物抓拍一些东西。我们都非常注意视觉效果,两个人的审美观点也十分接近。萨丽对场面调度也有很出色的见解,她根据剧情来取景,目的是要营造出更加感人的氛围,同时又注意不引起观众的注意。我们犯过这样的错误,在某些场景里,没注意到人物之间没有什么对话,但他们却站在了景框的边缘。这就需要重新拍。我和萨丽之间的关系很好,但这并不阻止我们争吵,原因是每个人都想进行控制。她很固执,很厉害,常常想强加她的看法,我也很固执,我的看法有时候跟她相反,所以,冲突时有发生。这不是真正的不和,而是拍摄的压力造成的。

对于灯光,主要由萨丽负责。她的直觉非常好。我们两个人事先讨论过,要使面部光线十分柔和,因为这是我们对人物的感觉。起初,我担心自己的取景过于夸张,但很快就发现,这份担心完全没有必要。我追求的是,越过像片那样,能够使景框制造某种情景抓人特征的那条线,从这个角度说,照像术是一种比电影更加冒险的艺术。在照像术里,有一种电影中不常见的敏锐和精巧,我希望能继续进行这种视觉探索,进一步发展电影叙事学。

您拍摄的大自然中的一些场景,例如游泳和乡村夜间跳舞的场景,都是事先在剧本中确定了的吗?

我有一个拍摄提纲,它能够帮助我们事先准备好需要做的事情,它也可以根据具体情况进行改动。比如说,我看到两个演员在互相学习跳舞,一个人教给另一个一种舞步,样子非常可爱,我就把他们扮成西部牛仔,拍成了影片中的那个场景。必须每时每刻都注意观察,抓住一些动人细节,当然,最大的障碍是时间,在 48 天的拍摄时间里,我们还有很多想法由于时间关系未能如愿以偿。8 个星期,按照习惯标准,时间不算太短,但采取我们的拍摄方法,时间会显得相当紧张。

那位女占卜人的儿子是个智障,那场戏宣告了甜心的到来。

除非她的儿子真的是个疯子!我很赞成这位老妇人的意见,她心平气和地接受了自己儿子的状况。人们经常会看到女占卜人家里的这种情况:与一般人的想法正好相反,她们是非常务实的。甜心父母的表现却非常不同。

影片结尾时,墓地那场戏,树木在狂风中摇曳,摄影机沿着树丛非常缓慢地平移,然后出现了坟墓的画面,一棵小树从墓穴中长了出来,这场戏是事先设计好的吗?

剧本中不完全是这样。我看到墓地时,被它肃穆的特征感染,我想把这一点突出出来。我也注意到这棵树似乎在喘息,这主要是在剪接的时候,小树的生命特征被显现到了这个程度。剪辑时我花了很长时间,每天12个小时,每周工作6天。我喜欢剪辑,这个阶段原始的想法都呈现在眼前,我还可以补充很多新的东西。第一次剪接的影片长达两个半小时,但我一直希望它不要超过一个半小时。

影片的音乐是从哪里来的?

音乐来自"救世门餐厅乐队",这是一个30人组成的澳大利亚乐团,不是宗教团体,他们独创的音乐来自传统的"白色福音",歌手们崇尚人道,自愿组成了这个合唱团,他们的合作意识很强,演出不是为了挣钱,而是为了愉悦自己。合唱团的水平越来越高,坐在大厅里听他们唱歌,是一种极大享受。影片中的最后一首歌,不是他们创作的,歌词来自一本犹太祈祷书。起初,我们担心这些歌曲太具宗教色彩,但当我们把一首歌曲放到影片中,放在路易和凯伊在停车场里做爱那场戏里,我们的担心云消雾散了。我对电影里一定要配乐的主张从不苟同,但是,有时候音乐确实可以收到意想不到的效果。在停车场那个镜头组里,对于这一时刻的这两个人物,音乐传达了我们的嘲讽态度。

在这类电影里,危险来自导演以恩赐态度表示同情。

我过去认为,影片的人物非常脆弱,他们完全暴露在观众面前,最终一定会赢得观众的同情。我也希望观众能够认同影片中的人物。生活中,我觉得人们既可笑又可悲,他们处在困境中时也并不能阻止我发笑。有的时候,他们会感谢你,因为你让他们看到了事物的正面和反面。我们把生活看得过于严肃,然而任何事物都有一个极限。我们往往因为思想方法有误,才会把某些事件看成悲剧。在别人的灾难面前,我并不是永远持有无条件的同情态度,但我对这些事非常敏感。我对自己遇到的不幸常常怨天尤人,其他人却觉得这是无法抗拒的,一笑了之!

在您的中片、短片和《甜心》之间,您认为有很大区别吗?

我不那么认为。《甜心》是我拍得最好的影片,这是我最不加以控制,不知道它会把我带到什么地方去的一部电影,在这个意义上,这是一次最大的历险,所以,我非常满意。

有没有一些影片，您感觉和与您进行的研究比较接近，也属于研究精神状态的影片？

在文学中，这种探索相当普遍，我不明白为什么电影不做这方面的尝试。只要像大卫·林奇那样，有这种愿望，渴望去完成它就能成功。仅仅展开一个情节是找不到真理的，必须从各个层面上进行发掘。我不仅渴望看到人们的行为，而且希望发现他们的思想和感情冲动的原因，就像玛格丽特·杜拉斯和弗兰纳利·奥克诺的小说那样。我觉得弗兰纳利·奥克诺既高雅，又无情，特别诚实。《好人难寻》是一本引人入胜又十分可怕的书。与他的叙述相比，我觉得自己十分无辜。我很喜欢约翰·休斯顿改编的《好血统》，应该说，约翰·休斯顿拍的全部电影我都喜欢。

我认为人们对大千世界的理解非常象征化。事物很少是像它们的外表那样，它们或者可能只是某种比喻。我们内心的冲动也是如此。一个女朋友有一天到我家里来住，因为她的心情太激动了，不知道在两个男人之间如何进行选择。我记得整个世界都变成了她个人问题的象征。一起逛商店的时候，她注意到一双十分夸张的鞋子，对她来说，这就意味着她愿意和那个敢于冒险的小伙子一起生活，或者相反，她的冒险精神需要两个人中最平稳的一个来平衡。我们开车的时候，她看到一块汽车牌照是以 J 字开头的，这就意味着她应该和约翰一起生活。我们做事情也多少像她这样吧？

您读过埃米丽·狄更生的诗吗？她把形而上学和具体事物混在一起。

没读过，但我喜欢把什么东西都混在一起。

您的影片还有另外一个特点，从一些具体细节可以想到宇宙万物，比如一个树根，您会在精神和外部世界之间建立起联系来。

我就是这样感受事物的。我认为我这一代人对精神方面的东西感兴趣，不愿意参加外部世界的活动。我本人已经进行 5 年禅定了。冥想可以帮助我克制自己，使自己变得沉稳安宁，更理性地对待自己的感情冲动。人往往因为一时的冲动而去做事，而这种冲动与深层的自我并没有任何关系。

您的人物都很孤独。

甜心并不孤独。她以自己的方式与别人交流，有时候甚至会进行欺骗。她和邻居很快就混熟了，把路易带到了海滩上。除了身在明处的凯伊，任何人都不知道甜心意味着某种威胁，因为很难知道甜心智障到了什么程度。我认为她是一个正常人，至少，她曾经是个正常人。从孩提时代起，她慢慢地受到成长环境的影响，最终失去了平衡，丧失了责任意识。如果她生活在另外的环境里就不会变成这个样子。

甜心的狂叫是受到您见过的某种情景的启发吗？

不是，这纯粹是我的发明。这个场景重复了多次。热娜维瓦需要足够的勇气，才能让每个人都害怕。演好这场戏是个关键,当她感觉到自己对其他人有很大影响,能够让他们害怕的时候,热娜维瓦真的变成了剧中人。

为什么您把这部影片献给您的姐姐?

因为她的行为深深地感动了我。拍摄这部电影的时候,我母亲病得非常重,眼看就不行了,我应该下决心停止拍摄,找另外一个导演替代我。正在这个时候,在英国生活的姐姐回到了新西兰照顾母亲。多亏了她,我才完成了这部影片。

电 影 小 星 球 | 中国·香港

Wong Kar-wai
王家卫
（1958— ）

　　当胡金铨、徐克和吴宇森以传统电影样式（古装剑侠片、警匪片）在香港电影舞台上大显身手的时候，王家卫却以作家电影的身份独树一帜，1989年戛纳电影节影评周作品选中了他的处女作《旺角卡门》(1988)，这部影片从未在法国上演过。第二部影片《阿飞正传》(1990)，描绘出一幅香港边缘青年众生像，因受戈达尔和帕索里尼影响使用当地最受欢迎的演员进行反串，导致了商业上的重大失败，拍摄新片受阻。1994年，在洛迦诺电影节上，我看了《重庆森林》，又在威尼斯电影节上看了《东邪西毒》，在泻湖上，我第一次见到了这位风流倜傥、带着墨镜的花花公子，他的穿着和他的影片同样考究。在王家卫这两部电影里，侦探片和古装片的样式，以极其独特的方式进行展开，足见其对电影探索才能之高，在天才摄影师杜可风辅佐下，王家卫的影片无比流畅，与不停运动着的人物协调一致：他横溢的才华同样表现在《春光乍泄》中，这部同性恋的爱情片，虽在遥远的阿根廷拍摄，但始终萦绕着他对香港的回忆。片中人物谈笑风生的外表，掩盖不住生活空虚和交流困难。王家卫看破红尘的浪漫，充分绽放在伤感的《花样年华》(2000)里，这是他直至今天最为成功的影片。如果为艺术而艺术会变成令人们难以自拔的陷阱（《堕落天使》在1996年就走进了死胡同），那么王家卫的风格主义经常被不计其数的形式、色彩和音响超越，它们精彩地反映出现代城市生活的节奏及特色。

《重庆森林》和《东邪西毒》之前的影片

(1994年9月,威尼斯)

1958年,您在上海出生,5岁就去了香港。

是的,我们遇到了很多麻烦。1963年,"文化革命"前夜,我们离开了上海。我父亲是一家饭店经理,母亲是家庭妇女。三兄妹中我年纪最小,所以母亲先带我去了香港。母亲当时的打算是,她然后再去上海把哥哥和姐姐接来。但是,一个月之后,"文化革命"就爆发了。国境线封闭得水泄不通,她不能再去接他们,因为大家都害怕回到中国就再也出不来了。

谈一谈您的学历好吗?

中学毕业后,我进了香港理工大学平面设计系,因为只有这里开设摄影课,我对这个专业情有独钟。然而,我对画图并不感兴趣。我记得小时候父亲买了很多书,特别是有关中国文学的,所以,我的童年是在读书中度过的。后来,和哥哥姐姐联系的唯一办法就是通信,他们在信里跟我讲18、19世纪的法国、英国和俄国古典文学作品。当时在中国还能找到过去出版的这类书籍。为了和他们交流看法和感想,我在香港找同样的著作来读,青少年时期,我确实读了很多书。

您搞了很多摄影吗?

是的,虽然在这方面自己有些才能;但还谈不上是专业摄影。大学二年级的时候,我放下了理工大学的课程,到香港电视台TVB去听制片课。这个频道要培养导演,第一次开设这个课程。当时我19岁,不再去上平面设计课。后来,我又在电视台当了一年半助理导演。最后,就变成了自由职业者,靠写电影剧本为生。

这些年的学业对您有哪些帮助?

应该说,我不是好学生。在理工大学上课时,我总带着一架照相机,经常出去拍照片。我也经常去图书馆,那里的艺术和摄影书籍收藏很多。我觉得自己学到很多学校课程之外的知识,的确是非常幸运的。我母亲是电影迷,父亲白天上班,下午1点左右,我一放学回家,妈妈就带我去看电影。我一天要看两三部电影。妈妈特别喜欢西部片,约翰·韦恩、埃尔罗·弗林和克拉克·盖博的影片,还有阿兰·德龙!后来,在理工大学,我发现了另一种电影,贝尔多鲁奇、戈达尔、布莱松的影片,和日本电影大师小津安二郎和黑泽明。

您开始写电影剧本的时候,是否想到要自己拍电影吗?

我自己始终都有当导演的想法。但是,我过去认为,现在依然认为:这是两种截然不同的工作。我写剧本的时候,一向不管画面方面的事情。我认为,文字难以表现视像。所以,我把全部精力都放在对白以及对情景和动作的描述上。我现在经常收到一些年轻作家寄来的剧本,他们在画面方面附有大量说明。我总是对他们说,你们这样做毫无用处,因为,影片的节奏和画面是导演做的事。

您一共写了多少剧本?

50部左右。署名的不过10多部。其余的属于出点子。当时,香港常常请六七位编剧整天在一起聊天、出点子。然后,由岁数大的来写剧本……作为编剧,我这样工作了7年。在这些人里,有一位经验非常丰富的剧作家,名叫黄幼梅(音译)。他可以说是我的导师。我们在同一个公司里工作,依我看,当时香港生产的70%的重要影片都是他负责的。尽管他写剧本非常快,但还是时间不够,所以常常让我写一部分内容,署他的名字,我们一起分稿酬。我们的公司叫"永佳",也分包像嘉禾娱乐事业有限公司和城市制片厂的工作。

您写的是哪种样式的影片呢?

各种样式的都写:喜剧片、动作片、功夫片,甚至包括色情片。起初,我不和那些让他们写剧本的导演见面,因为我非常胆小。后来,我才慢慢地和他们经常见面,给他们出点子,他们一旦接受了,我就回家自己去写。我写得很慢,记得有一次,我花了一年时间才把剧情简介写出来,简直把每个人都急疯了。后来,自己的自信心增强了,每天都和导演定约会,把各场戏与他一起写出来。

在剧本由您署名的10部电影中,您最喜欢哪一部?

我最喜欢谭耀文拍的《最后的胜利》,讲的是出身贫寒的几个倒霉强盗的故事,主人公与嫂子以及哥哥的情妇之间的爱情纠葛十分动人。我认为时下已经不拍片的谭耀文,在当时香港新浪潮导演中是最有才华的。他给我介绍了罗梅尔、安东尼奥尼和戈达尔的电影,我们变成了好朋友。后来,我请他在我第二部影片《阿飞正传》和《东邪西毒》中负责剪辑。我们变成了真正的知心朋友。

您要做导演,是不是因为您的剧本被别人处理得不满意的原因?

我不这样认为。我没有权力欲望,对给他们写剧本的导演也不忌妒。我也没有对此抱怨的特别理由。可是,我记得好几次到摄影棚看拍片时,我都想喊:"停机",因为,我和导演对拍摄角度的看法完全不同,我渴望拍一些不同于目前看到的东西。所以,当有人问我是否准备导演一部片子的时候,我做了肯定的回答。

请您谈谈事情的经过好吗？

邓光荣是香港60年代著名演员，演过200多个角色，现在当了制片人。以前，我曾经和他合作过两个剧本。他愿意给年轻导演提供机会。经过我们一起多次讨论，凭借演员生涯的丰富经验，他认为我对人物和情节的理解令人信服，并且认为我可以变成一名优秀导演，所以就把机会给了我。

您说的就是《旺角卡门》(1988)吧。

这部影片是三步曲中的一部。第一部还没拍，第三部是谭耀文执导的《最后的胜利》，片中的强盗已经30多岁，意识到自己失败了。我拍的第二部，他刚20多岁。第一部的片名是《一日英豪》，讲他的青少年时代。

您的影片受到了《穷街陋巷》的启发，您对斯科西斯的电影和香港社会之间的关系有何高见？

我认为，意大利人和中国人之间有很多共同点：他们的价值观、对友情的重视、帮派组织、喜欢吃面条、对母亲的态度，等等。我第一次看《穷街陋巷》的时候，大吃一惊，因为我觉得故事跟发生在香港一样。实际上，我只借用了罗伯特·德·尼罗演的人物。其他人物都是我创作的。我当编剧的时候，有一个在电影里演替身的好朋友，他有点儿匪气。我和他常常在香港名声最坏的酒吧里过夜，直到清晨5点。大家在《旺角卡门》看到的大量细节，很多都是我在那里采集的。我们认识一个人，一句英语也不会说，但他有一个当酒吧女郎的英国情人，这个姑娘经常跑掉，然后又来找他。这是一对互相之间根本不说话的奇怪情侣。影片中的一个人物就是受了这件事的启发。年轻时，我有三四年的时间，每天都喝酒、打架、飚车。

您和摄影师是怎么合作的？

我的四部片子只有两位摄影师。刘伟强拍的《旺角卡门》，只是他拍的第二部电影。他也和拍摄《阿飞正传》和《东邪西毒》的第二摄制组一起工作。另外，他还解决了《重庆森林》中第一部分的光线问题。另一位摄影师就是杜可风。刘伟强工作热情很高，是使用手提摄影机的高手，此人见多识广，我们很聊得来。但他唯一的不足，是对非常敏感的照明还不够细致。今天，他当了导演，我认为他能达到造型艺术的真正水准。杜可风是光线大师，我们非常谈得来：如果我们不说同一种语言，我们也有共同的参照物：绘画和电影。他的美学意识非常高，但操作摄影机的技术尚待提高。最初，他当过领航员，后来搞过摄影。这就使他的构图水平很高，以至侯孝贤和杨德昌都很欣赏他，他为他们在台湾工作过，拍《东邪西毒》，我需要一个他那样的摄影师。

在《重庆森林》这部影片里，虽然是两位不同的摄影师，但摄影没有任何不同，确实很令人吃惊。

影片的连续性是由我来掌控的，我对他们说：我们要像在全明星果酱会议上那样工作。他们两个人谁也不知道整个故事。我到日本去找杜可风的时候，他正在做一部片子的后期制作。3天之后，他飞到香港，两周时间就把影片拍完了。我们拍摄的时候跟疯子一样。我告诉他，这一次不需要那么注意调光（除了公寓那几组镜头），就像拍没有固定景地的"路胶片"*一样。我们没有时间安装三角架，也不用移动式摄影车：用手提摄影机拍，就像拍纪录片一样。杜可风接受了挑战，拍得非常快，画面质量也非常高。以前拍《东邪西毒》时，为了精雕细刻每个画面，他用的时间不知比这次要多多少倍！那时候，他每天都跟我说："我要死在玉岭了"，玉岭是我们在中国北方拍摄地点的名字。

《旺角卡门》的成功，使您把香港所有的大明星都请来出演《阿飞正传》啦。

《旺角卡门》在香港的票房并不那么好，但在韩国和中国台湾地区却大获成功。无论如何，在香港的"奥斯卡"，它得了九项提名，对于一部处女作，也确实很不寻常。所以制片人跟我说，第二部片子，我爱请哪个演员就请那个演员。我拍《旺角卡门》时29岁，拍《阿飞正传》时31岁。30岁是个槛儿，人们会感觉变老了！我想在第二部电影里，讲一些我怕以后会忘记的东西。小时候刚来香港的时候，因为不会讲粤语，所以感到很孤单。妈妈和我整天待在那所小公寓里，我们听收音机，但我听不懂。我记得唯一的预告曲，是BBC新闻节目的预告曲。有一天晚上，爸爸妈妈出去跳舞了，我夜里醒来很害怕，但打开收音机，听了BBC的晚间新闻，就不害怕了。这是我在《阿飞正传》里说的那个时代：1960年开始，1966年结束。我很喜欢那个时代的故事，花了两年时间才把它结构起来。通过战后的第一代人，我讲了两个家庭的故事：一家是香港本地的广东人，另一个家庭来自上海，就是张曼玉他们家。两家因语言障碍，互不相识。到影片的第二部分，他们才开始认识。遗憾的是，我始终没拍成这第二部分：影片在圣诞节推出，因为明星云集，所以观众期待已久，大家以为会看到《旺角卡门》的下集，片中会有很多动作。但《阿飞正传》里，几乎没有动作，也没有跌宕起伏的情节。这部片子彻底失败了，在韩国，观众还向银幕上扔东西。所以，制片人不再为第二部分投资。两部电影的美学完全不同：第一部有快速蒙太奇和很多音乐，第二部的节奏相当缓慢，是我心目中的60年代。我试图把影片切割成四部分：第一部分有很多大特写镜头，像布莱松的影片那样。第二部分，像B级片那样，有许多非常复杂的摄影机运动和长镜头组合。第三部分用景深拍摄。第四部分带有不少移动性镜头，更加像第二部分。故事也是从一个人物到另一个人物，把故事分成几个部分的方法，会使观众更容易读懂这部片子。

---

* 新闻纪录片、电视系列节目。——译注

在执导演员的方法上,您和过去有变化吗?

由于我要不断地改动剧本,所以不把剧本交给演员,也不做排练、试拍。我对每场戏都有一个总的想法,在拍摄前三四个小时我就到摄影棚,我计划好摄影机放在哪里、怎么移动,然后,我告诉演员该说的对白台词,当然,关于他们扮演的人物,我已经和他们谈得很多了。对我来说,最重要的是要知道,要告诉他们,他们的手势和动作的道理:为什么他坐在那里?为什么他抽一支香烟?为什么她睡在那里?为什么她哭得这么厉害?当人们深入了解一个人物之后,一切就都会自然而然地水到渠成了。人们会很容易理解他的动机。拍摄初期,我反复拍同一个镜头。会使用很多胶片,在这段时间里,演员和我找到一个共同节奏,然后我对胶片的使用就很节约了。

《东邪西毒》是您受金庸那部当代武侠小说《射雕英雄传》启发而拍成的。对吧?

东邪和西毒这两个人物使我非常着迷。90年代初,武侠小说变得喜闻乐见,一位制片人建议我拍一部。我同意了,因为自己一向喜欢这种样式,而自己从来没拍过古装电影,所以,我非常想试一试。我十分自由地改编了这部长篇巨著,使我感兴趣的两个人物年已六旬,我就不得不为他们编了一个过去的经历。武侠小说像罗贯中的《三国演义》一样,都属于古典文学。可是金庸这位多产作家的现代作品(已经出版了十几本)属于通俗小说。这些小说家喻户晓,大家都等着我开机。可是,他们不知道我要做一些不同的东西,不同于自己看过的影片。

您的武术顾问洪金宝曾经和胡金铨一起合作过《迎春阁之风波》(1973)和《忠烈图》(1976),您看过这位大导演的作品吗?

我小时候看过这些片子,可是我对它们的哲学内容和佛教禅宗背景看不太懂。洪金宝不仅是武打动作的高手,而且是20年来香港最好的动作片导演:他小时候学过京剧。片中的这类戏都由他来执导。

您喜欢使这些镜头组具有鲜明特点,采用省略手法,以至于真正意义上的动作,在影片整体结构中变为次要部分。

传统武打片的目的,是刺激观众感官。我想让它们成为表达人物感情的一种工具。比如,林青霞舞剑,是她在舞蹈。我用慢镜头拍梁朝伟演的双目失聪的武士时,想用他手中长剑的重量象征生活,他在生活面前已经深感疲倦。我以每秒10画面的速度拍张学友,表示他刚露头角,正在上升,与走向灭亡的梁朝伟适成对照。一些镜头组是原封不动现场拍摄的,另一些镜头组后期进行了处理。

徐克继承了武打片传统,胡金铨过去把演员用绳子吊在空中,表演的空中芭蕾确实非常精彩。但这种方法被人一再模仿,已经不能再用,走进了死胡同。当我决定拍《东邪西毒》时,决心不走这条死路。除了林青霞,她的动作十分夸张。我要其他演员都在地面上打斗,这会给人真实感,而不是人造的把戏。

剧本结构带有迷宫式闪回和画外评介，使人更多想到美国黑色片，而不是历史片。

在我替别人写剧本的时候，他们总是要求我简单明了。我就是那样做的。我第一部片子《旺角卡门》也属于这种类型。拍完这部电影之后，我读了加布里埃尔·伽赫夏·马赫盖兹的《宣告死亡的纪事》：对他那种讲故事方式十分吃惊。我开始大量阅读拉丁美洲小说家的作品。对我影响最大的，是《蜘蛛女人的亲吻》的作者马涅勒·普伊格，他的故事总是切割成一系列片段，而这些片段并不按照时间顺序排列。读到故事结尾，人们感到，这种形式对我们心灵的感染力更强。这种技巧影响了《阿飞正传》和《东邪西毒》的构思。

背叛的主题贯穿《东邪西毒》。

我认为，这不能说是背叛，而是排除，或者抛弃。正像张国荣说他像一个孤儿那样。为了不被别人抛弃，他自己首先抛弃别人。林青霞因被人抛弃，给自己制造出来一个大哥。所以，背叛只是结局而已。梁朝伟演一个被妻子抛弃的男人，妻子和最要好的朋友一起骗了他。由于他仍然继续爱她，唯一的出路只能是自我毁灭。梁家辉的情况有所不同，他饰演的人物爱着张曼玉，但她却非常喜欢张国荣。因为他不愿意被抛弃，所以从来不承认自己的感情，而用别人给他的爱来做补偿，用这个方法来看对方的感受。这是以一种不同于梁朝伟的做法去经历被抛弃的方式。张学友和杨采妮是两种不同的人物。张学友不怕被人抛弃，而杨采妮确信有人会来帮助她，所以能够耐心等待。影片最后几个画面告诉观众，这两个人终将都有美满结局，而且影响张国荣做出了离开大沙漠的决定。

在谈论我全部影片的主线时，我意识到"抛弃"的真正含义。《阿飞正传》中每个人物都感受了这种情感。我认为，在《重庆森林》里，这种情感得到了进一步发展，因为在影片结尾，梁朝伟和那位姑娘都不怕被别人抛弃。

您是怎么为《东邪西毒》找到外景地的？

因为预算有限，拍这部电影唯一的地方只有中国大陆。为了寻找和书上描绘的景物相似的地方，我跑遍大江南北，但一无所获。有人给我看了一张张国荣隐居地点的照片，我派艺术总监张威廉去看景地，他回来告诉我：这个地方对我可能很合适。

您的演员是怎么挑选的？

除了林青霞和梁家辉，我和其他演员都合作过。我非常喜欢和我将要执导的演员进一步交往。影片对我提出来的最大挑战，就是林青霞，因为在武侠片中观众已经习惯她女扮男装。我觉得她浑身都是戏，可以演一个患精神分裂症的人物。至于梁家辉，我觉得他个子矮了一些，因为我们想象中的古代侠客都应该身材高大威武雄壮，但梁家辉成功地扮演了他的角色。

故事发生的年代是想象出来的,还是您参照了中国历史的某一个朝代?

原来小说中的故事,发生在800多年前的宋朝。金庸的才能是能杜撰传奇故事,又能把故事恰如其分地放在真正的历史中。我在接手素材的时候,决定不像胡金铨那样研究历史去完成一幅真正的历史画卷。我的唯一标准,就是不能把宋代以后的东西放进去,而宋朝之前的服装、用品和建筑物都可以使用。在对白里,我也不愿意有过多的江湖黑话,也不要刻意去讲那些特色分明的古人话语。

您为什么中断《东邪西毒》,去拍《重庆森林》呢?

为了等一台音响设备到货,我们停拍了两个月:在沙漠中搞得录音效果太差了,需要重做。当时因为无事可做,我就决定拍《重庆森林》了。

《重庆森林》中的两名警察,和《东邪西毒》中的欧阳和黄的命运何其相似,他们像从一面镜子里照出来那样,像一枚硬币的两个面,每个人都被自己的情人抛弃了。

在《重庆森林》里,我安排了两名警察,我要第一名不穿警服,林青霞那张冷俊的脸和一头金色假发,我觉得也像穿着一种警服。起初,我想把影片一分为二,一部分故事发生在香港,另一部分在九龙,一部分发生在白天,另一部分在夜间,虽然有区别,但是同一个故事。在处理完《东邪西毒》这样严肃、细腻的题材之后,我想拍一部轻松的现代片子,但剧中的人物还是遇到同样的问题。

在香港重庆招待所的周围地区,什么东西最使您感兴趣?

这是香港一座非常出名的大楼。统计数字说,每天约有5000名旅游者来参观。这里有200家旅馆,是各种不同文化荟萃的地方,即使附近居民也认为,这里人与人之间的关系极端复杂,是一个具有传奇色彩的地方。我一直对这个地方怀有浓厚兴趣。因为这里进行着各种各样的非法交易,所以也是香港警察一年到头都头痛的地方。人口十分密集,商业异常活跃,这里可以说是城市的象征之地。

林青霞和梁朝伟也出演《东邪西毒》,您是否有意深入发掘他们的个性呢?

我首先被另一位姓黄的女演员所吸引,在影片第二部分她演女招待,在她与林青霞相遇的那场戏里,我觉得她们是同一个女人,只是年龄上有10岁差距。梁朝伟演得太精彩了,怎么看他都是一名警察。

在您拍的影片里,有一种非常简略的叙事方法,一种从一个镜头快速跳跃到另一个镜头的方法。

这可能是受了戈达尔和布莱松的影响。我决定用非常短的时间拍完《重庆森林》,我想就像拍新闻纪录片那种做法。几年前,我编了两个短故事,但没能把它们拍成电影。现在,我想把它们合二为一变成一个剧本。开拍的时候,我还没把剧本完全写好,所以,我就按时间顺序拍摄,第一部分要在夜间拍,我就在白天写下面的内容。幸亏赶上春节休假,我利用这段时间把剧本写完了。

您对那两位警察用号码来确定身份,这里有什么特殊含义吗?

因为懒得给他们起名字,我想到可以使用数字,这反而会有些味道。总而言之,卡夫卡把他作品的主人公都叫 K！我看 19 世纪俄国小说时,那些人名和爱称根本让人记不住,而卡夫卡书里的称呼十分简单,读起来非常痛快!

您和中国大陆第五代导演以及中国台湾新浪潮导演的关系怎么样?

中国大陆的导演有很长的历史传统,但对外界还是比较封闭的。香港可以说是文化荟萃之地,受西方影响较多。1945 年以来,很多中国人从内地移民到香港,他们说普通话,不会说广东话,对香港各类事业的发展起了促进作用,大陆拍的影片多是历史题材,很少涉及当代现实。台湾的情况也大体上差不多。然而,近 15 年来,新一代导演对当今问题更感兴趣,他们摒弃了五六十年代的那种宣传片,当时宣传的目标尽管和大陆相反,但内容大同小异。在香港,我们更加注重娱乐,我想有一天两岸三地的中国电影人会联手合作拍片。

从电影观念出发,不管影片的产地在什么地方,近 10 年来给您印象最深的中国电影是哪一部?

侯孝贤的《悲情城市》。

King Hu
胡金铨
(1931—1997)

  1957年戛纳电影节上,有一位西方闻所未闻的中国导演,将其作品《侠女》(英文片名是 *A Touch of Zen*)报名参赛,我觉得此人实在大胆。因为当时的西方观众,除了日本影片和印度的萨蒂亚吉特·雷伊,几乎对亚洲电影一无所知,胡金铨这部影片虽然拥有一些热情追捧者,但总的来说还是遭到惨败。评委会的态度也是如此。这部作品属于传统武侠片样式,这类武打传奇电影在此后10年才开始受到影迷钟爱,当时影评界还不可能把胡金铨与已经得到承认的导演相提并论。《侠女》在戛纳参赛前六个月,已经在巴黎上演,同时还有胡的其他两部重要影片:《迎春阁之风波》和《忠烈图》。这些影片的抒情、空间感和大自然感,以及拍摄的激情使人想到瓦尔什的影片《玫瑰蔓延》,或者沟口健二的《新平家物语》。胡金铨谈锋极好,诙谐幽默,妙语连珠,反映出他的高度文化素养,他充满朝气,既有聪明智慧,又不装腔作势,我采访他的目的,除了要对他的经历获取最大限度的准确资讯,还想了解他影片推出的背景及其工作方法,此外,我也想对香港电影业和它的机制有所了解。如果不是比埃尔·里西昂在香港发现了这位集文人、演员、电台工作者、剧作家、制片人、画家、美工和导演于一身的胡金铨,我们肯定还无法欣赏他的杰出贡献。毫无疑问,胡金铨是中国70年代最伟大的导演,他在武侠片方面的成就至今无人超越。只要把国际上大获成功的《卧虎藏龙》和《侠女》比较一下,就可以衡量出胡金铨的伟大之处了。遗憾的是,在得到西方承认不久,他的电影生涯不断下滑,除了《侠女》之外,人们只能匆匆谈论一下他昔日的才能了。

《侠女》

(1974年10月，巴黎)

　　1933年，我生在北京。我的父亲是采矿工程师、地质学家。他曾经留学日本，在京都大学读过书。我的叔父在东京明治大学完成了学业。他们两个人青年时代命运多舛，因为他们要摆脱清朝统治，甚至还参加了1911年的辛亥革命。回国之后，叔父当了官，成为国会议员，我的父亲做工程师工作。上中学时，我觉得我的家庭特别封建，和我同龄的年轻人对父母都有这种看法。当时在中国，家里所有的人都在一起生活。我们家就有30口人。我的父亲有一儿二女，我的叔父有两个女儿八个儿子。儿子结婚以后，都把妻子带回家里。读书的时候，我的思想很左，所以共产党取得政权时，我心里很高兴，因为我们可以从此摆脱政府的贪污腐败。但这时候我想出去走走，客观地观察一下，所以决定到香港转一转。在香港生活期间，出入香港和中国内地突然变得十分困难。但是，我找工作很难，因为我不会说广东话，只会讲北京话。最初，我当过校对，觉得这个工作非常困难，我必须反复看佛经，但其中一些词又不懂其含义。后来我画广告画，所以才有人找我去画电影广告。当时是让我画一部非常著名的电影《我这一辈子》的广告，这是我喜欢的作家老舍的作品。长城公司经理请我进公司当美工，我立刻就接受了这份工作。我一向喜欢画画，甚至还到北京国立美术学院学过几个月，但在这方面，主要还是自学的。

　　香港有一位名叫严俊的老导演，他准备拍一部电影，需要演员，希望我演一个重要角色，可是我从来没演过戏。是讲一个靠演小丑糊口的故事，他的儿子和女儿演他的孩子，这些孩子打小丑，结果他竟然被打死了。我演了他的儿子，因为演得不错，又让我演第二部片子《金凤凰》，我就不回艺术部门了。《金凤凰》是根据沈从文著名小说改编的，讲战前农村的事。我演一家茶馆里跑堂的，这部电影在艺术上和商业上都获得了成功。给严俊当助导的李翰祥变成了编剧和导演，他请我当他的助导。他已经不再为长城拍片，投到李祖永旗下的电影制片厂。李是企业家，但更是艺术家，曾就读于哥伦比亚大学，而且，过去曾经与周恩来和叶公超是同班同学。不幸的是，他的公司倒闭了，我9个月都没领到工资。这时候，美国广播电台需要一个节目制作人，我去应聘了，但这是一份烦人的办公室工作，所以，我继续兼职演电影，例如：《金凤凰》、《又长又窄的胡同》，这个阶段持续了5年，大约是1954年到1958年。

您在电台做什么类型的工作?

我制作广播剧,主要是现代题材的。我要选出一些书来进行改编,像马克·吐温、爱伦·坡的作品,由一个委员会做出最后决定。然后,我聘请一些编剧,我自己也写了两个剧本。我也做音乐节目和体育节目,报道过东南亚运动会。我同时还做时政新闻节目和戏曲节目,不仅京剧,还有福建地方戏。我请电影演员来电台演出,这些人都是我的朋友,得到的报酬与拍电影相比实在微乎其微。

讲讲您兼职当演员的情况好吗?

我拍的影片多是反映香港下层人生活的故事,但它们往往是从保守观点来看待这些社会问题。曾宝云是一位老导演,他对这类题材比较敏感,此人属于中国第一代导演。《三姐妹》不是一部成功的电影,讲的是当代题材(而《又长又窄的胡同》讲的是二战前的故事),我演的角色很多,《金凤凰》里,我演一个受压迫的可怜虫,衣衫褴褛、肮脏龌龊,人人讨厌,我的头发也被剃光了。在《畸形人》里,我演一个驼背。在《又长又窄的胡同》里,我演一个被惯坏了的富家子弟。在李翰祥执导的彩色影片《江山美人》中,我也是演一个生活在殷实家庭里的人物。这段时间,我常常为邵氏父子有限公司工作。1958年前后,邵氏兄弟来到香港负责邵氏父子公司的制片工作。这样就出现了矛盾,我们都是签了合同的雇员,所以就换了雇主。邵氏兄弟建议我既做演员又当编剧。我写了讲满洲土匪的《红胡子》,由潘磊执导,可是他没有把这部片子拍好,因为他是广东人,在越南上的学,在中国南方经历了战争,对伪满的事情知之甚少。

李翰祥事情太多,根本忙不过来,拍摄《玉堂春》时,请我当"执行导演",这是一部音乐剧,他准备剧本,我负责拍摄工作,拍《爱到永远》一片时,又叫我当他的"合作导演":他拍感情戏,我拍动作戏。这样分工很不合理,因为我们两个人的观念不一样。但是,他要赶快把电影拍出来,因为我们的竞争对手"国泰公司"也在拍同一个故事。我没有剧本,只有一个故事简介!结果出现了十分荒谬的场面。我们要拍这对恋人从山上散步回来的镜头,我拍的是他们以红色枫叶为背景表示秋季散步的第二部分。一个在我和李翰祥之间跑联络的助理导演对我说,这可不行,因为李翰祥这时候正在拍春天桃花盛开的时节!我从来也不想看这部片子!令人匪夷所思的是,这部电影在中国台湾和东南亚大获成功!台湾有一个人看了120遍这部电影,还请我们到台湾参加了一个星期的庆祝活动,我心里实在觉得惭愧。

真正由我自己担任导演的第一部影片是《大地儿女》,这是讲第二次世界大战期间中国游击队打击日寇的电影。这部片子造价太高了!需要搭大布景,制作日本军服,找到中国当时的老式步枪。为了使投资费用得到部分折旧,邵氏兄弟要我拍另一部游击队电影《丁宜山》(游击队长的名字),这样我就可以使用同样的布景、服装和道具了。但当《大地儿女》到达新加坡时,遇到了新闻审查的麻烦,因为影片题材涉及中国人和日本人的种族冲突。邵氏兄弟自己动手,剪去了大量镜头,由于惧怕新加坡的新闻审查,决定停拍《丁宜山》,这部拍了两周的电影,后来就无声无息了。这两部片子的题材都很新颖,我为第一部电影在老舍小说里找到很多素材。

看来,老舍对您影响很大,听说您还准备为他写一本书,是吗?

老舍对我确实很有影响。他生于1899年,是唯一用北京方言写作的作家。虽然他是旗人,但他用北京土话写作。他没有上过正规学校,主要是自学成才的。后来,他到英国教了5年中文课,在伦敦开始写作,把小说稿子寄回中国,在上海出版。回国之后,享有盛名,在山东大学授课。1938年,抗日战争爆发,他放弃了教学工作,八年抗战期间,一直担任中国作家同盟书记。这是没有任何报酬的工作,所以他继续写小说。战后,他被邀请到美国,《骆驼祥子》被翻译成英文,成为美国最畅销图书之一。在新中国成立之后,老舍回到北京,深受大众喜爱,写了大量话剧、小说、诗歌和散文,但始终未加入共产党。"文化革命"开始不久,在惨遭红卫兵毒打折磨之后,投湖自尽。

您怎么想起要拍《大醉侠》这部影片?

鉴于邵氏兄弟要我找一个不像游击队这样敏感的题材,所以,我决定拍这部历史久远的电影,后来我拍的全部电影也都是历史故事片。由于他们对我的创意信心不足,所以给我的预算十分有限,拍摄档期很短。当时我和他们的合同已经到期,我无意续签,1965年就离开邵氏兄弟,进入了联合影片公司,在这里拍了《龙门客栈》。可是,《大醉侠》已在商业上取得了重大成功。这部片子说一个乞丐不得已做了一些他不愿意做的事情。故事很接近民间传奇。里面也有一位本领超群的女强人,事实上,电影是由人物产生的,通过这个人物来展开故事,而不是剧本的原意。讲一个人(乞丐)从内心深处想成为一个善良人的这部影片,在当时十分新颖,所以紧接着就推出了一系列类似的影片,比如张彻的《金燕子》,纯粹是用同样的人物和同一个女演员进行简单的模仿。

《龙门客栈》也非常成功,它在香港的上座率甚至超过了《音乐之声》。可是,我认为很多观众并没有真正理解它的含义。那是詹姆斯·邦德电影大受欢迎的时代,我对这位过于神奇的人物实在不敢恭维,他竟然把情报机构置于国家法律之上。在《龙门客栈》里,我揭露了明朝情报机构的作用,这是中国历史上特务机构最强盛的时代,被太监控制的这些机构,强大到除了皇帝的干预,任何大臣都无法抗拒他们的权威的程度。借助这部电影,我们第一次进入了韩国市场,在美国,大学生们通过这部影片来学习汉语普通话,而且美国国立亚洲研究会还邀请这部电影到费城大会参加展映。在这期间,我还不得不做一个香港电影现状的讲演,老实说,这次讲演难度很大,因为我们缺少可靠资料,自己对香港电影的了解实属凤毛麟角。

《龙门客栈》之后,我想拍一部比较个人的电影,我开始写《侠女》的剧本。制片人沙荣峰先生觉得剧本不够戏剧化,认为不能有很好的票房。我不知道剧本是不是戏剧性不强,也不知道票房会怎么样,反正制片人很不满意,因为我用了九个月时间,让人在露天摄影棚里搭了一座鬼城,然后我又放火烧了一部分,以便产生满目疮痍之感,我必须等到雨季来临,才能看上去更加真实。在这期间,我继续修改剧本,布景的建设给我带来不少灵感。沙先生心中忐忑不安,我是用水泥建设的布景,因为台风可能把轻软布景刮跑。沙先生问我,既然花了那么长时间准备,为什么不拍两部,而只拍一部片子?那样的话,可以卖两倍价钱。我当时没有答应,后来买主都不同意分别付两部片子的钱,我就把它变成了一部三小时的影片,这也是我承认的唯一版本。我在美国期间,沙先生趁我不在,做了一个缩编本,在香港发行,我从来没看过这个版本。直到今天,《侠女》是我最个人化的影片。商业上不能算是很成功,可能存在某些理解上的困难。

具体是哪些困难?

这是一部以佛教为背景的电影。在印度,佛教崇尚无为与静思。基本原则是生死轮回,死后会复生,您若做善事,来生将会幸福,您若做坏事,来世会变成牛或蝎子。在中国它变成了禅宗:一方面,佛教融化到中国文化里,融进了儒学和道教,变成了禅宗,另一方面,它仍然以原来的形式存在于西藏,那就是密宗。百年之后,禅宗传到日本。禅宗的纪律十分严格。怎样才能成为佛教徒呢?首先,必须排除情欲,不发怒,不要性,不爱颜色和香味,因为这些东西与欲望连在一起,欲望会诱导人去做坏事。西方文明以基督教为基础,与佛教大不相同,是以爱为基础的。佛教正好相反,它排斥情感,您如果去爱,就会出问题,因爱生恨。如果您能摆脱七情六欲,您就会脱离红尘幸福一生。禅宗有很多道路使您达到超然境界:您可以到深山中,离开世人,也可以到世人中间去考验自己,学会不向情欲退让。我不应该这样跟您说,因为禅实际上是不能解释的。禅宗大师是一位舵手,您登上他的船,他唯一能够为您做的事,就是把您渡到河的对岸,然后的路,还要您自己去走。我认为,禅宗是靠接触而不是靠说教来影响人的。所以,很难对《侠女》进行分析。对这部影片的反应,首先应该是情感方面的。如果观众没有任何感触,无动于衷,我就失败了,如果他们有所感悟,不管喜欢不喜欢,我都是成功的。

作为导演,您怎么从代表禅宗的哲学层面,过渡到一部动作片呢?

我首先应该告诉您我不是佛教徒。所以,我能够比较客观地观察它。佛教理论是中国文化三大思想之一,另外两家是儒学和道教。我需要用视觉语汇来说明自己与佛教的关系,实在太不容易了!故事选自《聊斋志异》里一个叫"侠女"的鬼魂故事。一个生活在废弃的破房子中的穷书生,遇到了一个鬼魂。这个故事讲情感、欲望和感动。情节本身并不重要。影片主人公是一位高僧,他和一个高官发生了冲突。我试图把对白部分减少到最大程度,因为禅不能通过对话说明,另外,电影主要应该是画面语言。这样做就冒了观众不理解的风险。剧本是我自己写的,和蒲松龄的原作出入很大。问题是在叙述故事(让观众看明白情节)和必须要把我想说的东西也表达出来之间,经常出现矛盾,所以,我要尽最大努力从历史故事的桎梏中走出来。总而言之，这部影片是个爱情故事，同时还是别的东西。

当您想在银幕上再现历史的时候，都会遇到哪些问题？

我的大多数影片（除了《迎春阁的风波》是以蒙古统治时期的元朝为背景）都是明朝的故事。我对当时的服饰和布景，尤其是这个时代人们说话和思维的方式，进行了深入的研究。大部分功夫片发生的年代比较晚，是本世纪初的事，我对那些历史片的投资是比较高的。例如李汉的服饰，它真是那个时代的。衣服那样容易破损，我不得不在里面又衬上一层布，还必须特别注意防止虫蛀。

我之所以选择明朝，有很多原因。首先，这是最腐朽的一个王朝，知识分子和政权之间，穷人和富人之间，不同政治集团之间，矛盾重重、异常尖锐。也正是在这个朝代末期，17 世纪，西方列强开始向中国渗透，意大利耶稣会传教士利玛窦就是那时来中国的，他在中国影响很大，他带来了西方的玩意儿，像数学、设计图、地图，等等。这也是中国文化变革的初期，我还有另一部电影要拍，片名叫《空山灵雨》，讲的是西方文明和中国伟大哲学之间的关系。直到现代，儒学在广大人民群众的心里始终有着巨大影响，所以毛泽东才开展了那场史无前例的运动。道教的影响也不小，佛教传入中国比较晚一些，在唐朝时期，它不仅影响人们的思想，也影响他们的生活。

即使在中国边远山区，您也能看到灶王爷。它来源于道教，道教是一种反对知识的哲学，它不主张学习知识技能，有无政府主义倾向，拒绝政府管理，主张政府越简单越好。然而，道教与佛教不同之处，在于它接受情感、欲望和性，反对一切阻碍享受生活的制约。从某种意义上讲，道教与禅宗完全是对立的，禅宗根本不知道政府为何物，而道教却反对它的存在。儒家正好相反，它全力支持一个组织有序的好政府。所以，儒学更接近西方的国家概念，但不相信人人平等。

中国人在不同程度上受到这三种哲学思想的熏陶，他们最初反对西方的理论，然后逐渐地接受了他们的科学技术，最后又接受了他们的思想观念，以至于一些高官，甚至明朝有一位太后还信奉了天主教。

您青年时代主要受到哪种思想影响呢？

我那一代人主要受到西方思想影响，其中包括基督教和马克思主义。我父亲受这些思想影响的程度要比我深许多，他是一位留过学的学者，根本不相信中医和中草药。

您相信中医吗？

只要能治好病，我就相信它！

在哪些方面，您对《侠女》比您拍摄的其他影片更满意？

这部电影和我最初想做的事接近一致，多亏我当时享有充分的自由，这倒不是因为制片人慷慨，而是因为我具备了足够的商业价值，也有足够的时间拍电影，这在香港是不多见的,所以我的一些朋友说我精神不正常,我本应该利用自己商业上的成功,一年拍3部片子,可以挣很多钱,但我却对这不感兴趣。而为了写老舍传记的书,坐飞机从华盛顿到柬埔寨和其他地方去研究资料,一切都自己花钱,我对这兴趣十足。另外,我对制片人的做法很不满意,他们在我的《龙门客栈》取得成功之后,以我的名义在韩国推出根本不是我拍的电影,结果我的朋友们说我的电影越拍越坏!出于这些以及其他原因,在《侠女》之后我自己成立了公司。

在这期间,您拍了《喜怒哀乐》的一部分。

拍那部片子,是为了凑钱把李翰祥从破产境地和监狱里救出来。说起这件事,倒想起一件有意思的小事来:我听说,那时候李翰祥没破产,他在银行里还有很多钱!影片中的四种情感是:喜、怒、哀、乐。我负责拍半小时的"怒",是根据京剧《三岔口》改编的。故事发生在一家客店里,客店老板和他的媳妇都是强盗,四个解差和一名无辜的犯人住进客店。一位朋友来救这个犯人,对白很少。虽然故事发生在晴天白日,但人物的活动像是在黑暗中一样,这就产生了滑稽效果。我认为自己受了中国戏曲的影响,特别喜欢小酒馆之类的公共场所,所以我影片中经常有这类客店。公共场所往往容易出现戏剧性集中的现象。京剧对我的动作戏影响很大,在《侠女》和《龙门客栈》里,都有像芭蕾舞那样的打斗场面,而不是真刀真枪地打。我不喜欢利用特技来取得效果,我用布置的绷床和功夫好的演员,他们的跳跃和翻跟头神奇极了。

你和演员们怎么合作?

我喜欢用已经合作过的演员。在我当所谓"执行导演"的时候,我发现了他们中间几位非常出色,而最初是通过小广告聘用的他们。演李汉的演员当过我的助导,我喜欢他目光中显示出的尊严。大块头乔宏,我已经认识他很多年了。韩映杰经常在我的影片中出现,他帮助我拍摄武打场面,此人是京剧科班出身。小胖子吴明仔也时常来演戏。演侍女中最年长的那位,是李丽华,她非常受观众喜爱。《龙门客栈》中的演员,大多数都不出名。开拍前,我进行多次排练,但开拍后,我很少拍保护性镜头,而且我往往都是从同一个角度拍摄。我当演员的时候,喜欢和导演交流,希望他们给我具体的指导。我当导演以后,也是这样和演员合作,但我从来不做示范,让他们照我那样去表演。

您是即兴创作,还是严格按照事先确定的剧本去拍戏?

我经常即兴创作,而且还常常改写剧本。但是,我准备的剧本非常详细,每个镜头都事先画好,然后给技术组和演员每人发一个复印件,每个人都知道自己在各场戏中的位置,有一个总体概念,这样做,既省时间又省精力。取景框不变,但对白和动作可以变化很大。如果必要的话,拍摄之后我把镜头重新画下来。这种画每个镜头的方法,可以保证故事的连续性和叙事的流畅,剪辑的时候也可以省很多事,因为我对节奏和总体的发展胸有成竹。

当一个人物快跑的时候，几乎不可能用特写镜头跟拍，因为我们必须用遥控镜头或者变焦镜头，计算距离时，有半点儿误差，画面就模糊了。假如您采取移动拍摄的方法跟着他，他会每次都跑到景框外面去。所以，我就让摄影师把摄影机绑在身上，他转来转去，演员在他周围跟着他转。您看这个动作的时候，会以为人物一直向前跑，这些东西也需要非常仔细地安排好，才能收到预期效果。

您怎么利用布景？

我把《迎春阁之风波》确定在陕西拍摄，这里曾是毛泽东长征的终点。那里的人都住在宽敞的窑洞里，这些窑洞冬暖夏凉，完全是天然空调。我选择客店作为拍动作戏地点。美工在一边搭布景、阶梯、楼层、窗户，我在一边考虑人物的动作，在某种程度上，是布景决定了演员的活动。我最感兴趣的是李汉这个人物，在讲述他的政权和聪明智慧的一本书里，我从一个很短的章节中得知，他是在人迹罕至地区的一家黑店中被暗杀的。我实在搞不懂，在他军队控制着的地区里，怎么就会轻易被暗杀了呢？我更喜欢表现他死时和尤利乌斯·恺撒一样，是从背后被人杀死的。

《忠烈图》的情况有所不同，因为没有真正意义上的布景。我找到一些外貌粗野的农民来拍和海盗打斗的戏。我以前曾坐船经过这些岛屿，它们给我留下了深刻的印象，所以我决定在那里拍摄。我听说几百年前，有很多香港海盗出没于这些岛上，今天一些走私的人也利用这些小岛进行货物中转。有时候，我会发现一个比我最初设计更有意思的地方，那么我就把剧本中的说明改动一下。片尾那场在海滩厮杀的戏，布景看起来高低不平，但实际上，场地是平坦的，这样演员才便于跑动。这场戏里，剧本里没有一句对白，只有动作，地点就把全部的戏都导出来了。

电 影 小 星 球 | **中国·台湾**

Hou Hsiao-hsien
侯孝贤
（1947—   ）

　　对某些导演来说,得到承认之路如同万里长征。侯孝贤就是如此,尽管他像阿巴斯·基亚罗斯塔米一样,无疑是80年代跻身国际舞台最伟大的导演之一。1984年,南特三大洲电影节上,他的第四部影片(老实讲,这是他第一部真正重要的影片)《风柜来的人》荣获大奖之后,他的名字才逐步得到承认。从此之后,柏林、洛迦诺和其他电影节,陆续展示他反映年轻人真实生活的系列影片(《冬冬的假期》、《童年往事》、《恋恋风尘》)。在这几部影片中,这位台湾导演表现出了他的个人风格:严格的图像位置调整、纵深构图、有层次的同期录音,但不反对非职业演员的即兴表演,固定机位的长镜头(有人认为受到欧祖影响)。侯孝贤总是把两地之间这些年轻人的行动、破灭的幻想、隐约的伤感和孤独展现出来。1989年拍摄的《悲情城市》是他电影生涯转折的重大标志。威尼斯电影节(从50年代起,该电影节对东方电影的承认起了决定性作用,黑泽明、小津安二郎、沟口健二、萨蒂亚吉特·雷伊)上,此片荣获金狮奖,从而进入了侯孝贤电影的伟大历史时代。在他的三部曲中,《悲情城市》是关于台湾历史的第一部,接着是《戏梦人生》,该片使侯孝贤后来拍摄的影片,全部被戛纳提名为参赛作品,第三部曲就是家喻户晓的《好男好女》。侯孝贤在电影形式上不断创新,《再见,南方》(1996)和《千禧曼波》(2001)在对几乎是音乐叙事结构进行探索的同时,又回到当代青年的主题。《海上花》(1998)揭示出一种斯坦博格式的变调艺术。喜欢讨论具体问题的侯孝贤导演谦虚、坚定、严肃、满面春风。在接受威尼斯大奖之前,我曾对他进行过多次采访。

围绕着《悲情城市》

(1989年9月,威尼斯)

《悲情城市》在主题和风格上,都与您前几部电影不同,广度和空间十分可观,今天,您为什么要拍这样一部片子呢?

我的全部影片,都是我亲身经历过的事。我讲的都是在我自己或者我的家人身上发生过的事,但我从来没能把我性格的主要方面同时说出来。我的脾气确实不太好,血太热,好冲动。我也想把与自己和自己政治观念密切相关的这个故事讲出来。影片里,这种表面上的平静,是有具体原因的。因为我和非职业演员合作,他们很害怕拍电影。影片制作的实际条件也对电影形式影响很大。我不能要求他们演动作太难的戏,还出现了很多在前几部影片里没能预料到的事。在某种程度上,以前准备好的剧本都是下意识的。和非职业演员合作,就意味着我要对他们做不到的事负担全部责任。

《悲情城市》是我第一次有意识地要把应该达到的目的明确提出来。但是,说老实话,总是在同样条件下和非职业演员合作,我开始有点儿烦了。所以,我为终于能够和专业演员合作感到十分高兴。比如,演大哥林文雄和聋哑人林文清的陈松勇和梁朝伟,都是有丰富经验的演员,他们可以为每场戏定下基调,让他们带领着演次要角色的电视演员和非职业演员,事情就容易办了。演老爷爷的李天禄,不是电影演员,而是台湾最伟大的木偶戏大师,他已经在我前几部片子里演过戏。要了解我跟演员合作的方法,必须知道,我曾经对我最感兴趣的一些导演的方法仔细研究过。我可以举法斯宾德和一个剧团演员合作的例子。我一直渴望也能和我的演员们有这样和谐融洽的关系。

在准备《悲情城市》的时候,我先找了一些专业演员,但他们的演技立刻就让我失望了,因为我无法让他们懂得我所要的东西,他们每次都问我需要什么表情,他们向我列举了一系列可能的表演方式。我对演聋哑人的梁朝伟相当满意,但我必须拉他去看样片,让他去看一看和演他妻子宽美的辛树芬的戏,这样,他才能明白两个人在表演上的差异。辛树芬是个半职业演员,演得很真实。但每场戏她的表演都不一样,而梁朝伟是职业演员,不能每次都重复同一个动作,同一个表情。这对我倒无所谓,我更喜欢大哥陈松勇那种夸张的演技,梁朝伟最初还不太自如,总是显得过于深思熟虑。

是您提出剧本创意的吧？在您和两位编剧吴念真和朱天文之间，是怎么分工的呢？

影片的主题必须非常个性化，我对这一点十分坚持。至于为什么今天我才拍这部片子，是因为只有现在台湾的政治形势才允许拍这样的电影。过去台湾对媒体的审查十分严格，现在我们才有了更多的言论自由。关于我和剧作家之间的关系，应该说，我和朱天文已经是老搭档了，我花了3个月时间和她一起去找那个时代的资料，甚至一起读了描写那个时代的当代小说。一旦我们消化了这些材料，就把它们放在一边，开始杜撰人物，并且力求明确人物之间的关系。在画好人物关系图之后，我们进入第三阶段：根据朱天文写的分镜头剧本，以此作为基础，在这个阶段请吴念真来写对白剧本。当然，在写剧本的全部过程中，我们进行过许多改动。最初，每次要设计一个人物时，都会想到一位我们认为最适合出演这个角色的演员，而且，剧本的写法要依据这个选择。现在，我们回忆起这种做法，经常开玩笑，因为如果真地保留了我事先挑中演大哥和宽美的演员，这部电影可能就要大大减色了，因为他们是非常传统的演员，尤其是演大哥的那位仁兄，是演员工会主席，幸亏他们工作太忙，无法抽身，我们就彻底打消了和大牌演员合作的念头。

您剧本中哪些内容最为敏感，最可能难以通过前一时期的审查呢？

要求我把那些具体内容说得一清二楚，确实不是一件容易的事。但从总体上说，完全可以肯定：这样的片子那时候绝对不能拍，即使拍成了，也一定会遭到禁演。今天的情况完全不同了，虽然从时间上看，并没有过去多久，但现在公众舆论的选票变得太重要了，台湾当局不得不考虑到这一点。如果要简单归纳一下台湾的局势，可以这样说，蒋介石的儿子蒋经国先生的去世，标志着一个时代的终结，他一直主张通过审查制度来限制新闻自由。

对于一个西方人来说，这部影片最复杂的方面之一，就是剧中人操着不同的语言和方言：国语、客家话、上海话、广东话和日语。

首先，必须了解这样一个基本情况：直到1945年，台湾地区使用的都是日语。日本占领时期结束之后，我们不得不去学习一种没有人会说的语言，这就是国语。从大陆来的人，每个人都说自己的方言，所以，就有了一种强加的国语，还有台湾各个族群自己的活生生的语言。

您这部影片的中心人物是四个兄弟，一个据说是失踪了，根本没出场，另一个处于准存在的状态，因为他受过折磨，变得精神委靡、一蹶不振，第三个是聋哑人，只有大哥是帮会首领。您是怎样把他们之间的关系连接起来的？

兄弟之间的关系，特别是大哥和聋哑人之间的关系，构成了全剧的主要关系。一方面，大哥代表当地的根，聋哑人是乌托邦和浪漫主义的象征。从剧本内在动力的观点出发，大哥行动快速、暴躁，而林文清这个人物是聋哑人，就不是出自偶然了。

每次他一出现,一切都立刻安静下来,他安详的动作和大哥始终如一的暴躁形成鲜明对照。

您引入了文学的叙事因素,打破了传统的叙事方法:一方面,有写着汉字的硬纸块,用来传达林文清自己说的话以及和别人的谈话,另一方面,也有姑娘写的书信。

这是避免传统的现实主义陷阱的一种方法,我想确定一个客观的基调。最理想的解决方案,就是硬纸块和宽美的画外音,宽美以平静祥和的语气读着书信,有时也谈到一些非常激烈和沉重的事情。另外,应该考虑到,这部影片是在真实内景中拍摄的,通过这种方法,可以打碎戏剧化感觉。我不要摄影机运动,又想增强画面力度,所以只能采取这种方法。

歌曲也间接地起着评述作用。

很明显,对歌曲的选择,也出自我想表现不同语言和文化特点的愿望。首先是日本占领时期的台湾歌曲,其中主要是情歌,描写等待出征情人归来,姑娘的思念和孤独,属于《鲜花等待朝露才能开放》的那种风格。然后是大量的西方古典音乐,像《莱茵河女妖》,这也是日占时期的特点:明治维新之后,日本向西方开放,欧洲的民族音乐和交响乐大量涌入台湾。第三部分,是台湾土著日本人唱的日本歌曲,在51年的日占时期,很多日本人出生在台湾,这些人的身份十分特别,由于生活在台湾,对他们来说,原籍国日本似乎是外国的土地。第四组音乐是大陆音乐,主要是戏曲,尤其是人们叫做"外来曲调"的"京剧"。事实上,从1945年起,尤其是在国民党定居台湾之后,他们大力推广最传统的民族音乐,影片中可以看到,人们开始在饭馆里演唱京剧。第五组乐曲是传统的台湾本地音乐、台湾的民族音乐、礼仪音乐和用当地方言演唱的戏曲。影片中,这种音乐总是和背景声以及节庆的声音混在一起。您只要想一想放烟花爆竹时唱歌跳舞的那些场面就知道了。还有抗日爱国歌曲,这是很久之后才流传过来的大陆革命歌曲。

既然有了这么多歌曲,您为什么还要请日本作曲家来写音乐呢?

这次合作很不顺利,因为我不希望他去写影片中大家听到的这种描述性音乐。我渴望片中的音乐能表达我对世间万物的看法,从某种意义上,能够表达中国人常说的"顺应天意"那种传统的世界观。我希望他创作的音乐既要超凡脱俗,又有地方色彩,以便把各场戏都顺畅地衔接起来。遗憾的是,这位日本作曲家没能做到这一点,因为他和我们不属于同一种文化。

我让他听了一些台湾的老歌,希望他能以这些歌曲为基础去进行创造,但是,这种做法没能达到预期效果。总而言之,世界上没有几个好的电影音乐作曲家,台湾一个也没有。所以,我请一位外国作曲家帮忙,就顺理成章了,另外,这部影片将要首先卖给日本,很明显,从商业角度看问题,选择一位日本作曲家,也是合情合理的。

在您影片中，自然景色运用得可圈可点。您个人和大自然关系如何？您怎么把自然景物变成影片总体节奏的一个元素呢？

您如果了解我的电影观念，这个问题就迎刃而解了。我从来不事先确定影片结构，所以，只有到剪辑阶段，我的影片节奏才可能产生。我先拍摄演员表演的内景镜头组，然后再去拍没有人物的自然景色，我明确知道这些景色镜头在剪辑时能够表达什么。与专业演员一起工作的时候，对那些非常短的镜头，我不能告诉演员需要什么表情、什么手势、什么动作，因为我可能事后将这些镜头全部剪掉。我必须使用长镜头和固定机位进行拍摄，所以，为了增加画面张力，我需要一些自然景色镜头。这个长镜头和固定机位原则对我特别适合，这样可以构建贯穿全部影片的一条红线。事实上，我始终尽力反映与故事情节密切相关的时间和空间，因而，吃饭、洗衣和全部家务劳动，在银幕上都有特定的时间长度。我所追求的，也许特别东方化，是要再现日常的进展速度，如果不这样做，我的电影可能毫无意义，我对此有着极为清醒的认识。

您刚才说不能切割专业演员的表演，这是什么意思？是因为您自己的风格，而不是您选择演员的类型，决定了您拍摄连续镜头吗？

是的，这是由我的风格决定的。导演的风格，就是他的性格。我愿意这样拍电影，因为这符合我的性格。风格就是对一个事物理解或是不理解。每次拍摄，我都必须知道应该拍什么，在镜头里应该有什么。影片的逻辑结构、镜头和镜头组的连续性，都是从这种信念里产生的。比如，空间的构筑，既产生在摄影棚中的即兴创作里，也诞生在剪辑时刻。这些事很难用语言表达，但从某种意义上，我的情感和激情，是我刚才说的"天意"的反映。至于我怎样执导演员，以及切割演员演技的问题，我的回答可能不太具体。我面前有职业演员，也有非职业演员，还有香港演员，但让他们在一起合作演戏，实在相当困难。假如，我要职业演员演，他们就真地在"表演"了，换句话说，演得非常僵硬。所以，为了达到我追求的东西，我就得进行偷拍。我告诉他们这是试拍，他们就点上一支香烟，不知道我正在拍摄，而这才是我选中的镜头。在这个时刻，就不可能在一个镜头内部进行切割。只有一位职业演员能够和我商量与非职业演员合作的问题，他就是梁朝伟，只有他懂得如何与非职业演员配合。对其他人，我只能欺骗他们。

在您的影片里，令人难忘的是拍摄景地，似乎这些景地成就了影片。

您说的不错，这些景地是一个决定因素。有一次，我根据找到的拍摄景地，完全改变了最初的意图。景地都是根据我对某些地方的记忆来选择的。如果我认为一个地方可能会适合我的想法，就在那里拍这场戏。经常在写剧本第一稿之前，有些地方就已经出现在我的脑海里了。但这往往是一个很长的创作过程。过去，我从来没想过大自然以外的外景地进行拍摄，现在我觉得在摄影棚里拍电影也十分惬意。

您拍摄的画面在景深方面十分考究,比如这部影片中的那个镜头:聋哑人在前景,他的哥哥正在后景啃香头儿。

从自己的前几部片子起,我一直就是这样做的。我一向喜欢一个动作掩盖另一个动作,最好是一个动作揭示另一个动作。当然,长镜头美学理论的基本要求是,不能只注重前景,必须要有景深,而且,动作要在景深的不同层次上得到强化,同时还必须把不同空间联系在一起。如果一方面,要把前景空间的几个小门遮挡起来,以避免过度戏剧化,另一方面,就必须突出左边和右边的外部空间,因为,在一个特定时刻,故事可能会在我事先没预见到的情况下进行延伸。

在这个意义上,在表现暴力的情况下,前景和景深起什么作用呢?在《悲情城市》里,暴力虽然总不在近处出现,但依然从始至终大量存在。

一方面,我不愿意这部片子太长,另一方面,又有那么多人物和故事。如果我要紧跟每场动作(和暴力)戏的过程,把细节全部呈现出来,片子势必非常长。另一方面,我就难以保持我想坚持的距离感了。这样,我的画面一直很"干净"。同时,这样做也符合我的伦理观念。另外,在大多数影片中,我不认为暴力场面与暴力实际相符。当人们看一个暴力场面时,只是感受一种氛围,看不到具体细节。出于这个原因,我想保持非常客观的态度,不去靠近它。

影片结尾,人们产生一种幻想破灭陷入困境的强烈感觉,时光的流逝也让人感受颇深。

随着那么多的努力全部付诸东流,结果必然使人感到绝望和精疲力竭。用钟摆把日常生活的细微末节和反映岁月流逝的信号并列起来,无疑是表现时光的最好办法。在片子里有两种速度:日常的家务速度,极慢镜头;历史速度,特快镜头。比如,我就这样在片尾解决了女儿怀孕和孩子出生的问题。

最初您是否已经知道需要2小时38分钟的片长,还是您删掉了很多内容呢?

最初的计划很不一样,我准备拍一家三代人经过三个不同时代的历史,片长是8个小时。后来决定仅仅拍摄这个家族史的第一部分,但不知道片长是两个小时还是三个小时。决定影片长度的是制片人,他规定不能超过2小时15分钟,因为这样比较好发行。即使这样,我也没遵守他的规定!目前的片长是和负责剪辑工作的廖庆松有密切关系,他认为不能再删掉太多了。

您的导演工作做得很精细。在利用空间方面,让人想到小津安二郎的一些影片和威尔斯的《安伯逊家族》。您经常去电影院看电影吗?

不管您相信与否,我从来没看过小津安二郎的任何一部电影,也没看过奥森·威尔斯的《安伯逊家族》!当拍完《风柜来的人》的时候,我的一位助手对我说,很像小津安二郎的片子。他给我拿来一盒录像带，一天晚上，我看了这部《小早川家之秋》，但没看完就睡着了，感觉很无聊。当我第一次来到欧洲，马克·穆勒拉我去看《东京合唱》，这一次，我真的爱上了他的电影，我感觉我的影片确实和小津安二郎有不少相似之处。我觉得过去没看过他的片子也很好，自己没受影响，更加纯洁。现在，我尽可能多地看经典作品，但是我和这些作品的作者之间的关系和过去不同了，现在是创作者与创作者之间的关系。无论是小津安二郎还是安东尼奥尼，我懂得了他们想要说的话，知道了他们给自己制定的目标。我后来看《安伯逊家族》的时候，就体会到他对真理问题的探索和我的诗意之间存在着许多相通的东西。法斯宾德的作品也是如此。您要问我喜欢哪些电影，我会立刻说出这几部片子：《我记得，我回忆》、《筋疲力尽》、《俄狄浦斯王》、《阿浦三步曲》和《东京物语》。虽然《东京合唱》立刻就吸引了我，但我意识到《东京物语》更有深度、更有力度，片中充满了嘲讽。这是小津安二郎的成熟作品。从理论上说，我很喜欢色情电影。关于如何用不同方式拍摄性电影的问题，我始终都想深入研究一下。我可以说，如果要我拍三级片，一定会非常成功。

Tsai Ming-liang
蔡明亮
（1957— ）

　　蔡明亮比侯孝贤和杨德昌小 10 岁，是台湾第三位大导演。1993 年，以精彩的《青少年哪吒》在柏林电影节上崭露头角，又在 1994 年威尼斯电影节以其第二部影片《爱情万岁》勇夺金狮奖，以迅雷不及掩耳之势，在台湾影坛确立了自己的地位。他的作品至今不过 6 部之多（加上《河流》（1997）、《洞》（1998）、《你那边几点？》（2001）和《再见，龙门客栈》（2003）），但其连贯性是罕见的。每部电影都由他钟爱的演员李康生出演，他伴随着这位出色演员的身心成长，就像雷欧在特吕弗的《杜阿乃勒》系列片中一样（另外，雷欧也出现在《你那边几点？》里），但情况要复杂得多，因为每部片子的主人公并不是同一个人物。实际上，蔡明亮的电影表达了最低限度派艺术家的愿望，这和同行们的风格相去甚远。对于道具的关注被看做是同样的物质符号，人物的孤独和异化，在对于片场的透彻分析方面，这位天才艺术家足以和安东尼奥尼或布莱松齐名。《青少年哪吒》反映的年轻人幻想破灭，《爱情万岁》剖析人与人无法沟通之后，蔡明亮在《河流》中，继续绘制人情淡薄的图画，这一次是在一个家庭内部进行剖析，反映出日益增长的悲观主义情绪。水是无意识的象征，它在《洞》中无处不在，《洞》是一首情感麻木的寓言，上一部影片中是污染的河水，现在水又滚滚流进了公寓套房。《你那边几点？》是葬礼和轮回转世的寓言，导演为了把台北和法国首都之间类似的命运连接起来，这次也使巴黎一体化了。就像他的其他影片那样，生存的荒谬伴随着面貌一新的黑色幽默。和蔡明亮交谈，可以发现他既有批评当权者的爱好，又有极强的欢乐感染力，谁说卡夫卡为听众朗读蔡导演令人焦虑和绝望的故事时，不会哑然失笑呢？

围绕着《爱情万岁》和《青少年哪吒》

（1994年9月，威尼斯）

中文片名《爱情万岁》和法文片名《Vive l'amour》意思一样吗？

完全一样。"爱情"的意思是"l'amour"，"万岁"是"Vive"。我觉得，这个片名没有讽刺意味，它是三个人物从心底发出的呐喊。他们心中缺少爱情，感到空虚和孤独，所以他们要去爱。

这种三角关系——一个姑娘，两个男孩——本是老套，可以拍出各种样式的电影，比如，喜剧。什么东西主宰了您的方向？

就像我的第一部影片《青少年哪吒》，我花了大量时间来充实剧本。我经常发现，观众在看电影的时候，往往带着很多成见。我想，既然情况就是两个男人和一个女人，观众很可能以为是个浪漫故事。我不想拍这类片子，我讨厌这种俗套的东西。所以，写剧本的时候，我把大部分时间，不是花在对白和情节上，而是放在如何切入主题，也就是影片的形式上。我要让观众经历一种不同于常规的新体验。我希望这部电影处理台北三个年轻人的心理问题，而且力求现实，要准确地描写他们的深层感情，三个人爱情关系只能十分困难，因为今天台湾的现实就是如此。

当您要拍一部新电影的时候，是不是首先思考人物？

我就是这样做的。《爱情万岁》这部片子，我首先想到的是女主人公，因为我想讲一个在房地产方面工作的女人。另外，当我塑造一个人物的时候，脑子里常常已经有了一位演员。比如，演媚小姐的，我就想到杨贵媚。《青少年哪吒》也是一样，我想让十分年轻的李康生出演，后来拍《爱情万岁》的时候，我还想用他，因为，这样可以在这两部片子之间搭起一座桥。他演的是卖寿穴的小康。另一个演员陈昭荣也出演过《青少年哪吒》。

在您剧本的第一稿里，这三个人物的职业不是这样的。

您要是把最后剪接成的影片和最初写的剧本进行比较，两者之间的差别太大了。在拍摄过程中，我改了很多东西。准备这部戏的时候，当然要去采景，研究周围环境，与此同时，我把演员和环境进行比对，根据找到的景地特征，把人物的某些特征也写进剧本。实际上，剧本是在剪辑时候完成的。例如，我听说李康生过去当过浴室洁具销售员。我想这种工作和我的故事相差太远了，所以，我觉得他仍然可以做销售工作,但他应该是卖寿穴的,这种行业在台湾越来越火爆,我觉得这个职业的附加含义更加丰富。

我有在街上散步四处观察的习惯,看到了公共汽车上贴着推销寿穴的大幅广告。我也经常去普通居民区,到年轻人聚会的地方去看看。我遇到一群年轻人在人行道上卖衣服,这当然不合法,但就是这样我找到了第三个人物,也就是陈昭荣演的阿荣。这些街头小商贩很奇怪,他们不是像其他商人那样做生意为了生存,他是在寻觅一种生活方式。他们之中很多人是大学生或者工程师,他们经常放弃一向赚钱很多的职业来从事这种活动,吸引他们的是能够到香港、日本、泰国去买商品,能够自由自在地到处旅行。他们既不缴税又不用付店租,也没有雇员帮忙,所以,他们能过一种悠然自得的日子,穿着相当考究,但这样要付出代价:他们变得漫不经心、脱离现实、无动于衷。在剧本第一稿里,媚在一个公寓样板间里工作,我家对面就有一家,为吸引好奇者的高音喇叭让我头痛。我曾经不止一次叫警察来制止他们。我把媚的工作稍微改变了一下,我在戏中让她去卖空房,因为空的套房可以给我提供空虚布景,这是更加适合我表达主题的一种可能性,可以让我的人物有一个能够相会的场所。

这个由空旷空间和四壁白墙构成的布景,与抽象派拍摄及其理论也十分协调一致。

我参观了不少待售的二手套房。业主留下很多家具,对我很不合适:因为我的摄影师要安装灯光,我的美工师也要随心所欲地去布置他的布景。因此,我选择了一套新房,把它布置成二手房,安装一个离心的楼梯,以便剧中人物上下。这个环境对我想传达给人物的感情有极大帮助。

当剧中人物互相追逐,从一个房间跑出来,消逝在另一个房间,人们会想到安东尼奥尼执导的泰克斯·阿弗瑞动画片。

谢谢。但我必须补充一点:我对抽象的青睐并不会使我忽视细节,因为满足观众对细节的兴趣是十分必要的。同时,细节和我所表达的主题,也是密切相关的:比如,我的两个男主人公的多次相遇,有助于探索他们的感情生活和心理活动。媚出售房子,但她自己却没有一个真正像样的家。她住的地方只是一个洗澡的浴室和一张过夜的床,第二天早上就要起来上班。如果她因煤气泄露而窒息死去,不会有任何人知道。当她止住煤气泄露,才意识到自己的孤独和无助。

影片的前25分钟,没有一句对白,其余部分,人物的话也不多。在推敲剧本的时候,您是逐渐压缩对白,还是从一开始您就决定这样处理的?

这是自然而然的。写剧本的时候,我就感觉到,这些人物都形只影单地生活着,他们之间很少有交流的机会。影片开头,媚和阿荣在默默无言中互相吸引。他们做爱时,一言不发,因为他们需要的是性满足。关于是否需要有对白,我有十分明确的看法。我曾经当过戏剧导演,导过很多带有大段对白,长达近两小时的话剧,也排过台词不多的戏。对电影,我没有先入为主的想法。人物是否无言以对,当然是由他们所处的情景决定的。制片人对缺少对白十分担心,我说服了他们。

　　由非常长的镜头组成的最后一场戏,一句话也没有,您的手法很大胆,观众很受震动。

　　这个结尾剧本中没有。起初,我想给这个人物一种希望的信息,我之所以选择这座公园为背景,是因为对台北居民来说,它很有象征意义。这座公园是新建成的,以它在市中心的大面积绿地来象征希望。在公园开放前,我去采景时感到异常失望:设计多处失当,工程质量欠佳以及管理不善,使这座公园未能达到预期目标,实在有辱使命。我知道其他居民也和我有同感(事实上,公园曾多次遭到人为破坏),所以,我必须把这种感受传达给我的人物。最初,媚走进这座公园时,带着能与男孩阿荣相会并且重新燃起双方爱情之火的坚定信念。然而,片中表达的感情却迥然不同。

　　在这方面,我想谈谈剪辑中的节奏问题。我有两个原则,第一,要服从情节的进展需要,所以节奏是快的,我不喜欢拖拉,第二,要以现实主义的方式抓住人物感情,这样一来节奏就慢多了。影片临近结尾那两场戏就是这样:一场是小康向阿荣靠近,试图拥抱他,另一个镜头是媚在公园里走来走去。我想用最现实的方法,把人物内心的冲动和痛苦抓住,让观众在真实的时间长度上体会到同样的感情。我想让观众和媚一起在公园里漫步,感受和她一样的焦虑和忧伤。最后,她哭泣的时候,只用了一个长镜头,再现了她哭泣的真实时间。她的哭泣不是因得到解脱而能够给她带来轻松的那种哭泣,而是因为任何问题都没得到解决。

　　她先哭了一会儿,然后,止住悲声,接着又重新哭起来。这场戏您是即兴创作的,还是早就安排定了?

　　完全是即兴创作的。这个镜头持续拍了8分钟,我只把前两分钟剪掉了。

　　《青少年哪吒》里,您对风格问题的处理大不相同,那是更多地采用快速蒙太奇。而拍摄《爱情万岁》时,您似乎有意在风格上与上一部片子不同。

　　我无论在排戏剧、搞电视或拍电影的时候,做的事情总是不同的,因为我讨厌重复。开始做一件事之前,我总是花很长时间去考虑这件事的形式。对于《青少年哪吒》,我要把重点放在环境上,放在台北这个城市上。这是一个乱哄哄的城市,所以电影的节奏是疯狂的。而《爱情万岁》则不同,我注意的是人物心理,所以我必须保持平静。

　　两部影片在剧本结构上是相同的,人物的命运也是类似的。

　　大多数当代题材的影片我都不喜欢,因为片中人物的相遇,都是按照十分机械的方法安排好的,情节也往往过于顺理成章。这种经过深思熟虑的做法,让我感到不爽。我不喜欢总是让情景来讲故事。我想做一些不同的事,这样肯定要困难得多,但会更符合情感的真实。每次我都发誓不再去搞这种伤脑筋的探索,回到传统的情节上来,但我一进摄影棚,自己的本性就马上又回来了。

在《青少年哪吒》里,有两条互相抵触,又很相似的平行线。两个人物十分相像,但被一层玻璃幕墙隔开。年轻人想打碎玻璃见到另一个人,但在他打碎玻璃时,不但自己受了伤,而且精神受了刺激。要有缘才能相遇,这是极其困难的事,我认为自己一贯持这种看法。在《爱情万岁》里,人们之间的关系都是如此。媚和小康有着类似的命运,只有阿荣能够实现自己的愿望,然而,他们都有一颗孤独的心。我像一个观察家,面对向前发展的故事,影片结束时,故事并没有结束。我剧本的结构,都是由平行线组成的,和我对生活的观察完全一致。

您的这两部片子都是同一位摄影师廖本榕,您看中他的哪些优点?

我不太熟悉台湾的摄影师。在我准备《青少年哪吒》的时候,我请教了一些人,请他们给我提些建议。就这样认识了廖本榕先生,他当时是CNPC国营公司的雇员。我发现他与他的同行很不一样,总是泰然自若而又精力充沛。在摄影棚里,我只要告诉他摄影机的位置,就无需做更多的说明了。他常常给我一些建议,做出必要的调整。拍完第一批样片之后,我需要重新拍一些镜头,因为我可以更准确地看到我需要的东西。在CNPC,摄影师养成了全部用灯光的坏习惯,即使拍昏暗地方的镜头,他们也要让每个细节都清楚地展现出来。我却正好相反,我要保持真实的氛围,所以我要求重拍某些镜头。

您拍《青少年哪吒》选中陈昭荣和李康生的时候,他们还没有当过演员吧?

发现这两个人纯属偶然。当时,我正准备拍电视剧《男生》,但缺少一个演坏小子的,因为没有时间让职业演员丢掉他们的坏习惯,我就去找非职业演员。开拍前3天,我在街上看到李康生,他坐在一家电子游戏商店门前,做监督保卫工作。他的举止和面孔使我感兴趣,让他试镜时我发现,他在摄影机前一点也不紧张,拍摄时,他动作的笨拙让我非常感兴趣,使我重新考虑了剧中人物的特点。根据他的生活,我编拍了《青少年哪吒》,在某种程度上,《爱情万岁》也是他在第一部影片中那个角色的延续。至于陈昭荣,选择他是根据制片公司的要求,公司要我找一个像明星一样的靓仔。这可给我出了难题,因为我见了很多外貌出众的男人,但他们既没有个性,也不考究,更不高雅。后来,我的助理导演发现了陈昭荣,当时他在一家音响商店当售货员,确实符合《青少年哪吒》剧中人物的要求,我就聘用了他。

您是怎样和您的演员合作的?

我从来不做排练,也不愿意让演员知道太多东西。尤其是《青少年哪吒》。拍这部片子时,我特别轻松,因为人物已经在演员中存在了,他们只要把自己身上的东西表现出来就够了。但是在开拍之前,我和他们在一起熟悉了很长一段时间。我带他们去餐馆吃饭,跟他们一起玩游戏,这样,我知道了很多关于他们的东西,他们的举止,他们说话的样子都可以放到影片中去。《爱情万岁》有点不同,因为他们已经有了上一部片子的经验,陈昭荣更加成熟,因为在这期间,他还和别的导演拍过戏,很受年轻观众欢迎。两个人还十分认真地读了不少戏剧表演方面的书。实际上,我倒不希望他们在专业上有多深的学问,而认为他们应该在自己的角色上多下工夫,不去尝试那些做不到的事。

您说过,《爱情万岁》的最后一个镜头只拍了一次。一般说,您不赞成一个镜头反复拍很多次吧?

那倒不见得。我的演员是非职业演员,经常需要多次拍摄同一个镜头,最多达30次之多,才能得到我真正要的东西。比如,阿荣从电话亭给女朋友打电话那场戏,他有一大段独白,但他记不住。一般说,每个镜头要拍五六次。我发现,那些需要表达感情的戏,我的演员都问题不大,他们能够把情感充分释放出来。

您是在马来西亚出生的吗?

是的,在 1957 年。我祖父在马来西亚定居之后,回到中国,把父亲接到马来西亚。但是,我母亲是在当地出生的。1977 年,我来到台湾,因为我居住的沙捞越地区没有大学。我所有的朋友都来了台湾,准确地说,我是跟着他们来的,因为当时我并不想读大学!我父亲是农民,后来在餐馆里卖面条。我告诉父亲,我想去读戏剧,他听了很不以为然,他觉得这个职业毫无用处,他要我参加一所商业学校入学考试。在台湾准备考试的时候,我意识到自己真正想学的是戏剧和电影。最终我还是选择了这条路。

您喜欢什么样的电影?

从 3 岁起,我就看电影,因为我的祖父母都喜欢看电影。我记得小时候,电影纯粹是娱乐,我看了很多中国香港、台湾地区的电影和印度电影。在大学里,我发现了从特吕弗到安东尼奥尼和小津安二郎,以及各种各样的电影。

您是从写话剧剧本开始的吧?

我写了很多剧本,也包括一些儿童剧。我主要自编自导了 3 部话剧。对我来说,这就像我在舞台上制作电影一样。我心里总想着电影,我的观念是非常现实主义的,由于远离传统,引起了很多戏剧评论家对我不满。演出时,我在一块白布上放映 8 毫米电影。这些话剧都反映我的生活经历,比如我失恋了,我就把自己的感受写成戏——《卧室中的衣柜》。这出戏和《爱情万岁》一样,也是利用空虚空间和内心孤独这些元素。主人公被他的恋人抛弃之后,把自己关在房间里,和他臆想中的人物进行对话。他不断地打电话。被抛弃的情感使他失去理智,他不停地说话,就是不提爱情,最后,终于要面对自己最私密的情感,这个过程就像是医治创伤的一个疗程。这部戏结尾时,他终于给自己爱恋的对象打了电话,这个已经和别人结婚了的女人对他说:"上帝祝福你!",他听了之后,似乎痊愈了。《爱情万岁》比这出戏残酷得多,因为其中没有真正的爱情。我中断了戏剧活动10年,在这期间,我拍电视剧,写电影剧本。然后,我又回到了戏剧舞台,同时给CNPC的演员讲戏剧艺术课。他们希望我导演一出戏,我就在他们中间选了20个人,排出了《公寓浪漫史》。对我来说,这出戏像是《爱情万岁》的预演,我了解了演员们如何才能表现激情。我试验了一种方法:把观众用一扇窗子和舞台隔开,请观众在窗外看人物表演。这和《爱情万岁》很接近,观众与银幕保持距离。人们靠近人物直到某一点,但不真正了解他们的深层情感,就像做偷窥练习一样。

80年代,您为张佩成、王童和王小棣写的那些剧本,是原创剧本还是他们仅仅请您参加合作呢?

那些是导演约我写的剧本。比如,张佩成要卖掉他的公寓,问我能不能给他写一个发生在空套房里的故事!我就写了《出走的孩子》。在给别人写的剧本和为自己写的剧本之间,有很大区别:给一位导演写的剧本,无论情景还是对白,都写得十分详细。有时候,拍成的电影却非常不同,可是,在我脑子里展开的仍然是原来的剧情。然而,我为自己写的剧本却是简明扼要的,在与演员和环境接触以后,我再继续丰富和加工完善它们。

1987年,您不再为别人写剧本,而到电视台当了导演。

那时候,台湾电影业低靡到了极点,没有人再去制定拍摄计划,没有人再来找我写剧本。为了生存,我同意去写一部肥皂剧,可是,别人一般只用两个月就写完了,我却花了两年时间。由于这部戏的收视率极高,又要我写另一部,我拒绝了,并且声明我要自己当导演。人们让我拍一些一两个小时的戏……第一部是我最喜欢的《世界一隅》,这部片子得到好评之后,又让我拍了另外5部,最后一部是《男生》,它和第一部一样,都是台湾青少年的故事。其他几部讲的是建筑工人、美容院雇员和各行各业的故事。这段时期的工作对我大有裨益,我从中了解了台湾社会的不同阶层,采访三教九流,收集材料信息,这对我后来的电影事业帮助非常大。《世界一隅》和《男生》有点像《青少年哪吒》和《爱情万岁》的草稿本,《世界一隅》和《青少年哪吒》的故事,发生在同一个地方,那是台北青少年聚会和剧场云集的地区。在请我拍第一部电影的时候,没有要求一定要拍什么主题,我就决定讲这个地方青少年的故事,因为我对这里实在太熟悉了。

侯孝贤和杨德昌等导演都探索过台湾的过去,然而您在电视和电影方面,似乎只对当代台湾感兴趣。

但这并不意味着我对台湾的历史不感兴趣。但是,台北是一个非常有意思的城市,它变化的速度使我找不出时间去回顾历史,我想赶快把当前的故事拍下来,因为这一切太让我着迷了。

如果让您说出3部您最喜欢的电影,那是哪3部呢?

两部60年代电影:一部是宋存寿的《妈妈三十岁》,另一部是李翰祥的《冬天》。还有两部侯孝贤的电影:《风柜来的人》和《童年往事》。

Edward Yang
杨德昌
(1947—2007)

　　杨德昌和侯孝贤都是80年代台湾电影新浪潮的领军人物。他出生在中国大陆，40年代跟随父母来到台湾定居。侯孝贤曾请他在一部影片中出演过一个角色。最初两人过从甚密，但后来却分道扬镳了。90年代，杨德昌曾因《青梅竹马》和《麻将》两部影片遭受商业挫折而息影。2000年，在《牯岭街少年杀人事件》之后的第二部杰作《一一》，使他在国际上赢得广泛盛誉，但同时，侯孝贤似乎影响了他的票房。然而，多舛的命运无损于这两位台湾最重要艺术家的光辉。在谈话中，杨德昌、侯孝贤与许许多多中国大陆、香港和台湾的电影人一样，幽默诙谐，真诚好客，崇尚务实，不尚空想。他和陈凯歌、王家卫一样，能说一口流利英语，这使我们可以深入交谈。我在柏林电影节第一次见到他，在洛迦诺电影节上，他的《牯岭街少年杀人事件》大获成功，围绕着一条社会新闻而展开的这幅宏伟的画卷，开始于一团混乱之中，在一幕浪漫悲剧的初稿中收尾。这部影片恰好与侯孝贤的《悲情城市》同时推出，两部杰作同时大放异彩。杨德昌的前几部电影：《海滩的一天》(1983)、《青梅竹马》(1984)和《恐怖分子》(1986)同样是取材于社会新闻（失踪、谋杀、枪战），然后对台湾社会进行真实剖析。对杨德昌和侯孝贤的作品，必须把它们放在一个有特殊政治制度背景的社会中去解读。他们探索真实的愿望，也是对台湾社会真实的研究，而这种真实与执政当局所制造的神话和幻想相去甚远。杨德昌电影的特点之一，是故事和地点的多样性，《一一》可谓是他这一探索的极致。他导演手法的强大活力和他取景的严格观念，使他成为一名当代电影形式的伟大创新者。

围绕着《牯岭街少年杀人事件》

(1992年,柏林)

从《恐怖分子》到现在,您花了五年时间才拍出这部新片。

首先,因为我花了很长的准备时间,经过一年多的时间,我意识到自己不应该采取和过去相同的方法拍摄影片了。过去,不是自己去找制片人,就是等着制片人来找我,然后才发现他做的事和我期待的事根本不是一回事。在他们期待的影片和我所期待影片的问题上,我们从来都无法达成一致意见。这些分歧导致了沟通方面的问题,造成了时间的浪费。我找到了自己的路,或者说,我回到了1985年拍摄《青梅竹马》的老路上。我的前三部片子:《光阴的故事》,这是一部合作作品,《海滩的一天》是我自己担任制片的,《恐怖分子》的制片是中央电影制片厂。他们总指责我赢利不多,不商业化。其实,我给他们赚了不少钱,只不过这是把责任推到导演身上的一种借口而已。所以,我想,无论成功还是失败,自己的工作自己承担。为了这个目的,我为自己创造了一个工作环境,我找了几位亲密的合作伙伴:既是制片人又是导演的余为彦,以及好朋友詹宏志,他担任执行制片[①]。在这个名叫"杨和好友"的制片单位里,我们不受任何干扰,能够把全部精力集中到工作上。我觉得,这样做既公平又公正。

三四年前,电影开拍的时候,我又从台湾电影工业外部找到一些资助,不管怎么说,台湾电影工业也实在不富裕。当时,台湾经济正处于兴旺发达时期,股票翻了五倍。人们到处找投资项目,所以,为《牯岭街少年杀人事件》找到我需要的一百万美元,根本不成任何问题。

您的剧本非常复杂。这是否也是准备时间长的一个原因呢?

为了再现那个时代整个台湾的社会风貌,我需要大约八十个人物,所以拍摄计划的规模相当大。台湾没有那么多演员,尤其是演孩子们的演员。我到台湾各地去发掘,终于找到了这些小小年纪的电影爱好者,我花了一年多时间来训练这些十二三岁的少年人。在我的学生中间,我也找到了几个人,比如演"小猫王"和演"小机灵鬼"的演员。有的时候,因为发现了一些有潜质的少年,我就再在剧本里增加几个人物。剧本就是这样逐步完善起来的,新创造的人物慢慢地跟上了其他人的脚步。因此,演员培训好了的时候,剧本也成形了。

[①] 詹宏志也是侯孝贤"悲情城市"的合作制片人,在该片中他还出演了一个角色。

您是1947年出生的,故事里的1960年,主要人物小四正好是您当年的年龄,由此看出这部影片有您自传的成分。

岂止是自传的成分,我可以说,这是自己当年观察台湾社会那种方式的见证。我想根据当时自己的所见所闻来讲这个故事。对我们来说,回顾这个时代是很有意义的,新一代人根本不知道我们是怎么变成今天这个样子的。我父母那一代人也没有机会真正理解我们这一代人,所以,我想把上一代人和我的同龄人,以及我们这一代人和下一代人之间缺少的链条修复起来。这样就又回到了台湾属性的问题。对我来说,这是一个意义重大的计划,八年前我就开始了对这个问题的思考。影片中讲述的这个事件,深深地影响了我们这一代人,它是理解本片的关键。事实上,这件杀人案,就发生在我的学校里。一个男孩杀死了一个女孩。为了这部片子,我重新找到了一些老同学,让他们谈一谈当时的政治气候,我逐步受到感化,进一步确定了拍摄这部影片的愿望。

在演职员表里,除您之外,还有三位编剧。你们是怎么分工的?

最初,我收集素材,确定一个叙事路线。接着,我就把故事讲给三位编剧,当然,不一定按照线性方式去讲,我只讲剧中人物和一些事件。然后,他们自己去写剧本,这里面,有一个互动程序,他们听,观察,然后再做出反应。赖铭堂当过我的助理导演,也写过很多电视剧,其他两个人,阎鸿亚和杨顺清曾经当过我的学生。我们的讨论非常有成效,写的时候很开心,不到两个月剧本就出来了,因为我积累的信息和笔记特别丰富。几乎所有的人物都是杜撰出来的,他们都活在我的心里。这个想象中的世界开始慢慢地成形。然而,我必须把那个时代的情况讲给这几位编剧听,因为影片中发生这些事的时候,这两个年轻学生还没有出生,赖铭堂当时也不过三四岁。

您说您搞过教学工作,可以详细谈谈吗?

我在台湾地区"国立"艺术学院教过书,我很喜欢这所学校。我在戏剧系上课,因为没有电影系,课程延续一年,每周四节课,名称是《电影原理》,主题比较广泛。我一共讲了四年课,之所以我想教书,是因为我在口语交流方面有困难,这样,我就可以学会怎样与人讲话了。很多学校都希望我去任教,出于这个原因,我最后同意了。开始时,来听这门选修课的学生人数很少,但对我来说,这是一段非常有益的经历。

您刚才说到故事的线性问题,但人们对影片中的多种发音却印象深刻。

我认为,电影和音乐一样,存在着一种不可避免的时间进程。因此,必须确定先说什么后说什么,叙事结构必须十分严谨,而故事和人物之间的关系却可以非常复杂。

您在片中两次提到托尔斯泰的《战争与和平》,这部作品是不是您自己影片的楷模:历史背景下的个人命运?

包括小集团头目在内的大多数孩子,都不愿意做坏事,他们崇尚人道。比如,Honey完全是一个浪漫主义者,他认为他是在行侠仗义、救困扶危,他说到的《战争与和平》,实在有点滑稽,因为他从来没读过这部作品,实际上他讲的是那部电影。当时,我们一天到晚不知应该做什么,就去电影院看电影。维多尔执导的这部片子使我们很受感动,我记得我们讨论过这部电影,都想知道这个叫比埃尔的家伙为什么想杀死拿破仑。我们又去找这本书看,想多知道一些东西,当然不会把所有问题都弄明白。那个时候,我们的自由时间特别多,不是听广播,打篮球,就是去看电影。有时候,整天讨论一些十分严肃的问题。我觉得这和今天的年轻人完全不同,现在的他们受到各色各样的信息轰炸。从根本上说,我们那一代人很天真,所以会十分严肃地对大事热情十足地去进行讨论。我要讲的故事可能下意识地和托尔斯泰的史诗小说有某些联系,但这并不是有意这样做的。

您的主要人物小四是否和Honey一样,也是一位浪漫主义者? 即使他和Honey的女友小明发生爱情纠葛时,依然在模仿Honey。

可以肯定,在一定程度上,Honey影响了小四。男人需要花很长时间才会懂得:女人更注重实际,女人不会像男人那样唐·吉诃德。影片讲到了年轻人的不安全感,这种感觉肯定是父母传给他们的。然而,我的父母和其他孩子的父母一样,很少跟我谈过去的事,不告诉我们周围发生的事情,这是我想拍这部片子的另一个原因。

您父辈一代的不安全感来自何方呢? 他们抱有重回大陆的幻想吗?

我记得,我们小时候不太懂事,更不懂得考虑将来的事情,只是到了今天,我们才明白父母当时的苦恼。我觉得,我们这一代很幸运,而父母那一代和祖父母那一代人,饱经战乱和逃亡之苦,在百余年中,中国人四处逃难,既无落脚点,也没有工作保障。我们这代人,是找到安全和生存地点的第一代人,是在对他人可以寄托信任的环境中成长起来的一代人。在战争年代,这是绝对不可能的。正因为如此,当局在出现冲突的时候,很容易控制老百姓,因为大家都害怕了。在这部影片里,有很多东西让人们对中华民族进行思考——我们在那个年代是怎么生活的,我们经历了怎样的变化,我们对各种考验又是如何应对的。我的父母不得不离开上海,因为父亲的工作单位迁到了台湾。他们在任何一个地方都没有呆过四五年,他们的随身物品很少,因为他们不知道什么时候又得转移。1960年,他们在这里已经住了10年,但他们从来没有预料到会在这里生活那么长时间。他们心情紧张,事事提防,为他们子女的前途担忧。相反,我们这一代从一出生就遇到了安定的环境。

您的家人想重回上海吗?

不,从来没想过。至少,我们这一代人从来不关心这件事。离开上海的时候,我刚一岁零几个月,对大陆没有任何印象。10岁时,记得父母说过可能回大陆的事,但后来他们不再提这件事。至于我个人,除了父母的家,我自己从来没成过家。可能因此我十分独立,感觉非常自由:我从来没有家庭负担,没有家族祖先关系的负担。

影片中,小四和父亲的关系,以及小明父亲不在家,这些情况似乎都很重要。

在台湾,这部电影第一次上演之后,一位女观众对我说,小四和他父亲的关系——遇到校长之后,他们在路上一起说话那场戏——不像中国家庭成员之间的关系。她说,她父母从来没有那样跟她讲过话。得知她来自一个人口众多的大家庭之后,我就明白她为什么会有这种感觉了。我家里人口很少,而在中国的一般家庭里,生活着祖父母、父母、叔父、姨娘、婶子,有的时候多达十几个儿女。在传统的中国家庭里,等级森严,每个人从小就知道自己的位置,遵守游戏规则。我的家是第一代靠固定收入生活的中产阶级家庭,我和父亲之间的关系与传统家庭相比直接很多。

小四受到来自 Honey 和父亲两个方面的影响。他的父亲可能有政治理想和道德准则吧?

他太老实,不能顺势而为。他的儿子和 Honey 也是如是。当时大家对赤化都很害怕,因此,全社会都人人自危、怀疑、叛变,互不信任。

在《牯岭街少年杀人事件》和美国的黑色电影之间,人们看到某种联系,帮派之间的关系、妇女地位,以及在台球馆之类的地方定约会,等等,尽管风格几乎完全相反,但很像是一部中国的《穷街陋巷》(马丁·斯科西斯执导)。

您说的这一点非常有意思,以前我从来没想到。我们这代人确实受了美国大众文化的影响,这是美国驻台军事人员带来的。我们看了大量的好莱坞电影,不自觉地在生活中进行模仿。另一方面,街道帮派集团组织是日常生活的一部分,维护正义的帮派起了重要作用。

在影片中,您谈到了语言问题。一位剧中人不知道《阳光夏日》这一主题歌的歌名,是不是符合汉语语法。老师把汉语和英语进行了比较。

影片谈到了那个时代的文化状况。美国和日本亚文化的引进,在我们生活中起了重要作用。我自己就亲身经历过影片中老师那场戏,我的国文老师就是一位中国传统文化价值的捍卫者,对西方的东西不分青红皂白一概排斥。我们是在这种互相矛盾的氛围中长大的。我们喜欢听电台播送猫王的歌曲,觉得很新鲜,但父母却对此极不理解。我认为突出这一点很有必要,所以影片中的音乐主要是美国音乐,也有几段日本音乐，我们年轻人当时听的就是这些东西。父母那一代人关心的，主要是挣钱养家糊口，很不重视文化活动。我很早就决定用《阳光夏日》作为本片的主题歌，这一选择的嘲讽意义贯穿着全部影片，但同时，它也包含着希望的意味。我们这代人相信未来比父辈的未来会更加光辉灿烂，我们也付出了代价。我们进步了很多，现在变成了台湾社会的中流砥柱，我们没有任何人可以依靠，只能通过艰苦奋斗才能达到理想的目标，小四、他的父亲和 Honey 都是在这种精神鼓舞下，把台湾社会推向前进的。

您怎么看待小四的哥哥老二这个人物？

他是一个软弱的人，他代表着一个逆来顺受的人群。然而，他有一个秘密世界，引导他去赌台球，结果出现了不少问题。

影片太短了，对于一些人物，比如 Honey 的兄弟丢四，我们希望知道更多的事情。

我们有很多素材都没有用上。每个人物都有自己的生活。影片拍摄完成的时候，一位编剧负责把一百个人物的生平履历都一一写出来，以备我日后参考。还有一个仅仅在台湾发行的版本，片长四个小时，增加了不少父亲的左邻右舍的故事。您看的这部片子，以年轻人为核心，而那部长片中，有一个短版本中没出现过的一个人物，那就是和父亲直接冲突的杂货店老板。他当过职员，被政府开除之后，开了一间杂货店，而且致富成了有钱人。尽管掌控着左邻右舍的经济，他仍然感到自卑，因为他没有公务人员的社会地位。他和小四父亲的这场冲突，反映出这一代人缺乏自信。有一场戏删掉了，说小四一天晚上回家时，决定替父亲报仇，要去打杂货店老板，但老板喝醉了，犯了心脏病，小四把他送到医院。后来，杂货店老板对自己的所做所为感到惭愧，帮助父亲找了另一份工作，而自己却在庭讯之后丢掉了工作。

影片的开头和结尾好像是您的一个宣言书。两个孩子在电影制片厂里，看着按照老办法拍电影。这是未来台湾电影新浪潮电影导演的目光。同样，在结尾处，当剧中人对导演说："假如您不辨真伪，怎么能当导演呢？"这是您在进行评论吧？

小时候，在我上的幼稚园和小学附近，有一家电影制片厂。情况简直有点儿难以置信：日本人把电影制片厂建在四周都是学校的地方！我经常去看拍电影，希望能碰上一位大明星。这些记忆已经深深地铭刻在我的脑海里：我非常想将它们写入剧本，而且，一定要导入镜子效应，对我的工作进行思考。同样，在影片结尾，涉及如何孕育一部电影的方法，我提出了自己的见解。我认为，电影应该在艺术家对于真实的认识和影片之间存在某种互动关系。我对自己学生讲的第一件事情，就是要深入了解生活，任何东西都不能代替这种直接体验。很多学生以为，听了我的课，他们就会拍电影了。今天，电影和我们的生活结合得如此紧密，很多人已经不知道电影和生活之间还有什么区别了。但是，没有一所学校开设教人如何生活的系科。然而,艺术佳作往往都是源于生活中亲历的磨难,绝对不能幻想拍一部只有风格的作品,渴望着故事内容会从天而降。

拍摄一部以刚刚过去不久的时代为背景的影片,是最困难的,因为那个时代与我们这个时代很相像,但又已经不是我们这个时代了。

必须和那个时代建立起一种名实相符的关系,我对您说过,我想在几代人之间修起一座桥,我要每件东西,直到最小的细节,都和那个时代完全一样。假如,我要拍一部历史久远的电影,我可以让自己的想象自由驰骋,可以把一切都凭空杜撰出来。对于这部影片,困难的是,台湾没有留下当时多少东西,我们跑遍台湾全岛,希冀找到一些受保护的地方,但实在令人失望,一切都变了。最后,我们终于在南方找到一个地方,名字叫平东,电影圈子的人都不知道这个小县城。应该说,在一定程度上,这里还没有被现代化触及。我们在那里拍了很多街上的戏。我们确实很走运,因为如果找不到这个地方,我只能在摄影棚里搭景。

对您来说,台球厅和冰激凌店是值得怀念的地方吧?

对我们的少年生活,这是两个极为重要的地方。我们整天无所事事,男孩子打台球,可以显示他们的本领。当时,台球这项运动非常受大众欢迎。那个年代,很少人家里有冰箱,所以男孩子常带着女朋友来买冰激凌,商店就变成了聚会地点。另外,商店里还有一台电唱机,一般人家里都没有这种设备,大家还能在这里听音乐。当然,小明在这儿。影片中,她是不安全因素的化身。她要找一个可以信任的人,但这样做的结果,她却变成了得不到任何人信任的人。法国有一句谚语:"任何罪恶中,都有一个女人。"

她是来自您年青时代的回忆吗?

她来自我对苟且偷生的人的思想方法的剖析。这种情况女人比男人多,因为女人的思想更实用。

片中的三个帮派——小公园、217 和万花市场——确实存在吗?

我只是编了三个帮派名字。217 是军人家属住宅的门牌号,这些住宅往往条件很差。它们用数字当名字,表示是临时性的。小公园和万花市场仅仅表明这两个帮派管辖的地盘。从小我就见过这些帮派之间的凶杀恶斗。有些小帮派不过十几个人,而一些地方的老帮派,已经存在了几百年,可以有几百人之多。帮派是第二个家,给人一种归属感和集体力量的强大感。同时,它们也在当地代行司法。比如,商人很少受法律保护,因为法律条文过于简单。同行业的人就自己组织起来,维护他们的利益和地盘。年轻人参加帮派,不是因为父母早就是帮派成员,像万花市场那样,就是因为家里不理解他们心理和情感的需要。他们参加到小分队里,就有了一种集体身份。小四不属于任何帮派,当年的我也是这样。

> 影片结尾，小明叫小四去看望陈牧师。

基督教在台湾起着重要作用，它代表着西方的影响。陈牧师是新教派的代表人物，在基督徒里，新教派信徒占绝大多数。我和基督教文化之间的关系来自母亲，关于这个题目，我能拍一整部电影。我的外祖父为一位美国驻华传教士工作。他属于当时为数不多的能读书识字的人，曾经效力于一个军阀，军阀打了败仗，外祖父和所有为他效力的人都被捕入狱，理由仅仅是曾经站在了失败者一边。这位美国传教士把外祖父从监狱里救出来，让他信奉了基督教，所以，我妈妈一出生就是个基督徒。父亲来自佛教家庭，和母亲结婚时，也改信了基督教。

> 影片结尾时，人们听到的电台广播没有字幕。

每年夏天，都要进行入学考试。考试之后一个月，被录取的学生名单在报纸和电台公布。对我们那一代人，这是一个充满悬念的时刻，我们都会忐忑不安地听着广播。这就是片尾人们听到的东西。

> 小山东和Honey谈话时，对他说：世界上有两种人，一种人从来不害怕，一种人从来不怕羞。

这是一个朋友对我说的话。我们这代人喜欢逞能，对这两种人格都很佩服。

> 影片的前一部分，故事主要是在黑暗中演绎的。

从一开始，我们就定下了视觉概念：明暗对比。夜校制造一种陌生和不安定的氛围，手电筒也是用于这个目的。影片中，有很多全景镜头：在一定程度上，环境就是故事，我尽可能让人物和布景发生关系，我希望观众也能客观地看这些故事。我必须在拍摄方式上保持冷静，才能保持影片的张力。香港电影试图通过快速剪辑制造一种不舒适感，我却相反地利用景深来保护观察者的视点。假如我是香港导演，我想我也会采用他们的拍摄风格，因为他们的剧本过于简单，难以让导演处于有一定距离的观察地位。他们的拍摄方法可以掩盖主题的匮乏。

> 您经常换摄影师。

我喜欢与同一个摄制班子工作，可是，我常常把前一部电影的助理摄影师留下当摄影师，情况确实如此。这样做，问题不大，因为我对自己在摄影方面的能力相当自信。拍《牯岭街少年杀人事件》的时候，我请了自己第一部片子《海滩的一天》的摄影师张惠恭。因为摄制组其他人员缺乏经验，所以，我必须找一位可靠的人。张惠恭有点保守，但我能克服这个困难，因为我向来就对画面感兴趣。小时候，我画卡通画，后来，我上过造型艺术课，画过水彩画，练过书法，画过油画和素描。所有这些学习和实践，使我学会了看物体和光线之间的关系。我觉得，让我不知不觉地走上电影道路的，是卡通画。我的人物变得越来越现实，他们生存在三维之中，越来越靠近电影形象。我为前两部影片做过画面拍摄顺序表，把每个镜头都准确地画出来。当时觉得必须这样做,因为我不会和技术部门沟通。后来,我更喜欢拍摄时能有更大的灵活性,能有更大的空间来做决定,所以我就放弃了拍摄顺序表。

您说技术班子里很多人都没有经验,这是什么原因呢?

原因很简单,在台湾,专业人员拍广告片非常挣钱,所以他们没时间拍电影。有些人因为我的名气,同意进行合作,但他们的工资越来越高。为《牯岭街少年杀人事件》这部片子,我只能起用新人:编剧杨顺清就这样变成了我的第一助理导演。用没经验的人也有好处:他们全力以赴,给影片带来一种真正的活力,在摄影棚里有一种全新的思想。某些更专业的片子却使人感受不到这种热情。

在台湾,像《牯岭街少年杀人事件》这样的影片,商业潜力如何?

去年台湾出品的 30 多部片子里,这部电影的票房最高,影评也最好。发行人认为影片主题会吸引年轻观众,所以在宣传上下了很大功夫。

1947 年,您出生在上海。什么时候来到台湾?

一岁零三个月,我就到了台湾。直到去年 12 月,我从来没回过大陆。幸运的是,我发现自己出生的那套房子保存完好,我和父亲通过电话确认,确实是这座房屋!我的父亲过去在国民党当局财务部门工作。

您为什么到佛罗里达大学学习,后来又当了电气工程师呢?

说来话长。影片结尾电台公布录取名单那场戏,包含着许多故事。中学毕业后,我原打算学习建筑设计,因为设计师专业的课程很吸引我。可是,我的老师认为,建筑设计学校的要求不高,从我的能力看,完全可以报考一所更知名的大学。因为我的学习并不是好到那个程度,所以我不抱太大希望。但最后我考的成绩比预想的好得多,就进了台湾最好的工程师学校。学习期限是四年,可是我不喜欢学电气工程专业,想转到另一所大学去,但台湾的这类大学不允许转学。在这种情况下,我产生了出国的愿望,因为 60 年代世界上同时出现了很多事:法国电影新浪潮、滚石音乐、反战运动、活报剧*等等。我想去亲眼看看这一切。对我来说,去美国最容易,因为我是学理工的,越南战争使美国急需培养大量为工业服务的人才。因此,我到佛罗里达呆了 3 年,得到了硕士学位。然后,我又到加利福尼亚学电影,进了南加州大学,然而半年之后我就失望了,因为那不是我想学的课程。那里的一切都是按照好莱坞模式设计的。退学之后,来到西雅图,在华盛顿州立大学里,找了一份制造电脑的工程师工作。在那里一呆就是 7 年,我到电影院通过看电影自修电影专业。1980 年,34 岁的我决定投身电影,给朋友写了一个电影剧本。

---

* 将舞蹈、小戏、活动雕塑等凑成荒唐、滑稽的即兴表演。——译注

您在台湾地区和美国接受了哪些电影流派的影响？

70年代的德国新电影对我产生了巨大影响。我在华盛顿大学研读电子计算机的时候，歌德学院组织了一个十分精彩的德国电影回顾展。每逢周末，我们都要去观摩德国电影，当时的热情之高，至今难忘。沃纳·赫尔佐格曾来看望我们，他说：拍一部精彩的电影不需要很多钱，只要具有鲜明的个性，就能做到不同凡响。他的讲话给了我巨大勇气。那个时期，我已对美国电影丧失兴趣，而年纪小的时候，好莱坞电影却是我的至爱。在1972年被驱逐出联合国之前，台湾地区与西欧和日本之间，保持着虽然脆弱但却真实的关系。台湾地区从意大利和法国进口许多影片，我们在政府资助的电影院里，经常可以看到这些片子。我记得，小时候自己看不太懂这类电影，但后来我对法国和意大利影片产生了极大兴趣，因为我已经开始阅读有关书籍和报刊文章：新浪潮、费里尼、布莱松，等等。今天这一代人似乎很难理解，在一个普通的商业渠道里，当年就能够看到那样的杰作。我认为，美国电影太过简单化，只有斯科西思和奥特曼除外，他们的影片才称得上佳作，但我觉得他们不是来自好莱坞，而是来自东海岸。我记得鲁卡斯的一部短片深深打动了我，他后来把它扩展到"未来世界"中了。当我回顾往事时，我意识到自己的工程师经历很有价值，而当时我却不这样认识。这个经历给了我一个专业，人活在世上，毕竟要脚踏实地，这才合乎逻辑。同时，我也学会了怎样与持不同观点的人在一起工作，使我今天能够与合作伙伴愉快相处，并且迅速做出抉择。

您是怎么开始写您的第一个剧本的？

我有一位朋友，叫余为政，我在实践大学读书的时候，他在洛杉矶哥伦比亚大学求学。我们是在那时候认识的。他回到台湾以后，请我为他的第一部电影《一九〇五年的冬天》写剧本，这部影片一直没有发行。我们用三天时间就把剧本写完了，制片人是他的弟弟余为彦，今天成了我的搭档。他自己当导演，在组织工作方面，我们的意见相当接近。在这件事之后，我没有回到西雅图，请了几个月假，告诉他们我的工程师工作已经结束了。西雅图是我真正加深对电影认识的地方。当时正是大萧条时期，很多电影院都关门了。许多年轻人都利用这些失修的电影院，纷纷成立电影俱乐部。我对《电影之声》杂志印象最深，它是西雅图电影俱乐部的机关刊物，我是这家杂志的忠实读者。

您是怎样成为导演的？

在编剧工作之后，有人把我介绍给一位电视台制片人，她需要合作者：准备拍一部11集的电视连续剧，每集1小时30分钟，片名是《十一个女人》。我拍了一集《浮萍》（又名《浮草物语》），因为太长，把它一分为二了。后来，有人请我执导一部集体合作的四段式影片《光阴的故事》，我拍了其中的一段《指望》。

您是怎么与侯孝贤以及这部合作电影的其他导演相识的？

当时，台湾电影工业发生了很大变化。音像市场的发展造成了电影票房委靡不振，推出的电影总是重复同样的故事，观众十分扫兴。电影制片公司的经理是一位理想主义者，感到必须实施变革，我对他非常尊敬。这时，他做出了一个极不寻常的决定，坚决支持新一代导演。他对《光阴的故事》投资并不多，却取得了巨大的商业成功，实在大出众人预料。后来，我去了香港工作，为城市电影公司写了不少非常商业化的电影剧本，有的完全是闹剧。然而，有人居然认为我为梁普智写的电影故事还不够可笑！这次经历过后，1982年，我重返台湾，导演了我的第一部故事片《海滩的一天》。这部影片和我其他影片一样，都是通过人际关系的探究，反映台湾社会变革的真实故事。在美学方面，我的抉择十分激进，叙事采用一系列纵横交错的闪回镜头进行交代。我想以此标志一种新电影的到来，结果引起了一场喋喋不休的争论！影片讲的是一个女人的故事，人们在海滩上发现了她丈夫的尸体，怀疑为自杀，警察开始了对她询问调查。她也开始重新考量自己与丈夫，以及与整个社会的关系。同年，我在电影制片公司遇到了侯孝贤，他在《光阴的故事》大获成功之后，又参加了另一部集体合作影片《儿子的大玩偶》的导演工作。集体合作是让年轻导演有机会表现自己的好方式。我们决定一起编写我第二部影片《青梅竹马》的剧本。我们共同制作了这部电影，他还在其中出演了一个角色。这部电影的预算也不多，但我们利用它进行了有益的视觉探索。虽然这部电影赔了很多钱，但它在制片方面给了我很多启示，增强了自己拍摄《牯岭街少年杀人事件》的信心。归根结底，问题在于我们和发行人打交道没有任何经验，他们发行电影的方式根本就不可能让我们赚钱。这是一个极好的教训。从电影创作的角度来说，《青梅竹马》是我的一个重要阶段。《海滩的一天》实在不值一提，只不过把自己知道的东西组织了一下而已。拍摄《青梅竹马》，我准备从零开始。故事的起点，就是城市本身，所有的人物都是从这里诞生的。故事中，冲突的双方，一方是一个恪守传统价值观念的男人，另一方是一位渴望创新变革的女人。这部影片对于后来的电影生涯产生了重大影响。至于《恐怖分子》，给我带来创作灵感的是一个小故事。您知道，我喜欢和年轻演员，而且往往是非职业的年轻演员合作拍戏。有人给我介绍一位欧亚混血的姑娘，她想当演员，就把她的生活告诉了我。这位姑娘早年丧父，和母亲一起生活，但是她给妈妈带来了许多烦恼。她经常离家出走，所以母亲不得不经常把她关在家里。她与外界的唯一联系方法就是电话。她以打电话取乐，对陌生人扮演着各种各样的角色，编出了千奇百怪的故事。我就利用这些细节，开始了《恐怖分子》的创作。为了探索台北的人际关系，我把她的故事继续编了下去。这部影片开始时，人物之间不存在任何关系，电话却一步一步地把他们串连在一起了。拍摄这部电影之前，有人建议我担任另外两部电影的导演，因为我为它们写了剧本。其中之一是涉及大陆和台湾地区关系的，我婉言拒绝了，因为当时我对大陆知之甚少。现在，情况不同了，我们比过去了解的东西多了很多。从根本上说，我认为，任何人都不能处理自己不深入了解的题材，因为每个人都应该对历史负责。

在侯孝贤的《冬冬的假期》中，您扮演了小男孩的父亲，在这之前，您当过演员吗？

没有。我只在电影开头和结尾演了两场戏，这纯属好玩！我第一次当导演的时候，完全没有与演员合作的经验。也许正因为如此，我更喜欢和没有经验的演员一起工作。职业演员在一定程度上强加给你某种关系，而和新演员在一起，最关键的是一种真诚和信任关系，大家可以逐步发展这种关系。在《青梅竹马》中，所有的演员都是新人，我觉得，这也是一个宣布新浪潮来临的方式。从那以后，我当然也慢慢懂得了演员的技巧。

您怎么看待今天台湾地区电影的形势？

如同我已经告诉您的，拍摄电影的经费是不成问题的，观众也是有的，但是，电影院年久失修，缺乏维护，老板不愿意投资改善放映条件和舒适程度。然而，电视节目太差，人们越来越不感兴趣，还是要来看电影。真正的竞争来自迅速崛起的音像制品和镭射光碟。当然，对制片人来说，这是一个新的财源。可是，他们只给我们一个一揽子酬金，到底他们在销售中赚了多少钱，我们根本无从知道，因为政府拒绝管理这个市场。毋庸置疑的是，在包括中国台湾、韩国和日本的这个太平洋地区，未来的 10 年里，技术进步和商业市场的前景是非常美好的。

您怎么看待台湾地区电影的"新浪潮"与您的同龄人——以张艺谋和陈凯歌为代表的第五代导演之间的关系？

我们是和电影一起成长起来的第一代人，我父母那一辈人，20 岁时才看到电影。我们是在电影的哺育下成长起来的。直到 6 岁，我还看不懂活动在银幕上的故事，我记得在电影院里第一次使我兴奋的是，1953 年，我看了威廉·霍尔登主演的《血战勇士堡》。此前，我害怕看电影，因为我和画面没有建立起某种关系。当我们这一代人有能力制作电影的时候，我们的导演风格与我们的前辈相差甚远，就是情理之中的事了。我这里指的是进步，而不是革命。当然，张艺谋和陈凯歌的作品与我们不同，因为我们都是从自己 40 多年来不同的生活经历出发的，生活经历不同，作品风格当然也不会一样。周围环境的客观条件也不尽相同，这对处理的题材和电影风格都会产生影响。比如说，在台湾地区，如果说我们的影片是现实主义的，这也因为我们不得不进行实景拍摄，我们没有专业的布景师，也没有专业的特效师，也没有像香港那样的电影工业基础。我想，陈凯歌在拍他前两部电影的时候，也遇到了经费拮据的问题，而张艺谋开始拍片比较晚，就没有那么多的经济问题了。

在我们的谈话中,您没有提到日本电影。

我是和黑泽明与小林正树的电影一起长大的。但真正给我启示的,是成濑已喜男。假如他的作品没有感人至深的真诚,在松竹映画,他绝不可能拍出 80 多部精妙绝伦的影片。

电影小星球 | 中国·大陆

Zhang Yimou
张艺谋
（1950— ）

中国电影第五代电影最重要的人物是张艺谋,他和陈凯歌一起,作为摄影师,拍出前两部作品:《黄土地》(1983)和《大阅兵》(1985)。和陈凯歌一样,张艺谋在"文化革命"中经历7年农村劳作和3年工厂劳动之后,才考入北京电影学院。摄影是他的第一专业(但同时,他也是一位出色演员,出演过吴天民执导的《老井》),这些极大地影响了他的导演风格,从第一部影片《红高粱》中,就可以发现他对造型美学价值高度重视,该片荣获1987年柏林电影节金熊奖。这部影片也使巩俐崭露头角,这位被他挖掘出的优秀女星,出演了他后来多部影片的主角,其中包括《秋菊打官司》(1990)和《大红灯笼高高挂》(1991),前一部影片的外景和染色工艺,后一部影片的贵族府邸,使张艺谋把色彩、音乐、明暗光线等电影技巧发挥得淋漓尽致。在拍摄《秋菊打官司》这部令人耳目一新的电影时,我见到了他,这是张艺谋首次拍摄当代题材影片,用出人意外的现实主义手法,反映一位农村妇女为维护受村长欺侮的丈夫的荣誉而进行的抗争,此片获得威尼斯电影节金狮奖。张艺谋在政治上没有陈凯歌那样激进,他乐观的构想中缺憾往往很容易得到纠正,所以经常在影片中保持模棱两可的态度。今天,他似乎心甘情愿当一名专业导演,精妙绝伦的《英雄》(2003)即是佐证:一名反叛者被处以极刑,这是为了国家的统一和荣耀,他的牺牲乃是不得为之。今天来回顾《秋菊打官司》,这部影片似乎成了他作品的延长号,似乎是在格里菲斯-姬丝、斯坦贝格-玛莲娜、罗西里尼-贝格曼、安东尼奥尼-薇悌、戈达尔-咖丽娜之后,一名导演和他心爱的女星之间美妙关系的新诠释。

围绕着《秋菊打官司》

(1992年9月,威尼斯)

您过去经常说,您的电影是从一幅画面开始的。《秋菊打官司》也是这样吗?

我历来都是改编一部小说,但这一次,想在做法上与已往不同,很想改变一下自己的风格。我开始更多地把注意力放在故事情节,而不是画面上。看了这本书之后,对故事非常感兴趣,琢磨着怎样在银幕上才能叙述好这个故事。最后,我终于悟出来一个道理:摄影机大概和人的身高差不多,它也应该是一个剧中人。所以,几乎一半的影片,都是用偷拍的方法来取得最大限度人物本能反映的。要让演员不知道摄影机的存在,最容易的办法是俯拍,但我不愿意这样做。我觉得应该让摄影机和人物位于相同的水平上。这样做非常困难,因为非职业演员总想看镜头。影片第一组镜头很好地营造了我想得到的那种氛围。人们在走路,一直往前走,慢慢地在人群里,人们看见了秋菊。我想不加任何夸张地去讲述,发生在简单平凡的人中间的一个既平凡又简单的故事。

拍《大红灯笼高高挂》的摄影师是张非,这一次,您是不是根据新的拍摄方法,选择了两位摄影师迟小宁和于小群呢?

是的,还有另外一位摄影师,姓刘,他的名字没出现在演职员名单上。首先,我需要好几位摄影师,因为我需要好几台摄影机,另外,我要找有拍纪录片经验的人,迟小宁还拍过大量的广告片。

您一向极为重视色彩的运用,特别是红色,辣椒、玉米和秋菊的服装里面都有红色。

我不能说自己对色彩的运用还像过去那样随意。在中国北方拍电影,那里是以红色为主的。另外,拍片时间是在新年前后两个月,一月二月过节,到处都是红色。所以很现实主义。这里属于北方文化,人们叫它黄河文化,他们很喜欢鲜艳的色彩,其原因我还不太清楚。

陈源斌的小说里,什么东西吸引了您?您是如何与您的编剧合作的?

陈源斌是一位年轻作家,过去已经发表过东西,但这部作品是他第一部真正的小说,这本书荣获了今年最佳小说奖。我最喜欢的,是他自然流畅的风格,这是一种天生说书人的风格。评论界认为,伴随着这本小说,一种新的写作方法在中国诞生了。我急切地想彻底改变自己的风格,所以感觉这个素材非常适合我。和刘恒一起，我们首先把故事发生的地点从中国南方（小说的故事发生在安徽省）搬到北方。我认为，要想拍好这类片子，必须对环境十分熟悉。所以我把它搬到了我出生和成长的地方，这样，我就能找到自己应该走的路，并且跟了解他们语言和方言的人有真正的接触。问题不仅仅是要讲一个故事，而是要知道人物怎么行动、怎么吃饭、怎么说话。这一切都必须十分准确。我和刘恒合作起来非常容易：他先做改编工作，然后，我做一些修改，最后，他写好剧本的第三稿。我们就是这样合作《菊豆》的。

小说的名字《万家诉讼》和片名《秋菊打官司》不太一样吧？

原来书名的意思是"一个家庭的诉讼案"，这很文学化，电影片名的字面意思是"秋菊告状"，这更加口语化。这也更加突出了妇女这个人物，她的名字在华北农村相当普通，在小说里她叫秋和平。

"文化大革命"中，您去农村劳动了3年。对您这位医生的孩子来说，这种劳动在哪些方面帮助您了解农民世界呢？

在那个时期，我学会了很多东西：播种、撒籽儿、给果树剪枝、收割、加工粮食、做饭。我还养牛、养马、养驴，这部电影里有好多东西都是我在乡下亲身经历过的。实际上，我拍这部电影的地方，离我下乡的地方很近，不过一个小时的路程。

因为您超过了年龄，所以当时不让您进电影学院，因而您长期抗争，甚至投诉到文化部长那里，声明超龄原因是"文化大革命"耽误所致，直到还给您正义，这个经历在一定程度上说明您就是秋菊，是这样吗？

我是不是"秋菊"不重要，她的故事和我的经历有某些相似之处也不重要，因为这样的事太平常了，在中国随时随地都有。人们不知道应该跟谁去说，应该干什么，到哪儿讲理去。起初，大部分问题都不严重，但官僚制度一插手，你又必须经过某些磨难，事情就变得严重了。我想用幽默的手法，把这种十分普通的情况描述一下。在没来威尼斯之前，国内已经对我提出了您的问题。我回答说，秋菊就是想要个"说法"，在中文里，"说法"不是道歉的意思，而是一个答复、一个解释，把问题说明白。《菊豆》和《大红灯笼高高挂》也遇到了同样的问题，这两部片子一直不准发行，从来也没有人给我一个"说法"。小说和电影里都一样，是律师帮了秋菊的忙，他做了大量工作，最后把村长送进了监狱，但谁也不想知道秋菊到底想要什么。

秋菊对代写状子的那个人跟她说的话，没做出任何反应，那个人似乎宣布了故事的结局，因为他说他已经把不少人送到死刑场了。

在中国，这个人物很常见，因为很多人还是文盲。他在这场戏里也有不少黑色幽默。片尾时，当听说村长被抓走了，在中国，观众都捧腹大笑，因为他们明白测字先生那场戏就是他厄运的先兆。

影片反映出司法公正性的概念是相对的,因为判决的性质随着时间而在发生变化。秋菊在分娩之后,和村长的关系就和过去不同了。绝对的公正是不可能的吧?

这个村子是一个大家族,在秋菊要求的家族公正和法院判决的公正之间,有一条鸿沟。她仅仅希望村长能够对她好——就像影片结尾时,村长所做的那样,帮助她分娩——当警察把他逮捕并带走,整个司法机器运转起来之后,却朝着她所不希望的方向前进了。喜剧就来自这种情况本身的差距。必须知道,就像我刚才说的那样,在中国农村,往往整个村子是一个大家族。秋菊在某一特定时刻要求公正,而时过境迁之后,她对公正不公正就完全无所谓了。

您是不是同时想说,政府当局最终一定会给予公正裁决,但个人一定要抗争,否则,他永远不会得到任何东西?

是这样,假如你不提出问题,就永远不会得到任何答案。要想一件事能有个结果,就得不断斗争。在中国,要让最小的问题得到解决也得闹腾一二十次,要闹上几年。在当官的人里面,没有人会真正把事情搞错,但就是总也不答复。讨个说法,这是民主的开始。通过这部电影,我想说的是,每个中国人——不仅仅是农民——都应该这么做:要赢得胜诉,必须斗争,亲自投身到抗争的进程中才能达到目的。

即使到最后,像秋菊那样,遗憾自己所做的一切吗?

最后,她确实很不幸,原因就是她没有获得她想得到的东西:一个"说法"。最后那个定格镜头的含义,就是在询问法律到底真正能给人带来什么东西。难道这就是正义吗?假如某个人伤害了你,你也要反过来去伤害他吗?这真的是一种答案吗?

影片中有多少位职业演员?您怎么把非职业演员和他们融合在一起?

巩俐和演丈夫、警察、村长的是专业演员,我让他们在开拍前两个月,到村子里跟农民们生活在一起,学习他们的方言,和他们看同样的东西,穿他们同样的衣服。和当地人融为一体的最好方法,就是住在村子里和他们一起过日子。农民们从来没见过摄影机和麦克风,这是个问题。我决定让他们熟悉这些设备,每天在他们眼皮底下摆弄这些东西,我认为这很重要,因为不是所有的镜头组都能够偷拍。我不能要求当地农民去演戏,只能让专业演员在举止行动方面跟农民一样,让他们妥协一下,把角色换过来。我们这样互相熟悉了几周时间。和农民一起试拍了几场戏,我尽量避免使用聚光灯,尽可能利用自然光,让技术部门把人员减少到最低限度。

因为有大量非职业演员,您不得不重复拍摄很多次吧?

我确实让很多胶片曝了光。拍10次,可能只有一次能用得上。有时候,为了一个镜头,我们得工作整整一个晚上加第二天,甚至第三天。

为了偷拍那几场戏,我们用了五六天时间,在街上搭了一段木板墙,拍摄前夜,摄影师藏在墙后面准备摄影机,夜里和早晨,他一动不动地待在那里,连上厕所都必须等到中午最热闹的时候才能出来。他通过木板墙上开的一个小洞,观察外面情况。然后,我们突然把木板拿掉,他把那场戏拍下来。当然,有的时候会有人看镜头,那么,我们就得换个方法,换个地方再重新拍!

您拍了那么多胶片,剪辑起来要费很长时间吧?

那倒未必,因为我在拍摄期间进行剪辑。我喜欢这样工作:白天拍片,晚上一直到清晨三点进行剪辑。

秋菊的嫂子梅子这个人物,用惊讶的神情反衬出了秋菊的勇气和决心。她不是专业演员,对她来说,参加拍电影也是一次新体验吧?

这是她第一次进城,她就住在那个村子里,从来没钱进城。从叙事角度看,她确实突出了秋菊的力量。因为秋菊怀孕了,需要有人陪着,所以她的出现合情合理。面对小姨子的举动,她用沉默表示内心的惊讶,也完全合乎逻辑,乡下人本来说话就不多,这是他们的一个特点。

这部影片是中国内地和中国香港的合拍片,前一部是侯孝贤在台湾拍的影片,在中国公司之间合拍是怎么筹资的?

我不负责筹资的事情,不知道制片人之间各自的出资份额,我领一份工资,仅此而已。

您为什么第一次选择了一个当代题材?

原因和我前面说的一样:我想开拓一条新的道路,一种不同的风格。表达这种改变愿望最明显的决定,就是选择一个现代题材,因为我过去拍的影片,都是过去年代的故事。

在吴天民执导的影片《老井》里,您当过演员,这个经历对您指导演员的工作有所帮助吗?

对我来说,当导演之前当过演员非常重要,因为当过演员,才会懂得演员的工作意味着什么,这段经历对后来指导我的演员非常有用:知道他们内心的体会。在国内拍片,由于组织工作没搞好,演员有时候心里很不痛快,自己对这一切有了切身体会,我就会克服缺点,改进组织工作,通过剪辑改善他们的表演效果。我认为,一部电影里,最重要的元素是演员,从音乐到摄影,到剪辑,一切工作都要使这个元素达到最佳状态。整个摄制组都要为演员服务，因为最终还是要通过演员来和观众交流。一部影片有多种拍法，有多种不同风格，但这些东西都会随着时间的消逝而变老，能使一部电影永葆青春的，只有演员的演技，只有他们才能让我们认识人生。

您是学习摄影的，任何视觉的东西对您都不陌生。您的演员经历使您进入了电影的另一个空间：生活和剧中人物。

当过摄影师对我的导演工作也很重要，但当过演员更为重要。摄影师要跟着演员工作，而不能挨过来。所以，虽然我今天当了导演，但我喜欢我的摄影师动作敏捷，不要让演员等着，根据自己当演员的经验，尽量避免让演员长时间等着下一个镜头，这会破坏他们的情绪和演技。自己当过演员，也当过摄影师，这能帮助我不停顿地进行拍摄，从而创造出一种舒适的工作气氛来。

您和巩俐曾一起出演过程小东执导的《古今大战秦俑情》，您能否和我们谈一谈和您最喜爱的演员合作的情况？

拍《菊豆》之前不久，我和巩俐确实出演过那部片子。巩俐在我执导的电影里，一共演过4部片子。我和她一起工作就像跟其他演员一起工作一样。我喜欢在开拍前，利用一个月时间，和他们一起详细讨论剧本，让他们提出问题，提出他们的设想。我喜欢倾听他们的建议。在这几个做准备工作的星期里，我叫他们穿上影片中的服装，戴上影片中的头饰，这样，他们就和饰演的人物更加熟悉了。在正式开拍前10天左右，我们进行排练，我把排练录下来，让他们看录像。到开拍时，我把剧本放在一边，不再和演员谈剧本，除了那些重要和复杂的戏，我们还需要头一天晚上讨论一下。工作一天之后，我喜欢让他们放松，让他们自己聚在一起，我不想把自己的看法强加给他们。有两种类型的演员：一类是思考型的，他们在演角色之前，思考很长时间，每场戏准备得很细致，另一类是感情型的，他们进入人物角色，靠直觉进行表演。巩俐属于这后一类。因此，一旦她和我一起准备拍片，我就明确告诉她我想得到什么，然后我就让她自己去发挥。

尽管我们看了您拍的4部影片各不相同，但其中的女性人物都很坚强，能把命运掌握在自己手中。

在中国，虽然今天男人和女人之间的关系比以前平等多了，但封建思想统治了我们国家几千年，男人一直处于统治地位。这种情况在人们的思想里依然存在，尤其是在农村。我的影片都是从小说改编的，这些小说都把一位能干的女性人物放在核心地位。从叙事角度看，我认为有必要和这种封建思想形成一个反差。另外，我一向忠实于原著……

可是，是您选择的小说！

突出一个人物的最好方法，是把他放到逆境中，放在复杂的环境里。外部压力可以突出他的个性,个性坚强的人才能掌握自己的命运。中国新文学描写一个充满压力的氛围时,往往都是这样开始的。那些处于社会地位比较低下的女性人物,常常比男人更聪明、更敏感,所以特别能够感动观众。另外,现在的中国观众,喜欢看到一个自强不息的妇女走上成功之路,在中国文化中,这是一个重要的新现象。

在您的影片中,总有一个上级权威的存在:《菊豆》中的丈夫,《大红灯笼高高挂》中从未露面的主人,《秋菊》中的司法机关。

我一直感兴趣的是这样一种关系:在一个脆弱的个性和一个比较坚强的个性之间,以及它们和这三部电影中的那种强权之间的关系。中国妇女过去总是听别人对她说的,做别人让她做的,不听话的妇女微乎其微。但今天,越来越多的妇女有勇气和力量,敢于反抗各种虚张声势的权威。我觉得,在大量妇女觉醒的这一时刻,展示这个变化是一个极好时机。

《大红灯笼高高挂》的作者苏童和《秋菊》的作者是同一代人吗?

我改编作品的作家都年龄差不多。《红高粱》的作者写这部小说的时候32岁或33岁。《菊豆》的作者当时34岁,苏童28岁,陈源斌36岁。他们形成了新的一代人,在风格和题材方面都与前几代人不同。即使他们讲过去的事,也以现代的视角来观察社会。他们摒弃了宣传,采取从内部观察社会的方式,接纳了人文的观点。这些人都是从80年代开始写作的。

他们是电影爱好者吗?

他们一共10个人左右,在文化方面非常灵活。他们对电影特别感兴趣,经常参加电影研讨会。每次我拍完一部片子,都要组织一场观摩演出,邀请作家来当众发表意见和大家进行交流。我们中国电影工作者和这些新作家保持着密切关系,我们都是朋友,他们对我帮助很大。我认为,电影对他们的文学创造也有很大影响。此外,他们的作品改编成电影之后,会使他们在更大的读者群中享有名气,不仅在中国大陆,而且在台湾地区、香港地区,以及日本和西方。对一个艺术家来说,这是很受鼓舞的。有意思的是,如果这些影片在国外取得成功,小说家们看到他们的作品被搬上银幕,导演们会取得另一部新小说的改编权,都不禁要欢腾雀跃。

《菊豆》和《大红灯笼高高挂》,最后是在什么时候被允许在中国发行的?

目前,《菊豆》正在上演,《大红灯笼高高挂》将在10月份上演。我想这两部片子都能取得巨大成功,因为每部片子都做了200个拷贝,这是很不寻常的,比如《红高粱》只有100个拷贝。巩俐参加了《菊豆》在上海的首映式,来了几千名观众,50多个警察维持秩序。应该说,奥斯卡提名,国外引起的轰动和长期遭禁,刺激了人们的好奇心。在中国历来都是这样:你越不让他看什么东西,他就越想看。

您怎么解释政府当局态度的转变?

任何人都没有对我做过正式的说明。在中国大陆,尤其是和香港地区或外国的合拍片,一般程序是这样:必须先把剧本交给审查部门审批,电影拍完之后,需要再次得到审查部门批准。虽然《菊豆》的剧本通过了,但审查部门认为,影片和剧本不一样,也没告诉我原因。这真像菊豆的故事!我想这和邓小平最近的南巡讲话可能有关系,讲话使中国的气氛变得宽松了。然而,审查部门的任何成员都不愿意负责对我做出解释。我觉得,这件事的过程就这么简单,发行部门为这两部片子交了一份申请报告,审查部门盖个章就完了。这纯粹是一个官方程序。事情很简单,就是需要等待。正因为这样,《秋菊》惹得中国观众捧腹大笑,因为每个人都有这样的切身体会。

您和台湾地区的导演如侯孝贤、杨德昌等人的关系如何? 在电影理念方面,您觉得有哪些差异?

1985年,我在香港第一次见到他们,同时也看到了他们的影片,我立刻就喜欢了他们的作品。我得知他们也很喜欢陈凯歌的《黄土地》。虽然我们不常见面,有时候一年多才见到一次,但我们之间保持着密切关系。我们一般都是借电影节的机会会面。看到各自拍的影片是一个新的发现,因为我们在很长时间里,互相之间都不知道对面的银幕上演什么。我不认为存在着互相影响,我们相逢在一起时,往往是朋友聚会,而不是导演之间的切磋研讨。当然,我们都愿意看到对方的作品。

台湾电影往往是当代题材,与中国大陆电影比较,使用隐喻较少(《秋菊打官司》应属例外),从修辞上,他们更喜欢镜头组和景深。

中国大陆的电影受到文学传统的影响,往往以历史为依托,多有隐喻。所以,大陆电影历史题材比较多。台湾是一个相对比较新的地区,历史较短,至于他们的风格,我认为与日本电影的影响有关,台湾被日本占领了50年,日本文化影响了他们的思维方式。大陆电影受到两种影响,一种是中国传统文学艺术的影响,另一种是西方电影的影响。对我个人来说,很难准确地讲清楚都接受了哪些影响,但我们这些从1979到1982年读书的同龄人,都受到了法国新浪潮和意大利新现实主义电影的影响,同时,也受到美国电影的影响。离开学校之后,来到广大农村和最能代表我国古老文化的地区,我们努力寻找并汲取创作灵感的源泉,而脑海中始终保留着读书时观摩的西方电影画面。

Jia Zhang-ke
贾樟柯
（1970—　）

  贾樟柯通过三部电影——《小武》(1997)、《站台》(2000)和《乐逍遥》(2002)——成为了中国第六代导演的领军人物。这一代人中，王超(《安阳孤儿》)也是一位佼佼者。与陈凯歌或张艺谋相比，他们之间约有20岁差距。这一代年轻人对中国电影的影响，颇像法国新浪潮面对前代大师们的断裂：偷拍现实、到外景地拍摄、反映现实中的年轻一代、在必要情况下进行即兴创作和使用非职业演员。他的影片都是低成本制作(《乐逍遥》用的是小摄影机，几乎地下拍成)，他的影片在中国很难看到。在中国大变革时代，贾透视了社会现状：但这一切尽在不言中，不会见诸公开讲话。贾樟柯不沿用艺术家惯用的隐喻手法，而是采取具体的影射手段，毫不夸张地反映现实。

  我是和罗兰佐·高岱利一起，在威尼斯电影节见到他的，在这个电影节上，展映了他的《站台》，在戛纳电影节，他的《乐逍遥》参加了竞赛。贾樟柯的言谈和他的影片同样直率。与法国新浪潮导演不同，他十分关心自己国家和人民的命运。《站台》再现了"文化革命"后80年代的中国，那时国家尚处于对外部世界的封闭状态，影片把国家命运和人物的个人命运联系在一起。他的作品洋溢着悲伤情调，华美的镜头组表现了因家庭分裂、情侣离散造成主人公的沉沦。在现代电影中，这个曲调虽非独创，但贾樟柯却以一种罕见的敏感把它引入中国电影之中。

围绕着《站台》

(2000年9月,威尼斯)

您能谈谈《站台》的创意吗?

我的想法是叙述1979到1989一组文化人、一群音乐人的故事。通过这些人来展示中国的社会大变革,反映"开放"和社会变革这样一个政治改革时代。

您的第一部和第二部影片都讲述山西汾阳的故事,这个地区有什么特点?

这是中国西北部的一个内陆省份,汾阳村离黄河乘车要走两小时的路程,它在中华文明史上占有重要地位。陈凯歌的第一部电影《黄土地》也是在这里拍摄的。汾阳是代表封闭社会的一个非常典型的村庄。即使到了今天,尽管全国各地都在开放和变革,这个群体仍然保持着封闭状态,现代化与他们相距甚远。然而,我影片中的人物也到两个邻省和内蒙古走动。您看他们走到了一条河边,那就是黄河。

这部影片是献给您父亲的。

年轻时,将近10年的时间,我和父亲的关系非常紧张,我们之间的鸿沟不断加深。即使住在同一屋檐下,我们也是属于两个截然不同的世界。他对我的想法极不理解,因而造成了无数的误会。我不认为这样的经历唯我独有,和我同龄的很多年轻人都可能有相同的经历。我把这部影片献给父亲,是想告诉他我青年时代的感受。

与您第一部影片《小武》相比,这部电影更具自传性特征吧?

是的,但不是在故事细节里。主要是人物的内心世界和我过去的生活有共鸣。我的青少年时代,在情感和对外部世界的渴望方面,和剧中人物有很多共同点。只是到了今天,我才真正明白事情已经发生了多么巨大的变化,我热爱的世界在不知不觉间已经逐步发生了变化,而我对这一切的觉悟,仍然是模糊不清的。

片名《站台》的歌曲含有火车和月台的隐喻吗?

生活在这个与世隔绝的村子里,我强烈地感受到火车这个形象,就是现代化的象征,就是能够让我们与外部世界连接的工具。我选择了这支歌曲,是因为它有"在大路上"那种企盼变革的气息。

在您的影片中，还有其他很多歌曲。

影片开头，有歌唱毛主席的。1976 年，尽管"文化革命"已经结束，但是毛泽东思想依然随处可见。改革开放时代开始以后，所谓的大众文化首次来到中国。一直到那个时候，中国人从来没有多少娱乐的机会，所以，80 年代全国各地到处莺歌燕舞，欢天喜地，一片歌舞升平景象。随着大众文化的迅猛到来，每隔半年就有一支新歌名列排行榜首，这个现象颇能代表这个时代的特征。影片开头，大家听到《年轻的朋友来相会》，这是一支 80 年代初人人会唱的歌曲。它的歌词很鼓舞人心，让人们对美好生活和光辉灿烂的明天充满信心。这支歌可能是中国文化解冻的转折点。后来，大家看到主要人物之一从广州回来，他带回来一台电唱机和《成吉思汗》这首歌曲。在这支十分流行的歌曲中，有一点值得注意：历来革命歌曲中的主语都是"我们"，而在这支歌里，主语突然变成了"我"，个人涌现出来，取代了集体。在母亲和儿子说话的时候，人们也听到另外一支歌《血染的风采》。任何一个中国人，只要听见这支歌，就会想到那个时代。儿子很激动，因为这支歌足以再现那些岁月的氛围。

您也在电视上展示了一些战争影片的片段。

在那个年代，电视是一件非常稀罕的东西：人们像看电影那样，集体看电视。因为大多数中国人都很穷，只有少数家庭中有电视。后来，经济发展了，一般中国人才能买得起电视。我想把电视从集体财产到私人财产这个过渡过程反映出来。后来又从黑白电视过渡到彩电。大家从电视节目内容里也可以发现取得的进步。观众第一次看到了美国的战争影片。中国年轻人对暴力越强的电影越爱看。后来又开始播放印度电影，其中有一部讲小偷的故事对我影响很大。

与布莱松的《扒手》相比，《警察与小偷》对您影响更大吗？

这部印度电影让我难以忘怀，因为它深深地镌刻在我童年的记忆之中。由于它内容新颖、形式独特，我觉得这部影片极具革命性特征。它对我的生活产生了极大的影响，而布莱松的《扒手》只是影响了我的电影创作。后来，香港的功夫片铺天盖地来到大陆。影片结尾时，大家看到当时观众都特别爱看情感剧，其中有一部《渴望》，其收视率之高，竟然造成了万人空巷。这些连续剧都传达着一个让人相信好人必有好报的信息。《站台》结尾，当主人公在一家商店迎接父亲，与父亲和一位妇女谈话时，观众听到 1990 年非常流行的一首歌，正是《渴望》的主题曲《好人一生平安》，它反映出理想终结和信仰消逝的现实，人们步入了金钱万能的消费社会。

剧本的第一个创意，原是描写一群音乐人，或者说是一个男孩及其朋友们的故事吗？

这部影片本来是我童年的回忆。很多中国人认为，喜欢回忆往事是老年人的特点,但我觉得,在现代中国,很多年轻人都在思念和家里人一起生活的时光,因为他们离开家乡来到大城市,举目无亲,前途未卜。

您的剧本是怎么写的?

写剧本的出发点曾是描写几个人物的命运和他们之间的关系。我出生在一个四合院里——一个共用的院子,四周是住房——在那里,孩子们几乎是形影不离地一起长大。我姐姐和我属于一群喜欢艺术的年轻人,她拉小提琴,我参加各种文化活动,这对我拍成这部有关音乐人的电影帮助很大。这些音乐人四处巡回演出,发现了一个比空间更加重要的第四维:时间。我把全部精力都集中到了对时间的探索上,因而,我意识到,在中国逐步发生巨大的文化变革,是造成片中人物之间矛盾冲突的源头,而时间就是矛盾的因素。因此,从一开头我就知道,这部片子将会很长①,我把这种情况告诉了制片人,但他却说,这丝毫不成问题,我想怎么拍就怎么拍。

拍摄工作经过了几个不同季节,您是连续拍摄的吗?

不是的。这部电影拍了一年多,因为我需要春天、夏天和冬天的不同季节。我先拍了春天,然后拍冬天,最后拍的夏天。这个时间差距使拍摄工作相当困难,大大拖延了时间。拍《小武》那部片子,我只用了 21 天,而这部片子之所以花了这么长时间,是因为影片的核心,就是探索社会和时间的关系问题。

对一个国家的集体生活和个人生活进行比照,是一些影片的题材,比如:安哲罗普洛斯的《演员之旅》和侯孝贤的《悲情城市》。

我很熟悉安哲罗普洛斯的作品,但在拍摄《站台》之前,没敢去看《演员之旅》。我从侯孝贤等导演的作品中悟出一个道理,完全可以拍一部展示个人和集体之间关系的具有广阔前景的影片。1948 年前后,中国的一部老电影《小城之春》也对我很有启发,剧中人物外表上温文尔雅,内心却充满激烈冲突。当然,我从中国古典小说中汲取了丰富的营养。特别是曹雪芹描写贵族家庭生活的《红楼梦》。从表面上看,什么事也没有,但实际上,很多东西都发生了变化。这类经典作品在反映整个一个历史时代全貌的同时,也刻画了个人的鲜明特征。影片中最使我自己感兴趣的,是反映出了普通人的观点。我力求客观,但这不是一部官方电影,而是一部反映我个人观念的独立作品。

在演员中,我们又见到了王宏伟,他已经出演过《小武》。其他演员来自什么地方呢?

他们都是非职业演员,我写剧本时,心里就想着王宏伟,但要找合适的女主角很

---

① 在威尼斯电影节参赛的《站台》,片长为 193 分钟。

不容易。开拍之前问题就来了。我让大家在一起生活了几个月,在一起吃饭,一起看了很多片子,我想制造一种情感同化的氛围,做到每个人都能感同身受。做到这一点之后,拍摄起来就容易了。由于我对这些人很熟悉,了解他们的性格特点,所以,他们实际上在演自己的角色。

您每个镜头要拍很多次吗?

从来没有超过4次。由于经济原因,我们事先已经定下了这个原则。

您对摄影师做了哪些指示呢?

我不喜欢看摄影机的取景框,我相信自己的眼睛。所以,我让摄影师自己去工作,不做什么特殊指示,而且,我们一起去找拍摄景地。

您的摄影机几乎是静止的,或者是极缓慢地移动的,只有片尾那个镜头是用手拍的。

在崔明亮找父亲的那个镜头组里,我又采用了拍《小武》讲当代故事的手法。

毛时代之后,中国电影反映的现实更加真实,像张艺谋的《秋菊打官司》,陈凯歌的《孩子王》就是这样。

首先,我要说:第五代导演曾经起了很重要的作用。每个导演在现实面前都有一种自己的独特态度。至于我自己的态度,目前我实在还说不清楚,但是,我和他们不同,他们对生活和电影的看法,本人实在不敢苟同。他们把自己看做上帝,认为自己无所不知、无所不晓。而我却赞成平等的观点。另外,我对张艺谋的影片最不满意的,是他把中国的问题太简单化了。

《站台》遇到过新闻审查问题吗?

1998年10月,我找到制片人,我们一起把剧本交到了审查委员会,因为我们还要向北京和上海的公司找一些资金。我从来没得到答复,也从来不知道为什么被拒绝。我十分苦恼,因为这部片子不能在中国电影院上演。

没有得到准许,您怎么还能拍摄一年多呢?

想拍这部电影的急切心情给了我无限的勇气。能把它拍出来,确实靠的是运气。拍摄景地在一个偏远农村是原因之一,那儿没人管这些事。我坚信,早晚有一天,像我这样的独立电影人的电影也能在中国上演。

您1995年创立的实验电影小组,现在还在活动吗?

我在北京电影学院读书时,成立了这个小组,那些创建人现在仍然和我在一起工作,他们主要拍纪录片,其中有一位在日本。因为我们在日本筹到一点钱,才启动了《站台》的拍摄。今天,在中国拍片并不困难,只要能够找到一位制片人就行,但往往要到外国去找。

《站台》总体上描绘出一幅没落的阴暗画面,但最后一组镜头,您好像认为未来仍然是美好的,这是不是您的剧中人物的梦想呢?

八九十年代,中国人的物质生活极大地丰富了,但这并不意味着人们比过去更幸福。我也不能把最后一组镜头的含义说清楚,但它和人们对未来的盲目期待密切相关。

电 影 小 星 球 | 日 本

Nagisa Oshima
大岛渚
(1932—)

  1968 年的贝加莫电影节上，第一次看到大岛的影片《绞刑》时，既感到十分茫然，全然不知所措，又十分欣赏。次年的导演双周展邀请他的《新宿小偷日记》参展，威尼斯电影节也邀请他的《绝对少年》参加展映。同年，在贝加莫我第一次见到了大岛。他和其他几位日本导演(今村昌平、羽仁进、吉田里深、河原宏)形成了一股日本电影热潮。但那时候大岛的作品仍然无人知晓。1971 年，依然是在这个奇特的导演双周展上，《婚礼》一度使他以日本最富挑战性和最多产的年轻导演力压群雄。虽与同一时代的法国新浪潮没有任何文化交往，1959 年，这位日本电影理论家和电影样式的破坏者，却以更加彻底的方式颠覆了日本的传统电影。像 10 年之后的法斯宾德那样迅捷，大岛以惊人的速度拍出了十多部长片，主要作品是：《东京夜雾》(1960) 和《白昼偏执》(1966)。直到这时，西方才发现了他的《绞刑》。1976 年，他拍出的《情感帝国》堪称情色电影之最，制片人是一个叫阿那多尔·都曼的法国人，他的名字在更多的观众群中广泛传诵。出于资金、健康以及可能是灵感枯竭等原因，这位如此多产的导演，似乎变得温和平静了，在 20 世纪后 25 年中，只拍出了 4 部影片。但他会利用一切可能，在 15 年中，探索新的美学领域，在刻画因社会动荡而迷失方向的年轻人时，他把暴力和性放在第一位。大岛是一个不守规则的电影人。他一贯认为必须勇敢地站起来，坚决向个人或集体的压迫进行抗争，才能取得性生活的自由。如果能够通过其他途径，那就与超现实主义的做法异常接近了，把梦境和现实混在一起，让幻想自由驰骋。他塑造的大多数主人公都是罪犯，他自己在日本也经常被认为是危险的不法分子。他认为："无论是谁，只要他仇恨伪善的外表和伪劣假冒，不妥协地要求真理，只能被政权当局视为罪犯。"大岛渚的行为似乎始终在反抗这种内部暴力。他披着一头浓密的黑发，像快乐的酒神那样，虽经岁月变迁，贵族风貌依旧。

围绕着直到《绝对少年》之前的大岛渚影片

(1969年9月,贝加莫)

您是怎么进入松竹映画公司的?您的电影剧本题材是公司指定的吗?60年代初,在一家大电影公司里工作,您的工作条件如何?拍片自由吗?

与当时的法国电影相比,法国有一部分是商业片,一部分是更加艺术的实验片,而在日本,只有大公司的电影。只有作为商品的电影。1954年,我进入松竹映画当助理导演,这是成为导演的正常道路。但在那时候,你要成为合乎公司要求的艺人,要满足公司的需要,不是要成为导演或成为作者。我在高中和大学里,从事的是戏剧活动,说实在的,在戏剧活动和成为电影导演之间,没有任何联系。所以,进了这家公司不久,我就不满意了。我对他们制作影片的方法十分生气。我想拍作者电影,我召集了一些当助导的朋友,办了一本期刊,登载我们那些与众不同的剧本,同时也可以锻炼我们写影评的能力。这本杂志就叫《电影评论》,从1956年办到了1959年春天,我们想重新定义一下马克思主义,找到一个能够同时包容马克思主义和超现实主义观点的立场,羽仁进参与编辑,佐藤忠男负责影评。在松竹映画里当助导,人们认为我是一个既有才能又危险的人物。我们注意到电视发展极快,威胁到了电影。松竹映画是最传统的电影公司,它的制片方法、影片样式已经过时。公司需要转变,采取新政策,选择新人。所以,这家公司给了我机会,在选择题材方面给了我充分自由,因而,我拍出了自己的前四部影片。第一部片子是《爱与希望之街》*,票房收入很差,只在第二渠道发行。然而我的第二部影片却受到年轻人喜爱,票房收入很好。片子叫做《青春残酷物语》。这一下公司决定其他年轻导演也开始投入这类影片的拍摄。我的第四部电影《东京夜雾》给我惹来了麻烦,这是一部政治片,在1960年秋天反对日美军事安全条约斗争高潮时拍摄的。我试图在这部影片中,把1960年的运动和1950年的运动进行对比,对革命运动进行革命批判。这是一部讨论影片,以一位1950年参加过政治活动的大学生和一位1960年的女学生的婚礼场面开始,男子正在受到警方搜捕,参加婚礼的人各自说明自己的政治立场。1960年以前的全部左派电影,都受到共产党控制,这种状况可以上溯到第二次世界大战之前。但在斯大林死后,出现了一个新左派。所以,与1950年相比,1960年是一个十分重要的时刻。

---

* 法文译为《卖鸽子的人》。——译注

与今井惠理的社会电影《白昼阴影》，或者山本耀司的《没有阳光的街道》相比，您持什么立场？

那些影片是独立制片的产物，但其内容却是传统的情节剧。我们决定破坏这种电影样式，从一个新的起点出发。那些电影非常天真地采用了大电影公司那种老情节剧结构，和日本共产党在现代化的日本社会中试图保持旧体制倒是如出一辙。

您为什么离开了松竹映画？

他们在《东京夜雾》发行4天之后，从各家影院的银幕上收回了这部电影，借口说票房不好，但我认为是出于政治原因，因为这件事恰好发生在一位社会党领导人被暗杀之后。尽管发行商一再请求，公司仍然拒绝在三年半之内提供影片，所以，我认为再也不能和这家公司合作了。

您是怎么成立您自己的"创造社"影片公司的？

我和四五位编剧和几个演员一起离开了松竹映画，我们共同成立了"创造社"。当时，除了真正活跃的"新藤兼人"之外，没有独立制片公司。我们在"新藤"之后，成为了日本独立制片的主要根据地，近5年来得到了迅速扩张。

作为独立制片人，您最初拍了一部30分钟的纪录片《尤伯吉的日记》，它的主题是什么？

应该说，在离开松竹映画之后，我为皇宫影片公司拍了一部故事片《禁室培欲》，又为五大电影公司之一的东荣公司拍了《魔界转生》。后来的3年，我没能拍成一部片子，所以，我和松竹映画签订了一个合同：我在"创造社"拍自己的影片，松竹映画负责发行。在这部纪录片之前，我拍的第一部独立制作影片是《椎名林檎》。《尤伯吉的日记》是根据一个10岁的韩国孩子在日本发表的日记改编的。此前一年，为了这部影片，我在韩国拍了一系列照片。这是我最近那部影片《绝对少年》的韩国版本。讲述一个可怜的小男孩的故事，他必须和家里人一起生活，但他同时采取了一种积极向上的态度，在日语里，我们叫"小马"。比如在当时的韩国，很多孩子都到汽车门前卖口香糖，五元一包，他们按正常价格三元买的，每包赚两元，所以这是一种乞讨，但他们不愿意去当乞丐，这是出于自尊而做的事，我对此深有所感。

您为电视台拍了一些关于太平洋战争和毛泽东的纪录片，目的是什么？

人们在日本拍了很多关于太平洋战争的电影，随着岁月流逝，批评的口吻变得越来越弱。我想利用当年拍的纪录片，做一部对这场战争真正进行思考的影片，但评论的口气，不是今天使用的那种口气，而是与战争同步的当年口吻。关于毛泽东，我收集了大量资料，在影片里，我说明了中国革命的各个重要时期，在每个时期的转折点，我向毛泽东提出问题，我对他说："您做了这件事或那件事，在那个时代，您是怎么考虑的？"我想观众能够想象到毛泽东的回答。我所希望的，是给他看这部影片,请他回答我的问题。

您那部《绞刑》,是否受到了荒诞戏剧的影响?

影片的主人公叫 R,这是一个名叫 Rikiu 的韩国人真实故事。因为这个故事在日本造成了很大反响,所以很多人都知道他。我选择了字母 R。就是让人想到他,而且可以产生某些象征意义。我很喜欢现代戏剧,也喜欢卡夫卡的小说。我想用这部片子刺激一下日本人,看来,目的是达到了。但是,实际上,它只触及了少数大学生和知识分子。我想,自己把一个国家的罪行具体化了。

您拍的每部影片都有不同风格。

如何进行场面调度?我是在写剧本的时候,或者在写完剧本考虑拍摄问题的时候,或者是在拍摄的早晨才决定的。我突然决定要这么做,这往往是身不由己的。写剧本,是提出"如何归并到一起"的问题,拍摄是"如何把归并到一起的内容进行分析"的问题。某些具体的物质因素也会决定场面调度。有的时候,我的剧本写得十分精确,但《日本春歌考》那部片子,我只写了一些说明和注意事项,主要是和演员一起即兴创作的。所以,我总是找那些我熟悉的演员或者非职业演员。

乍一看《绝对少年》像是一部意大利新现实主义的电影,但在拒绝情感交流和梦境方面又大不相同。

从 1967 年我拍的《日本春歌考》起,我就开始研究想象的问题,我想弄清楚它的具体含义。在《绞刑》中,我们描写了集体的想象。在《绞刑》之后,我又拍了两部这样的影片。拍《绝对少年》的时候,我思考能不能拍一部想象与现实平行,共存一体的电影。在这个意义上,我就要拒绝一切感伤主义。在我们编写电影杂志的时候,曾提出如何把纪录片和超现实主义结合在一起的问题。也许我们可以以纪实的形式来拍摄《绝对少年》,但我想把这两种元素混合在一起。二战之后,我们曾经像小学生那样模仿过引进来的超现实主义,也曾天真地抄袭过"一条安达路犬"之类的画面。现在,我们要找到日本的超现实主义。

您的影片显示出您对罪犯情有独钟。

可能所有的导演都是这样,起初,我对自己想刻画的对象认识得并不深刻。但人们慢慢就会发现,原来自己处理的是同一个题材。在拍了一定数量的影片之后,我意识到,自己对于犯罪题材很感兴趣。每个人在生活中都希望与旁人沟通,但有些人只能通过犯罪的方式,才能与别人交流。我想自己就属于这类人。我越来越感到,只有认识到犯罪这种交流方式的必要性,才能进行革命。在我的影片中,我对杀人犯深表同情。在这个意义上,性和犯罪有一个共同点,它们都是人最强烈的推动力。在性领域和犯罪领域,一切都是个人的,此外,什么都无所谓。

对您来说，新宿区意味着什么？

新宿是这么一个地方：这里不断地产生想象，想象变成了现实，而新的现实又会产生出新的想象元素。影片结尾时发生的暴乱，不是有组织的，完全是自发的。比如，如果有 1 万名学生在游行，很快就会有 5 万名围观者走过来，以个人名义，参加到游行队伍中去。

在《新宿小偷日记》里，您完全否定了生理卫生老师和灌输知识的重要性。

高桥昭老师是一位所谓信奉弗洛伊德和马克思主义的人。他一直主张在性方面不要掩盖任何东西。我们认为，掩盖什么或者不掩盖的问题，丝毫不重要！有更加重要的问题需要解决。不管采取什么方法，重要的是要能够解决自己内心的冲突。这部影片使我最感兴趣的人物，是让·若奈，他把自己放在一个尴尬的位置上。与让·若奈接触的第一场戏，是那个女孩抓住他手腕的时候，他竟然承认感觉到了性高潮。

在很多日本影片里，人们会看到像您的《日本夏天，双双自杀》那样双双殉情的题材。

这是一个使我感兴趣的问题。从歌舞伎诞生之日起，这就成了一个传统的话题。在社会不允许一对恋人在一起生活的时候，他们就会一起自杀。自杀前，他们最后一次做爱，并且会达到最高潮。筱田正浩推出了"情死天网岛"，相信死前会有最后一次登峰造极的爱，但我实难苟同他的观点。正因为我不相信这最后的爱，所以我要拍一部以此为主题的电影。《日本夏天，双双自杀》说一个不想再活下去的男人，要寻找一个杀死他的人。他们需要两个人一起来达到一个人自杀的目的！我探索的是，那个杀他的人将会以什么形式出现。在我的影片里，他没找到这个杀他的人，但找到了一个爱上他的女人，可是，他不爱这个女人。影片结尾时，他们在警察的包围下一起死了。

您对日本电影界大师小津安二郎、沟口健二和黑泽明，如何评价？

我进松竹映画的时候，最重要的关系是在于公司与观众之间，而不是在导演和观众之间。电影人是存在于这种直接关系之外的。今天的导演，拍片的时候，考虑的是怎么把属于他们的题材拍成电影。情况完全不同了！小津安二郎那一代导演，首先要同时取得公司和观众的认同。在这方面，小津安二郎是一位性格平和、非常幸福的导演。说到沟口健二，他从来没有取得过这两方面的认同，一生中不断地和公司进行十分艰苦的斗争。他选择的道路是技术完美之路。但我不认为他在影片中把自己的性格充分表达出来了，尽管这样，仍然不失为一位大师。至于黑泽明，我不认为可以把他和小津安二郎与沟口健二相提并论。

Shōhei Imamura
北野武
（1947— ）

　　60年代之后日本影坛人才辈出，北野武在新一代导演中是真正的领军人物。初入演艺圈时，他是一位"相声"演员，表演一种脱口秀之类的滑稽剧，与搭档六平直政合作，以"次郎"为艺名，演出滑稽短剧（作为电影演员，他仍然使用这个艺名）。在电视台当诙谐讽刺节目的主持人，使他一举成名。大岛渚曾请他在《圣诞节快乐，劳伦斯先生》中，出演主角之一星光中士。同时，他写出了许多洋溢着反传统艺术狂热短评和杂文。借顶替一位缺席导演之机，他执导了第一部影片《暴虐的公鸡》。在这部影片中，他热衷的题材和风格已经可见一斑：以单线条暴力和冷酷画面，反映盗匪之间的火拼。北野武长年不被西方所知，在《奏鸣曲》(1994)之后，《暴虐的公鸡》和《沸点》才在一片混乱中，参加了双周导演电影节，此时，这位实力派艺术家才得到公认。然而，虽然他再次拍出了《我的兄弟阿尼吉》（部分场景在洛杉矶拍摄），但不愿把自己禁锢在同一种电影样式中。《花火》是北野武转变的里程碑，表现出这位电影人新的雄心大志。此后，他连续推出了3部风格迥异的影片：《菊次郎的夏天》(1999)、《玩偶》(2002)和《座头市》(2003)。在《花火》勇夺威尼斯电影节金狮奖之前不久，我们有幸在丽都饭店采访了他。北野武是一位绷着脸说笑话的人，诙谐顽皮，总会让和他谈话的人感到意外惊喜，就像导演看到观众吃惊，自己喜出望外一样。北野武谈话间的不动声色，使人想到他定格镜头的静止状态。他的世界被死亡和绝望统治着，结构严谨而简约，是他的电影风格。特别是在《花火》中，北野武不停地运用画面和意识流动，枪声和烟花爆竹声交相辉映，像今村昌平和大岛渚的作品一样，超现实主义色彩十分浓厚，他和安德列·布鲁东一样，认为美存在于静止的突然爆发中，于无声中的惊雷更加动人心魄。

关于《花火》

(1997年9月,威尼斯)

您拍摄的新片《花火》,结构十分复杂,从过去的角色到使用造型艺术作品,从爱情关系到暴力场面,故事在许多层次上展开。写剧本的时候,您是如何组织素材的?

确切地说,我不仅仅是一名导演,而且是一个艺人。在我的演艺生涯中,我觉得自己经历过两个重要事件。一个是3年前的摩托车车祸,我的右脸严重受伤。另外一个,是10年前的事:一群狗仔队记者偷拍了我女朋友的照片,为了那些底片,还动手打了她,所以我气坏了,打了报纸的出版商。最近我才想到这两件事对《花火》产生的影响。我扪心自问:当自己的女友身体和精神上受到伤害的时候,在这一危急时刻,我到底能够为她做些什么?西佳敬带妻子到乡下做最后一次旅行那场戏,可能就这样下意识地启发了我。

我还想补充一点:很多影评人和记者在谈到我的作品时,第一句话就把我的电影定义为暴力影片。但我觉得,温和与暴力就像钟摆一样。一个人越温和,可能会变得越野蛮残暴,因为,他这两种灵魂状态,差距可能是最大的。也许这种看法有点夸张,但我认为,爱到极致的行为,可能就是杀掉你所爱之人。我对您说的这种理念,只不过重复了二战前日本占主导地位的哲学公式。事实上,日本社会在被迫变成目前这种极端现代化和美国化之前,我们经历过一个时期,那时候日本人普遍认为:高昂的诗情和浪漫主义只能在死亡中才能找到。所以,我有很多日本同胞仍然下意识地把爱情和死亡连在一起。威尼斯电影节上,一些欧洲人对我们把浪漫主义和死亡连在一起的反应,引起了我的深思。我对他们的惊讶深感意外,因为我觉得你们有深厚的浪漫主义传统,应该比日本人更容易理解爱情与死亡的关系。

您完善剧本的过程分几个阶段?

最初,剧本中镜头组的次序完全不是这样。这部影片的主要工作在剪辑阶段,影片是自己剪辑的,我把时间顺序彻底打乱了。摆在面前的这些镜头组,像一堆积木,要把他们重新组装起来。我花了非常多的时间,把它们的位置先后移动,以期得到令我满意的结构。在您看到的这个版本之前,至少还有10个不同版本。

在最初的剧本里,曾有一段西佳敬和中村靖两人长期结下的友情故事。所以,我想把中村靖对他朋友的关怀体贴展现出来:他让人叫西佳敬到医院去看望妻子,单独一人进行那次警察行动。由于中村靖没有搭档,以至严重受伤,从腰到脚全部瘫痪。西佳敬对此深感内疚。我想到的第二个主意,是西佳敬决定带妻子到乡下去:因为生活中对妻子很少照顾,觉得自己应该为奄奄一息的爱妻做些事情,以求补救一下。这两个元素结构了整个故事,它们都和西佳敬内心的情感压力密切相关。我想把他在这些考验面前做出的反应展现给观众。

我感到最棘手的问题之一,是表现西佳敬和中村靖之间的亲密关系。我找到的最佳方案是利用中村靖的绘画,让这些绘画和西佳敬的行动发生关系。所以,中村靖的绘画和一家人观看烟火的镜头汇合在一起,他们旅行的其他时刻,也出现了类似情况。

这些素描和绘画都是您的作品,那么,您过去从事过造型艺术创作吗?

事实上,我开始画画不过3年时间,就是在发生摩托车车祸之后。我当时受伤非常严重,所以觉得不可能再继续拍电影了,也不能再在电视台以野武次郎的名义当主持人了。像中村靖那样无所事事,我整天都闲着没事,心里想:"为什么不画画呢?"起初,我把它当做忘却伤痛打发时间的一种消遣。后来,绘画变成了我的爱好之一。在准备拍《花火》的时候,我想到瘫痪在轮椅上的中村靖,和我过去的日子何其相似!跟我一样,他也可以投入绘画活动。我想,这不会让观众感到意外,因为他们知道,中村靖和我一样,都是刚刚开始学画的爱好者,丝毫没有想成为一位真正艺术家的野心。我知道自己的画技还很不完美,但至少我在绘画的时候,能够做到全身心地投入,而且能找到很多乐趣和满足。

使人感到意外的,是您的绘画风格和电影风格完全对立:您的绘画内容丰富,到处是动物和鲜花,充满了每个细节。而在您的影片里,景框中的景物,除了空旷地带中的一两个人,几乎一无所有。

这个反差可能是由我的平衡感造成的。在《花火》和我的前期作品里,我的拍摄法则之一,确实就是空旷。也许并非完全出于故意,我试图让能对观众产生情感冲击的绘画密度和画面的简约造成反差,这种反差越大,冲击力越强。

拍电影的时候,您用不用画好的镜头提要,还是像那些升降机镜头那样,临时决定摄影机运动? 拍抢银行那场戏,您开始就决定用摄像机吗?

我没有事先画镜头的习惯,因为即使画好了,拍摄地点和角度也永远不会和我最初的意图一致。抢银行那场戏,使我感到为难的,是大多数时间里,人们对这种行动的理解来自看过的电影,真正亲眼目睹过抢劫银行的人屈指可数,对这种事认识,纯粹出于想象。我心里想,叙述抢劫过程的最好方式,可能是利用银行监视系统的偷拍相机,加上用摄像机拍的银行里人的特写镜头。我想彻底否定电影里抢银行的老一套表现方式。正是出于这个原因,一些人说那场戏拍得不真实,但根据的不是抢银行的真实情况,而是电影给他们留下的印象。至于那些升降机镜头,实在纯属偶然。《花火》即将开拍时,我前5部影片的摄影师柳岛克己,获得了一个到伦敦电影学院进修的奖学金,所以,我只能求助于他的助手山本英夫担任摄影,并且希望他和前任有所不同。对于雪中那组镜头和废铁场那组镜头，我们一起设计了升降机运动。这正巧与我打算改变一下自己风格，更多利用摄影机运动的想法暗合。一位新摄影师的到来促进了这一过渡。

影片中您利用了日本的标志性景点，盛开的樱花树、富士山和雪景。您为什么要和这些传统画面联系在一起呢？

我为西佳敬和他妻子美幸安排的这次旅行，之所以都是这些传统的旅游点，是因为这是他们的第一次（也是最后一次）外出旅行。年轻人的蜜月旅行一般都会选择这些最典型的景点。当然，如果人们生活在这种环境里，就不会选择这些地方来安排自己的假期！我生在东京，并且一直在这里生活，但我从来没去过旅游者必定会去参观的著名城楼。

影片中，当事情进展不顺利的时候，比如烟火没放好，相片没照好，都会出现一种基调和幽默的混合物。

在《花火》里，确实有很多幽默，但我想强调一下，观众觉得是幽默或者可笑的地方，和影片主人公的感受不见得一致。对他们来说，这些地方可能会觉得很悲惨或很忧伤。烟火那一段就是这样。一切都要由看待这些事物的目光来决定。另外一个例子是破风筝那场戏。观众肯定会笑，但孩子最宝贵的财产被毁掉了。同样，影片结尾时，西佳敬为妻子做的事看起来很悲惨，但这也是爱到极致的标志。在西方人眼中，他的行为可能被看做是日本古代智慧的表现，但对于我们，即使浪漫的诗意埋藏很深，仍然铭刻在许多日本人心里。

但是欧洲人对您说在影片中得到的感受，主要是《花火》这个片名本身给人的启发。

是的，"Hanabi"如果中间没有连字符，是烟火的意思。"Hana"是生活中的鲜花，"Bi"是火，但两个词用连字符连在一起时，则表示破坏和死亡。这是一些既意义相反又互相补充的词语。关于本片片名，说来很不好意思，片名不是我想出来的，而是制片人。他给我提出了这个建议，但我没有马上理解个中含义。于是，他跟我讲了上面那些我告诉您的话。我觉得这个名字起得很妙，所以就采纳了他的建议。

影片吸引人的是它制造的意外层出不穷，即使结尾时叙事逻辑使然，仍有惊人的独创。同样，暴力总是以省略的手法使人感到不期而至。

电影已有百年历史，观众总渴望事先知道银幕上将会出现什么。在暴力场景里，我想使他们的渴望落空。我不喜欢可以预见的电影，所以，我在每个镜头组里，都放进去一些不同凡响的东西，让人吃惊。我也想把感情冲动的暴力场景和那些西佳敬与妻子重聚的场景形成对比，这些场景节奏缓慢，大多数时间都是在寂静无声中度过的。这样，我就可以把西佳敬说的最后两句话的分量加到最大！动作场面和安静场面之间的反差,对我颇具吸引力。

久石让已经是第三次为您的影片作曲了。您和他是怎么合作的?

久石让与我的合作非常特别。我们在一起很少谈乐谱的事。我给他看了《花火》最初的剪辑版,这就像是我一拳打到他脸上。我们之间哪里是友好聚会,完全是一场拳击。用暗喻讲话,可以说他被击倒了,在我数到九之前,他没有醒过来。但是,他突然配出了这个乐曲,似乎回手又给我脸上一拳。在一定程度上,这是他的报复,然而我却心满意足。

我们第一次见面的时候,您没有告诉我们您在电影方面的爱好。

很多导演我都很喜欢,也想和他们比试一下,觉得自己能够有这种能力。但当我看到一部像费里尼"小丑"那样的影片时,就会自叹不如了。如果上了拳击台,他会一拳把我击倒在地。对戈达尔的《狂人皮埃罗》,我也非常喜欢,但他拍的其他片子,我觉得很难懂。至于塔可夫斯基的影片,我实在没有足够的体力看完它们。在日本导演里,我最喜欢黑泽明,特别是他的《罗生门》和《七武士》,当我想到这是他在40年前拍的电影,影片的完美程度实在令人赞叹!

Takeshi Kitano
今村昌平
（1926—　）

　　1984年,日本基金会给我一笔奖学金,问我留日期间希望遇到谁,首先来到我脑海里的,就是今村昌平。原因有两个:20年前——准确地说,是1963年——我在电影院(今村昌平与日本年轻导演不同,他不是在电影节上崭露头角的)看了他执导的前期影片之一《少女与强盗》,我受到震撼,并被折服。从此之后,我不断寻找他所拍摄的影片。他影片的片名就让人不能不去看那部电影——《昆虫女》、《诸神深欲》、《色情》、《一位酒吧女郎讲述的日本历史》。这些影片精彩地总结了今村昌平的世界:对动物畸胎学的兴趣,面对性欲、性和女人的吸引,众多叙事的神话传奇层面,以及他对日本发展进行剖析的愿望。渴望和他见面谈话的第二个原因,是他那不合群的个性。今村昌平从不外出,或者很少旅行。他逃避电影节(甚至不来戛纳来领取为《楢山节考》而颁发的金棕榈奖)。因此,到他的老巢里——他领导的东京电影学院——去接近他,令我心驰神往。在他的轨迹中,还有一个奥秘:70年代息影。1980年,我在香港电影节上,发现了标志他回归影坛的影片《我要复仇》,当时他几乎已被西方淡忘。我立即向斯特拉斯堡组织的"新闻与电影"电影节推荐了这部影片,恰巧我也是萨姆埃尔·弗莱尔领导的评委会成员。我记得,在这部恐怖电影面前,弗莱尔表现出的狂喜。影片根据日本一则社会新闻,讲述一个系列杀人犯的案件。我们一致同意把大奖授予了这部影片。与大岛渚恰恰相反,前者的影片日益减少,今村昌平的片目持续增多。这位导演的活力,丰富的想象力,使他的《鳗鱼》第二次赢得金棕榈奖。《妓院皇帝》说明他对肉体的不懈关注,《肝脏大夫》(《斗牌传说》)告诉我们,这位医生的儿子除了喜欢用手术刀解剖人与社会的弊病,对任何事都兴趣索然。2001年,今村昌平推出《赤桥下的暖流》,以此来庆祝自己的75岁生日,把诗歌与喜剧融为一体,轻快地重温了爱恋情怀,再次诠释了他的艺术纲领:"我感兴趣的地方,是人体下半部与社会底层之间的关系。"

关于他的影片

（1984年4月，东京）

您为什么从来不去欧洲？

我没有去那儿的准确缘由。首先，作为导演，我的时间安排十分紧张，另外，我又是一所电影学校的负责人。大部分时间都在搞教学工作：我们有500名学生。他们中间的一些人就到这个地方来上课。

您什么时候做出成立一所电影学校的决定？目的是什么？

我成立这所学校已经10年了。考虑到日本电影当时遇到的困难，5家电影制片公司和发行公司，无法聘用和培养年轻的助理导演、摄影师，以及其他从事电影工作的人员。有些人很有才华，完全能够协助导演拍片，但他们找不到工作，也没有可能发展自己的特长，从而造成了电影行业人才短缺。正是出于这种原因，我决定创办这所学校。

您采用什么教学方法？

这所学校的特点，教学人员不是真正的教师，而是电影从业人士，他们继续在各自的岗位上从事导演、摄影、编剧和电视制片工作。设置的课程主要是实践练习课和很少的理论课。

您的学生大多数是初学者，还是也有来进修的专业人员？

全部学生都是高中毕业生。

您怎么招收学生？

我们没有入学考试，谁都可以来听课。

也就是说，任何人都可以进这所学校。

是的，所以有不少差劲学生打算进我们学校，他们的家长和老师千方百计地阻止他们，告诉他们必须有聪明才智才能从事电影工作，因此，大多数孩子放弃了这个念头。不幸的是，我们的学生都很贫穷，不得不去卖报纸，因为他们的家长不愿意给他们付学费。另外，人们对没有入学考试学校的教学质量产生怀疑，觉得这样太不正规了！

所以，努力学习的学生，都有很强的个性。

这正是我要培养的人。

学制是多长时间？

第一阶段是两年，这个阶段结束时，有一个精选考试，内容是一篇论文和几次口试。这个考试可以让我挑选进入第三学年的学生（第二阶段），我亲自在这间办公室里给这些学生上课。

今年，没有一个学生能够进入第三年学习。我刚才讲过的口试，实际上是关于各种主题的即兴讨论，老师给每个学生提出一些难以回答的问题，试图了解他们最深层的个性。

今年，也有几个相当出色的学生，但都不是我要培养的人。说实在的，我不在乎，我要寻找"很特别的家伙"！

是否学校工作是您不去欧洲的唯一原因？

不是，这不是唯一原因。我对印度和中国比欧洲兴趣大得多。

您去过这些国家吗？

是的，去过一两次。

在那10年当中（1970年到1979年），您为什么只拍纪录片，不再拍摄故事片呢？

首先，我自己遇到了资金问题，其次，我这10年中交给发行公司的拍摄计划，都不让他们感兴趣。所以我只能与电视台合作，拍一些小成本的纪录片。

您能否谈谈那些没有实现的计划？《乱世浮生》、《我要复仇》、《楢山节考》，是一些过去的计划，还是新的想法？

《乱世浮生》和《我要复仇》是过去的计划，而《楢山节考》是新的想法。

你还有没有实现的计划吗？

一家大建筑公司（鹿岛建设）请我拍一部摩洛哥民居的纪录片。我带着摄制组去了摩洛哥，然而，这个题材实在意思不大，但我想拍一部半纪录半想象的影片，片名叫《胆小鬼阿里》，我觉得很有意思。但由于当时摩洛哥政局不稳，我不得不停了下来。我想找其他公司投资这项计划，目前还没有找到。

政策有变化吗？

我不敢断言，但是，当我们向内务部申请批准拍摄夏宫时，就遇到了麻烦。正是在这个时候，夏宫的负责人被暗杀了。

今天,您还有哪些拍摄计划?

我有两项计划,实际上,是三部电影。第一部发生在摩洛哥。一个十分单纯的少年,因为灵魂受到腐蚀,变成了杀人犯。

第二部发生在印度,是根据松本的小说《快跑,美罗斯!》改编的。这部小说是作者在两次自杀之前完成的。我想用坚强有力的手法来处理这部柔情似水的作品。几年前,我拍了一部纪录片,片名叫做《滞留海外的慰安妇》,反映被卖到国外(新加坡)的妓女遭遇。过去,我站在妓女一边,但这一次,我要从掮客角度来拍这部电影。我要把一个日本掮客(村冈浩二饰演)的故事介绍给观众,他在死前以纪实的手法写了自传。这是我的第三项计划。

您对原始的日本与制度化的日本之间的对立一直情有独钟。为什么在从影20年之后,您才开始拍摄历史题材的影片呢?为什么您决定在最近两部电影中处理历史题材呢?

我不知道应该怎样回答这个问题。刚才我跟您谈到的这项计划(由村冈浩二出演主人公)发生在明治维新时代……为什么?……一般情况下,我总是跟着自己的感觉走。发现一个我感兴趣的题材,我就想把它拍成电影。我有点儿像一头寻找猎物的狮子。

另外,我无意在电影史上留下自己的足迹。不知道是否回答了您的问题。

有趣的是,一段时间以来,您转向了过去。

战争结束时,我8岁。这时,西方文化(美国和欧洲文化)进入日本,推翻了我们自己的价值观。我个人被这些文化深深吸引,特别是被美国戏剧所吸引。田纳西·威廉斯的《希望号街车》,阿瑟·米勒,等等。这些话剧被美国占领军管辖的情报部介绍到日本。战后,这个机构变成了剧场。

另外,我受到存在主义(加缪、萨特)冲击,这一流派在日本开始蔓延。所有这些文化浪潮都轮番冲击着我们,一个流派刚刚过去,另一个新的流派又冲了上来,我们对此不能无动于衷。

至于我自己的电影,我希望它十分日本化,因为无论如何我是日本人。

1951年,我开始做助理导演,一共做了6年。当时,我已经感觉到,自己将要成为一个创作者(我的意思就是导演)。对自己未来要做的事,我思忖良久(我深知要受很多苦,才能得到自己梦寐以求的东西)。我知道,要对自己思想里受到的各种不同影响,进行一个选择,才能发扬光大自己的思想。我知道,我的电影,只能在反映各种意识形态与日本文化斗争成果的前提下,才能成为真正国际化的电影。

人们经常这样认为,越深入历史,越接近我们的根。这是不对的。在任何时代,我们的文化都受到外国影响。受西方影响之前,受过亚洲国家(印度、中国、韩国)影响。比如,印度文化首先经过中国,然后传入日本,中国文化经过韩国也传入日本。

由于过去太平洋不能通航到美洲,所有这些不同文化都停留在日本,从而衍生了一种(文化)发酵,产生了腐朽的美:江户文化(特别是歌舞伎)就是一个典型范例。人们长期把它视为堕落,然而,人们开始意识到,这种他们过去不习惯的美与传统的美学观念同样丰富。

对我来说,我的任务不是向观众介绍和分析这些文化,这不是我的工作。一方面,它们已经垮落,另一方面,有些事情,历史没有告诉我们。长期以来,我有自己的传统观念,而且,我相信,在人类历史中,尽管岁月流逝,有些东西是永恒不变的,因此,我对任何时代的日常生活(风俗、习惯、宗教、农具)都十分关注。

以《昆虫女》、《诸神深欲》、《未尽之欲》为例,这些影片看似现代,但我用与《乱世浮生》和《楢山节考》相同的视角拍摄了它们。不管什么题材,不管什么时代,我喜欢通过丰富多彩的日常生活来观察事物。不以这种视角拍摄的唯一影片,是《我要复仇》。

您谈了受过的影响(田纳西·威廉斯、加缪)。但是,我觉得您的电影更接近超现实主义,您是不是受过这个流派的影响?您对布努埃尔的影片有何评价?

我不是受过田纳西·威廉斯、加缪或者阿瑟·米勒的影响,而是对他们的作品感到震惊,对我们来说,这是一些十分新奇的东西。

布努埃尔,我只知其名,从来没有看过他的影片。说实话,20年来,我几乎没有看过西方电影,看过的几部,也早就忘记了。不要以为我这样说,是想说明我电影的独特,我真不记得看过什么西方电影!

谈到超现实主义,我知道自己一直在挖掘下意识,可能使用过一些与超现实主义相近的手法,但这只是一些个人的想法。

您研究过人类学吗?

没有,我很惭愧,本人上学时间不长。

然而,您读书自学吧?

读一点儿,浅尝则止而已。

那么,您为什么对大自然和动物的生活有如此高的兴趣呢?

我并不喜欢养宠物,一只猫爬到我的膝盖上,我会立刻让它走开。但从导演的观点看问题,我觉得人类经常感觉自己远远高于动物。您看,我是步行从家里来到办公室的。我走的是柏油路,而过去,这里都是土路,有蛇和蚯蚓之类的动物,但今天,一切都被柏油遮住了。

我天真地问过自己,在道路施工之前,人类是否向请求过大自然的准许?过去生活在这里的动物都到什么地方去了?我们与它们之间,没有什么区别,它们也是生老病死,吃食物,繁衍后代。唯一的区别,就是我们有宗教,有政治。所以人类觉得自己很骄傲,是统治者。

请您允许我大胆地告诉您:我希望人类能够把自己降低到动物的层面上。我们现在走在柏油路上,生活在套房里,已经习以为常,我们很难感觉到自己是在活着。我希望,观众看了我的电影之后,能够体会到这一点。

是否出自这个原因,您认为女人更接近大自然,更接近生活,所以您对她们更加同情?

毫无疑问,女人比男人更吸引我,这是理所当然的。如果需要从逻辑上进行解释,那就是您所说的原因。

谈谈您的家庭、出生地和受教育情况吧,您是在什么社会文化环境中长大成人的?

我的曾祖父生活在大阪西部的兵库县,是一个富家子弟。他生来不会做生意,但对绘画十分感兴趣。他整日作画,并把自己的技能教给孩子。他很快就被视为不能继承今村家族事业的人,而被弟弟取而代之。祖父对这一选择十分不满,选举(叔叔)继承人时,他拒绝投票,结果被全村人关了禁闭。后来又被赶出村子,带着妻子和儿子(我的父亲)到大阪市定居。

我父亲是个用功读书的人,在东京大学学习医学,毕业后成为医生,开了自己的诊所。但他希望能够继续深造,进行医学研究。由于家庭经济状况不允许,只能提前行医了。我有两个哥哥,一个姐姐,我在兄弟排行第三,也是最小的儿子。

我大哥酷爱戏剧,战前在一家小剧团当演员和道具师。他结了婚,战争爆发时,被动员上战场,从此就没有回来。他演的是德国表现主义戏剧。我记得,在父母家里,他把海报贴在厕所墙上。因为他比我年龄大很多,所以,我不认为他对我有直接影响,我只是觉得他很独特,浑身带着一种戏剧气息。

我的二哥也被动员到海军服役。他当了舵手,但很快就复员了。战后,他做教师,死在了横滨。

我姐姐嫁给了美国大学的一位数学教授,在一次车祸中死去。

情况就是这样,我的兄弟姐妹都死了。今村家族的人一般都活不到60岁。

我今年57岁,还能再活三年(笑)。战争结束时,我还是大学生。进了早稻田大学,打算学习戏剧专业。我尝试着写了几个剧本。选择这所大学,是因为一位大作家在那里任教。他是莎士比亚和歌舞伎专家(坪内逍遥)。学校里还有一个博物馆和一座藏书极多的图书馆。早稻田大学一向以此闻名于世。这时候,我结识了黑泽明,第一次看到了他的影片。

在您的电影生涯中,戏剧给您带来了什么?

它教会了我识别好戏和骗人戏。我不能忍受骗人戏。在各色各样的戏剧中,明显存在着戏剧与生活的区别,因为戏剧是以想象为基础的。但是,人们总是希望在演出中，找到生活的基本元素。我不打算评论那些自己非常喜欢但不成功的话剧。在电影和戏剧中，即使作品获得成功，同样有很多谎言。我认为，这是虚伪和蛊惑人心。

您说的骗人戏剧，是指哪些戏剧？

电视上播的那些东西，几乎全部都是骗人的。

尽人皆知，您在担任小津安二郎的助导时，经常与他意见相左。那是因为他的工作方法，哲学观点，还是因为他的电影美学观念？今天，您再看他的影片时，还有同样的看法吗？

我不喜欢他指导演员表演的方式，这和刚才跟您谈的戏剧问题十分接近。他对演员的要求极其苛刻，我当时雄心勃勃，仅凭自己有限的那点儿知识（美国戏剧和大学课程），就对他的电影价值和艺术观点产生了怀疑。尽管如此，我知道跟着他能够学到很多东西。今天，我没有很多机会再去看他拍摄的电影，但是，一看这些片子，我就生气。我觉得他的电影一方面过于漫不经心、无精打采，另一方面，情节虚假或者纯属胡编乱造，还指望着观众从中发现一些真理，这不是异想天开吗？

我的做法是利用故事来展现真实的东西，我坚持一定要观众觉得真实可信。我们之间的分歧就在这里：他觉得，真实与否无关紧要，关键是要美。我在他的影片里，隐约看到他对涅槃的渴望，对无忧无欲状态的追求。我当他的助导时，真有点儿誓不两立的劲头。但今天，尽管自己仍然不喜欢他的电影，但对他宽容多了。对我来说，我渴望能够取消这个大前提：电影就是杜撰！

我想起来一个小故事：记得有一天一位记者对他说："您拍的东西总是同一个样式，同一个内容。"小津安二郎回答说："我就像一个做豆腐的，我能做豆腐和各种豆制品，但不能做烤猪排。"

我想，他的意思是，人的一生中，只能做一两件事情。我觉得他说的不无道理。

然而，黑泽明的影片样式是很多的。

是的，我认为黑泽明受了美国电影很大影响。田纳西·威廉斯和阿瑟·米勒进入日本的时候，他拍出了《酩酊天使》。我虽然不太喜欢这部片子，但对出演主角的三船敏郎那笨拙表演颇为欣赏，这里说他笨拙绝无贬义。他的表演确实很糟糕，但他的眼睛放着光芒，散发出极大能量。这是我从未感受过的。当时，我住在一个成分特别复杂的居民区里，小偷、妓女、皮条客经常出没。我整天讨论艺术理论和诗歌文学……也和本区的边缘人物交往，甚至还打过群架，浪费了不少大好时光（大笑）。

在银幕上看见三船敏郎，我觉得他就是本区的一个边缘人物，就像是一部纪录片，他演的主人公太与众不同了，我从没见过这样的演员，他受了美国电影很大影响。正是这部《酩酊天使》使我下定决心步入影坛。

您过去喜欢这种类型的人物吗？

非常喜欢，最近一位这样的人物见上帝去了。他的年纪比我小，是别府市（日本西部九州）一家宾馆经理，这家伙非常有趣。他写了这个遭受战争破坏地区的历史。他去世时，他的家人请我会见外出旅行的儿子……好了，这都是题外话。

在您的电影里，纪实性与故事性互相融合，比如：《人间蒸发》、《一位酒吧女郎讲述的日本历史》，您怎么看待这类题材？

这与我刚才跟您讲的情况有点儿大同小异。比如说，小津安二郎的影片百分之百都是杜撰，要让他拍一部半纪实的电影，那将是无法想象的。我常把他比做一位工匠，或者更像是一位厨师。

至于我，我不敢肯定自己能够拍好故事片，我不太相信自己的才能（大笑）。这可能是我的本能决定的，自己天生就喜欢拍摄真实的东西。这个问题真让我伤心（笑）。

有些电影导演，像大岛渚，他们不断地观察着电影的变迁，力图知道自己处于哪一种电影历史潮流之中。在这种分析的基础上，去选择拍摄题材。我选择题材的时候，完全凭自己的感觉，就像动物一样，这就是我的性格。但我不能禁止自己插入一些纪实性的内容。对不起，我可能没说清楚。

您提到的两部片子主要是纪实性的，我通过它们试图揭示隐藏在现实生活中的真理，正是出于这个目的，我把它们变成了半故事片。

拍故事片的时候，我喜欢让观众感觉这是真实的，所以，我把影片变得像一部半纪录片似的。我认为必须如此。

您刚才说，您不赞成小津安二郎使用演员的方法，那么，您是怎么和演员一起合作的？您给他们很大的即兴创作空间吗？

小津安二郎把最小的细节都要告诉演员：向右前方走三步，拿起电话机，脸向右倾斜30度，在平静呼吸三次之后，开始说话。

我要尽可能多地与演员们进行交流，我把影片的故事告诉他们。我们无话不谈。开拍的时候，我必须跟他们交代一下基本要求，但我让他们尽可能地进行发挥。小津安二郎的方法，要求演员必须领会他的情感和风格，假如他们不理解，他就把他们看成是蹩脚演员。所以，他用的都是好演员，对他能够心领神会。

我并不盲目相信演员。我需要和他们谈话，以便更进一步了解他们。我们在一起谈家常，谈他们受过的教育，就像我刚才告诉您我曾祖父的情况一样。我们也谈日常琐事，谈他们头一天晚上做的事。在拉我们去外景地的轿车里，我不断地找他们闲聊，结果，您猜怎么样？没有人愿意坐在我的身边了！（笑）

您说自己非常相信直觉。那么，场景调度和摄影机运动是在拍摄前定好的，还是临时决定的？

写剧本的时候，我对使用的分镜头技术已经心中有数。但是，如果忘了自己最初设计好的,就会想到新的主意。拍摄前夜,我一般都要把准备好的计划再回忆一遍。拍摄的时候,我检验自己的想法,如果不合适,就换别的方法,我不是一个一成不变的人。

我很喜欢您影片的片名。我想知道,您是什么时候和怎么选择片名的?

一般情况下,剧本快写完的时候,我就自然而然地找到了片名。假如是改编小说的影片,片名事先就确定了。

您经常说,您喜欢拍摄凌乱的电影。但是,您最近拍的两部片子(《乱世浮生》和《楢山节考》),我觉得相当传统,是因为都是历史题材,还是您变得更聪明了?

您说的情况可能与我的基本观念有一定关系。如同我对您讲过的,我喜欢拍摄真实的东西,假如我认为我的影片比较凌乱,这可能因为我不喜欢过于完美的电影。我不追求观众在我的电影技术面前发出赞叹之声,好像他们面对一台电脑或者一些科学定律一样。

您问我是否变得聪明了,我觉得您有点儿用词不当。我觉得《乱世浮生》拍的太过完美了,自己下的功夫太大了。正因为这样,这部片子缺乏力度。

《楢山节考》看起来井井有条,不是因为它是历史题材,而是因为我对深泽七郎的原著太喜欢了。对我来说,这是我受益终生的书。拍摄这部影片的时候,我力求最大程度地忠实原著。

您改编过其他文学作品吗?

包括《楢山节考》在内,共有三部作品。第一部是《诸神深欲》,它是根据大冈弘子的小说《俊朗铃木》改编的。

第二部是《红色杀机》,是根据依田义贤的小说《窗口》改编的。

这两部影片,您并不十分忠实于原著。

是的,在大体忠实原著的基础上,我进行了很大改变,但在主题和历史时代方面,还是相当忠实的。

电 影 小 星 球 | 印 度

Satyajit Ray
萨蒂亚吉特·雷伊
（1921—1992）

　　萨蒂亚吉特·雷伊是一位贵族老爷。身材伟岸，仪表堂堂，讲一口优美的英语，浑身上下闪跃着智慧之光。

　　1964年，当《阿普的世界》在法国公演的时候，我发表了一篇对他全部作品初步研究的文章。《阿普的世界》是雷伊三部曲的第三部。50年代中期推出的《大路之歌》使他一举成名。我对他的关注，特别是整个法国曾经一度奇怪地放弃了对他的兴趣，让威尼斯电影节为他的《大河之歌》颁发金狮奖，又让柏林电影节展映他六十年代的主要作品，所以他对我们这种入微的关怀十分感动。我到印度进行过多次旅行，结识了其他印度导演，在孟加拉见到了莫利奈，在孟买见到了西颜皮尼哥，在可哈拉结识了阿多尔·柯普莱克里什汉和阿拉宛丹。他们对萨蒂亚吉特·雷伊都充满了热爱和崇敬。我有幸见过雷伊多次，也曾到他的加尔各答家中做过客，加尔各答是一座知识分子和艺术家的城市。雷伊既是画家（出版过大量儿童漫画读物），又是音乐家（1961年起，他为自己的全部影片配乐），当然更是作家和导演，而且是世界最伟大的导演之一。后来，我参观了他最后一部影片《不速之客》的拍摄，这时虽然身体已经相当虚弱，但他仍然顽强地坚持着。这里发表的长篇访谈，是法国电视二台在70年代雷伊终于在法国得到承认，在拍摄80年代那些最没有代表性却倍受推崇的作品之前进行的。

　　雷伊的电影往往是对新旧事物带着契诃夫式口吻的思考，尽管旧事物也具有真实的诱惑力，但仍然必须放弃。雷伊更像雷诺阿，而不是维斯孔蒂。他认为，一滴露水包含着整个世界，他的美学更多的是冥思而不是行动。然而，他并不像有人不公正地指责那样对当代印度一无所知，他知道如何反应一个新社会阶级的出现以及与大城市密切相关的问题。从对泰戈尔作品的改编（《孤独的妻子》、《三姐妹》）到一个地主对音乐迷恋的描绘（《音乐沙龙》可能是他的杰作），从《远方雷声》的饥馑，到《林中日夜》温柔抒情，雷伊的世界是一幅人道主义的巨幅壁画。唯一的憾事是，雷伊遮住了与他同时代另一位伟大的孟加拉导演瑞尔维克·格哈塔柯的光芒，这位大艺术家直到1976年与世长辞，也不为西方所知。如果雷伊在国外能说一句赞扬他的话，情况就会大不相同了，但他始终只字未提。

围绕着他的影片

（1978年6月，巴黎）

您的第一部影片，也是您的成名之作《大路之歌》，是一部关于童年的电影，我不问您它是不是您的自传，而是您个人童年经历如何？

我的童年经历和电影里叙述的大不相同。我是在加尔各答北部出生的，是一个对农村一无所知的城里人。我没有见过祖父，但他有全印度最好的一家印刷厂，他是发明家、画家、音乐家和作家——他写过出色的儿童读物。祖父是在我出生前6年去世的。父亲接手了他的印刷事业。我父亲也是一位多才多艺的人，他是画家和作家，曾在英国学习过石版画和雕版画。我出生在这种不同艺术活动的氛围里，遗憾的是，我很早就失去了父亲，他去世时我才两岁。

您是和母亲一起生活的吗？

公司清偿之后，我们搬了家。我们遇到了很大的困难。但对这个问题，我始终不太清楚，因为我是在舅舅家中长大的，受到了很好的教育。我母亲为了抚养我而工作，这就是我的童年。我在舅舅家中长大，上了小学和中学，得了一个毕业文凭和一个经济学士学位，后来我进了泰戈尔大学学习绘画。

泰戈尔和您的家庭有关系吗？

是的，我们之间的关系相当亲密。泰戈尔和我祖父的年龄相仿，他常到我们家里来，因为他们之间有很多共同点。每个人，每个知识分子都认识和尊敬泰戈尔，他对那个时代的作家和音乐家都有很大影响。我们和他很亲近。

您本人在上泰戈尔大学期间或者以后，您和泰戈尔有很多接触吗？

我高中毕业的时候，不太清楚应该做什么。母亲坚持要我去泰戈尔大学读书，但我已经……我天生喜欢画画，想当一名美术图案设计师，搞广告工作，这样可以挣钱生活。母亲问我："你为什么不去那儿呢？"那时候，泰戈尔还活着，大致在1940年前后。然后，她又说："为什么你不打算到圣提尼克坦大学待上一段时间呢？我认为，这对你很有好处。"这确实是一个非常聪明的决定，因为到了圣提尼克坦之后，接触到的人都是旷世英才，艺术教师更是不同凡响。在印度的传统氛围里，我学习绘画，与两三个好友一起，到国内所有的艺术圣地去游览。泰戈尔住在那里，但他是一位难以见到的受人景仰的人物，我们每隔半年可以见他一次，因为他过着一种隐居的生活，已经80岁了。我在那里的时候，这位伟人仙逝了。泰戈尔在那里，虽然难谋其面，但他对我们的影响很大。

我在什么地方读到过，您曾经翻阅过他的档案和文献资料，并且您找到了一种招魂术的线索，泰戈尔在法事上和您父亲讲了话。

确有此事，但那是后来的事。那是在 1960 年，我已经当了电影导演。1960 年，为庆祝泰戈尔 100 周年华诞，政府委托我拍一部纪念他的电影。所以，我回到了泰戈尔大学，看了他的全部手稿、文件，甚至包括保存在他卧室里的小纸条。我花了一个月的时间翻阅这些资料。令人意想不到的是，我发现了记录着泰戈尔和一位招魂者进行法事的纸张。那位招魂人是一位女诗人，27 岁就英年早逝了，显而易见，她是一位非常灵验的专家。这些纸上记录着泰戈尔与死者、他的亲友以及我父亲的谈话。我一共找到了三张叙述与鬼魂对话的记录，其中包括推定为我父亲的鬼魂。

您住在加尔各答的时候，常到乡下走走吗？

我在为一家出版社画插图的时候，对《大路之歌》这本书产生了兴趣。当时，我是一名广告艺术家，在一家英国出版社做形象排版设计工作。同时，我也和一家非常好的出版社合作，这是一家非常革命的出版社，出版的孟加拉文书籍排版和插图十分精美。因此，我既为出版商工作，也为广告公司工作。出版社老板决定为年轻人把《大路之歌》缩减一下出版，请我为书画插图。我们在那时候一起成立了加尔各答电影俱乐部。我对电影越来越感兴趣，对广告越来越没兴趣，觉得它不是一个能让人产生激情的职业。所以我们就在一起谈电影。我对美国电影非常熟悉，从小时候，或者说从上小学起，我就是电影迷：谈起美国电影导演，我如数家珍。

这就是我最初对电影的态度：电影迷。在泰戈尔大学图书馆里，我开始认真读电影理论方面的书。在这个图书馆里，能够找到有关普多夫金、雷蒙、斯泊迪斯伍德等当时十分罕见的英文书，后来我才读到爱森斯坦的书。《电影意识》是 1947 年出版的，我们的电影俱乐部也是那一年开展活动的，印度也是在这一年独立的。1949 年我为《大路之歌》做了插图，知道可以把它拍成一部电影。可是，我不能放弃自己的工作，因为我当了艺术总监，工资也很高，这是人们称作"前途有保障"的职位。但在 1950 年，公司派我到伦敦母公司工作，我在伦敦待了四五个月，大部分时间都看了电影。

在伦敦，您有什么发现？

我到伦敦做的第一件事，就是在电影资料馆办了一张卡。看的第一部片子是《偷自行车的人》，那一场有两部片子，还有一部是马科斯兄弟公司的电影。《偷自行车的人》是一部十分伟大的电影。对我来说，这是一个重大发现，因为在加尔各答我已经提出了拍摄《大路之歌》的计划，但那些专业人士对我说：不能使用非职业演员，不能在外景拍摄，不能在雨中拍摄，不能这，不能那，他们说必须修建一个电影城，我说这不可能。我知道他们做不了我想做的事。我看了德·西卡的电影，他就使用了非职业演员,他就是在外景地拍摄的,他不管下雨出太阳,全天候地拍摄。我的勇气又回来了!在回印度的船上,我写出了《大路之歌》的剧情提要,但只有几张纸。

回来的时候,您遇到了雷诺阿?

不是这样,我是在去伦敦之前见到他的。因为他来印度采景和为加尔各答的演员试镜,下榻的宾馆就在我办公室旁边,步行只需要3分钟。加尔各答一家大报《政治家》上刊登的一则广告说:"让·雷诺阿先生希望为他计划在加尔各答或附近拍摄的一部电影会见演员。"我过去看过他拍的美国电影,但没看过他的法国电影,看过《南方人》和另外几部。

《南方人》也反映农村生活,相当现实主义。

确实是这样。事实上,在《南方人》和《大路之歌》之间,有很多共同点:一位老妇人和她的孩子们,两个孩子和他们的父母,生活困窘和为生存而斗争。我决定去见他,像一个电影迷那样介绍了自己:"我看过您的电影,我自己也是画家,所以,我很熟悉您父亲的作品。"他听了又惊又喜,发现一个孟加拉年轻人还能知道关于他和他父亲那么多东西!后来我就常到宾馆拜访他,并且陪着他到加尔各答附近去采景,因为我对乡下很熟悉,我给他建议了几个拍摄场地,正是借着这个机会我跟他谈了各种各样的题材。我提出的问题可能把他搞晕了,但他是一个乐于助人的人,而且特别喜欢谈论他和他父亲的作品。

所以,雷诺阿第一次来印度的时候,我还在加尔各答。此后,我去了伦敦,他回来开始了《大河》的拍摄。我从英国回来的时候,他这部片子已经快拍完了。我本想能有更多时间看他工作,但您知道,我也有自己的工作。虽然我只到现场去看了他两次拍摄,但还是学到了不少东西。拍完之后,他就回国了。

这对您有帮助吗?

帮助极大!尤其和他进行的谈话,对我特别有启发。他是一个伟大的人,我不知道自己对其他人的欣赏能否超过他。

关于访问者对您的鼓励,我还听说约翰·休斯顿……

纽约现代艺术博物馆计划举办一个印度艺术大型展览会,该馆代表蒙罗·韦勒到加尔各答来考察展品。因为我在广告界小有名气,他认识我,所以来见我。我告诉他自己正在准备拍一部电影,他对我说:"如果您能按期拍完,我将会让它在现代艺术博物馆上映。"三四个月之后,约翰·休斯顿来了,他想和汉弗莱·博加特以及另外一个人拍摄《想当国王的人》。他也住在让·雷诺阿住过的宾馆里,像往常一样,我去宾馆看他,对他说:"我有一部2500米左右的放映样片,我想请您看看。"我给他看了,这是第一次剪辑的,非常粗糙。约翰·休斯顿和蒙罗·韦勒碰巧是好朋友。韦勒已经初步做出了决定,问题是期限马上就到了:结果《大路之歌》先在纽约现代博物馆上演,然后才在加尔各答发行。影片的后期工作把我们忙疯了:我和剪辑师十天十夜没睡觉,混录之后,我连看一个拷贝的时间都没有,从洗印厂直奔泛美航空公司,我靠着扶手睡着了,是一位职员把我叫醒的。影片按时到达纽约,在博物馆放映了,两个月后在加尔各答公演。

除了这些活动,这部片子赶上戛纳电影节了吗?

一年之后,我的一个印度朋友要去戛纳,时间正好在评委正式选片之前,这样比较容易一些,因为我们可以带着影片过去放映。我的朋友就是这样做的。后来,我听说,放映这部电影的那天晚上,除了五六个观众,一个评委也没去。

安德列·巴赞去了。

是的,安德列·巴赞去看了,还有林德赛·安德森和劳特·伊斯奈尔。

后来,这部片子就享誉全球了。

是的,全部评委成员都没有看过这部电影,您能想象到吗?后来又组织了第二次放映,而且,这部片子还得奖了,真是出人意料之外。

然后,您又拍摄了这几部精彩的影片。

我想补充说明一下。拍《大路之歌》的时候,我还没有辞掉我的工作。我们花了两年半时间才把它制作出来,部分原因是在很长一段时间里我们都没有钱。开始时,我们用了自己的积蓄,我的部分工资也放进去了。这就是我拍第一部电影的条件。在孟加拉上映之后,这部片子大获成功,我要说的是,在戛纳电影节之前,它在孟加拉已经成功了,但仍然有人说:萨蒂亚吉特·雷伊是在戛纳电影节之后,才成为导演的。这不是事实,这里的人很喜欢这部电影,上映档期相当长。在这以后,我决定离开广告业,全身心地去拍电影。当时,我想拍一个下集,并没有想到要搞三部曲。

我想谈一下您和印度的关系问题。但首先我们先结束新现实主义、雷诺阿等国外影响的话题。您和英国、英国文化有哪些关系?这些影响应该是双重的。

是的,它们是双重的,因为首先我们都学了英语,我们上了教授英语的学校。我们也可以去上英国学校,耶稣会办的教会学校,但我没有这样做。我上的是一所孟加拉学校,然而,我们也要学习英语,读英文的书、英国文学,甚至英国的畅销小说、卡通片,等等。我接触了这一切。假如让我给自己下个结论:我觉得自己是个东西方融合产物。不仅仅是英国和印度的,而且是西方文化和印度文化的,因为从上学时候起,我就喜欢上了西方音乐,不是英国音乐,而是西方古典音乐。

贝多芬、莫扎特的音乐吗?

贝多芬、莫扎特、巴赫。我说的是十四五岁时的情况。不寻常的是我们有一架留声机,我也不知道它是属于谁的,但我们有一张贝多芬小提琴协奏曲的唱片,是柏林歌剧院弗里茨·克莱斯勒原版录制的。后来这张老唱片被多次再版,但我从小就有这张唱片。我经常翻阅百科全书,贝多芬是我儿时崇拜的英雄:这位耳朵失聪的作曲家,具有那么坚强的个性,使我心驰神往。我也想听别的作曲家的作品,就开始收集莫扎特唱片,因为钱少,每月只能把零花钱剩下买一张唱片。

上高中的时候,我不仅喜爱音乐,也开始喜欢电影,我读电影方面的书籍,买唱片,听广播。这可能就是我受西方影响的方面。后来,我对印度的古典音乐产生了浓厚兴趣。我出生在一个音乐气氛非常浓厚的家庭里,因为母亲家里的人,姨娘和母亲生来就是歌唱家……我们唱泰戈尔的歌曲,泰戈尔也是一位杰出的作曲家。我跟您说过,我是在圣提尼克坦开始对印度传统艺术产生兴趣的,同时也对西方艺术、印象派、文艺复兴艺术、日本艺术和中国艺术产生了极其浓厚的兴趣。我们学习了书法,知道中国人是那样用毛笔写字,教学大纲里是包括书法的。后来,我也学习了使用日本毛笔写大字。我接触了全世界的现代艺术。

这是《音乐沙龙》的主题。

是的。我告诉您这件事是怎么出现的。三部曲的第二部是一场商业灾难,所以我决定……在《大路之歌》取得成功之后,我的想法有点不切实际,因此,这个意想不到的失败——商业失败,在影评界却是成功的。我决定拍一部音乐片。我认为印度人民喜爱歌舞,所以想拍一部关于音乐和舞蹈的电影。我读了这个故事,而且……

这是一个老人的故事……

是的。可是,写剧本的时候,您知道,这是一位……晚期封建君主的故事,象征封建社会晚期……诞生之前……

新兴阶级。

新兴阶级诞生之前。可是我在写剧本的时候,又不去考虑观众的问题了。结果变成了对封建主义十分严肃的研究,所以采用的音乐是古典音乐,而不是人们喜闻乐见的电影音乐。最后,这部片子不被大多数普通观众认可,只有很少一些人喜欢。从商业角度看,这无疑是个错误,虽然自己很高兴拍这部影片,而且觉得对封建社会的研究相当深入……后来,我又拍了一部喜剧。

那就是《哲学家的石头》。

正是。我想拍这部片子,有好几个原因,但主要是想换一换题材,我不喜欢重复。我已经拍了《大路之歌》、《大河之歌》,这两部电影的题材很相近,因为想变化一下,所以拍了《音乐沙龙》,我想造成一个新的反差,所以想拍《哲学家的石头》。在这部片子里,我想使用一位过去只演过小角色但我认为能派大用场的演员,我想让他在一部大片里担纲大角色,他本身就是那部电影。这时候,《大河之歌》正在威尼斯电影节放映,而且得了金狮奖。记者招待会上,有人问我是不是准备拍一个三部曲,我听见自己回答说"是的"。我不知道自己为什么这么回答。回印度之后，我重新读了那本书，从中找到了第三部电影。所以，我拍了三部曲。我对这一切感到骄傲。

您看，记者招待会还是有用的。

是的。

我想还回到英国的话题上来，在您态度的双重性方面，您谈了积极方面，但您怎么看待英国影响的问题呢？您有没有好像英国吞掉了印度文化的感觉？

那个时候，我们已经独立了。

可是，更早一些时间，1947年已前，当您还是孩子或者青年人的时候，您感觉到英国人的存在吗？

我没有很直接的感觉，上学之后，更没有这种感觉。我们有一些从英国来的老师，他们教我们英语，这不但不是一件坏事，相反，这不是非常好吗？当然，这里面有政治因素。我当时很小，八九岁的时候，甘地开始在印度举行第一次起义，但我们当时太年轻了。

我记得我们纺棉花的情景，小孩子也要纺棉花，每个人都要纺自己的棉花，把纺好的棉花送到家里去。我好像干得很不错。后来，1942年的时候，另外一个时代来临了。我当时在泰戈尔大学上学，甘地发动了第一次反对英国的运动，就是1942年的"退出印度"运动。我听说了这场运动，但我没有参加，可能当时我对印度艺术和印度传统文化的发现吸引了我的全部注意力。我对政治一向不那么关心。

后来印度就独立了……这是一件好事，但我觉得：不是仅仅是英国，而是整个西方文化都对我的成长起了重大作用。

您对孟加拉文化怎么看？我的意思是，对于我们这些人，很难看清楚在孟加拉文化和印度其他文化之间有什么重大区别。

问题在于：英属印度的首都是加尔各答，而我们称之为19世纪的文艺复兴却是在孟加拉发生的。那是一群学习过英国文化的知识分子，他们研读了米勒·本桑姆的哲学。您看，当时的左翼人士都受玛吉尼和加瑞巴尔狄这两大哲学流派的影响。他们接触的西方思想却使他们得出了具有讽刺意味的结论：西方教育在知识分子中间发展了反对帝国主义的思想和态度。这确实很有意思：我们读了米勒、本桑姆、洛克、休谟的书，然后又学习了玛吉尼和加瑞巴尔狄的历史和他们在意大利做出的贡献，然后，我们感觉到英国人……这种反对英国列强的态度在孟加拉已经开始了，而在印度19世纪才刚刚开始。那些知道英国人是怎么回事的大知识分子发出了号召，唤起人民反对帝国主义到处作恶，最开明的人士渐渐地站到了左派一边，共产主义不断地向帝国主义提出置疑……这一切实在太有讽刺意味了。

是这样,然而,我们觉得您在这部电影里提出的矛盾非常有意思:事情并不那么简单,那些压迫你们的人却给你们带来了反抗他们的起义思想,在您的很多影片中,人们都会很容易地发现这种矛盾,但您却不给出一个现成的答案。

问题是,我认为没有答案,假如真有现成的答案,我也不知道。我所做的事,是把一些问题和情况,尽量深刻地提出来,让人们去思考,让他们意识到这些问题的存在,由他们自己去做出结论。我认为:任何问题都没有现成的答案。

在《大路之歌》和三部曲里,您反映了贫穷、苦难和农村生活,但是您也展示了家庭的团结一致。

是的。

然后,您去了城市,那里有更多的财富,但也有更多的孤独,这是一对矛盾。

是啊,孤独!第二部讲了母亲生活在乡村里,而他的孩子却在远离母亲的地方长大,因为教育和求知的渴望把他带到了城里。这是生活的矛盾之一。

在《音乐沙龙》里,也有对这种正在消失的文化的思念。

确实是这样。有些极左派人士攻击我,说我同情封建主义,虽然他们只是左派中很少的人,我还是驳斥了他们,他们说的不符合实际情况。因为所有灭亡的事物,都有些悲壮的东西。我觉得,否定这个层面是不公正的。这个封建郡主不应该抱住这些有价值的东西不放,历史虽然抛弃了封建主义,但另一个阶级却出现了。因此,必然有冲突。这个郡主不知道是什么东西导致了他的垮台,我感觉这很悲壮。

而且,每种文化都有它的自身价值。

各个文化都有自己的价值,无论如何,因为它们是音乐的庇护者。封建主义解体之后,音乐人的生活反而十分悲惨,因为他们失去了生活来源。这是历史事实,应该展现出来,才不失真实。

人们注意到,您的影片,如同俄国电影和美国电影那样,相当关注生活的变革。比如,火车的形象。

是的,我喜欢契诃夫。

把人们运往另一种文明的火车形象。

在三部曲中,火车的形象具有象征意义。在第一部电影里,人们对火车产生了第一印象:年轻人从来没见过火车,也没听说过火车。在第二部片子里,火车变成了一种象征,它象征着把孩子从母亲身边夺走的某种无法抵抗的命运,母亲必须等着火车,看看自己的儿子是不是在车里,看看孩子是不是回来看她。在第三部电影里,这是火车和城市最龌龊的形象,它沿着年轻人的房子驶过,鸣着汽笛,冒着蒸汽,喷着黑烟和脏东西,风驰电掣般地跑远了。

从对待女人的问题上,最容易看出来一位导演的社会态度和开放程度,使我感到意外的,是您很早就关注妇女解放问题。

我确实拍过一部直接讨论妇女问题的影片,讲述一个不顾公婆家反对,坚决要参加工作的一位少妇的故事。丈夫挣钱不多,她必须维持家庭生计,就当了售货员。这种状况就滋生了丈夫的心理冲突:虽然他支持妻子接受这份工作,但他难以接受妻子挣的钱比他多。

在印度电影里,这个题材非常少见,可能会引起一些反响吧?

这类题材虽不多见,但存在着这类问题。

保守派人士没有攻击您吗?

那倒没有。但是,我拍摄《女神》的时候,他们猛烈地攻击了我。那是讲述一位少女的故事,他们以为我攻击印度宗教,实际上,我只是攻击了教条主义。

还有,迷信。

是的,我也攻击了迷信。她在公公面前,十分尴尬,手足无措。她的小儿子是在一所西方学校毕业的,接触了大量的西方思想观念,因而对他的父亲提出了质疑,结果悲剧就发生了。

她的公公认为:她是女神卡莉的化身。

对,他是这么想的。

《孤独的妻子》也是一个妇女的故事。

她爱上了丈夫年轻的堂弟。这是一个非常敏感、受过良好教育的女子,但她生活的那个时代(19世纪),女人没有今天那么多的自由。在这种冲突面前,她想通过写作来抒发自己的心绪,对丈夫既不愿意拿出时间陪着她,又不关心自己,表示了不满。然而,年轻的堂弟在理想情操和对未来的憧憬方面,和她完全一致,所以,两人产生了爱情。

这是对妇女感情和经济权利的维护。

大部分这类电影都是根据别人写好的故事改编的。我们有很多作家对这个问题感兴趣,泰戈尔就这个题材也写了好几部小说。我很同意他们的观点,再把自己的思想加进去,就拍成了电影。

我觉得,您对这些问题有着十分清醒的认识,60年代,您在作品里反映出一股越来越明确的社会潮流。

当然是这样。从60年代末起,加尔各答这座城市对于各种政治运动越来越感兴趣。要把发生在这座城市里的事情用电影形式反映出来的愿望,变成了自己不可遏制的内心要求。1970年以前,我拍摄了自己非常喜欢的电影,但它们都是发生在19世纪或者农村的故事。《大都会》是与加尔各答社会问题有关的唯一影片。但是,自1970年起,加尔各答变成了一座异常活跃的城市,极左派和纳萨尔派掀起的各种政治运动风起云涌。所以,我决定深入地对这座城市的各个层面进行探索,首先从失业问题入手。那些一旦离开习惯的城市环境,迁移到简陋居所中的加尔各答年轻人,在他们失去正常生活条件时,表现出来的个性是非常有趣的。这就是我首先拍的《森林中的日日夜夜》。这部影片展示了这些年轻人在农村环境中产生的心理冲突和其他问题。然后,我又拍了《敌人》,这是我拍摄的第一部直接反映加尔各答当代社会问题的影片。讲一个没有工作的年轻人,为了能够谋到一份差事四处打拼的故事。然后我又拍了《不负责任的伴侣》,叙述一个有工作的年轻人所遇到的种种问题:他想晋升职位,必须行贿才能够爬上去。

《人类丛林》似乎是您的四部曲的第四部。

是的,这是第四部曲。但在这部电影之前,我还拍了另外一部电影,那是和《大路之歌》同一作者的作品,反映孟加拉1943年饿殍万里的大饥荒。我经历了那场灾难,作为城里人,自己虽没挨饿,但看到了从乡下逃到城里的难民,因为无人关心而死在街头的惨状。这是一部自己很久以来就想拍摄的电影。

片名是《远方的雷声》吧?

是的。《大路之歌》的作者巴奈吉写的这部小说十分精彩,他只描写了一个小村子里很少几个人在很短一段时间里发生的故事。我当时没有能够拍摄的原因,一是没有找到合适的演员,二是忙于其他事情。另外,我觉得要想客观地反映这场灾难,最好能够拉开一定的距离。所以,1972年或者1973年,我决定拍摄《远方的雷声》。我招聘了一位孟加拉姑娘,因为我觉得加尔各答没有人能演布哈米那的妻子。在孟加拉独立之后,印度与之已经建立了外交关系,我从自己偏爱的演员中挑选了丈夫的角色。拍摄场地在我读书的泰戈尔大学附近的一个小村子里。我们住在圣提尼克坦,离拍电影的小村子只有5公里。拍完这部大饥荒的电影之后,我立刻就投入了《中间人》的拍摄工作。

我们再回过来谈谈《中间人》和另外三部有关社会经济问题的影片,具有讽刺意义的是,从政治和军事角度上,西方人走了之后,印度的经济遇到了严重问题。您对这种形势很不满意,比如《音乐沙龙》中,高利贷者面对着贵族那场戏里,您批评金钱和社会野心毁灭了人类。

是这样,这是一个反复出现的主题,因为它到处都存在着。就像贪污腐败一样,存在的范围太大了!

在《中间人》里，这是爱情本身……

是的，在今天的加尔各答，这是非常真实的。这是社会的一个侧面，在全世界都能找到类似的情况，这是一个总现象，在这方面，印度和世界各地大同小异。

我们再回到《女神》上来，您信宗教吗？

不信。但是，我对各方面的宗教思想都非常感兴趣。我不参加任何一种宗教活动，但是各种宗教都吸引我，因为在印度人们不能不了解宗教。我刚刚在波罗奈城拍完片子，在那里人们可以看到一个千年来没有任何变化的印度。在河边和寺庙里，您会发现什么都没有变，您会对那些左派的运动提出置疑，这一切……

您也一点儿没变，我读过您 10 年前发表的一个声明：您说您在思考印度问题的时候，您有点宿命论。在这方面，您也没有什么变化吧？

我觉得，《中间人》这部片子，充分反映出了我在这方面的看法。影片中有些犬儒主义，这在我的其他电影中是不存在的，然而，它只是这部片子的一个侧面。我感觉还是大有希望的，但这要取决于那些政党能否兑现他们的诺言……

您的电影不是悲观的，经常表现出对生活的渴望，但又有一丝疑问……

它反映了我在某一个特定时期的心情，但心情是变化的……

然而，在最近 10 年里，您并没有什么变化，与您在 70 年代初的观念是一致的吧？

是一致的。

您有很多影片都是从长篇小说或中篇小说改编的，您从这些作品里找到一个跳板，还是一种必要的结构，或者是因为文学对您的吸引力很强？

我们有深厚的文学基础，它是取之不尽用之不竭的源泉。这是孟加拉的一个特点，小说家和各类文学艺术的作者数量太大了。最初，我不知道自己是不是有写作能力，所以我想改编别人的作品。当然这就要大量阅读各种各样的孟加拉文学作品了。我从中发现了很多题材，制作了不少拍摄计划，准备把它们都陆续搬上银幕。但在 1960 年前后，我决定自己写剧本，原因是我想拍的那种题材和那类人的电影找不到现成的书。后来，我又自己写了《英雄》之类的剧本。当时，我想要两件东西，一个是坐火车旅行，一个是关于电影的题材。我要把这两件东西放在一起。所以，就想出了一个电影演员坐火车从加尔各答到德里去领奖的故事。这样，既有了火车，又有了电影。我认为，既然我们有那么多好书，古代的也有，现代的也有，我就不必自己去找素材了，把这些书改编一下往往可以事半功倍。但事实上，除了泰戈尔和其他几位作家的一些短篇小说之外，很难找到可以稍加改变就能成为电影剧本的作品。我往往只是利用书籍作为源泉，摘取书中某些我觉得有趣的细节，然后再重新结构，更重要的是，把我自己的理念贯穿进去，这样才能成为我自己的剧本。

拍《大地之歌》之前,您写过一些没有拍摄的剧本吗?

太多太多了。这是我当时最喜欢的消磨时间的方法。当我听说某人要把一个故事拍成电影的时候,就自己写一个电影剧本,然后,我把他拍成的电影和我的剧本进行对比。我经常可以预测到他拍的电影是怎么回事,把自己改编的剧本与他的影片之间的区别记下来,这是我消磨时间的最好方法。有时候,我记下一个题材,写了一个剧本,但在自己写完之前,已经有人买了那本书的版权去拍电影了。我做这些事的目的,就是希望有朝一日我也能去拍电影。

您的剧本写得十分详细吗?比如,您的第一部电影……

不是这样,我从来不会那样去写剧本,但这也不意味着一切都是在摄影棚里即兴创作的。应该说,我对影片的形式有一个十分清晰的想法,但我从来没学过怎样写对白,至少我最初的几部电影都是这样。但在《大河之歌》以后,我就把剧本写的相当完整了。在孟加拉,必须特别注意节约,要做到节约,就要把剧本写得十分详细。从一开始,我的剧本就有极强的可视性,我认为完全没必要写那些描述,既浪费时间,又浪费文字。归根到底,最后剩下的只是画面和对白。因为我学过画画,所以,我把不同的景别和景框都画成速写,加上一些镜头运动说明和注解,后来这些注解就变成了对白。我这种做法可以帮助我和摄影师进行讨论,他对我的工作习惯很了解。我的剧本和那种发给每人一本的打印好的剧本毫无共同之处。

您的剧本是带图解的,对吧?

我画了一些小景框。在打开笔记本的时候,我能够准确地看到剪辑:特写、中景、远景之类的所有东西,这也是一种工作方法。

您一向都这么做吗?

最初几部电影就是这样,现在又加上不少细节,布景和服装等等一切的速写。伴随着时间的日月流逝,我变得越来越细致,一方面是为了节约,另一方面是因为我不知道还有什么更好的方法。我觉得,节约是很必要的,因为我拍的胶片长度是最后留下的三分之一或四分之一。这个比例不可能再高了,所以必须降低成本,只有计划得周详,才能降低造价。当然,如果在自然的外景里拍摄,就要把即兴创作的空白留出来,因为经常会想到一些新的点子。但是,影片的基础镜头很少有变化,即兴创作的只是一些细节。

影片的主线是什么?是由人物来确定主线吗?

我写剧本的时候,人物自然是非常重要的,因为人物有的时候能够把故事引导一个方向去。但是,我认为最重要的,还是各种元素的组合,这种组合构成了影片的脊柱。我的意思是说,影片的气氛更为重要,所以,它也包括景物、景致的表象,以及我选择的拍摄时间,很显然,故事延续的时间也起着十分重要的作用,我必须知道所叙述的故事长度是 4 天还是 7 天？是发生在上午还是晚上？是什么节奏？因为节奏是变化的。如果把一场夜间的戏剪接在一场白天的戏后面，所有的内容、上下文以及周边环境就都变了。这一点，我有深刻体会。因此，人物、故事发生地、布景、可见的外貌都是极为重要的。我想每个人心里想的，都是这些元素的和谐组合。

照您刚才所说的，在工作中，剪辑似乎是非常重要的，但是您拍的胶片相当少，给自己留下的自由度似乎不大。

拍摄的时候，我必须想到剪辑。剪辑室的地板上，不能有很多扔掉的胶片。因为是我自己拍摄，事先就知道将要剪掉什么。完全不是好莱坞某些导演的那种做法，他们拍一场戏要覆盖尽可能多的角度，然后交给剪辑师去处理。我们没有那么大的财力，不可能覆盖那么多角度。比如，在拍《棋手》那部电影的时候，翻译之一理查德·阿丹博卢格就对我们不覆盖很多角度感到奇怪。他问我："您在剪辑室里怎么办？"我告诉他："我事先就知道我要怎么做，一切都在我的脑子里。"这就是我的方法，原因是从 1963 年起，我自己担任摄影师，我们使用阿里弗来克斯摄影机，而且我们也使用非职业演员。我发现，他们看不见我的时候，当我藏在摄影机后面的时候，就会感到不那么紧张，能够处于比较放松的状态。另外，那些专业摄影师，即使是最好的，常常拍完一个镜头之后，还会要求再拍一次，假如您问他们为什么需要再拍一次，这些人就回答不上来了，只是说："我对刚才拍的不太满意。"所以，我决定让我的摄影师去管理灯光照明，成为灯光师，我自己负责拍摄。

工会不强迫您必须聘请一位摄影师吗？

我们这里没有您说的那类问题，工会不会干预这些事，我一直自己摇把子。

但是在第一次排练的时候，您是站在摄影台上，而不是在摄影机后面。

是的，可是，我很少排练。在摄影棚里拍戏的时候，布景搭好了，道具也放好了，我们在拍摄前要排练一下。这和坐在客厅里，读一遍剧本或台词那种排练完全不一样。我们不那么做，因为演员事先就知道剧本，知道他们的台词。我们至少和主要演员一起读第一遍剧本，我自己来读：这会牵扯到一些表演和表达的问题，不同人物，我用不同语气来读。这样，演员们就大致了解了我心中的想法。布景搭完，一切就绪之后，我们在摄影棚里进行一次排练。演员和技术人员一起排练他们的移动路线，然后我们调整好灯光，就可以开拍了。有的时候，第一次拍的效果最好。如果第一次就让我满意，就不拍第二次了。

您把职业演员和业余演员混在一起……

我觉得这样做很顺手，因为最初我用的全部都是非职业演员，我这里说的是三部曲的前两部。后来，拍《音乐沙龙》和《哲学家的石头》的时候，我决定使用专业演员，全部都是专业演员。渐渐地这就变成了一个习惯：写剧本时，就会想到一个人物,就会想到这个人物的外貌,如果这个人物的外貌和任何一个演员都不一样。我就会去剧院找一位有舞台经验的演员。我这个人愿意接受一切可能性,每个人都可以来见我,我的名字在公开的电话簿上。假如有一位演员想和我合作,他可以来家里看我,和他说话的时候,我常常会画一张他的素描像。这些演员来的时候往往不带照片,我把他们的姓名住址记下来。经常会有这种情况,1960年见的一个人,我会在1965年给他打电话,向他建议一个角色。把职业演员和非职业演员混在一起很有意思。

但是,在这种情况下,拍摄的次数难道会不出问题吗?专业演员可能第一次就能成功,而非专业演员可能不会把表现力都呈现出来……

如果一个角色要在一个镜头里说大段独白,还要有动作,那就很难使用非职业演员,除非这个人天赋极强,在这种情况下,他也就不算是非职业演员了。在《对手》(《敌人》)里,我用过一个从来没演过电影的人,但他演得和一流演员毫无二致,现在他成了职业演员。这种情况也会有,但实在少见。我和那些非职业演员谈几次话,就能知道他能够干什么,只要他的面貌、举止和声音符合我的要求,就可以了。如果他不是一个天生的演员,我就要努力帮助他。我会使用各种技巧来获取我要的东西。假如要他表现出一种惊讶的神情,我会在摄影棚里制造出一声巨响。只要能达到银幕上要求的效果,什么办法都可以用。

《大地之歌》里面的那位老祖母演得非常好。

这是一位职业的戏剧演员,我们给她带来了新的生命,因为她已经30年没演戏了。找到她之前,我们到街上和稻田里去找老年妇女,但我们发现那些老妇人的记忆力往往都不行了……

拍摄像《大地之歌》这样的影片,费时达两年半之久,让演员,尤其是孩子保持连续性太不容易了。

您说的一点不错。然而幸运的是,那两个孩子成长得不像那些正常发育的孩子那么快,人们看不出来有多少变化。有的时候,我们不得不在一场戏中间停下来,比如说,我们从一个角度拍了一场戏,而同一场戏的其他镜头要在半年或一年之后再拍,您可以设想一下,要把动作的连续性都记在脑子里会是何等困难!给您举个例子吧!电影里有一场一条狗的戏,一个镜头表现狗走近了摄影机,下一个镜头要表现狗走远了,我们从某个角度拍下了前一个镜头,等后来我们又有点钱能继续拍了,那条狗已经死了。这都是一些流浪狗,狗A和狗B没有多少区别,所以,走过来的是狗A,走远了的是狗B,谁也没看出不一样来。

影片中,有一场很重要的戏,就是有关甜食那场戏,有个人把甜食扛在肩膀上,两个孩子带着狗跟着他。这个卖甜食的人也死了。可是我们已经拍了他三个镜头,第四个镜头,我们只能找个替身从背后拍他了。虽然这不是同一个人,但他一旦进入了影片的节奏,您就注意不到不同之处了。

我们在周围景色和花草树木方面遇到的问题更多,因为春天和秋天的景色完全不同……然而,我们拍的是黑白片,如果是彩色片就更麻烦了。

这么说来,您自己写剧本,自己画图,您自己进行场面调度,自己进行拍摄。而且,影片的音乐也由您自己来配。您给与音乐什么地位呢?您是在剪辑之后再配乐,还是在剪辑之前就想好了呢?

对于乐曲的选择,有时候我在写剧本的时候就想好了。最初,我是和作曲家合作的,比如拉韦·尚卡尔和比雅尔·克汉,他们是技艺超群的能手。和这些高人合作很不方便,因为他们不懂电影音乐,我需要的是他们的表演和乐器,而不是他们的想法。不管怎么说,拉韦·尚卡尔为我那三部曲配的乐非常好。后来,我决定音乐还是由我自己来写,有的时候,在拍摄过程中,音乐的灵感就来了。只要灵感一来,我就赶紧把它记在小笔记本上,有时候我也把它写进剧本。我自学过乐谱的数字记谱法和印度记谱法。可是,现在我拍的片子绝大多数是城市中的当代生活,使用的音乐越来越少。我们对电影的音乐提出了质疑,所以,我尽量使用自然音响,创造性地利用这些偶发意外的音响,就像主题音乐似的反复变奏。

您只写电影音乐,还是也写一些音乐会的音乐?

只为自己的电影写音乐,只是一些功能性的音乐。我不会去录制唱片!

您玩什么乐器吗?

不玩。我用钢琴来作曲。我用自己的方法弹钢琴,也可以说并不十分规范,只是作曲的一个载体而已。另外,我会吹哨。

您拍过的《音乐沙龙》,主题就是音乐,您还有其他拍摄计划吗?

我为孩子们拍过一部冒险片,片名是《钻石王国》,在一定意义上,也可以叫做音乐喜剧,影片中有很多音乐,也有我作词作曲的歌曲。我非常喜欢拍这类片子,可能还会拍一部。

您还有拍摄音乐片的计划吗?

为法国电视台,我要拍一部和印度音乐有一定关系的电影。我在拉贾斯坦邦的沙漠里拍过两部电影,这是一个民间音乐非常丰富的地区,实在十分特别,土地虽然贫瘠,居民生活非常贫困,但音乐资源却如此丰富,此前,我对这方面的情况认识不足,所以,我要拍一部这方面的影片。

关于传统音乐,您有什么打算?

在拉贾斯坦邦西部的一个地方,有一个小村子,村里人人都是音乐家,那里只有音乐家。我希望能把这部片子拍好。

在准备拍一部电影的时候,您说过您对氛围和光线非常重视。那么,您要花很多时间去采景吗?

是的,但这也要取决于影片内容。拿我上部影片《棋手》来说,故事发生在勒克瑙,可是,现在这个地区已经面目全非了,因为1857年那里发生了一场暴动,一切都被毁掉了。我们只好把为数不多的没有倒塌的外景拍下来,然后再在摄影棚里面搭内景。然而,为拍《大地之歌》,我们在村子里待了很多日子,研究光线、季节和植物,以便选择最适宜的拍摄时间。

我20年前第一次看《大地之歌》的时候,使我感到意外的是那些细枝末节,一朵花或者一瓶种籽与让人记起泰戈尔一滴甘露的宇宙观完美结合在一起。

关于这个题材,他在我的留言簿上写过一首小诗,那是我七八岁的时候第一次见到他,我把自己的留言簿递给他,他就给我写了这首小诗,并且说:"你长大以后就会懂得这是什么意思了。"

他写了什么?

大意是:我到世界各地旅行之后,见过无数的高山大海和一切事物,然而,当我走过家门的门槛时,却没有注意到一片草叶上的一滴露水。这是他对我说的,当然,这是一切艺术的核心问题。我觉得印度绘画能够准确地表现这一点:它可以把反映大千世界的细节集中在一起,微观和宏观完美结合在一起。这是一把钥匙,在我的影片里,有一个故事、一个主题,但同时我也尽可能把人类行为的细节、生活细节和万物的细节集中在一起。

谢谢您,雷伊先生。

非常感谢。

电影小星球 | 韩国

Im Kwon-taek
林权泽
（1936— ）

韩国电影是第七艺术世界版图上最后出现的国家，其代表人物非林权泽莫属。即使其先行者申相玉成绩不菲，年轻一代，如洪尚秀和李沧东也已经准备接班。对于国际影评界，林权泽的电影生涯是一堂生动的人道主义课程，因为他长期默默无闻，2000 年，戛纳电影节第一次接受他参赛的影片《春香传》，已经是他第 97 部作品了！他的主要作品在大电影节渠道之外，早已蜚声环宇，1981 年，柏林电影节曾邀请他的《曼陀罗》参赛，但在 1987 年，威尼斯电影节邀请他的《接种》展映，我才发现了他的巨大才华。事实上，像许多东方导演那样，他是在 80 年代末南特的三大洲电影节上，通过其 13 部影片的回顾展，才向世人展示了他作品的广度和多样性。在韩国釜山电影节上，我有机会更进一步结识了这位既温和又坚定的杰出艺术家。由于林权泽的电影经常提出民族特性和分裂统一等政治问题，所以，只有对该国历史和对两国人民的分裂现状有所了解，才能真正读懂他的影片。林权泽的作品极为丰富，但其前期作品只是用以糊口的工具。70 年代末，韩国军事独裁结束之后，真正展示其个性作品才涌现出来。这是一位严谨的艺术大师，当代题材的影片和古装影片交相辉映，古装影片反映出他对祖国历史的深刻了解，从朝鲜传统歌唱的盘索里*到古典风景画等其他艺术形式，他都竞相参与其中。在影片的宽幅镜头中，他用一个在远方迷失方向的人物，来表现佛教的纯洁思想。林权泽也是一位刚直不阿的社会批评家，更是一位反映女主人公心声的伟大画家。这种融合古今、现实主义和抒情主义、强烈的戏剧冲突和自由情感抒发为一体的风格，继承了沟口健二的优良传统，他还有宽广流畅的优美画面。我和于贝尔·纽格莱一起采访了他，主要是被他那部间接自画像影片《醉画仙》所吸引。影片中，沉稳细腻的形象和林权泽本人毫无二致。在他彬彬有礼的举止后面，人们永远不会忘记，为了保卫韩国银幕上的民族电影占有份额，此公在公众面前公然剃光头颅的伟大公民形象。

---

* 韩国清唱。——译注

围绕着《醉画仙》

(2002年5月,戛纳)

在《春香传》之后,您又拍了一部19世纪中叶的历史题材的影片《醉画仙》,您为什么对这个时代情有独钟呢?

今天的韩国人丧失了那个时代的某些东西,他们对自己的美不感兴趣了,大有忘记这些东西的危险。我要把它们向我的同代人,并向全世界重新展现出来,使之具有某种国际价值。

一位导演在拍一位艺术家——画家或是音乐家——的影片时,人们自然会想到,可能在这位导演和那位艺术家之间存在着某种联系,您和这位画家有哪些联系呢?

电影和绘画不同,但它们之间存在着许多共同点,电影也在寻觅美。这可能就是这两大艺术门类之间的关联吧。

可能在您和张承业的关系中,有某些更加个人化的元素。这位画家在影片中说:"对一位艺术家来说,重复就意味着死亡。"您电影的多样性,也许就是您和张承业共同理念的佐证。

显而易见,作为本片导演,我的很多个人经历,都潜移默化地融入了影片和张承业的生活。我始终渴望着不断更新自己,能够不断有所创新,不知道在《醉画仙》中是否做到了这一点,但无论如何,我都期望能够超越自己已经做过的东西。不算那些从影初期拍的坏片子,自从我开始拍摄"真正的"电影时,就产生了这种渴望。

他在影片中还说:"一名艺术家不应该成为公众的俘虏。"对于张承业的处境和您今天在韩国影坛上的地位,您有何感想?

我告诉您一个具体例子,是关于《将军之子》这部影片的。这是一部非常成功的动作片,大受观众欢迎,为制片人挣了很多钱。所以,观众和我的制片人希望我继续拍这类电影。接受这个要求是很有吸引力的。但是,我心里想,假如这样下去,满足了别人的希望,而我自己却不能进步了。因此,我努力摆脱了这种处境。

张承业是不是第一位不在画中题诗的韩国画家?因为,过去中国绘画的模式是书画合璧的。

是的,他是第一个这样做的人。今天,人们可以看到张承业的画中也有诗文,但这不是张承业自己的书法。这是一些人得到他的绘画之后，自己把他们选择的诗句写上去的。张承业从来没在任何画中题过一句诗。

为什么他不在画中题诗呢？这其中有很多说法。有人说，因为他生来就是孤儿，根本没受过教育。我认为这种解释过于牵强，因为他周围有很多艺术庇护人，这些人都是那个时代的文人。整天和这些人交往，不可能直到晚年腹中没有一点文墨。所以，我认为，他还是会写诗的，不然的话，怎么能和那么多的贵族和文人墨客相知相处呢？

他可能会写诗，但与周围的文人相比，可能文采尚嫌不足。而且，他又是一个十分自负的人，既然知道不如他人的诗好，又何必去和这些人在作诗上一争高低呢？另外，我想，他不喜欢在画上题诗这种做法，而希望绘画本身就能够自成一统。

他的绰号是什么意思？

他给自己起了一个艺名，它是由两个中国汉字组合而成的：Oh（我）和 won（花园）。可能是"我的花园"的意思。实际上，含义不这么简单。和他同一时代的另外两位大画家：金慧，艺名叫竹浣，另外一位是女画家朴芬，艺名叫梅莲。所以，Ohwon 的这第二个汉字 won，可以有"我也如此"的含义，这就意味着：我也是一位伟大画家。

您是从什么作品改编成这部电影的？是自传吗？

关于张承业的文献资料，现存的很少。有几本书，但不是真正意义上的自传，我主要依靠了一篇评论那个时代绘画的散文。也有一些支离破碎的画家传记和一些口耳相传的传说，但我并不想写一部张承业生平的动人故事，而是想象一位画家当时可能会有哪些遭遇。我对其他画家的生活也很感兴趣，比如，有些画家嗜酒如命。我看了不少关于他们的东西，也采访了大量当代画家，尤其是那些年事已高的大画家，了解了他们的日常生活。最后，也有我的亲身经历。

您的这部电影既包括画家的个人经历，也包括当时的历史背景：十九世纪末朝鲜局势相当混乱的时期。我不禁想到了布莱希特的戏剧《勇敢的母亲》，30 年战争时代的一位妇女的遭遇，也想到了莎士比亚的历史剧。您是如何处理历史层面和个人层面比例的？

张承业是在朝鲜某种历史氛围里生活的，但我所能够找到的关于他的书，都只字不提他的历史生平，只说他是一个生活在偏远农村的一个和尚。他不可能不知道当时的社会情况。尤其是，他和文人，特别是那些改良派人士，过从甚密，不可能不知道历史的进程，即使他没有参加当时的农民运动，但也不可避免地被卷入其中，他绝对不是一个愿意干预政治的艺术家，即使他想为受苦受难的老百姓带来某种慰藉，然而，他的主要关心的是艺术创作，而不是社会现实。

过去您拍过一些重点反映历史题材的影片,而今天您的电影越来越关心历史环境中个人的命运,这是不是您的一个转变?

我不知道这是不是一个转变,但随着年龄的增长,对于一部影片能给社会带来的影响在自己心里越来越重要。我也可以拍一些政治色彩更浓的影片,因为我经历过朝鲜历史上动荡不定的困难时期。但现在年纪大了,想把距离拉大一点,想做一些更快乐、更健康的事情。我想拍一部给生活带来某种财富的电影。

在您的影片里,像《醉画仙》那样,总是对大自然非常重视。大自然的角色,在您的叙事中间似乎是在戏剧性场景前面的一种喘息、一种沉思。

我不喜欢的,是那种人与自然交锋对峙的生活,我也不喜欢西方人那种利用大自然的思想。我渴望的是人与大自然和谐共处,这是我最想表现的事物。

这是一个宗教意味很强的想法,因为佛教里没有冲突的概念……

这确实是一个佛教观点,但我更想说,这是一个东方人看待现实世界的观念。基督教带来一种现世生活和上帝的天堂某种对立的思想。而佛教和道教里,即使到死的时候,人和自然之间也永远是相通的。

在《春香传》中,当她达到歌曲中最高境界时,面对着一幅巨大的风景画……

在我的影片里,始终会有这种天人合一的思想。

这部影片的拍摄时间非常长,从2001年6月到2002年2月,为什么需要这么长的档期?是因为某些镜头需要在自然的不同季节中拍摄吗?

我们不得不等待几个不同季节来反映张承业的生活变化,所以连续拍摄了这么长时间。此外,要忠实地再现那个时代的生活,在服装和道具方面也花了大量时间。我没有留心时间竟然过得这么快。

张承业既不像宫廷画家那样会有大量订单,也不像那些在封闭的文人圈子里进行创作的文人画家,他是极其普通的庶民画家,您认为他为什么能够取得这么大的成就呢?

因为他画得太好了!根据一些记载,他从20岁起就已经闻名遐迩了,人们都认为他是一个天才。对这一点,我不敢苟同,我觉得绘画必须有极好的功底。所以,我加入了一些场景,人们看到张承业正在贵族家里进行绘画基本功练习。

在东方绘画里,有一个十分本能的方面,画家从一页纸的上方画起,一个小时或一天之后,在画纸的下方收笔。在绘画过程中,有一种像杰克逊·包罗克的《绘画行动》中描绘的那种本能关系。

东方绘画与西洋绘画的最大不同点,无疑是西方绘画在许多层次上下工夫。东方绘画和写字一样,我们利用墨在纸上会自行扩展的特性,一两笔就画出来了,不在同一个地方画上许多层次,这是最大的不同。

对一位导演来说,把绘画的动作拍下来,不是比拍一个西方画家站在画布前面反复端详,更有意思吗?您想过这个问题吗?这是整个身体在运动,是个动作。

拍摄一幅画很不容易。如果距离很近地去拍一幅东方绘画,人们会看不出来所以然,从远处看,你会觉得十分成功,但近距离看,您总会觉得还没有画完,我不得不根据画家使用纸张的尺寸大小,使用特写镜头和中近景镜头进行拍摄。在特写镜头里,我想表现绘画动作的力量。如果您能理解朝鲜绘画是一件非常需要力度的东西,我就放心了,因为我正是要表现这种力量。

片中人物作画时您使用了替身技术。今天,还有没有张承业这样的画家?

我们请来了十几位四五十岁的画家,他们都是大学教师或是著名画家,影片中大家看到的绘画,包括那件屏风,都是他们的作品。张承业和他的同仁轮流作画那组镜头,有好几位画家参与。代替张承业作画的是金松图教授,他是一位大师级人物。扮演张承业的演员名叫崔岷植,他为了能够准确地做好动作,上了绘画基本功课程,他很努力,连专家都没有挑出毛病。今天还有一些画这种画的画家,但都不太年轻了。年轻画家正在试图进行与西方绘画技巧相结合的创新,他们做出了很大努力,但目前还没有取得可观的成绩。

这些场景是否很难拍摄?您和摄影师之间是怎么配合的?事先已经定好了准确的拍法,还是即兴创作的?对于正在作的画来说,摄影师可以灵活处理吗?

摄影师没有多少自由,因为他不知道绘画的全部过程,我自己也不知道。我们请画家告诉我们他准备怎么画,请他先给我们画一张看看。这样,我们才进行了分镜头处理。这幅画画了许多次,因为第一次,全景镜头拍得很好,但特写镜头没有拍好,这就需要重拍特写镜头。

张承业能够很好地控制自己的酒醉状态进行创作吗?

有一些画家是像张承业那样生活的。我不相信张承业真的每天都喝得酩酊大醉,他喝酒只是为了进入状态,很难想象他需要付出那么大的努力,才能画出那么美的东西来,这都是在大醉之中进行的。

影片的朝鲜文片名《醉画仙》,翻译过来的准确意义是什么?

《醉画仙》是由三个中国字组成的,因为,那个时代主要还是使用中文。这三个字是:酒醉、绘画、圣人。意思是说,他是一位伟大的喝醉了酒的画家,他伟大的程度已经接近神仙,达到了最完美的境界。

片名里没有女人的意思?

没有,但我并不反对法文的译名《醉心于女人和绘画》。人们想到烧酒、葡萄酒,就必然会想到女人。

把您形容为"醉心于葡萄酒、美女和电影",您会同意吗?

年轻时,我确实喜欢喝得酩酊大醉,但今天我的身体不允许喝那么多酒了。至于女人,情况也是如此,我没有以前那么多精力了。至于电影,为什么不呢?

影片中的女性人物非常有意思,而且提出了社会问题。她们多数是出身贫贱的庶民,只有一位女贵族。您是掌握了某些材料,还是杜撰了这些人物?

张承业喜欢女人,这是有文献可查的。他40岁左右结婚——和我一样,但在婚后的一天夜里离家出走了。这在那个时代是不可想象的。在这种情况下,这位被抛弃的妻子从社会上消失了。他寻找能够与自己兴趣相投的女人,否则,就把她们抛弃。应该知道,在那个年代,人们请一位画家来,并不让他立刻就作画,人们先让他尽量开心,给他送来艺妓和美食,请他先休息好。有的时候,画家要这样过上一个月或几个月,才开始绘画。

也有一些和音乐家、演唱家一起进行的集体创作。往往是总督或贵族请来许多画家,为了庆祝生日或是一件特殊的事件。绘画里会包含权力的象征,比如公鸡。画家们赴这类邀请,不仅仅是为了画画,也是为了娱乐。

您的剧本是怎么写成的?和谁一起写的?

本片的合作编剧金永可是当今韩国的一位大知识分子。他是一所大学的哲学教授,曾在中国台湾和美国哈佛任教。他的名气很大,很受人喜爱,但也招人讨厌,因为他常常公开讲一些大学者和大文人的坏话。我和他合写过《将军之子》和另一部反映学生运动的剧本,但这部片子没能找到拍摄资金。对于《醉画仙》,他没有参与故事和剧情的编写,只负责对白,其余部分由我自己写。把草稿交给他之后,他就把对白写出来了,因为他对东方绘画非常熟悉,还写过一本有关中国艺术的书。

您是否认为电影之美也能超越它的形式?在《醉画仙》里谈到绘画时,您说过这样的话。在《天涯歌女》中,谈到歌唱时,您也说过这样的话。是不是有一个时刻,人们可以超越形式而达到创作的真实呢?

我认为,电影拍摄的不是一种逻辑,而是精神和情感。过分强调形式的重要性,必然会损害自由。

电 影 小 星 球 | 土耳其

Nuri Bilge Ceylan
努里·比格·赛兰
(1959—)

我第一次见到努里·比格·赛兰，是在 2000 年的戛纳电影节上，他纯粹是来观光，3 年之后，再次见到他时，他让自己的第三部影片灰姑娘《乌扎克》在戛纳电影节参赛。当时，多数记者还不知道赛兰的名字，然而，与金棕榈奖擦肩而过的他，却赢得过其他两项大奖：评委会大奖和最佳男主角奖。在柏林电影节上，他的《小城岁月》和《五月碧云天》使他崭露头角，当时我就感觉世界影坛又出现了一个新的伟大名字。我发现赛兰的谦虚和怕羞与坚定共存。在我的记忆中，这是第一次一位导演告诉我不需要外部支援，当时我建议他在法国找一些可以在资金方面提供支持的合作伙伴，以便继续完成雄心勃勃的庞大计划，因为在土耳其的经济领域里，作者电影不可能被放在优先照顾的地位。赛兰在每部电影里，都是同时兼任制片人、编剧、导演、摄影师、剪辑师和演员（除了《乌扎克》），同时还是影片的对外推销人。他告诉我他宁愿自己筹措经费，也不愿意失去拍片的绝对自由。他的演员不是亲戚就是朋友，他与摄制组的 4 名技术人员合作（一个录音师、一个助理导演、一个摄影师助理和一位执行制片），用十万欧元就可以拍成一部影片。《乌扎克》能够在戛纳电影节与最佳影片在银幕上一争高下这件事，不仅仅是一堂美学课，而且是一堂清廉的道德课。

从一名照相师，像瓦尔达、古布里克、沙兹贝格和基亚罗斯塔米那样，赛兰积累了固定画面的实践经验，在他的场面调度中，依然保留着轻微的间离感、表面上的冷漠，但又不排斥情感同化，这就使他的影片到处都充满了幽默。他属于思考型艺术家，教给我们如何在乱纷纷的日常生活和灯红酒绿中看待这个世界。

关于《小城岁月》和《五月碧云天》

(2000年5月,戛纳)

我出生在伊斯坦布尔,两岁时,父母到爱琴海边上的一座小城里生活。我在那里拍了一部短片和两部故事片。那是达尔达奈尔省的一个村庄,我父亲出生在那里。10年之后,他们又回到伊斯坦布尔。我父亲是一名农业工程师,他回到家里来的目的是帮助当地人。我在一所国立中学读书,这所学校的水平不如私立学校。后来,我进了用英语授课的大学。直到那个时候,无论在家里,还是在亲戚朋友中间,我从来没接触过艺术。15岁过生日的时候,有人送给我一本讲摄影的书。这本书确定了我的志向。在成为导演之前,我搞摄影,参加过摄影展,也出版了几本摄影集。我拍的照片,尤其是人物肖像,不太考虑与真实的关系,颇具绘画特征。然而,在开始拍电影之后,我却选择了现实主义道路。我认为——也许不正确——摄影不能像电影那样准确地抓住现实。后来我觉得,现实即使是丑陋的,也是最重要的。奇怪的是,在大学里,我学的是机电,但我从来没有当过机电工程师。成为艺术家之前,那些数不清的电路可以满足我对游戏活动的兴趣。但是,学习机电,首要原因是父母愿意我选择最难的专业,他们认为我应该接受这个挑战。另外,我的朋友们也都想成为工程师。

在您的电影生涯中,理工科学习的背景在某种程度上对您也有所帮助吧?

由于我拍电影的预算非常少,理工科学习对我在组织方面大有帮助。拍第一部片子《小城岁月》的时候,我们只有两个人,《五月碧云天》也只有四个人。所以,在准备的时候,必须把一切事情都考虑得十分周全。在艺术创作方面,我不相信合理性,而更加相信自己的直觉。

以前,您拍过一部短片《茧》。

我从来没有当过助导,自己最需要的是敢闯的勇气。在电影界,我一个人也不认识,我买了一台二手的35毫米摄影机,最初只有我一个人,花了一年时间,拍成了《茧》,当时我已经36岁了。这部短片原长20分钟,可是为了参加戛纳电影节短片竞赛,还必须把它缩短。《五月碧云天》里,剧中人在电视机上看电影那场戏,很像《茧》。这部短片讲一对上了年纪的老情人,试图重新生活在一起,但最终还是各奔东西了。自然景色占据了重要地位,影片中没有一句对白。那个时候无疑是我职业生涯中最困难的阶段。投身影坛之后,我越过了门槛。拍摄《茧》这部片子,我没有认真地去找制片人,因为我不想等找到钱再开拍。剧本一写完,我就开始拍摄了。

我的影片挣不到多少钱，制片人也不会追着我跑。从那以后，我得到了一些资助，但我并不认为这是完全必需的，因为我创造了一种筹资方法，它运转得跟钟表一样准确，我不想放弃这种舒服的方法。

土耳其生产过一些非常优秀的影片，尤其是伊尔马兹·居内伊的影片，但是您的电影与民族传统的影片并非一脉相承。

我对这一点十分清楚，但我不明白其原因所在。我和土耳其电影界的关系不够密切，我觉得土耳其电影和现实生活之间没有真正的关系。我喜欢居内伊的电影，但我对生活的理解与他不同。有些导演曾经在我的心里引起过震撼。第一部影片是16岁时看的伯格曼的《沉默》，我觉得自己如梦方醒，那部片子与我看过的影片太不一样了，它让我永生难忘。后来，我发现了塔可夫斯基、布莱松和小津安二郎，这几位大师深深地影响了我。当代导演中，我最欣赏基亚罗斯塔米，一些影评家认为我们两个人的影片有不少相似之处。可以肯定，他给了我力量和勇气，从普通题材出发去拍摄影片。

《小城岁月》有一种大胆的叙事结构，因为您不像大多数影片那样，把故事组织成一系列的因果关系，您首先拍了一个学校教室的镜头组，然后在大自然中出现一个很长的过渡，最后，您通过夜间围坐在一堆篝火旁的漫长对话，结束了影片。

《小城岁月》的情况完全不是出自我的本意。我认为，创作过程中，编写剧本是最困难的阶段。开拍之前，我并没有把剧本全部写好。我是从一个童年回忆，在田野中谈天说地直到天明出发的。我的记忆非常清晰：作为一个孩子，我听不懂他们在说些什么，但我记得，大人说的话给我一种安全感。他们在那里争论、谈笑，但在我入睡的时刻，我觉得他们在我身边，自己非常安心。就像睡眠时盖上了一条被子一样。我觉得应该有一种能够反映这种感觉的方法，但我在剧本里没能找到表达这种感觉的方法。我不敢确定拍摄的影片是否表现出了这种感觉。实际上，这是我妹妹写的一个故事，我用它来作为出发点。后来，我回忆起了教室和教室中的气氛，把这两个镜头组平行对接起来，这可能会显得有点折中主义，但我不太注意故事情节，因为我希望观众能够在精神层次上建立起联系来。总而言之，学校的场景在剧本里并不存在。

在这些塑造个人的教室场景里，宣扬祖国和家庭的范例，与对抗这些说教的生活自由之间有着某种反差。

每个国家都试图在学校里给学生灌输正统的思维方式，这是毫无疑问的，但是，现实生活就不同了。在教育制度的严格性与现实之间，肯定存在着矛盾。在组织完善的学校生活里，出现鹅毛这一情节却是有诗意的因素。事实上，这是一个意外事件。我那件羽绒服挂在墙上，孩子们在我没注意的时候，从羽绒服上拔出了一根羽毛，他们拿着它玩，我决定把这个场面拍下来放到影片里。学校这组镜头，我最初的意思是想表现一个孩子的羞耻感,我妹妹跟我谈过这种感受,后来涉及的范围就扩大了。

在大自然中拍摄的那些场景都是在剧本中写好的吗?

对白是已经写好的。开拍前夕,睡觉之前,我做了一些补充笔记,第二天,我做了重大改变。原因是拍摄景地启发了我,所以拍出了那个镜头和那些镜头组。问题的关键是摄制组人数不多。在这种条件下工作,人们有充分的时间。没有任何压力迫使我一定要在什么时间拍完影片。如果想不出办法,我可以等几天。在这段时间里,我不需要付给演员酬金。等我准备好了,再请他们回来。拍摄《小城岁月》花了我一年时间,中间有多次很长时间的停顿,所以,我们在影片里有各个季节。拍《五月碧云天》的时候,情况则大不相同,7个星期就拍完了,原因是我做好了充分准备,剧本也写完了。《小城岁月》和《五月碧云天》里,所有的演员都是非职业演员,他们中间也有我的家里人,我父母都演了角色。这些人对电影一无所知,对摄影机毫无概念。这样也许更好,因为他们对后面的事,对最终的结果,一点儿也不操心。他们不用背台词,不知道下一个镜头是什么,根本不管剧本上是怎么写的。拍《小城岁月》出现的问题在于不是同期录音,要这些这些非职业演员去配音,恐怕难以做到。《五月碧云天》里我们进行了同期录音,这与我对电影的认识比较接近了。由于《小城岁月》的演员不会配音,我只好请专业演员来代庖,但是我对他们那种说话方式实在不习惯。

影片中,谈到反英战争和印度问题,这些说法符合历史真实吗?

那都是祖父给我们讲的故事,因为祖父去世了,我父亲演他的角色。关于美国那段故事,是我父亲的亲身经历,他在土耳其上完大学之后,到美国去攻读硕士,电影里那个小兄弟出洋留学的故事,都是父亲的回忆。

在您的影片里,人物普遍都有着浓厚的乡土观念,弥漫着浓郁的"乡愁"。

生活在城里的人经常想出去,但当他们出去以后,又想回来。这是我注意到的一种矛盾。我父亲去了美国,在不同地区生活了一段时间,但他心里只想着回家。好像世界上哪里都不如自己的家乡好。然而,农村的年轻人总是渴望到大城市中生活。契诃夫把这种心理揭示得淋漓尽致。

在《小城岁月》里,您是怎么处理那个梦幻镜头组的?

在这个镜头组和整部现实主义的影片之间,存在着某种联系。小孩子梦见了乌龟,事实上,他只是把乌龟翻了一个身,并没有损伤它。可是在梦中,他却下意识地产生了负疚感,他看见自己的妈妈摔倒了。我自己也做过这样的梦,而且几年都不忘记。我不喜欢电影里总是把梦幻的镜头组和现实机械地联系起来。在叙事中,应该有一些灵活性。

在《小城岁月》里,有人说大自然包含了我们全部问题的答案,这是您的感受吗?

这是我父亲的感受。在《小城岁月》里,我无意表达自己的感受。这部影片里有三个男性人物,他们各自都有不同的思维模式。祖父生活在信仰世界里,父亲用分析的方法进行思维,年轻人的思想接近虚无主义。我想展示人物之间的矛盾,我不能说自己属于哪一种思维模式。有时候,我属于这一种,有时候属于那一种。可以肯定地说,童年时与大自然直接接触的 10 年,对我的思想方法产生了巨大影响。今天,我与大自然的关系与过去大不相同了,我远离了大自然,因而变得更加现实,就像《五月碧云天》中的主人公那样。

您那种十分节约的拍摄方法,会不会导致您必须进行多次拍摄,尤其是拍摄风景画面,也就是那些"气氛"镜头组的时候?

不完全是这样。保留的胶片与全部拍摄的胶片之间的比例,大致为 1∶3。我为《小城岁月》拍了很多差别很大的画面,剪辑时进行了选择。对于《五月碧云天》,同一个画面,我进行多次拍摄,直到自己真正满意为止。结果,电影太长了,只得把一些镜头组从头到尾删掉。柏林电影节参赛之后,我又剪掉了 13 分钟的画面。

这部电影和那部电影的音乐非常不同。

为拍《小城岁月》,我请一位土耳其黑管乐手来即兴演奏,在我们的语言中,把它称为"随心所欲的吹奏",这部电影本身就有某种即兴形式。对于《五月碧云天》,我采用了古典音乐:一段巴赫的羽管键琴和舒伯特的乐曲。

《五月碧云天》保持着一种呼应、重复和变化的模式,我们在其中看到了很像是《小城岁月》的一部影片的拍摄过程。

准备拍摄《五月碧云天》的时候,我本想讲述父亲的故事,然后把他的儿子姆扎菲尔,也就是鄙人,加到故事中去。逐渐地,影片《小城岁月》的拍摄放到日程上来。这样做,可以更好地处理父亲这个人物与一个导演儿子之间的冲突。事实上,最近几年,我没有很多时间见到他,我们相聚的时刻,都是在拍片的时候。所以,我能够在他行为的细节中,更仔细地观察他。

您的父母对这部影片有多大帮助?

很多对白很难事先在剧本中写下来,一些非职业演员往往能够找到他们自己的台词。把一场戏总的意图告诉他们,尤其是在前一半片子拍完之后,他们的创造能力就增强了,我们互相之间建立起了一种默契。另外,我还注意到,与非职业演员合作,经常是第一次拍摄的效果最好。一些对白就像是即兴编出来的一样,实际上它们都早就写在剧本里了。比如,我告诉父亲怎么记住台词那场戏,就是这样。他多少改变了几个词。对于导演,如果演员说不顺你写的对白,这就说明你写的台词有问题。你必须进行修改,演员对你能够提供很多帮助。起初,我把剧本交给父亲,让他去背台词,结果非常糟糕,我立刻停止了这种做法,让他把我写的东西都忘了,我们一场一场地重新开始,随着拍摄向前推进,我让他自己进行创作。

您刚才谈到了契诃夫。您塑造的每个人物都被一种思想主宰着:孩子想得到一块音乐手表,祖父担心失去土地,表弟萨弗埃想进城,您自己想拍好您的电影。

我想在突出城市文化和乡村文化之间深刻的共同点的同时,展现出两者之间的差异。契诃夫接受了笔下人物行为的宿命观念,终于对他们的灵魂表示了同情。任何一个人都不是完全好,也不是完全坏。每个人都有好的方面,也有坏的方面。然而,妇女不像男人那样会被一种想法纠缠到底,他们更能够做出牺牲,这就是我想在我母亲这个人物身上表现出来的思想,她的做法总是不断地使我感到意外。

您继续拍出第二部影片的动力是什么?

听说我又要到这个村庄里拍电影,很多亲戚朋友都为我着急。可是,我仍然坚持自己的决定。这也许有点像小津安二郎,他把同一部电影拍了 50 年! 就像室内乐一样,我喜欢主题的变化。我的短片和那两部电影里,都有一只乌龟。土耳其一些影评家说,我电影的节奏跟乌龟一样。

在任何情况下,您都十分关心节奏,例如,由无声画面组成的那些绵延不断的海滩,以及剪辑时的大量工作,都说明您对节奏的重视。

在我的影片里,节奏不是分析过程的结果,而是直觉的成果。我跟着自己的感觉走,在家里用电脑工作。平时,自己四平八稳地工作,但这一次,为了参加土耳其的安达丽亚电影节,我不得不快马加鞭。我认为,在影片和音乐之间,有一种特殊关系,这就是节奏艺术。另外,我不相信必须使用本民族的音乐,在《五月碧云天》里,我就借用了西方古典音乐作品,目的就是要制造间离感。

《五月碧云天》和《小城岁月》都是以大自然、寂静和动物的叫声结尾的。

我觉得,这是赋予影片宇宙层面的一种方式。影片结束时,人变成了和动植物一样的大自然组成部分。在我的人生观中,下意识和思想意识极其重要,在生活里占据着重要地位。我喜欢在我的沉思型影片中给予它们一个地位,但这显然会让评论界感到不知所措。诚然,这些东西很难用语言进行诠释和分析。

您看过萨蒂亚吉特·雷伊的《大路之歌》吗?

我非常喜欢这部影片,也非常喜欢他整个三部曲。我认为,塔可夫斯基一定也受了《大路之歌》的影响。这是一部用很少资源拍成的初学者作品。我完全赞同布莱松的名言:对于艺术家,奢华不是一件好东西。我非常欣赏简洁明快,所以,我更喜欢小津安二郎最后几部作品,而不是此前他拍摄的影片。我愿意继续用小成本制作电影。这对我很合适,即使有人建议给我提供 200 万美元,我也会感到自己并不需要这笔钱。当然,如果一项需要大量钱的拍摄计划摆在面前,我也会屈就,但我的风格不能因此而改变。我觉得,和一个四个人的小摄制组在一起,自己可以随心所欲。

毫无疑问,这样做比较复杂,取景、拍摄的同时还要指导演员,但是,这种拍摄方法可以使我想出新的点子来。在取景框里看的时候,我会经常改变部署。另外,我喜欢自然光,必要的时候,加上一两盏聚光灯。我的场景调度比较简单,我不喜欢复杂的摄影机运动。此外,非职业演员面对着一个小摄制组容易发挥自己的特长,人太多会使他们感到不自在。

您的摄影实践对您的电影生涯有所帮助吗?

我当了 20 年照相师,因为我很早就工作了。在最后五年里,照相让我能够养家糊口。后来,我去拍电影了,照相帮了我很大忙,从技术上说,照相和电影取景大同小异。应该注意的是,照相和电影是两种不同的表现方式。到了一定阶段,必须在拍电影的时候,把照相忘得一干二净。我觉得《小城岁月》的照相色彩比较重,而伴随着《五月碧云天》,我才进一步走进了电影世界。

在土耳其,一部像《五月碧云天》这样的影片,商业命运如何?

这部片子吸引了近两万观众,在 3 个城市的 4 家影院同时上映:伊斯坦布尔、伊兹米尔和安卡拉。观众很少,但也足够了,因为影片的预算非常少,只有 10 万美元,《小城岁月》只用了 5 万美元。对于这种类型的电影,这应该算是一个不错的成绩。

Yilmaz Güney
伊尔马兹·居内伊
(1937—1984)

  第一次接触伊尔马兹·居内伊的作品,是在1971年戛纳电影节的导演双周上。我和其他评委看到了第一部土耳其电影:《希望》,大家认为,这是一个重大发现,同时又感到震惊。后来,伊利亚·卡赞来到巴黎,我建议他借法国电影资料馆组织的一次私人放映之机,去看看这部片子。这位对一切都好奇的阿拿托里希腊人,这次显得更加好奇,马上就接受了我的建议。他的热情之高完全和我一样。此前不久,伊尔马兹·居内伊第二次被捕入狱。卡赞经常去土耳其,这一次刚下飞机,就在《土耳其日报》上发表了一篇文章,文章结尾是这样写的:是否有一个词比"赦免",听起来更令人感到舒服呢?有,那就是"自由"!不久之后,卡赞回到美国,在《纽约时报》上,发表了对居内伊的狱中采访长篇报道。几周之后,居内伊恢复了自由。

  我一直在追踪他的消息,不久听说他又再次入狱,罪名是拍摄《忧虑》(1975)期间,在一家咖啡馆里与人斗殴,试图杀死一名法官。1979年,洛迦诺电影节上,我发现居内伊编剧的《羊群》荣获金豹奖,导演叫泽基·欧克坦,就像马布兹一样,他是严格按照居内伊从牢房中寄给他的精确指示拍摄的,他要在狱中服刑18年。

  1982年春,在看了他编剧的《自由之路》之后,这部影片是由塞立夫·古仁执导,依照和《羊群》相同的方法拍成的,我终于怀着万分激动的心情,秘密结识了这位导演。1981年,居内伊利用宗教节日5天准假外出期间,成功地逃离了监狱。经过缜密策划(居内伊也是著名演员,堪称是人人皆知的民族英雄),途经法国,来到瑞士。土耳其军人执政当局日益强化的制度,使他对未来不抱任何希望。有人指责他给瓦拉多利电影节发去的那封电报,最后一句话是用库尔德语写的,因而帮助了分裂主义分子的斗争。这一判断把他变成了政治避难者。在我们这次谈话几周之后,《自由之路》在戛纳电影节荣获了金棕榈大奖。

关于他的影片

(1982年4月,巴黎)

您过去生活在土耳其哪个地区?家境如何?

回顾我的童年,首先要谈一谈我的父亲和母亲。我母亲是土耳其东部的一个库尔德族农民。第一次世界大战时,俄国沙皇军队入侵,母亲离开这个地区,到南方阿达纳定居。我父亲也是库尔德人,在一次家族复仇之后,举家逃离土耳其中部,父亲从小就在阿达纳长大。两个逃离异乡的人相逢相爱成为眷属,我就在1937年出生了。

您的父母做什么工作?

他们是没有自己的土地的农民。在这个离阿达纳不远的叶尼思村,我的父亲6、7岁时来到这里,并在这里度过了整个一生。我的母亲15岁时来到这儿,十三四岁时,她曾经结过一次婚,并且生了两个孩子。20岁时,丈夫又娶了第二个妻子,在这种情况下,她决定与丈夫分手,嫁给了我的父亲。他们年轻力壮,辛苦地在地里劳作着,过着与当地农民毫无二致的生活。

您的很多影片,尤其是这部《忧虑》,反映了农业工人和地主之间的关系。这一切都来自您的童年回忆吗?

考虑到土耳其没有民主的状况和新闻审查,我只能在影片中反映一些这种关系的表面现象。虽然掌握着第一手材料,我也不能把这种社会与经济关系的实质展现在观众面前。

您有一个大家庭吗?

现有的情况已经足够复杂了,我有两个同母异父的兄妹,父母婚后又生了一个妹妹。我的父亲又娶了一个妻子——大概是母亲命中注定的事——我一共有4个兄弟,其中一个不幸过世了。

在土耳其,阿达纳属于什么类型的地区?在您最近编剧的影片《大路》中,也提到了这个地方。

阿达纳位于目前土耳其经济变革的十字路口。向资本主义的过渡,瓦解了统治这个地区的封建制度。许多无地农民不得不移居城市,支持他们生活方式的道德观也随之解体,在我的第一部小说《他们低着头死去》里面,我讲到了农民的生活状况。童年时代,本村共有三万顷土地,绝大部分属于三个大地主,剩下的一小部分,几乎不值一提,是几家农民的财产。三个地主之一死了以后,他那份土地分给了家里人。那时候,有两种农民,一种定居在村里,是给封建主干活的长工,另一种是来自阿拿托里的季节工。50年代阿达纳开始向资本主义过渡,后来得到了快速发展。大家在《忧虑》中,看到了这个地区采摘棉花的情景,棉花是这里的主要作物。我记得,小时候自己的主要工作之一是杀老鼠,把一只死老鼠交给政府,可以得到一个或两个库卢的奖励,因为那时候没有灭鼠药。

您童年时代最难忘的记忆是什么?

要对童年时代各个时期的事情进行比较,才能说出那一件事是最难忘的,目前我还没有做过这种梳理,所以谈起来可能有些凌乱。我们的乡村小学只有一间教室,一位教师,但它有3个班级。我不知道我父母是怎么想的,可是,他们对我说,我必须成为一个人物,所以,我要上学,然后当一名公务员。对他们来说,这是成为一个人物的保证。正是出于这种思想,有一天,他对那个地主说:"我的儿子非常聪明。学习成绩很好,他要去读很多书。"地主回答说:"阿赫麦德上士(这是我父亲的外号),你放心吧!可能他会成功,在这种情况下,我叫他给我的棉花过秤。假如他不好好读书,我可以叫他去放羊。"在这个有象征意义的小故事里,我慢慢懂得了一个现实。我不愿意要父母给我描绘的那个前途,我想去干点别的事情,但具体是什么事,我心里也不清楚。在1953或1954年,我遇到了一些我称之为社会主义分子的人,一些想法开始在我的头脑里生根发芽。我父亲因为办事有经验,变成了地主的左右手,他负责管理农场。那时候,我的地位处于有钱人孩子和穷人孩子之间。有一件事给我留下了深刻印象:村里有一个叫伊斯玛埃尔的孩子,有钱人的孩子经常打他。不记得是因为受人教唆还是被人指使,有一天,我也用一根棍子打了伊斯玛埃尔的头。在和有钱人家孩子玩的时候,伊斯玛埃尔和我都给他们当马,他们让我们嘴里叼着一根小绳子,叫我们在他们前面跑,伊斯玛埃尔不愿意给他们当马。很久以后,我听说他生病被送进了城里的医院,后来,他的尸体放在一辆牛车上拉回村里。他的死深深地触动了我,从此之后,我也不愿意给人当马骑了。可是,在我的一生中,自己可能一直在给别人当牛做马。

小时候,直到十四五岁,我干过村里孩子能干的所有的活:给锄地的农工和农民送水,牵引在棉花田垄中间耕地的马,放牛,管理菜园子,给葡萄剪枝,我也赶着小毛驴车到各村去卖过西红柿。另外,我还在一家肉铺里当过伙计。

后来,我进城读书以后,放假时我仍然干着我那个年纪孩子能干的活,实际上,我干的活与30岁的人所干的活相比没有任何区别。

毫无疑问,村里的人都信伊斯兰教。

是这样,每个人都是伊斯兰教徒。但是,我父亲不是一个真正的教徒。直到十二三岁,我从来不记得他做过祷告或进过清真寺。然而,我的母亲却是一个虔诚的伊斯兰教徒,各种宗教仪式她都参加。在她的影响下,我上了伊斯兰教义课,当然是被迫的，我从来没有任何宗教信仰。那个时期，很多库尔德和阿拉伯农民都到这个地区来干活，他们受的剥削比当地人更重。观察着他们的生存状况，我的思想日益起着变化。

您从小时候就喜欢写作吗？

这是一个秘密，但我还是要说出来。在阿达纳上中学时，同伴们经常写壁报，我被他们吸引了，在我看来，他们都是了不起的英雄，就像奥托曼帝国时代那些受制裁的作家和诗人一样。我写的第一篇散文就登上了壁报。我梦想着当一个诗人，但对我来说，这非常不容易。有一份叫做《今天》的报纸，我十五六岁时，在这家报纸的周末文学增刊上，发表了一篇关于库尔德农民斗争的中篇小说，因为镇压日益加剧，所以我写得很不具体。我这样做，心里感觉很不舒服，不能把自己的感受直接写出来，我不得不绕弯子。1955年，我开始比较公开地表达了自己的思想，结果我受到追究，遭到逮捕并被判刑。判了我七年半监禁和两年半流放。经过上诉，我的刑期改为一年半监禁和6个月流放。事实上，审讯和追究拖到了1958年，直到1959年才做出了终审判决。我逃跑了，在外面躲藏了两年。到了1961年，我才开始真正服刑。

这个时期，您还在学校学习吗？

宣判的时候，我还是伊斯坦布尔大学经济系的学生，但是，逃跑和坐牢中断了我的学业。第一次受审的时候，由于自己太年轻太没经验，所以不知道应该如何应对。当共和国检察官指控我进行共产主义宣传的时候，我问他这是什么意思，我听不懂。他回答说："我们知道你所知道的事。"他在说这句话的时候，他完全清楚像我这样的人，即使不知道他说的事也会去寻找真理。

您受了哪几位作家的影响？

首先是俄国作家：托尔斯泰、陀思妥耶夫斯基、果戈里、屠格涅夫、契诃夫和高尔基，还有美国作家：斯坦贝克、卡尔德维尔，意大利作家希劳恩，罗马尼亚作家伊斯特拉梯，法国作家：巴尔扎克、左拉、莫泊桑……可以说，所有的现实主义文学……我的研究还不够深入，但方向是明确的。

您为什么要学习法律和经济？

我学习不是为了当公务员，而是为了学习知识。在安卡拉学习了法律，但选专业时，我不知道那是某几个人的法律。几个朋友启发我去学习经济，可能对我更有帮助。可是，经济学院教授的课程十分死板：比如世界各地贸易法则。教材里只有三五页讲到马克思，而且说他的理论是错误的。当时，我听的课，有一位教师，大家都说他是左派，实际上是自由派，另一位叫图登吉尔，不久就被法西斯分子杀死了。

可是，这一切并没有说清楚您怎么纵身一跳到了电影界，而且当了演员？

我的生活实在太复杂，做过了那么多事，按照时间顺序，说起来常常丢三落四。

咱们还是按照内容说吧！说到电影，那是 1963 年的事，当时我在阿达纳，决心不再回村里干农活了。我找到的第一份工作，是在一家电影发行工司，后来，我又进了另外一家。我的工作是带着影片到全国各地去，根据一份事先拟定好的节目单，向各家电影院老板推销影片。其中包括对我影响很大的吕特菲·阿卡德的影片，特别是他那部《以法律的名义》。因为我是农民，眼界不宽，这件工作拓展了我的视野，到处旅行，认识了自己的国家。另外，我还学会了如何主动地想办法开展工作。学校的假期结束时，公司老板建议我为他做半日工作，每月付给我 60 里拉工资。好好歹歹，我把这件工作坚持做到了 1968 年。即使在伊斯坦布尔读书时，也没有中断这件工作。所以，我变成了经理助理。在这段时间里，我开始写电影剧本，当然还不够专业，我还是被人认为是短篇小说作家。这家电影发行公司，不仅经营电影，还进口机器和电器设备，今天已经变成了土耳其最大的一家电影发行公司。1968 年，老板对我说，他听说我被法院判决了，他的公司里没有共产党的位置。虽然被解雇了，我仍然与这家公司的人保持着良好关系。我一直把阿迪夫·伊尔马兹视为我的第一位导师，当时，他根据亚沙尔·科麦勒*的剧本，正在筹拍一部影片。他的朋友们认为可以和我合作。伊尔马兹和科麦勒听说我遭到了法院判决，决定帮助我，让我担任助理编剧，亚沙尔·科麦勒还给了我 60 里拉。因为学校的课程中午一点结束，剩下的时间我都可以去搞电影。我对土耳其电影很感兴趣，当然也喜欢美国和意大利电影。至于法国电影，我记得迦本、埃迪·康士坦蒂娜和钱拉·菲利普的电影，尤其是《郁金香芳芳》，这部影片在土耳其非常受欢迎。知识分子赞赏法国电影，老百姓喜欢意大利和阿拉伯的情感剧和美国的动作片。决定我们去电影院的，是影片的主角。我演的前几部影片，一切都是围绕着中心人物结构起来的。

您是怎么成为演员的？

我演的第一部片子是《这方土地上的孩子们》，前面说了，我参加了它的剧本编写工作，而当演员却纯属偶然。他们当时想找一位著名演员，但是，找到的两位候选人，一位对片酬不满意，另一位对角色不满意，阿迪夫·伊尔马兹说："为什么不叫居内伊来演呢？我看，他挺合适。"我认为他是在开玩笑。我演的第二角色也是在同一个摄制组里，剧本是由亚沙尔·科麦勒和哈里特·瑞菲格合写的。我也参加了剧本工作，甚至还当了助导。我觉得自己不是当演员的材料，却适合当导演。由于这是当时最成功的 3 部片子之一，所以制片人开始对我感兴趣。我的真名实姓是伊尔马兹·普敦，我的文章都是署这个名字。被判决之后，我使用了艺名——伊尔马兹·居内伊。一些制片人听说我曾因从事共产党宣传而受审，就不再打算聘用我了，可是阿迪夫·伊尔马兹却始终不渝地支持我。

---

* 亚沙尔·科麦勒是当代最伟大的土耳其小说家，多次被提名为诺贝尔奖候选人。科麦勒 1923 年出生，年纪略长于居内伊，他的生活和作品与居内伊导演有密切关系。这位作家当过工厂工人、农业工人和书信代写人，1950 年，因颠覆政府罪被捕入狱，此后均以目前笔名发表作品。——译注

在你看来，土耳其电影的局限性是什么？它又对您工作提供了哪些有利条件？

从 1914 年土耳其电影诞生到 1950 年，在阿拉伯和意大利电影影响下，土耳其的电影，无论是演员还是导演，都难以摆脱戏剧的控制。以吕特菲·阿卡德和阿迪夫·伊尔马兹为首的第一批导演，从戏剧桎梏中挣脱出来，创立了土耳其青年电影。在戏剧导演时代，穆赫辛·埃图格鲁尔与纳吉姆·伊克麦德合作，拍摄了一些进步作品，特别是《齐吉利尔马克·卡拉卡云》，讴歌了一位土耳其民族英雄。1967 年，我编写了这个故事的新版本，并在影片中出演主角。在这些前辈的努力鼓舞下，在他们取得成果的基础上，我要继续奋斗。

您演绎的是哪种类型的角色？

从 1958 年到 1963 年前后，这是我做演员的第一阶段，说实在的，自己并没有创造人物，只满足于演绎亚沙尔·科麦勒等作家创作出来的角色。1964 年以后，是我的第二个阶段，剧本的 90% 都是我自己写的，这才可以谈到我的个人创作。流放结束之后，我有了一个明确的想法：要先闯出名气，并以此为跳板，逐步成为导演。在自己不能和大影片公司合作拍片的条件下，我想知道与小制片公司合作，能够拍摄什么类型的影片，这类影片能够影响什么样的观众群。所以，我开始确定自己的观众。我演绎的第一批人物，是那些受剥削的郊区穷人，他们千方百计地努力奋斗，试图为自己的生活找到一条出路，但往往都归于失败。其中有些人离开农村，变成了城市的另类边缘人物，有些人变成了走私犯，另外一些人是农民，他们要求得到土地，结果不是被国家压榨，就是受地主盘剥。这些人物的共同特点，都是渴望着脱离他们悲惨的生活处境，去寻找另外一条出路，但又不知道这条出路在何方。1964 年以后，我变成了著名演员，有了自己的观众群，我写的剧本很容易找到买主，但是，我的影片始终都在郊区的小影院里放映。我开始和大导演建立关系，成为了他们的朋友。在那个时代，拍摄计划是由制片人来指定导演和演员的。我开始向导演和制片人要求自己喜欢的角色。1966 年，我演的 10 部电影中，至少有 8 部是当年的最佳影片。此外，在这一年的安达利亚电影节上，我在吕特菲·阿卡德执导的影片《边境的法律》中，获得了自己第一个最佳男主角奖。应观众要求，我也在警匪片中出演过英雄人物。1970 年，我遇到了全体制片人的围攻，因为我在《希望》中扮演的角色手持武器，在一个赤手空拳的人面前，临阵脱逃了。他们认为，这是我走下坡路的开始！

您当导演也是像当演员那样偶然吗？

得益于当演员过程中取得的经验，以及阿卡德或伊尔马兹等导演的教诲，当某些导演因故中断他们拍摄的影片时，人们把他们剩下的工作交给我来完成。最初，我只拍一两场戏，后来，整部电影都由我来拍摄，正式指定的导演连来看看都不来。但这一切都是在制片人指定的框架中，对我来说却是一个学习场面调度、指挥演员的极好机会。

对您来说，《希望》是个转折点吧？

1968年，我拍的《努里查》已经表现出一些我的个人风格，这是一部既轻松又热情的影片。我认为，自己第一次真正的作品是《赛依特人》，这部影片也是1968年拍摄的，它反映出了土耳其电影某种传统的连续性，同时也表现出某种断裂。评论界从这部影片中看出，一位新导演诞生了。诚然，《希望》以及后来的《羊群》都是我生活的转折点。在像现在我们进行的这类交谈里，我实在难以告诉您自己经历过的风风雨雨，以及我那时候所过的日子与我渴望的生活之间的矛盾。请您想象一下，当一个人出现在大街上，他会动员那么多人都走出家门，造成了交通阻塞，只是为了瞻仰他的风采。我感觉自己十分了不起，同时，又感到自己十分渺小和负疚。当我把事先制定的战略付诸实施时，我已经赢得了胜利，我变成了赢得广大群众的民族英雄，很显然，这个成功不仅仅表现在票房收入的成绩方面，更加重要的是，我受到了全国人民的热爱，因为我把自己的个性和热情放到了角色之中，人们能够在影片中看到和他们一样的人，我创造的人物在举止言行、穿衣戴帽上与他们毫无二致。在我和我的观众群之间，产生了一种互相渗透的作用。但是，我的目标是朝向未来的，我还要继续前进，不断地更新并且超越自己，我心中渴望着更高尚的东西，我要飞得更高。制片人和广大观众十分喜欢我创造的这个人物，但这个人物限制了我继续进步的要求。我代表的这个运动、这个力量却把我束缚住了。我变成了这一形象的囚徒，变成了大众不断地表示爱慕的奴隶。所以，必须做出选择：或者淹没在这种乐不思蜀的欢娱中，或者冒着使观众失望的危险，勇敢地再向前跨越一步。犹豫再三之后，我继续前进了。选择这第二条道路的同时，在每年出演的十部影片中，我仍然尽力保持着观众期待我的特点和风格。但在其他影片中，在新闻审查允许的范围内，我开始抒发自己内心想表达的东西。

您拍完《希望》不久后就第二次入狱了。

60年代末，像世界各地一样，土耳其也掀起了一股抗议风潮。我参加了这场争取自由和民主的伟大运动。我之所以被捕，是因为"窝藏"了警察追捕的革命志士。以"妄图武力颠覆现行制度"的罪名，我被判处10年监禁。两年半之后，因全国大赦而重获自由。

在经历了作家和演员生涯之后，您是怎么理解电影的第三要素：视觉层面的？

我开始爱上电影的时候，主要是它的形象。起初，这些形象并不十分清晰，但通过它们，自己在不断进步。我拍摄的前几部电影，完全没有剧本，拿起摄影机，随心所欲地进行拍摄。根据事先写好的剧本拍出的前两部片子，大概是《羊群》和《敌人》。以前，对于最终的视觉形式，自己没有任何概念：一部影片真的就是一次奇遇。一位编剧在创作剧本的时候，冒着成为剧本公务员的危险。然而，我从来也不想当一名公务员。生活在继续，生活在不断发生变化，人们不能把自己关在那些坐在家里桌子旁边写出的东西里面。拍摄的时候,剧本开始成形。当然,一部电影开拍的时候,我脑子里有几根主线。但是,我看到现场、布景之后,这些东西冲着我大声喊着:"你为什么不拍我?我是电影!"在巴黎街上漫步时,环顾四周,到处闪着红灯,它们叫住我,让我把它们拍下来。现在,我要去看看法国电影,看看这些红灯是否被拍了下来。

像《羊群》、《敌人》或者《自由之路》这些影片,它们是您在坐监狱时由别的导演替您拍摄的,那么,您怎么进行视觉控制呢?

首先必须强调一点:由我编剧的这几部新影片,成功的大部分功劳应该属于拍摄这些影片的导演们。我在写剧本的时候,心中当然有形象,在能力允许的条件下,我把每一个画面都写得尽可能详细。尽管如此,我仍然要求导演们,尽可能地进行多角度拍摄我所描绘的每一场戏、每一个布景和周围的景色,尽量不对他们加以限制,使他们对视点有更加广泛的选择。以《自由之路》为例,对于赛依特那场戏的雪景,1981年2月,借一次准假外出的机会,我又重新进行了采景。我详细地确定了拍摄地点。对影片其他部分,我也做了明确交代,对选景人员进行了叮嘱。此外,泽基·欧克唐和塞立夫·古仁是我多年的老搭档,他们非常了解我对画面的要求,我完全信任他们。尽管如此,我还是愿意把分工讲得一清二楚:我负责提供素材,说明拍摄原则,由他们去进行创作。因此,泽基·欧克唐希望拍摄一部关于我叙述《羊群》剧本方法的电影。大家一起读剧本的时候,我们一一讨论刮风、黑夜、景深和摄影机的问题。不仅仅研究故事情节,观众对影片的种种感受也是我们的研讨课题。

我和演员们也进行过长时间的讨论,有的时候我也做一下示范。我们交流的主要内容,自然是演员如何演绎他们的人物,有些演员也会到监狱来看望我。起初,《自由之路》是由另一位导演拍摄的,给我送来第一批样片之后,我看了一下,然后,我请来摄制组的人跟我谈一谈拍摄情况。我不问他们是好还是不好,但我观察他们的表情。从那以后,我决定停止拍摄,请塞立夫·古仁重新开始。对于《羊群》和《敌人》,我把样片从头到尾都看过,对剪辑工作做了详尽指示之后,他们就能够开始工作了。在剪辑方面,我是不讲情面的。《自由之路》有18000米样片,从头到尾可以演6个小时,我们最后把它压缩到1小时50分钟。

《自由之路》是不是受了您在狱中结识的人物启发?

这部影片讲述的几个故事,除掉某些细节,全部都是真人真事,人物都是我生活中结识的朋友。起初,《自由之路》的剧本讲述了11个准假外出服刑人员的故事,通过他们描绘出了土耳其的全景。后来,我们把他们的人数压缩成5个。这都是难友们给我讲述的故事,有的只是只言片语,有的十分详细。我根据他们书写或口述的故事,写出了情节生动的剧本。在最后一个版本中,我删掉了索雷门这个人物,他是一个花天酒地的人,喝酒、赌博、做爱、吸毒。因为,这部影片不是要叙述他的所作所为,而是他妻子的等待。整部影片都是这样:表面上看,讲的都是男人的事,实际上,叙述的是女人的故事,她们的痛苦、她们的苦难、她们的等待,以及把她们和男人联结到一起的那种半封建关系。

在您看来,《自由之路》中的5个人物具有象征意义吗?他们也是互为补充的吗?

他们不代表抽象的概念,而是活生生的生活、当地的习俗和那个地区风土人情的真实写照。仅以麦夫鲁尔这个人物为例,他与未婚妻的关系和土耳其千百万人的关系毫无两样。欧麦尔和他所爱女子交流的眼神,就是我们国家许许多多的人的眼神。赛依特·阿里和穆罕默德·萨丽诗生活在矛盾之中,陷在爱与恨两种对立感情的纠葛中无法自拔。我曾经想要对片中的每个人物进行比较客观的考量,但是,包括索雷门这个只想着自己、已经不在今天的影片中的人物在内,我无时无刻都会感觉到每一个人物的喜怒哀乐。写剧本的时候,我总是把自己放到正在创作的人物中去,我的脸上会反射出他的思想状态,也许,是自己的演员经历养成了这种习惯。

您在当电影明星的时候,为什么大家都叫您"丑王"?

因为我是当时银幕上那些俊俏小生的反命题。也许现在因为我变得比较温顺了,过去,我的确相当粗野,也许这个外号是这么来的。

您出身农民,习惯上,应该是深居简出、喜爱恬静的田园生活。但是您影片中的人物却十分好动,他们的足迹遍及整个土耳其国土。

我叙述的故事,反映了土耳其游牧民族的本性。在《羊群》中,我讲述了我母亲家族的故事,他们从库尔德斯坦移居到首都。

令人感到意外的是,《自由之路》的剧本预示了您后来的生活:准假外出之后,您没有再回监狱,而选择了流亡。

从影片开头,欧麦勒就不愿意再回监狱。人们不知道赛依特·阿里最后是不是回到了他的牢房。然而,另外3个人都回去了。在一些人眼中,自由是一座监狱,在外面,他们感到没有任何安全感。逃跑并不十分困难,但是,接下去要时时刻刻都藏在警察找不到的地方生活,让家里人忍受警察的不断骚扰,这就太不容易了。当然,逃到国外情况有所不同。

长期的狱中生活,给您留下了什么印象?

监狱首先是一所镇压机构,它的使命是要竭尽全力使服刑人员变成聋子、瞎子和胆小鬼,要在这个方向上对他们进行改造。这也是一个使人成熟、受到教育和培养的地方。只要不陷入悲观主义,这段经历可能是十分宝贵的。但是,在狱中很难保持身体、精神和智力的健康。一个人蹲过5年监狱,必然会留下后遗症。尽管我努力减轻这种不良后果,恐怕也难以逃脱这个规律。我不知道自己受到的伤害将会以何种方式爆发出来。

您在狱中除了写剧本,还做些什么事?

我写了很多东西,除去三个剧本(《羊群》、《敌人》和《自由之路》),还有两本小说:一本是我前面提到过的《他们低着头死去》,另一本是《我们要一个火炉、一扇窗子和两块面包》。讲的是一次监狱暴动和一个孩子变成强盗,被判刑关进这座监狱里的故事。此外,我还写了3个中篇小说、一些童话故事和4篇政论文章。它们全部都出版了。当局指责我鼓动暴动,然而,这却启发了我去写小说。出于这个原因,他们把我从安卡拉监狱解送到制度更加严格的恺撒监狱。我的监狱生活是在不断的斗争中度过的,经历了多次暴动,那里没有平静的时刻。

今天,您在政治上对自己如何定位?

马克思主义学说最重要的是方法。我们要在没有外部模式的前提下,根据土耳其特殊的条件,认真实施这些方法。我深刻体会到,其他国家走过的革命道路,对于我国并不完全适用,必须寻找新的途经。人们无法把我归入今天存在的任何一个政治团体。在我的影片中,我既面向受教育阶层,也面向要求不高的普通人。我与自己的观众,处于某种双向互动关系之中:我宣传的革命鼓舞了他们,他们又把我向前推进了一步。直到今天,我拍的大部分电影,尽管很不完美,都参加了我国人民争取自由的伟大斗争。在我国仍在独裁统治下的今天,我认为,《自由之路》将会发挥它应起的作用。

电 影 小 星 球 | 希 腊

Theo Angelopoulos
安哲罗普洛斯
（1935— ）

　　我非常喜欢《重建》这部影片，也被"导演双周"上展映的《三十六日》深深感动，但它们都比不上重新入选的《演员之旅》给我留下的印象深刻，当时，戛纳电影节正式比赛的大门尚未向安哲罗普洛斯敞开。这部长达四小时的影片，直到夜里两点才结束放映。我看到了一幅历史与神话交融的壁画，既亲近真切又具间离感，艺术家通过15年的历史探索着祖国的未来。安哲罗普洛斯以希腊诗人和哲人的目光，在《猎人》、《亚历山大大帝》、《西岱尔之旅》以及其他影片中，继续着扣人心弦的探索。

　　在熟稔的圈子里，这位艺术家热情四溢，充满幽默，喜欢在有限的朋友之间敞开心扉，而在公众场合却冷若冰霜。也许是胆怯所致，但无疑也是清高的流露，因为在电影影响极小的希腊，要创作出如此雄心勃勃的作品，实非易事。30多年来，他顶着风雨从不放弃自己的观念。在两部政治色彩不太突出的影片《养蜂人》和《雾中风景》之后，又对历史开始了新的探索：《鹳鸟踟蹰》、《尤利西斯的目光》和《此生何求》。我和海伦·提叶尔尚为他合著了一本书，此书就是在"塞瑟岛之旅"的外景地写完的。欣赏一位艺术家的影评人，总怕自己大跌眼镜，我非常感谢安哲罗普洛斯没有让我失望。在戛纳电影节荣获评委会大奖几周之后，我们在雅典进行了这次访谈。

关于《尤利西斯的目光》

(1995年7月,雅典)

在您较远的记忆里,《尤利西斯的目光》的灵感来自何方?

我拍每部影片的动机,往往都是由一个准确的事件引发的。但这一次却不是那么清晰。我到托尼诺·盖拉家里,最后几部片子都是与他合作剧本,他问我想干什么,我说想改编发生在股市里的奥德赛。他觉得这个想法很有意思,我们就开始讨论,这时候,从曼祖基金会来了一位少女,曼祖是意大利的伟大雕刻家,她给我带来一件礼物和艺术家女儿的一封信。信中说,她的父亲去世之前,有一个挥之不去的想法:雕刻尤利西斯的目光,因为他认为,全人类的各种经历都集中在这个目光里。

对于托尼诺和我,这是一个不可思议的巧合。我们继续在佩那比里他的家里讨论剧本,我们的工作方式可以反映出我们的合作具有与众不同的特点:他坐着,我站着,而且,不停地走来走去,我不断地说出一些点子,他把我的这些主意叫做"蝴蝶",当他对我的一只蝴蝶感兴趣时,就让我站住,对我说:"这主意不错,咱们留着它"。就这样,我们的剧本日趋成熟。然后,我又回到雅典,我正在和另一位合作者佩特洛·玛卡里思谈话的时候,马那吉兄弟登门造访。当时瓦拉克族人正在组织一项纪念他们先人作品的活动,马那吉兄弟来自这个家族,他们请我出席庆祝活动并发表一篇讲话。我确实对他们很熟悉,而且深知这些"希腊电影前驱"的重要地位。为此,我开始阅读一些文献资料,发现了一篇文章提出的一种假设,说前驱们的作品中,有三卷未曾冲洗的电影胶片。我对这个假设很感兴趣,遂开始寻找这些世纪初拍摄的胶片。我把这个发现和自己的一个想法联系到一起,那就是关于目光的问题。我扪心自问:"我是否没有迷失方向呢?"这是一个每个导演都会提出的问题。起初,我有三个元素:奥德赛、马那吉兄弟和目光。其余部分都要嫁接到这三个元素上。不管怎样,我不相信,一部影片的构思可以从天上突然掉下来。这个念头早就存在于我们的心里,只不过处于睡眠状态而已。这些念头慢慢地在心底里蕴育成长,逐步达到呼之欲出的阶段。

这部影片是否与前一部《鹳鸟踟蹰》有一定关联,在两部比较私人化的片子之后,像前一部一样,它标志着您政治影片的回归,但它又与70年代您拍摄的那些政治电影在语气上有着明显区别。

当然,这两部电影是互相关联的。《尤利西斯的目光》就是以回顾前一部影片《鹳鸟踟蹰》作为开头的。第一组镜头源于一个事件:我要在一座城市的一家影院放映我拍摄的一部影片,但遭到禁止,我们只能到一家咖啡厅去放映。在咖啡厅,我想到了通过高音喇叭播放影片声道的主意,因为能进咖啡馆来看电影的实在人数有限。另外,我在这部影片里,摘录了不少《鹳鸟踟蹰》中的精彩对白……从那个英文声带里,因为这部影片必须由希腊裔的美国导演拍摄。

在您最近的几部影片中,失踪是一个突出的题材,在《雾中风景》中父亲的失踪,《鹳鸟踟蹰》中政府要员的失踪,这部影片中几盘胶片的失踪。

失踪的幽灵,是参照体系的幽灵。在故事中,这个问题,似乎一定要搞个水落石出。对于信奉宗教的人,这可能是上帝,对其他人,可能是某种意识形态。无论如何,是在寻觅一种身份。《尤利西斯的目光》中这三盒胶片似乎是那个参照体系的谜底,似乎找到它就可以驱散疑团,洞穿创作的奥秘,重新找到第一个目光的纯真。

除了托尼诺·盖拉,您还和佩特洛·玛卡里一起研究剧本,这位先生过去与您合作过《三十六日》、《亚历山大大帝》以及《鹳鸟踟蹰》,这都是政治色彩突出的影片。您去找他的原因就在于此吧?

我经常自己一个人写剧本,但我需要和人一起讨论,在完善剧本的过程中,需要有一位魔鬼般的律师。在希腊,我只和作家或剧作家一起合作,他们4位是目前国内名气最高的大师级人物。我的第一部影片《重建》是与剧作家斯特拉梯斯·卡拉斯合作的,他写的对白妙语连珠,不幸的是现在已经乘鹤西去。这部影片的合作者还有塔纳西斯·瓦勒提瑙斯,他是一位著名的小说家。第二部影片《三十六天》,让我开始了与佩特洛·玛卡里的合作,他也是一名剧作家,同时也是我们伟大的布莱希特专家,他把布莱希特的作品译成了希腊文。此公的政治目光异常犀利。第四位编剧是诺拉·迪米特里,这位导演兼作家只参与了《养蜂人》这部片子的剧本创作。这些人的性格非常不同。托尼诺·盖拉知道如何把你的全部潜能挖掘出来,所以他能够与各种各样的人一起合作,例如:安东尼奥尼、罗西、费里尼、塔可夫斯基和塔维亚尼兄弟。他懂得受人器重的艺术,是一个真正的助产士。从一开始,他就参与准备工作,其他人到后来才陆续参加进来。我在希腊的时候,始终和我保持联系的托尼诺,依然留在意大利,但我需要把剧本给他看,并且听一听他的反应,测试一下我写的东西。我把剧本的第一稿和后来的修改稿都寄给了托尼诺,他看后提出了自己的看法。同时,我按照同样程序,把剧本也寄给希腊的同行,这样反复多次。最后一次修改是在拍摄期间,只有到了这时候,才能说剧本真正写完了,因为,我们又增加了一些对白,根据拍摄景地特点、演员和新的想法,又改变了一些场景。

能举几个例子吗?

比如说,剧本里列宁雕像那组镜头,原来写得很长,内容也不一样:一条来自奥德萨的轮船,把几个列宁头像卸到一只驳船里。当我看到多瑙河的宽度,两岸之间的距离,以及把这一切拍摄下来的可能性,我心里说:列宁小头像的这个主意只能告吹了。卸船的时间本来可以更长一些,拍摄的时间需要重新计算。我们在陆地上想象的这尊 22 米高的巨大雕像,在多瑙河上一看,完全是另一种感觉。另一个改变的例子:康士坦扎家放电影的那个场景。拍摄时几乎是重新写的。剧本里,原来只有 10 行字,是一场无足轻重的戏。可是,让人放电影的那个人物发现,影片原来是奥德赛的一幕:尤利西斯正在酣睡,醒来的时候,他的目光遇到了另一个目光。这是马那吉兄弟的电影,但导演却是我。问题是我们没有拍成一部世纪初时的那种影片,从技术上我们已经做到了,但是没有找到初期电影的特征。另一方面,我心中说,假如尤利西斯在银幕上看了这些影片,他的旅行早就结束了。所以,我把片尾放映电影这个镜头组全部删掉了。应该说,剧本里这段戏写得最出彩。

随着时间的推移,有关萨拉热窝的那些内容,由于我们与波西尼亚人始终保持着密切联系,他们不断地给我们提供了大量的新信息,所以,这些场景得以日益深化和完善。虽然影片中的许多故事是移植过来的,但它们都植根于现实之中。

您没能在萨拉热窝拍摄吗?

我们进行了多次尝试。最后一次,哈维专程从美国赶来,我们像真正的军人那样,穿着防弹背心,准备搭乘 8 点起飞的飞机,但机场要求我们改乘 11 点的航班,然而,我们又得知前一架运输机受到了攻击,所以不允许我们出发。无论如何,我拍的不是一部纪录片,我们的萨拉热窝比萨拉热窝更萨拉热窝。我拍摄的这座城市是处于戒严状态的一座城市,四处残垣断壁,而实际上,这座城市并非如此,一些主要街区并未遭到破坏,有时候,人们甚至没有发生战争的感觉。萨拉热窝实际上受到了海浪的攻击,人们的生活还处于正常状态。我们看来,这座城市仅仅是一种象征,它取代了乌科瓦尔和莫斯塔尔。在影片结尾时,我仍然想去萨拉热窝看一看,即使不能在那里拍片,也是一种姿态,即使这样,还是未能成行。

您经常谈到巴尔干,作为希腊人,您怎么理解这种文化?

从地理上,我们属于巴尔干盆地。我们与这一地区的许多国家接壤,比如,前南斯拉夫、阿尔巴尼亚、罗马尼亚,等等。我们与这些国家有着共同的命运,在几个世纪中,都曾遭受土耳其占领。马那吉兄弟在希腊约奥尼那的奥托曼帝国,前南斯拉夫的马其顿的比特拉(前玛纳斯提尔)和布加勒斯特工作过。这几个国家的居民混在了一起,第一次世界大战前的两次巴尔干战争之后,为了达成某种和解,《洛桑条约》确定了国境线。我尝试着把这个地区各族人民之间异常复杂的关系梳理清楚,尤其是从外国列强的角度上来解释地图上达成的解决方案。有人告诉了我一名外国记者的故事,他在铁托去世之后这场战争之前到波西尼亚散步,在一座城市的中央广场上发现了一个大型公共厕所。当地人从厕所前经过时,一些人划天主教的十字,另一些人做东正教的祈祷,其他人则像伊斯兰教民那样鞠躬致意。人们告诉他,17 世纪时,这里曾有一座东正教寺庙,后来,奥托曼人把它变成了清真寺,奥地利人到来时,又把它改建成了天主教堂。反宗教的铁托,为了铲除一切宗教影响,在这里建立了一座公共厕所。保持祖传旧习的该城居民,始终把这里看做是祈祷场所,所以目前又复活了千年传统。这个故事概括了从斯拉夫人到阿尔巴尼亚人,从罗马尼亚人到希腊人,宗教和种族之间割不断理还乱、盘根错节的关系。

您是怎么设计现代尤利西斯路线图的?

路线图有两根主干线,一条是马那吉兄弟的路线,包括那些可能存在三个胶片盒子的地方,以及至少能够提供有关信息的地方。这就是大哥亚纳吉斯继承了罗马尼亚瓦拉克人的事业之后,1905年定居的城市茂纳斯提尔。在那里,他们开了一家照片洗印厂。两兄弟之一死去之后,另一个人回到了萨劳尼克。科岱尔在希腊费奥里那居住时,必须穿过阿尔巴尼亚,才能来到茂纳斯提尔(比托拉)。后来出现了第一次偏离。由于妻子对他说,在斯扣普日没有任何东西,所以科岱尔没有下火车,错误地继续向布加勒斯特进发。假如他掌握关于马那吉兄弟更多信息,一定会在斯扣普日下车,并能找到一所大规模的电影资料馆。罗马尼亚人从来没有得到这些资料,保加利亚人仅仅在战后才得到这些资料,但他们把它送给了南斯拉夫人。第二条主干线是我个人的路线。当有人问科岱尔为什么去布加勒斯特的时候,他回答说:"我的脚步把我带到了那里。"罗马尼亚不仅仅是他的出生地(他出生在康斯坦扎),而且因为马那吉兄弟在那里参加了一次世纪初的摄影大赛,并且荣获大奖。不仅如此,1905年,他们还在那里第一次看到了鲁米埃尔兄弟的电影,发现了能够活动的画面。他们把这件事写成一片文章,哈维·科岱尔在横渡多瑙河时,读到了这件新闻。保加利亚和马那吉兄弟的命运紧密相连:两兄弟之一曾被流放到费里坡普里斯。这两条主干线是交错在一起的。

为什么影片主人公叫 A?

他在剧本里原来有个名字,电影里去掉了。A 是字母表的第一个字母,是我给他的一个符号。在《奥德赛》里,尤利西斯对赛科罗普·波力菲姆说,他的名字是"人"。通过马那吉兄弟的故事,尤利西斯的旅行仍在继续。A 也像马那吉兄弟那样乘船旅行,马那吉兄弟从海路到达德国,然后到英国买了一架彼奥斯 300 型摄影机,拍摄了他们的第一部电影,这就是我们在《尤利西斯的目光》开头看到的那部影片。在贝尔格莱德电影资料馆,我发现了这三盒胶片!它们仍然未经冲洗原封不动地放在那里。电影资料馆的前馆长(现已退休)告诉我,这些胶片是他保存的,当他年纪很轻时,马那吉兄弟之一把这三盒胶片交给了他。20 年间,他试图把它们冲洗出来,但因缺少化学药品,始终未能成功。

为什么您把萨拉热窝电影资料馆馆长的名字称为伊沃·勒维?

这里有两个理由。伊沃与波西尼亚伟大的小说家伊沃·安德里西有联系,他的长篇小说《德瑞纳河上的桥》家喻户晓,他也是短篇小说《马科斯的来信》的作者。马科斯是他的一个犹太朋友。在小说里,安德里西讲述了马科斯的故事,说明他离开萨拉热窝的原因。他之所以离开这座城市,是因为无法忍受仇恨,人们对犹太人的仇恨和萨拉热窝居民之间的仇恨。书信写于 1930 年,但它却是前兆的。我把两个名字连在了一起,一个是犹太人的,另一个是大作家的。另外还有一个理由,假如给他起一个塞尔维亚的名字,人们会说我反对克罗地亚,如果起一个克罗地亚的名字,人们又会认为我是塞尔维亚的敌人,给他起一个伊斯兰教的名字同样也不合适。所以,我选择了一个与世无争的犹太家族的名字。此外,萨拉热窝有一个庞大的犹太族群,他们与战争期间的灭犹行动、逃离家园的命运密切相关。这位照料收藏品的电影资料馆馆长好像是来自中世纪的文献管理员,这与保管天书的犹太民族似乎也有某种联系。毫无疑问,这里与朗格洛瓦同样密切相关,他是来自斯米尔诺的犹太人。我在法国电影资料馆为他工作的时候,以及他后来到雅典参观期间,给我讲了很多有关他生活的故事。所以,一个人物就是这样由很多元素混合在一起形成的。

至于 A 这个人物,有人说 A 就是我。不对,A 是我的一部分以及其他我认识的人的总体。妻子这个人物也是如此:她是《奥德赛》中几个女人的混合体:西赛、卡莉波瑟、诺西卡和贝内劳波。我认识斯扣普日的一位女子,她是一位影评家,说不定我会与她产生一段爱情经历。我还认识一位女农民,她是我阅读的产物,因为我们的传记是由经历过的和阅读过的许多东西合成的。

您怎么区别这四个女人?

像荷马那样,首先是在家中等待情人归来的女人,我们只在影片开头见到她,虽然她已不再年轻,但仍光彩照人,异常神秘。第二位女子是一位新闻记者,在马那吉兄弟的博物馆工作。和所有的记者一样,她随时准备去追逐新闻,必要时改变方向。这是一位现代妇女,属于知识阶层。第三个女人,是保加利亚农民,她与土地、死亡和战争有关。她的一切行动,都几乎是在尽职尽责,但也有一种暴躁的本能,她使我想到沟口健二拍摄的《雨月物语》中与她回归的丈夫亡灵相依为命的难忘画面。她把亡夫的衣服给 A 穿上,并且和他做爱。这一切都参照了马那吉兄弟的经历。A 在保加利亚的边境线上,和这个女人一起经历了一场臆想中的判决,然而这只是一场梦,因为人们谈到了费里坡普里斯,在第一次世界大战的隆隆炮声中,人们穿着士兵的衣服……这像是一条引导我来到今天萨拉热窝战争的走廊,似乎从 20 世纪初,萨拉热窝的这场战争就没有中断过。第四位女子,是一位天真无邪的少女,像荷马史诗中的诺西卡一样,因为自己的膣体被男人看见而感到羞耻。

像《奥德赛》那样,这四位女子都与尤利西斯的感情生活密切相关。贝内劳波,是忠心耿耿地在家中等待情人归来的化身。西赛把尤利西斯留在身边一段时间,但尤利西斯却想离去。卡莉波索也想把他留下,但他面对大海号啕痛哭,因为他不能爱她。至于诺西卡,尤利西斯深知她被自己吸引,但他必须回到贝内劳波身旁。

影片开拍几天之后,吉安·玛利亚·沃隆太之死迫使您改变伊沃·勒维这个人物,使您不得不用埃尔兰·约瑟波森代替了他。

他们的演技区别很大。沃隆太是斯汤达笔下的一个人物,一位冒险家。他可能会把他的角色引向疯狂和绝望。在我拍摄的前几个场景里已经可见一斑了。约瑟波森更符合我在剧本中刻画的这个人物。哈维·克泰尔和沃隆太演对手戏时,他感觉迷惘,因为他从剧本里十分了解勒维这个人物,感到影片的基调变了,因而无所适从。而与约瑟波森合作却十分顺手。

您选择的主要演员,哈维·克泰尔、艾赫朗·约瑟波森和玛伊雅·莫尔根斯坦都是犹太人,这是巧合吗?

这确实是一个巧合。我挑选演员主要是看他们的演技。玛伊雅·莫尔根斯坦是一位了不起的演员,她可以出演任何角色。我在雅典剧场看过她的演出,在两个小时里,她既唱歌又跳舞,一会儿说英语,一会儿说德语,还会说意地绪语*。她能够像变色龙一样,从一个角色过渡到另一个角色。她说一口流利的英语,几乎没有什么口音,听得出来是来自斯扣普日地区的。在选中沃隆太之前,我想到过约瑟夫森,他和博物馆馆长的年龄相仿,一看就是中欧人,但我知道他是犹太人。开拍之后,我才听玛伊雅·莫尔根斯坦说他也是犹太人。以前,我也不知道哈维·凯泰勒是犹太人。在纽约见到他时,我对他的为人和演技一无所知。只知道他出演的《钢琴课》十分精彩。我希望影片的主人公是个美国人,所以,我们想到了阿尔·帕西诺,他也有欧洲血统,但他没有时间。想找达尼埃尔·德·勒维斯,他也抽不出身来。克泰尔身上有某种吸引我的东西,但我不能确定他和一位拍电影的知识分子人物是否合拍。我发现他是一个极端敏感的人,表面上是个硬汉,内心却相当脆弱。他来到雅典开始工作的时候,与大家保持着一定距离。因为胆小,他带来一些支持他的朋友,试图按照我的要求以他的方式进行工作。拍摄前期,全体摄制组都感到,我们之间的关系比较紧张。虽然没有发生过正面冲突,但总是不对劲。停拍5个月之后,再次回到拍摄场地时,他告诉我他一直在想着这部影片。他变化很大,我们之间的关系始终十分融洽。这两年,他进步非常大,了解了过去没有机会接触的事物:回到欧洲,访问了母亲的故乡罗马尼亚,又到离父亲家乡不远的波兰拍摄了影片,认清了巴尔干的局势,与不同国家的人进行了广泛的接触。他是一位把全部精力都集中在演技上的演员,除了塑造人物,任何事情都不会使他分心。他利用全部能够为他的角色服务的元素,力求完美地演好自己的角色。假如要说一句艾里欧的诗,他就会去读艾里欧的全部诗歌,如果这是一句《奥德赛》中的引语,他就必须重读这句台词的整个章节。因为他是美国演员工作室培养出来的高才生,所以总是要从内心深处体验剧中情景。比如,他在准备最后一场戏的时候,要说一大段独白:说他以另一个人的名义,穿着另一个人的衣服回到故土。这原来是荷马史诗中尤利西斯和贝内劳波重逢,贝内劳波认不出来尤利西斯那段戏。爱情的信号,是那张床,这是尤利西斯自己制作的床,这样,她才最终辨认出了尤利西斯。写剧本的时候,我让托尼诺·盖拉把这场

---

* 美国和东欧犹太人讲的语言。——译注

戏用意大利语给我读一遍。荷马把这一段写得太精彩了,我们两个人被震撼到了极点。这场戏无疑是全剧的核心,我们立即决定把它作为影片的结尾,但以一种假设的口吻,因为没有女人,他仅仅对她说出了自己内心的痛苦。为了找回尤利西斯说这句诗时的痛苦,哈维费劲了九牛二虎之力。他倾听过去使他心潮澎湃的音乐,回忆自己的人生,思念他未曾谋面的母亲。在拍摄前,他独自大声吼叫,我们觉得越来越接近真实,他痛苦到了极点。第一次拍摄不够理想,第二次拍摄已经接近完美,但我还是给他提出了一点不足,我看到他略微有些生气,但我想更进一步刺激他。当时,我们在雅典一家重新装修过的破旧电影院里,我叫全体人员都离开拍摄场地,单独和哈维留在大厅里。哈维简直气疯了,朝我走过来,像是要打我一样,对我说:"你他妈的混蛋!你以为自己是上帝吗?!"我十分安静地看着他,问他是不是可以拍了。他开始大喊大叫,憋在心里的怒火顿时全部爆发出来了。他觉得受到了愚弄,因为他完全失态了,开始失声痛哭。我对他说,我不要他哭,而只是让他的眼泪涌到眼睛中来。他非常困难地忍住悲声,用嘶哑的声音简洁地表达了内心的激动。

与您其他用安静表现主题的影片相比,在《尤利西斯的目光》这部影片里,有大量的话语,尤其是克泰尔的大段独白,您是怎么考虑的?

整个故事的安排像是给一个女人写的一封信。而且,从一开头,当他大致说道:"我们无声无息地在雪中走进了阿尔巴尼亚。你的面孔从黑暗中显现出来。"全部对白都是我写的,加上几处引用的诗句,比如,塞弗里斯的诗(人创造的第一件事情,就是旅行。)和一段卡瓦非的诗,当然,还有荷马的诗句。也有一场《罗米欧与朱丽叶》在阳台上的戏,只不过台词完全变了,除了一句我非常喜欢的台词:"晚安,可爱的王子",不过不像莎士比亚剧中那样,不由朱丽叶来说,而是罗米欧说的。

影片中,有两次长时间的对话,一次是和记者朋友,另一次是和伊沃·勒维。

与记者谈话那组镜头是向我这一代人道别,我们这一代人喜欢威尔斯、德来叶尔和茂瑙的电影,喜欢爵士乐、诗歌和一些辞世的朋友,像卡祖库·什邦达,我们的美工师迈克·卡若皮泊瑞斯,他在去世之前从来没有和我中断过合作,在拍完《鹳鸟踟蹰》之后,就和我们永别了。还有一位名叫考斯塔·斯达玛提欧的影评家,从我拍摄第一部短片起,就第一个在报刊杂志上介绍我的作品。这里也有与剧本不同之处:一个人说英语,另一个人说希腊语,这段用两种语言进行对话的方式非常有意思,因为听起来就像是同一种语言,这样的语言游戏非常有趣,但是,我听说这部电影在法国电视台波绿丝频道播映时,全部变成了法语对白,天啊!我实在弄不懂了,假如每个人都说法语,也就没有这次旅行了!假如取消了英语,那两句法语,两句意大利语,用德语说的希尔可的小诗,希腊语、保加利亚语、克罗地亚的塞尔维亚语和罗马尼亚语,甚至在行刑时约瑟夫森对玛雅说的意地绪语和刽子手说的波西尼亚土语,实在太令人遗憾了!

在您的影片中，艾黎妮·卡兰德路的音乐总是占据着重要地位。

她在看过我的剧本之后，开拍之前就把音乐写好了。虽然经常是这样，但并非永远是这样。有一个主题曲，带有很多变奏。吉姆·卡士卡持安的小提琴独奏太出色了，她是欧洲最著名的演奏家之一，一位美籍阿美尼亚少女。对于影片的音乐，我坚持要有手风琴和长笛，因为这是巴尔干地区，尤其是在斯拉夫人聚集区最普遍的乐器。影片开头时，使用了大提琴，这是比较传统的乐器，影片结尾主题再现时，萨拉热窝乐队里放进了手风琴和合唱。列宁雕像那组镜头，虽然还是同样的音乐，但这一次更像是哀乐。这个循环往复的主题是城市或者旅行的主题。还有另外一个主题，就是妻子的主题：这是另一部电影的音乐，人们可以听到那部电影的声道，在影片放映结束，妻子出现的时候，那部片子的音乐变成了我这部电影的主题。作为分别的主题曲，它被使用过两次，先是在康斯坦扎，他抛下妻子的时候，然后是在行刑之后。

您的一些影片——《演员之旅》、《猎人》和《塞瑟岛之旅》——往往把时间顺序打乱，而另一些影片则是线性发展的，在这部影片里，除了在康士坦扎家庭团聚那组镜头里有时间跳越，大体上都是想象打碎了叙事顺序。

在《猎人》里，想象占据着重要地位。即使在家庭团聚那场戏里，人们也可以认为那是唯一的例外：他说英语，其他人说希腊语。两种不同语言制造出的距离，已经表明这是一种臆想的情景，而不是现实。母子相会那场戏显然是想象，就像《奥德赛》中尤利西斯到地狱中寻找母亲一样。另一处参照《奥德赛》的地方是边境线那个镜头组，观众听到三种语言的对话：罗马尼亚语、保加利亚语和克罗地亚塞尔维亚语，有人问："船上有人吗？"就像尤利西斯和波力菲姆之间的对话那样，回答是："一个人也没有！"

影片中弥漫着思乡之情，《鹳鸟踟蹰》已经流露出这种情绪，而这部影片的思乡之情似乎更加强烈。

我更想说，这是对那些失去的东西一种惆怅之情。我们这一代人经历了一个充满无限希望的时代。60年代，我从影时，正好赶上电影大发展时期，推动1968年5月风暴的思想方兴未艾。当时，我正在巴黎，每个人都感到山雨欲来风满楼，一场风暴即将到来。人们在大街上互相拥抱，在地铁里阅读新闻，我们都希望彻底改变这个世界，它绝对不应该一成不变，人们有能力来改变这个世界。对我来说，我经历了很多第一次：第一次恋爱，第一次友谊，第一次看摄影机的取景框。这就是我这部影片的主题，失去目光的主题，被囚禁目光的主题（三盒胶片）以及寻求解放的主题。然而，世纪之初的目光将要与世纪末的目光相遇。在戛纳电影节的氛围里，重音放在了波西尼亚，这对解除一切误会十分有利，但是《尤利西斯的目光》的真正主题却不在这里。

电影小星球 | 南斯拉夫

Emir Kusturica
库斯托利卡
(1955—   )

　　1981年,两位南斯拉夫记者来巴黎见我,邀请我到杜布罗夫尼克去度假一周,这使我感到十分意外。他们是萨拉热窝《银幕》杂志编辑,试图以此补偿我在法国发表的大量文章,被他们全部翻译发表而未付我一分稿费的损失,原因是外汇短缺。

　　由于抄袭剽窃已经司空见惯,尤其是一些发行量很小的电影爱好者杂志,我们既没有发现,也没有得到举报,所以这个邀请还是非常友善的。要去杜布罗夫尼克,我必须在航线终点萨拉热窝下飞机,他们请我顺便去看了一部一位不知名年轻导演拍摄的处女作。这部影片刚出洗印厂,名叫《你记得桃李贝尔吗?》,导演的名字就是库斯托利卡。我对这部佳作的发现异常兴奋,立即通知了威尼斯电影节,该片很快得到入选。当代影坛一位最伟大、最抒情的导演,就以威尼斯电影节金狮奖开始了他的电影生涯。库斯托利卡毕业于布拉格法穆电影学院,戛纳电影节评委会主席米罗斯·福尔曼也出身于这座名校,他把电影节的金棕榈奖授予了库斯托利卡的影片《爸爸出差时》。这项嘉奖大出许多记者所料,他们都以为没必要起那么早去看一部波西尼亚电影。

　　从此之后,库斯托利卡的节奏感备受各界推崇(他还是一位音乐家,一个摇滚乐队的主持人)。《流浪者之歌》和《黑猫白猫》,以及在美国拍摄的《阿里桑纳梦游》,那美轮美奂的画面,真可谓是视觉盛典,令人叫绝。安哲罗普洛斯因《尤利西斯的目光》荣获戛纳电影节评委会大奖的同年,他因《地下社会》第二次捧得戛纳电影节金棕榈奖。当今世界影坛最伟大的两位导演,紧随历史脚步,以各自迥然不同的方式,反映着巴尔干半岛的危机。

关于《地下社会》

（1995年9月，巴黎）

人们经常说，导演永远拍不完一部电影，而是有人从他们手中夺走了。

对于《地下社会》这部影片，这种说法再准确不过了。甚至于拍摄的时候，就有意让它停止在某个阶段。就像一位画家把一幅画停留在草稿阶段。此外，这部影片在制作中出了一些问题，我必须用较短的时间——10周——完成非常复杂的剪辑工作。我过去从来没有这么做过。在巴黎影厅中展映的是第七版。第一个版本历时5小时40分钟，其他版本分别是4小时30分钟、4小时、3小时30分钟，在戛纳参赛的版本是3小时12分钟，现在这一版变成了2小时47分钟。这一次给我上了一堂电影课：对于我拍的这种类型电影，一定要在故事背景与其全部含义系统和第一个画面之间，永远维系着一种十分丰富的联系，利用我手中掌握的武器，才能使观众始终保持兴趣。第一版非常动人，在叙述方面不会产生任何混乱。后来的几个版本在这两方面都有缺憾，戛纳电影节的那个版本和观众在电影院看到的版本，在这个几乎是生命攸关的长度上，我重新找回了原始版本的优点。我相信，抱着纯商业目的的美国发行人，在保持清晰连贯的前提下，还会对影片进行删减，但我敢肯定，影片将会失去自身的魅力和原始的生命力。

在戛纳版和最终版本之间，您又进行了哪些改动？

在我每一部电影的镜头组里，对我来说，总有四五个是至关重要的，它们是全部作品的基础。《地下社会》里，若万和若莱纳的婚礼就是其中之一。它由一个中心情节和至少五个平行情节组成：一群孩子玩足球，一个胖女人在干活，一只猴子利用一个罐子打开出口。第一次在戛纳电影节大屏幕上看了这部影片之后，我知道自己可以在保留基本元素的前提下进一步缩短，同时更好地保持各部分之间的平衡：一个女人怎么慢慢地喝醉，两个男人分别试图引诱她。我的影片都是像马赛克那样拼凑起来，下一步的发展事先难以预测。我无法像其他导演那样，更合乎逻辑更加合理地把一个场景的中心主题展现出来。然而，如果我想得到一个更为紧凑的浓缩版，就不得不提出这类的问题。我也把仅仅对我国观众有意义的一些章节进行了删节。

福拉马力翁出版社最近出版了一本里奥奈尔·理查德的佳作，书名是《艺术与战争》，提出了画家和雕刻家应该如何表现第二次世界大战的问题。在我们被淹没在正在发生冲突的电视画面里的时代，您是怎么处理这个问题的？

我愿意有自己合乎逻辑的主观判断，拒绝相信那些媒体散布的所谓"真实"。为此,我经常受人攻击,认为我不"反对"战争,不像某些人那样具有全局的政治观点。很显然,因为我不同意电视台传播的观点,而被人认为冒着不合时代潮流的风险。同时,我知道,在电视画面后面,有很多因素是与这些画面的来源密切相关的。一个不容触及的现实,远远不被书籍或电影曝露,这就是战争与金钱和生意的密切关系。我在贝尔格莱德注意到:4年之间,有些人集聚的财产竟然高达数亿美元,在法国要取得这么高利润,在如此短的时间内是不可想象的。目前,冲突已经日渐平息,建筑公司已经进场施工,其高额利润是不言而喻的。我想以自己的方式,把这一现实揭示出来,使大家能够意识到,深陷冲突之中人们的思想受到了怎样的伤害。很显然,这不是按照宗教标准,分清好人和坏人,因为这不能让人真正了解现实,而要把操纵这场冲突的真相作为中心话题,展现在公众面前。我想制作一部现代电影,而不依靠陈旧的戏剧性素材。正因为这样,我去寻找背景资料,而不满足于这些播送给电视观众的画面,那些画面的播送速度比子弹还快。另外,不要忘记,是媒体开始、延续和结束的战争。

随着冲突本身的展开,影片的拍摄工作进行了很多改变吗?

改变非常大。您知道,今天人们愿意干什么就可以干什么。人们可以像广告片那样反复说,一座集中营里有10万妇女遭到强奸,而在另一座集中营里,一件这样的事也没发生过,最后,大家都相信了。同样,媒体可以连篇累牍地攻击我是一个坏蛋,最后大家也相信了。克罗地亚人对20万塞尔维亚人进行种族清洗时,贝尔格莱德却为观众播映美国大片,其目的可能就是不让民众发动起来。这个时候闭上眼睛,无疑是事先达成的协议。

您展现出一个混乱的世界,然而您的拍摄方法也是混乱的,似乎在进行战争和拍摄电影之间有着某种联系,就像那个英文词"信口雌黄"一样。

准备拍摄一部电影,就像准备一场战役。从写剧本到采景,到后面的一切事情,都跟打仗一样。我的影片也相当混乱,因为,我与布莱松或者布努埃尔这些西方大导演不同,他们是最低限度派艺术大师,能够使用最节约的手段展现最多的内容,我属于另外一部分人,这些人的行为毫无理性,近乎疯狂。最近,我在电视上看到俄国警察特种部队殴打黑市投机商的情景,其残忍程度令人发指,很难设想20世纪末还能发生这种事。我影片中的画面,不仅仅反映生活,而且会侵犯您,就像战争本身会侵入您所在的空间一样。力度变成了影片的一种武器。当然,困难在于必须控制好混乱,无论如何也要给它某种结构。我真想有朝一日也能像布莱松或布努埃尔那样拍摄电影。在我的第一部电影《你还记得桃李贝尔吗?》里,我当时比较听话,可能因为自己承袭了布拉格电影学院的校训,保持着捷克新浪潮电影那种局外嘲讽的风格。我认为自己随着《流浪者之歌》跨越了雷池,因为我要面对比过去残酷得多的剧本,面对那些生活在社会底层穷困潦倒的人们。我清醒地认识到,自己必须抵御自然主义倾向,摆脱每天美国电视电影描绘的这种危险。在流浪者的悲惨生活面前,我感到自己必须采用"高于生活"的拍摄方法。

《爸爸出差时》的结尾，标志着您对想象世界进行探索的开始。

也许是这样，但在当时，我对此毫无意识。我要用《地下社会》这部影片应对来自各方面的挑战：公开的、人道的、历史的、政治的，我感觉自己已经被逼到万丈深渊的边缘。也许因为我感到自己的艺术家生涯已经到了某个阶段的末期，这条路已经临近尽头。在特大制作的氛围里，这次拍摄非常考验人，在一部极高成本的影片中，实在难以维护个人身份的生命力。

您提到了斯拉夫人的"疯狂"，从这个角度来看，您似乎与俄国有某种特殊关联，《地下社会》再次证明了这一点，纳达丽查说自己有俄国祖先，马尔柯的举止活像一位南斯拉夫的马雅科夫斯基，伊万的角色像是很多俄国小说或戏剧中的白痴。

我把这部影片献给"我们的父辈和他们的孩子们"。在我们父辈心里，有一种俄罗斯情结。在《您还记得桃李贝尔吗？》这部影片里，我在反对马克思主义催眠术的同时，展示了我和父亲之间的冲突。我父亲相信，2000 年，共产主义将给全世界带来前所未有的幸福。今天，这个梦想破灭了，我们在没有乌托邦思想的支持下依然生活着，然而，它又制造了其他问题。第二次世界大战时，我们的父辈是游击队员，俄国人帮助我们取得了战争胜利。随着时间的流逝，他们的幻想虽然日益减少，但依然延续到了今天。北约轰炸与俄国人的不干预政策，使他们的幻想彻底破灭了。至于我个人，我认为自己对生活、正义和世界进退维谷的理解，来源于阅读俄罗斯伟大作家的作品。《地下社会》的片名也是参照了陀思妥耶夫斯基的《底层》。我常常想把这本小说改编成电影，书中知识分子人物的犬儒主义完全是现代的。在纽约，我不得不放弃对《罪与罚》的现代版改编，因为我意识到，今天，我的人物在谋杀方面已经不再存在当时那种问题了，他在考虑自己的行为 5 分钟之后，电影早已结束了。现在，杀人简直太容易了，就像波西尼亚和卢旺达那样。我准备用很少的预算拍一部电影，片名就叫《我为什么没拍〈罪与罚〉？》。

伊万这个人物是个头脑简单的人，他出自善意地感觉到，自己不能再这样生活下去了，他杀死兄弟，纯属一时激动。这个人物的展开是与猴子联系在一起的。这只猴子在失去母亲之后，与伊万组成了一对伴侣。电影中的人物与最初我设想的不同。起初，他连说话都不会，完全按照自己的本能生活，实在可以归属动物世界。幸亏，这种善恶二元论的观念不复存在了，因为我认识多年的斯拉夫克·斯迪马克，这位演员把这个人物的进化，以及他在故事中的作用拿捏得恰到好处。伊万躲过了动物园那场轰炸，找到了他的兄弟马克，靠着心中的信仰活了下来。当他知道了马克的所作所为，最后把他杀掉了。他的自杀也是我始终密切关注的一个问题，我可能有机会从艺术的视角把它处理好。

您似乎想说,在今天这个世界上,不再有个人的地位,然而,您同时又告诉人们:布拉奇和马克靠着个人主义的力量才得以生存下来。

我认为,我们过着一种不正常的生活,我们的人道观念,我们的情感生活,都受到了媒体过滤。媒体使我们的大脑产生了某种选择:谁知道波西尼亚局势的详细情况?战争初期,每个民族都对历史传承有着一种集体情感:塞尔维亚人承受着二战期间几百万同胞死去的痛苦,克罗地亚由于过去为纳粹当傀儡,认为自己是共产党人的受害者。他们都不是作为个人做出这种反应的,那些大人物都在这场战争中发了财。在巴尔干各国,属于一个集团的集体情感,不是从简单合理的历史观念中产生的。在《地下社会》里,我把马克这个人物和布拉奇进行对比,马克热恋着从他朋友那里偷来的妻子,一心想着能够从武器交易中得到多少利润,而布拉奇却醉心于集体的意识形态幻想,并且从中找到一种近乎宗教式的幸福。

您是怎么处理马克这个人物形象的?他是个下流坯、窃贼、骗子,但他对观众也能有一定魅力。

评价这样一个骗子、一个如此可恶的人物,不是一件容易事。同时,没有任何东西是线性的。没有他那样的人,也就没有战争了。另外,他认为自己属于一个运行良好的制度。然而,他又与巴尔干那些典型人物不同,那些人身边总有很多女人,每天醉生梦死,挥霍金钱。艺术史,特别是电影史,充满了您喜欢的令人反感的人物。极端的例子是《大独裁者》中的辛克来,就因为他是由人人喜欢的演员卓别林扮演的。在现代电影里,反面英雄比英雄人物更受人欢迎,分析起来更有趣味。与过去的影片相比,人物的相对化程度大多了。妓女完全可以是一个无可挑剔的母亲。今天的善与恶已经错综复杂地纠缠在一起了。

马克可以说是阿甘的反面英雄,靠着他的聪明和狡诈,生活了半个世纪。

对了,您举了一个极好的例子。《阿甘正传》讲了一个白痴的故事,这部影片获得了前所未有的成功。几百年来,金钱是一种价值的标志,但今天它变成了衡量一切的最高标准,这是 2+2=4 的胜利,它给斯拉夫人提出了一个问题,他们认为,2+2 从来就不等于 4,有的时候等于 5,有的时候等于 3.5,因此,他们完全被弄糊涂了。所以,我想《地下社会》不会在票房上大获成功。这部片子是由一个焦虑的人、一个处于精神危机状态的人拍摄的。票房之所以能够取得如此好的成绩,完全是那些在摄影棚里玩得开心的演员,不关心他们所讲的故事,不受剧本素材影响的人获得的。这个故事来源于我个人的痛苦经历。从足球到电影,意识形态在我国造成的错误多得不胜枚举!与这些错误共存,我被欺骗了多次,因为我没有理解历史的进程。一部毫无逻辑可言的历史——当欧洲走向一体化的时候,一个国家却被毁灭,这哪有什么逻辑可言呢?我身上打着这部影片的印记,它是我生命的一个组成部分。我自己就是宣传工具的受害者。当我从地下出来,拍摄第一部电影的时候,我没有死,但我清醒地知道,世界将以不同于人们传授我的不同前景被展现出来。

拍摄这部影片的时候,您失去了你的父亲,您在萨拉热窝的房子被毁掉了。

这一切给了我沉重打击,这是我的肩膀无法承担的重负。然而,斯拉夫人,至少是我,有能力以令人意想不到的力量回击这些痛苦。我也始终抱有这样的信念:最容易走的路不是您应该选择的路线。也许正是出自这个原因,我拍出了这样的影片。这些影片不会像《阿甘正传》那样,列入快乐主义的故事。假如我希望更受大众欢迎,我也可以举起新波西尼亚的旗帜。但我更喜欢走一条个人的路,正因为如此,我不能回到已把我视为敌人的祖国。

在您的影片中,艺术和现实之间的界线极其微小,人们会把马克看成一位把地下集体生活拍成电影的导演。

政客们也会做与他同样的事,他们的使命是要控制一切。前南斯拉夫的问题,是没有名副其实的体制,人们不能依靠体制来制约新上台的领导人。在一定意义上,他们都专制,掌控着一切,当然包括媒体在内。人可以自由思想的概念不进入他们的政权观。因为不存在民主制度,马克就是这种暴君传统的产物。这部影片说明了巴尔干人——几百年以来就是如是——无法像西欧人勾勒的模式生活。

在《流浪者之歌》,尤其是在《地下社会》中,您的影片展示现代世界与一种神奇的原始社会相遇了。

这种情况要上溯到铁托时代,在《经济学者》杂志上,我读过一篇关于暴死率最高的几个国家:我国排在玻利维亚、智利、乌拉圭和巴拉圭之前。后来,我又读了加布里埃尔·玛尔盖兹·加西亚的作品,我发现自己和加西亚真是心有灵犀一点通。我非常想知道,在这些拉美国家和南斯拉夫之间,究竟有哪些相似之处。我发现,其中之一是异教:在这些国家里,基督教始终没能深深扎根。当然,今天的情况将要发生变化,世界都在向一体化发展——CNN(美国有线电视新闻网)是它的杰出代表——但我对它实在没有好感。我确实对南美洲小说家的神奇现实主义非常感兴趣,但同时,我更喜欢夏加尔的绘画。我们所谈的异教和这种神奇,都反映在萨拉热窝作家、诺贝尔奖金得主伊沃·安德里西的小说中,其代表作就是《德里纳河上的桥》。假如欧洲的政治家们读过这本书,他们就不会对我国犯下这一切愚蠢的判断错误。

您对非理性和激情的爱好,也体现在您对音乐的选择上。

总的来说,国兰·波列格威奇收集的乐曲不是原创的,不是为这部影片创作的,但这些乐曲与我的艺术观十分接近。它们是吉普赛人的作品,这些吉普赛人往往都是犹太人,他们可能没有真正意识到借鉴的音乐是摇滚乐,是匈牙利音乐,是传统的抒情小提琴乐曲,但这些吉普赛人却极其崇尚它们的节奏,他们把这些东西混在一起,创造出紧扣生活脉搏的新音乐形式。他们完成的这种整合,是吉普赛文化最忠实的反映。音乐是我创造的那些人物生活的一部分,他们整天忙于集体活动:宴会、婚礼和洗礼。生命的四分之三时间都不在家里过,而是把他们的自我释放在跳舞和狂欢之中。我这样刻画他们,是因为我尊重他们生活的真实,即便我自己的真实与其他人迥然不同,因为我是离群索居的。我竭尽全力不让其他人的生活进入我的精神领域。

您影片中,唯一活下来的是纳达丽莎,她是一个不知羞耻的女人。维拉和若莱纳都死了。

我不太了解女人,我很羡慕像伯格曼那些导演,他们能够进入女人的情感,甚至能把自己与女人合为一体。在影片里和现实生活中,在女人面前,我总是尽量表现得特别温柔体贴。不容置疑的是,我影片最成功的地方肯定不在于此,我对男人的世界更加熟悉,我使用各种画面让他们上天入地自由驰骋。这些令人向往的画面很少是在陆地上的。同时,我喜欢使用诗意的武器,比如,关于杀死伊万的方式,我们曾经苦思良久,最后,终于想出了让他与若莱纳在水下相会的主意,这时候,若莱纳实际上已经离开了人世。他遇到她,拥抱她,两个人到另一个世界生活去了。我觉得这是电影应该进一步探索的层次,它比从心理学角度开拓若莱纳这个人物更加有趣。今天我比过去更加讨厌现实主义了。

在《地下社会》里,戏剧、电影表演和一部游击队电影的拍摄,看似讽刺画一般,远离了现实主义,变成了嘲讽的对象。

我是伴随着这类电影长大成人的,所以,我在其中表示了自己对拍摄这类影片的导演的仇恨。导演这个人物原型是铁托时代一位官方导演,今天变成了人道的民族主义者。如果说杰瑞·刘易斯使我的童年充满欢乐,这个人却让我的童年变得十分压抑。他的影片和其他同类型影片一起,逐渐变成了大众戏剧的一部分,我们把这些片子看做是百分之百的低俗艺术品。把它们贬斥之后,我们又像真实的共产主义代用品那样开始喜欢它们。在《阿里桑纳梦游》里,我也使用了这种劣等品。我认为,俄国人和美国人是这种劣等品的冠军,劣等品教给我们很多关于人的知识,那些不认为自己属于劣等品的人,实际上是某种幻想的牺牲品。特别是我国的低俗艺术品,能使我把虚构与真实混合在一起。至于影片中的戏剧演出,我选择了一种像人们在可卡因作用下的疯狂节奏。目的是警示年轻人,让他们不要再无忧无虑地虚度时光。过去在其他影片中,我还从来没有这样做过。在这里有一种与整部影片不协调的纯闹剧氛围。但这并不能反映我对戏剧的态度,这门艺术给我带来的快乐有时比电影还多。

您是怎么选择纪录片的?您展示了萨格里布德国纳粹大获全胜的场面,以及贝尔格莱德侵略者面对满城空巷的场面。

这都是历史事实。除了德国人拍下的素材,没有任何其他材料。我们在贝尔格莱德电影资料馆找到了这部影片。我们的决定，与往常一样，完全是主观的。我不是说塞尔维亚任何人都反对德国占领，因为我们的一些政客就是德国的同谋。我的意图不是进行政治挑衅，而是给进入抵抗运动两种类型人的历史提供一个背景，在塞尔维亚领土的某些地区，而不是在斯洛文尼亚或者克罗地亚，这种情况是绝对真实的。在一部影片中，纪录片素材可能会创造奇迹，因为它打下了一个真实的基础，就像马克站在铁托身边的那些画面，预示着他政治地位步步高升，在此基础上，我们就可以在影片中，随心所欲地杜撰其他细节。

在艺术上，假如您举一个例子，在观众心目中，它很容易就能够代表一个整体，就像说维和部队做黑市生意一样。

请原谅，我选择了一个最坏的塞尔维亚人作为本片的中心人物。我希望，塞尔维亚人不会因此就认为：我仇恨全部塞尔维亚人。事实上，在这部影片里，所有的人我都反对。我去贝尔格莱德的时候，看到极端分子的报纸，说我展现了塞尔维亚人最丑陋的面目，他们把我的名字改成"獏加鄹"。在萨拉热窝，人们叫我捷克尼克，因为我不站在他们一边。这更加使我相信，《地下社会》这部影片对这场冲突说出了一些问题，比我在民族纲领后面反映出了更多的真相。

影片的最后一个画面，一块土地与大陆分开，变成了一个岛屿。这是剧本中写好的吗？

不是。这是拍摄过程中，我的情感历程。一部影片的结论发自我的内心深处，这还是第一次。我感觉，这个事件就像肥沃土地内部的地质构造运动一样，它是我怀旧情绪的反映，这种诗意的平衡给了我一种情感的稳定。每当我走进一家电影厅，看到这些最后的画面时，都会感到吸收了很多营养，使自己的生活得到鼓舞。我从中找到了自己对历史的回答，找到了我和历史之间的关系。对我来说，假如我与这场战争无关，这将是一种精神净化的最佳方式。

对一些导演来说，摄影机的位置是不能经常移动的，您这种以运动，甚至以混乱为基础的场面调度，怎么进行机位的选择呢？

这确实是一个难以解决的问题。我知道有几十个角度都可以拍特写镜头，同时我也知道，拍摄电影最重要的事，是利用摄影机建立起自己与观众之间的联系，把自己的理念融化贯通到人与事物中去。一方面，有一些毫无兴趣的视角，它们不能进行真正的构图，但另一方面，你可以获得完全是空的漂亮画面。我喜欢使用摄影机的"朋克"功能，这就是把美和垃圾混在一起，特别是要把摄影棚各种元素之间的联系建立起来。

在选择演员方面，您喜欢优先考虑有戏剧舞台经验的演员。

这是由这部影片的故事决定的，它很像《奇爱博士》。我想离开现实，想从地上飞起来，演员的表演，他们的动作和表情，应该比生活中的动作更大。因此，我利用了贝尔格莱德杰出的戏剧传统。米奇·马诺洛维奇、拉扎尔·里陀夫斯基和密尔查娜·若科维奇，都是我所知道的最成熟和最出色的演员。除此之外，我总是进行多次拍摄，因为，我要挖掘一切可能性，以令人信服的方式，来反映如此极端的状况。最让我头痛的是，怎样才能使观众相信，我们成功地让剧中人物相信了他们已经在地下生活了20年。

我还想和您探讨一下最后一个镜头组，这组镜头是否实现了您取消梦幻与现实之间界限的愿望？

我不认为这组镜头发挥了如此巨大的作用。我在朋友间测试这个想法的时候，我一字一句地告诉他们，一块陆地发生了断裂，慢慢地它就变成了一种暗喻。可是，我对制片人第一次讲到这个镜头组的时候，他们想把我送进疯人院！谁都不会忘记自己是在看电影，为了同样的理由，我使用了小标题。想到自己要使用全部武器来闯过美学规则的障碍时，我感到心潮澎湃。最近，我又重新看了一遍《洛克兄弟》，我觉得，它是激情风格的巨大成功。虽然维斯孔蒂的敏感和世界与我完全相悖，但我十分欣赏他对操作空间的爱好。

然而，您却非常接近费里尼。

确实如此。我喜欢他的矛盾意识，喜欢他展示一块奖章两面的方式，把喜剧和悲剧合二为一，以及他对大众文化的兴趣。维斯孔蒂更多地承袭了埃玛钮尔·康德……

电 影 小 星 球 ｜ 巴 西

Glauber Rocha
格劳贝尔·罗查
(1938—1981)

20世纪60年代,世界电影大发展时期,巴西电影多姿多彩的形式及其积极干预政治的特色,引起了世人极大关注。格劳贝尔·罗查在巴西影坛享有盛誉,他把路易·葛拉和内尔森·佩雷拉·多斯·桑托斯团结在自己身旁,掀起了巴西新电影的浪潮。格劳贝尔·罗查在执导之前,曾是著名影评家和电影理论家(1963年,出版了《重评巴西电影》一书),他的成名作是第二部影片《黑色上帝,白色魔鬼》(又名《太阳帝国里的上帝与魔鬼》),该片参加了1964年的戛纳电影节,但在3年之后才在法国发行。紧接着他又推出了《危机的大地》,这部影片在戛纳参展期间,我在皮埃罗·阿罗里约陪同下,有幸见到了他。格劳贝尔(他的亲朋好友都这样称呼他)深受爱森斯坦、帕索里尼和威尔斯影响,他拍摄的电影既充满思索又饱含激情,时而狂热,时而消沉,真实与神话交融,有东北方的贫瘠土地,也有大城市的喧嚣。在1964年把古拉尔赶下台将军们成为国家首领之后,格劳贝尔徙居巴黎,此间我经常和他在彼此家中进餐,长时间地畅谈电影和政治,甚至在佩萨罗电影节期间,我们还一起玩过几局足球游戏机。他和我完全是同龄人,也是一个知心朋友。我请他给《正片》写篇文章,题目是我确定的:《从干旱到棕榈树》。我又为他的剧本《危机的大地》写了序言。后来,我们之间的关系疏远了,因为我一点也不喜欢他在70年代初拍摄的《七头雄狮》和《砍头》,我给他写了很多封长信,但他固执己见,理由十足地回复了我。在他去世后出版的书信集(《风云变幻》,1997)中,发表了这些书信。这些书信往还证明,一位创作者可以和他的诠释者进行论战,这位诠释者对他受到欧洲潮流传染而放弃自己的根,直言不讳地表达了自己的遗憾。在1980年的威尼斯电影节上,我在埃克赛勒吉奥尔酒店大厅里,发现他正在骂我和评委会其他成员,包括苏佐·赛奇·达米克、安贝尔托·意寇、玛迦莱特·冯·特洛塔和安舟·萨里斯,他说我们都是美国中央情报局的人,所以没让他的最后一部影片《大地的岁月》获奖。次年,他因暴病辞世,给他的崇拜者留下了几部这位英年早逝的天才呕心沥血之杰作。

围绕着《黑色上帝,白色魔鬼》与《危机的大地》

(1967年10月,巴黎)

在法国,人们对《巴拉凡托》一无所知,我们听看过这部影片的人说,那是一个关于巴西亚渔民的故事,在那部影片中,您讲述了神秘主义、舞蹈、音乐和大海之间的关系。您认为这部电影和您的其他影片,存在着某种联系吗?

说实在的,《巴拉凡托》不是我拍的电影。我接那部片子纯属偶然。那是一位名叫包利诺·多斯·桑托斯的导演,拍摄中间出了事故,我只能把已经开了头的片子接下来。我写了剧本,很快就拍完了,预算只有3000美元,拍了6000米胶片。后来,我看了素材,实在不喜欢,所以,就把它放弃了。8个月之后,内尔森·佩雷拉·多斯·桑托斯看了样片,他觉得挺有意思。我们就一起完善这部片子。然而,这实在是一个半成品,结构上相当原始。我最初的一些想法未能展开,但是,在《巴拉凡托》里,有些内容是我十分关注的:神秘主义的宿命论、政治动荡、诗意与抒情之间的关系,以及尚处于野蛮阶段社会中的复杂关系,我指的是黑人世界。对我来说,《巴拉凡托》只是一个电影习作,一个初学者的体验。

您过去拍过一些短片。

是的。我在做影评工作和主持一家俱乐部的时候,拍了一些短片。我也排过戏,但只是一些诗歌剧。当时,我的电影观念,从贬义上讲,非常前卫。在这种思想推动下,我拍了几部短片:《欧巴修》(1960)、《克鲁佐》(1961),后面这部片子没有完成,因为看了剪辑材料之后,我意识到,自己的这种观念已经行不通了,我的美学观被搅乱了。

人们还提到您拍的第三部短片。

那部短片不是我拍摄的,我只是制片人,片子叫做《节奏》。我在拍摄《黑色上帝,白色魔鬼》和《危机的大地》两部影片的间隙,又拍了两部纪录片。一部是关于阿马索尼亚地区(亚马逊河中下游)的彩色片(1965年12月),另一部是马兰豪省选举的纪录电影(1966年2月)。马兰豪省也属于阿马索尼亚地区。第一部影片完全失败了,这是我第一次拍彩色片,去阿马索尼亚地区的时候,我带着一连串的奇思妙想,但到那里一看,发现这根本不是传说中的神奇的亚马逊,完全不是鳄鱼、老虎和土著人的世界。另一部是报道马兰豪省总督选举的纪录片。这部片子对我来说非常重要，因为那是一部同期录音的纪录片，对于准备《危机的大地》，这是一次宝贵的经验。我经历了全部选举过程的各个不同阶段，观众可以在《危机的大地》中，看到一些节选：在维埃拉大选期间的青年人集会上，一辆黑色轿车驶入人群之中……

您刚才说的排演诗歌剧是什么意思？

我和一些巴西朋友组织了一个小型剧团，其中包括一位名叫佩雷兹的诗人，一位剧作家奈托，还有长期以来一直和我在一起工作的吉尔·索阿赖斯，在报社、剧团和电影制片厂，我们始终在一起，他是《黑色上帝，白色魔鬼》和《危机的大地》的美工师。起初，我们想排几部希腊悲剧，但我们发觉困难重重，而且不合时宜。所以，我们就排了诗歌剧，当时巴西出现了一阵诗歌狂热，我们虽然没有优秀的小说家，但是我们有大诗人，我们把他们的诗歌编成对话，在舞台上演出。可是，不久就被禁演了。

那是在什么年代？

1959 年，在我拍摄《欧巴修》之前，这部短片也反映了我当时的思想，所谓的前卫思想，就是反教会。我们的戏剧遭到禁演，不是因为政治原因，而是宗教和伦理问题。

那么，《克鲁佐》也差不多是这样吧……

是的，《克鲁佐》也大同小异。在结识内尔森·佩雷拉·多斯·桑托斯之后，我才想到自己在巴西拍摄电影的可能性。在拍摄《欧巴修》和《克鲁佐》之间，我曾在里约的内尔森影片公司当过实习生。他拍《阿雷格里港》的时候，我从家乡巴西亚来到里约。剪辑《巴拉凡托》的时候，他深深地影响了我的电影观念，从技术上认真地培养了我。如果说，我的电影生涯和精神思想受过别人的影响，这个人就是内尔森，即使我的风格与他不同，但他在我的一生中确实起了决定性的作用。

此外，内尔森在巴西新电影运动中也起了举足轻重的作用。

这是毫无疑问的。但是应该说明的是，他的重要性不应该看成是内尔森个人的直接行动。他既不做报告，也不写文章。这是一种无形的影响，他是我们这个小组的灵魂。从制作影片的角度说，他拍出了第一部独立影片：《里约 40 度》，这部影片面对巴西殖民状况首先表明了政治立场。

他在不经意间就成为了一名领导人、一位出谋划策的人，今天，依然如故，他是对立方之间的调停人，一旦新电影运动内部出现分歧，他总能以和解的原则十分有效地解决问题。

您对《巴拉凡托》取得的经验并不满意，那么，您在什么基础上拍摄的《黑色上帝，白色魔鬼》？

我是在精神处于危机状态下拍摄的《巴拉凡托》，后来，我把年轻时那些观念彻底抛弃了……与法国的知识分子不同，我们接受的文化教育相当混乱：我们首先读的是达达主义作品，然后是希腊悲剧，接着，我们学习福克纳的美国小说，后来又发现了兰波和马拉美的诗歌。大学的教学管理不善,教科书乱七八糟。一个巴西青年,如果没有机会到欧洲学习,他的知识结构难以完整……那个时期,我既是超现实主义者、未来主义者、达达主义者,又是马克思主义者。在巴西,所有的爱森斯坦理论都是西班牙译本,后来又有了葡萄牙译本,由于电影俱乐部和电影资料馆组织得很好,爱森斯坦在我们那里人人皆知。我们大家都是爱森斯坦的信徒,如果一部电影不是短剪接大特写,我们绝对不接受。《里约40度》是一部受新现实主义影响的影片,我们都很喜欢内尔森的电影,因为它是巴西最好的电影,但在美学上,我们并不苟同,因为它不是爱森斯坦式的影片。新电影运动初期,我记得自己为什么跟伊尔兹曼非常要好,原因就是他酷爱爱森斯坦。他是工程师、数学家,满口的爱森斯坦理论,进行各种艺术尝试。他的第一部短片《索莱斯》,完全符合爱森斯坦思想。我也记得,当萨拉切尼加入我们小组的时候,因为他喜欢意大利电影,喜欢罗赛里尼、维斯孔蒂、费里尼,我们就说:嘿!来了一个不懂爱森斯坦的家伙!我这个人爱走极端,《欧巴修》是一部充满暗喻、象征和辩证蒙太奇的影片。拍《巴拉凡托》的时候,我知道了自己理解的这些理论很不深入,只不过是一些概念而已,完全是未经消化的一些爱森斯坦神话。所以,我想从中解脱出来。《巴拉凡托》是在另一种更直接、更真实的思想指导下拍成的。我甚至直接录音了黑人音乐。这是一部更加接近现实的影片,我们看了《罗马,不设防的城市》和《战火的彼岸》(《游击队》),通过这两部片子,我们认识了罗赛里尼。可以说,这是某种反爱森斯坦的影片。在《巴拉凡托》里,人们会感觉到这种影响,但其中仍有不少爱森斯坦残余,像《墨西哥万岁》那种大特写镜头。可以说,风格上,这是一部不伦不类的杂交片子。

您拍摄《黑色上帝,白色魔鬼》的时候,已经有了一部影片的经验……

这是第一次有人向我提出这个问题,也是我第一次谈了《巴拉凡托》这部影片。《巴拉凡托》中的一些东西,在《黑色上帝,白色魔鬼》里得到了充分的展开。这依然是一部杂交的片子,毋庸置疑,爱森斯坦的影子依然出没在这部影片中。我很喜欢爱森斯坦,但是,在这里,我所在的现实不是纽斯基风格的史诗,也不是伊凡风格的历史剧。另外,应该说,我不太喜欢《墨西哥万岁》,从艺术造型上看,这是一部美轮美奂的影片,但从文化角度衡量,它是一部不成功的电影,因为它想给墨西哥加上一个不真实的历史和史诗观。在阿兹特克*和墨西哥的现实方面,存在着谬误。影片中没有真实地反映"总路线"和"罢工"。它把印第安人描写得有点像帝俄时代的庄稼汉,那就完全不对了……我们不能把阿兹特克的悲剧与纽斯基的悲剧混为一谈,那是风马牛不相及的事。拍《黑色上帝,白色魔鬼》第一集的时候,看着朝圣山和在台阶上那些横躺竖卧被杀死的人,我想到了这个谬误。这不应该是爱森斯坦的观念,我在一条八公里长的台阶上,拍摄了被杀的人们,这个镜头实在太难拍了,因为

---

* 墨西哥的印第安人。——译注

我对《战舰波将金号》非常熟悉，模仿奥德萨大屠杀再简单不过了，但这样拍的画面未免过于可笑了。

蒙特桑托大屠杀是一个历史事件，我想人们立刻会说：看吧，又有人模仿奥德萨了。剪辑的时候，我决定采取完全自由的方式，不去进行任何计算，我不愿意陷入思考式蒙太奇。但是，今天再看这部片子的时候，看着山上的那些画面，仍然能够感到自己所受的影响。但在《黑色上帝，白色魔鬼》的第二集里，我认为基本做到了突出自己的个人风格。

您曾经说过，《黑色上帝，白色魔鬼》的风格属于葡萄牙传唱诗人，具体说来，这是什么含义？

像中世纪诗歌和西部片那样，有一个承袭葡萄牙和西班牙的伟大民间诗歌传统，这就是行吟诗人。目前，在东北部地区，这个传统被盲人继承下来。作为盲人，他们有着极强的想象力，创造出了不胜枚举的故事和神话传说。《黑色上帝，白色魔鬼》整个高里思克那一章，是根据四五位传唱诗人的故事写成的，高里斯克之死那组镜头来自一支歌曲的分镜头。我在与几位盲人以及那个杀死高里斯克的人交谈时，他们讲的故事虽然大同小异，但每个人都在细节上有所创造。人们在《贫瘠的生活》中看到的乔伊·鲁菲诺，给了我创造安东尼奥·达斯·贸尔特这个人物的灵感，他跟我讲了三次他杀死高里斯克的经过，但三次的方式都不相同。所以在索阿赖斯的影片中，他又讲了第四种方式。现在人们能够肯定的，是他打伤了高里斯克妻子的脚，我在影片中也是这样描述的。在东北部，葡萄牙熟语"真假难辨"十分流行。在大众戏剧、杂技团或者集市上，盲人说：我来给诸位讲个故事，这是真事，里面当然也有在下的推测。他们或者说：这纯粹是想象。我拍这部片子，纯粹是灵机一动，理由不言自明。我是在这种氛围里长大的，在我的观念里，没有什么需要深刻思考的东西。

电影就像是一个幻觉吗？

对，就是这样。阅读对我的帮助也很大。我读诗歌比读小说更加用心，也许这样做是错误的，有人批评我，说这部影片缺乏现实主义。但是，我觉得自己的电影完全是现实主义的。我处理的是社会历史问题，但不是新现实主义。另外，现在我对影评很敏感：有人说，我拍的电影很糟糕，因为它们不是现实主义电影。我对这些批评非常重视。我感觉他们没有一个完整的批评和文化观念，但那里却是另一种现实、另一种文化，对于十分复杂的文化殖民主义，那是另一种集体反应。我们处于危机之中，实际上，我们是被魔鬼附了体。

在维达斯·赛咖斯的作品和您的影片里，讲的都是一对农民夫妇的故事，都是在相同的地理背景中，但您却没有选择现实主义道路？

我不想说，自己拍的是诗歌电影还是散文电影，因为这更适合于文学的分类，可能不完全适合电影分类。内尔森改编的是一本拉莫斯写的现实主义小说，里面有翔实的文献资料,而我却是从一首诗歌出发的。《黑色上帝,白色魔鬼》的基础,是比喻和象征性的语言,是骑士之歌风格的语言。我更喜欢这类文学作品,当然也喜欢《旱情》之类的小说,但它离我较远。内尔森喜欢客观性,重视有效性,所以他选择了拉莫斯,而且对他的作品相当忠实。有人批评他没有创造出自己的主题,但他说之所以选择拉莫斯,就是因为喜欢他,要做到忠实于他,已非易事。

塞巴斯迪欧和高里斯克的演讲稿是您写的吗?

是的,但这是民间的逻辑句法。上世纪末,有一位名叫达根哈的民族学家和社会学家,他以近乎巴洛克风格,发表了一本关于赛尔涛的力作。他说,我们的传统文学有三种类型:一种是欧洲传统文学,也就是斯汤达、福楼拜等人。拉莫斯属于法国现实主义流派,但他用葡萄牙文写作,第二种是来自西班牙的巴洛克传统文学,像塞万提斯、弗兰西斯科·德·克维多,第三种是来自民间的大众文学。一个生在圣保罗、受过大学教育的人,往往都受过英法文化熏陶。在巴西,有些人从来没读过《堂·吉诃德》,但对詹姆斯·乔伊斯却非常熟悉。巴西是由以上这些传统构成的。东北部,像圣保罗,是另一种类型的巴西,一种美国化的巴西。

《黑色上帝,白色魔鬼》中,女性人物的地位比人们一般想象得更加重要。

很多人都向我指出了这一点,但是,我从来也没有见到一个真正客观的评论。在《巴拉凡托》、《黑色上帝,白色魔鬼》和《危机的大地》中,妇女对现实和历史有着十分清醒的认识。例如,《巴拉凡托》中,一位妇女为了人民的事业献出了自己宝贵的生命,她引导一个男人进行政治决策,而她却因此殒命。在刻画女性人物的时候,我总是困难重重。写了不少剧本,都没有拍成,我创作不好女性人物,她们在我心里总是先知先觉,在政治和伦理方面有着很大影响。

《危机的大地》中的希尔维雅却不是这样。

希尔维雅当然不是这样,因为她不在前台,不是众矢之的。她像缪斯女神,是年轻人崇拜的偶像,希尔维雅变成了一个稍纵即逝的形象。在《危机的大地》里,她一言不发,我没能找到一句适合她说的话。剧本里,我曾经给她写了很多对白,但后来都删掉了,因为她无论说什么都会显得可笑。可能萨拉说话的方式像个男人,因而产生了某种补偿。在巴西的现实生活中,我并不经常遇到如此头脑清醒的女人。

您是怎么寻找和选择演员的?人们常说拉丁美洲存在这个问题,布努埃尔在墨西哥就遇到了这类问题。

巴西的情况有所不同,这里的戏剧活动开展得很好,经常上演布莱希特的戏剧。演员们到美国演员工作室演戏。欧松·巴斯都斯(在《黑色上帝,白色魔鬼》中饰演高里斯克)是巴西演布莱希特戏剧的最好演员。他能够把他塑造的人物丰满起来,我与他进行过多次谈话,每次感到获益匪浅。此人修养极好,嗓音极佳。《黑色上帝,白色魔鬼》中,他为饰演赛巴斯迪奥的一位非职业演员配了音,那个人是巴西亚黑人贵族会成员,曾出演过《巴拉凡托》。饰演安东尼奥·达斯·贸尔泰斯这个人物的牟利肖·杜·瓦勒是一位电视演员。他演过佐罗,我选择他,是因为他是大牌演员,安东尼奥·达斯·贸尔泰斯是一位人民英雄。演马努埃勒的杰拉尔多·代勒·雷伊是巴西的著名演员,是一位明星。欧东·巴斯多斯、代勒·雷伊和索尼亚·道斯·于米尔德(达达)都是巴西亚剧团演员,毕业于一所著名学校。《危机的大地》中的演员都是舞台演员,我根据剧情选择了他们。演维埃拉的乔斯·刘伊库阿是巴西最著名的电影演员,在警匪片中,他总是出演强盗头子,也演过一些喜剧片。他非常聪明,表演极其自然。饰演鲍尔菲寥·迪亚兹的保罗·欧特兰是一位国家剧院演员,擅长希腊悲剧,出演一个神秘化人物。迦尔岱尔·费尔出演影片主人公,他是巴西大名鼎鼎的演员,已经演过40多部影片,主要在西班牙和阿根廷工作,也是拉美各国无人不知、无人不晓的大明星。

您过去排演诗歌剧的时候,已经使用过音乐了吗?

没有,当时只有台词和灯光。

您怎么想到配乐解说这个主意的?在《黑色上帝,白色魔鬼》的结尾,歌曲本身就准确地传达了影片的信息。

首先应该说,假如音乐在我的影片中效果极佳,那么,巴西所有的电影都是如是。另外,从文化角度说,巴西可能非常落后,但从音乐角度上看,我们却十分先进。比如,路易·盖拉不仅是电影导演,而且是极好的音乐家。每个人都会弹奏乐器,但我除外,可是,我也写了不少歌曲。这里的每一个人都热爱音乐。伊尔兹曼刚刚拍完了一部音乐片,音乐在他的电影里既然有那么大的力量,他自己说:为什么不拍一部音乐片呢?他就拍出了《伊帕尼玛的姑娘》。片中的人物,不是作曲家就是歌唱家。在"新电影运动"中,人们拍摄的影片都使音乐不仅能够诠释主题,而且能够像对话和照片那样,构成影片的重要组成部分。瓦特·利马拍摄的下一部影片,既是政治片,又是音乐片。我拍《黑色上帝,白色魔鬼》的时候,受到维拉罗伯斯的很大启发。片中有一个场景,是因为我听到了音乐,所以产生了灵感,那就是高里斯克和罗莎接吻那场戏。前面我说过了,自己不善于刻画女性,不会拍爱情戏,搞出来的东西总显得幼稚可笑。拍这场戏的时候,一点儿自信都没有,但又不能去掉这个场景。那天晚上,我听了一张唱片,听了巴西风格的巴赫第九号管弦乐之后,我和摄影师以及一些助理进行了讨论,最后,我们终于找到了拍摄这组镜头的方法。然后,我又根据巴赫的音乐节奏进行了剪辑。

欧东、音乐的地位,这一切把我们推向了布莱希特……

应该说,在看过的布莱希特戏剧中,我最喜欢《四分钱歌剧》。这出戏深深震撼了我,不仅仅是我,在巴西,人人都喜欢这出戏。我专门去柏林看了柏林剧团的演出。应该告诉您,巴西各地都上演布莱希特的戏剧。因为演布莱希特的戏不存在任何新闻检查的问题。检查当局认为,布莱希特就是文化,就是艺术。欧东是演《四分钱歌剧》最出色的演员。此人年仅30岁,完全可以到柏林剧团去演出。在维阿尼的一部影片《诺言》中,他只演过一个小角色,但现在,他将出演萨拉切尼下一部影片的主要角色!

在巴西,哪一部布莱希特戏剧最受欢迎?布莱希特的第一部戏与第二部戏之间,在使用音乐方面有很大不同。

拍摄《黑色上帝,白色魔鬼》之前,我只知道《四分钱歌剧》。前面说过,书籍来到我们这里的方式十分奇特。巴西上演的第一部布莱希特戏剧是《四川好人》,但我没看过。我是在拍《巴拉凡托》期间,看了《四分钱歌剧》的。我到巴西利亚去看了演出,真正受到了巨大震撼,虽然这次发现不够及时,但意义重大。

谈谈您执导演员的情况吧!

对《黑色上帝,白色魔鬼》这部片子,一切都很顺利。氛围非常好,摄制组非常了不起。摄影师瓦尔德玛尔·利马很喜欢这部电影,他是一位老朋友。瓦尔特·利马和索莱斯与我一起准备了剧本。演员们都对影片的题材感兴趣,虽然我们没有钱,很像是一场年轻人的浪漫冒险。但是,大家都有一个共同的心愿,高涨的热情十分纯洁。当然也存在一些技术问题,但我记得,晚上大家都在一起钻研,和演员一起进行排练。拍《危机的大地》,情况就完全不同了。演员全部都是签过合同付了薪酬的职业演员,由于他们晚上要去剧场演戏,拍电影只能到下午4点就收工。他们不同意进行排练,有的人根本不跟助理人员讲话。我们和主要演员之间的关系完全是职业化的。我当时的心情很不好,我认为,假如演员们能够更好地理解他们饰演的角色,在这部电影里,我会得到更多的东西。他们愿意演这部电影,是因为他们知道这是一部重要影片,但仅此而已。例如,演迪亚兹的那位演员,公然说他不同意他的角色,因为他是左派人士,他不愿意扮演一个右派人物。演维埃拉的那位演员说,他演的人物矫柔造作,过于装腔作势,他不能演一个拉美人民和平解放主义的英雄。然而,饰演影片主人公的演员非常好,很喜欢他的角色。

《黑色上帝,白色魔鬼》中,安东尼奥这个人物既为政府当局服务,又是一个历史见证人,他对影片中各色人物都进行了一番评论。在《危机的大地》里,您没有再次塑造一个类似人物,放弃了这种见证人物的结构。

安东尼奥是我在《黑色上帝,白色魔鬼》这部影片里着力刻画的人物。其他人都是在特定历史条件下真实存在的人物。人们甚至于可以"对号入座"。我把安东尼奥的思想尽量写得模棱两可,心态极不平稳。他是一个不开化的人、一个农民,也是一个冒险者。《危机的大地》里的保罗·马丁也是身处各种矛盾之中,政治上忽左忽右,对于政治和社会问题的认识模糊不清。他试图寻找一种政治和解,利用各种矛盾发动一场革命，最后却因此而丧生。在这里，我拿他比喻了拉丁美洲共产党的政策。对我来说，保罗·马丁就是拉丁美洲最典型的共产党人。他是共产党的同路人，不是真正的共产党人。他的情人是共产党人。在共产党对他施加压力的时候，他为共产党效劳，但他更喜欢资产阶级，他自己就是一个布尔乔亚，当然愿意为它服务。归根结底，他看不起劳苦大众，认为群众只是一个自发的现象，群众的成分过于复杂。他渴望革命的时候，革命却不爆发，因而他采取了堂·吉诃德式的立场。悲剧结束时，他也死去了。安东尼奥比保罗·马丁原始得多，他领取政府津贴，要去杀害穷人、农奴和长工。他知道这些人不是坏人，而是某种社会形态的受害者，但这些人对此却毫无觉悟。安东尼奥是个原始人、野蛮人，而保罗·马丁是个知识分子。在《危机的大地》里，我想把《黑色上帝，白色魔鬼》的一些机制成分放进去。城市里有着与农村相同的等级制度，继承了拉丁美洲大庄园时代的传统，承袭了中世纪的思维方式，当然也混杂着现代文明的影响。《危机的大地》里面，看不到农奴和长工，但有一个右翼的封建领主和一个左翼的封建领主，共产党在他们两人之间，起着某种调解作用。在《危机的大地》这部影片里，我最大的野心，就是要暴露这些机制，同时，以幸灾乐祸的口吻，把这些行将灭亡的机制展现在世人面前。因此，我认为，《危机的大地》和《黑色上帝，白色魔鬼》两部影片之间有很多联系。最主要的联系，是言语的破坏，在《黑色上帝，白色魔鬼》里面，言语的破坏已经开始了。

您也在试图破坏一个美学观点吧？

《黑色上帝，白色魔鬼》是一部更为叙事的影片，它是一个论说……《危机的大地》已经相当反戏剧了，是一部自毁的影片，带有很多重复蒙太奇。现在，我想改变一下，因为我找到了一条政治出路，它是实实在在的，十分现实的，能够回答拉丁美洲各国传统共产理论不足的问题。保罗·马丁或者安东尼奥·达斯·贸尔泰斯之类的人物，已经不使我感兴趣了！我认为切·格瓦拉才是真正的现代人物，也就是说，他出身于资产阶级，但是，他不但不依存于它，而且反对它。这才是真正的革命者！无论保罗·马丁那样的知识分子，还是安东尼奥那种原始人，都不是史诗般的英雄。

但是，《危机的大地》暗含着这样一层意思：知识分子与资产阶级的联合，总是要走向失败。

所以，雷吉斯·德波雷在他的书中十分清晰地说明了，拉丁美洲的革命为什么必须首先在丛林中展开。这是因为城市人与人民没有直接和长期的接触，因而对人民没有责任感，而真正的革命者必须割断自己出身的根。我认为，对一个像保罗·马丁这类人物心中所存疑问的回答，也是对我们这一代人，包括我自己内心疑问的回答，它就是格瓦拉做出的榜样。我没有谈这个问题，是因为目前人们正在议论他的死亡。对这个问题，我想了很久，我一定要拍一部像他这类人物的影片，一个出身资产阶级家庭的人，背叛了自己的阶级出身投身革命的故事。他用自己的亲身经历做出了回答,证实了传说的神话。他对拉丁美洲一系列的问题做了回答。我不知道是否马上就着手准备这部片子,因为面对如此严肃的题材,我的思想还没有准备得足够充分。我拍的不是格瓦拉本人,而是一位像他那样的革命者。我这一代人不可能与资产阶级和解,我想拍一部清澈见底的影片,我已经不再有任何疑问了。我的意思是说,保罗·马丁的疑问就是我自己过去的疑问。这部影片离我自己、我的出身和我生活的阶层非常接近。

安东尼奥与保罗·马丁正好相反,他似乎代表了历史的合理性。

安东尼奥·达斯·贸尔泰斯比较原始,没有像保罗那样经历过妥协,也没受过资产阶级教育,所以能够很快就变成一个革命人物,当然,保罗也能变成一个革命人物。我不会放弃安东尼奥这个人物,在以后的影片里,我还会进一步发掘他,因为他已经变成了一个家喻户晓的人物,《黑色上帝,白色魔鬼》一半的成功要归功于他。他和观众已经开始了交流。我想拍一部类似西部片的电影,描写地主与农民之间的冲突,我要把安东尼奥放到那种氛围中去。

《危机的大地》开头唱的那首歌是什么意思?您没有这支歌的翻译字幕。

在《黑色上帝,白色魔鬼》的结尾,有人说:"大海将是赛尔涛,赛尔涛将成为大海",这是一种含糊不清的形式。《危机的大地》中的那首歌,是一支用非洲语言唱的非洲歌曲。选这首歌的目的,只是为了营造热带海洋的某种氛围,巴洛克宫殿的一种气氛。这是一首在巴西到处传唱的歌曲,尤其是在巴西利亚地区。《巴拉凡托》也是由一首非洲歌曲开头的。在穷苦农民的心目中,大海是神秘的,深不可测的,葡萄牙人就是从海上来到巴西的。

您说过,在保罗·马丁身上,有安东尼奥·达斯·贸尔泰斯的某些方面,也有玛努埃尔的某些方面,因为他要从一个方面走向另一个方面,就像玛努埃尔从黑色上帝走向白色魔鬼一样。人们也可以想到高里斯克这个人物:他的脑海里总是被死亡缠绕着,总是被某种形而上学的梦想缠绕着,对于一名强盗,这是十分反常的,那位诗人保罗也想到了死亡。

正如您说的那样,保罗身上的确有些诗人气质,而高里斯克也真像个强盗。他是一个经常与危险擦肩而过的冒险家。此外,保罗·马丁只能用死来救赎自己。因为,即使他选择革命道路,上山去打游击,也必将选择死亡,只有这种选择,才能赋予他胜利的可能性。所以,他必须准备去死,这是一个需要破釜沉舟的决心。我目前还没有准备这样去做。这是一种悲剧式的偶然性,第三世界的每一个人都必须面对这个问题。也可以说,这是新浪漫主义的立场,是极富教导意义的。格瓦拉强调的是,游击战不是浪漫的冒险,而是启蒙的史诗。这与西部片中的人物何其相似,除非那些人有某种十分明确的使命,要在那里推行某种政策。另外,我感觉这像是一种新文化、新行动的开端,一种人和行动新风格的开创。人们可以进行更仔细的观察:

讲活、着装以及游击队员的行为方式,完全是全新的东西。这是一种脱离了莫斯科教皇精神的马克思主义。

《危机的大地》中的大段独白非常精彩,听说您曾经想把这部影片叫做"马尔多罗尔"。

后来,我觉得这个片名过于赶时髦,也过于文诌诌了。我读了很多遍《马尔多罗尔之歌》,但可惜都是葡萄牙译本,在巴西找不到法文版本。书中令我难忘的,是从始至终的刑法。这是一种令人作呕的现实主义。有人对我的影片结构和嘲讽态度提出批评,我确实很想赋予影片一个令人作呕的外表,而且,我觉得保罗和他的诗歌都令人作呕。影片的最后一组镜头,是一组连续呕吐的镜头。言语明显地不如劳特里蒙的言语,但有同样的焦虑。

这段独白是您首先写的吗?

是的,还有其他一些小诗,然后才写的剧本。我拍完影片之后,剪辑时放进了这段独白。

保罗之死有某种美学特征,死的本身毫无意义,因为他没有改变任何东西。

您说的不完全正确,因为,他觉醒了,他因意外而死,但在这时,他说:"不应该这样",他还说应该接受暴力,掌握命运。在影片中,他还曾对萨拉说过:当人们把全局都认识得一清二楚的时候,只有暴力会依然存在下去。这是在政治协约通过之后,他对撒拉说的这番话。他提醒萨拉,群众是由人组成的,而人要比群众更加难以驾驭。当然,他不能接受暴力,因为他无能为力,他自己没有一个组织来发动并领导群众。临死的时候,他懂得了暴力是通向革命的道路。

在影片开头的时候,有一段未加翻译字幕的马力奥·佛斯迪诺诗歌。

马力奥·佛斯迪诺是我们这一代最伟大的诗人。1963 年,在一次飞机失事中丧生,年仅 33 岁。他写的那本诗集,在青年人中广为流传,书名是《人与时代》,在《献给一位诗人的墓志铭》一文中,他说:

> 血染的太空和纯洁的灵魂间,
> 他不能在高贵的条约上签名,
> 一往无前的斗士魂归离恨天,
> 多少暴力呀,又有几多温情!

这就是我在影片中引用的诗句,作为对这位英年早逝诗人的怀念。保罗·马丁有点儿像他。

在一个十分现实主义的场景里,您使用了《黑色上帝,白色魔鬼》的总体结构:一个代表人民讲话的人物。这种象征性的游戏,在巴西是自然而然的东西吗?

为了拍好这场戏,我让演员维埃拉站到人群之中,群众以为他真的要做一个政治演说,以为维埃拉是一位真正的候选人。即使我们在拍摄内景的时候,维埃拉也像政治集会上那样,不断地向周围群众问好。他到达之后,便开始讲话,这时候警察赶来,想阻止我们拍摄,因为人群中出现了骚动,群众一定要投这个人的票(这时正巧赶上众议院议会选举)。我抓住这个机会,在一个星期天下午,用现场录音纪录下了这个真实场面。这就是影片开头维埃拉参加竞选的那组镜头,镜头中的一切都是自发的、完全真实的。

埃尔多拉多是一个城市的名字吗?

不是,谈起埃尔多拉多,首先就要说一说拉丁美洲的黄金神话。西班牙人来到美洲的时候,他们说埃尔多拉多。影片中,埃尔多拉多既是首都的名字,同时也是州的名字。阿来克里姆是埃尔多拉多州的一个省中的一个城市的名字。欧洲的情况和拉丁美洲完全不同,一定会造成理解的困难,因为没有首都的名字和地区的名字相同的。另外,阿来克里姆是葡萄牙一个非常著名的省,对于巴西观众也会造成错觉。

像阿来克里姆这类的混淆,可能会造成严重误解,因为它会妨碍对影片构建的理解,这部影片的构建是十分清楚的。您不认为影片结尾反映时局的方式有些过于直接吗?鉴于这个故事与您个人直接相关,这种方式不会影响对影片的理解吗?

最后一个镜头很长(一分钟),会让人感到有些不适,但我认为,40秒钟过去之后,人们就会开始理解了,这些机关枪的声音是有一定含义的:我特别强调了时间长度。关于影片主人公厌恶狂欢节的问题,这个提法可能不够确切,可是,巴西的政治生活确实就像是一个狂欢节。巴西的文明腐朽没落了,我们既懒惰又无生气,过着糜烂的生活,在手工艺方面更是无能到了极点。毫无理性的能量释放到虚无缥缈的地方。我和开明的巴西经济学家与社会学家都一致认为,巴西是一个需要彻底破坏的狂欢节,把作为狂欢节化身的滑稽木偶全部烧掉。我试图通过这部电影反映这个狂欢节,以及自己对目前形势的极大厌恶。

令人不解的是,《危机的大地》中的想象部分所占比例,竟然大于《黑色上帝,白色魔鬼》。

拍摄《黑色上帝,白色魔鬼》的时候,我非常喜欢风景和高里斯克的面孔。虽然本人从事过影评工作,但依然感觉自己与这些人物密切相关。相反,我讨厌自己在《危机的大地》中拍摄的一切事物,拍摄这部片子的时候,我就十分厌烦。我记得自己对剪辑师曾经说过:"我讨厌这部片子,因为我觉得影片中没有一个画面是美的。"全部画面都极其丑陋,因为人物都是危害公众的恶人,景物是破败的,完全是虚假的巴洛克。剧本不允许我像《黑色上帝，白色魔鬼》那样，能够取得某些艺术造型方面的美感。有时候，我想摆脱这种氛围，但那样做又会赋予异化元素某种价值。我本来可以把片子拍得异常模棱两可，可以在造型艺术方面表现得相当美，但同时，在思想性方面却非常反动。我希望实际情况并非如此。事实上，我想在一定意义上，拍一部关于政治异化的纪录片。我们经常使用灵活的手提摄影机进行拍摄，人们会感到人物完全是鲜活的。我想找到纪录片的口吻，在布景方面也是一样。然而，所有表面看来是想象中的内容，却完全是真实的。比如说，为了看到那些政客们的照片，我查阅了大量的报刊档案资料。在库比切克总统到达巴西利亚的时候，印第安人给他送来了印第安人首领的头饰，等等。我拍下了老议员在政治集会上和群众一起跳舞的场面，我请来了一所专业的桑巴舞学校，请他们和维埃拉一起跳舞。在《黑色上帝，白色魔鬼》里，我也是这样做的，所以，那些农民认为，饰演赛巴斯迪奥的是一个真正的农奴。我在剧本里没有考虑到议员跳舞的那个镜头，但演员受到音乐和政治演说的鼓舞，开始跳起舞来，我们用手提摄影机拍下了全部过程，就像是时事新闻片一样。巴布罗·聂鲁达谈到了"写实的超现实主义"，因为这种超现实的表象，确实存在于拉丁美洲和第三世界的现实里。他的那本著作《共同歌唱》对我影响很大，但是在阿斯图立亚斯、阿来若·卡尔邦提耶和尼古拉·吉雷安的作品里，同样能够找到这种写实的超现实主义。

请您谈谈"街道属于人民，天空属于大兀鹰"这一诗句吧。

这是上个世纪一位名叫卡斯特罗·阿勒维斯的巴西浪漫诗人写的诗句。他像所有的浪漫诗人那样，23岁就死于肺结核。这位英年早逝的诗人家喻户晓，他为取消黑奴、反对君主专政、建立共和制度而战斗了一生。他组织群众集会，在会上即兴赋诗，曾写过一首《人民当政》的诗歌，大家在《危机的大地》中看到的正是这首著名的诗。

请您介绍一下马丁·菲埃罗。

妥雷·尼尔松正在拍摄一部马丁·菲埃罗史诗的影片。它是阿根廷人十分骄傲的文化遗产，是一首阿根廷左翼的革命史诗。由于我要使影片洋溢着拉丁美洲的精神，所以引述了这首诗。作为人民领袖的维埃拉，朗诵了这首进步诗歌。

在您的作品里，您有一种对冲突的偏好，在《黑色上帝，白色魔鬼》中，表现在平静与暴力爆发之间，在《危机的大地》中，反映在画面和与画面没有直接关系的评论之间。这样您就赋予了剪辑极大的重要性。

这首先与我的性格，以及拉丁民族的性格密切相关：这就是一种会突然爆发的被动性格。几天以前，一位巴西朋友问我，什么时候我才能在我的电影中讲一个故事。也许这是一个缺点，但是，我不会通过一个故事来达到从个别到整体的目的。我总是陷入一个冲突，而后对这个冲突展开一番评述。我认为，剪辑工作是与许多冲突的总和密切相关的,自己想拍的政治电影是对于事实的讨论,我做的的评述既是客观的,也是主观的。我非常喜欢福克纳,因为他的作品张力极大,总是把平行的和渐进的冲突聚集在一起,他的戏剧结构总是出人意料之外。另一方面,社会领域,黑人,南方人,也包括巴西的东北部,以及几个拉丁美洲国家,这是一个未开化的世界,相当原始,甚至野蛮。福克纳有一部小说,我想把它拍成电影,这就是《野棕榈》。所有我看过改编他作品的电影,我都不喜欢,只有奥森·威尔斯才能拍摄的作品,《历劫佳人》是一部真正的福克纳的电影。

有人说,我们觉得毫无道理,您是布努埃尔的信徒,相反的,至少是公开的,在《危机的大地》里,人们会立即想到奥森·威尔斯。

一部带有闪回的政治影片,以及一些巴洛克精神,会使人们立刻想到《公民凯恩》,这毫不足怪。由于我不想把《危机的大地》拍成一部引人入胜的故事片,我想到威尔斯的架构确实是一件好工具。我利用了《公民凯恩》的结构。正像雷诺阿在蒙特利尔对我们说的:"抄袭吧!因为然后你们才会更加自由。"同样,我们也可以按照豪克斯或者福特的模式去拍西部片。

您的影片给人一种特大暴力的印象,但您并不显示暴力,人们看到手枪放到农民的嘴里,但仅此而已,阿尔瓦罗的自杀也是点到则止。

如果淋漓尽致地描写暴力,那会满足一些观众的胃口,因为它会刺激虐待狂的直觉。而我想表现的是暴力的思想,或者是暴力造成的精神损伤。在《危机的大地》中,手枪和机枪从来没有真正射击过。人们应该对暴力进行思考,而不是把它变成一个表演节目。

说到这儿,《危机的大地》里,有一个十分有趣的细节:每个人都带着手枪或者武器。

确实如此,这正像巴西的政治,一个没有人开枪的政治,它是对巴西局势的嘲弄。

为什么有一个军人警戒线呢?

那是一个政府机关所在地。政变之后,军队介入是很正常的。另外,影片是闪回的,结尾时,大家还会看到保罗出逃时遇到了不少军队卡车。

有一个细节是保罗出逃,尤其是他被警察打伤时,产生了某种想象:警察朝他射击时,他的动作被切割成几个画面,这就使他的动作产生出一种机械的非真实效果。

为了和整部片子更加协调,我把这个时刻删节了,这样做也许会使情节显得不够清晰。西部片或者警匪片中可以给出全部动作,这样制作电影可能会更加有意思。《黑色上帝,白色魔鬼》中,安东尼奥·达斯·贸尔泰斯第一次参与动作片,他正在杀人,杀人是他的职业,人们会听到一首关于他的歌。我把那场戏也进行了切割,因为有意思的不是动作本身,而是它的象征性。

保罗在和萨拉谈话时,说:"我渴望得到绝对的完美。"而萨拉却回答他:"饥饿。"身体的饥饿。萨拉是一个对政治形势具有更直接和更现实体验的人物,但她依然留在喜欢故弄玄虚的维埃拉身边。

萨拉头脑十分清楚,但她始终是共产党员,忠于党的路线。当前,共产党是拉塞尔达和古拉尔的同盟军。维埃拉不是共产党员,而是民粹派,但得到了共产党支持,即使他杀害共产党,共产党仍然和他站在一起。萨拉带着两个共产党朋友来到保罗家里,劝他参加维埃拉的行动,但保罗知道,与维埃拉合作的事不会有什么好结果,但这时候保罗的政治觉悟受到了生活的干扰:他爱萨拉,为了萨拉他与维埃拉结了盟。最后,保罗倒下了,萨拉离开了他。她是一个头脑清楚的政治人物,她还要继续进行斗争,在《危机的大地》里,她是唯一一个性格"合乎情理"的人物。我赞成她的看法:对于一个人,既要诗意,又要政治,这太过分了。

纪录政治集会的那位黑人很有意思,他有点像《黑色上帝,白色魔鬼》中的盲人。

这是保罗·吉尔·索阿赖斯想到的主意,他说:在这部电影里,不能放一个瞎子,但可以放一个事件的目击者。这也是参照直接电影,这些场面都是同期录音的。

您在最近一部电影里,利用了维拉·罗波斯、巴赫、威尔第和一位巴西音乐家卡洛斯·高迈兹的作品。

我前面说过,维拉·罗波斯对我影响很大。卡洛斯·高迈兹是20世纪初巴西歌剧的作曲家,他受到威尔第很大影响。他搞的都是官方歌剧,目前还很受重视。在名为"巴西之声"的联邦广播电台节目中,总统讲话之前,总要放卡罗斯·高迈兹的音乐。我的意图是:听吧!这就是威尔第,这就是卡洛斯·高迈兹的音乐,实在不堪入耳!迪亚兹在花园中散步那组镜头,我放进了高迈兹的音乐,目的就是进行滑稽模仿。我借用威尔第的《奥赛罗》,来烘托那场关于嫉妒和友情的讨论,同时,我也想把迪亚兹同性恋和孤独的特征突显出来。

您在《正片》(73期)上发表的《暴力美学》文章里曾说过,巴西新电影运动需要自己进行反省。到1967年底,情况有何变化?

新电影运动推出了第一批影片之后,成立了一家巴西电影发行公司,试图把影片卖到国际市场上去。我们取得了一些经济方面的自由,因而能够独立地制作影片。同时,我觉得在思想、技术和表现方式方面也取得了一定进步。奈尔森·佩雷拉·道斯·桑托斯拍摄的下一部影片,比《贫困的生活》更加雄心勃勃,更加气势恢弘。卡洛斯·迪叶吉斯也是如此,《巴西国歌》比他的过去作品的政治色彩更加鲜明。瓦尔特·利马正在拍摄《巴西2000年》。若阿纪姆·佩德罗·德·安德拉德在拍摄《马古码福玛》。伊尔兹曼推出了《伊帕内玛的少女》,古斯达沃·达和乐拍出了《勇敢的斗士》。吉勒·索阿来斯,而布莱萨那推出了《萨娜》。保罗·恺撒·萨拉瑟尼正在拍摄《卡比图》。例子不胜枚举,很多新电影都在拍摄之中。1968年和1969年是新电影运动的关键之年。假如以上这些影片有四五部能够达到《贫困的生活》的水平,新电影运动就有了突破,也就会有自己的市场。不然的话,新电影运动将会出现危机,但这种危机不是新闻检查严控下的那种致命的政治危机。我们得出的结论是,如果没有一定的经济自由,就不会有艺术和政治的自由,正是出于这个原因,新电影运动没有十分明确的美学观念。我的暴力美学观念,伊尔兹曼是不同意的。他们喜欢我写的那篇文章,但我不知道是不是每个人都赞成我的观点。有几部巴西电影是赞同暴力美学的:路易·盖拉执导的《枪》中,有一个叫祖寿的人物,他是符合这种美学精神的,因为他展开了一个完整过程。我们出版了一份杂志,名叫《新电影》,第一期是1967年11月问世的。阿莱克斯·维阿尼担任主编,编委会由几位影评和导演组成,这本杂志特别关注拉丁美洲和第三世界的电影经济。

巴西没有电影杂志吗?

有一本官办的,品味很低。我们的杂志是新电影运动的灵魂,在这种关键时刻,影评活动是极为重要的。

目前,新电影运动似乎正在从农村走向城市。它的三部重要影片(《贫困的生活》、《黑色上帝,白色魔鬼》和《枪》)都是反映东北部城市问题的。在格瓦拉指出"应该走出城市,从农村开始行动"的时候,新电影运动却加深了对城市问题的探索。

理论家说,不应该拍农村题材的电影,因为政治问题集中在城市里。实际上,在巴西,政治问题既存在于城市中,也存在于沙漠里,到处都有政治。在瓦尔特·利马的电影里,政治既不在城市里,也不在农村里,而是在2000年,这是一部政治科幻影片。尼尔森·佩雷拉·道斯·桑托斯将要到印第安人中间拍摄他的下一部影片。那是一个关于食人族的故事,法文片名非常有趣:《我的小法国人多么香呀》。影片根据法国入侵巴西时,一个年轻法国士兵被印第安人俘虏的报告拍成的。这名士兵教印第安人法语和作战技巧,接受了作为礼品的一个女人,后来,印第安人出于对他的敬重,打算吃掉他。尼尔森试图对殖民者和被殖民者之间的关系和文化交流进行一番评述。这个故事非常有意思,因为,即使食人现象本身在巴西不复存在了,但仍然存在着某种哲学精神,叫做"食人精神"。

是否欧洲电影对巴西电影施加了有害的影响?

现在,比较容易抵御这种影响了,因为新电影运动已经生产出了具有国际影响的影片。我们不再有阿根廷和墨西哥那种殖民地的胆怯了。新电影运动在组织方面比较灵活,使人们有勇气进行创作。电影语言应该国际化,不应该在屈从的符号下面生活。我们过去受到经济和国家意识形态的重压,今天已经走出了困境。

您怎么看待您与巴西观众之间的关系?

我最初那几部影子,都失败了,原因是我受了某些电影和文学神话偏见的影响,我本想拍广大观众喜闻乐见的影片,但拍出的却是十分难懂的知识分子电影。问题是,我既不想拍大众化的商业片,又不想拍社会主义现实主义电影,我认为革命的立场应该从始至终都用革命的方式表现出来。目前,我还没有一个确定的主题,但我想拍一部反映第三世界解放事业这个历史题材的影片。现在我还不知道这将是一部故事片还是一部纪录片。我希望它既是史诗又富有教育意义,是历史的而不是个人的。一部没有心理问题的影片,一部人物头脑清晰而不是被神秘主义驱使的影片,片中的人物应该与《危机的大地》中的人物完全不同。

电影小星球 | 墨西哥

Arturo Ripstein
奥图罗·利普斯坦
（1943— ）

　　当奥图罗·利普斯坦在威尼斯电影节推介他的新版《蜜月杀手》时,我们也有幸与他的妻子帕兹·阿丽西亚·加西亚迪叶戈一起交谈。20年来,他的妻子既是他的编剧,又是他形影不离的合作者。利普斯坦与文学结下了不解之缘。他是制片人阿尔弗来多·利普斯坦（投资过多部布努埃尔影片）的儿子,21岁时,根据尚未成名的加布里埃尔·加西亚·马盖兹和卡尔罗·弗恩特斯合写的剧本,拍出了他的处女作《大限难逃》(1965),又把朱安·鲁尔夫(《财富帝国》)和约瑟·多诺佐(《这个无边无际的地方》),以及荣获诺贝尔奖的埃及小说家马富兹的《始与终》移植到墨西哥的土地上,这部影片也许是他的最佳作品。在经历无数经济挫折的拉丁美洲电影人中,利普斯坦是唯一没有中断过电影生涯的导演。他的成功远非得益于墨西哥电影工业的强大,墨西哥电影同样受到了经济危机和好莱坞影片的冲击,其主要原因,在于他成功地利用了商业电影的法则,拍出了人们喜闻乐见的影片:从初期的西部片到最近时期的情感剧。利普斯坦从人民大众丰富的生活中汲取营养,把劳苦大众喜爱的音乐舞蹈融合到他的电影里,又受到像女歌手露莎·蕾丝这类历史人物和他母亲的关系（《不夜天皇后》）启发,也从具有伟大心灵的妓女这类原型(《海港女人》)挖掘素材。

　　从讲述一位开明父亲严格治家的《纯洁的城堡》(1971)起,封闭变成了利普斯坦一系列影片的主题。在与世隔离的空间中,正像片名《这个无边无际的地方》所暗喻的,男尊女卑、同性恋情和卖淫嫖娼都汇集在这个地方。利普斯坦的世界是一个战场,在冷酷无情运的阴影下,夫妻伴侣、父母孩子互相对峙。人们把利普斯坦和布努埃尔进行对比,布努埃尔拍摄《终结天使》和《沙漠中的西蒙》时,利普斯坦曾经当过他的助导。这个对比十分贴切,他的巴罗克风格和他的黑色幽默都与布努埃尔一脉相承。

关于《深深猩红》

(1996年8月,威尼斯)

在《不夜天皇后》和《始与终》这两部影片之间,究竟发生了什么事情?您似乎息影了一段时间,难道是为了使拍摄计划更加成熟吗?

奥图罗·利普斯坦(以下简称奥):情况并非如此。事实上,这部影片和《不夜天皇后》的剧本,已经在3年前同时写好了。这就是说,在《始与终》之前。起初,拍摄《不夜天皇后》的导演不是我,但是既然剧本已经写好了,阴错阳差地我就担任了该片的导演。拍完《始与终》,我们重新接过《深深猩红》的剧本,作为下一部片子的拍摄计划。事实上,甚至在雷奥纳多·卡斯特受到启发拍摄他的"蜜月杀手"之前,我早已听说过这件社会新闻,因为,我是一个犯罪故事的爱好者。有一天,我们在海滩漫步,看到一个肥胖的女人,她让我想到了原始故事的主人公玛尔塔·贝克,一下子就给我们带来了灵感。我们重新看了卡斯特的影片,决定给这则社会新闻一个我们的版本。这不是一个容易"卖"的拍摄计划,因为它是一部相当残酷的影片,所以,投资人踌躇不前。但最后找到钱的过程,比我想象的要容易许多。您知道,这对谋杀夫妇(玛尔塔·贝克和雷蒙·费尔南德斯)曾经是媒体争相报道的中心。1949年,法庭对他们审讯所造成的轰动,绝不亚于O.J.辛普森案件。在纽约电椅上执行死刑的时候,引起了极大反响。

您与雷奥纳多·卡斯特不同,他把拍摄年代放在了70年代初,而您却决定要忠实于事件发生的时间。

帕兹·阿丽西亚·加西亚迪叶戈(以下简称帕):两年前,我们才决定拍摄这部影片,我们觉得,应该忠实于故事发生的真实年代,因为今天的人变得十分多疑,不然的话,故事的可信度会遇到质疑。当今的通讯工具使人们获取信息快捷多了。

奥:还有另外一个原因,在那个时代,媒体对事件报道的普及率不高,公众对这两个蜜月杀手的活动知之甚少。另外,在这种令人痛心的氛围中,拍摄一部男人戴礼帽、系领带的电影,也让我十分兴奋。

您这部影片与雷奥纳多·卡斯特那部电影之间,差别竟然能够如此之大,实在让人难以想象。哪一部影片更忠实于事件真相呢?比如说,在《深深猩红》中,您说高哈乐·法布尔有两个孩子,而《蜜月杀手》的主人公却并非如此。

奥:最初的故事是这样交代的。除了影片结尾,我们进行了改动,事件的整个过程都是相当准确和忠实的。玛尔塔·贝克先把孩子托付给她的母亲,后来又交给一所弃婴机构。玛尔塔由于从小,大概九十岁时,就患有肥胖症,所以,童年时代十分不幸。她和哥哥以及哥哥的朋友很早就发生了性关系,多次被强暴。

帕:她也有荷尔蒙混乱,月经期间,使她产生暴力倾向。我对当时的报纸做过很多研究,报上反映了很多信息,因为这件事引起了人们密切关注。

奥:当他们上法庭受审时,妇女们羞辱咒骂玛尔塔·贝克。他们入狱以后,这些妇女给雷蒙·费尔南德斯写情书,建议把他从监牢里放出来,并且嫁给他。然而,对玛尔塔·贝克,她们对她恨之入骨,因为她过于肥胖,而且杀死了一个小孩。在很长一段时间里,《纽约时报》每隔两三天就对他们报道一次。

查理·布瓦叶的情况也是真实的吗?

奥:绝对真实。玛尔塔·贝克确信雷蒙·费尔南德斯酷似那个演员。这也实在令人不解,看看他们的照片,没有任何相似之处。他的魅力在于他的欧洲血统:他是西班牙人的后代。在我们的影片里,我们保留了这个特点。

在墨西哥人的感情方面,和西班牙有什么联系吗?

奥:在墨西哥,生为西班牙人有一定的优越性。因为墨西哥当了欧洲人400年的殖民地,具有欧洲血统会给人一种高人一等的感觉。当然,作为西班牙后裔,也有不利之处,由于我们被征服过,所以每年9月16日都要庆祝独立。过去,在一些城市里,有人一边扔石头,一边喊:"打倒西班牙人!"在电影里,雷蒙·费尔南德斯到处声称自己是西班牙人。他那种与当地居民颇有差异的口音,使他成了一些女人的梦中情人。

帕:虽然这只是一种不切合实际的感觉,但还是有点儿作用的。

您是怎么处理三个受害者的?特别是玛瑞萨·帕尔德斯扮演的那个人物,她有一整套宗教礼仪。

奥:这里,我们也受到了真实事件的启发。第二名受害者伊莱娜·加拉尔多,堪称生活中的楷模,是个虔诚的基督徒。与真正受害人的不同之处,她不是被用锤子杀死的,为增强电影效果,我们让她死在了圣母玛利亚无原罪之居地。第一位受害者,是一位年纪大一些的已婚妇女,但她独自生活。第三个受害人,是一个戴眼镜的非常漂亮的年轻寡妇,我们省略了细节。

伊莱娜·加拉尔多的女友麦乐·希贝尔曼,是个不信宗教的无政府主义者,而且是犹太人,在这部影片里,她是您的代言人吗?

奥:这个人物完全是我们创造出来的,她不是我们的代言人。但是,她非常聪明。

帕:他对这个故事谈出了自己的看法,她没有受到这对夫妇的伤害,因为她知道他们的策略。

奥：可以说，这部影片是我们最具自传色彩的电影。从外部世界的真实出发，在我们寻找到的资料里，选择最使我们感动、最与我们相像的内容。这是一部关于永不分离的电影，就像帕兹和我那样，11年来，形影不离。我们在同一个地方工作，居住在同一栋房子里，拍同一部电影，永远在一起创造一些既可笑又可怕的封闭式世界。同样，高哈乐和尼古拉也是这样，不允许任何东西干扰他们的夫妻生活，如果出现这种情况，就把它消灭。在这一点上，我们与他们的状况以及他们之间的关系十分相像，我们也完全有可能犯罪！

帕：我们与他们之间的相似之处，还在于我们也有共谋。我也相信，为了拍摄这部电影，我也会去杀人！

奥：正是出于这个原因，我从来不看对我电影的评论文章，无论是正面的还是负面的，我一律不看。影片拍完之后，它就属于别的人了，我不想知道别的人对它的看法。我不喜欢来自外界的干扰，对于我们所做的一切，希望能够保持一个纯洁的形象。同样，拍片的时候，我也不看样片。我利用自己的想象力去创造一个臆想的世界，假如我看到样片的画面，这就会影响我对臆想世界的设计。片子拍完之后，展现它的时候，是对我心灵一个重大考验。

艺术家和罪犯有一个共同点，那就是对自己的成果不满足，总是希望能够完善留下的不足。

帕：罪犯认为自己是一个无所不能的小上帝。结束他人的生命，是那个认为自己是生命主人的人的崇高行为。这对夫妇绘出的封闭曲线，绝望地渴望着被警察逮捕，以便一同死去，在某种意义上，是他们个人乌托邦理想的实现。

奥：这部影片的片名，取自托马斯·德·魁恩赛的著名散文《把谋杀视为一种艺术》。在一篇论述"马克白思"的文章中，作者说，与其罪行的"深深猩红"相比，其他罪行都显得苍白无力。我本人对黑色电影始终着迷，因为它探索人类本性的阴暗方面。大家都喜欢人心灵中善良的一面，因为我们学会了如何在社会中生活，然而，我深信，在人的心灵中，同时存在着大量未被制服的野性。当然，对于电影来说，这类迷失方向和受到侮辱的人是诱人的题材。过去，我喜欢讲述实实在在的故事，现在，我更加喜欢讲述人们看不见摸不到的东西。

帕：浪漫主义运动是致命的，因为唯一的出路就是死亡。这是19世纪留下的传统。

与单纯是马布莱尔音乐的《蜜月杀手》相比，您这部影片使用音乐的方法非常不同。

奥：这是一种歌剧结构的音乐。作曲家大卫·曼斯非尔德，也就是西米诺。他是才华横溢的女导演马格吉·格林瓦尔德的丈夫，马格吉采取独立制片方式，改编过吉姆·汤普森的作品。我们给他寄去了一些样片，以便他陆续谱曲。令人称奇的是，他准确地写出了我们渴望的歌剧乐谱，风格酷似库特·维尔，与《四分钱歌剧》相仿佛。为了造成强烈的和弦效果，他使用了很多弦乐。他的音乐不是为了指引观众情感，而是直接或间接地评论画面。

《深深猩红》这部影片与大多数影片不同，它拒绝认同，采取了一种间离的方式。

帕：由于女主人公的外表令人生厌，要想取得观众认同，实在太困难了。观众死也不会愿意像她那个样子。美国一家新闻杂志曾经做过这样一个民意测验，问题是：你愿意肥胖二十公斤，还是愿意被一辆汽车撞倒？百分之九十的女读者都选择了后者。

奥：这并不意味着人们不能和罪犯取得认同。在这部影片里，两位主人公永不分离、至死相守的态度，就得到了观众的认同。观众也会同样感到孤独。我的拍摄理念是，摄影机只有一个视点，一旦我对画面做出了决定，对我来说，就既不可能靠近，也不可能离远。对于摄影机运动也是如此：必须服从情节需要。观众很难陷入故事之中，因为他只能从一个角度进行观察，即使摄影机在运动，也不会有所改变。人的视觉是成角度的，不是环形的。在任何情况下，这都是叙事传统。当您围绕着人物走动时，您就把他们孤立起来，阻止了传统的认同。

您对镜子的使用也是为了这个目的，因为镜子可以给人两个视角，产生反射。

奥：我这里说的画面，就是画面，不是真实。镜子能够反映这一点，也能够反映表里不一、口是心非，以及性格的双重性。尼古拉和高哈乐死的时候，人们在一滩水中看到他们的倒影。

帕：我们看到高哈乐的第一个画面，是在一面破镜子中。

从您选择的景色和内景的布置可以看出，您在寻找一种遁世、压抑和凄凉的感觉。

奥：主要还是遁世！他们两人之间维系着一种与世隔绝的恋情。我喜欢在狭窄的空间里拍戏，这样的地方使人物和情景更具张力，更有力度。因为故事发生在美国，所以我们需要选择一座不特别典型的墨西哥城市。一般情况下，我们会选择安达卢西亚风格的砖房，带着用罗马柱围绕起来的庭院。而这部影片的拍摄，我们却决定在墨西哥北方进行，主要是在世纪之交时，美国人修建的一座矿区城市里。这座靠近亚利桑那州的小城，名叫加纳尼亚，正在变成一座荒凉的鬼城，它外貌怪异，既不像美国城市，也不像墨西哥城市。帕兹在写剧本的时候，对故事发生的地点描述得十分详细，我们找到的这个地方，百分之八十都与她的想象相符，真是一个最理想的的外景地。

帕：墨西哥的这块地方完全与世隔绝，万里无云的湛蓝天空更加突出了他们情感的封闭。假如他们进入室内，这些荒凉的景色会更加令人感到凄楚。

奥：因为在墨西哥租用摄影棚太贵，所以我总是在自然景色中拍片。过去，情况不同，现在，随着设备变得轻巧，摄影技术取得的重大进步，露天拍摄容易多了。摄影机的灵活性，为叙述故事提供了新的可能。如果很多导演拍摄时对移动机位心存疑虑，我认为，原因在于他们的设备过重，变成了负担。美学要从属于技术，历来如此。

您是怎么和艺术部门的负责人合作的？

奥：与所有的穷国一样，墨西哥的特点也是堆积。人们从来不扔掉东西，而是把它们堆积起来。我经常看到，在一些人家里，一台报废的电视机上面放着一个花盆或者一个鸟笼子。人们不清理没用的东西，不进行回收，而是把他们堆起来。这是我们对布景的第一个选择。我们决定，主色不是红色，即使有一些红色点缀也不要紧，而是金色和褐色，这样才能产生乌托邦和唯美的情感。每件物品都要经过仔细斟酌。这些道具几乎都是在加纳尼亚找到的，一个世纪以来，这座小城几乎没有发生任何变化。由于墨西哥电影工业过于贫穷，所以只能采取合拍的形式，即使这样，我们的预算依然捉襟见肘，从这个角度看问题，我们得到了当地资源的帮助。这类资源到处都有。假如您关注墨西哥的巴洛克艺术，您会觉得德国的巴洛克艺术朴实无华、浮饰尽去，而墨西哥的巴洛克，没有一公分不被占据！布努埃尔对这一点十分了解。在他的影片《被遗弃的人》里有一个场景，他展示出全家睡觉的铁床，而且只用了三四个元素，就让您感到、触摸到这种堆积的现象。布努埃尔是唯一没被墨西哥驯服的外国人。其他人，爱森斯坦、约翰·福特、休斯通都被驯服了。令人感到棘手的是，墨西哥的景色如此美丽，在这里拍的电影很难不成为明信片。

事实上，尼古拉戴假发吗？

奥：雷蒙·费尔南德斯曾经当过海员。因为他患有头晕的毛病，所以出了一次事故，给他留下了这个伤疤，他用假发来遮盖伤疤。

很多方面都说明她主宰着他。

帕：尤其是她从杀了孩子之后，产生了一个角色颠倒，她掌握了领导权。

奥：在准备这部电影的时候，我们得知有对凶杀夫妇进行犯罪学的专门研究。他们总是由一个男恶魔和一个女恶魔组成。一般是，男恶魔进行谋杀，直到一个转折点，女恶魔变成了男恶魔。高哈乐不断地保护他，照顾他，因为，如果她不这样做，她害怕失去他对自己的爱。当她不再怀疑他对自己的感情时，决定结束他们可怕的逃跑历程，去向警察自首。就像克莱斯特、让·保罗和沙米索宣扬的德国浪漫传统那样，他们为了永生永世的结合，心甘情愿地一同死去。这是一个变化的故事：她为了致命的爱情，放弃了自己宁静的生活，为了他，放弃了自己的孩子。他也为她改变了自己的生活方式，因为她而自己牺牲了一切。

他们两个相辅相成,他清洁细心,她却又脏又乱。

奥:他把自己的假发放在牛奶瓶子上,她去咬假发,好像她要咬掉他的生殖器。

帕:她也是一个十分能干的女人,她的手很灵巧,会开门锁,会打针,还会修理东西。

奥:她杀人的时候,百无禁忌,做事坚决,不达目的,决不罢休。他却笨手笨脚,完全依靠她。

帕:墨西哥的妇女都是这样,既是母亲的形象,又是权力的形象。男人表面上大男子主义,女人却掌管一切。

奥:我们不想让人物成为魔鬼,就像吃掉受害者的杰弗瑞·达赫魅尔那样的罪犯。当一个杀人犯不是魔鬼的时候,一切都会变得更加模糊,更加复杂。有人问我们是不是赞成电影中的暴力。我们认为,这里不存在这个问题。在《深深猩红》里,有三个半受害者和两个处决者。在施瓦辛格出演的一部影片里,第一本胶片就有162个人死去!实际上,我怕暴力,我是一个专业的胆小鬼,我拍的电影都是关于使我害怕的内容。但是,在我的作品里,暴力不会给我带来任何利益,只能造成失败。

这部影片的结尾,与法国或美国的罪犯片大不相同,它们都是以审判和处决收尾。

奥:在西班牙也是那样。这叫"逃跑法"。墨西哥没有死刑,我们按照自己的方式进行处理。警察遇到特别残暴的罪犯时,把他处死,借口是他企图逃跑。

帕:我们认为这是唯一的结局。他们必须死去,因为这是他们自己的愿望。除此之外,别无出路。他们的结局早已注定在墨西哥的现实中了,而且,这个结局可以使我从情感剧过渡到悲剧,因为他们只求一死,别无他求。

奥:其他人的死往往出于意外事故,而这两人的情况却并非如此。他们不是因疯狂、冲动、盲目或者嫉妒而死,仅仅是一个合乎逻辑的决定的结果。

帕:从这个角度看,这是一个快乐结尾,他们永远在一起了。

您选择的都是著名演员吗?

墨西哥没有多少著名演员,原因很简单,因为我们制作的电影数量太少。达尼埃尔·吉姆乃兹·祖寿相当著名,雷吉娜·奥拉兹科是一位女歌星,她已经演过三四部电影了,虽然她不太懂演技,但反应极快,从褒义上讲,她极具动物本能。出演两个寡妇的演员都是电视明星。至于玛丽莎·帕瑞迪斯,她简直太出色了,是我们通过和西班牙合拍请来的。她很喜欢演这些杀人魔鬼的戏。

您的片中人物到电影院去看米切尔·雷森的《良宵苦短》,那部电影的演员有奥莉薇·黛·哈佛蓝、宝莱特·格达尔,还有查理·波叶!

奥:您说的是查理·波叶试图偷越美国和墨西哥国境线的那部片子。因为广告版权问题,我们又给它加了一个片名,叫做《月夜迷情》。

您这部电影是献给……

奥:献给两名杀人犯:玛尔塔和雷蒙,以及《蜜月杀手》的导演雷奥纳尔(凯斯特),我十分喜欢他那部影片。其实,我不认识凯斯特,我有他的电话号码,我知道他住在纽约州,退休之后,在他的花园里养草种花。他像弗里茨·朗格的影片一样,在《蜜月杀手》中,人们可以看到我喜欢的"浓缩",这就是汲取精华艺术的成就。

你们正在筹备一部新影片吗?

奥:咱们还是回到您的第一个问题上来。8年来,我们一直想着那个唯一的剧本。目前,它还停留在影片的创意阶段,但它和世界末日密切相关!这部电影很难拍成,因为它的预算要超过我们其他片子的一倍。

帕:在这部电影里,我们要谈到千禧年和异端邪教问题。这是一个令人昼思夜想、时刻萦绕在我们心头的问题。我们俩第一次相逢,第一次谈话就围绕着这个主题。假如这部影片不能拍成,世界上就没有比这更令人绝望的事了!

奥:而且,必须在2000年以前,在一切都消失之前,拍出这部影片。

电 影 小 星 球 | 伊 朗

Abbas Kiarostami
阿巴斯·基亚罗斯塔米

(1940—)

当西方在洛迦诺电影节发现阿巴斯·基亚罗斯塔米的时候,他已经拍了15年电影(第一部故事片是《过客》,1974)。他曾在前一年的南特三大洲电影节上,急急忙忙地推出了《我朋友的房子在哪里?》,今年又来洛迦诺电影节介绍这部影片。恰值《世界报》组织的提契诺竞赛,我得以在第一版上欢呼这位新的大师问世。当时,基亚罗斯塔米戴着他那付标志性的墨镜,显得十分拘谨,谨言慎行,警觉异常,因为他来自伊朗这个西方敌对的国家。1990年,我又来到洛迦诺,但这一次,我们两个人都是电影节评委会委员,主席是纳尼·莫莱迪。在谈论我们需要评选的影片时,我十分欣赏他的严谨和严格。后来在轻松的谈话里,他终于接受了我提出的访谈原则,这是我们进行长时间系列访谈的第一次。直到那次谈话之前,伊朗电影在欧洲人心目中只有大流士·莫尔椎(《母牛》、《火车三段路程》)以及流亡到德国的索哈勃·沙伊德·萨莱斯。基亚罗斯塔米很快就变成了伊朗一代多产的优秀导演领军人物,其中包括莫桑·马克玛勒巴弗、巴哈穆·贝哉、阿米尔·纳德里、贾法尔·帕纳伊。《我朋友的房子在哪里?》变成了三部曲的第一部,一次在拍摄景地附近发生的地震导致基亚罗斯塔米重回现场寻找主人公,拍成了《生活仍在继续》。然后,他进行了十分深刻的思考,在《穿越橄榄树林》中,提出了真实与场景调动之间关系的问题。在这部影片中,他再现了前一部电影的拍摄过程。他在《特写》(1989)里,已经提出了关于真实与谎言、电影与现实效果的问题,这些问题在《樱桃的味道》中,找到了结论,该片获得了1997年戛纳电影节金棕榈奖。基亚罗斯塔米(也是一位出色的摄影师)电影的复杂性来自他的辩证法,在继承战后意大利新现实主义的尊重现实,与对电影画面意义的深入思考之间,需要找到一条中庸之道。基亚罗斯塔米对于新技术和微型电影设备的浓厚兴趣(《十段生命的律动》,2002)使他成为当今世界最鼓舞人心的一位艺术家。阿巴斯的电影风格得到了众多著名导演的认同与赞赏,昆汀·塔伦蒂诺、埃米尔·库斯托利卡等都对他推崇倍至,新浪潮猛将戈达尔甚至公然宣称:"电影始于格里菲斯,止于基亚罗斯塔米!"而黑泽明则说得更为恳切,"很难找到确切的字眼评论基亚罗斯塔米的影片,只须观看就能理解他们是多么了不起。雷伊去世的时候我非常伤心。后来,我看到了基亚罗斯塔米的影片,我认为上帝派这个人就是来接替雷伊的。感谢上帝。"

关于《特写》之前的影片

（1990年8月，洛迦诺）

最初，您是学习艺术的，能否谈一谈您的学历和家庭情况。

我学过绘画和素描，拍过广告片和故事片的卡通片头字幕。60年代，在索尔·巴斯创造了这类字幕之后，成为了时尚。我父亲在建筑行业当油漆工，我不记得家里有什么文化气息，我生活的那个圈子里，也没有任何元素会推动我去搞艺术或者拍电影。小时候，和朋友一起去看过戏，但是，我那些同学不是当了医生，就是去搞科研工作了。我今天成为电影导演，实在没有任何特殊原因。我只记得年轻时意大利新现实主义的电影深深地打动过我。

不管怎样，您走进电影圈子，总会有一个原因吧？

这可能与我从事的最初职业有一定关系：起初做美术图案设计，后来拍广告，又为儿童读物做插图。后来，有人建议我去拍一部儿童片，因为我了解儿童世界，又熟悉画面构图。我拍的第一部短片，说一个孩子刚买了面包，回家时看见一条狗挡在门口，他很害怕，想等有人过来帮忙，但始终没有人过来，他小心翼翼地走到狗面前，想冒一次险，他刚走进房子，狗也想跟着进来，但是，他的小妹妹迅速把门关上了。那条狗决定躺在门口，并且把头靠在爪子上，这时候，它看见小路上又来了另一个小孩……我记得，关于这部影片的开头，自己第一次和一位摄影师进行争论，因为我想用一个镜头把孩子和狗都拍下来，他认为很难做到，建议搞插入镜头。我情愿等待一下。经过40天，我们终于用一个镜头把全部内容都拍下来了，狗所看的方向正是我想要的。现在，我懂得了摄影师也可能是正确的，因为，电影也是剪辑的艺术。但是我还是更相信长镜头，我一直坚持着这个方向。

谁为一个镜头投资了40天的拍摄工作？

儿童与少年智力开发中心。我是该中心雇员，他们理解我的苛求。这是一部12分钟的短片，后来也被法国电视七台买了。拍摄时间是1969年。

您认为美术图案设计工作对您后来做电影导演有帮助吗？

我认为，美术设计是一切艺术的基础。您在做一件美术设计时，广告画或是广告片，您都会受到严格的局限。有人为您付了钱，给您下了订单，您掌握了全部数据和信息，您就要把它们放在一个图框中，把这些信息全部传达出去。您必须尽全力把它做得完美。这种受限制的学习教会我思考问题，对我后来做导演工作大有裨益。我认为自己必须解决的问题，就如同受到的局限那样，都会找到恰当的办法。

您做了很多电影海报吗？

是的，从1960年到1975年，我画了很多海报，都是给伊朗电影做的。今天我也画海报，主要是给我自己影片做的。

您能不能介绍一下这个"儿童与少年智力开发中心"？

这是1965年为儿童创办的一所机构。起初，它在全国各地建立了一些儿童图书馆，后来又扩大活动范围，办起了绘画室和戏剧学校，出版了儿童书籍和制作儿童片，主要是一些短片。革命前，在这里拍儿童电影的有六七个人，后来，我的同事们都去了欧洲或美国，只剩下我一个人。当然，后来又陆续来了几个新人，但都没搞出什么名堂来。我在这里一共拍了14部短片。

但是，看了这个中心制作的《我朋友的房子在哪里？》，似乎它的观众群不仅仅是孩子。

我同意您的看法。我知道，给孩子们拍的大部分电影，都是喜剧和动画片。在墨西哥，我们尽力拍摄一些孩子题材，但不只是为了孩子的影片。我觉得，这样做可能更有价值，也更有意思。它可以在成人之间，尤其是在父母与孩子之间，建立更多的沟通，也正是出于这个目的，为了消除这两部分人群之间的误解，我拍摄了《我朋友的房子在哪里？》然而，在我对这部影片进行反思时，发现这部影片不仅仅谈到了上述误解，也涉及与老年人，以及同一个人内心的种种误解。

您是否对孩子们进行一些试验性放映，以便了解他们的反应，因为要知道这些小观众的心理感受，更不是一件容易的事。

是的，我们做过这样的试验，但不是总能够收到令人满意的结果。当孩子们集体观摩一部影片时，他们喜欢那些冒险题材，能够使他们兴奋的电影。在他们排着队从学校来到电影院，一起来看《我朋友的房子在哪里？》的时候，没有一个孩子说喜欢这部电影。但是，当他们分开之后，跟随家里人再来看这部片子时，他们却非常喜欢，电影变成了他们交流的主题。我记得，有一次正在放映电影的时候，一个50岁年纪的男子，看上去像个知识分子，走出了放映厅，他对排队买票的人大声叫喊，说这部影片太无聊了，不要去看它！他的妻子在旁边让他安静下来。同时，一个四岁的小姑娘把这部片子看了三遍，非常喜欢它。这说明，如果把观众按照年龄段划分有一定道理，但这种划分没考虑到影片传达给每个人的信息是大不相同的。我们无法事先知道哪种类型的观众喜欢还是不喜欢一部影片。人们不能制作一部人人称赞的作品。一部电影的接受程度，是一种综合的产物：电影本身和观众的想象力。我不是总能理解观众对我影片的反应，即使这些反应是正面的。

您拍的短片,长度是不是差不多?

不是,它们各不相同,从12分钟到45分钟不等。也有一些中等长度的影片会超过一小时。

您是不是与别人合作写剧本?

直到目前,我总是一个人自己写。

在您拍摄的短片里,有没有您特别钟爱的片子?

有一部讲刷牙的短片挺有意思,大部分短片都和我的个人经历有关。一天晚上,我儿子请我批准他不刷牙直接上床睡觉。我扪心自问,是不是自己出了什么问题,后来弄明白了,是他的问题。所以,我决定拍一部电影,告诉他为什么一定要刷牙。这部片子在电视台播映之后,牙膏的销量迅速增长。孩子们受到影响,每个人都愿意刷牙。后来不再重播这个节目,因为家长向电视台抱怨,这给他们带来了很多麻烦!虽然这部短片讲了一个很小的主题,但我十分喜欢它。一般情况下,从一部片子的整体上来说,我对自己拍的影片,一部都不喜欢,只有片中的一些部分让我满意。

您有一部电影,片名十分特别:《一个问题,两种解决方法》。

这也是我孩子上学时,在学校里遇到的一个问题。一个男孩向同学借了一本书,第二天还书的时候,书里有一页被撕掉了。书的主人决定,也要把这个男孩的书撕掉一页。男孩又把同学的铅笔盒摔坏了,最后两个人动起手来,把脸都打破了。这是一个循环报复的过程。这是解决问题的第一种方法。第二种方法是,借书的孩子告诉同学事情的经过,两个人一起找到胶水,重新把撕掉的那页书修补好。我想让孩子们看一看,哪一种解决方法更好。您不要按照自己的标准,认为这部电影过于简单。在我生活的国家里,对这帮孩子来说,需要进行教育的事情实在太多了。

另外,我还拍了一部关于汽车行驶的短片,片名叫做《秩序与混乱》。我想告诉人们,红灯变绿灯的时候,为什么要特别小心,不要抢路超车,争取第一个通过去。我拍下了准备进入一条隧道的汽车两组镜头,并且放上了一个计时器:在第一组镜头里,当红灯变绿灯时,每个人都一起出发,争先恐后地驶入隧道,一分钟之内,有16辆车开进隧道。第二组镜头里,每个人都当心着临近的车,在同样一分钟里,80辆汽车驶进了隧道。在另外一部长度为一小时的影片中,这部片子叫《新装》:我讲了男孩子们渴望着星期天能够穿上一套新衣服,去参加婚礼或者其他活动的故事。

在您影片中演戏的孩子们,都有演电影的经历吗?

大部分孩子从来没演过戏,甚至没进过电影院。在《我朋友的房子在哪里?》中,那些小男孩只在来城里上学的那一天,看过一部卓别林的影片。由于村子里没有电视,他们从来没有看过别的电影。正因为这样,他们的表演非常真实自然,没有受过电视上那些低俗喜剧的恶劣影响。

您是怎么对孩子们进行排练？您给他们讲故事，让他们做复述吗？

我从来不把整个故事告诉他们。每拍一组镜头之前，都给孩子讲一个新故事。在《我朋友的房子在哪里？》中，小孩子想起了他的书被小朋友不小心拿走了，我不对他讲："你应该坐下，认认真真地去想那本书。"而是简单地说："你的算数不错，现在咱们有时间练习一下。我给你一些数字，你把它们加在一起。"在他进行计算时，我不再说话，放上背景音乐，把他思考的样子拍下来。人们看电影时，以为他正在想那本书的事。实际上，拍摄的时候，孩子们不知道他们正在演绎什么故事。

小孩子是自发的，为了保持原始的新鲜感，您是否避免进行多次拍摄？

我认为，大多数情况下，第一次拍摄的总是最好的，它能够把最大限度的自然抓拍下来，一般说来，没有理由再重复拍。假如我们拍了两次，那是出自安全考虑，担心洗印厂会把底片弄坏。给您举个例子，拍摄《我朋友的房子在哪里？》的时候，小孩子的母亲，欧塔俐夫人从来也搞不懂为什么还要拍第二遍。我的助理导演给她起了个外号"伊丽莎白·欧塔俐"，因为伊丽莎白·泰勒总是拍一遍就过。我们拍她洗一件衬衫，然后，把它晾在绳子上。假如我们请她重拍一遍，她就会说：衬衫已经洗干净了！我只得对助导说，趁她不注意的时候，让衬衫掉在地上。衬衫又弄脏了，她就会再洗一遍。这是让她演戏的唯一办法。

对您来说，一般情况下，剪辑工作是在摄影机里完成的。

是的，我就是这样拍电影的。另外，我是根据演员的能力来选择镜头的。假如一名演员动作很多，就用长焦镜头。有些导演对演员说：走过来一点，站在那儿说你的台词。我对我的演员不能这样说话，因为他们不懂得为什么必须要站在这儿或者那儿。使用长焦镜头，演员可以自由自在地表演，我们跟拍他的动作，同时录下音来就行了。这跟打高尔夫球一样，我把球第一杆开出去，然后就跟着球跑。最后，按照计划把球推入洞中。有一天，有人问我："您怎么选择镜头？"我回答说："跟着正确的方向。"这就像球在什么位置，你要把它打到哪个区域里，就需要使用几号杆一样。举个例子吧，这个女仆来到阳台上，给我们倒饮料。我用35毫米镜头拍她。假如我决定请她喝咖啡，就要使用50毫米镜头，如果我走近她，就要用85或90毫米的镜头。

您怎么从纪录短片过渡到前两部故事片《过客》和《报告》？是不是觉得短片的局限性太大？

起初，我并不想去拍片。有一天，布鲁希尔教授——一位经常到德黑兰来的捷克人——鼓励我去拍长片，我向他承认自己的信心不足。他说，这不成任何问题，把更多一些场景接在一起，就变成长片了。所以，1975年，我找到一个适合拍长片的题材，就拍出了《过客》和《报告》。《报告》还是受了我亲身经历的启发，一个丈夫和妻子吵架，内容是关于这个男人工作中遇到的问题。我把自己认识的两个家庭的问题合而为一，编出了这个故事，使用的仍然是非职业演员。这部片子取得了很大成功。我把片名叫做《报告》，因为我想把革命前几年的德黑兰生活做一个汇报，包括人们感受到的奇怪压力，他们遇到的经济问题和打黑工问题。

您的第三部影片《小学新生》是1985年推出的，距离《报告》已有9年之久，您为什么中间停顿了这么久？而这部影片又为什么如此受到观众欢迎？

我从来没有想过要永远拍长片，而且每年要拍出一部电影来。一切都要取决于国家的形势和我个人的感受。另外，在您说的这段停顿时间里，发生了伊斯兰革命，几乎没有一个人还在拍电影。《小学新生》说的是六岁小孩第一次上学的故事。这是一部纪录片，但它从始至终有一条连续的叙事线，这条线是由家长和孩子之间的关系构成的。影片中，采访和报道交相呼应，内容不离开学校。

拍这类纪录片，您使用轻便摄影机和隐藏麦克风吗？

我的经验告诉我，孩子们一旦形成习惯，他们的表现总是与平时没有两样。所以，我们从开学的第一天起，就把摄影机放在了教室里的明显位置。孩子们有生以来第一次上学，他们看见黑板、课桌、课椅和这台摄影机，以为它也是教室的一部分。我们从来不对他们说不要看镜头，因为这样反而会吸引孩子们的注意力。在《我朋友的房子在哪里？》一片中，您注意到有些孩子看摄影机，但他们并不死盯着看，看了几眼之后，又去看别的东西了。在《小学新生》里，孩子们和老师对摄影师的存在，很快就习以为常了。如果说，第一次站在摄影机前面，是个特殊时刻，但久而久之，人们就把它遗忘了。您在领事馆拍摄申请签证的人群时，在他们面前放上10台摄影机，他们也不会去注意看，就像拳击台上两个拳手不会看摄影机一样。

在您的纪录片里，剪辑的角色是什么？

首先，您需要知道，我们在伊朗不是每天8小时工作。剪辑的时候，我们24小时都在剪辑台上，而且每周工作7天。影片完成时才停止工作，所以，一般情况下，用作剪辑的时间不长。在拍摄《小学新生》这部影片时，为使孩子和大人保持精神集中，我不能用拍板，当然做剪辑和配音声像同步的时候，难度就要增大了。与非专业演员一起工作，难免有这种问题，但另一方面，他们演得确实更加真实自然。

您有没有一个固定的拍摄班底？

一般情况下，我总是和相同的合作者一起工作，因为他们熟悉我的工作方法。我不要那种总会给我拍摄一个镜头最简单办法的摄影师。

您是怎么想到要拍摄下一部影片《我朋友的房子在哪里？》的？

这里有两个原因：首先是一位小学老师写了一个故事，另一个是发生在我儿子身上的一件事,片中主人公与我儿子当年的年龄一样。一位女朋友来我家吃晚饭,儿子出去给她买香烟。我们等了他很久也不见回来。最后,我们才知道,他一个人深夜在德黑兰跑了6公里,各处寻找女友要的那个牌子的香烟,不愿意空手而归,最后终于买到了。这种认真负责的态度使我深受感动,所以我想在这部片子里把它表现出来。至于小学老师的故事,讲的是一个小姑娘替同学写作业的事。

您在哪个地区进行拍摄?

在德黑兰北部400公里马桑达兰省的一个村庄里,靠近迦斯比埃纳海,曾经是一次大地震的震中地区。我的大多数影片都不是在德黑兰拍的,不少同行也跟我一样,我觉得,这样可以远离污染,避开交通阻塞,以及在德黑兰人与人之间的恶劣关系。另外,我们还可以把度假和工作结合起来!我之所以选择这个小村子,是因为它位于一个人迹罕至的山谷里,那里没有电视。另外还有一个重要原因,伊朗这个地区农民说的方言,所有的人都能够听懂。

您是怎么找到这个贯穿全部影片的孩子的?

他演的人物需要无时无刻都显得焦虑不安,这种不安必须反映在他的目光中。我记得,在准备这部电影时,看见村民把棺材放在一种类似橱窗的东西上,运送到墓地。这种东西非常沉重,需要几十个村民齐心合力,才能平稳地把它放到地上。在旁边玩的小孩子,对这件困难的工作看都不看一眼,只有一个小男孩与众不同,他的目光显得十分焦虑,我知道,他就是我需要的演员。当天,我就把他和他的弟弟一起聘用了。

您的下一部影片《家庭作业》,又是一部纪录片。

这又是我亲身经历的一个题材。我和妻子离异多年,与两个儿子生活在一起。我要给孩子们做很多很多的事,尤其是他们的家庭作业。对我来说,由于新的教学法,特别是数学,这件事变得越来越困难。工作一天之后,我精疲力竭地回到家中,实在懒得回答他们的问题。有时候,我还会打他们。我心里说,这是一个严重问题,我非常想知道其他家长是怎么处理这件事的。我利用我的摄影机,对全班的家庭作业开始了调查。影片开头,人们看着孩子们去学校,有一个人走过来,问我为什么要拍这部电影。然后,我交代了孩子们在家里学习的情况,他们与父母的关系,以及家长如何帮助孩子们做作业。我发现,这部影片是一个相当苦涩甚至悲惨的见证,特别是那些没有受过教育的家庭,完全不知道怎么面对他们孩子的学业问题。老师数量不足,学生人数却不断增多,教室也拥挤不堪。小学老师照顾不过来那么多学生,一部分任务势必就要落到家长身上,而家长往往又无能为力或力不从心。老师和学生家长,在工作和生活中,都面临着数不清的困难,而孩子们却要承受他们的不幸,在学校和家里都要受到惩罚。家长把自己遭遇的挫折发泄到孩子身上。这部影片的拍摄方法和风格都与《小学新生》大同小异。人们看到孩子们在摄影机前面轻松自然,同时又诚恳真诚,保持着他们的尊严,观众会感到,他们从来不泄漏家庭的秘密。我鼓励儿子说出我曾经打过他的事,但他死也不说。

您最近拍的这部电影《特写》,既像是纪录片,又像是故事片。

拍完《家庭作业》之后,我正在准备拍摄《零花钱》。它是在我拍摄《家庭作业》同一所学校里发生的事。革命以后,不同社会阶层的孩子们,来到同一所学校读书。有时候,一个孩子一周的零花钱等于另一个孩子一年的零花钱。我觉得这个现象很有意思,整个摄制组已经准备开拍了。这时候,我在报纸上一条新闻,让我产生了拍摄《特写》的愿望。正像加布里埃尔·加西亚·马盖斯说的:不是你去选择作品,而是作品来选择你。我立即给制片人打电话,告诉他我要改变拍摄计划,刚刚发现的这个题材已经抓住了我。这个故事正在进行之中,必须马上把它拍下来,不然就时过境迁,错过大好时机了。我到学校把摄制组叫回来,带他们直奔监狱。用隐藏摄影机,拍下了第一组镜头,庭审场面看上去是纪录片形式,但我改变了其中某些内容,目的是要更加接近主题。我发现,这个人物内心中有些思想,他自己并没有意识到,我需要把它们挖掘出来,而且让他说出来。有些时候,为了达到真理,必须背叛一部分真实。所以,在休庭的空隙,我与法官和被告谈话,以便让他表达出我所需要的东西来。一般情况下,这类庭审需要一小时,而我们这次庭审却长达10小时。

让司法当局和您合作来拍摄这部影片,您没遇到很大困难吗?

最近,伊朗出现了一种值得肯定的现象,这就是电影被重新发现了,被那些不了解它,不喜欢它,不去电影院看电影的人发现了。长期以来,伊朗以教义的名义,电影是被禁止的。今天,有点像回归到第七艺术初期。当我们宣布要拍一部关于电影的影片时,包括司法当局在内的官员们,无不表示赞同,因而,我们能够拍摄我们想拍的东西。我记得,在法庭上,我们谈到了特写镜头、全景镜头,法官在他关于电影语言的插话里,居然会表示十分理解!

在冒充名人的骗子萨布健这个人物身上,什么东西吸引了您?

在他被捕以后,我看到了他的声明:"我就像一块肉,你们可以把我送到肉铺,愿意把我做成什么就做成什么。"我感觉,他这句话是对我说的,我是他的听众,我需要为他做点什么。我发现,他并不是一名罪犯,因此,我很想知道他到底是个什么人。有些东西我是肯定的:他是一个失业者,既没钱,也没有希望。我希望能够更进一步接近他,更多地发现他的性格特征。每天的拍摄都给我带来一些新的信息。在审讯过程中,我知道他对家里人说了谎话,但在某种程度上,这个家庭也希望他说谎话。这就使我们想到这样一个现实:在独裁国家里,不仅独裁者希望实行独裁,老百姓也愿意被奴役。关于我刚才谈到的真理与真实的关系,我还做了一次有意思的观察。当我们到那个富人家里去模拟作案和被捕过程时,萨布健对儿子说,他没有对他们说谎,他曾经清清楚楚地告诉他们,他要和他的摄制组一起来,他现在真的做到了!

这使我非常感动。他这时候说的话可以被看成是谎言,但同时,这又完全是真实的,全体摄制组就在这里。40 天之后,我们带着摄影机,灯光设备和电工一起来了,在某种意义上,我们是在为他服务,这部影片不就是他导演的吗?

我和他一起衡量了爱的能量。当一个人强烈地爱上了一件事物——这里说的是热爱电影——他会表现出一种令人难以置信的勇气和力量。《特写》证明了,人所最需要的东西,除了氧气,就是受人尊敬和人的尊严。这个人物清楚地知道,他被捕的机会要占 80%,然而,由于需要尊严,他决心要抓住剩下的 20% 机会,毅然决然地潜入了那个富人的住所。

您影片主人公声称自己是马克玛勒巴弗,您认识这位导演吗?

不认识。拍摄这部影片时,我第一次见到他。我问他是否愿意出演他自己这个角色,他表示同意。萨布健从监狱出来那场戏,我是用隐藏摄影机拍摄的,他不知道将要见到自己冒充的那位真的导演马克玛勒巴弗。

你和伊朗其他导演有联系吗?

我这个人从性格上说,是离群索居的。但这并不意味着我不愿意与同行有联系。事实上,我和他们的关系很友好,很高兴在晚会上见到他们。但我认为,艺术家都是天马行空、独来独往的。此外,由于自己家庭问题的特殊性,我没有很多社会生活。

目前,您有什么拍摄计划?

大地震之后的几天里,在电视播放的一张地图上,看到我拍摄《我朋友的房子在哪里?》的地方,正处于震中地区。听说,这个村子 90% 的居民都死了。我决定到那里去,看看孩子们是否还活着。道路都堵死了,费尽九牛二虎之力,我终于开出了一条小路。到达村子那天,我觉得到处都是一片废墟,没有一个人活了下来。心中无限伤感。我突然发现了一些奇怪的事情:有人正在洗被子和地毯,并且把它们挂在树上晾晒。我感受到一种异乎寻常的生存本能。一位老妇人试图一个人把埋在四米高尘土下面的一块地毯拉出来。我问她,有没有别人可以帮助她,她回答说,能够帮助她的人,丈夫和儿子,都埋在了黄土下面。我去找人帮忙,回来时,看到她用最简单的办法,点起一堆火,正在锅里煮水,准备给我沏茶。我观察到很多这类表明强烈生存意愿的细节。我想以地震为基本素材,拍一部关于震后生活情景的故事片。影片结束时,人们看到绿色成荫的橄榄树,潺潺的小河流水,巍峨的高山和落日,以及永不放弃的当地居民。

在伊斯兰革命时期,您有没有遇到过新闻审查的问题?

我认为,必须考虑到新闻审查的存在,并且接受审查。我们电影人是知识分子,我们应该知道领导我们的是一个什么类型的政府,我们服务的广大观众有什么要求。您不能拿伊朗与您的国家进行比较,我们是中东国家,属于第三世界,可能500年后,我们能够赶上你们今天的生活条件。我们需要时间,我们愿意一步一步地前进。认为一部电影就能改变世界的想法,完全是痴人说梦。拍摄一部事先就知道会受到新闻审查枪毙而且永远不能公演的电影等于白白地浪费时间和精力。一位聪明的艺术家,应该在社会允许的可能性边缘进行创作。拍了一部被禁演的电影等于没拍,所以,必须对政府的权力心知肚明。正是出于这个原因,我愿意拍摄一些非常简单的电影,因为我相信,这些影片有助于实现一个更加美好的未来。

电 影 小 星 球 | 澳大利亚

George Miller
乔治·米勒
（1945— ）

早年熟读的超现实主义论著，使我对高雅艺术与大众艺术的严格划分，不敢苟同。美国电影及其论争曾经是这种等级制度"严肃"精神的牺牲品。我之所以迫切希望尽快结识乔治·米勒，一方面是因为他和皮特·威尔（以及弗雷德·谢皮希），在70年代使澳大利亚电影浮出水面，另一方面，因为他在西部片和科幻片交汇之机，通过三部影片，创造出了当代的英雄典型：疯狂的麦克斯。他那生气十足的视觉艺术，从动画片、惊险小说和神话故事中，汲取了丰富的营养。在那部《第四空间》分集故事片中，他拍摄的那一集，明显高于斯皮尔伯格、乔·丹特和约翰·兰迪斯等人的作品。通过一架坠毁的飞机上的乘客，揭示出面临死亡的那种真实的恐惧心情。可能只有费里尼在《异乎寻常的故事》和《该死的托比》中才能在一种荒诞的渲染中，把临近的死亡表现得如此淋漓尽致。

乔治·米勒并未在澳大利亚沙漠中，在那个世界末日之后的《疯狂的麦克斯》系列里裹足不前。与皮特·威尔一样，他也挡不住好莱坞的诱惑，在那里签约了两部同样奇特的影片：一部是根据约翰·阿普迪克小说改编的《紫屋魔恋》，他让苏珊·萨兰顿、雪儿和米歇尔·菲佛共同对付杰克·尼克尔森。另一部《罗兰佐》是情感剧，苏珊·萨兰顿和尼克·诺尔特试图挽救一个得了不治之症的孩子。医生出身的乔治·米勒，在他的影片中，为美国或澳大利亚生病的社会听诊，向政治、经济和科学的现行权利机构发难。《巴伯：城里的猪》既是哲学寓言，又是启蒙小说，作者继续批判着当今世界的阴暗腐朽。利用完美的特效，米勒把一个动物世界诠释得真实可信，使平庸的现实充满了惊恐、可笑和怪异。为孩子们拍摄的巴伯奇遇第二集，充斥着不寻常的卑劣罪行，虽未大获成功，仍不失为当代电影中一部不同凡响的影片。

围绕着《疯狂的麦克斯》

(1985年9月,巴黎)

在您的影片中,风景占据着重要位置。您的出生地是金绮拉市,周围的景色如何?

金绮拉是一座有五六千人的小城市,位于昆士兰州,人们叫它"深北",与"深南"遥遥相对。这是一个沙质土壤构成的极其平坦的乡巴佬聚集区。我一点儿也不讨厌这个地方,不然的话,对于一位导演,放眼望去,万里无垠,没有半点儿起伏的景色,很快就会使他感到平淡无味了。诚然,这里也有一些树木,但它们长得七扭八歪、乱七八糟。就拿桉树说吧,单独一棵树,看上去相当雄伟,但它们挤在一起,实在没什么好看的。那些低矮的灌木丛,也是如是,从它们旁边疾驶而过,郁郁葱葱一片绿色,但要放在摄影机的镜头里,就会变得模糊一团。我认为,澳大利亚的景色,如果在地面上拍摄,实在过于广阔。所以,我更喜欢航拍,这样才能感觉到它的宽度和广度。可是,不能永远把摄影机放在直升飞机上吧!

鉴于上述原因,拍摄《疯狂的麦克斯》第二集和第三集的时候,我们不得不到离澳大利亚内陆很远的地方去选景,在那些除了矿工窝棚,没有人烟的地区进行拍摄。《疯狂的麦克斯》第二集,是在布罗肯希尔这个著名的采矿城完成的。登高一望,这座城市除了灌木丛、几条高速公路,以及成千上万的兔子洞,没有任何东西,就像淹没在浩瀚无垠大海中的一艘小船一样。《疯狂的麦克斯》第三集,是在更加遥远的库伯佩迪拍摄的,依照当地人的叫法,这个地名是"白人窝"的意思。150年前,这里发现过乳白色的宝石。这是一个十分奇特的地方,因为远在天涯海角,所以不存在任何环境保护法则。人类的贪婪与凶暴在这里暴露无遗:由于黏土土质松软,非常容易挖掘,这个地方被寻宝人已经犁为平地。此外,人们不仅在这里采矿,还为了凉爽,修建了地下住房和游泳池。5000人口的城市,大部分住在地下。

在澳大利亚长大的人,即使出生在城市里,都会对风景和大自然有一种强烈的责任感。这是我们国家能够保持统一的原因之一。我们这里从来没有发生过内战。起初,在劳动与资本之间,也曾出现过冲突,但这与革命、兄弟之间互相残杀,以及人们常见的邻国之间冲突,绝对不能同日而语。澳大利亚人口不多,领土辽阔。人们很难不被大自然的伟大景色所折服。当然,今天传媒、电信事业和卫星通讯的迅猛发展,已经把某些自然因素的不利方面化为乌有。

童年时,您被大自然吸引,还是被机械、玩具吸引?

我有一个孪生兄弟,直到10岁去悉尼之前,我们一直住在乡下,而其他几个弟弟都是在悉尼长大的。除去父母和常看的一本书所告诉我们的事情,与外界唯一接触的机会,就是周六到当地一家电影院去看电影。在那儿可以看一些"影片集锦"、B级片,甚至A级片都有。我是1945年出生的,从5岁起,就对电影院发生了浓厚兴趣。我记得,在布里斯班的一家巨大无比的电影院里,坐在几千人中间,看过一部迪斯尼影片,给我留下了深刻印象。后来,又看过《一颗明星诞生了》。我还记得,在我出生的那座小城里,看过一部《另一个世界的东西》,影院老板在舞台旁边,放了一只漆成黑色的箱子,箱子上面画着白色的线条,像是流出的鲜血似的,四周还有一些锁链。在我的记忆中——也许是出自我的想象——箱子里还发出了可怕的声音。城里的孩子分成两部分,一部分被允许去看那件"东西"……可是,我和我的兄弟属于另一部分。在昆士兰州,由于天热,房子都建在木柱桩基上,以便通风。我记得,我们50多个孩子都挤在银幕下面,为了能够听到那个"东西"发出的声音……电传机发出的声音比电影本身更能吓人!

您的孪生兄弟与您差异很大吗?

是的,但是我们也有很多相同的东西。我们在一起模仿看过的电影的时间,比去看电影的时间还要多。我们演绎与电影故事相关的中世纪骑士,用垃圾桶盖当盾牌,在上面画上十字,给马身上蒙上毯子,在矮灌木丛里修建堡垒。我们跟乡下所有的孩子在一起,玩这种长知识的游戏。我喜欢的另一项活动,是和一个朋友在一起画画。他跟我一样,也酷爱动画片。我不是专门喜欢其中的哪一种,而是喜欢所有的动画片。说实在的,我有点儿厌恶文字,在阅读方面,以及与文字有关的东西,都提不起来我的兴趣。

我从小就喜欢图像,而我弟弟却喜欢听音乐,也比我更爱看书。我羡慕他的幽默感,因为最使我感兴趣的是喜剧。他从早到晚总是喜笑颜开的,插科打诨,妙语连珠,非常具有喜剧天才,直到26岁,我们每天在一起,形影不离。每天早晨,我们都一起去学校,从小学到中学,一直到医学院,天天如此。我们只吵过一次架,因为他掌握着一种用幽默来化解任何紧张局面的艺术。这是一种极其高超的被动进攻技术。他妻子对他这一点很不满意:她从来没有办法跟他进行争论,因为他用一句俏皮话或者一个滑稽动作,就把一切都改变了!

您是因为对科学有兴趣和能力,才去学医的吗?

医学院的学生可以分成两部分,一部分是很早就决定学医的,另一部分是很晚才决定的。前一类学生当不成好医生,因为他们的选择不现实,属于着了魔的那种人。8岁时,家里来过一位医生之后,我就决定长大当医生了!真是既浪漫又天真!当时,在一个像我们那样的小镇里,医生的头上戴着一个真正的光环,他象征着权力和知识。学医的人都会感到，自己将来能够同时得到一切：知识、尊敬和物质享受。可是，我弟弟在学医方面，确实比我胜强百倍，他是在大学开学前一个星期才做出决定的。他比我现实，学习成绩比我好，十分务实，认真地准备好入学考试。我很喜欢医学，但我缺乏严谨作风。我属于那样一类学生，更喜欢学习教学大纲之外的知识。我们是在南新迦勒大学医学院读的书。医学与电影之间的区别是：医学会使你变得越来越"专"，最后你能够掌握单独一个领域的知识，而搞电影，各个领域的东西你都能够知道一点儿，比较广博，我弟弟学到的知识确实比我更集中。

您做了几年医生？

两年，完全符合对澳大利亚政府的承诺期限：毕业考试之后，至少行医两年。周末，我在急诊部加班挣钱，以便拍摄自己的业余电影。

您在行医期间接触到的痛苦和死亡，又重现在您影片的暴力场面里。

确实，这些场面在我心里留下了不可磨灭的印象。后来，我完全意识到了这个问题。我一生中最紧张的两个年头，大概就是在这所医院里度过的。在这里，世间各色人等都从自己面前走过，从流浪汉到百万富翁，从妓女到从越南战场归来的美国士兵，以及海洛因的受害者……在急诊部，人们可以遇到人类生活中的极端状况：痛苦、垂危、病理和心理的极度状态。这就告诉人们为什么医生职业的本质是保守的：因为他们生活在一个十分恐怖的世界里。久而久之，他们思想里形成了一种面对恐怖的机制，每天都要想到死亡，这绝对不是一件容易做到的事。我记得一件亲身经历的事件，它使我理解了做梦的道理。一天夜里，发生了一次严重车祸，5个年轻人当场死亡，一位少女身受重伤，奄奄一息来到医院，几分钟后就在抢救台上死去。这是一个噩梦般的场面，我们每个值班医生都尽了全力，然后，我就去睡觉了。第二天早晨，我惊奇地发现，这次可怕的经历并没有深刻触动自己，它只不过是我日常工作的一部分而已。9个月之后，我做了一场噩梦，重新梦到了这个可怕的夜晚。我必须经过很长时间才能逐步淡忘这类冲击。您在医院工作的时候，会尽量排除痛苦意识，这是一种自卫机制，不然的话人们会发疯。我现在意识到，我的影片中对攻击、暴力以及死亡的兴趣，来源于我的行医经历。

您的父母是做什么工作的？

我父亲是希腊移民，他原本姓米黎奥地斯。世纪之交时，他的父亲去了美国，改名为米勒，几年之后，又回了希腊。后来，我父亲和他叔叔来到澳大利亚。因为他没上过学，所以，他要自己的4个儿子都要受教育。他在乡下开了一家杂货铺，也做一些房地产生意，他还开过一家巧克力工厂。仔细想一想，他以自己相当天真的方式，对美学兴趣十足，这一点影响了我们。70岁高龄，他还到处照相，经常写诗……

从医学转为电影,这个过渡不是一帆风顺吧?

如果您研究一个人的生活,他是一个对某件事着了迷的人,总把这件事看得高于一切,您一定会发现,他从青年时代,甚至童年时代,就在不知不觉地学习使他着迷的东西。年轻时,我从来没想过澳大利亚也能制作电影。然而,我对绘画的兴趣,对卡通画的热爱,对电影院的迷恋,都在为我的电影生涯铺着小石子路。6年医科大学期间,我总是把笔记本画满图画,因为我写字太差了。另外,弟弟为我们两个人去学校听课的时候,我去了电影院。

罗恩·柯布是《自由新闻》杂志的讽刺漫画家,后来成为《侦探柯南》和《星球大战》的视觉效果制作大师,正在准备拍摄《外星人》。1971年,他妻子在墨尔本一所大学里,组织了第一个暑期电影培训班。我准备毕业考试时,我的一个弟弟来看我,告诉我有一个比赛,要求在一小时之内在一个房间里拍一部小电影。我帮他设计了这个片子,他拍完之后得了奖,取得了参加电影培训班的资格。我觉得这件事很不合逻辑:他讨厌电影,却要去学习电影,我一心只想拍电影,却没有机会。我戴上头盔,骑上摩托,从悉尼跑了600公里,到了墨尔本,培训部负责人被我的热情所感动,他们同意我代替弟弟参加培训班。我的手一摸摄影机,就像吸毒的瘾君子见了可卡因,那就别想让我放手了。当时,澳大利亚只拍过几部极不像样的电影,根本谈不上什么国家电影工业。在这个培训班上,我还遇到了拜伦·肯尼迪,他后来变成了我的合伙人和制片人。

政府开始提供奖学金,资助拍片,所以,人人都要拍电影。每逢周末,我都尽量摆脱医院的差事,来为他人义务担任录音师或剪辑师。这样过了两年。做心理实习的那个学期,时间比较富裕,我构思了一个20分钟的讽刺短片,名叫《电影暴力》第一集。当时,《稻草狗》、《教父》、《交付》、《发条桔》等影片,都提出了电影暴力的问题。我受到医药公司制作的医学电影启发,那些影片反映了人们参加关于精神分裂症和毒品讨论的情况。在《电影暴力》中,人们可以看到一位媒体的心理医生,正在做一个关于银幕暴力的精神净化效果以及它可能带来的危险的演讲,与此同时,他受到了人们在许多影片中看到的各种形式的暴力攻击。萨姆·佩金帕影片中的一个主角以慢动作镜头形式来到他身边,向他开了枪。他开始流血,但仍然不停地讲话。然后,人们把他从窗户扔了出去,他也攻击了听众。

拜伦·肯尼迪以摄影师起家,完成过一部蒙太奇电影,我们决定一起拍一部商业片。我的另一个朋友(约翰·拉勐)和我凑了5000美元,1974年前后,拍了一部40分钟的纪录片《穿晚礼服的魔鬼》,内容是一家剧院中的鬼魂。在《疯狂的麦克斯》第三集中,饰演集资人弗兰克·斯润的父亲,在墨尔本有一家剧院,据说这家剧院里经常有鬼魂出没,历来以闹鬼出名。当然,人们在影片中看不到鬼魂,而是一位演过梅菲思托费来斯的歌剧演员的亡灵,在片中人们可以看到茂瑙拍摄的《浮士德》片断。

您怎么想到要拍摄《疯狂的麦克斯》第一集?

这是拜伦·肯尼迪和我一起想出来的主意。我们把那部纪录片卖给了东德电视台和一家澳大利亚电视台,收回了成本。同时,《电影暴力》第一集在悉尼和墨尔本的电影节上,均获得了一定成功。因而,一家电影发行公司愿意与我们合作。从那以后,我对电影发行开始有了认识。当时,布卢斯·贝莱斯弗尔德、皮特·威尔和弗莱德·瑟皮希只有电影合作制片公司属下的一家电影院,我们要管理一切,包括放映在内。我初步懂得了电影经济,对于自己准备拍摄长片的计划,我必须先完成一部小成本作品。这是一部赛车动作片。在澳大利亚文化中,尤其是在我来自的农村地区,汽车的角色至关重要。人们的第一次性经验都发生在汽车里,死亡往往发生在公路上(詹姆斯·迪恩的事故与我的童年回忆密切相关)。我离开金绮拉的时候,我四五个同学都已经在车祸中丧生。与美国相反,澳大利亚没有武器文化。近几年来,伴随着经济危机,汽车死亡率有所下降。在这种氛围(强化了酒精度测试,安全带)中,我们设计了《疯狂的麦克斯》的暴力行动。在目前状况下,这种行动没有实际意义,可能会显得过于夸张。所以,我们决定把它放在一个不久的未来,放在一个腐朽的世界里。放在不久的未来,要比放在遥远的未来节省开支!

鉴于经费严重不足,我们只能在以墨尔本为中心的30公里半径之内拍摄。那时候,我对编写剧本一无所知,但是我读过一篇包里娜·咖埃尔关于《公民凯恩》的散文《发迹的凯恩》。我和她的想法一样:大多数的美国著名电影剧作家——本赫特、赫尔曼·曼纪耶威茨——过去都是资深记者。所以,我也聘请了一位,詹姆斯·麦克高思兰,和我一起编写3个星期。我们决定从直觉入手。后来,我认真看了巴斯特·基顿等人的默片,意识到他们对电影语言的理解极其深刻。

我们姑且不谈您对拍摄《疯狂的麦克斯》第一集的兴趣,从影片内容上,您更加接近了查尔斯·布朗森和克林特·伊斯特伍德的影片,他们影片的主人公都是替天行道的独行侠。

奇怪的是,我并没有真正意识到这一点。事实上,我真正的灵感,来自墨尔本一家广播电台的广播节目"午夜守候",一名电台记者跟随着警察夜间巡逻队,去采访车祸受害者。报道十分可怕,但我不能不听下去。有一天,他发现自己的儿子死了。这件事使我想到了这样一个故事:一个人对周围暴力始终无动于衷,但一幕惨剧突然降临到他的亲人身上。然后,我看了哈斯克尔·韦克斯勒的影片《冷酷媒体》,以及他对记者职业可能导致犬儒主义的反思。当时,我周末在医院的急诊室工作,记得曾经遇见一个男子,他的孩子死了,我亲眼看到,他的妻子变成了植物人,两个人都是车祸受害者。我在头脑里,把这个男人和那位职业观察员联系到一起,又想到一个警察人物。这样《疯狂的麦克斯》和他的复仇故事就诞生了。

梅尔·吉布森过去演过电影吗？

首先，我必须说，他给这个人物带来了必不可少的东西：麦克斯本质上是个好人。梅尔是个正派人。虽然麦克斯性格粗暴，但他没有恶意，这就制造了平衡。假如这些杀人行动是一个坏人干的，观众就不会对影片主人公产生兴趣。梅尔在每年只招收几个学员的国家戏剧学院学习，有丰富的舞台经验。他熟谙莎士比亚和经典名著，苦读了3年课程。作为学生，当然没有权利去当职业演员，但他周末常常出演小成本的的业余电影。起初，我找了一个15岁的孩子来演麦克斯，但我很快就发现他演不好戏。所以，我到国家戏剧学院去找演员，发现了梅尔。我们不得不等着，他通过毕业考试的第二天，电影就开拍了。

《疯狂的麦克斯》的剪辑非常出色。在一部影片的制作过程中，您是不是最喜欢剪辑阶段？

最初，我喜欢全部剪辑，因为我不会写剧本。现在情况不同了，我最喜欢写剧本阶段，因为这里充满了神秘。从实践的角度考量，当然剪辑阶段最好玩。人们会发现许许多多意料之外的东西，非常刺激。拍摄阶段让人心力憔悴，因为必须和时间赛跑。当然，有时候也会令人陶醉，可是，时间是你的敌人。人们没有片刻的放松时间。在电视台，我制作30个小时，拍出了两个小时的电影。即使从技术角度说，这是一个懒人的媒体，但我很喜欢和演员一起工作。大家都把精神集中在演员的演技上，满足于把节目录制出来，精神上会得到一种满足感。拍电视节目，我感觉不到时间压力。人们能够经常吹嘘拍摄的快速。真正的工作，是在与演员一起进行的排练。

《疯狂的麦克斯》第一集拍了多长时间？

我们遇到了很多问题。整部影片的每一个镜头都在我的脑子里：这是一种思想中的故事提板。然后，我们写了一个十分详细的剧本。一切都计划得井井有条。拜伦·肯尼迪和我预计拍摄时间为8周。对于一部小预算影片来说，八周时间不能算短。我给梅尔·吉布森找了一位没有演过戏的女演员作搭档，但在她拍的第一场戏前夜，却在一场车祸里折断了大腿。我们当时已经拍了6天，准备停机，可是我们想到，费了九牛二虎之力，才凑起了这么一点钱，如果停了机，今后需要再去找钱，恐怕比登天还难了。我们找到一位女演员，但她正在拍电视剧，两周之后才有时间。所以，我必须重新考虑自己的拍摄计划，先拍那些女人不出场的镜头。全体摄制组成员过去都没有拍过故事片，在意外面前，变得十分急躁，手足无措，我对影片也失去了信心，一心只想着赶快把它拍完。结果，我们一共拍了十周，比原计划多出了两周。当时我就应该懂得，拍电影遇到意外情况，是司空见惯的事，不是大腿断了，也会出别的什么事情。所以，必须顺势而为。我因为年轻，缺乏经验，觉得自己第一次拍电影就这么大的麻烦，上天太不公道！这是一种十分天真的反应。

剪辑也出现了问题：影片是用 Todd-Ao 镜头拍的，我们本来想用 Panavision 拍摄,但它太贵,所以,我们收回了佩金帕拍《逃亡之路》时用过的低价镜头,这些镜头质量不佳,已经寄回澳大利亚了。因此,我们采用了变形镜头的方法。请来的剪辑师不理解我们拍摄《疯狂的麦克斯》的这种方法,因为,我已经在摄影机里做了剪辑,所以显得支离破碎。当时,我并不了解这些细节,后来我才听说,福特和希区柯克也在摄影机里剪辑,不给剪辑师留下选择余地。万般无奈,我们只得去请另一位剪辑师,但我们当时没钱付给人家工资。所以,只能自己上剪辑台,拜伦·肯尼迪剪辑声音,我剪辑画面。不久,我们又囊中羞涩了。在完成《疯狂的麦克斯》之前,拜伦不得不去当合作制片人,我去当了剪辑师。因此,这部片子的剪辑工作花了一年时间。但这也不完全是坏事,因为我可以单独面对自己犯下的错误,对整个剪辑过程进行反思。

《疯狂的麦克斯》第二集是一个飞越,影片变得更加自由、更加神奇、更为新颖。

《疯狂的麦克斯》第一集把我搞得焦头烂额,我觉得,如果能在澳大利亚为它找到一家发行公司,就万幸了。当它在国内取得巨大成功时,对我来说,实在大出所料。后来它又被美国友邦和华纳买去。我去了日本,以前,我从来没看过黑泽明的电影,也没拍过武士片子,但我意识到它们和《疯狂的麦克斯》之间的关系。对于西部片也是如此。这部电影似乎在各国的大众文化里都产生了反响。只有美国是个例外,他们把影片配音成美式英语,但发行很差,因为萨姆埃尔·泽·阿括弗买了版权之后,又被威尔斯电影公司买去,他们想使自己的公司以此扬名,结果是,影片取得辉煌之前,就已经从各个发行渠道上消失了。

我遇到了泰里·海伊斯,他正在写《疯狂的麦克斯》第一集的电影小说,我和拜伦在准备一个与《疯狂的麦克斯》毫无关系的剧本。泰里是一位走红的青年记者,因为我相信前面说过的记者—剧作家组合,所以我邀请他与我们合作。我认为,剧本的写作、剧本的形成及其演进是难以确定的。字迹不太密集的一百页纸,看来不难写出。可是,一部影片的戏剧结构始终是个奥秘,能够看穿这个奥秘的人实属凤毛麟角。这是一种何等年轻的艺术啊!在和泰里谈话的时候,我们想到了给疯狂麦克斯的奇遇拍一个续集,我们也想到了神话的功能。我们研读了约瑟夫·坎贝尔的大作《千面英雄》,这位作家对于十分复杂的题材,具有最清晰最准确的观点。我们认为,他做的某些讲座,比如《神话闯荡》,更加具有代表性。

在学校读书的时候,我相信世界十分机械,世间万物都有因果关系,形而上学的内容都可以得到解释。拍电影以后,我开始知道了,在信息和通讯部门工作的人,尤其是那些讲故事的人,像作家和导演,都是集体下意识的仆人。这就是我们的功能。在讨论这些问题的同时,我们为《疯狂的麦克斯》起草了一个野心勃勃的续集。

在《疯狂的麦克斯》第二集里,您对坏人的兴趣明显高于英雄,我指的是《韦斯》、《冲锋飞车队》和哈门格斯。

这里存在着一个基本逻辑:关于惊险片剧本的基本规律,我们和泰里·海伊斯讨论了很久,英雄必须有一个坚强的意志,这应该属于戏剧的基本定律。一场严重的石油危机发生了,燃料匮乏10天之后,人们开始到处争抢汽油,就连历来以恬静闻名的墨尔本也在劫难逃。过了不久,我们这里又发生了清洁工大罢工,这场罢工的严重后果让人们始料未及,整个社会组织似乎全部瘫痪了。通过这类观察,我们进一步充实了剧本。麦克斯需要汽油,因为他生活的保证就是要外出活动。他必须面对一个掌控汽油的集团。金钱已经变得无足轻重,一切都化为原始的暴力冲突,故事就这样向前推进着。服装问题也是这样,假如剧中人物能够身披铁甲,他们将会变得所向披靡,这群人如此可怕,任何人都不敢抵挡。所以,我们为这帮坏人设计了这身装束。服装师、美工师都挖空心思,朝着这个方向努力,导演的角色就是为他们的合作铺平道路,让大家朝着一个共同目标前进。

不管艺术家具有什么个性,电影是一个集体艺术。在一部建立在想象基础上的影片里,必须创造出一个被严格逻辑制约的世界。比如韦斯这个人物,他骑着摩托车四处飞奔,因为他不需要太多的汽油。我们认为,在这个社会中,制作武器过于困难,因此,使用弓箭就顺理成章了。为了保护自己,麦克斯像橄榄球运动员那样,戴上了护膝和护肩。那个小男孩,韦斯,是我们受到越战期间在西贡街头长大的越南孤儿启发,他们为了生存而卖淫贩毒,浪迹于一个大自然的世界上。哈门格斯这个人物,想用一整套打斗战术吓倒对手。

目前,我正在创作一个善与恶对峙的剧本,我再次领会到,恶比善更具吸引力!

在三部曲中,麦克斯这个人物有一个演进过程。第一集中,他完全陷入了困境,第三集中,他变成了一个理想主义者,甚至还有些信仰狂热。

第一集是一个复仇的故事。有的时候,他和周围的世界一样,变得十分绝望,成了一个虚无主义者。他不知道自己要向何处去。第二集中,他有了一个荣誉规约,但他不再愿意在与其他人的交往中投入过多的感情,因为这样做会给他带来危险。第二集结尾时,人们又看到他的眼睛里绽放出人道的火花。第三集中,他有了一个明确的目标。

您为什么想起来要拍第三集《冲锋飞车队》? 您还想再拍一个续集吗?

完成《疯狂的麦克斯》第二集之后,我们开始为电视台工作,先制作了一部6小时的小连续剧,后来又制作了两部10小时的连续剧,内容都是根据澳大利亚的一些新旧历史事件改编的,素材全部来自书籍、回忆录、报刊文章以及对当事人的采访。一切都是从调查开始的。我和泰里·海伊斯展开了一场关于知识日益增多——我们掌握的素材就是佐证——以及它对神话演进造成影响的讨论。原始部落对于宇宙的运转没有多少实际知识,所以他们发明了一些神话传说来解释它。随着科学的进步,人们对神话传说的态度发生了变化。令人不解的是,无论人们遇到什么需要得到解释的问题,遗留下来的一些神话却变得更加具有说服力。《疯狂的麦克斯》第三集就是从我们的谈话中诞生的。

我们设想在一次飞机空难之后，一群孩子幸免于难。对于过去的世界，他们几乎一无所知。根据自己掌握的支离破碎的知识，他们像搭积木一样，按照对过去的理解重建了一个世界。他们心里唯一剩下的东西，只有信仰。所以，我们决定让麦克斯走进这个世界。麦克斯在本质上是个虚无主义者，他认为，只能靠自己的办法，才能生存下去。两个澳大利亚青年拍了一部名叫《第一次接触》的纪录片，他们发现了30年代在新几内亚淘金者拍的影片片断。这些人遇到了在一个与世隔绝的山谷里生活的居民，由于外界无法进入，山民们认为自己是星球上的唯一居民，从而发展了对货轮的崇拜。他们与外来人的第一次接触是十分有趣的。

后来，我们又倒退回到我们的故事里，把麦克斯放到冲锋飞车队的巴特城，他要把这座城市搅得地覆天翻。因为英雄是前进的使者，麦克斯充当了变革的中介，就像在一个牛群里或在一个足球队里，这就相当于一个生物循环。麦克斯生活在一个寡廉鲜耻、毫无信仰的世界里，为了获得自己的新生，麦克斯必须打碎这个世界，进入了一个较为理想的儿童世界。

您从什么地方找到了创造巴特城的视觉灵感？

这又是一个逻辑问题。必须弄清楚这种等级制度是怎么建立起来的。游牧社会中不存在等级制度。农业社会开始以后，牲畜和积聚的粮食需要看管，头领就出现了，为了维持秩序，警察也应运而生。迪纳·图尔内这个人物就是一个领袖，由于过度喜欢自己创建的一切，他变成了暴君。我相信"昨日英雄，今日暴君"这个成语。所有的政权都是如此。我们根据这种观念，创造了巴特城，又发明了维持秩序的猪猡。我们想到在老半球区，发生过一场局部核战争，环境恶化导致了澳大利亚的萎缩和倒退。侥幸活下来的人可能是我们创造出的人物的替身，一个体魄强健但智力低下的人，需要得到一个大脑发达但体格羸弱的人辅助。

为什么您与乔治·奥吉尔威联合导演《疯狂的麦克斯》这部影片？

1982年，我为电视台制作并且担任部分导演了一部根据1975年曾引起宪法危机的一次政治事件改编的影片。国家总理被总督免职。英国宪法或者澳大利亚宪法都不能解决这个问题。对澳大利亚来说，这就等于水门事件加上肯尼迪被刺。这个事件严重地刺伤了民心。我们想把工党总理、在野的自由保守党领袖，和曾经是总理亲密朋友、又属同一党派的总督之间的这幕莎士比亚悲剧再现出来。参加准备这部片子的导演共有五位，乔治·奥吉尔威是其中之一。他以前虽然没有拍过电影，但导演过很多话剧、芭蕾舞和歌剧，在指导演员方面有着十分丰富的舞台经验，因而成为了这部影片各部门的总负责人，在这些部门里，几百名技术人员和导演共同努力完成拍摄计划。乔治经常帮助我，我也经常助他一臂之力，我们合作得非常愉快，所以我跟他说，我的下一部电影要与他合作。拍摄《疯狂的麦克斯》第三集的时候，我们大多数时间都在一起，通过摄像系统进行合作，他指导一些演员，我负责另一些演员。沙漠里的一些动作场面由他调度，我拍摄另一些场景。后期制作是我单独完成的,因为他要准备另一部电影。

《解职》(又译《下野》)是您为小屏幕拍摄的唯一一部电影。

是的。我导演了第一集,长度是一小时。它是这部连续剧的引子,介绍人物和将要发生的冲突。我又为其他两集写了剧本。这次体验使我对电视产生了厌烦情绪:它完全是电影的反命题,必须拍得很快,剪辑工作简直烦死人了!……我得了一个奖,可是,我觉得自己拍的那一集是 5 集中最差劲的,看起来最吃力、最不自然,然而,演员们的表演却十分出色。因为这部片子的主题极为重要,所以澳大利亚最优秀的演员都想参与这个连续剧。我进行了多机拍摄,简直是浪费!卡尔·舒尔茨拍另外一集,他用长焦和变焦拍摄演员的侧面,避免了摄影机运动。我在看最终剪辑的时候才深刻意识到,他拍得比我好多了。

我花了一年时间才真正懂得了,为电视台拍电影,要客观地通过取景窗去观察另外一个世界。电影,要沉浸在黑暗里,投射到大银幕上,去感受主观的体验。麦克·卢汉描述的这个根本区别,我在看了自己拍摄的缺点之后才真正领会到。尽管我不喜欢远距离观察这种形式,但我被电视的交流方式吸引了,因为人们可以通过它处理电影无法触及的题材。比如说,目前我们正在准备一部 10 小时的连续剧,要根据文献资料去反映澳大利亚参加越战的历史。我写了一集的剧本,但我没有办法进行拍摄。我认为,纪录片的特性将要在电视上发扬光大,而电影要给想象和集体梦幻留出越来越多的位置。

您唯一的美国经验,就是参与拍摄《第四空间》(又译《阴阳魔界》)中的一集影片。

斯皮尔伯格请我与他合作,是因为他爱上了《疯狂的麦克斯》。我当时正在拍摄《解职》,到了美国,我们才第一次见面。开始时,斯皮尔伯格、乔·丹特和约翰·兰迪斯拍了三个故事。他们决定给我留一个位置,因为斯皮尔伯格在这个电视连续剧中,最喜欢的是飞机失事这一集,但他真怕拍不好。我很高兴能够参与他们的计划,因为我对这套连续剧十分欣赏。我会见了原小说作者理查德·麦瑟森,他的原作比电视剧本更为精炼。由于我打算修建一个机翼,进行实景拍摄,所以增加了预算。为了重新制造出大气湍流,我又非常规地使用了斯提抵抗稳定仪,它本来是用做减震的设备!

您还打算再次去美国工作吗?

当然啦!我正在准备的三个剧本都将要在美国拍摄。我特别忌讳谈这件事:因为,每次我如果事先宣布一个计划,这个计划一定告吹!

可是,每次您都说不再拍《疯狂的麦克斯》的续集了,结果您都拍出来了!

那好吧,咱们就定下来吧……我将要拍《疯狂的麦克斯》第四集!

Rolf de Heer
洛夫·德·希尔
（1931— ）

　　影评家找遍令人目眩的电影金科玉律，就像自诩为前卫派导演们用尽各种迷魂药一样，总是幻想着他发现的新导演，像佳吉列夫对高克多说的那样："让我吃惊吧！"并且，要得到满足。这种情况实属凤毛麟角，但是，情况依然发生了……1993年，在威尼斯电影节上，一位几乎默默无闻的导演，洛夫·德·希尔（又译：鲁道夫·德伊），抛出了一个不明飞行物《坏小子巴比》，实际上，这位天才的导演已经拍过了4部影片。他和自己的同胞彼德·威尔、乔治·米勒，或者取得澳大利亚国籍的简·康平一样，表现出罕见的勇气和一种没用参照的奇特。他戴着牛仔帽，不灵活的硕大身躯，天真无邪的目光，义无反顾的讲话语气，似乎来自另外一个星球。在战争的小路上，这位野蛮人准备付出一切，来实现自己内心的梦想。如同那些真正的伟大艺术家，他童心未泯，具有那种毫无恶意但又挑衅刺人的怪癖。《坏小子巴比》，是一个青少年时期长年与世隔绝的人物内心独白，因不谙社会潜规则和约定俗成的价值观而处处碰壁。希尔的下一部影片《寂静的卧室》(1996)，又呈现出一种极端状态的画卷，讲述一个拒绝长大的女孩，不去面对终日争吵不休的父母，而将自己封闭在孤独之中的故事。《我歌我舞》(1998)是令人难忘三部曲的最后一部影片，我们看到的差别处于影片的核心地位。希赛·罗斯这副患脊椎瘫痪残疾人的肖像，变成了对于人际沟通和与他人交往，以及对电影的思考。希赛·罗斯由本人出演，既是纪录片，又是故事片。在《读爱情小说的老人》在艺术上遭到部分失败之后，今日电影最奇特的导演之一，洛夫·德·希尔的影片似乎告别了法国银幕。因此，威尼斯电影节上映的《盈富》(2002)，这个澳大利亚沙漠中的西部神话，其精炼无华的风格，绝不亚于蒙特·海勒曼的影片，在柏林电影节参赛的《超完美复仇》，讲述一个丈夫通过录像机，面对妻子穷追猛打进行报复的故事，情节跌宕起伏，令人窒息。

围绕着《坏小子巴比》

(1993年9月,威尼斯)

您是怎么想到要拍摄《坏小子巴比》这部影片的？它的结构十分特别,在进入巴比世界之前的第一个半小时,人们简直像患了幽闭恐怖症一样。

说来话长,也很奇特。很久以前,我有一个做演员的朋友,我认为,他演技高超,已经达到炉火纯青的地步,但是,他的表演往往并不精彩,原因是导演功力不够。我刚刚看过萨姆·施帕德导演的《埋葬孩子》,在这部影片中,30岁的他,出演一个70岁的老人。这实在是可怕的表演。我们想拍一部20万澳元、成本极低的电影,让他担纲主要人物。我们知道,舞台上容易做到的事,让观众在电影里认为真实可信相当困难：一个年轻演员出演一位上年纪的老人,自己依然还是自己。所以产生了波朴及其回归的想法。我考虑了这项计划多年,经常把一些想法记录下来,在小预算允许的范围内,对于这个题材,自己感觉相当自由。我主要关注的,是要做真正的电影。今天,预算已经提高到100万美元(相当于70万澳元),数目依然不高。然而,伴随着巴比和安琪儿的关系,我的目标日益明朗,尤其是在刻画人物方面,完全与媒体日常强加于人的那些美学标准背道而驰。母子之爱也就是从这里出现的。我决定让剧本上马的时候,一切都进展神速,因为拍摄计划已经逐步成熟了。

为使第二部分更具说服力,能够更好地处理我感兴趣的局面,必须开始时,让巴比像一张白纸那样洁白无瑕。要做到这样,必须让他远离一切社会元素：电视、广播、书籍、照片。我想让他一无所知,把他封闭在家徒四壁的房子里。同时,还必须说明为什么他会处于这种境地,为什么他的母亲要把他关在那里。所以,我想到了一位妙龄少女的故事,她被一个惯犯诱奸,怀孕后又被抛弃。她满心羞愧地把孩子生了下来,有些丧失理智地让孩子和自己都远离尘世。我觉得做这样的说明是完全必要的,需要花费一定时间进行铺垫,把这种特殊情况交代清楚,只有这样,巴比在发现外部世界的时候,反差才能够更加强烈。我们决定拍摄第一部分的时候,用1.33,不用宽银幕。这就是为什么出现了幽闭恐怖症氛围的原因,我们自己都难以忍受这种场面！

影片的原则是要尽力接近哲学寓言"天真汉"。

这个叙述原则,可以让我把自己钟爱的成分导入影片。故事是一部影片的基础,如果叙事站不住脚,内容无论怎么异想天开,也不可能与观众建立起关系来。我把精力放在外出旅行这根导线上,无论我走到任何地方,它都能够让我的观点自圆其说。

比如说,引入参加一个摇滚乐队的想法吗?

对这部影片,我最初想要放进去的一个元素,就是音乐,即使后来它的作用不如我开始设想的那么重要。我感觉自己十分自由,可以放进去我喜欢的任何音乐,请相信我,我的兴趣还是相当广泛的。我记得,1986年,去斐济观光的时候,录下了妇女们唱的赞歌,很想把这些乐曲放进这部影片。那些录音至今仍然放在那里,没有放进《坏小子巴比》,因为我的观念发生了变化。在我看来,古典音乐、宗教音乐和摇滚乐都有各自的价值,都能够有资格放进声带。结构这部影片的时候,我遇到一个我喜欢的摇滚乐队,它的优点之一,是不加判断地接纳所有人。这部影片的观点之一,就是不要轻易快速地判断他人。这里有一个亚文化,它不像正统文化那么宗派主义。我和这个摇滚乐队合作多年,逐渐地了解了它。在这里,又再一次证明了长时间准备一项拍摄计划的优越性:因为我放弃了乍听起来十分悦耳,但时间一久就变得平庸的乐曲。这段时间,使我渐渐摆脱了在电影面前的抑制心态,发现了自己能够做到的一切。

您是否认为摇滚乐在与其原始状态贴近时,是一种退化形式?

我认为,它主要还是一种治疗。巴比有生以来没有听过音乐,他发现自己与音乐有某种关系。他的第一场音乐会,是一种新生的精神陶冶。他逐渐懂得人们喜欢看着他演奏音乐,进一步领悟到他能够利用这种局面。这是一种犬儒主义,一种无辜的犬儒主义。

您的影片让人想到一些对立画面组合,制造出的一些无厘头效果,就像布努埃尔一些超现实主义影片那样,比如耀龇的并列;在一座监狱里的集体鸡奸,与穿着花呢短裙的苏格兰人往喉咙里灌酒的异想天开。

我习惯于让自己的想象自由驰骋。准备一部电影时,我在一张图表上放一些卡片,在卡片上把想到的主意记下来。我被往喉咙里灌酒的音乐打动,就把这个视觉和听觉的主意记在一张卡片上。在另一张卡片上,我要记下一个囚徒能够忍受的态度,怎样才能够把他彻底摧毁。有的时候,我整整一天无所事事,只是看着这些卡片,任凭自己的思想信马由缰。突然,我把两张卡片并在一起,灵感就冒出来了。我说的一切都是一个不断变化的过程。

影片突出了童年的重要性。

完全正确!我的出发点之一,就是童年的价值。我们用自己的形象来培养我们的孩子。我们也把自己的缺点遗传给他们。写《坏小子巴比》剧本的同时,我正在为另一部系列杀人的影片做调查研究,我发现,几乎在各种情况下,杀人犯在童年时都受过性侵害。在一个人的成长过程中,爱无疑是最重要的。孩子们的世界始终吸引着我,我的第一部电影《老虎的尾巴》就是给孩子们拍的。我喜欢再去拍儿童片,这个领域对我太重要了!

在一定意义上,这部影片是以野孩子为题材的文艺作品一个变种,大自然与文化之间发生激烈冲突的一个神话。

《坏小子巴比》使我能够从另外一个角度来看世界。与世隔绝的经历,让巴比以一种完全出人意料的方式做出反应。作为导演,他这样的经历给我提供了很多自由,用以探索人物的观念与他所处的情地。我感到意外的,是我们不停地对人作出的判断。看见一位穿条纹西装的银行家,我立刻就对他产生了某种看法。他看到我穿着牛仔裤体恤衫,大胡子长头发,也对我做出了判断。我意识到,生活中,我经常判断失误,其他人对我的看法也往往失真。假如一个人的外表能够给我们提供一些关于他的信息,这与我们对他进行观察的方法却完全是两码事。然而,这并不意味着社会不需要道德标准。我在犹太—基督教文化中长大,我觉得自己比较容易接受我这个社会的道德标准,假如我生在别的地方,我可能会有其他不同的标准。

至少,您这部影片愉快地亵渎了神明,在宗教回归的时期,它带来了新鲜气息。

在我看来,基督教和共产主义一样,思想十分美好,实践却常常糟糕。所以,光有理论不行。基督教的道德法规非常高尚,但是这些法规的卫士们却是如此腐化堕落,给个人和整个社会带来了无穷无尽的忧虑。在我人生的这个阶段,对于这些法规,我感到十分惬意,所以,让我采取亵渎神明的态度比较困难,也不能把它变成一个喜剧题材。我知道,这是一个很少有人探索的主题,人们很容易把它放在秘密的地方。我看到身边有些人,背负着因错误实施这些道德法规而造成的深重苦难,他们利用苦难来逃避责任,而不去面对应该解决的问题。我认为,为了刺激观众的神经,这是一个需要考察的领域。影片结尾的那顿晚宴,是我从亲身经历的一次晚餐得到的灵感,谈话的主题和晚餐的结局虽然不同,但虚情假意的氛围是一样的,谈话的主题之一当然是肥胖。我记得,一天经过一家彩印商店的时候,我从橱窗外看到一位十八九岁的胖姑娘,长得非常漂亮。我走了进去,发现她温柔可爱,彬彬有礼,但听到旁边有人低声嘲笑她。我想到这将是影片的一个内容,巴比觉得这个类型的女孩对他有吸引力,假如我能够让观众去掉他们的偏见,他们也会共享巴比的趣味。这也使我突出了这个镜头组的另一个主题,那就是宗教的虚伪。

工厂里的那组镜头,全景画面非常漂亮,参照了现代技术,与教堂的镜头组形成对照。

有人跟我说过一个地方,但不是影片中的那个地方。写剧本的时候,我想找一个,尤其是在大教堂里的那组管风琴镜头之后,在某种程度上,否认上帝存在的地方。当然,布景不应该与使命混淆在一起。关于上帝的第一篇讲话,伴随着优美的宗教音乐,在一种神秘的氛围中进行。因为第二篇讲话也是关于上帝的,我必须把前面讲的内容尽力破坏掉。所以,我觉得把这座工厂作为背景非常合适。从戏剧性上看,工厂饶有风趣,能与教堂形成反响,有助于否定前一个镜头组的内容。

我听说后十分吃惊,这部片子您有32位摄影师,这可是一件不寻常的壮举!

情况确实是这样!我决定要拍摄这部影片,但预算非常低,所以,拍摄时间需要两年左右,因为只能利用周末时间,把别人不用的摄影机借来,再到处去找一些胶片,这种办法自然会造成视觉连续性的问题,因为任何一位摄影师都不能在这种时间安排中为我工作。我问自己,怎么才能把这种不利化为有利条件。我认为,从影片主题的本质来看——探索外部世界,使用多名摄影师似乎是在情理之中。在巴比眼中,每一件事都是新鲜的,都是第一次发现,既然这是他的主观视角,更换摄影师就变得无足轻重了。后来,剧本逐步成形,开始吸引来不少投资人,我就有可能从头至尾使用同一位摄影师把影片拍完了。但是我不愿意把剧本提供的有许多摄影师的机会错过,我的意大利合作制片人,多美尼奥·普洛卡齐后来参与了投资,对我的做法十分担心。我告诉他,在任何一部电影里,人们都要进行彻底的风格切割,因为这属于电影语法的组成部分,所以人们很难发现。最后,他接受了我的做法。试验相当激动人心。根据拍摄的镜头组,我们对摄影师进行了一次真正的挑选。参加过这部影片拍摄的某些摄影师,在澳大利亚影坛上地位显赫,他们的工作并不仅局限在掌控光线方面,如果他们愿意的话,还可以做得更多,例如画面构成,景框联结,在某些时刻,几乎是联合导演的工作。除了一些关键时刻,我完全放手让他们进行发挥。我们有一位总摄影师,扬·琼恩,他监督全盘工作,影片的前三分之一和后三分之一是由他拍摄的。在影片的全部拍摄过程中,他始终担任取景的工作。有些天,我们的摄影师多达五位,真够后勤部门忙的!他们对影片的结构工作做出了重大贡献。例如,科奈特·布拉纳格的摄影师,罗杰·龙萨是我很久以前认识的,当时我们都在澳大利亚广播公司的同一间办公室里工作,他是跑腿的!拍摄期间,他正在澳大利亚,我请他来帮过我一天忙。

不管怎样,保证影片视觉一致性的工作还是要由导演来做。

奇怪的是,视觉的统一性大部分来自演巴比的尼克·豪泊,他出现在每个场景里。我们看的是他。决定我们视觉敏感程度的,是故事情节的变化。我们为第一部分搭了一个布景,谁也没有注意到的,是在波朴归来的时候,我们把它扩大了三分之一,因为这个时刻,巴比的世界扩大了。摄制组感到非常奇怪,因为我们一直在空间狭窄的困难条件下工作,突然间,我们得到了很多自由。这种做法十分成功,原因是观众觉察不到,但在下意识里能够感觉到。这个决定是在与扬和我的艺术总监马克·阿波特多次谈话之后作出的。关于影片的中间部分,我也和扬讨论了很久,但是我们不得不采纳大量摄影师提出的各种建议。

这部影片是在哪里拍摄的？

整部影片都是在我居住的阿德拉伊德城拍的。这是最经济的办法，因为摄制组人员不多，我们的钱也不多。无论如何，这是最好的地方，因为在我看来，阿德拉伊德有澳大利亚最完美的后期制作设备。这十分重要，因为我们在音响方面做了许多试验。除了60个拍摄点中的五个，一切都是在摄影棚周围五公里半径的范围内完成的。

您使用了立体音响设备。

立体音响是最接近人的耳朵听觉能力的立体声设备。一副麦克风和发射器装在了尼古拉·豪泊戴的假发套里。我拍第一部立体声电影的时候，意外地听说用杜比立体声录制的影片，90%都是单声道，为制造全部都是立体声效果，只是加上了一点儿立体声。读了一些科技杂志之后，我想拍《坏小子巴比》时，一定要用立体音响设备。在摄影棚拍戏的时候，不仅不要排除场景之外的声音，相反，我们把门窗全部打开，把机器开动起来，尽力保留这些声音，而且让摄制组成员在摄影棚外面制造出一些声响。这些声音的全景效果和场景中的有机声音谐调地融合在一起。借助尼克戴的电子发套，全部声音都是按照演员的观点接收的。为此，我请教了一位谍报和电子监控专家，他让我实现了使用微型电台监控，而不是那种常用的大型设备。

它在哪些方面影响了尼克·豪泊的表演？

它给尼克造成了不少问题，也给他带来了更多自由。在某种意义上，他是扬声器的控制者，又是音响的录音师。在技术上，他很快就学会了怎么操纵这个设备，给我们提供了极大帮助。他不需要操心声音来自何方，因为他就是扬声器，这就让他得到了自由。但是，由于受到技术限制，当他大声喊叫的时候，必须叫他站在一定的位置上，才能避免信号传输失真。如果在他喊叫之后去跟他说话，他什么也听不见。相反，假如我们大声喊叫，他也要在同一场戏中喊叫，他就要有意识地压低自己的声音，装成喊叫的样子。

作为电影演员，尼克·豪泊的经验不是太多吧？

他是戏剧演员，出演《坏小子巴比》3年之前，只在一部短片中，拍过两周电影。我看过迪姆·尼高勒——他是《坏小子巴比》的美工师——拍了一部奇特的电影：《忏悔者自述》。他在里面演一个自称是连环杀手的人，其实他根本不是什么杀手。我已经把他忘了。选巴比的演员时，我立刻就想到了他，因为他在银幕上有一种巨大魅力。后来，我又去看了他演的舞台剧，坚定了自己的信心。余下的只有我们之间的谈话和本能理解的问题了。

您的原籍是荷兰吗?

1951年,我出生在阿姆斯特丹和海岸线之间。我父亲生在印度尼西亚,他讨厌荷兰的寒冷气候。五六岁时,我跟着父母回到了印尼,在苏门达腊生活。那里爆发革命之后,我们作为难民被遣送回到荷兰。那时候,父亲心里只有一个念头:再回到印尼。采用排除法,他最后选定了澳大利亚。我8岁时,全家来到了这里。我父亲是电器工程师,母亲抚养6个孩子。我一直喜欢看电影,我想,所有的孩子都是这样。我父亲讨厌电视,所以家里从来没有电视机。我主要是去电影院看电影,但这也有不足之处,因为电视台经常播放大量的老电影。上中学时,我曾在一个小剧团里演过戏,所以萌发了当演员的想法。上大学不久,我对父亲说,我要放弃学业,去当电影演员,这可把他气坏了。事实上,我和电影工业没有任何接触,也不知道怎样才能进入这个行业。年幼无知、天真调皮的我,一心就想当演员。说来凑巧,我在澳大利亚广播事业局,找到了一份当仓库管理员的临时工作。两周之后,他们问我是不是愿意再继续干一个月。我同意了,在这里一干就是7年!我先当了4年仓库管理员,然后,当了半年电视剧助理剪辑师,但这是一种纯技术性工作。接下去的两年,他们交给了我一项有意思的任务。我当了"节目调研员",就是看节目,然后写报告,告诉澳大利亚广播事业局是否应该购买这个节目。然后,我又当了一年新闻专员,但是,我很讨厌这份工作。我讨厌管理别人拍的影片,要进行审阅和收集整理,或者为它们去做宣传推广工作。正在这时候,母亲给我寄来了一张报上登载的广告,澳大利亚和悉尼影视学院要招收新生,这是不久前国家拨巨款创办的一所学校。对于这类我认为是精英和"艺术"家荟萃的机构,我心中实在没底,但在这个广播事业局里,我又看不到前途,就报名参加了这次会考,结果被录取了。两天之后,我知道这正是我梦寐以求的地方,在那里我度过了一生中最美好的3年时光。

年轻时,您喜欢看什么类型的电影?

我的兴趣非常广泛,但是,我在学院里才学会了看电影,因为我们有一位杰出的导师,杰尔吉·托泊里茨先生,他教授的电影史大大地开拓了我的视野……过去,我对影片的选择并不严格。在广播事业局那7年,在精神方面,我没有很高追求,工作之余,在外面只在一个乐队里弹奏音乐。我的时间很多,但自己想的不多。奇怪的是,我在新南威尔士州的一座小城里游荡的时候,发现了刘易斯·吉尔伯特根据哈罗德·罗宾斯小说改编的《大冒险家》,这部影片唤醒了我。整整一天,我不能讲一句话,因为这部电影向我提出了关于人类、社会和非正义的问题。当然,后来我也受过震动,比如《飞越疯人院》(1900)、日本电影、库布里克、《第五屠宰场》,正如您所看到的那样,我的兴趣十分广泛。

1984年,您拍摄的第一部影片是一部儿童片。

是的,我是《老虎的尾巴》的编剧与导演。这部电影讲一个男孩,在一个废弃仓库里找到一架老航模飞机。他非常渴望自己能够飞起来,感觉自己像个"局外人"。他遇到了一位老人,也就是这架飞机的主人,但老人不再想当飞行员了,帮助他把飞机修好,两个人一起飞上了天空。我是在极其特殊的情况下,拍摄了这部影片:当时,我和那些想合法避税的人一起商量,6月30日是财政年度最后一天,一些公司绞尽脑汁试图投资电影。那天下午5点,他们把44万美元存进了我的银行账号,我必须拍摄这部影片,当然,这也是我求之不得的事。

我的第二部影片《乌鸦门事件》,比第一部《老虎的尾巴》开始得早。1980年离开学校之后,一位想当制片人的人写了这个剧本,建议我来当导演。他之所以选择我,是因为我初出茅庐,他觉得容易控制。我重写了剧本,7年以后,把它拍了出来。这是一部惊险片和一个科幻故事,故事发生在澳大利亚内陆的一座农场里,水源枯竭,羊群死去,虽然看不到天外来客,但人人忐忑不安,感觉外星人就要降临。

您总是与一些相同的合作者一起工作吗?

我的剪辑师苏莱世·阿雅尔,从我在电影学院读书时开始,一直和我在一起。我的前两部电影,都是理查德·米查莱克当摄影师,他也是《坏小子巴比》的32位摄影师之一。我在学校里认识了作曲家格瑞哈姆·达迪弗,他为《老虎的尾巴》、《乌鸦门事件》和《坏小子巴比》这三部影片创作了音乐。

您的第三部电影《野犬丁哥》如何?

这又是我的一个同学马克·罗森博格花了好多年时间写出了这个剧本,他参加过《乌鸦门事件》的拍摄工作,我很喜欢他的剧本,但不想当他的电影导演。马克找过很多制片人,差点儿交给了路易·马勒。我非常喜欢剧本涉及的题材:实现梦想、抛弃遗憾,都是我感兴趣的领域。拍完《乌鸦门事件》之后,马克向我提出了拍摄《野犬丁哥》的建议。由于跟他第一次合作不够顺利,我想先去和别人合作,因而我到菲律宾去为另一个澳大利亚制片人拍片。但是,那完全是一场噩梦。资金迟迟不到,我和7个美国演员整天待在宾馆里,整整等了4个星期。最后,终于开拍了,原定九周的档期,半年还没拍完,我已经一文不名,工资也没发,所以,我决定停机,假如我不做出这种快刀斩乱麻式的决定,真不知道这部"驱动力"将会如何收场。回到澳大利亚,我不想再继续拍电影了,这次经历给我的精神打击太大了。这时候,马克·罗森博格又来找我,一起筹备了拍摄计划。这部影片是与法国合拍的,摄影师德尼·勒努阿简直太出色了,米歇尔·勒格朗为《野犬丁哥》创作了音乐。对我来说,这是一次全新的尝试。然而,直到今天,《坏小子巴比》依然是我最喜欢的电影。

电 影 小 星 球 | 波 兰

Jerzy Skolimowski
史柯里莫斯基
（1938— ）

　　1964年,我参加了威尼斯举行的第一次国际电影节。在靠近码头的丽都电影厅里,洛兹电影学院把史柯里莫斯基拍摄的毕业作品《特征:无》报名参赛,但被拒绝参加正式提名。这个名字对我并不陌生,因为他参加了波兰斯基执导《水中刀》和瓦依达《无辜的驱魔人》的剧本创作。从影片的第一个画面开始,我就大为震惊,导演目光的现代性和摄影机极限跳跃跟拍主人公(史柯里莫斯基自己出演)的高难动作,令人目不暇接。他这部半自传体影片又被他的下一部影片《轻易取胜》补足。一位善于思考的动作片导演,在觉醒和他的"替身"的目光中,已经日趋成熟,他见证了与其同时代年轻人的心态,以一个局外人的视角,展现了他不再崇尚的共产主义社会。烦恼随之而来,他的《举起手来》(1967)遭到禁演。史柯里莫斯基开始了长年的流亡生活。旅居英国期间,他推出的《浴室春情》(1970),给了我和贝尔纳·柯恩对他进行长时间访谈的机会。《黑工》(1982)和后来的《灯塔船》(1983)等影片,反映出他电影生涯的起伏不定,有的片子高奏凯歌,有的惨遭失败。1978年戛纳电影节,我作为评委,非常高兴地把大奖授给了他的《驱邪人的狂叫》,这部奇特的影片是根据罗贝尔·格拉瓦一部中篇小说改编的。1984年,他谦虚地邀请我参加《势必成功》的剧本创作,我为米歇尔·皮高利饰演的法国文化部长写了讲演稿,也为阿努克·艾美演的人物对白尽了绵薄之力。10年来,人们为当代这位最具创新精神导演的沉默感到遗憾,今天,这位民族学家、诗人、戏剧家、拳击手、剧作家、演员、电影对白专家、舞台美术大师和导演,在加利福尼亚变成了才华横溢的画家。

围绕着《浴室春情》

(1971年12月,巴黎)

在旅居的他乡,面对着您不熟悉的演员进行刻画人物,拍摄《浴室春情》是否遇到一些麻烦?

我和英国人一起拍电影,没有遇到什么特别的困难。有时候,我打破常规,讽刺一下片中的英国人物。比如,警察要杜松子酒那场戏。一些英国影评家说,影片虽然出色,但错误百出。比如,一名伦敦警察竟然会要杜松子酒。这类批评让我好笑,因为他们一点儿幽默感也没有。总而言之,我头脑里,没有拍一部英国的或者不是英国的电影的念头,只是想着如何把主要人物刻画好。

哪些内容是在伦敦拍的?哪些镜头是在慕尼黑拍的?

英国警察那些戏是在慕尼黑拍的,所有游泳池的戏都是在英国拍的。实际上,除了浴室里的那几场戏,整部片子都可以在慕尼黑拍,但是,只要看上一眼德国浴室,就会感觉到它太德国化了。万般无奈,我只能在伦敦多待了三四天。

在您看来,什么是波兰的特点?

波兰特点?我还是举同一个例子吧!假如一名波兰警察要酒的话,一定是一杯伏特加,或者类似的东西。一个在波兰十分现实的情况,到了英国就会变成超现实的。举个例子吧,地铁里的那场戏,我不得不把整场戏先演示一遍,因为约翰·莫德尔·布劳恩完全不得要领。他要变得歇斯底里,砸碎屋顶上的灯泡,攻击乘客。他对我说,他从来没见过人会有这种举动,所以我做了示范,告诉他斯拉夫人就是这种性格。一切进展顺利,这场戏演得很精彩。

影片的力量,来自一切都在情理之中,同时又在预料之外。您是否立刻就想到了浴室的布景问题?

这确实是一个奇怪的地方,我必须选择好拍摄景地。故事只能发生在这里,而不是其他地方。我必须把人物放在准确的场景之中。起初,我想在一座工厂里拍摄,但那里人声鼎沸,不适宜拍片。我想找一个屠宰场,但血和肉又会过于刺激。必须找一个安静的地方,人们可以自由自在地看着四周景色。说来奇怪,我在英国从来没进过一家公共浴室。在波兰,我去过多次。走廊是按照20年前我见到的波兰公共浴室重新装修的。我不打算再现英国公共浴室的氛围,但我找了一名英国美工师,在慕尼黑重新布置走廊和包间。他搞得干净洁白,我把它弄得又脏又丑,蓝绿相间。我看上去觉得不错。常去英国浴室的人告诉我,公共浴室就是这个样子。另外,剧中人物将要在这个地方工作。

在《浴室春情》和《出发》之间,有很多联系:一个男孩,一个比他年纪大更加成熟的女孩,工作,男孩与老板的关系。

在《浴室春情》里,我首先想到的,最使我感兴趣的,也是这部片子与《出发》的不同之处,就是女孩死去的那场戏。我被它的构思深深吸引,拍这场戏就如同亲眼所见一样。这是我发挥想象力的唯一一个场景。电影上,我见过很多人死去。但我一直认为,表现死的样子,应该像真实状况那样,应该表现得十分自然。看着摇晃不停的吊灯,是它造成了女孩的意外死亡,人们感觉实际上什么事也没发生,女孩继续活动着,继续笑着,但死亡来临了。我只是跟随着事件的逻辑进程进行拍摄,没有必要拍慢镜头或特殊效果。一次拍摄就足够了。

男人把墙涂成红色那幅画面,人们看见走廊里的天花顶灯摇晃不停,它宣告了女孩的死亡。

为了宣告这个死亡,我还拍了三个水下场景:麦克被孩子们推下水,苏珊裸体游泳,麦克在水里还紧紧抱着海报。当然,作为背景的红色油漆就显得十分重要了。然而,麦克在走廊里散步的时候,我并不是出于这个原因,才让灯泡晃来晃去的。摆好摄影机之后,我意识到,除了人物的动作之外,还需要有点儿什么别的东西。麦克跑了,他的女朋友跟着他,要给他小费,苏珊赶到,接过了小费。我面对着整条走廊,必须给画面一个活动的东西,而且要让它持续一段时间。这就必须叫麦克做一个很自然的动作,打一下灯泡正符合我的心愿。

影片结尾采用全景镜头和特写镜头交替,为什么?

我始终不知道应该把摄影机摆放在什么位置,可是,我也看不出来,怎么才能把结尾的场景拍成别的样子。我必须说明他们是在一起的,但又不能交代得过于清楚,人们不知道他是否成功了,他们是否真的做爱了。我不能交代得太细,不然的话,就落入俗套了。

一般情况下,您进行多次拍摄吗?

我干活相当快,不然的话,我很快就烦了。我觉得,第一次拍摄和第二次拍摄总是最好的。假如说一天工作8小时,前几个小时里,我们拍摄半个小时,剩下的时间,我们聊天、玩、喝酒。我们不慌不忙地进行准备,气氛十分放松。但是,午饭之后,氛围就开始加温了。

您是怎么设计夜总会里的环绕镜头的?

我是在摄影棚里设计这些镜头的。看了故事情节,我心里想,如果我用准确的角度,把摄影机放在这里或那里,无论如何,都能拍到很好的效果。然后,我想做一个旋转运动,也是一个好主意。我们就这样做了。我用一个画面拍了一组镜头,然后,我又拍几个特写镜头。我意识到,只拍一个镜头会显得过于卖弄技巧。当人们跟着一个不间断的运动,立刻就会明白摄影机在干什么。所以,我突然把它中断了。可是,这个运动没有什么具体含义。

拍摄时,我不进行思考。我可以感觉到这场戏拍得不错,演员们演得很好,我相信自己的直觉。如果拍摄前我就要知道将要拍什么镜头,那一定有什么地方出了问题。我的拍摄方法是跟着感觉走。我在摄影棚里玩。我不会说:这部影片要在6个月内公演。我接受采访,把一切都讲得一清二楚。我,玩得很开心。

您在《浴室春情》里,是怎么考虑使用色彩的?

理论上,我知道自己想要达到什么目的,但在实际工作中,我不得不考虑某些下意识因素。现在,我意识到,我使用的主要颜色都很强烈。比如说,我在片中使用了黄色,这是为了在色彩上宣布,影片结尾时将要使用血红色。举个例子吧,苏珊穿一件黄色斗篷,在现代城超市里,有一个角落也是黄色的。同样,在公共浴室的布景上,我也使用了绿色和深蓝色。我觉得,这样一来,红颜色的出现就不会使观众感到不舒服,只是让他们感到担心而已。是我本人替苏珊选择的斗篷颜色。假如让她穿一件红斗篷或蓝斗篷,那肯定不行。要说明这是什么原因,我可能说不清楚,但我感觉就是这样的。

拍摄《热拉尔的奇遇》时,您也以同样的方式研究色彩问题吗?

不是的。与我一起工作的都是行家里手,我就不能随心所欲了。服装师做的服装相当完美,我不能进行任何改动。客观地说,他是有道理的,我不想在这些服装问题上浪费时间和精力。每次他拿一件衣服给我看时,我都表示同意,然后,我们做其他事。超级大制作就是这样:这位服装师很好。制服做得非常漂亮,剪裁十分合体,但这不是我设计的,而拍《浴室春情》时,事无巨细,我都要亲历亲为,没有什么服装师,我要为每件服装确定细节问题。

《浴室春情》中的约翰·布劳恩和《出发》中的让-彼埃尔·雷欧,都是精神上受过刺激的人物,他们都是生活在一个富足的社会中,都与女人有着非常特殊的关系。

您所说的问题,在理论上都是对的。您所讲的也完全合乎逻辑。您说这两部影片反映了个人与社会进行的斗争,反对战争、反对汽车以及社会提出有关性的问题,我同意您的观点。但是,还有另外一个问题。如果说,《浴室春情》触及了这些问题,但我觉得另一个侧面更为重要,必须把它说明白:这就是在《浴室春情》和《出发》之间,到底有什么区别?我认为,《浴室春情》主要是一个罪与罚的故事。苏珊玩弄麦克,挑逗他,欺骗他,利用他。她有罪,所以应该受到惩罚。对她的惩罚有些残酷,但这是必要的,我认为这是正义。我希望观众离开电影院的时候,感觉这种惩罚是正义的,她罪有应得。但我也希望观众能够产生一种矛盾心理,能够对苏珊有所同情。

这是我拍摄《浴室春情》时渴望达到的目标,这也是区别于《出发》的地方。我绝没有试图诠释一个主题或者一个口号的想法。

您怎么想到要拍摄《浴室春情》这样一部影片?

这个想法产生于1970年1月,我先写了一个故事梗概,然后请了两位朋友去写第二稿。我需要找个人一起商量,伯莱斯罗·苏力克对伦敦这座城市特别熟悉,给予我的帮助十分宝贵。另一方面,我的英语差强人意,写起剧本来,颇感力不从心。我们在一台录音机上创作了大量对白,例如,现代城妓女那场戏的对白,实拍时我们只字未改。出演的女演员是德国人,也不能进行即兴创作。

什么原因促使您对与您年纪相仿佛的人物感兴趣呢?

写一个剧本的时候,我的个人经历,当然也包括自己的想象,是会起作用的。我刚刚拍完的影片《国王、诺命夫人和仆人》,第一次再现了比我年长的人物,丈夫50岁,妻子40岁。我从来没有研究过比我年长的人物,因为我还没有经历自己的后半生。假如把人的生命分割成两部分,我觉得第一部分可以称为入场,第二部分可以叫做出场。有些人的生活,还仅仅是入场,还没来得及生活,就遭遇灾难或疾病死去了。但是,假如一切正常的话,他们的生活先上升,然后下降。我拍摄了一些关于青年人的影片,这可能因为我自己是一个年轻人,当时还没有超越这个阶段。我必须首先进入人生的第一个阶段,在某种程度上,在表现这一层面的同时,我也试图揭示出人生第二个阶段的出现,就像在《轻易取胜》里反映的那样。这部影片中的主人公比我年纪大。1964年,我27岁,他30岁。您知道15世纪,在闻名遐尔的波兰人格贝尔尼克诞生之前,人们是怎样想象宇宙的吗?他们认为太空是平的,上面有天,下面是一望无际的平原。人们没有永恒的意识。他们认为宇宙是有尽头的:大地是个圆圈,天空是个半圆的穹顶。人们生活在这个圆圈中间,不能走到天与地交界的地方去。他们的生命是很短的。快速奔跑或者通过梦想,他们也许会到达这一极点,如果他们真的渴望看一看天幕后面的东西。这就是我谈论生命的上升期和下降期时,力图说明的事情。我想在下一部影片中,第一次看一眼这个天幕后面的东西。片名叫做《墓志铭》,是根据莱内·玛利亚·里尔克的小说改编的。这是他在去世两天前为自己写的墓志铭,最后两句诗是:"在如此众多的眼皮下面,你到底是谁的梦幻呢?"

在您的影片中,物体加强了场景的怪异层面,您以自己的特有方式展示这些物体,并把它们衔接在故事结构之中。

举个具体例子吧,我一点儿也不喜欢《热拉尔的奇遇》。这不是我的电影。故事本身多么愚蠢并不重要,但是剪辑得太差劲了!假如保留同样的音乐和相同的故事结构,只要再增加几场戏,影片就会好很多,就能够接近一点儿我的预期。您记得那场戏吗?一个西班牙农民赶着一头驮着橙子的驴,热拉尔的轻骑兵攻击他,抢了他的橙子,这场戏结束时,他们发现他死了,头上中了一枪。这就是影片的最终版本。要是按照我的版本剪辑,在这个情节中,人们可以先后五次看见农民和驴子。农民和热拉尔走同一条路,就算是从内华达山到马德雷山吧,路程有150公里。农民在路旁的客栈里多次歇脚,但是驴子仍然继续往前走。热拉尔渐渐地赶上了他,随着驴子继续前进,这时,中弹的农民慢慢地从驴背上掉了下来。最后,热拉尔把他靠在一棵树上,他大喜过望,因为他发现了农民胸前挂着的奖章。他走近轻骑兵,正在这时,热拉尔大惊失色:那头驴子竟然在那里等着他。制片人删掉了这五个十秒钟的小场景,把整部片子都毁了。我拍了这些镜头,但最初不知道把它们放在什么地方合适。每天驴子都在拍摄场地,制片人以为我疯了,实际上,我没有疯。我知道我要做什么。我的本能会告诉我应该做什么。但我一时说不清楚。驴子应该待在那里。我的版本要比现在的影片长20到25分钟。

制片人古多斯基认为,应该拍一部史诗式的影片,其中再加上一些怪异元素。制片人,不仅仅是我那几个制片人,都懂得电影变了,涌现了一批年轻导演,必须接受他们的某些观念,电影事业才能继续向前发展。

您是否想过要拍一部关于拿破仑和骑兵的电影?波兰人,例如瓦依达,对这类题材很感兴趣。

没有,从来没考虑过。拍这部影片的时候,我产生了一种自卫的反应。我心里想,要打算从中摆脱出来,必须有幽默感。为了不要过于劳累,从影片造成的可怕局面中脱身,我必须进行调侃。我想,面前这些人也许比我聪明,那么,就拿他们开开玩笑吧!这些美国制片人如此精明,我很难跟他们玩到一起。要想保护好自己,只有一个办法:开玩笑。我就是这么做的:周围的一切都是我嘻笑怒骂的对象。

然而,有些戏还是您的风格。比如,热拉尔在士兵和被枪决的人之间散步的那场戏。起初,场面相当可笑,但结局却非常残酷。

这就像驴子那场戏一样,我试图按照我的想法去处理。但这里制片人无法删掉,因为实际上,场景里没有其他任何东西。他们不喜欢这类场景,要的是一个真正的浪漫故事。他们对我说:"您是波兰人,你们喜欢激动。给我们一些浪漫!"

您是国际经验丰富的导演,从演员阵容和题材上看,这是一部国际化影片。

这一次,我可不能算是一位国际导演。我不认为自己现在更加国际化了。我的思想很单一,很本土化。我的童年、读书岁月和我的国家塑造了我。这很奇怪,尽管现在自己已经身在西方世界,但我觉得,自己仍是一个局外人。在这家宾馆里,我觉得自己很可笑。我知道这是一家超豪华宾馆,摆脱这一切的最好办法,就是坚持到底,所以,我选择了这个最为可笑的地方,同时,我又必须想方设法不被它"吃"掉。我不想变成宾馆的东西,只不过是在这里睡三个晚上而已。

然而，您与上一代人，也就是安杰伊·瓦依达那代人，有很大差别。您观察社会的方式与他大不一样，在您为他写的剧本《无辜的驱魔人》中，这一点是显而易见的。首先，是不是某种嘲讽使您有别于他呢？

您可以说，我嘲刺了我的朋友们，但是，我的讽刺是正面的。如果说，我嘲讽了骑兵或者那场马刀之战，我只是嘲讽了其中某些人物。我要再说一遍，我的嘲讽完全是正面肯定的。我不知道还应该对您说些什么。

《无辜的驱魔人》与瓦依达的其他影片风格迥异，您是和安德炽也斯基合写的剧本，他属于比瓦依达更早一代的导演。您是怎么与他合作的？

我为这部影片做的工作与《水中刀》正好相反。那是我第一次从事电影工作，没有任何经验。故事是我创作的。我觉得这是一个很好的题材：一位玩打击乐的医生，邂逅一位少女，他们一起过夜，但没有做爱。人们只是意识到，他们之间产生了某种十分强烈的东西。对我来说，这已经足够了，但瓦依达并不满足。他需要一位专业人士把各种不同元素联系在一起。我的方法是从 A 到 D，然后从 D 到 L，再从 L 到 W，等等。瓦依达需要从 A 到 B，从 B 到 C，从 C 到 D，从 D 到 E，这样进行下去。安德炽也斯基把我提供的元素编成故事。罗曼·波兰斯基有一个您知道的故事，我把它写成了剧本。我在为瓦依达工作的时候，学会了把故事变成分镜头剧本。

您也为《水中刀》写了对白。

我们写对白的方式十分有意思。波兰斯基和我，每人都演不同角色。有时候，他是大人，有时候是小孩，有一次，他变成了女人。然后，我再分别演这些角色。写对白时，我们十分严谨，十分精确，写好之后，我们要立刻重演一遍，把多余的字全部去掉。如果您再看一次这部片子，一定会发现这些对白的准确程度。

您跟踪这部影片的拍摄过程了吗？

没有。当时，我对拍摄影片一无所知。我是作家，文学方面的工作完成之后，就万事大吉了。我记得自己经常和波兰斯基争吵，每次争吵都以同样的方式结束：他从口袋里掏出在布鲁塞尔电影节上因《两个男人和一个衣柜》获得的奖章，我把自己作家协会的证书拿出来。假如争论是有关场面调度问题的，他总是胜利者，因为我没有奖章。假如是关于写作问题的，我就是胜利者，因为他不是作家协会的。

在波兰电影史上，《无辜的驱魔人》是一部重要影片，因为这里面有三代电影人：安德炽也斯基、瓦依达和您，再加上初露锋芒的波兰斯基。《举起手来》和《堡垒》似乎再现了片中这些人物，但这已经是 10 年之后的事了。

从理论上讲，您又说对了。如果说，我可以为《无辜的驱魔人》骄傲的话，因为影片的故事是我创作的。尽管在某种程度上，我对后来的情况感到有些失望，但这毕竟是瓦依达的电影，不是我自己的作品。在演职员表上，安德炽也斯基的名字也比我的大，但是，把我放在第三名的位置上，自己已经很知足了。我越过了必要的一个阶段，所以，我对事物的安排非常满意。我第一次意识到，自己可以单独进行剧本创作。过去，我以为，电影就是《郁金香芳芳》，这是最使我心仪的影片。当时，我看不起电影，也不去电影院，以为去电影院就是为了看女人和乳房，仅此而已。我写诗歌，认为自己才是真正的艺术家，觉得那些搞电影的算不上艺术家。然而，在为《无辜的驱魔人》工作之后，我进了洛兹电影学院。

是瓦依达帮助您进的电影学院吗？

他没有说："这孩子很有才华，他应该进入学院。"但与他一起工作的这段经历很说明问题。人们说："既然他跟瓦依达一起工作过，他一定有些过人之处。"

在学校里，您学什么专业？

今天的电影学校与当时大不相同了。那时候，没有什么正规的课程，学校就是一个地方、一栋楼，大家到这里来互相认识，学习使用摄影机，和老师以及同学们一起讨论问题。从早晨8点直到午夜，不停地放电影。我们在学校里一起吃，一起睡，一起做爱。我一辈子都没看过这么多电影。在那儿，我发现了摄影机。人们第一次拿起摄影机，就跟玩玩具一样。我记得自己拿起一架阿利弗莱克斯，颠着它的分量，当时那种激动的心情溢于言表。它是那么漂亮，黑黑的闪着银光。

那时候，您写了一个话剧。内容是什么？

那个剧本写得很差，我已经不记得了，很不专业，但又想特别现代。长度在五六十分钟。有一个10分钟的幕间休息，但不落幕。剧中有15个人物，突然一下子，他们都消失了，台上只剩下一个人，他在那里吸烟。这时候，人们想出去就出去，但剧场里的灯光不变，人们必须静静地走出去。这是这出戏唯一可取的地方。主题是讲一群不知羞耻的年轻人：一个男孩玩弄一个天真的女孩，另一个男孩爱上了这个女孩，但女孩不愿意跟这个男孩走，因为她生性软弱，害怕第一个男孩打她，最后，她跳河自杀了。

您对自己那时候写的诗歌如何评价？

好诗很少。老实说，我不想出版这些诗。我当时在纸上写点儿东西，并不仅仅是为了做文字游戏。一般说，都是有感而发，十分私密的内心感受，不适宜发表，完全是为自己写的。那个时候，我的诗很现代、很时髦，都是生命的伟大思想。我也曾请人把它们译成英语，但几乎不可能，不仅译文词不达意，思想模式也无法转换。

玛莱克·诺维茨基与杰尔吉·斯塔维奇拍了一部片子，片名是《一个朋友》，您为这部影片写了对白。这是一部什么电影？

我做了一件补足的工作。这部片子很不成样子，糟糕透了。对白太差劲了。我不得不花了40分钟时间，把最不像话的对白全部删掉。当时，我还在电影学院上学。

您拍过一些短片，其中之一叫《恶眼斜视》。

这是我拍的第一部短片。片名很奇怪。在波兰语里，没有恶眼斜视的说法。译成法语，就成了《斜眼》，实际上是"突然挖掉眼睛的意思"。门柯在看了这部影片之后说，这是两分钟电影的杰作。在这部短片的剪辑上，我下了非常大的功夫。围绕着飞刀的技巧，一共有20来个镜头。出发点十分现实：一位飞刀演员在一个活靶子身上练习飞刀，一位女子站在木板前面，飞来的刀子在她身体四周插在木板上。一个身材矮小的男人，斜着眼睛，坐在一把摇椅上。女子非常漂亮，乳房十分丰满，嘲讽着这个其貌不扬的男人。电影是默片。男人不断地把刀抛出去，每抛一次，他的脸上都露出不同的表情，真是既可笑又可怕。

在您的影片里，总会有技巧。您喜欢博弈吗？

我的扑克打得很精。我不得不放弃它，因为我怕赌博占据我整整一生。我对输赢并不在乎，纯粹为了开心，我输过，也赢过。早晚有一天，我一定要把陀思妥耶夫斯基的《赌徒》搬上银幕。在电影里，如果有赌博的镜头，如果表演精彩，我对人们表演的方法和技巧非常感兴趣。表现博弈极为困难，因为必须把技巧展现出来。任何一种博弈都会引起一种颤抖，某种程度的发烧。我认为赌徒有一种特殊的脉搏，要想准确地表现一种博弈，您的脉搏需要与赌徒的脉搏以同样的节奏跳动。

为什么您在前两部影片里使用那么多长镜头呢？

我当时被摄影机的功能迷住了。过去我从来没有能够跟拍这么长时间。另外，还有一个原因：我演过一些电影，但自己不是专业演员，不能在正常条件下工作，就是说，例如，进行普通的景对景对打。我不懂表演技巧，只能自然而然地去做。所以，我用长镜头进行拍摄。我拍了关于这个人物（也就是我自己）行为的纪录片。

假如使用专业演员，您还会像在这部影片里那样去要求他们吗？

他们肯定不能按照这种方式进行工作。我将不得不中途停机，并会对他们说："这样不行，开头很好，但中间不行。"

《轻易取胜》中，拍摄摩托车和火车的镜头，有没有遇到困难？

没有，我们是用很不专业的方法拍摄的。在好莱坞，这个镜头要准备两个星期。他们会找一个替身。我们只有四五个人，我告诉您都有谁吧：有摩托车驾驶员、我、摄影师和火车司机，剩下还有第五个人，他要调整总的步骤，负责喊："快一点！"或者"慢一点！"。我们一共拍了3次。第一次，火车的速度是每小时50公里，我有跳车的习惯。我们学校位于无轨电车的两站之间，我很懒，不愿意下了车，再走回去学校。所以，从火车上跳下来对我是一件轻而易举的事。开摩托车的非常棒，他能够一直保持在景框里，我们第二次拍时，火车速度是每小时55公里，第三次，60公里。我选择了第三次的成果。三次拍摄总共用了45分钟。

《出发》一片的结尾,雷欧是继续睡觉,还是与姑娘一起留下来,不去参加拉力赛?

她问他睡觉了没有,假如雷欧真的睡了,他一定会惊叫着醒来,这是不言自明的,他根本就没睡觉。

这是一个浪漫人物吗?

我很浪漫,所以,我才会跳火车。波兰轻骑兵进攻德国坦克车,也很浪漫,不是吗?

瓦依达也很浪漫,但他的浪漫主义与历史密切相关,而您的浪漫主义却与现代事物连在一起。

这是两代人的区别。他的浪漫主义与战争和失去生命的危险密不可分。斗争和抵抗运动造就了他,当时他只有十七八岁,这正是浪漫的最好年纪。

您还拍了另外一部短片,片名是《小哈姆雷特》。您给我们介绍一下,可以吗?

这又是一个玩笑,一个关于莎士比亚的玩笑。故事发生在现代。我觉得,这个片子根本不值一提。唯一可以能够告诉您的,就是这些短片都很可笑。人们看了都会捧腹大笑。后来,我拍了《特征:无》,这不是一部可笑的片子。影片中有一些幽默,但这不是主要方面,从这部影片开始,我不再嘲讽了,因为我自己开始导演电影了。在《特征:无》和《轻易取胜》里,我嘲讽了自己,但是,无论如何,这些电影还是相当严肃的。

您还拍摄了《埃罗逊克》。

这是另一部可笑的短片。对于心理医生,这是个好题材。这部影片是由我的第一任妻子出演的。片中有我的妻子、一面镜子、一些报纸和一个男人。男人由当时波兰最佳男演员古斯托·候鲁贝克担纲。过去我妻子没演过电影,她来自戏剧表演学校。一年之后,她变成了波兰票房价值最高的女演员。当时,我正在电影学院读第一学年,她已经是戏剧表演学校毕业班的学生了。她很有才华,但无人知晓。我想看一看,把波兰最佳男演员和一个初出茅庐的女学生放在一起,在一部 1 分 30 秒的影片中会产生什么结果。在他们两个人之间,这是一场比赛。这是一部关于情色状况的默片。女孩子在两边悬挂着报纸的走廊中前进,但是人们不知道这些报纸是从什么地方挂起来的,既没有墙,也没有天花板,也没有地板。只有报纸、灯光和影子。女孩子像分开天幕那样,推开报纸。她的动作是色情的。在走廊尽头,她看见布满灰尘的镜子。她拂去灰尘,这时,她在镜子里依稀看到了令她心仪的男人,她惊叫起来,转过身去,男人并不在那里。她再看镜子,又看见他在镜子里做着可笑的动作。我不太清楚这部影片对我意味着什么,我像一个小孩,对大人的心理一无所知。

我们对您在斯洛伐克和让-彼埃尔·雷欧一起拍的《对话》一无所知。

这是一次有趣的尝试。我们有三位导演：布里尼奇、索兰和我。我们是在一个电影节上相遇的，因为闲得无聊，所以喝了很多酒。我们想到要一起干点事，拍一部艺术片吧！我们决定写一个在各种情况下都能够适用的对话，决定不给人物、故事如何进展以及故事的发生地点任何提示，甚至连人物是男人还是女人，也不作任何说明。我们准备了一个架构，把它交给一位写对白的专业人士。然后，我们就不再提起这件事了。每个人分别拍摄一部电影，但必须使用相同的对话。我的影片主角是一个通俗歌手：让-彼埃尔·雷欧。他在维也纳唱歌，赢得了无数女歌迷的芳心，她们都想在音乐会结束之后和他一起过夜。但他出于莫名其妙的原因，感到十分厌烦。不但不去和姑娘们过夜，反而跳上自己的汽车，以每小时150公里的速度，穿过奥地利和捷克斯洛伐克的边境线，回到了布拉迪斯拉瓦。他是斯洛伐克人。我们知道，第二天他在维也纳还有一场音乐会。在布拉迪斯拉瓦，他来到自己的公寓，但房门紧锁，他进不去家门，却听到里面传来说话的声音：有一个男人和一个女人。让-彼埃尔勃然大怒，破门而入。他本以为会看到他的女友和另外一个男人，然而，站在面前的这两个人，他一个也不认识。男人付钱给那个女人，她是一名妓女，男人也把钱留给让-彼埃尔。雷欧明白了：他的女友把公寓借了出去，让人家到他们的床上来做爱。他等着女友回来。公寓被糟蹋得乱七八糟，墙上有一个大窟窿，窗帘被烧了一半，几十个酒瓶子扔在地上。后来，他的女友回来了，此前，他打电话叫人送来吃的东西，都是十分昂贵的食品。他也曾想叫个妓女来，但他没有这样做。他的女友回来之后，看到一大堆食品，无精打采，满面愁容。拿起一个黑鱼子罐头，开始读上面的说明。她读的是丹麦语，谁也不懂。这时候，摄影机展现她身后墙上挂着的一个十字架，十字架上有一个一丝不挂的洋娃娃，她像耶稣一样被钉在了十字架上。

您曾说过，《举起手来》和《堡垒》是您最喜欢的两部电影。《举起手来》属于什么风格？

这很难说，这部片子与我拍的其他影片大不相同，非常严肃，十分苦涩、痛苦、悲惨，然而，也有一些可笑的地方。布景就很可笑，几乎是超现实主义的。我不喜欢这种对比，但它确实像贝各特的布景。电影对白很现实主义，故事情节也是如是，渐渐地，情节变得异常悲惨。假如贝各特创作一些真实人物，而不是象征性或者玩偶之类的东西，我觉得他就会这么做。人物来自另外一个地方，生活在唯一的布景——火车车厢里，他们又走了出去。闪回镜头展现了他们的青年时代，幸福的年龄：20岁。我的目光主要放在我那一代人身上。

那么,《国王、王后和仆人》呢?

我认为,这是我拍的最佳影片。它和《举起手来》完全不同,那是一部我创作的最严肃电影。我从来没拍过一部像《举起手来》这样悲怆和哀婉动人的电影。从专业角度衡量,《国王、王后和仆人》应该是最好的。演员们演技高超,确实有些我感到骄傲的东西。我觉得,纳波可夫选择的对象:小人物,以及他对他们的嘲讽,在十分平常的背景里,展现出了故事的全部价值,这也正是我的追求。当然,我的嘲讽与他不同,他是作家,年龄比我大,观点自然不同,但我们一致的地方,就是嘲讽。另外,我认为,现在我能够与演员们一起工作了。必须和他们建立起真正的关系来,这种关系可以与情人之间的关系相比。当然,我不是指性关系,但是,这种关系让人想到男女之间的调情。我要说,我从来不在私人生活中利用女演员。把私生活和工作搅在一起,不会有好结果。我对自己第一任妻子的表演很不满意。我不认为《堡垒》,甚至《举起手来》演得很好。在别人导演的影片里,我妻子的表演比在我的影片里要好。性关系并不能打破导演与女演员之间的陌生感,但工作能够冲破这一切。同时,交流起来也更加容易。至于与男演员的关系,这种关系完全是建立在交流经验的基础上的。一位导演对生活了解多少?一位演员又对生活知道多少?我认为,这里又是权力的游戏、知识的游戏,导演能够让演员接受他的观点、意志,即使他的生活经验不如演员丰富。在《国王、王后和仆人》里,有大卫·尼文,他62岁,这位演员不同凡响,热爱生活,非常活跃,我真希望自己到他那个年龄,也能像他那样。我实在没有能力驾驭他,他的生活经验比我丰富得多。他更知道美食、美酒和着装方式,他更知道生活中应该如何待人接物。他既有直觉,又有知识,然而,在不失其本色与知识的前提下,我让他做一次新的旅行,一位导演让一位演员发现一块新的领地。他成功了。这位演员半夜3点给我打电话,问了我一些细节。至于吉娜·露娄布里姬达,我觉得,这部影片对她来说确实很有新意。她是一位非常专业的演员,工作极为认真。起初,她的人物是为影片带来很多金钱。电影就是这样,也确实是一件无奈的事。但吉娜意识到,她能够与别的人和为别的人工作。她第一次抛弃了个人主义,找回了真正的自我。她习惯于受到众人追捧,身边的人不停地对她说:"吉娜,你真漂亮,吉娜,你的首饰是世上最美的!"她第一次遇到我们这些人,我们对她说:"不对,吉娜,这样太假了,太傻了!你应该这么做。"她完全变了,在这部影片中,她的表演是无与伦比的。

Krzysztof Kieslowski
基耶斯洛夫斯基
（1941—1996）

20世纪70年代末，波兰电影周期间，我们几个人在"仓储"和另外几家艺术与试验电影院里，发现了基耶斯洛夫斯基的《爱好者》和《伤痕》，心中深刻感到，被称为"精神焦虑"派的波兰新一代导演的领军人物，就是他和扎努西。扎努西性格外向，四海为家，更为知名，而基耶斯洛夫斯基则寡言慎行，不喜欢出头露面，不会说任何一种外语，因而不为外界所知。1988年，戛纳电影节终于决定接纳他的《不杀戮》参赛。这部影片引起了一个名副其实的轰动。事实上，这部电影本是为波兰电视台拍摄系列片《十诫》中的第五集，也是为在影院上映的长版本。自这部影片发行之后，基耶斯洛夫斯基声名鹊起，足迹遍及全球，变成了国际研讨会、回顾展、圆桌论坛和电影节评委会的常客。

于贝尔·纽格海和我对《十诫》的好奇心，在与这位大师3次会晤之后，得到了满足。基耶斯洛夫斯基虽然性格内向，但对访谈的礼仪一丝不苟，他一支接着一支地吸烟，既严肃认真又不失幽默地回答就当代最复杂和聪明作品提出的问题。由于这10部影片的核心是道德伦理。他自然而然地就进入了布莱松的族谱。在《十诫》和《维罗尼克的双重生活》以及法国制片的《红》、《白》、《蓝》三部曲中，他向世人揭示，我们现世的生活是与其他无数的生活紧密相连的。这种对于偶然和必然、碰巧与无法避免精神反响的思考，深深触动了库布里克，他认为基耶斯洛夫斯基是当代最伟大的电影大师之一。

关于《十诫》

(1985年9月,蒙特利尔、威尼斯、巴黎)

《十诫》之前,《无休无止》是您拍的最后一部影片,是政治性最强、也是最悲观的一部影片。此后3年中,您不再拍片。等到您带着10部影片重返影坛时,影片中的政治色彩不见了。这期间出现了什么情况?

这与生活的进展密切相关。在波兰,我们对政治越来越不抱希望,人们不再相信政治。对我说来,我对政治已经毫无兴趣了。1981年,实施紧急状态以来,我像全体波兰人那样,陷入了精神危机。此外,我总是3年拍一部电影,所以,这个沉默是正常的。

在《机遇之歌》中,有3种参与可能性:共产主义、团结工会和对自己提出保证。这可能预示了《十诫》中要排除政治。

这不是一个有意识的抉择。在80年代的波兰,只有这三种重要的可能。我拍下了三个故事,三条道路。

《十诫》是出自您的想法,还是波兰电视台约定的?

这是我的合作者、编剧克孜斯陀夫·皮埃斯维茨的主意。我与他合作编剧已经有一段时间了。他不会写剧本,但主意很多。起初,我不想自己写剧本,因为工作量太大,我们打算让10来个年轻导演去写,他们不知道应该如何开始电影工作。这时候,扎努西不在了,我代替他担任TOR制片单位负责人。但是,我们完成几个剧本之后,我开始后悔了。我不想把它交给别人,决定自己动手来拍。说实话,我真不知道这会占用我多少时间。

在你们两个人之间,编写剧本的工作怎么分工?

我们先在一起聊天,然后我负责写作。皮埃斯维茨是一位著名律师,在艺术圈之外,知名度非常高。他不是"内行",我如果请他回家写个小东西作为练习,然后我必须重新写。但是,他的谈锋甚佳,是一个有一肚子点子的好伙伴。我们按照时间顺序写了前两集。写完之后,我开始找钱。我们花了一年半时间写剧本,1年4个月进行拍摄,每集拍摄20天。

拍摄《十诫》,在设计方面要屈从一些经济法则(人物数量的限制,唯一一个街区)。您是为了把投资成本控制在一定框架内,自愿接受这些限制,还是为了使整部连续剧具有某种统一性?

两种原因兼而有之。一开始,我就知道拍这几部影片的资金不多。另外,尽管这不是一部真正意义上的电视连续剧,但我知道,电视观众不同于电影观众,电视是这个观众群体日常生活的一部分,我希望他们结识这些人物,习惯于每周日下午与他们见面。我知道,这不是观众期待的那种肥皂剧,它们每周都会带着全体家族成员前来拜访他们。我这部连续剧,虽然不同于观众熟悉的那类人物,但我希望它与连续剧有某些相似之处:限制在同一个街区的几栋楼里。人物敲门来借点儿盐,借点儿糖,在电梯里能够打头碰脸,这会留在观众的脑海里。此外,还有一个更为重要的原因:您无论透过哪一扇窗子向房间里看,每间房子里都有人。假如您想更加仔细地观察一番,每个家里都会有很有意思的东西。我想,观众们愿意花上一个小时来接近他们。换句话说,每个人物的心里,都有一些令人感兴趣的东西。只要把面具拿下来,大家就可以在一起待上一段时间。另外,我之所以把故事都放在这同一个街区里,是因为这是华沙新街区中最漂亮的角落。有利之处在于,这里到处都是封闭空间,楼宇建筑的朝向和布局封闭了视野,我可以用摄影机随心所欲地进行构图。

这些故事中,令人印象深刻的还有:不存在食品匮乏、住房短缺之类的物质问题。

波兰人在生活中遇到的问题如此烦人,使我和所有的人都不愿意触及它们。另外,我觉得,每个人都很腻烦在银幕上看到这些可怜的波兰人!当然,影片背景上也反映出一些问题,例如水的短缺,但这不是我们加以强调的符号。

制片是怎么组织的?速度之快令人叹服。

总放映时间是13个小时:10部电视片和两部在电影院放映的长片。制片是相同的。当然,我们换了演员,因为这是10个各不相同的故事。只有索布辛斯基担任了两集的灯光师,每部电影的摄影师都不一样。这是我拍《十诫》想到的最好办法。因为取景过于繁琐,所以我要想办法进行改良。每次都来一个新的摄影师,情况就大不相同了。他对灯光和其他东西都会有不同创意。一部电影,这是三五十人的班子,他们挣钱很少,工作上没有任何动力,所以,我要替他们着想!新演员、新摄影师可以解决这个问题。

有些时候,按照工作计划,我们要在同一天里拍摄不同影片的两三组镜头。比如说,在大楼走廊里,我们要拍摄3部影片的几组镜头,因为每部电影都有一些故事发生在那里。当然,三次拍摄都有不同变化。技术人员很好奇,总想知道这一天都要干什么和怎么干。是用走廊的灯光还是用手电筒灯光照明?从开拍第一次打板到最后混录,一共1年9个月。但是,在这段工作期间里,也包括因发行《不杀戮》和《情路长短调》而中断的时间。去年,我去戛纳推介《不杀戮》时,正在国内拍片。

全部演员都是专业演员吗?

不是,也有电影爱好者,比如《十诫》第一集中的神甫,他是家住柏林的话剧导演。除了丹尼尔·奥布利士基,大部分波兰演员也演话剧,一向如此。华沙甚至还流传这样一个笑话,人们在华沙把波兰演员分成两个等级:第一等演《十诫》,其他人演话剧。

起初,您是怎么设计《不杀戮》和《情路长短调》电影版和电视版的?它们之间的差别是什么?

写到《十诫》第五集剧本的时候——因为我们是按照时间顺序写的——我们看到这一集的结构与电影《不杀戮》大同小异,因为这是一个在我心中酝酿已久的主题。我之所以没有更早一些把它拍出来,确实有多种原因,其中之一是因为我的同事格里高里·科洛里奇维茨,他是一个异常活跃的人,总是在追求新的东西,(1972年,他写了一个在当时看来十分大胆的剧本《杀人影片》),创造了一个景外理论,经常把主人公放在景框之外,并把一本我感兴趣的书改编成了电影剧本。然而,这部《暗杀姨妈》的题材与《不杀戮》多有相似之处,所以,在过去几年中,我一直没有再碰这个题目。有点像卡了壳一样。当然,它不涉及死刑问题,但有一场谋杀,同样残忍。我觉得,如果那时候把精力放到一个类似题材上,时机太不适宜了。那时正值紧急状态后期,从新闻审查角度看,我们处于困难时期。当时,人们无权在公开场合谈论死刑问题,对此我不敢肯定确实如是,因为我没敢以身试法。所以,当我们写到《十诫》第五集时,我觉得时机来了,我可以讲这个故事了。当然,这期间情况发生了变化,比如说,已经没有姨妈了。当皮耶斯维茨和我把10个剧本写成之后,我们把它们交给了电视台,并且取得了它的拍摄许可。然而,我立刻就知道了给我们的预算数额很少。我很想有更大的回旋余地,把这第五集拍成电影,做成一个更长的版本。因此,我拿上这个剧本和另外4个其他剧本,去了文化部。在波兰,文化部是仅次于电视台的第二大制片人,它也掌握着政府的钱,但由于需要不同,那里的掌权人也不同。波兰电视台只为小银幕制片,文化部只为电影院制片。也有几次,两个机构联合起来,共同投资瓦依达的《桦树林》、扎努西的《合同》。所以,这种可能性是存在的,我想利用一下。我向文化部提出拍摄《不杀戮》的建议,而且低于正常预算的一半。我还向他们许诺,以同样的价钱拍摄另一部长片,这就是说,他们付出一部影片的价钱,可以得到两部影片。我还把带去的剧本给他们留下,让他们自由选择。结果,他们选择了《情路长短调》。所以,这部影片的电影版是一位公务员选择的结果,而不是我的抉择。但这也不是说,他们选择错了!恰恰相反,我真想把《不杀戮》拍成电影版。这就是这两个电影剧本的故事。

当然,我后来必须把长版的剧本写出来,因为当时提交的剧本都是长度为1小时的。我给影片增加了一些场景,所以,一时间我同时有了一个剧本的两个版本。在每天的提示板上,都要把属于电影版的镜头组标示出来。另外,由于我们从来不为电视台拍摄35毫米的胶片,我必须找一个合作制片人——德国的SFB电视台——给我提供拍摄电视片的35毫米胶片。我们开始了第五集《不杀戮》的拍摄工作。当我把影片提交戛纳电影节的时候(同时,在华沙电影院举行了《情路长短调》首映式),我正在拍摄《十诫》,而且每天晚上和周末,我做着各集的剪辑工作。我们的剪辑工作十分艰苦,在西方,你们不知道我们要为节约每米胶片的困苦。拍摄的时候,我手里从来不拿剧本,但是我必须时刻注意一张小纸片,上面写着每个镜头我有权使用的胶片长度。我不停地进行计算,看看自己还剩下多少胶片。我必须时刻注意这个问题,否则,电影就拍不出来了。一般说,每个镜头我最多拍两次,这是最低的极限了,因为我要剪辑成两个版本!在波兰,我们不仅底片很少,从负片或正片制作的彩色底片根本不存在!

在电视版和电影版之间,结构方面也是各不相同的,比如说,电视版的《不杀戮》(《十诫》第五集)中,我们在全部影片中完全赞同律师的观点。

我尽量根据自己掌握的材料进行结构。只有两条道路:或者先拍一个长版本,然后进行压缩,这样做太烦人。当然,我可以把它交给一位剪辑师,但是我在制作电影的时候,最喜欢的工作就是剪辑,我不愿意放弃这个乐趣。所以,我选择了第二条路:试探各种各样的可能性,这更好玩。实际上,《十诫》第五集的特点,是观点的转变。我引入了律师的独白,他以自己的视角注视着故事的发展,所以,我在结尾时,能够让他高声喊道:"我恨!我恨!",因为前面已经做了充分的铺垫。我试图把这个结尾放到电影版里,但根本行不通!在《情路长短调》里,问题出在最后一个镜头组。两个剧本有两个不同的结尾。我们开始采景的时候,我在最后一刻聘请的女演员格拉吉娜·扎普洛斯卡刚刚结束度假,她在海滩上读完了剧本。她对我说,不应该有一个这么令人伤感的结尾,因为人们都喜欢神话传说。她请我创造出一个令人心旷神怡的故事。我的电影版满足了她的要求。我为电视版拍了另外一个结尾,剧本里还有第三个结尾。电视版的结尾是现实主义的:她不去他家,他们在他工作的地点相会。他手上缠着纱布,她尽力对他微笑,但他对她说:"我不再想看见你了。"就是这样。至于剧本里的第三个结尾,我已经把它忘了!仅仅记得在年轻女人和房屋主人之间那种令人窒息的紧张气氛。

转变观点的想法,也许会给《十诫》带来新的拓展。在《人间喜剧》中,巴尔扎克把前一部小说的主人公,引入到下一部小说里作为次要人物。在《十诫》第八集《不说谎》中,一个女大学生站起来,讲述了《十诫》第二集《不违背誓言》中那个怀孕女人的故事。谈论爱好集邮邻居的年长女教师,显然是《十诫》第十集《不觊觎他人财物》中的一个人物。您是否尽力在各个故事之间建立某种联系?

这是极其自然的。在每集里都会出现一位我们认识的或者将要认识的人物。在这种十分特殊的情况下,大学生讲述了《十诫》第二集的故事,因为我需要一个清晰明确的故事,作为 1942 年这个华沙之夜的序曲。我也曾经想过其他自记在纸上的故事,后来,我问自己:"为什么不用观众已经熟悉的事情作为参照呢?"这可以让观众觉得:"嘿,我已经知道这个故事了,他们是我的朋友,我的熟人,他们又回来了!"观众喜欢这种类型的谜语,会感到他们比影片的导演更加聪明。

我为人物的出场顺序做了一张表,贴在墙上,把哪个人物什么时间出场都列入其中。当然,我没能把自己预计的都拍出来,有的时候,是因为某个演员去了美国,有的时候,是因为那场戏拍砸了,我就舍弃了它。一般情况下,我力争在每集中都能出现一张熟悉的面孔。

在最具戏剧性的时刻,出现了一位次要人物,他仍然由原来的演员出演,但只是匆匆而过。

他对故事情节不起任何影响,但他引导人物对他们正在做的事情进行思考,起着思想原动力的作用。他那牢牢钉在那些人物身上的目光,迫使他们进行反思。例如《十诫》第二集中,在丈夫弥留之际,出现了那个男护士。

可以设想第十一部电影,就像《大饭店》那样,把全部人物都集中到一幢楼里。

这是德国合作制片人的愿望,全部主要人物能够相会在新的一集故事里,但是,我过于厌烦了,实在不愿意再拍这部片子了。

这些故事是纯属想象,还是有某些事实依据?

这要看是哪一集了,有些事件给我带来了灵感,但并不那么直接。我们编的故事都与社会新闻相距甚远。以《十诫》第七集(《不偷窃》)为例,这是一个妇女绑架自己孩子的故事,它是受了皮尔斯维茨职业生活中一件案子的启发,一位母亲剥夺了自己女儿的分娩权。然而,《十诫》第十集却完全是出于想象,我从来没遇见过一个对邮票如此痴迷的人,除了影评家杰尔吉·普拉佐斯基这位集邮爱好者,写剧本的时候,我们对他进行过咨询。

您拍摄电视版或电影版的时候,在风格方面有什么区别吗?

在我看来,没有什么区别。如果说有区别,那就是,人们在电影院看电影,或者在电视上看电影,接收方式是明显不同的。从这个角度看,我认为自己犯了一个错误,错误来源于:我心里想着的始终是电影院的观众。我很清楚两者之间的差别,但我没有认真对待。结果是,对于电视观众来说,影片的节奏太快了。在电影院里,人们会找到极多参照,能够产生大量的联想,然而,注意力不那么集中的电视观众,就大不尽然了。在电视上,人们需要把信息重复三次。您知道,我给电视台拍了很多纪录片,在那儿工作的时候,我意识到,在日常生活中,重复是一件再自然不过的事。在剪辑室里,我长年累月地看纪录片和访谈录,我注意到,每个人——在90%的情况下——谈话中,都要把同一件事重复三遍。这就意味着,电视的接收效果是自然的,它是一般谈话的正常反映。然而,我拍摄的纪录片一般都很短,10到12分钟,它们给我很大约束,没有宽裕的时间进行说明,需要花很多时间小心翼翼地进行剪辑,用一句话而不是三句话,就要把一个问题说清楚。很明显,这种节约时间的习惯,久而久之已成自然,保留到了我的故事片里。这些片子在电视上播映的时候,就产生了某种障碍,显得过于简略了。

埃里克·罗梅尔拍了两集 6 部片子组成一个系列的电影:《道德故事》和《喜剧与成语》,在这些影片中,他总是先把故事的精神提出来。您却正好相反,只提供一个数字,没有其他信息。

很遗憾,我没有看过罗梅尔的全部影片,但我非常喜欢自己看过的那几部。他的影片对我影响很大,即使《克莱尔的膝盖》也是如此。

我不知道他在这两个系列里究竟采取了什么方针,只听说他只是提出了一个这样的倡议。我们之间的区别在于,我拒绝对我的影片直呼其名,不给每部片子都起一个名字。这样,我可以和我的观众建立起某种关系来,我对他们说:《十诫》第一集,他们看了之后,想知道这到底是什么意思。然后就开始寻找它的主导思想。不管观众情愿不情愿,他总要做一番思索。我所期望的,就是他们这样做,因为我对这件事很认真。至于他们会得出什么样的结论,是否与我的想法相悖,这似乎并不重要。另外,波兰是一个天主教国家,情况相当复杂。一些演员笃信教义,假如我不把电影的主导思想告诉他们,他们会拒绝出演。但是,这也不是什么了不起的事,我们可以把影片次序任意交换,第六集变成第九集,或者第四集换成第七集。

每部电影都会遇到选择问题吧?

当然是这样。我想说,我们每天都在面临着一种选择,而且要对做出的选择负责。同时,我们又不知道这种选择会把我们引向何方。只有到后来,在重新审视我们的生活时,才会懂得当初做出这个选择的决定性意义。

您影片中令人难忘的,是异常严谨的思维和生活的偶然同在。

偶然,十分重要,同时,它也是命中注定。我总是不断地遇到意外。我们生活中的运动经常与意外联系在一起。在很多情况下,我都注意观察这个现象。我知道它在我的生活中会起什么作用,所以写剧本的时候,不得不考虑这个问题。人们想知道为什么某某人会有那么一种命运,这就要追本溯源,就会发现偶然的重要性。过去发生的事,往往对现在有很大意义。如果说,现在,你们二位、我和翻译,我们 4 个人都在这里,这就是某种事情的结果。我们生活中的一切都促使我们今天在这里相会。过去发生的每件事情都预示了我们的相逢。这是成千上万个偶然造成的结果,而且这件事牵扯到我们每一个人。如果看一看《十诫》的剧本,就会知道,所有的故事都是根据无数的偶然结构起来的。我们尽力去理解各个人物在已往生活中所遇到的事情,才会明白他们今天的所作所为。当然,我们每个人都有对于偶然事件的决定权。在一定意义上,最极至、最全面的偶然构成了我的《十诫》。我今天成为电影导演,也纯属偶然。正是偶然和皮斯勒维茨相遇,才拍出了《十诫》,没有他就没有《十诫》,这可能也是命中注定的。我拍摄了大量的纪录片,在波兰战争期间,我想拍一部关于这类诉讼的影片,而皮斯勒维茨恰巧是这类诉讼的律师,这是偶然还是命运,两个词都是同一个意思。

在《十诫》第一集《热爱唯一的上帝》里面,父子二人对电脑顶礼膜拜,电脑告诉了他们冰的硬度极限,儿子却在结冰的湖上滑冰时溺死。这是一种宗教诠释吗?

这是一个对上帝如何定义的问题。我们习惯看到一位善解人意的白胡须老人,但是《旧约》中的上帝却十分残酷。也许他才是真正的上帝。影片中,父亲没有受到惩罚,可能由于他不信上帝,因为他有极强的理性。目前,关于理性和精神的问题,有一场论战。我们现代人因为过于相信理性,丧失了很多东西。这场论争在上帝问题上十分尖锐。《十诫》第一集不涉及佛和真主等其他神灵,只想用其他东西代替上帝,例如:爱就能变成一个上帝,也可以是理性,或者是仇恨。一切善或恶这类主宰我们的强烈情感,都会使我们远离上帝。我认为,这个问题的最佳表达方式,是一场理性的光明与信仰的黑暗之间的冲突。

您把自己定位于不可知论者吗?

我相信每个人身上都有奥秘,都存在着神秘区域。

您的影片既是心灵的 X 光透视,准确地揭示了内心的秘密,同时又具有伯格曼和希区柯克那种悬念。

人们总要盗用别人一些东西,但是最好去盗用那些最好的东西!我最感兴趣的,就是人。然后,我必须使观众感兴趣,假如我让观众厌烦,就不能引起他们的好奇心。我必须告诉他们自己心灵深处的东西,才能抓住他们。

在《十诫》第二集里,人们看见一套小公寓里有一个人,可能会想到他已经退休了。然后人们又看到一个女人,她神色紧张,不停地吸烟。原来她是一位医生,正在给她的丈夫看病。她为他的健康感到不安,很想知道丈夫是否就要死去,因为她怀着另一个男人的孩子。片中一个意外接着一个意外,但没有戏剧性的变化。

这是人物的内心变化,在影片中,人们可以看到过去如何影响现在。这位女医生之所以处于目前这种状况,是因为几十年前,她的家里人就全部死光了。我必须上溯到过去,才能解释她目前的行为。否则的话,人们会以为他是妓女的孩子。人们不明白他为什么要拒绝女人的帮助,直到我们了解了他的过去,才知道他为什么必须这样做。一个人经常会做坏事或错事,但他的行为是有原因的。我对一切都要问个为什么。可能这不公正,也可能要用善恶的概念去进行评判,但是我不能那样做,因为我根本不相信那一套。

在圣经的十诫里,第六诫是通奸,而在您的影片里,它变成了第九诫。

这是完全不同的戒律,第六诫涉及身体和不纯洁的行为,第九诫是思想的纯洁性。当然,人们可以对调这些影片的位置,然而问题不在这里。故事本身并不重要,他的妻子在第九集里欺骗主人公也不重要。她也可以不欺骗他。欺骗,这不过是一个小插曲，是为了把整个故事贯通起来。但是，主要人物心中的嫉妒，才是真正的主题，这是思想的不纯洁。不要渴望得到别人的妻子，这意味着应该渴望得到自己的妻子。由于他不渴望得到自己的妻子，就让一种可怕的嫉妒吞噬了自己。假如他的妻子没有欺骗他，他并不会因此而少一些嫉妒心理。

《十诫》中令人难忘的，是第二集中谎言、背叛和通奸的地位。

我认为，人是由情感来支配的。怕死、仇恨和孤独等情感，远比信奉共产主义或者某种宗教更加重要。我更喜欢观察被关在同一间屋子里的两个人，他们在那里互相扯谎，而不是去研究两个国家或两种文化。年纪越大，越对人内心的东西感兴趣。

《十诫》第八集的主题，涉及波兰的反犹太主义运动，在贵国电影中，这是一个从来没有被触及的题材。

第八诫非常重要，可能是《十诫》中最为重要的一集。我们想讲述一个故事，能够把刚刚论及的问题诠释清楚：一个人某一天做了一件让他终身无法释怀的事。这位老年女教师，40 年前，要一个犹太小姑娘离开她居住的公寓。当然，她当时很清楚自己在做什么，以及这样做可能会引起什么后果。但是，她万万没有想到，这个简单的决定竟然会让她抱憾终生。日日夜夜追悔莫及，昔日的悔恨挥之不去，当初如果没有这样做，今天她的生活将会大为改观。后来，她试图理解昔日的过错，并向别人讲解，怎样生活才能避免时刻都会压在良心上的负疚感。她后来做的全部事情，都是当年自己多说了这一句话造成的后果。为了把这个故事交代清楚，我们知道必须回溯到遥远的过去，才能揭示出她当年这个决定的深远影响。一位女友偶然说起一个女犹太人的故事，某个人答应帮助她逃走，但却没有履行诺言，结果这个女犹太人惨遭不幸。这个故事的主题和我很接近，所以我想顺理成章地谈一谈日常生活中的波兰—犹太关系。事情非常简单，两个人碰到一起，一个人需要帮助，另一个人可以伸出援助之手，也可以拒绝他。但是，这个抉择很可能影响人的一生。

您给《十诫》第十集定下了一个与众不同的基调，黑色幽默加上时而出现的一丝滑稽，既然整部系列是按照时间顺序写的，以这种曲调收尾，不失为明智之举。

这并不复杂，我们的第一集，以一个儿童之死的悲剧开篇，第二集牵扯到一个未出生的婴儿之生死，或是丈夫的死亡可能性，两集都笼罩着死神的阴影。为了驱散一点整部影片的阴霾，我们终于迎来了最后的喜剧。但这一集也是乌云密布，这些人物身上依然发生了可怕的事件，但我们采取了嘲讽的态度，冷眼观察着他们的反应，因为我们是局外人。这也是构建幽默的一个必要元素：从喜剧的角度来演绎悲剧。

《十诫》第七集把神秘（影片开头，深夜孩子的惨叫）与格里菲斯式的情感剧结构结合起来。为了躲避家人追捕，母亲带着孩子在乡下找到了藏身之所。

说老实话，这是我功夫最不到家的一集电影。我觉得它的故事有点过于杂乱，说的话太多,叙述的也不好。原因是当时自己身体状况不佳。孩子半夜惨叫,肯定产生了强烈效果,我知道一开始就要通过孩子的叫声,营造出一种令人焦急的氛围,但是接下去影片就散乱了。每一集都会有一幅中心画面,人们围绕着它,开始考虑风格问题,但是我常常不保留它,因为我觉得这幅画面太过突出了。

在您的剧情中,道具起了很大作用。

这一点来源于细微的观察。我认为,一个人物佩戴什么手表和他的走路姿势同等重要。这要统一成一个整体。所以,我经常利用道具来刻画人物。我常常让摄影机靠近某件道具,把它清晰地展示出来,明确地告诉观众。假如一个人拿着一个缝补过的文件包,人们就知道他使用这个文件包已经多年了,或者他没有钱换新的,或者他对这种事完全不放在心上。假如他缝补过它,这说明他有时间和精力,因为他认为带着一个撕坏的文件包不成体统。这些细节都说明一个人的性格。所以,我尽力找寻一些能够提供主人信息的道具。大多数情况下,这些道具都会写入剧本,但也有例外,《情路长短调》开头的那个奶瓶,就是在拍摄现场,临时加进去的。

《十诫》第十集中,在故事没有讲到使用狗之前,人们看不见它,但事实上,它已经出现在画面里了。

是的,只有像您这样的电影专家才会留意这个问题。

观众会在下意识里考虑到这些元素。

我希望如此,因为,这就是电影。

第四集《要为父母争光》,您把故事的发展集中在一件物品上,就是年轻姑娘只能在父亲死后才能打开的那封信。这是您最吸引人的一集影片,把奥秘和意外的力量发挥到了极致。

这个故事完全是杜撰出来的,当然,它也像其他故事那样,有一个参照点。在20世纪的今天,怎么叙述《要为父母争光》这个古老的故事,必须找到一个全新的切入角度。我们最初写的那个剧本与现在的影片截然不同,那个剧本很像《机遇之歌》。包括三段叙事:在第一段中,男人对过去发生的事进行推测,第二段,是女儿的想象,第三段,才是事实真相。那个剧本过多地回顾了我的上一部影片,所以,在采景之前,我决定放弃这个剧本,重新采用更加线性的方式来结构故事。我认为,这是最好的解决办法。演员方面,我得到了他们充分的理解,尤其是阿德里雅娜·彼德金斯卡,非常清楚剧本中存在的问题,也许因为她在生活中经历过类似的事情,不是和她的父亲,而是和一位德高望重的人,分享过类似的人生经历。我非常高兴,因为,虽然她在波兰名气很大,但总是出演同一类型角色,那些不安分、吸毒的另类女孩。我知道,她是一个好演员,所以,我想让她改变一下戏路,让她能够演绎那些敏感、细腻、令人心醉的人物。

《十诫》的人物,大多数都从事自由职业——律师、设计师、教师、外科医生。为什么您经常眷顾这类职业?

我想让我的影片远离日常的社会问题,但这并不意味着故事内容与平民百姓毫无关系。假如我们讲述一个工人或者一名小职员的故事,不可能不展示他的工作地点和他的生活状况。相反,当我说某个人是外科医生或是艺术家,观众就会立刻知道他生活安逸,月底不存在没钱买面包的问题。所以,我不想展示拥挤不堪的住房,晚上要把沙发床放平,以便让孩子们在上面睡觉,其他人要在清晨五点起床,去搭乘人满为患的公交车。一般波兰人在这种日常煎熬中,在这种痛苦的求生欲望中,在他们的极度劳乏中,不再有时间去思考其他问题。由于我想说明的是另一个范畴的问题,所以有意识地避开了日常的现实生活。

您和本片的作曲家是怎么合作的?

我和他相识,是为了《无休无止》,他为那部影片谱写了音乐。我完全理解,他想的不仅仅是音乐,而主要是音乐在一部影片中的作用。我们以一种十分简单的方式进行合作:在剪辑工作临近尾声的时候,对我来说,剪辑的时间总是太长,因为我经常要为一部影片做五六个版本,我把一盒录像带交给他,他就开始创作了。然而,他也不时地来看看其他几个版本,在五六周时间里,我们就能够逐步接近一个明确的意图了,我从来不把自己的意图强加给他,是他自己渐渐发现了影片的意图。有的时候,他抓得很准,有的时候,和我一样,也抓得不那么准确。

您喜欢下象棋吗? 因为,在这个游戏里,既有严谨性又有您特别感兴趣的偶然性。

我会下国际象棋,但是已经很久不玩了。过去,我对它很入迷,但是,这种游戏必须全身心地投入,如果着了迷,它会把你全部吃掉,而不能偶一为之,一周玩上一次根本不可能。所以,我宁肯放弃它。每当我做一件事情的时候,我总是喜欢把它做得尽量细致,尽量精确。下象棋,我必须把整个生命都投入进去。当然。它和导演工作有相似之处,一方面,我要跟自己下棋,另一方面,我要和观众下棋。我每走一步,都要事先考虑观众的反应,而且,我事先要看出好几步棋,才能保证万无一失。在这个意义上,电影与国际象棋十分接近。

您的影片在波兰电视上播映过吗?

目前还没有。只有西方的反应。《十诫》第十集,作为"领航员"上过一次电视,但是,那时候,波兰出了很多有趣的事情,我不记得是谁当选了,是总统,还是波兰小姐? 总之是一次选举! 所以,我不相信有人会注意这部片子。一般情况下,电视台要在12月播映这些影片,但是现在他们还在犹豫不决,我们很难和他们达成一致意见。这个机构太大,不知道应该去找谁商谈。我个人希望——他们也同意了——12月10日星期天播映第一集,这样,讲述圣诞之夜的第三集正赶上12月24日。表面上看,这丝毫不重要,但实际上却很有意义,在影片和周围现实之间,会有一种相同的氛围。节日期间,人们感到的孤独更加痛苦,不幸会变得更加深重。波兰人对紧急状态法十分不满,因为它恰恰颁布在圣诞节之前。这是一个巨大的政治错误,人民不会原谅他们,居然会在圣诞节前搞这种名堂!无论如何,这也太没风度了!最近,节目部负责人告诉我,他们改变主意了,准备10月份播映《十诫》。我希望把日期向后推一些,因为目前人人惴惴不安,要任命各部部长,又要面对爆发的政治事件,我希望,等这一切都沉静下来再播也不迟。

译 后 记

本书作者米歇尔·西蒙,是法国著名资深影评家,巴黎七大"美国文化"方向的教授。他在《正片》杂志工作已经40余年。法国重要的电影杂志只有两家,一家是《电影手册》,另一家就是《正片》,这家杂志2002年10月22日庆祝了该杂志创刊50周年,它不从属于任何报业集团,完全独立自主,杂志编辑及记者是由一批自愿不领薪酬的同仁组成,朋友们电话不断,每星期天聚会一次。1950年代末,法国电影"新浪潮"涌现之机,两家杂志就罗贝托·罗西里尼和希区柯克影片进行的著名论战已成世界电影史上的佳话。安德列·巴赞代表的《电影手册》传统是尊重真实,推崇各类现实主义影片,而《正片》却一向注重想象,梦幻、幽默和神奇。法国人有一种喜欢把什么东西都压缩成理论的习惯,而《正片》杂志的战友们却一切都从爱好和品味出发。本人在巴黎七大做访问学者的时候,曾经问过西蒙教授,需要学习哪些理论才能做好电影评论工作,他回答说:"没有任何理论,谁也不能说电影应该这样,不应该那样。一切艺术作品都是如此,只有喜欢和不喜欢的问题。我们觉得应该动摇影评界的保守主义,他们总是以同样的价值观看待作品,而且试图把他们的胃口强加给别人。"

米歇尔·西蒙胸怀宽广,对任何事都不抱成见,对新鲜事物十分好奇。所以,他在世界各地发现了很多极具天赋的电影人才,借助他的声名和影响,以及他在各国电影节担任评委的机会,成就了不少世界著名导演,例如:希腊的安哲罗普洛斯、土耳其的伊尔马兹·古内、俄国的安德列·塔科夫斯基,墨西哥的奥图罗·利普斯坦,等等。国内导演除张艺谋和贾樟柯外,顾长卫、张元也与其相识。

米歇尔·西蒙发表过十余本著作,《卡赞论卡赞》(1973)、《罗西档案》(1976)、《斯坦雷·库布里克》(1980)、《银幕上的罪行》(1992)、《弗里茨·朗格》,其最受世人关注和赞扬的,当属这本《电影小星球》(2003年11月,伽里玛出版社),他把采访过的世界上近百名著名导演访谈录,选出五十名最具代表性的电影人,汇集成这部被评为"电影工具书"式的书籍出版,译者根据出版社要求译出其中47篇,以飨读者。

任友谅

2006年秋于北京大学民主楼